SOCIAL
STATISTICS

修正第**2**版

社会统计学

[美]布莱洛克 著
Hubert M.Blalock

沈崇麟 李春华 赵 平 傅正元 译
黎 鸣 叶念先 章扬恕

沈崇麟 李春华 傅正元 审校

重庆大学出版社

Hubert M. Blalock

Social Statistics (revised 2nd edition)

0-07-005752-4

Copyright © 1979 by The McGraw-Hill Companies, Inc.

All Rights reserved. No part of this publication may be reproduced or transmitted in any form or by any means, electronic or mechanical, including without limitation photocopying, recording, taping, or any database, information or retrieval system, without the prior written permission of the publisher.

This authorized Chinese translation edition is jointly published by McGraw-Hill Education (Asia) and Chongqing University Press. This edition is authorized for sale in the People's Republic of China only, excluding Hong Kong, Macao SAR and Taiwan.

Copyright © 2010 by McGraw-Hill Education (Asia), a division of the Singapore Branch of The McGraw-Hill Companies, Inc. and Chongqing University Press.

本授权中文简体字翻译版由麦格劳-希尔(亚洲)教育出版公司和重庆大学出版社合作出版。此版本经授权仅限在中华人民共和国境内(不包括香港特别行政区、澳门特别行政区和台湾)销售。

版权 © 2010 由麦格劳-希尔(亚洲)教育出版公司与重庆大学出版社所有。

本书封面贴有 McGraw-Hill 公司防伪标签,无标签者不得销售。

版贸渝核字 2008 第(005)号

图书在版编目(CIP)数据

社会统计学/(美)布莱洛克(Blalock,H.)著;

沈崇麟等译.—重庆:重庆大学出版社,2010.2(2020.1 重印)

(万卷方法)

书名原文:Social Statistics

ISBN 978-7-5624-5253-9

Ⅰ.社… Ⅱ.①布…②沈… Ⅲ.社会统计—高

等学校—教材 Ⅳ.①C91-03

中国版本图书馆 CIP 数据核字(2009)第 234580 号

社会统计学

[美]布莱洛克 著

沈崇麟 李春华 赵 平 等译

责任编辑:林佳木 罗 杉   版式设计:林佳木

责任校对:任卓惠   责任印制:张 策

*

重庆大学出版社出版发行

出版人:饶帮华

社址:重庆市沙坪坝区大学城西路 21 号

邮编:401331

电话:(023) 88617190 88617185(中小学)

传真:(023) 88617186 88617166

网址:http://www.cqup.com.cn

邮箱:fxk@ cqup.com.cn (营销中心)

全国新华书店经销

POD:重庆新生代彩印技术有限公司

*

开本:787mm×1092mm 1/16 印张:24.75 字数:586千

2010 年 2 月第 1 版   2020 年 1 月第 4 次印刷

ISBN 978-7-5624-5253-9 定价:49.80 元

　　本书主要供将要从事社会科学研究的高年级本科生和研究生阅读。

　　本书初版问世以来，应用统计学的教学水平和方法理论都有很大发展，不仅在社会学方面是这样，而且在政治学、人类学、地理学及社会工作等方面也是这样。然而，这些学科的绝大多数学生和研究人员还缺乏必要的数学知识，无法充分利用数理统计和计量经济学日益增多的专业文献。为此，本书尽可能避免数学推导，对一般学生来说，只要复习一下附录1的代数知识就可以阅读本书。虽然在初级统计学教程中不必注重数学推导，但作者认为，如果要得到较为完整、系统的统计学知识，而不是知其然不知其所以然，仍必须透彻理解统计推论原理的某些基础的、根本性的思想。所以，本书比较注意统计推论的基本逻辑，还用专门的一章讲概率论，而对一般初级教程中按惯例讲述的一些题目则不予以过多的关注。

　　在应用统计学的教学中最困难的问题之一是如何提高学生的兴趣和主动性。第一，要使他们克服对数学的畏惧心理，第二，要让他们学会把统计学应用到各自的专业上去。为了达到第二个目的，作者没有涉及太广的应用范围，而是选择一些社会学家普遍感兴趣的实例。还有些例子选自与社会学相近的学科和领域，如社会心理学、社会工作和政治行为。在多数情况下，每一个新的课题只用一个实例说明，因为实例过多很可能使学生不得要领。更多的实例将作为习题安排在各章的末尾。一般说来，作者尽可能简单明了地阐述基本原理，同时，在讨论每一新的题目时对一些较难理解的概念予以必要的重复。介绍新概念时尽可能做到循序渐进，同样，讲述新内容时力求与先前讲过的内容联系起来。这样做的主要目的是使学生看出，许多最常用的检验方法和量度方法基本上是相似的。

　　希望改进本书第一版和第二版的读者几乎都建议增加内容，他们还建议，许多原已论及的题目应给予专业性更强的介绍。我个人认为，社会学家和政治学家确实需要较多地接触专业性更强的文献，如关于实验设计和在非实验性研究中使用联立方程方面的，但显然，如果增加这些内容，本书就不再适宜给主修社会科学的高年级大学生充当入门教材。

　　所以最后决定本书不讨论以下问题：计算机程序设计、一般线性模型、实验设计、联立方程程序、路径分析以及量度误差的处理方法等，这些问题在我与过去的两位同事——刘易斯·F. 卡特（Lewis F. Carter）和 N. 克里施南·南布狄里（N. Krishnan Namboodiri）所合写的题为《实用多元分析与实验设计》（*Applied Multivariate Analysis and Experimental Designs*）一书中均有阐述，该书已由麦格劳-希尔公司（McGraw-Hill）出版，可作为本书的补充读物。

　　现在这个修订版，除在每章末尾增加了习题和新近出版的书目之外，几乎所有其他改动和补充都有一个目的：向学生介绍一些更高深更专门的题目，这些题目对社会学家来说越来越有价值。除少数例外，这些补充都在第15章到第20章里面，而且大部分都涉及多元分析。

　　在讲述定类尺度方法的第15章中，我们以长短不一的篇幅，对似然比率卡方、卡方分解、可能性比率、预测逻辑及统计交互作用等内容作了一些补充。第18,19两章对关系的定序量度、分组注意事项和量度误差、奎德定序量度的偏相关匹配处理程序、定序量度的显著性检验等问题的讨论较前更为详尽。这些关于定类和定序方法的扩充内容,目的是帮助学生更轻松地阅读有关这方面的专业文献,现在这类程序对于社会科学者来说比以前容易得到,而且已经成为标准计算机程序包(如SPSS)的组成部分。

　　这一版第16章的开头,我们简短地讨论了一般线性模型,此外,在该章的其余部分,和第四部分的各章中,我们也着重讨论了一般线性模型。实验设计的内容没有增加,因为这个问题在本书的姐妹篇《实用多元分析与实验设计》一书中足足占了三分之一的篇幅。第19章增加了一点因果模型和路径分析的内容,并简单介绍一般线性模型的矩阵代数表达方法,尽管这些问题在《实用多元分析与实验设计》一书中有详尽的介绍。第20章增加了对桑奎斯特和摩根(Sonquist and Morgan)的自动交互检测程序和对数线性模型的阐述。

　　学好统计学必须做数字习题,还必须熟练掌握计算机程序,所以詹姆斯·亨内(James Henney)写了一本教师手册作为本教材的补充读物。

　　在亨内的教师手册中有一些习题,可以帮助理解**本书**的各个章节,还可以帮助理解SPSS手册,所以希望同时使用这两本书的学生和教师能从教师手册得到更多的指导。南布狄里、卡特和布莱洛克的教材(即《实用多元分析与实验设计》)中有一章讲述FOR-TRAN语言,使读者学会修改程序,以便解决非标准类型的统计问题,这类问题是SPSS一类的程序包中所没有的。

　　本书的某些章节和习题在概念上难于理解,或是要求学生已学过研究方法的课程,这些地方都用星号(*)标示,初次阅读可以略去。如果计划用一个学期教完本课程,这些内容可以不讲。

　　在本书写作和修改过程中,密歇根大学(The University of Michigan)、耶鲁大学(Yale University)、北卡罗莱纳大学(The University of North Carolina)、华盛顿大学(The University of Washington)的许多学生为改进本书提供了大量的建议,理查德·T.拉皮埃尔(Richard T. LaPiere)、桑福德·多恩布希(Sanford Dornbusch)、罗伯特·埃利斯(Robert Ellis)、桑托·卡米勒里(Santo Camilleri)、西奥多·安德森(Theodore Anderson)、理查德·G.艾姆斯(Richard G. Ames)、埃里卡·博登(Erica Borden)和路易斯·古德曼(Louis Goodman)曾读过本书初稿及所印各版并提出批评意见,安·布拉洛克(Ann Blalock)、黛安·埃策尔(Diane Etzel)、安·劳克斯(Ann Laux)和多丽丝·斯莱辛杰(Doris Slesinger)曾为本书校对、打字和验算,在此谨致谢意。

　　我深深地感谢丹尼尔·O.普赖斯(Daniel O. Price),因为正是他激发了我对统计学的兴趣。

　　原剑桥大学教授罗纳德·A.费歇尔爵士(Sir Ronald A. Fisher)、洛桑农业研究站的(Rothamsted)弗兰克·耶茨(Frank Yates)博士以及爱丁堡的奥利弗与博伊德公司(Oliver and Boyd Ltd.)同意利用他们的《供生物学、农学和医学研究用统计图表》(*Statistical Tables for Biological, Agricultural and Medical Research*)制成本书附录中的表Ⅲ、Ⅳ和Ⅴ,在此谨致谢意。我也同样感谢其他出版家和作者,他们允许我利用各种图表和计算表格。

　　　　　　　　　　　　　　　　　　小休伯特·M.布莱洛克(Hubert M. Blalock, Jr.)

第一部分　导　论

第二部分　单变量描述性统计学

导　论

1 导言：统计学的作用和局限性

统计学的应用极为广泛。事实表明，统计学课程已经安排在许多互不相干的专业学科中，如口腔医学、社会学、商业管理、动物学、公共卫生、教育学，等等。尽管如此，人们对这门正在迅速发展的学科的性质仍然存在许多误解，外行人对统计学的理解往往与专业统计学家的理解大不一样。有些人觉得统计学家不过是玩弄数字以证明某个观点的人，还有些社会学或其他社会科学学科的学生却崇拜统计学家，以为他们可以借助于神奇的计算机使任何研究变成"科学"。许多人对涉及数学的科目抱有敬畏之心，可能正是由于这个原因，学生们在学习统计学课程时常常带有一种复杂的心情：一方面怕与数字打交道，另一方面却对如此令人敬畏的科目抱有过高的期望。过早进入主题会使人把握不住全局，倒不如先解释一下什么是统计学，它能做什么和不能做什么。

要解释这个问题，最好先说明统计学不是什么。首先，统计学不是这样一种方法：用它可以证明你想要证明的任何一个观点。实际上，统计学家在制定规则时非常谨慎，绝不允许自己的解释越出数据的限定范围。统计方法本身无法防止粗枝大叶的人和弄虚作假的人不顾数据乱下结论，所以在初级统计学课程中，最重要的就是提醒学生不要滥用统计学这一工具。

统计不仅仅是收集事实。如果真是如此，那么学不学这门课程就无关紧要了。统计学既不能代替抽象的理论思维，也不能代替对特殊个案的仔细考察。以前一些讲述研究方法的教科书常常用很大篇幅比较个案研究方法和统计方法孰优孰劣，现在大家都已经承认，统计方法决不排斥个案研究的定性分析，相反，两者是互相补充的。认为统计学只能用于大量个案的研究是错误的，认为它不能用于探索性研究也是错误的。最后，统计学既不能代替量度，也不能代替精心设计的访问调查方案和程序或其他收集资料的手段。最后这点，我们在本章末尾和第 2 章还要做进一步讨论。

在指出统计不是什么之后，我们能不能确切地说它是什么呢？遗憾的是自称为统计学家的人们对于统计学的内容是什么还没有一致的看法。从实用的观点看这个问题，统计学有两个主要作用：第一是描述，即用某种方法对资料进行总结，使之更便于使用；第二是归纳——一方面根据从总体抽取的样本对总体进行概括，另一方面根据反复观察制定普遍性定律。下面依次讨论这两种作用。

1.1 统计学的作用

描述性统计 人们在对社会进行研究的过程中常常遇到这种情况:由于资料过多而无法恰当地吸收其全部信息内容。我们可能回收了 200 份问卷而对此感到束手无策,不得不问:"我用这么多资料来做什么?"除非你有像照相机一样的头脑,能凭直觉来掌握这些资料的内容,否则,处理并理解这么多信息资料是极其困难的。必须设法将这些信息资料提炼压缩,使研究者看出其中包含的内容,换句话说,必须对这些资科进行总结概括。经过计算一些量度,如百分数、均值、标准差及相关系数等,就有可能把资料缩小到可以处理的程度。在总结概括资料的过程中,用少数几个量度代替大量的数字,必定会失去某些信息;更为严重的是,假如对所得的结果不做严谨审慎的解释,很可能会误入歧途,得出错误的结论,所以必须明确指出每一种概括性量度的局限性。

当调查者需要处理两个以上变量的相互关系时,描述性统计特别有用。例如,假定有人需要用8 至 10 个变量解释少年犯罪率,再假定这些解释性变量或**自变量**相互之间密切相关,那么,如果想单独研究其中的一个或两个变量的影响并控制其余的变量,该怎么办呢?又需要做出什么假设呢?这类复杂的问题出现在**多元分析**这一统计学的分支中。多元分析中比较简单的问题将在第 15,16,19,20 章中讨论,至于更复杂的问题,必须留待更高深的课程来讨论。

归纳性统计 统计学还有另一个同样重要的作用,而且正是本教材讲述的重点内容,那就是根据已知样本的结果来归纳或推论总体的性质。这个过程我们称之为**统计推论**,这个推理过程相当复杂,但只要正确理解和使用,统计推论可以成为促进一个学科发展的重要工具。概率论这一数学分支是归纳性统计的基础。这样我们就有了一门纯演绎的学科来为归纳推理提供理论根据。就作者所知,还没有其他理论可以成为归纳的理论根据。这一点将在第 8 章详细讨论。

有几个实际的原因可以说明为什么经常需要在有限的信息的基础上进行概括,最明显的原因就是节省时间和成本。为了预测全国选举结果而依次询问每位投票人,这种做法不仅花费太多而且完全不切实际。一个普通的研究人员为了研究偏见、社会流动或其他现象,不可能挨家挨户遍访一个大城市的全体居民。首先,我们要确定作为研究对象的那个总体的确切性质。例如,可能选择底特律市区全体选民或 18 岁以上的男性白人居民为研究对象,然后从这些人里抽出一个较小的部分作为样本,不过主要的兴趣不在这个样本上,而在样本所来自的那个总体上。例如,我们可能发现在一个 200 名男性白人的样本中,教育程度与偏见程度有负的关系。尽管我们应该认识到,换另外 200 个人做样本的话可能会得出不同的结果,但如果我们的研究对象是底特律的全体男性白人,我们仍希望对这种关系的性质做某些推论。

之所以要根据有限的资料进行概括,还有另一个原因,那就是由于总体可能是无限的或不易定义的,因而无法利用这一总体。在自然科学或社会科学里,重复一项实验的目的总是要得出某种概括性的结论,并希望这种概括性的结论通用于相类似的情况。虽然有可能一位社会学家收集到了全部可能收集的资料,例如,在研究美国国内迁徙问题时,我们可以使用全国 50 个州作为分析单位,但即使如此,人们也仍然想对迁徙问题得出适用于相似条件下的概括性结论。以上例子中的问题都需要归纳性统计来解决。

讲到这里读者也许会问:"既然统计学这么重要,为什么像物理学和化学这样的学科并没有广泛使用统计方法也得到了很大发展?难道这些学科有什么不同吗?"是的,显然有区别。某些自然科学学科数百年来没有使用归纳性统计,仍在不断发展,但这似乎是由于运气,还有就是由于那些科学家的努力,较好地控制了周围的干扰因素。后面几章将说明,实验室条件越是受到严格的控制,对统计方法的实际需要就越少。从这个意义上说,统计学只不过是因无法在实验室里做实验(可控制各有关变量)而不得不使用的一种代用品。但是必须强调一点:许多统计学原则都能适用于物理学实验、精确性较低的农学实验以及社会调查。例如一个物理实验,重复了 37 次才得到类似的结果,但仍可设想在以后的实验中会出现不同结果,所以科学家必须根据有限次数的实验得出一般性结论,而他所作的推论在本质上就是统计推论。同时也可以用统计学观点看待量度误差。无论使用多么精确的测量仪器,科学家每重复一次同样的实验,绝不可能得到完全相同的结果。之所以得出不同的结果,可以归于量度误差,或归于未受控制的变量的干扰。假如在重复实验的过程中其结果的变化太大,以至结果之间的差异不能被忽略,或不能归因于量度误差,在这种情况下统计学就是极其必要的了。所以,尽管各个学科所需的统计学知识大不相同,所使用的统计方法的复杂程度也大不相同,但从根本上说,统计推论是所有科学概括的基础。

1.2 统计学在研究过程中的地位

统计学在研究过程中的重要性有时由于它在研究生课程中占用的学时较多而被夸大。统计学本身并不包含量度问题,如设计指数,给问卷的条目定分数,等等。可以说统计学是在量度过程中的某些要求已被满足的条件下数字的处理。实际上只有在收集了全部资料之后,研究过程进入分析阶段,以及在准备制定初步的分析计划、准备抽样或准备设计一个实验时才需要使用统计学。

上述论断在技术上是正确的,但是如果不加条件的限制、不分场合,则很容易引起误解。我们说只有在研究过程处在分析阶段和抽样阶段才需要使用统计,当然并不等于说,即使不懂统计学,社会科学家也同样可以制定研究计划并进行研究,然后把工作推给统计学家,对他说:"现在我的工作做完了,你来分析吧。"如果这样做,所得的结论即使不是完全无用的,也会令人失望。显然,在研究过程的每一阶段都应预先考虑分析阶段将会遇到什么问题,从这个意义上说,统计学贯穿整个研究过程。但是如果计划本身就很糟糕,或者收集资料的方法不好,再精密的统计分析也无济于事。这点很重要,这就是说,统计学可以**帮助**人们正确深入地思考问题,但却不能代替思考本身。在社会学家看来,统计学只是一种工具。

讲到这里我要补充一点:对于探索性分析来说,统计学是一个极为灵活方便和有用的工具。绝大多数社会研究必须建立在一种高度试探性的理论设想上,这种理论设想一般不包含根据各因素之间被预见到的具体关系而制定的明确的指导方针,也不能明确定出在分析中需要加以控制的是哪些变量,甚至不能确定分析中所采取步骤的先后顺序。一旦学生们接触到同时有五六个变量的问题,他们就会惊叹资料分析是多么复杂。正是在这种情况下,统计学理论中关于实验设计和联立方程的评估方法的知识,成为帮助社会学家搞清楚非常复杂的相互关系的极其宝贵的工具。文字或直观的方法则远远不足以做到这点。本书作为普通教科书,对于实验设计和多元分析这些课题,只能作一般性的初步介绍。重要的是,要认识到还有许多更高深的内容是极有价值的,即使在探索性研究中也不例外,其目的是估计大量因素中哪些是重要的,哪些是不重要的,进而系统地缩小选择范围,并为进一步的研究提出更准确的假设。

1.3 一点忠告

有的学生一见到数字或方程式就头疼,甚至吓得手足无措。如果你也属于这类学生,你一定要尽力摆脱这种念头:"统计学是我永远无法理解的事物。"这部教材所要求的数学程度并不高,学过几年中学代数的人再复习一下附录 1 所列的几种初等代数运算就完全可以读懂。但必须记住,数学和统计学教材读起来不像读小说,它们的内容是高度浓缩的,所以要仔仔细细地一读再读,要采取主动的而不是被动的态度。因此,除了每天预习、做每章末尾的习题之外没有别的办法。

参考文献

1. Downie, N. M., and R. W. Heath: *Basic Statistical Methods*, 4th ed., Harper and Row, Publishers, Incorporated, New York, 1974, chaps. 1 and 2.

2. Hammond, K. R., J. E. Householder, and N. J. Castellan: *Introduction to the Statistical Method*, 2d ed., Alfred A. Knopf, Inc., New York, 1970, chap. 1.

3. Loether, H. J., and D. G. McTavish: *Inferential Statistics for Sociologists*, Allyn and Bacon, Boston, 1974, chaps. 1 and 10.

4. Runyon, R. P., and A. Haber: *Fundamentals of Behavioral Statistics*, 3d ed., Addison-Wesley Publishing Company, Reading, Mass., 1976, chap. 1.

5. Walker, H. M., and J. Lev: *Elementary Statistical Methods*, 3d ed., Holt, Rinehart and Winston, Inc., New York, 1969, chap. 1.

2 理论、量度和数学

　　这一章将概括地讲述以下几个概念之间的相互关系:理论命题、经验假设、量度和数学模型。这一章讲的许多问题,一般在统计学课程中是不讨论的,因为现在有一种错误倾向,把课程分成三个独立的部分:**理论、研究方法和统计学**,这常使三个领域之间的关系变得模糊不清。为了端正对统计学的认识,至少应该注意一下理论命题和研究假设之间的关系,以及研究假设和数学模型之间的关系。

　　人们常常听到这种说法:研究的目的在于检验那些从理论上提出的假设,而统计方法使我们能够进行这样的检验。但是必须认识到,从理论到提出实际研究假设的过程,以及从实际研究假设到用于统计推论的概率陈述式假设的过程都不是直接的。在这两种情况下都必须做出某些决策。这些决策可能会引起相当大的争论。首先,我们要检查一下从理论命题到提出可供检验的假设这一过程所要做的那些决策的性质。

2.1 　* 理论和假设:操作性定义

　　一旦我们着手设计一个研究方案,而该项研究旨在检验一本理论著作的一个命题,这时显然有几件事情要在进行检验之前完成。例如有这样一个命题:"白人的社会地位越高,其对黑人的偏见越少。"假设**社会地位**被定义为一个人在地位等级层次中相对于他人所处的位置,而**偏见**则被定义为歧视少数民族的基本倾向或由于成见产生的不认可态度。读者可能想用其他定义替换这两个定义,但是必然会发现,无论采用什么定义,都不可能直接用它们来确定一个具体的个人的地位和偏见的层次。

　　造成这种情况的原因就是普通的定义大多是理论定义,而不是操作性定义。在理论定义中,一个概念是用其他的假定已被理解的概念来定义的。在完全演绎系统的理想模型中,某些概念是不定义的(基础概念),所有其他概念都由这些概念来定义。例如,在欧氏几何里,**点和线**的概念就是不定义的,而**角、三角形和长方形**的概念可以用这两个基础概念来定义。选择哪些概念做基础概念,在某种程度上是任意的,但是必须要有基础概念。这说明在给理论概念下定义时,必须用其他理论概念来相互定义。

　　与理论定义不同,操作性定义要从实际上清楚地说明量度的程序(见参考文献 11 第

---

　　* 一节、一段或一个习题之前的星号(*)表示该部分的内容中有比较难以理解的概念,或者该部分讨论的问题是缺乏方法论知识的学生所不熟悉的。初学者完全可以略过这些内容,因为它们对于学习后面的内容影响不大。

58-65 页)。**长度**的操作性定义要准确地指明一个物体的长度是怎样测量的。**偏见**的一个操作性定义可以包括波格多斯社会距离尺度(Bogardus social-distance scale)那样的检验,或是一个含有 24 个排斥黑人题项的模式化了的表格。不仅如此,我们还需要在提供表格的同时,提供如何收集资料的详细指令和各个项目的得分,等等。因为所有的量度最低限度要包括分类,所以一个操作性定义可以被看做一套详细的指示,使人们能够根据它精确地将个体分类。信度的概念就这样融合进操作性定义的概念中。定义应该精确到足以使所有使用这一程序的人得出同样的结果。前面所给的偏见和社会地位的理论定义不会直接做到这一点。

以上叙述说明在所有的科学中都使用着两种不同的定义。用几种不同的观点观察理论和研究二者之间的关系,可以得出实质上相同的结论。诺斯洛普(Northrop)把我们所说的理论定义称为"公设的概念(concepts by postulaion)",把操作性定义称为"直观的概念(concepts by intuition)"(见参考文献 12)。我们所用的术语意味着有两种截然不同的方式可以给**同一个**概念下定义,而诺斯洛普则认为有两种不同的概念。其他人则喜欢用指示数(index)这一概念,不用操作性定义。**指示数**(index)这一概念通常意味着所用的程序只能给出某些不能直接量度的潜变量的一个不完善指标。从这个角度看,这里有一个潜变量,又有一个该变量的指标。不管从什么角度看,都必须懂得这两种定义、概念或变量之间的联系的性质。我们可以提出一个问题:是否有一种纯**逻辑**的方法来联接这两种定义。这个问题还可以换一个方式来提:是否有一种逻辑上的方法来确定一个给定的操作性定义(或指标),是否可以**真正量度**从理论上定义的概念或变量。这两个问题的答案似乎都是否定的。

诺斯洛普的观点实质上是:除了靠约定或习惯,没有其他办法把这两种概念或定义联系起来。大家一致同意,如果根据理论定义,操作是合理的,那么一个给定的操作性定义应该是某一概念的量度。假定若干个操作定义都是可能的,则选择最合适的同时又是最可靠的。判断它们是否合适,最终要依靠对于理论概念的理解。**有效性**(效度)这一术语常用来表示指标或操作性定义是否合适。正如布里奇曼指出的那样,最理想的是理论定义和操作定义应该一一对应(见参考文献 2 第 23 页)。换句话说,如果改变操作,就要改用新的概念,不过就社会科学的现状来说,这种理想还是不现实的。如果一定要实现这种理想,必定会妨碍方法论的发展,或是增加大量的理论概念(见参考文献 1)。

那么怎么办呢? 我们可以承认这种可能性:每一个理论概念都与若干不同的操作或指标相联系,但这样我们可能会陷入一种困境,这些程序可能会导致不同的结果。用一个程序量度"偏见"而得出的结果可以肯定我们的假设,用另一个程序可能得出相反的结论。在某种意义上,进步就是这样取得的,只要我们不去没完没了地争执哪一个程序真正量度出"偏见"(假定我们理解偏见的本质)。为了避免混乱,必须认识到**真正的检验需要使用从操作上定义的概念**,这一点很重要。**因为理论上定义的概念所组成的命题是无法直接检验的**,所以,如果给"偏见"下两个不同的操作性定义,就要检验两个不同的假设。

人们承认,最好是每一个理论概念都能有不止一个操作与之联系,我们也已提出,这些操作可能产生不同的结论。现在我们可以给从经验上看是令人满意的理论概念确定一个实际的、实用的标准。假定我们有一个从理论上定义的概念,还有若干可能与这个理论定义相联系的操作性定义,在理论定义的基础上,大多数科学家会认为,某些操作与探索该理论定义的内容无关而应该被淘汰。例如,他们会认为那些涉及行为偏差倾向和音乐爱好的项目不应该被用来量度偏见。但是也许会有几个操作或多或少地位相当,换句话说,根据理论定义,专家们一般无法就哪一种操作程序更好取得一致意见。如果说**这些程序会产生不同的结论**(在相同的情况下),那么就可以认为**这个理论定义是不够完善的**,还需要修正或澄清。例如**偏见**这一概念的定义可能是过于含混不清的。人们可能会发现有必要区分不同种类的偏见,并将不同的操作分别与它们一一联系起来。无论人们是否明确承认,这样做在一定程度上会有助于澄清理论概念(见参考文献 1 和 8)。

这样一来,就像约定好以某一本字典把两种不同的语言联系起来,使人们能把一种语言的概念与另一种语言的概念联系起来。科学家用理论语言来思维,用操作语言来检验。把理论语言中所有的概念都与操作联系起来是不必要的,但是要注意,尚未被操作定义过的概念不应该出现在可检验的假设的陈述中。如果这种情况发生,那么由假设所提出的问题在操作上一般是毫无意义的,可能会引起无穷无尽的争论。

2.2 量度层次:定类尺度、定序尺度和定距尺度

我们已经看到,从理论定义的概念到操作性定义的概念这一过程绝不是直接的。把这两种类型的概念联系起来的时候要做某些决策。同样,选择适用于给定的研究方法或操作程序的数学模型或统计模型也要做一些重要的决策。有些人会认为,一旦一个现象被量度,选择什么数学系统就很容易确定了。这全看"量度"这个词是怎样理解的。如果我们仅仅是指用于物理学等学科中的**量度**(如长度、时间和质量),那么选择什么数学系统就不成问题。但是如果我们扩大量度这一概念的含义,使之包括社会科学中通常采用的分类程序,就像这部教材这样,问题就复杂了。我们要把量度区分为若干个层次,然后会发现各个层次适用不同的统计模型①。

定类尺度　任何一门科学中最基本和最简单的操作是分类。进行分类时,我们试图根据某种特性将元素分类,决定哪些元素最相似,哪些元素相互差异较大。我们的目的是把元素分成这样一些类别,每个类别内的元素应尽可能相似,而不同类别之间尽可能差异明显。如果分类卓有成效,则会发现对**其他**变量而言,这些类别也一样有意义(见参考文献 13)。例如,我们将人按照宗教信仰分类(卫理会教徒、长老会教徒、天主教徒,等等),然后看宗教与偏见或政治保守主义是否相关,我们可能发现在政治上长老会教徒比天主教徒更保守,在保守性这方面长老会教徒都比天主教徒得分高。如果将人按照头发的颜色来分类——这在分类上是允许的——我们很可能会发现不同发色组之间的差异与所研究的其他变量毫无关系。换句话说,发色**组之间**的差异与每一发色**组内**的差异一样无甚意义。

对任何一门科学来说,分类都是基础。所有其他的量度层次,无论多么精确,基本上都把分类作为最低限度的操作。所以就分类这一术语最广泛的意义来说,可以把它看为最低的量度层次,我们就像贴标签那样给每一类别任意定出名称,不对类别之间的关系做任何假设。例如,我们把长老会教徒和天主教徒归入不同类别,但我们决不会认为这一个比那一个更伟大或更优秀。只要类别是穷尽的(包括了所有的个案),并且互不重叠或互斥(没有任何一个个案同时出现在一个以上的类别中),就具备了使用统计程序的起

---

① 想进一步研究量度的这些不同层次的读者可查阅参考文献 5,7,10,14,15。

码条件。**定类尺度**这一术语就是指这个最简单的量度层次的。在形式上,定类尺度有两个属性:对称性和传递性。所谓对称性,是指 A 对 B 的关系也即是 B 对 A 的关系。所谓传递性,是如果 $A = B$ 并且 $B = C$,那么 $A = C$。结合起来,如果 A 与 B 同类,则指 B 与 A 也同类;如果 A 与 B 同类并且 B 与 C 同类,则 A 与 C 必定同类。

应该指出,不同的类别可以任意用不同的数字来标志,这就像贴标签一样,可是这决不意味着可以对这些数字进行数学运算,如加、减、乘、除。这些数字只是给每一类别各起一个名称而已。显然,对社会保险账号做加法,或对旅馆房间号做加法都是毫无意义的。虽然我们不至于这么愚蠢,不过在社会科学的研究中,有时谬误并不这么清晰明显。虽然把数字安放在各个类别上是任意的,但如果要使用较普通的数学运算(加、减、乘、除),则在分类的程序中需要进行某些方法学方面的操作。我们很快会看到这些操作的性质应符合什么要求。

定序尺度　我们在排列各个类别的顺序时,常常可以根据它们各自具有某一特征的程度来定,不过我们可能无法确切地断定这个程度值。我们可以想象一条连续谱线,个体沿着这条线排列着。我们也许可以把个体排列得非常精确,不使两个个体重合在连续谱的同一点上。然而通常会出现若干个同分数情况,这时我们就无法把某些个体区分开,只能把它们归入同一类型,但是我们却可以断定这些个体都比其他一些个体分数高。例如,可以按照社会经济地位把家庭分为四个类别:**上**、**中上**、**中下**、**下**,也可以只分成两个类别:**上等**和**下等**。

我们现在讲的这种量度方法显然比用来获得定类尺度的量度方法处于更高的层次,因为不仅可以将个体分成不同的类别,而且可以确定这些类别的顺序。我们把这一量度层次称为**定序尺度**。除去与定类尺度同样具有对称性之外,定序尺度还具有不对称性,即 A 对 B 可能有某种特殊关系,而 B 对 A 则**没有**这种关系。例如,大于($>$)的关系是非对称的,如果 $A > B$,则 $B > A$ 就是不对的。传递性也依然适用:如果 $A > B$ 并且 $B > C$,则 $A > C$。正是这些性质使我们可以按照一条单独的连续谱线排列 $A, B, C, \cdots$

必须认识到,定序这一量度层次不能提供元素之间差值**大小**的信息。我们仅仅知道 A 大于 B,却不知道大多少,我们也不知道 AB 之间的差值与 CD 之间的差值谁大谁小[①],所以我们一般无法对差值运用加法和减法,除非在一种极有限的意义上。例如,假设有下列关系:

$$D \qquad C \qquad B \quad A$$

我们可以得到间距:

$$\overline{AD} = \overline{AB} + \overline{BC} + \overline{CD}$$

但我们无法比较 AB 与 CD 的间距。换句话说,如果把次序关系转化为数学运算,我们一般无法对次序关系进行加、减、乘、除的运算。不过如果需要的话,可以进行**大于和小于这样**的运算。

定距尺度和定比尺度　从狭义上讲,**量度**一词可用于这样的场合:在这样的场合我们不仅可以根据事物具有某一特征的程度对它们排序,而且可以确切地指出它们之间的差距是多少。如果可以做到这一点,我们就获得了所谓的**定距尺度**。显然,在定距尺度

---

① 有序量度(ordered-metric)这一术语就是用来表示这样一种尺度的,它可以按照各成分之间**差距**的大小划分等级。见参考文献7。

这个层次的量度方法中,一般要求建立某种物理的量度单位,可以公认这种单位是通用的标准,并且是可以重复使用的,即经过多次重复量度而得到相同的结果①。长度用英尺或米来量度,时间用秒量度,温度用华氏或摄氏的度来量度,重量用磅或克量度,收入用美元量度。可是对智力、专制主义、声望等,社会科学家们却没有一种公认的、适用于多种情况的量度单位。假如给定一个量度单位,就可以定出两个分数之间的差是 20 个单位,或者一个差是另一个差的二倍,这意味着可以对分数做加减法,就像在天平上添加砝码,或把一段木尺锯断以减去 6 吋(见参考文献 3 第 296-298 页)。同样,我们可以对夫妻的收入做加法,而对他们的智商做加法则毫无意义。

如果我们可以在这一尺度上确定一个绝对的或非任意性的零点,就得到一个更高的量度层次,称为**定比尺度**。在这种情况下,就可以用分数的比率来比较分数。例如,我们可以说一个分数是另一个分数的二倍。假如零点是任意确定的,如摄氏或华氏温度,这样做就是不合理的了。例如,可以说 70 °F 和 35 °F 之间的差与 105 °F 和 70 °F 之间的差是相等的,但不能说 70 °F 比 35 °F 热一倍。

将定距尺度用于社会学和社会心理学的变量,涉及一些很重要的问题,不过在这本教科书里无法详细讨论这些问题,只能简略叙述一下。有些人认为,像收入这样的变量,如果以美元为单位来量度,不能算是定距尺度,因为 1 000 美元的差值具有什么心理学含义,要看这 1 000 美元的差值是在 2 000 美元与 3 000 美元之间,还是在 30 000 美元与 31 000美元之间。这似乎把问题复杂化了。这里所说的意思实际上是:用美元量度的收入与“心理收入”(假设可用某种单位量度)之间的关系不是直线的或线性的。这是一个事实问题,与是否存在一种合理的量度单位的问题没有关系。

许多定比尺度是通过对行为动作、人、职业、各种群体等计算数目的操作而得到的。例如要得到犯罪率,就要核算已登记的犯罪行为次数,并利用人口基数使其标准化。绝大多数关于城市、县、州、地区的普查资料是数出各种各样的人,然后用人口基数去除,凭此得出都市人口的百分数、失业劳动力的百分数、家庭的平均人数、有色人种的百分数,等等。分工的复杂程度可用不同职业的数目量度,组织的复杂程度的指数也可通过计算其分支机构的数目而得到。有时,关于这种量度是否为合理的定比尺度这个问题,会引起一些争论(见参考文献 4,科勒曼对此问题有精彩的论述)。如果严格地从操作的角度看,所用的量度可以成为所研究的变量的定义,那么毫无疑问,所得到的定比尺度就是合理的,因为这里被计数的是一个一个的单位,而这些单位又被视为等价的(因而也是可互换的)。所以,如果我们给一个城市的人口增加 1 000 个黑人,减少 1 000 个白人,我们所作的基本假设是:对于所用的量度来讲,增减的究竟是**哪几个**黑人或白人是没有关系的,而且零点是很确定的。“一个城市中的有色人种的百分数为零”这样一个陈述句的意义是很明确的。

每当人们争论计数量度是否合适,或计数量度是否能符合定比尺度的假设时,我总感到根本问题并不在此,而在于所用的量度与想要被量度的理论构建之间的联系。例如,失业率可以作为经济功能障碍的一个指标,少数民族占的百分数可以作为少数民族威胁性的指标,都市的百分比可作为都市价值观影响力的指标。对于所有这类问题,统计学本身是无法解决争论的,所以我们只能避开这个基本问题而假设我们所处理的总是

---

① 这种量度称为**外延量度**,并且要求一定的物理操作,例如,将作为长度单位的木尺首尾相接地排列。克兰茨等人(参考文献 10)提出,还有其他研究性操作也可以满足定距尺度的要求,但这些问题太复杂,无法在本书中讨论。

我们想要量度的变量。第 18 章将简略论述量度误差的处理(见参考文献 1 和 8)。

2.3 量度与统计量

我们已经知道有几种不同的量度层次,每一层次各有其特性。请注意这些不同的量度层次本身形成一个累积尺度。定序尺度具有定类尺度的所有特性,另有序列的特性。定距尺度具有定类和定序尺度的所有特性,另有量度单位。定比尺度是最高层次,因为它不仅有量度单位,而且还有绝对零点。这些尺度的累积性意味着在分析资料时下降一个或几个量度层次总是合理的。如果有了定距尺度,也就有了定序尺度,并可将这点用于统计分析。如果把变量作为定距尺度进行处理时没有适当的或令人满意的统计方法,那么下降层次就十分必要。不过这会失去一些信息。例如,我们知道甲的收入是 14 000 美元,乙的收入是 9 000 美元,如果我们只利用甲的收入较高这一事实,那么实际上就丢掉了一项信息——收入差值为 5 000 美元。所以一般来说,只要有根据,应当采取尽可能高的量度层次,并充分利用其所包含的信息。

如果反过来,从较低的层次上升到较高的层次,例如,从定序尺度上升到定距尺度,又会怎样呢? 我们常常希望能这样做,因为这使我们能利用更有力的统计方法。我们甚至有可能不知不觉就这样做了。但必须认识到,在我们最终采用的统计或数学程序中,没有一项可以用来检验研究方法的合理性。**使用某一特定的数学模型要以已达到对应的量度层次为前提**。只有研究者本人才能确定操作程序可以使用哪些数学运算。首先要确定最适当的量度层次,从而确定最适当的数学系统。换句话说,要根据上一节所讲的内容,将某一特定的数学模型与某一量度层次联系起来。例如,最普通的四则运算一般只能用于定距和定比尺度。

这样,我们又面临从一种语言翻译成另一种语言的问题。操作语言要涉及某种物理操作,如量度单位的使用。数学语言包括一套极为抽象的符号和数学运算,数学语言十分有用,因为它不仅精确、高深,而且其抽象性又适用于各种各样的实际经验问题。数学运用演绎推理,从定义、假设、运算规则出发,凭借纯逻辑推理而得到结论。数学本身并不会告诉我们新的事实,因为所有的结论都包含在原有的定义、假设和规则之中,不是由经验所决定的。所以,只有把这些结论再翻译成操作性语言和理论性语言,科学家才能利用结论(见参考文献 5)。

我们所说的意思是,如果在量度方法中找不到根据,就不能使用包含有加减法的数学系统。这一点在我们开始使用各种量度尺度之前还不十分清楚,不过我们的意思实际上是,只有改进量度过程本身,才能合理地选择较高的量度层次。任何数学方法都不可能做到这一点。那么怎样才能确定哪一个量度层次是合理的呢? 这个问题并不像人们所想的那么简单。举几个例子就可以说明这个问题的复杂性。

为了说明这个问题,有必要把定序和定距尺度与**部分定序尺度**区分清楚。部分定序尺度是由两个以上的定序(或定距)尺度组合成一个单一的指数而得到的。在社会学和其他社会科学中常常会遇到这种情况:初看起来是个简单的定序(定距)尺度,实际上却是若干个定序(定距)尺度的组合,结果使个体无法显而易见地按等级顺序排列起来,除非做进一步的决策。以社会经济地位为例,通常确定一个人的地位要看若干个不同的标准,如收入、职业、教育、家庭背景、居住地区等。如果甲在各项标准上都高于乙,那么很清楚,甲的总地位要高于乙。但是,如果甲的收入较高而乙的家族较显赫,又会怎样呢?

谁的总地位更高？我们有几种选择方案。第一个方案是抛开总地位这个概念，只考虑各方面（各维度）的地位，每一方面（维度）都会有一个定序的量度层次。这样，最后得到的不是一个而是几个定序尺度，至于不同方面（维度）的相关性，纯粹是个经验问题。当然，如果各方面（维度）之间的关系是一致的，这就不成问题了，因为如果甲在任何一个方面（维度）高于乙，则甲必然在所有的方面都高于乙。当然在实际上不会出现这种情况。

第二个可供选择的方案是决定各个方面（维度）的相对加权关系和等价性，从而给资料"强加"上一个定序尺度。例如，如果可以假设，接受一年教育相当于 1 338.49 美元的收入，那么就可以把教育单位转变成收入单位而得到单向（单维度）尺度。显然，把家庭背景和居住地区转换成收入更为复杂。这里讲的量度方法涉及设立一种指数。建立这种指数通常要涉及相对加权的人为规定。如果加权系统是有根据的，就可以使用定序或定距尺度；如果加权系统没有根据，那么就不能合理地按照等级排列个体。

取得定序尺度的一个常用的方法是找一个或几个裁判者，根据某一标准，如权威或声望，将个人按照等级顺序排列。为了简便起见，假设只有一个裁判者，让他根据人们在社区中的"社会地位"排列个人的等级顺序。假设此人愿意合作，则无论在裁判者心目中是如何比较每个个人的，这个方法都肯定能使我们得到一个定序尺度。用另一个方法可能就得不到定序尺度。如果用配对比较法，即在各对组合之间作判断，裁判者可能会认为甲高于乙，乙高于丙，而丙又高于甲，这就违背了定序尺度的传递性。此时研究者面临一项选择，或是存在某种部分定序尺度，或是认为裁判者自相矛盾或发生错误。正如库姆斯指出的那样，究竟什么可称为量度误差这一问题是社会科学家面临的基本矛盾（见参考文献 7，第 485-488 页）。一般来说，可以假定高的量度层次成立而把上述偏差认为是量度误差，或降低量度层次。

可以用**格氏尺度**来说明这个基本矛盾。在理想的格氏尺度中，各个项目具有累积的性质，因而有理由假定这是一个定序尺度（见参考文献 16）。各个项目的排列可以从最低到最高，从而可以由总分数准确地再现一个人的反应模式。例如，有五道算术题，从易到难地排列，能够正确解出最难的问题的人也可以解出其他四个问题。如果一个人能解出三道题，他解决的应是较容易的那三道，留下的是后面两道题。在一个理想的定距尺度中，"偏见"的项目可能是根据与少数民族接触的亲密程度排列的。肯与黑人通婚的白人显然肯同黑人住在同一条街上；如果白人肯和黑人作邻居，他们也会肯与黑人同乘一辆公共汽车。这样，在理想的格氏尺度中，我们可以说，一个赞成四个项目的人也会赞成一位只赞成三个项目的人所赞成的项目，**另外再加一个项目**。如果尺度只是部分定序的，那么情况可能是这样：甲在某些方面比乙更有偏见，但在另一些方面却相反，因为两个人所赞成的不是同样的项目组。

但在实际上，理想的格氏尺度是极罕见的，总有一些人的反应模式偏离理想状态。这样就有一个问题：是否将这些人算做误差？如果某些人愿意与黑人做邻居，却拒绝与他们同乘一辆公共汽车，这些人是否真正前后矛盾？很有可能是，但也可能不是。除非我们情愿假定已经得到的定序尺度是合理的，否则我们不能把这个人算做误差。如果"误差"的数目稍许多一点，我们就会怀疑我们的尺度。而较小数目的误差，我们通常是可以容忍的。正是这一原则（假设根据可复制性系数所量度的误差的数目很小）使我们决定把格氏尺度作为一种定序尺度。不过应该认识到，这样做多少有点人为，而且最终会遇到"什么叫误差"的问题。

这些例子足以说明，决定用什么样的尺度才是合理的，这往往不是个简单的问题。

在理想情况下,如果资料只能提供最低层次的量度,就应该采用符合这个层次的资料收集技术,而不要采用把某种量度层次强加给资料的收集技术,所以,只有当裁判者确实能够排列个体时,配对比较法才会产生出定序尺度。另一方面,假如硬性要求一个人将个体按照一定等级顺序排列,那么,无论他认为这样做是否合理,他也得这样去做。如果用这种资料收集法,但又无法从经验上证明在不歪曲资料的前提下能够按次序排列个体,那么就必须**假定**存在一个单一的连续谱。

为了强调任何一种统计方法都是以其相应的量度层次为应用前提的,我们要养成一种习惯:每遇到一个程序,都要明了该程序所要求的量度层次。在不同的程序中进行选择时,我们总要提出一个重要的问题:"该程序所要求的量度层次是否适用?"如果不行,就要改换程序。如果只需要考虑量度层次,那么选择程序的问题就会比较简单。然而我们常常发现,那些不要求较高的量度层次,因而为人们乐于采用的程序,在其他特性方面都不能令人满意。所以我们常常面临许多难以决定的问题,其中包括在采用不同的量度层次时,必须估计到因违反各类前提条件而造成的损失的严重程度。在这种情况下,可以用几种不同的方法分析资料,看看结论是否有重大的区别。

目前,我们对不同的量度层次和选择不同的检验与量度方法的讨论可能没有多少意义。"菜单式"的统计学会造成一种危险的倾向:在对资料分析进行根本性决策时,对所涉及的标准和问题做过于简单化的处理。必须反复强调这个重要问题:采用任何一种统计方法时,必须知道该程序要求的基本量度层次。从以上讨论可以看出,首要问题是:什么量度层次是合适的。

2.4 本书的结构

本书在结构安排上力求做到循序渐进、由浅入深。由于每一章节均以它前面的内容为前提,所以最好按照现在的顺序依次读下去,可根据需要省略标出星号的部分。第14章是个例外,可以全部省略,或是配合第16,18两章中"非参数"的检验和程序来阅读。第21章抽样方法的内容可与第9章概率的内容配合阅读,不过抽样那一章的某些部分要等学过第11,13,16等章之后才能理解。第17章的大部分可以不依赖第16章方差分析的内容而理解。不过除这些之外,所有的题目都要按照顺序学习。

各种不同的统计学工具不是很容易就可以归纳到少数一两个标题之下的,所以本书大多数章节的标题只在一定程度上合适,因为它们只标明了主要问题是什么。第二部分全是讲描述性统计,第三、第四部分主要讲归纳、假设检验和根据样本资料进行总体参数估计。第二、第三部分所处理的几乎全是单变量的程序,第四部分要讲同时处理两个以上变量的问题。

安排本书结构的另一点考虑是:在描述性统计与归纳性统计之间以及**单变量**和**双变量**或**多变量**统计之间的两种区别之外,还要区分每一种变量的量度层次,后者是交织在前二者之中的。很多章的标题都表明所讲的量度层次,不过要想概括了解各章内容的全貌,最好参看下面所示的检验和量度适配表(表2.1)。表中第一列是用于单变量分析的程序,从表中可以看到第3章讲的是用于二分法和包含两个以上类别的定类尺度的极简单的量度(百分数、比例、比率)。第10,11,12章讲述包含一个定类尺度的假设检验。第5,6章简单叙述适用于单一定序尺度的量度(中位数、四分位偏差)。用于定序资料的最简单的检验(二项检验)将在第10章讲述。我们对定距和定比尺度关注较多,在讲述单变量描述性统计的第 4 到 7 章以及在讲述归纳性统计的第三部分第 11,12 章均有论述。

从第 13 章开始,我们的注意力转向两个以上变量之间的关系,就是说我们除了要关心第一个变量而且还要关心第二个(或更多的)变量的量度层次。表格中第二到第五列有包含两个变量的量度层次的各种组合。如第二列最上一格是关于两个二分法的相互关系(如性别与政治倾向)。第二列第二行是关于前面第一个定类尺度可能有两个以上类别的情况(如新教徒、天主教徒、犹太教徒)。第三行中一个变量是二分法的(如性别),而另一个变量是定序尺度,等等。只有一个格是空白的,其中一个变量是用定序尺度量度的,另一个是用定距或定比尺度量度的。以上情况都是可以处理的,但是我们仍然缺少真正令人满意的方法,使我们可以在两个变量之中选一个变量来降低其量度层次,而又不损失信息。对角线上各格不必填写,其内容已填在对角线以下的格内。

现在详细讨论表格中列出的各种可能情况还为时过早。需要注意的主要是在选择统计分析程序时必须重视考虑所涉及的量度层次。如果情况仅限于两个变量,选择程序还是比较直接简便的(当然也不完全如此)。在多元分析中就要困难得多,那时要同时处理 5 个,甚至 15,20 个变量,而且不太可能都用同一层次去量度,又不宜使用过多的检验和量度。第 15,16,19,20 各章讨论了多元分析中有关这方面的一些问题。有几个地方,特别在第 14,20 两章的末尾,概括叙述了选择统计分析程序的基本问题。

表 2.1

第一种变量的量度层次	单变量统计法	双变量(二元)统计法			
		第二种变量量度层次			
		二分尺度	定类尺度(c 类)	定序尺度	定距和定比尺度
二分尺度	比例,百分数,比率 第 3,10,11,12 章	比例差,卡方,费舍尔精确检验,ϕ,Q,τ_b,λ_b 第 13,15 章	—	—	—
定类尺度(r 个类)	比例,百分数,比率 第 3,11,12 章	卡方,V,C,T,τ_b,λ_b 第 15 章	卡方,V,C,T,τ_b,λ_b 第 15 章	—	—
定序尺度	中位数,四分位数,十分位数,四分位偏差 第 5,6,10 章	曼-威特尼,链,斯米尔诺夫,符号秩 第 14 章	含秩的方差分析 第 16 章	秩-序相关,肯特尔 τ(tau),γ(gamma),r_s,d_{yx} 第 18 章	
定距和定比尺度	均值,中位数,标准差 第 4,5,6,7,11,12 章	均值差 第 13 章	方差分析,E^2,组内相关 第 16 章	—	相关和回归 第 17,18 章

　　本书对各个问题讲述的详细程度不同,这不仅因为篇幅有限,也不仅因为要抓住基本概念,同时也因为统计学理论的某些方面较其他方面发展得远为高深,特别是定距和定比尺度所涉及的所谓"参数统计",要比定序程序的那些内容有更多人深入研究,所以,处理定距和定比尺度的方法发展得更完善,特别是在多元分析中。但定距尺度和定比尺度之间的区别还未在统计学理论中透彻研究过,至少在我们这部教材的水平上是如此,其基本原因是,我们常用的统计模型是建立在一般线性方程的基础上的,这种方程是相加性的,不涉及变量的比率,所以,从实际出发,在阅读过程中不必考虑这一区别。最后,有必要经常参阅表 2.1。

参考文献

1. Blalock, H. M. : "The Measurement Problem: A Gap between the Languages of Theory and Research," in H. M. Blalock and Ann B. Blalock (eds.), *Methodology in Social Research*, McGraw-Hill Book Company, New York, 1968, chap. 1.

2. Bridgman, P. W. : *The Logic of Modern Physics*, The Macmillan Company, New York, 1938, pp. 1-39.

3. Cohen, M. R. , and E. Nagel: *An Introduction to Logic and Scientific Method*, Harcourt, Brace and Company, Inc. , New York, 1937, chaps. 12 arid 15.

4. Coleman, James S. : *Introduction to Mathematical Sociology*, The Free Press, New York, 1964, chap. 2.

5. Coombs, C. H. , H. Raiffa, and R. M. Thrall: "Some Views on Mathematical Models and Measurement Theory," *Psychological Review*, vol. 61, pp. 132-144, March, 1954.

6. Coombs, C. H. : A *Theory of Data*, John Wiley & Sons, Inc. , New York, 1964.

7. Coombs, C. H. : "Theory and Methods of Social Measurement," in L. Festinger and D. Katz (eds.), *Research Methods in the Behavioral Sciences*, The Dryden Press, Inc. , New York, 1953, pp. 471-535.

8. Costner, H. L. : "Theory, Deduction, and Rules of Correspondence," *American Journal of Sociology*, 75, pp. 245-263, September, 1969.

9. Hamblin, R. L. : "Social Attitudes: Magnitude Measurement and Theory," in H. M. Blalock (ed.), *Measurement in the Social Sciences*, Aldine Publishing Company, Chicago, 1974, chap. 3.

10. Krantz, D. H. , R. D. Luce, P. Suppes, and A. Tversky: *Foundations of Measurement*, vol. 1, Academic Press, New York, 1971, chaps. 1 and 3.

11. Lundberg, G. A. : *Foundations of Sociology*, The Macmillan Company, New York, 1939, chaps. 1 and 2.

12. Northrop, F. S. C. : *The Logic of the Sciences and the Humanities*, The Macmillan Company, New York, 1947, chaps. 5-7.

13. Radcliffe-Brown, A. R. : *A Natural Science of Society*, The Free Press of Glencoe, Inc. , New York, 1957, pp. 28-42.

14. Senders, V. L. : *Measurement and Statistics*, Oxford University Press, New York, 1958, chap. 2.

15. Stevens, S. S. : "Mathematics, Measurement, and Psychophysies," in S. S. Stevens (ed.), *Handbook of Experimental Psychology*, John Wiley & Sons, Inc. , New York, 1951, pp. 1-49.

16. Stouffer, S. A. , et al. : *Measurement and Prediction*, Princeton University Press, Princeton, N. J. , 1950, chaps. 1 and 3.

17. Weiss, R. S. : *Statistics in Social Research*, John Wiley & Sons, Inc. , New York, 1968, chap. 2.

单变量描述性统计学

第二部分

3 定类尺度:比例、百分数、比率

概括总结定类尺度资料要比总结定距尺度资料简单得多,所用的基本数学运算就是点算每一类别中个案的数目,然后比较各类别之间的相对大小。例如,一个组,其中有 36 个男人和 24 个女人,或者有 25 个基督新教徒、20 个天主教徒和 15 个犹太教徒,为了与其他组做比较,必须考虑两个组中个案的数目。本章讲的量度可以对若干个组进行比较,做法是将大小标准化,或加以控制。在所讲的量度中至少有两种是我们熟悉的:比例和百分数。

3.1 比例

在使用比例之前,我们必须假定分类的方法使所分得的类别互相排斥而又穷尽,换句话说,任何一个个案置于且仅置于一个类别之内。为简单起见,我们取一个包含四个类别的定类尺度,其中个案数目分别为 N_1, N_2, N_3, N_4,个案总数为 N。任一类别的个案比例就是用该类个案数目除以个案总数,所以第一类别的个案比例就是 N_1/N,其余各类别的个案比例分别为 $N_2/N, N_3/N, N_4/N$。显然,比例的值都不会大于 1。
因为

$$N_1 + N_2 + N_3 + N_4 = N$$

所以

$$\frac{N_1}{N} + \frac{N_2}{N} + \frac{N_3}{N} + \frac{N_4}{N} = \frac{N}{N} = 1$$

也就是说,如果将所有(互相排斥的)各类别的个案比例相加,其结果是 1。这是比例的一个重要性质,无论分成多少类别均可适用。

让我们用表 3.1 所示的数据说明比例的用法。

表 3.1　两个假想社区中违法者和非违法者的数目

研究对象	社区 1	社区 2
违法者		
初犯者	58	68
累犯者	43	137
非违法者	481	1 081
总和	582	1 286

很难确定哪个社区具有相对说来较多的违法者,因为它们各自的大小不同。但是如果用比例表示这些数据,我们就可以进行直接比较。社区 1 中初犯者的比例是 58/582,即 0.100;社区 2 中相应的数目是 68/1 286,即 0.053。其余比例可用同样方法算出,其结果由表 3.2 表示。从这个表可以看出两个社区的违法者的相对数目是很接近的,不过第 2 个社区初犯者比例较低,累犯者比例较高。

表 3.2　两个假想社区中违法者和非违法者的比例

研究对象	社区 1	社区 2
违法者		
初犯者	.100	.053
累犯者	.074	.107
非违法者	.826	.841
总和	1.000	1.001

由于有四舍五入的误差,社区 2 的比例总和不是精确为 1。有时人们希望数据处理的结果是总和正好等于 1.000。这就要对某些类别比例进行调整,按照惯例,我们一般是改变包含最大个案比例的类别中的数字[①]。这样做的原因是,在较大的比例中改变小数点后最后一位的数目所造成的影响要比在较小的比例中做同样改变所造成的影响小。这样,社区 2 中非违法者的比例可改为 0.840,那么所得的总和便为 1 了。

表 3.2 包含每一社区全部个案数的比例。假如我们的兴趣主要在违法者,而且我们想知道累犯者**在违法者中**所占的比例,那么可以算出两个社区中违法者的总数分别为 101 和 205,则可得出在违法者中累犯者占的比例分别为 43/101(0.426)和 137/205(0.668)。初看起来,这些数字和表中的那些比例有一些区别。我们要特别注意,不能以为第二个样本比第一个样本"违法者更多"。后面这些比例数字当然没有告诉我们在这两个样本中哪一个的非违法者的数目相对较多。显然,必须仔细检查表格。最好养成一种习惯,每看到一个比例,就要确定以分母的形式出现的那些个案总数中包含着哪些类别。读者应该提出这样的问题:"这是**关于什么的**比例?"根据表格内容,这个问题应该很容易回答。

3.2 百分数

只要将比例乘以 100 就得到百分数。**百分数**的意思就是**每一百有多少**。使用百分数的时候,我们就要把类别的容量标准化如下:假设个案总数为 100,同时每一类别的比例不变,然后计算每一类别中个体的数目应该是多少。由于各比例相加等于 1,所以如果分类是穷尽的和互相排斥的,各百分比相加应为 100。

在报告结果的时候,用百分数要比用比例多。表 3.2 中的数字也可用百分数表示。让我们另外再制一个表,以便说明一些新的问题。设有三个社区心理卫生中心,其个案分布如表 3.3 所示。

---

① 同样的方法可用于百分数。

表 3.3　三个假想的社区心理卫生中心的个案数目和百分数分布

类　别	A 中心		B 中心		C 中心		总　和	
	数目	%	数目	%	数目	%	数目	%
已婚者	63	47.3	88	45.5	41	36.6	192	43.8
离婚者	19	14.3	37	19.2	26	23.2	82	18.7
订婚者	27	20.3	20	10.4	15	13.4	62	14.2
未婚母亲	13	9.8	32	16.6	21	18.8	66	15.1
其他	11	8.3	16	8.3	9	8.0	36	8.2
总和	133	100.0	193	100.0	112	100.0	438	100.0

按照惯例,百分数的数字精确到小数点后一位,而调整则在最后一位数字上进行,使各数相加后的总和精确为 100.0。在我们举的例子里,每个中心都有足够的个案使我们可以采用百分数。不过假如个案的数目很少,则不宜使用百分数。假定 C 中心总共只有25 个个案,其中有 4 个未婚母亲和 7 个订婚者,那么这两类所占的百分数分别为 16% 和28%。由于许多人习惯于只看百分数而不看实际的个案数目,就很容易造成一种印象,以为订婚者比未婚母亲要多得多。在我们以后讨论归纳性统计时可以看到,4 个个案和7 个个案之间的差别很可能是由于偶然性因素引起的。使用百分数和比例的前提是数目的稳定性。由此可以得出两条重要的规则:(1)**一定要在百分数或比例的旁边列出个案的数目**;(2)**只有在百分数基数(分母)的个案数目达到 50 以上才使用百分数**。如果个案数目很少,最好直接用每个类别的个案数目而不用百分数。譬如,可以直接说 C 中心有 4个未婚母亲和 7 个订婚者。

现在请看总和一栏,它表示三个中心百分数的分布情况。这些数字是由各类别中个案数相加及三个中心处理的个案总数构成的。438 则作为计算各个总的百分数的基数。假如个案数目不这样详细给出,而是像表 3.4 那样只给出百分数,那么很容易使人认为是直接根据每行的 3 个百分数算出算术均值作为总的百分数。这样的计算方法只有在它们的个案数相同的情况下才是合理的,这样一种程序没有考虑到三个中心各有不同的个案数目。正确的程序是按照各自的个案数给每一个百分数加权。其方法之一是回过头来算出每一格内实际的个案数目。具体做法可用个案总数乘以每一类的**比例**,譬如,$133 \times 0.473 = 63$。

表 3.4　三个假想的社区心理卫生中心的个案百分数分布,百分数从每列向下计算

类　别	A 中心 (N = 133), %	B 中心 (N = 193), %	C 中心 (N = 112), %
已婚者	47.3	45.5	36.6
离婚者	14.3	19.2	23.2
订婚者	20.3	10.4	13.4
未婚母亲	9.8	16.6	18.8
其他	8.3	8.3	8.0
总和	100.0	100.0	100.0

请注意表3.3和表3.4中的百分数是针对某些具体问题而忽略另一些的。它们显示出每一中心各自的情况,使我们可以看出各类个案的情况,也可以就某一类别在三个中心之间进行比较。例如,B中心和C中心比A中心有较多的未婚母亲和离婚者。假定我们的兴趣主要在某一类型的个案以及各中心的该类型个案的相对数目,例如,我们想了解所有已婚者去B中心的百分数,在这种情况下,就要横向地计算百分数。我们取已婚者的总和,由此决定A中心、B中心和C中心在该类别上所占的百分数分别是多少。各百分数横向(不是纵向)相加应等于100,其结果如表3.5所示。

表3.5 三个假想的社区心理卫生中心的横向计算的百分数分布

类 别	A 中心 ($N=133$), %	B 中心 ($N=193$), %	C 中心 ($N=112$), %	总和 ($N=438$), %
已婚者($N=192$)	32.8	45.8	21.4	100.0
离婚者($N=82$)	23.2	45.1	31.7	100.0
订婚者($N=62$)	43.5	32.3	24.2	100.0
未婚母亲($N=66$)	19.7	48.5	31.8	100.0
其他($N=36$)	—*	—*	—*	—*

∗ 基数小于50则不计算百分数。

由此可见,百分数可从两个方向进行计算,读表时要注意每一个百分数或比例是怎样计算出来的。如果理论上已确定哪个是应变量,哪个是自变量,那么单凭经验规则就够了。如果按照惯例将自变量放在表的上方,应变量放在左方,则**纵向**各百分数之和为100,而我们依**横向**进行比较①。正如在比较两个社区的违法率的例题中,我们一般认为某些社区特点会影响违法率,而不是违法率影响社区特点。当我们将各百分数纵向相加为100时,我们实际上是将社区规模标准化或控制,因为我们认为,那些影响社区规模或影响从每一社区抽出的样本的因素并不是依违法率而变化的应变量。所以,纵向计算百分数就是在对那些影响两个样本容量的因素进行控制。如果考虑到一条直线的斜率这一概念,其中一个变量是另一个变量的应变量(参见第17章),那么这个问题就更容易理解了。这些纵向计算的各百分数可以被看作斜率的特例。

3.3 比率

数目A对数目B之比率被定义为A除以B。这里关键是"对"这个词。这个词前面的数是分子,后面的数是分母。假定在地方选举中作为选民登记的有365个共和党人,420个民主党人,130个无党派者,则共和党人**对**民主党人的比率为365/420;共和党人与民主党人**对**无党派者的比率为(365+420)/130。注意,比率可以取大于1的值,这一点与比例不同。另外,在"对"这个词前后的数可以表示为几个数的和(例如,共和党人与民主党人)。通常可用提分子和分母中的公因数的方法将比率简化,所以可将民主党人对无党派者的比率写为42/13或42:13。有时人们愿意将分母化为1表示比率。例如,民主党人对无党派者的比率可以写成3.23:1。

① 这种做法与图示法是一致的,在图中,自变量X置于水平轴上,应变量Y置于垂直轴上。

　　显然,比例是比率的一个特殊类型,即分母是个案的总数,分子是这个总数中的一部分。一般来讲,**比率**这一术语通常是指这种情况:分子与分母为各不相干的两个类别。我们可以计算违法者对非违法者的比率或已婚者对订婚者的比率。显然,如果有四五个类别,就可以计算出很多的比率。所以,如果我们的兴趣不是集中在一对或几对类别上面,那么,对读者来说,使用百分数或比例会更省力、更清楚。如果仅有两个类别,就可以从比率直接推算出比例,反之亦然。例如,如果我们知道男人对女人的比率为3∶2,则平均每5个人中就有3个男人和2个女人,因此,男人的比例为3/5或0.6。

　　比率可以用任何被认为是方便的基数来表示。比率的基数表现为分母的大小。例如,性别比一般由每100个女人中有多少男人来表示,所以,性别比为94表示男人略少于女人,而性别比为108则表示男人在数量上占优势。基数为1 000或100 000这样的大数时,常使用比率的另一种类型——**率**(rate),这种情况下使用比例或百分比会得出极小的小数。例如,谋杀率可以表示为每100 000人中发生谋杀案的数目。

　　增长率是比率的另一种常用的类型。在计算这种率时,我们用一段时期内实际增加的数量除以这段时期**开始**时的数量①。譬如,如果在1960年到1970年这段时期内一个城市的人口从50 000增长到65 000,那么这10年的增长率为

$$\frac{65\ 000 - 50\ 000}{50\ 000} = 0.30$$

或30%。对增长率来说,如用百分数来表示则可能超过百分之百,如果这个城市的人口实际上减少了,则也可能成为负数。

习　题

　　1. 下表表明某大学做礼拜的人数与年级之间的关系:

做礼拜的人	年　级				总　和
	一	二	三	四	
经常做的人	83	71	82	59	295
不常做的人	31	44	61	78	214
总和	114	115	143	137	509

　　(1)经常做礼拜的人在总样本中占的百分比是多少?(答案:57.96%)

　　(2)一年级学生对四年级学生之比为多少?

　　(3)在经常做礼拜的人中,低年级(一、二年级)对高年级之比为多少?(答案:1.09比1)

　　(4)在不常做礼拜的人中,四年级学生占的比例是多少?四年级学生中不常做礼拜的人占的比例是多少?(答案:0.364;0.569)

　　(5)一、二年级不常做礼拜的人相对而言是否较三、四年级为多?用百分数表示。

　　(6)试用几句话概括这些数据。

　　2. 一位社会心理学家研究工业生产率与集体领导类型之间的关系,得到以下数据,

---

　　① 第15章将介绍"误差减少比例"的概念作为两个变量之间关系的量度,这个概念与增长率或缩减率密切相关。

这些数据表明在每种集体领导类型之中个人的生产率水平:

生产率	集体领导类型			总　和
	民主的	自由的	独裁的	
高	37	36	13	86
中	26	12	71	109
低	24	20	29	73
总和	87	68	113	268

（1）你准备横向还是纵向计算百分数？为什么？

（2）计算百分数并概括数据。

（3）每个集体之中高效率生产者对低效率生产者之比是多少？这三个比率是否能概括这些数据？试予以解释。

3. 参照表 3.3 中社区心理卫生中心的数据,以下比率分别是多少？

（1）已婚者对离婚者。（答案:2.34 比 1）

（2）A 中心的个案对 B,C 中心的个案。

（3）B,C 中心的已婚者和订婚者对未婚母亲。（答案:3.09 比 1）

4. 假如某社区白人对非白人之比为 8/5,非白人在社区总人数中占的比例为多少？如果白人对黑人之比为 8/5,你能否用同样方法算出黑人在社区总人数中占的比例？为什么？

5. 如果某城市 1960 年的人口为 153 468,1970 年的人口为 176 118,那么从 1960 年到 1970 年的人口增长率为多少（用百分数表示）？（答案:14.76%）

6. 如果某县有男人 12 160,女人 11 913,其性别比为多少（用每 100 个女人对应多少男人表示）？（答案:102.1）

参考文献

1. Anderson, T. R. , and M. Zelditch: *A Basic Course in Statistics*, 2d ed. , Holt, Rinehart and Winston, Inc. , New York, 1968, pp. 24-31.

2. Freeman, L. C.: *Elementary Applied Statistics*, John Wiley & Sons, Inc. , New York, 1965, chap. 4.

3. Kohout, F. J. : *Statistics for Social Scientists*, John Wiley & Sons, Inc. , New York, 1974, unit Ⅲ.

4. Weiss, R. S. :*Statistics in Social Research*, John Wiley & Sons, Inc. , New York, 1968, chap. 4.

5. Zeisel, Hans: *Say It with Figures*, 5th ed. , Harper and Row, Publishers, Incorporated, New York, 1968, chaps. 1 and 2.

4 定距尺度:频数分布和图示法

这一章我们要介绍的概括数据的方法与上一章介绍的方法十分相似。我们要将定距尺度的资料分为若干类别并将它们按照一定顺序排列,然后利用这种分组对个案的分布情况进行全面描述。这样就可以把数目庞大的个案资料压缩成一种简单的形式,以便读者掌握个案分布情况。后面我们将会看到,凭借数据分组的方法可使一些计算得以简化。下面两章介绍的概括资料的方法是简便的,可使资料用若干代表典型量度和同质性程度量度的数字来描述。

4.1 频数分布:数据分组

在上一章里,我们在概括数据时基本上没做过重大的决策。这是因为事实上我们假设分组已经确定,需要做的只是点算每组内的个案数目,并用计算比例、百分数或比率的方法将总样本中的个案数标准化。但如果要用同样的方法概括定距尺度数据,则必须先决定使用什么类别。由于数据的分布通常是连续的,在相邻近的分数之间几乎没有很大的间隔,所以分类方式总有几分任意性。决定使用多少类别并确定类别之间的分割点总是必要的。可是由于这些决策要视分类的目的而定,所以不可能找到一种简单的规则来进行决策。让我们举个实际例子说明这个问题。下列数字表示在某城市教育委员会选举中,93 个普查区合格选民实际参加选举的百分比:

39.2%	11.6%	36.3%	26.3%	37.1%	15.3%	27.3%	23.5%	13.3%
28.1	26.3	27.1	35.1	23.0	26.1	31.0	36.3	27.3
22.8	33.4	25.6	21.6	46.8	7.1	16.8	26.9	46.6
44.3	58.1	33.1	13.4	27.8	33.4	22.1	42.7	33.0
36.3	20.7	9.3	26.3	29.9	39.4	5.3	24.3	17.8
18.2	37.1	21.6	17.5	12.3	23.6	37.2	37.1	25.1
27.1	28.8	27.8	33.6	26.5	28.3	26.9	24.8	41.0
33.6	19.3	43.7	28.2	19.9	83.6	47.1	4.8	9.7
39.5	32.3	22.4	15.1	26.3	26.1	29.2	14.3	14.6
21.6	37.9	37.1	24.9	10.0	20.7	11.8	22.9	36.0
46.1	21.5	13.3						

这样的原始数据对读者来说几乎毫无用处,如果个案数目非常大就更是毫无用处。

假定要比较两个社区的实际参加选举情况,看一遍数据可以发现大多数普查区的实际参加选举人占20%到40%,只有一个区是特别高的。然而要对整个分布获得清楚的印象就十分困难了。

间距的数目和大小 为了使人们对整个分布有个具体的印象,最好将分数相近的归为同一类别。这样,我们立即就会遇到两个问题:将这些数据分组时需要多少个间距?这些间距应该多大? 显然,使用具有特殊距离或极限的间距是毫无意义的,所以我们更可能选择5,10,20等作为间距距离而不是4.16。我们的端点,或称组限,一般用整数,如5.0或10.0。如果对所用的间距发生怀疑,最好用大数目的窄间距分类。这样做的理由是很明显的,因为应用窄间距以后,总还可以用更大的间距概括个案。但如果开始时用的是小数目的较粗糙的分类,就无法再细分,除非全部重新点算一遍。所以在将上述数据分类时,我们也许应做出如表4.1所示的,间距为5%的分类决策。

表4.1 **数据按5%的间距分组时的频数分布**

间距	频数,f	间距	频数,f
0.0-4.9	1	45.0-49.9	4
5.0-9.9	4	50.0-54.9	0
10.0-14.9	9	55.0-59.9	1
15.0-19.9	8	60.0-64.9	0
20.0-24.9	16	65.0-69.9	0
25.0-29.9	23	70.0-74.9	0
30.0-34.9	8	75.0-79.9	0
35.0-39.9	14	80.0-84.9	1
40.0-44.9	4		93

仔细看一看各类别的频数就会发现,它们是很不规则的。或许,我们能用随机波动的概念解释相邻类别的频数变化。如果个案增多,可以期望得到较平滑的分布,这是根据直觉做出的判断,其道理将在以后的章节里得到解决。现在,只能告诉读者,在经验上情况似乎总是如此。本例的普选区的数目为93,我们只能利用少数较宽的间距,力求得到一个较平滑的分布。应用宽度为10%的间距,如表4.2所示。

表4.2 **数据按10%的间距分组时的频数分布**

间距	频数,f
0.0-9.9	5
10.0-19.9	17
20.0-29.9	39
30.0-39.9	22
40.0-49.9	8
50.0-59.9	1
60.0-69.9	0
70.0-79.9	0
80.0-89.9	1
	93

如果使用更宽——比如20%——的间距,就得到表4.3的结果。这样分类使大部分原始数据变得含混不清。我们只知道在20.0-39.9的间距里包括了三分之二的个案。在

看了这张表后,人们无法了解大多数个案在这个很大的间距里的确切位置。如果间距太多,频数分布就会零乱或不规则;如果分类太粗,又会损失大量信息。显然必须在两者之间做出权衡。顺便说一句,在把数据按间距分类进行概括时,实际上,**总要损失某些重要信息**。相反,如果不把数据分类而如实详细写出,就又显得过于散乱,不能给人以启迪。

表4.3　数据按20%的间距分组时的频数分布

间距	频数, f
0.0-19.9	22
20.0-39.9	61
40.0-59.9	9
60.0-79.9	0
80.0-99.9	1
	93

已有的数学公式可以告诉我们应该用多少个间距,这些公式常常给人们以精确无误的印象,然而最佳决定的做出通常还是要依据常识以及频数表的使用目的。在不考虑个案数目和频数分布的平滑度的情况下,明智的办法是遵从以下经验法则,即间距的宽度不应超过可以忽略的数值之差。例如,房价相差5美元微不足道,但是衬衫的差价如此就不行了。因此,一个间距内的个案的个数应该与具体的目的相适应。

上面的数据还提出一个问题。对于那个实际选举人数占83.6%的选区怎么办? 如果用宽度为10的间距,那么这个个案就独自成一组,而且还会有几个空组。当然,如果资料需要精确概括,就必须使用这样的间距。该选区的确是独特的。另一方面,在某些情况下还是应当缩小表格。如果百分数超过100很多,或某些极端的数值处在其他数值10个间距以外的位置,就更不容易做决定了。有几种解决此问题的方法。一种方法是使用**不同宽度**的间距,让某些特殊的间距比别的间距宽,如可以使用一个50.0~89.9的间距,它可以把两个最大的数值包含在内。当然,这样做把两个数值混合了,因而损失了准确数值的信息。

另一种方法是使用**开放间距**,以便将极端个案都收容在内。例如,把最后一个类别写成"50%以上"。这样做,我们保存的数据信息更少了,尽管在这个特殊例题中已知没有超过100数值的百分数。如果资料是有关收入的数据,并且最后的间距写做"5万美元以上",读者就决不可能根据统计表猜测出最高的收入为多少。但应该看到,在某些情况下,知道最高收入是多少毫不重要。就这个情况而言,采用开放间距而使问题简化带来的好处可能超过不利因素。如果分布具有少数几个极端数值,就可能没有令人满意的解决办法。如果想指明最富公民的收入,同时又不变动表格的形式,可以用文字说明。我们在以后的章节里会看到,如果数据分组的主要目的在于简化计算,而不是要有意义地显示说明资料,就不应该使用开放间距。

真限　读者可能已经注意到,各组间距的极限之间没有交迭的情况。实际上,它们之间存在很小的间隙。我们使用的间距以不给读者造成思想混乱为目的。若间距写成10-20,20-30等的形式,那么数值20.0究竟应该属于哪一类别呢? 实际上无论间距写成什么形式都会造成混乱,例如,如果个案的数值在19.9和20.0之间,怎么办? 当然,上述例题不存在这样的问题。但是,读者稍微思考一下就会发现,这是因为数据经过**四舍五入**,把数值保留到小数点后第一位的结果。于是,又引出另一个问题:"如果数据经过舍入,那么它们究竟应该归入哪一个间距?"我们立即看出,间距的**真正**界限与**表述**界限不同。根据习惯的四舍五入规则,稍高于19.95的数值经过舍入晋升为20.0,相应的选区要归入20.0-29.9的间距。如果数值稍低于19.95,经过舍入就成为19.9,相应的选区就要放入较低的组别。因此,实际应用的真正界限如下:

$$-0.05\text{-}9.95$$
$$9.95\text{-}19.95$$
$$19.25\text{-}29.95$$
$$\cdots$$

若使用真正界限,则每一间距的实际宽度是10.0(不是9.9),其上限正好等于下一个间距的下限[1]。如果个案的数值正好为9.950 00,由于最后那个5之前的数字很特别(恰好是9),我们可按惯例将它四舍五入到10[2],正因为这样,各种个案都可以清晰地被放到适当的间距里。注意,如果按照一般情况,把数值舍入到**最接近**的数值,真正间距界限总会含有两个相邻的表述间距界限的上限和下限的均值。例如,一个间距的表述下限是19.9,相邻间距的表述上限是20.0,间距的真正上限或下限就是19.95。依照惯例公布的统计值必须指明量度的精确度。例如,10.45表示精确到小数点后两位,10.450表示精确到小数点后三位,10.4表示精确到小数点后一位,等等。因此,间距的上、下限必须表明量度的精确度,以便读者可以判断真正界限,并据此进行计算。例如,若表述界限为10.00-19.99,它表明量度精确到小数点后两位,所有数值都舍入到小数点后两位。因此,真正界限是9.995-19.995。如果表述界限是10-19,真正界限就是9.5-19.5。

少数情况下,数据——如:距**最近**生日的年龄——不能按惯例进行四舍五入。但只要仔细思考给定个案的归属问题,答案是很明确的。一个明天将满20岁的人在今天登记的时候,应是19岁。显然,表述为15-19的间距,其真正界限却是15-20。我们在此详细论述真正界限和表述界限的区别,似乎过分繁琐了。然而读者在以后各章中就会明白,当数据以频数分布的形式表示出,即使没有注明真正的界限,也必须根据真正界限进行计算。

离散的和连续的数据　上述数据是**连续**的,其意义为:只要量度具有足够的精确度,并且选区很大,则在理论上可以算出任何百分数值。因此,百分数值不仅有17.000 0%,也可能有17.453 1%。有些数据是**离散**的,即它们不可能取某些数值。例如,一名妇女可以有0,1,2,以至17个孩子,但她不可能有2.31个孩子。收入和城市人口在理论上也是离散变量,因为收入不可能是3 219.561 8美元,城市人口也不会有43 635.7人。由于受到量度手段的限制,数据只能舍入到某一位数。因此,实际经验性数据总是离散的。但是在很多情况中,我们可以想象一个连续分布,以运用最好的量度方法。正如在正态曲线一章里,我们会看到数学家经常要建立以连续变量为前提的理论分布。

对于某些问题,例如收入和城市人口,不难把数据想象为连续的,即使它们实际是不可再分的最小单位(一分钱,一个人)。但是,可以把家庭的孩子数目想象为连续的吗?如果假定数据是连续的,似乎太不合适了。在把资料表示成频数分布时,显然不会愚蠢

---

① 即使最前面的间距包含零,且数值不能为负(如百分数),我们还是可以认为所有的间距都是等宽的,设想第一个间距的下限实际上为-0.05,而四舍五入后就变成了0.00。

② 因为恰好位于两个间距之间的那些个案总是被放在较高的那一类中,因此在使用定距量度时,总会略有偏倚,而在绝大多数的实际使用中,诸如这样的偏倚是可以忽略不计的。

到这样的程度,使用0.5-2.4个儿童,或2.5-4.4个儿童的间距,而是要简单地用0-2,3-4等间距。即使间距之间留有间隙,也不会出现意义不清楚的问题。然而,为了便于实际计算,有时数据必须被看做是连续的并把离散的数值放入各个窄间距里。我们把有一个孩子的母亲分在0.5-1.5间距的类别里似乎很奇特,但是有时需要这样处理。在大多数情况下,处理后的结果和保留资料本来离散形式所得到的结果基本上相同。为了应用数学家建立的模型,我们必须在上述及其他问题里迁就实际情况。只要认识到我们是怎样做的,就不会或很少产生混乱。

4.2 累积频数分布

为了某些目的,要把数据表示成不同的形式。现在,我们不报告属于每一间距的个案数,而是给出分数低于或高于某一给定数值的个案数目。在上面的数据资料里,显然没有实际参加选举的百分数低于零的选区,低于9.95%的选区有5个,低于19.95%的有22个,全部93个选区的实际参加选举的百分数都低于89.95%。于是,可以把数据表示成表4.4的累积形式。注意,数据可以表示成有多少个个案低于某一数值或高于某一数值的两种累积形式。累积分布一般用大写字母 F 表示,而不用小写字母表示。如果愿意,也可以把实际频数换算成百分数。在第5章中讲到如何计算中位数时,以及第14章中都要用到累积分布。

表4.4　累积频数分布

向上累积			向下累积		
小于以下数值的个案数	累积频数,F	百分数	大于以下数值的个案数	累积频数,F	百分数
0.0	0	0.0	0.0	93	100.0
9.95	5	5.4	9.95	88	94.6
19.95	22	23.7	19.95	71	76.3
29.95	61	65.6	29.95	32	34.4
39.95	83	89.2	39.95	10	10.8
49.95	91	97.8	49.95	2	2.2
59.95	92	98.9	59.95	1	1.1
69.95	92	98.9	69.95	1	1.1
79.95	92	98.9	79.95	1	1.1
89.95	93	100.0	89.95	0	0.0

4.3 图示法:直方图、频数多边形和累积频数分布曲线

总有一些人不愿意看表格。若将数值表示成图或直观的形式,他们就能较好地理解。把资料表示成一眼就能看出频数差异的最简单、最有用的方法就是利用与每一类别频数成正比的面积或高度的图形。例如,用矩形表示每一类别,其高度表示相对大小。

如果是定类尺度,矩形的排列顺序就无关重要。如果横坐标表示定序尺度和定距尺度,矩形就能以适当次序排列起来,使频数分布一目了然。该图形称之为**直方图**。每个间距的绝对频数或个案数目的比例都可用纵坐标标出,如图4.1所示:

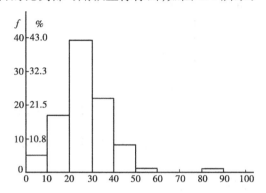

图 4.1　间距相等的直方图

应该注意到,如果矩形的**高度**与各个类的频数成正比,除非所有间距都封闭并且宽度相等,否则会给人以错觉。例如,若一个中间间距的宽度不是10而是20,它就会含有很多个案,其形状如图4.2所示。显然,为了能更准确体现资料的情况,矩形应该只取原高的一半,因为其底已经加宽一倍,而且该间距包含的平均个案数是常规间距的两倍。

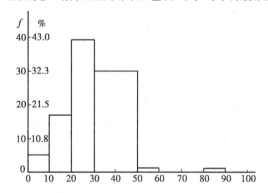

图 4.2　间距不相等,高度与频数成比例的直方图

经过修改后的直方图(见图4.3)更接近于原来的图形(图4.1)。读者稍加考虑就会懂得,如果用矩形的面积而不是用高度表示频数分布,则可以更恰当地处理不等间距的数据。换言之,我们用矩形的**面积**表示个案数目。在间距相等的特例中,矩形的高度又会和频数成正比。如果矩形的宽度为一个单位,高度表示比例,直方图下的总面积等于1。于是有:

$$1 \times \frac{5}{93} + 1 \times \frac{17}{93} + 1 \times \frac{39}{93} + \cdots + 1 \times \frac{1}{93} = 1$$

在第7章中讲到正态曲线时,我们必须用矩形的面积而不是高度来表示频数分布,所以恰当的办法是取直方图下的总面积为1。

表示频数分布的另一种相似的图形是**频数多边形**。直接把各矩形的顶部中点用直线连结起来,并把原来的矩形涂抹掉,如图4.4所示,就得到频数多边形。注意,频数多边形的两个终点要放在基线(水平轴)上的起止间距的中点上。我们一般不同时使用两种图形,但是,如果将直方图与频数多边形重叠,可看出两者的面积必定相等。这是因为,每一个处在频数多边形里面而在直方图外面的小三角形都有另一个处在直方图下方

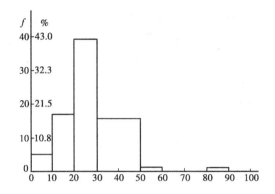

图 4.3　间距不相等,面积与频数成正比的直方图

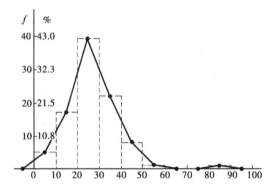

图 4.4　频数多边形

而在频数多边形上方的小三角形与之相等。因此频数多边形下的面积也可取 1。但应注意,频数多边形是用直线把一些点连接起来,这些点本身表示各间距的个案数,而连线上的其他点无意义,读者对此务必小心。例如,曲线上横坐标为 20 的一点,对应的纵坐标近似等于 28,这并**不意味**该点有 28 个个案。

　　频数多边形也可以表示累积频数分布。该图形称做**累积频数分布曲线**。用纵轴 Y 表示频数或百分数,并且像前面一样,沿 X 轴放置定距尺度变量的数值,对应的 Y 值频数表示**低于** X 值的个案数目。例如,在图 4.5 中,小于分数 34 的个案占 75%。因此累积频数分布曲线可作为图示法来判断低于或高于某一数值的个案数目。显然,累积频数分布曲线只有两种形状,持续增长的或持续减少的,这分别取决于向上或向下累积。在空(没

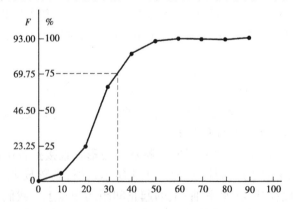

图 4.5　累积频数分布曲线

有个案)的间距内曲线是水平的。如果频数分布如上述数据所示,包含最多个案数目的间距处在分布的中心附近,累积频数分布曲线就呈 S 形状,其斜率最陡的地方对应于含有最多个案数目的间距。

习 题

1. 假定有一个社区居民样本的年收入数据如下:

$ 9 760	$10 850	$10 340	$10 890	$ 9 860
11 340	11 360	11 350	18 740	11 350
12 210	9 140	9 610	10 560	14 310
10 410	10 330	15 190	9 740	10 550
11 570	14 810	11 250	14 110	11 210
16 300	12 340	10 460	17 300	12 490
10 320	9 970	26 310	11 440	9 110
8 790	11 140	9 670	10 370	30 400
11 560	10 000	10 100	12 170	10 760
10 800	8 610	12 130	10 160	11 170
20 460	11 570	8 710	9 800	13 170
12 210	8 940	11 320	10 180	9 350
9 690	9 780	16 830	11 240	15 340

(1)制出频数分布和累积分布。

(2)指出间距的真正上限和下限。

(3)画出直方图、频数多边形和累积频数分布曲线。

2. 对81人的走亲访友模式进行了调查,要求他们写出每月至少来往一次的亲友的数目,结果如下:(数字是他们经常访问的实际人数)

3	5	2	3	3	4	1	8	4
2	4	2	5	3	3	3	0	3
5	6	4	3	2	2	6	3	5
4	14	3	5	6	3	4	2	4
9	4	1	4	2	4	3	5	0
4	3	5	7	3	5	6	2	2
5	4	2	3	6	1	3	16	5
3	11	4	5	19	4	5	2	2
4	3	14	5	2	1	4	3	4

(1)制出频数分布和累积分布。

(2)说明你使用的间距的理由。

(3)画出直方图、频数多边形和累积频数分布曲线。

3. 写出下列间距的真正上限和下限。

(1)1 000-1 900   (2)1.000-1.999(答案:0.999 5-1.999 5)

   2 000-2 900   2.000-2.999

(3)1 000-1 999 　　　　(4)0.010-0.019(答案:0.009 5-0.019 5)
　2 000-2 999 　　　　　0.020-0.029

在对上述各间距做四舍五入时,有什么要求?

参考文献

1. Anderson, T. R. , and M. Zelditch: *A Basic Course in Statistics*, 2d ed. , Holt, Rinehart and Winston, Inc. , New York, 1968, chap. 4.

2. Loether, H. J. , and D. G. McTavish: *Descriptive Statistics for Sociologists*, Allyn and Bacon, Inc. , Boston, 1974, chap. 4.

3. McCollough, C. , and L. Van Atta: *Introduction to Descriptive Statistics and Correlation*, McGraw-Hill Book Company, New York, 1965, chap. 1.

4. Mueller, J. H. , K. Schuessler, and H. L. Costner: *Statistical Reasoning in Sociology*, 3d ed. , Houghton Mifflin Company, Boston, 1977, chap. 4.

5. Runyon, R. P. , and A. Haber: *Fundamentals of Behavioral Statistics*, 3d ed. , Addison-Wesley Publishing Company, Reading, Mass. , 1976, chap. 3.

6. Weiss, R. S. : *Statistics in Social Research*, John Wiley & Sons, Inc. , New York, 1968, chap. 5.

定距尺度:集中趋势的量度 5

　　我们已经看到,可以很容易地用百分数、比例或比率来总结定类尺度,这些总结性量度实质上都是可以互换的。换言之,用一种量度就可以描述数据。对定距尺度来讲,我们已经看到可以用频数分布来描述数据。我们还可以使用几种不同类型的量度,其中最重要的是典型性量度或**集中趋势**量度,以及异质性量度或**离差**量度。在上述情况中我们都会发现,有一些不同的量度可供选择,每种量度都有不同的特性、优点和缺点。与定类尺度相比,总结定距尺度要复杂一些。本章讨论典型性量度,下一章将讨论离差量度。一般说来,这两种类型的量度合在一起适用于描述定距尺度的数据。

　　外行人对"**平均数**"一词的概念大多模糊不清,事实上,一般人可能不知道有几种不同的典型性量度,而且在某些情况下不同的量度会产生不同的结果。因为有不同的集中趋势的量度,所以有必要了解每种量度的优点和缺点。了解在什么情况下用哪一种方法合适,同样也很重要的。为什么人口普查局报告中使用收入的中位数,而不是收入的均值? 告诉外行人"平均"每家有 2.3 个儿童,住 4.8 间屋,是否有意义? 在什么情况下,使用不同的量度几乎没有差别? 这些都是计算平均值时可能要提出的问题。

5.1 算术平均值

　　在社会调查中使用着两种集中趋势量度,算术平均数(以后简称均值)和中位数。二者中均值用得最普遍,其定义为:分数之和除以个案的总数目。习惯上用 $\overline{X}$ 代表均值,有时也可用字母 M 表示算术平均值,其公式如下:

$$\overline{X} = \frac{X_1 + X_2 + \cdots + X_N}{N} = \frac{\sum_{i=1}^{N} X_i}{N} \qquad (5.1)$$

式中 X_1 代表第一个个案的分数,X_2 代表第二个,X_i 代表一般个体的分数[①]。如果没有含混不清之处,可以略去公式中的下标,表示为:

$$\overline{X} = \frac{\sum X}{N}$$

这里可以理解为对所有的量取和。均值具有这样一种代数性质,即每个分数对均值的偏

---

　　① 有关连加号的解释,请参见附录 1。

差的总和为 0。这个性质可以用如下的方程式表示：

$$\sum_{i=1}^{N} (X_i - \overline{X}) = 0$$

当我们认识到均值是怎样定义的,就不会对此感到奇怪了。证明也很简单,因为它是每个数与均值之差的和,因此可以把上式分解为两个和之差,即：

$$\sum_{i=1}^{N} (X_i - \overline{X}) = \sum_{i=1}^{N} X_i - \sum_{i=1}^{N} \overline{X}$$

但由于 $\overline{X}$ 是一个常数,就得出：

$$\sum_{i=1}^{N} \overline{X} = N\overline{X} = N \frac{\sum_{i=1}^{N} X_i}{N} = \sum_{i=1}^{N} X_i$$

可以看出 $\sum_{i=1}^{N} X_i$ 和 $\sum_{i=1}^{N} \overline{X}$ 之间的差为 0。

上述性质可以用来简化均值的计算。例如,想要计算 72,81,86,69 和 57 的均值,就把它们加起来再除以 5,得 $\overline{X}$ 为 73.0。从每个数减去这个均值,然后加起来,可以证实其和为 0。

但是假定我们猜测均值为 70,然后从每个数中减去这个猜测的均值,最后的总数不是 0,但是我们会看到,每个新的差都(在正的方向上)比原来的差大 3 个单位。因此我们发现,猜测的均值比原来的均值小 3 个单位。如果在我们猜测的均值上加 3 个单位的修正因子,就可以得到正确的均值。

X	$X - 73$	$X - 70$
72	−1	2
81	8	11
86	13	16
69	−4	−1
57	−16	−13
	0	15

在实践中不会用这种方式来比较两组的差。然而可以看到,第二组的差之和是 +15。由于有 5 个数值,这就说明平均说来猜测的均值比真正的均值低 15/5 或 3.0 个单位。可以证明,如果猜测的值过高,则差的和是负值,为了得到正确的数,就要从猜测的均值中减掉一些。如 $\overline{X}'$ 代表猜测的均值,就可以用猜测的均值和修正因子求出均值,该式可表示为：

$$\overline{X} = \overline{X}' + \frac{\sum_{i=1}^{N} (X_i - \overline{X}')}{N} \tag{5.2}$$

用语言来说,就是

$$真正的均值 = 猜测的均值 + \frac{各数与猜测的均值的偏差之和}{个案数}$$

为了验证这个公式的正确性,我们把上式的右边展开,得

$$\overline{X}' + \frac{\sum_{i=1}^{N} (X_i - \overline{X}')}{N} = \overline{X}' + \frac{\sum_{i=1}^{N} X_i}{N} - \frac{\sum_{i=1}^{N} \overline{X}'}{N}$$

$$= \overline{X}' + \frac{\sum_{i=1}^{N} X_i}{N} - \frac{N\overline{X}'}{N}$$

$$= \frac{\sum_{i=1}^{N} X_i}{N} = \overline{X}$$

虽然看起来是用很麻烦的方式来计算 $\overline{X}$,但在没有计算器的条件下,这种方法还是可以简化大量工作的。利用猜测的均值会减少要加的数的值。猜测的均值愈接近正确的值,则差愈少。

均值的第二个性质是:各数值对均值的偏差**平方**和小于对任何其他数的偏差平方和。换句话说,就是:

$$\sum_{i=1}^{N} (X_i - \overline{X})^2 = 极小值$$

证明这个性质的方法很简单。先检查 X_i 对于任何其他数 $\overline{X}'$ 的偏差,前面我们把 $\overline{X}'$ 当作猜测的均值。从偏差中加和减真正的均值 $\overline{X}$,我们可以写成:

$$X_i - \overline{X}' = (X_i - \overline{X}) + (\overline{X} - \overline{X}')$$

上式两边取平方,得出

$$(X_i - \overline{X}')^2 = (X_i - \overline{X})^2 + 2(X_i - \overline{X})(\overline{X} - \overline{X}') + (\overline{X} - \overline{X}')^2$$

对所有 N 个个案取和,得到:

$$\sum_{i=1}^{N} (X_i - \overline{X}')^2 = \sum_{i=1}^{N} (X_i - \overline{X})^2 + 2(\overline{X} - \overline{X}') \sum_{i=1}^{N} (X_i - \overline{X}) + \sum_{i=1}^{N} (\overline{X} - \overline{X}')^2$$

由于 $2(\overline{X} - \overline{X}')$ 是个常数,所以可以把它们放在连加号前面。因为我们已证明

$$\sum_{i=1}^{N} (X_i - \overline{X}) = 0$$

所以我们立即可以看出整个第二项等于 0。另外,最后一项包括等于 $(\overline{X} - \overline{X}')^2$ 的 N 个项,因此我们可以得出:

$$\sum_{i=1}^{N} (X_i - \overline{X}')^2 = \sum_{i=1}^{N} (X_i - \overline{X})^2 + N(\overline{X} - \overline{X}')^2$$

这里我们看到,对 $\overline{X}'$ 的偏差平方和等于对真正均值的偏差平方和再加上另一个不可能是负数的平方项。$\overline{X}'$ 与 $\overline{X}$ 之间的差愈大,则右边的第二项就愈大。

我们会在许多情况下使用均值的最小二乘方的性质。$\sum_{i=1}^{N} (X_i - \overline{X})^2$ 会经常出现在以后的讨论中,作为总变差或异质性的量度。事实上,当我们在第 16 至第 20 章中讨论相关与回归和方差分析时,"最小二乘方"的概念是我们讨论的核心,它将被用作判断一组数据与代表数学"定律"的理论曲线之间的"最佳拟合"的标准。

5.2 中位数

当数据从高向低排列时,有时我们要定出居中个案的位置。也许我们要用百分位数把一组学生分类别,找出班级中 10% 成绩在他以下的那一个学生,或班级中 32% 成绩在他以下的,等等。这种量度,由于定出相对于某些其他个案的某些典型(或非典型)个案

的位置,常被当作**位置量度**。中位数也许是这种位置量度中最重要的,我们定义中位数为按大小次序排列的 N 个数值的中间值,因此中位数把全部分数分为两半。如果个案数是奇数,中位数就是中间个案的分数。如果 N 是偶数,则没有**单独**一个中间个案,两个中间个案的分数之间的任何数值,都有把全部分数分成两个数目相同的组这一性质,因此,如果 N 是偶数,中位数的定义就不确定。按惯例我们取两个中间个案的平均值,这个值是唯一的。

设有 72,81,86,69 和 57 几个数,72 就是中位数(均值则为 73)。假如又有第六个数,比如 55,两个中间的数值为 69 和 72,我们要取的中位数则是 (69 + 72)/2,即 70.5。如果两个中间的个案碰巧都是一样的数,那么中位数也就是那个数本身。注意,如果 N 是奇数,中位个案就是第 $(N+1)/2$ 个个案。当个案数是偶数时,中位数就是第 $N/2$ 个案和第 $(N/2+1)$ 个个案之间的数值。因此,如果 $N = 251$,中位数就应是第 126 个个案;如果 $N = 106$,我们就要取第 53 和第 54 个个案之间的中间数。当 N 值相当大时,这些公式都很有用。

我们已经看到均值具有以下性质:

$$\sum_{i=1}^{N} (X_i - \bar{X}) = 0$$

和

$$\sum_{i=1}^{N} (X_i - \bar{X})^2 = 极小值$$

第一个性质成立的理由是,当从每个数减去均值时,最后的各个差值中负数值恰好抵消正数值。但假如我们不考虑符号,并把所有的差值都当做正数会怎样呢? 可以证明,如果从每个分数减去中位数,略去差的符号,并相加取和,我们就会得到一个比任何其他集中趋势量度更小的数。用符号表示为:

$$\sum_{i=1}^{N} | X_i - Md | = 极小值$$

式中 Md 代表中位数,$(X_i - Md)$ 两侧的竖杠表示取差的正值(绝对值)。虽然中位数的这个性质可能有些意思,但对于社会学的研究似乎没有特别用处。

5.3 　* 从分组数据计算均值和中位数

当个案数目相当大时,如果用笔算均值或中位数就会变得麻烦了。现在大多数社会科学家都用袖珍计算器或计算机程序来轻易地处理这类和其他的运算。人们喜欢用这种计算器和程序,因为它们减少计算和四舍五入的误差,而且可以节省相当多的时间和资金。然而,读者应该学会不靠这些来计算各种量度,因为把这种数据转换成可以输入高速计算机的形式时常很不方便。在这种情况下最好对数据进行类别分组,并从得到的频数分布中计算其均值或中位数。当然,有时数据已按分组的形式给了我们,这时既不

---

*那些节、段或习题前的星号(*)表示,这些节、段或习题涉及的内容或是在概念的理解上存在一定的困难,或涉及的题目对那些只有相当有限的研究方法知识背景的学生可能不是很熟悉。本节介绍的内容,有些涉及计算器和软件包的使用,为了更有利于其他章节中对学生更实用的工具的介绍,指导教师也许可以对这些内容略而不讲。省略或跳过这些内容,并不会对初学的学生以后的学习造成困难,因为这些内容并非学习以后的内容的必不可少的基础。章节的标题前的星号表示,如果指导教师认为需要的话,那些章节可以整个被省略。

可能也无必要为了计算而去把它们恢复成原来的数据形式。例如,人口普查的数据一般就是以分组的形式给出的。我们仅知道一定数量的人,其年龄是 0 到 4 岁,或 5 到 9 岁,却不知道每个人的准确岁数。

在下面我们将看到,使用分组形式的数据会简化我们的工作。另一方面,我们把数据分组归入各种类别时,不可避免地会失去一些信息。我们可能只知道 17 个人的收入在 2 000 到 2 900 美元之间,但不知道在这个间距之内它们是怎样准确分布的。为了从这种分组数据计算出均值或中位数,我们必须对每个类别内的个案的定位做一些简化的假定。求均值时我们把所有的个案看成集中位于它们各自的间距的中点。在计算中位数时,我们设想,个案等距地分布于每个间距里。当然,这些简化的假定必定会导致某种不精确性,我们不能期望那些从原始数据中得来的结果会与分组数据结果一样。另一方面,如果个案数目较大,这样做通常引起的误差很小,却很节省时间。很明显,间距越小,我们失去的信息越少。例如,如果我们知道有 17 个人收入在 2 000 到 2 900 美元之间,26个人收入在 3 000 到 3 900 美元之间,我们就可以想象有 17 个人在第一个间距的中点,还有 26 个人在第二个间距的中点,这要比我们把 43 个人的分数全都置于较大的间距(2 000到 3 900 美元之间)的中点得到的结果更精确。对于最低或最高间距,由于这些间距中的分数可能向总分布中心倾斜,所以简化很可能导致误差。因此,如果在最低的间距有 17 个个案,其分数中的大部分可能都落在间距的上半部。但是如果在这些间距中的个案数较少,通常情况也是这样,导致的误差就微不足道了。

在从分组的数据中计算均值时,我们假定它们位于各自间距的中点。如果我们愿意,还可以认为它们等距地分布在全部间距中,但可以证明,由于每个间距中的分数的均值准确地落在间距的中点上,因此这样就会产生相同的结果。由于每个间距中的所有个案都被看做具有相同的数值,所以可以用它们的共同值来乘以间距中的个案数,而不必分别连加那些分数。例如,如果我们在数值 3 450 上置入 26 个个案,乘积 26 × 3 450 等于26 个单独的 3 450 的总和。如果我们对所有的间距都这样处理,把乘积取和,再除以总个案数,我们得到算术均值。这种均值的公式是:

$$\overline{X} = \frac{\sum_{i=1}^{k} f_i m_i}{N} = \frac{\sum_{i=1}^{k} f_i m_i}{\sum f_i} \tag{5.3}$$

其中　f_i = 第 i 个类别中的个案数,$\sum f_i = N$。

　　　　m_i = 第 i 个类别的中点。

　　　　k = 类别数目。

表 5.1 的例题将清楚地说明这个运算过程。在表 5.1 中所有间距都是等宽的。只要采用正确的中点,这一点就无关重要了。但是必须使用封闭间距。假定最后的间距是7 000美元以上。我们用什么数值做中点呢? 我们根本无法判断,除非复查原始数据。由于位处极端的类别通常包含的个案相对少,有时这样做还是可行的。在上述的情况下通常应当采用极端类别内个案的实际均值,而不应采用某种较宽的间距的中点。有时无法复查原始数据,这就有必要采取明智的假定,以便得到一个合理的中点值。因此计算均值时,最好采用封闭间距。我们在下一章将看到,计算标准差时也这样做,标准差是最常用的离差量度。

表5.1　从分组数据计算均值

表述界限	真实界限	中点（m_i）	f_i	$f_i m_i$
\$ 2 000-2 900	\$ 1 950-2 950	\$ 2 450	17	\$ 41 650
3 000-3 900	2 950-3 950	3 450	26	89 700
4 000-4 900	3 950-4 950	4 450	38	169 100
5 000-5 900	4 950-5 950	5 450	51	277 950
6 000-6 900	5 950-6 950	6 450	36	232 200
7 000-7 900	6 950-7 950	7 450	21	156 450
总和			189	\$ 967 050

$$\overline{X} = \frac{\sum_{i=1}^{k} f_i m_i}{N} = \frac{967\ 050}{189} = \$\ 5\ 117$$

计算中位数　依据分组的数据计算中位数时,我们视给定间距中的所有个案等距分布在整个间距内。我们首先找出包含中位个案的间距,然后用内插法找出中位数的准确位置。在确定包含中位数的间距时,通常最好求得累积频数分布。虽非绝对必要,但最好养成写下全部累积分布的习惯,还应用单独一列标出累积列(F)中每个数字的意义。表5.2中给出上述数据的累积分布。当核对加法运算时,我们注意到所有189个个案都必须少于7 950美元。

表5.2　从分组数据计算中位数

真实界限	f	F	少于下列数字的个案数
\$ 1 950-2 950	17	17	\$ 2 950
2 950-3 950	26	43	3 950
3 950-4 950	38	81 ⎫	⎧4 950
4 950-5 950	51	132 ⎬	⎨5 950
5 950-6 950	36	168	6 950
6 950-7 950	21	189	7 950
总和	189		

下一步我们要找到包含中间或第$N/2$个个案的间距。这里189/2 =94.5,因此,我们就要寻找包含第94和第95个个案的间距。注意,如果未把数据分组,我们就要找出($N+1$)/2个或第95个个案。我们将在下面讨论这种明显的不一致性的理由。由于有81个个案少于4 950美元,132个个案少于5 950美元,所以中位数一定在4 950美元至5 950美元中的某点上。由于有时通过数字81来寻求中位数点,会看错而得到3 950美元至4 950美元的间距,因此应当用括号指示出间距,如表5.2中所示。

我们现在更深入检查包含中位数的间距。在这个间距内有51个个案,所以我们把这整个间距分成51个子间距,每个宽度为1 000/51或19.61美元。我们把51个个案中的每一个放在适当的子间距的中点上。第81个个案将定位于3 950到4 950美元间距的最后一个子间距中,第132个个案正好略低于包含中位数的间距的上限。我们现在可以直接点数子间距，直至碰到中位数为止。如果没有把数据分组，我们就会找到第 $(N+1)/2$ 个或第 95 个个案的分数。按照我们的惯例，第 95 个个案应位于第 14 个子间距的**中点**上，或恰好位于距离间距下限 13.5 个子间距处。

注意，可以从 94.5 或 $N/2$ 减去 81 得到这个与 13.5 同样的值。由于我们是在处理小间距的中点，所以为了找第 $(N+1)/2$ 个个案的位置，要精确地点数 $N/2$ 个间距。

现在可以直接把子间距的数目乘以子间距的大小，把结果加上间距的下限，来求得中位数。全过程可以总结为下面的公式：

$$Md = l + \frac{N/2 - F}{f}i \qquad (5.4)$$

其中　F = 对应于下限的累积频数。

f = 包含中位数的间距内的个案数目。

l = 包含中位数的间距的下限。

i = 包含中位数的间距宽度。

i/f 代表每个子间距的大小，$(N/2 - F)$ 为间距下限与中位数之间的(以子间距数表示的)距离。对于上述问题可得：

$$Md = 4\,950 + \frac{94.5 - 81}{51} \times 1\,000 = 4\,950 + 13.5 \times \frac{1\,000}{51}$$
$$= 4\,950 + 265 = 5\,215$$

还有另一种等价方法来计算中位数。除了找出每个子间距的宽度，再乘以子间距的数目之外，我们还可以这样推理，由于整个间距中有 51 个个案，并且为了得到中位数需要跨过 13.5 个较小的间距，所以我们必须跨过间距全部距离的 13.5/51。因此，如果用全距这一分数来乘间距的宽度 1 000，我们就得到需要的结果，这一过程叫**内插法**。当然，采用的公式与我们认为哪种解释最为满意是无关的。为了避免过分依赖公式，最好每次都进行一次推理，把公式当做校检手段，直到完全明了为止。另一种显然的校检方法则是可以从**上限** u **减去**某个量算出中位数。很容易看出来，此时公式变为：

$$Md = u - \frac{F - N/2}{f}i \qquad (5.5)$$

式中 F 代表对应于间距上限的累积频数。数字为：

$$Md = 5\,950 - \frac{132 - 94.5}{51} \times 1\,000 = 5\,215$$

5.4 均值与中位数比较

在讨论从分组的和不分组的数据计算均值和中位数的步骤时，我们应该比较它们的性质。这两个量度的差异很明显。首先，均值比中位数使用的信息多一些，这是因为计算均值要求计算所有的准确数字，而中位数只用数值的相对位置。回头看一下 72，81，86，69 和 57 这几个分数，我们就可以看到，如果最高分数是 126 而不是 86，中位数不会受影响，但对均值来说就会增加相当多。同样，如果最低数值是 0，均值也要降低，但中位数就不会发生变化。因此我们要指出这两种量度有一点很重要的差别：**均值受极端值的变**

化影响,而中位数则不受影响,除非中位数值本身变化。在我们的例题中,即使我们重新定序,只要 72 仍在第 3 个个案的位置上,中位数就不会变化。

这两种量度的重要区别,使我们可以在大多数情况决定采用哪种更为适宜。一般我们希望量度利用了所有的信息,我们对这种量度在直觉上更有信心。虽然现在还不能用统计道理论证这种信心,但还是可以提出一些理由,说明为什么一般条件下更愿意采用均值。均值随样本变化较少,所以与中位数相比,均值一般是比较稳定的量度。当讨论归纳性统计时,我们会发现,通常我们对总体概括比对特殊样本更感兴趣。我们知道,如果取另外一个样本,结果就不完全相同了。如果取许多容量相等的样本,我们就会看出样本均值之间差异多大。这里我们想说明的是,与均值相比,样本的中位数在一个样本与另一个样本间有更大的差异。因为实际上我们一般只取一个样本,所以,不管样本怎样变化,量度都应给出可靠结果,这是非常重要的。因此我们可以提出以下的经验规则:**有疑虑时宁可采用均值而不用中位数**。

由于事实上均值利用所有的数据,而中位数并不受极端值的影响,在某些情况下均值可能会引出很错误的结果。我们一定要注意,使用集中趋势量度就是试图得到**典型分数**的简明描述。假设一个极端的例子,前述五个数中的最高分数为 962,中位数仍为 72,但均值就变为 1 241/5,即 248.2。从任何角度看这个值都是典型的分数吗?当然不是。从任何角度看它们都不接近这五个个案中的任何一个。当然,对这样一个极端例子用任何单一的量度都不能适当地描述典型个案,但由于五个分数中四个都接近 72,所以用中位数显然错误小些。因此我们可以说,**只要分布是高度偏斜的**,也就是说,只要在一个方向上有较多的极端个案,**中位数一般总是比均值更适宜些**。

图 5.1 表示均值和中位数的相对位置与偏斜度之间的关系。由于均值会受到少数极端值很大的影响,均值会被推向偏斜的方向,亦即推向尾部。如果分布完全对称,均值和中位数相等。我们知道收入分布通常向高收入方向偏斜,分布中有少数几个极高收入的个案,就会导致在报告一个公司或社区的收入时引起误解。因此,有关收入的数据一般都报告中位数,而不是报告均值。当然,很多时候分布会是高度偏斜的,报告数据时应

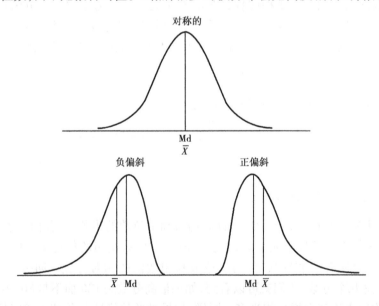

图 5.1 均值和中位数的相对位置与偏斜度之间的关系

说明这种情况。在这类情况下同时报告均值和中位数有一定意义,但实际中这样做的不多。

均值还具有中位数所不具备的第二个性质:它比较容易进行算术演算。例如,有时必须从几组数据中求出加权平均数。假定从三个低收入的农村社区 A,B 和 C 得出下列的平均收入:

社 区	大 小	均 值($)
A	10 000	3 518
B	5 000	4 760
C	8 000	4 122

如果三个社区的大小完全一样,我们就可以把这三个分数的均值当做全体的均值。但社区 A 比社区 B 大一倍。换言之,3 518 美元这个数代表的个案数比 4 760 美元代表的个案数大一倍。如果把三个社区的 23 000 人放到一起,计算全体的均值,其数字就反映这么个事实。要得到正确的均值我们必须用适当的个案数来给各单个值加权,然后求和,最后用全部个案数(23 000)来除。由此可以得出下式:

$$\overline{X} = \frac{\sum_{i=1}^{k} N_i \overline{X}_i}{N} \tag{5.6}$$

其中 N_i 代表第 i 类别的个案数目,$\overline{X}_i$ 代表第 i 个类别的均值,k 代表类别数目。因此有:

$$\overline{X} = \frac{10\,000 \times 3\,518 + 5\,000 \times 4\,760 + 8\,000 \times 4\,122}{23\,000}$$

$$= \frac{91\,956\,000}{23\,000} = 3\,998.09$$

我们注意到第 i 个类别的均值实际上是加总分数并除以 N_i 而得到的[①]。这就是加权法的根据。因此乘积 $N_i \overline{X}_i$ 代表这个类别内所有分数的**总和**。乘积相加再除以总数 N 的结果与忽略类别而得的结果一样。这种代数演算均值的方法有时很有用。显而易见,合并的数据的总中位数是不能用这种方法得到的,即使我们知道每个类别的中间个案值,我们仍不知道合并的数据的中间个案值。

均值与中位数之间还有一个重要的区别应予重视。计算均值以定距尺度为前提。在谈论连和分数时,没有定距尺度就无意义。例如,显然必须假定,数字 30 及 45 之和与 20 及 55 之和相等,因为两对都有相同的均值。另一方面,中位数可以用于定序的,亦可用于定距的尺度。除非我们用定距尺度,否则中位数的实际分数数字毫无意义,但总可以**定出**中位分数。这意味着,可以按高于和低于中位数,把个案分入两个类别中的一个。因此,位置量度也可用于定序尺度,这一点对于不要求定距尺度的检验是很重要的。

5.5 其他集中趋势量度

集中趋势还有几种其他量度,但它们在社会学研究中是不常用的。其中之一为**众**

---

① 更一般的方法为:我们可以用权 w_i 给 $\overline{X}_i$ 加权,得到我们加过权后的均值表达式 $\sum w_i \overline{X}_i / \sum w_i$。通常我们用以下方法形成权:各权数和为 1(即,$\sum w_i = 1$)或者总样本规模为 N,如上面的例子一样。

数,也就是出现频次最多的分数。如果有下面几个系列数字:

(1)   71,75,83,75,61,68

(2)   71,75,83,74,61,68

(3)   71,75,83,75,83,68

我们可以说第一系列的众数是75,因为有两个个案具有这个值,其他分数没有出现过两次。第二系列没有众数,但第三系列里有两个众数(75 和 83)。在个案数较多和已分组的数据中,也许众数更为有用。我们有时提到众数类别,取这个类别的中点为众数。我们前面提到的分组数据中,众数类别就是 5 000 美元至 5 900 美元。在频数分布中众数标示为曲线的最高点。仅有一个众数在中心的对称分布中,均值、中位数和众数当然都相等。我们还可以区分**单峰分布**和**双峰分布**,后者的图形如图 5.2 所示。提到双峰分布时,通常我们不假定双峰精确地在同一高度。

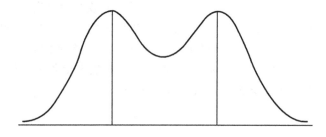

图 5.2   双峰分布

还应强调,由于众数与个案数目最多的类别有关,我们可以用这个概念来描述定类、定序和定距尺度。因此在定类尺度的情况下,可以把众数类别看成是一种**集中趋势**的类型,但要认清这不意味着给类别定了顺序。

另外两种实际上在社会学文献中几乎从未使用过的集中趋势量度是**调和均值**及**几何均值**。它们由以下公式定义:

$$调和均值 = \dfrac{N}{\sum\limits_{i=1}^{N} \dfrac{1}{X_i}}$$

$$几何均值 = \sqrt[N]{(X_1)(X_2)\cdots(X_N)}$$

在后一个公式中,根号上的 N 表示取 N 个分数乘积的 N 次根。

5.6 十分位数、四分位数和百分位数

讨论中位数时,我们指出,有某些诸如百分位数之类的其他位置量度可用来为大于一定比例个案的分数定位。这些量度虽然不一定是典型性或集中趋势的量度,但却与中位数相类似。有时我们不想寻找分数在其上下各半的数字,而可能希望确定第 1 个四分位数的值,其性质为:有 1/4 的分数小于该值,同样,第三个四分位数代表着 3/4 的个案小于它的那个分数。如果我们愿意,我们还可以把分布分成 10 个十分位数,用 1/10,2/10 或 9/10 等小于它的数值的个案来定。读者也许更熟悉百分位数,它把分布分成一百个等份。若一个学生在考试中落入第 91 个百分位数里,就可以知道 91% 的学生的分数成绩比他低。

十分位数、四分位数和百分位数的计算类似中位数的计算。在分组数据中,我们应

该首先决定所要的位置量度落在哪一个间距中。用表5.2的数据,我们可以定出第 N/4 个或第47.25个个案而得到第1个四分位数。从我们的累积频数列中我们看出,第1个四分位数一定在3 950美元到4 950美元的间距内某个位置。由于这个间距内有38个个案,所要跳过这段距离的(47.25 −43)/38。因此第1个四分位数 Q_1 的值应该是:

$$Q_1 = 3\,950 + \frac{47.25 - 43}{38} \times 1\,000 = 3\,950 + 112 = 4\,062$$

其他位置量度可以用类似的方式来计算。注意,根据定义,中位数相当于第2个四分位数、第5个十分位数和第50个百分位数。虽然十分位数、四分位数和百分位数在社会学研究中用得很少,但应当熟悉它们的意义。

习 题

1. 求下列数字的均值、中位数和众数:26,37,43,21,58,26,33 和 45。
（答案:36.1;35;26）

2. 计算第4章习题1中分组后的数据的均值和中位数。同样计算第4章习题2。

3. 计算第4章习题1的数据的第3个四分位数、第4个十分位数和第71个百分位数。

4. 下列的数据(假设的)为60个县的农场家庭的百分数分布,计算均值和中位数。
（答案:32.83,32.83）

间距,%	频数
10-19	7
20-29	16
30-39	21
40-49	12
50-59	4
	60

5. 用上例的数据,指出如果出现下列情况,均值和中位数会受到什么影响,数值是增加、降低,还是保持原样?

(1)最后的间距扩大为50-69,频数仍不变。（答案:升高,不变）

(2)每个间距加10%(使间距20变为29,30变为39,等等),频数仍不变。

(3)间距不变,但把20到29的类别中的两个个案放到30到39的类别中(使频数为 7,14,23,12 和 4)。

(4)间距不变,每个频数加倍。

6. 对10个男孩和7个女孩的小组做代数测验。假定男孩的平均分数为84,中位数为74。女孩的平均分数和中位数都是79。老师的结论是,在这个测验中男孩比女孩好。她的结论对吗? 为什么对? 为什么不对? 你能解释男孩的平均分数和中位数为什么差别这样大吗?

7. 假定某人发现50个州长的平均年龄为51.6岁,100名参议员的平均年龄是62.3岁,435位众议员的平均年龄为44.7岁。这些政治家全部的平均年龄是多少? 假定上面的数字代表年龄中位数,你能用同样的方式得出全体中位数吗? 为什么能? 为什么不能?

参考文献

1. Anderson, T. R. , and M. Zelditch: *A Basic Course in Statistics*, 2d ed. , Holt, Rinehart and Winston, Inc. , New York, 1968, chap. 5.

2. Hammond, K. R. , J. E. Householder, and N. J. Castellan: *Introduction to the Statistical Method*, 2d ed. , Alfred A. Knopf, Inc. , New York, 1970, chap. 3.

3. Loether, H. J. , and D. G. McTavish: *Descriptive Statistics for Sociologists*, Allyn and Bacon, Inc. , Boston, 1974, chap. 5.

4. McCollough, C. , and L. Van Atta: *Introduction to Descriptive Statistics and Correlation*, McGraw-Hill Book Company, New York, 1965, chap. 2.

5. Mueller, J. H. , K. Schuessler, and H. L. Costner: *Statistical Reasoning in Sociology*, 3d ed. , Houghton Mifflin Company, Boston, 1977, chap. 5.

6. Runyon, R. P. , and A. Haber: *Fundamentals of Behavioral Statistics*, 3d ed. , Addison-Wesley Publishing Company, Reading, Mass. , 1976, chap. 5.

定距尺度:离差的量度　6

在许多社会学研究课题中,人们的注意力置于集中趋势的量度。例如,我们可能希望就平均参加教堂礼拜次数方面或收入水平方面比较几个宗教教派。我们也可能希望得到均质性量度。或许我们假设一个教派比其他教派更吸引某个社会阶层的成员。同时,诸如权力集中性和规范共同性之类的概念意味着离差或异质性在理论上具有一定意义。当然,研究"不平等性"就自然联系到离差或异质性概念。有时在做实验时引入一项实验"处理",不但会影响平均分数,而且还会增加或减少这些分数的离差。

即使我们主要研究比较集中趋势的量度,我们仍需要知道每组的一些有关离差的情况。我们可以直观地认识到,如果各教派在收入上或参加教堂活动上异质性非常强,那么他们的平均收入之间的差(如 2 000 美元)就不会像各教派之间更为均质时那样重要或具有指示意义。当我们以后讨论归纳性统计时,我们就会理解"离差量度非常重要"这一直观想法。我们在本章集中讨论机理。下一章将阐释最重要的离差量度——标准差。

6.1 极差

本章要讨论几种离差量度,其中最简单的是极差。极差的定义为最高与最低的分数之差。因此,上章所提的数据(72,81,86,69 和 57)的极差为 86 与 57 之差,即 29。一般来说,我们给出极差的实际差(29)或两个极端分数,如 57 和 86。如果数据已被分组,则极差取极端类别的**中点**之差。例如,如果最低间距的中点为 2 450,最高间距的中点为 7 450,其极差就是 5 000。

将极差作为离差的简单量度,既有优点也有缺点。如果要很快计算出大致的离差概况,或由不熟悉统计学的人来计算离差,极差可能很有用。若将数据提供给一些外行人看,极差是唯一可理解的离差量度。不过社会科学家的技术日益精细复杂,以至我们可以认为人们能够理解那些更令人满意的量度。极差的缺点很明显:它仅以两个个案为依据,而且是两个极端的个案。由于在经验研究中极端的个案总是稀少和异常的,我们认识到,如果在样本中恰好有一两个这样的个案,通常纯属偶然。例如,在一个被抽样的社区里有一位百万富翁。如果我们随机选择 10 个人,这位百万富翁很可能抽选不上。但是,若真将她(或他)选入样本,极差就非常大,所以极差作为离差量度很容易导致错误结论。如果我们用极差作为量度,就会对两个极值之间分数的变异性一无所知,只能肯定这些分数位于这个极差内。如上例所示,随着样本变化的极差的变化很大。此外,一般来说大样本的极差比小样本更大一些,因为大样本有更多的机会包含最极端的个案。因此,除了纯探索性的研究外,社会研究一般不用极差。

　　另一个极简单的量度是**变差比**,可用于分组的数据,特别适用于定类尺度的情况。它基本上是个案在众数类别内集中程度的量度,而非均匀分布于各类别的量度。其定义如下:

$$V.R.(变差比) = 1 - f_{众数}/N$$

其中 $f_{众数}$ 为众数类别中的个案数目,N 为个案总数。显而易见,这个量度对于个案在非众数类别中的分布是不敏感的,而且取决于分组过程。它的优点在于简单和直观,而且适用于定类尺度,因为对于定类尺度数据无法定序类别,故不能制定更精细的量度。

6.2　四分位偏差

　　另一种心理学和教育学常用但很少见诸社会学文献中的量度是四分位偏差,或称半四分位数间距。四分位偏差 Q 是极差的一种类型,但不代表极值之间的差,而定义为第 1 个和第 3 个四分位数的半距。可符号化表示为:

$$Q = \frac{Q_3 - Q_1}{2} \tag{6.1}$$

其中 Q_1 和 Q_3 分别代表第 1 个和第 3 个四分位数。注意,四分位偏差是中间一半的个案的 1/2 极差。由于 Q_1 和 Q_3 与最极端个案相比,对不同样本变化不会很大,因此四分位偏差是比极差更稳定的量度。但它不能充分利用数据资料的信息,因为既没有量度中间各个案之间的变异性,也没有考虑在分布极端处的情况。因此我们还要讨论具有这种性质的另外两个量度。

6.3　* 平均偏差

　　如果我们想利用所有的分数,从常识上看应当取每个分数对某个集中趋势量度的偏差,然后计算偏差的某种平均数,以便控制个案数量带来的影响。可以用中位数或众数作为集中趋势的量度,但我们一般用均值,因为在大多数情况下,这是最符合要求的单一量度。但遗憾的是假若我们要直接将这些偏离均值的偏差加在一起求和,那么正差值与负差值就会互相抵消,结果总是零。这说明要得到偏离均值的离差量度,必须想办法除去负号。我们可以用两种方法:(1)略去正、负号,取差的绝对值;(2)取差的平方。这两种方法得到在本章以下部分讨论的两种离差量度,即平均偏差和标准差。平均偏差的定义为:各分数偏离均值的绝对差的算术平均值。用符号表示为:

$$平均偏差 = \frac{\sum_{i=1}^{N} |X_i - \overline{X}|}{N} \tag{6.2}$$

72,81,86,69 和 57 的均值是 73.0。从每个数减去 73.0,忽略正、负号,加总结果,再除以 5,得:

$$\frac{\sum_{i=1}^{N} |X_i - \overline{X}|}{N} = \frac{1 + 8 + 13 + 4 + 16}{5} = \frac{42}{5} = 8.4$$

因此,我们可以说,分数与均值平均相差8.4。

虽然平均偏差比标准差在直观上更易理解,但有几个严重缺点。第一,用绝对值不容易进行代数运算。第二,平均偏差既不容易做理论上的阐释,又会导致较复杂的数学结论。后一点尤其重要。虽然就纯粹描述性目的而言,平均偏差或许是适宜的,但由以下讨论可知,标准差更容易用正态曲线来阐释。当我们讨论归纳性统计时,由于标准差在理论上所具有的优越性,几乎无一例外地都用它。正因为如此,在社会科学文献中几乎见不到引用平均偏差的情况。我们介绍它主要是为了使大家在思想上更易于理解标准差概念。

6.4 标准差

排除了其他几种离差量度之后,现在可以集中讨论最有用的、最经常使用的量度——标准差。**标准差**的定义为:对均值的偏差平方的算术平均值的平方根。符号表示为:

$$s = \sqrt{\frac{\sum_{i=1}^{N}(X_i - \bar{X})^2}{N}} \tag{6.3}$$

其中 s 代表标准差①。用文字来说,我们取每个分数对于均值的偏差的平方,再相加取和,除以个案数目,然后取平方根。如果要得到正确的答案,必须要准确按这个顺序进行运算。在我们的数例中可按下表求出标准差:

X_i	$(X_i - \bar{X})$	$(X_i - \bar{X})^2$
72	−1	1
81	8	64
86	13	169
69	−4	16
57	−16	256
$\bar{X} = 73.0$	0	506

$$s = \sqrt{506/5} = \sqrt{101.2} = 10.06$$

标准差10.06的直观意义现在还不明显,以后要用 s 来求出正态曲线下面的面积,那时才能理解其意义。目前我们仅把它看作一个抽象数字,但它具有几个明显的性质。我们注意到,数据在均值周围的散布范围越大,标准差越大。如果以上5个数值都相等,则对均值的偏差为零。此外,我们看到,对于均值的极端偏差在决定标准差的数值方面具有最大的加权作用。数值169和256比其他3个平方偏差大很多。在取偏差的平方时,即使最后我们取了平方根,实际上比在计算均值时给予极端数值更大的加权。这说明,

---

① 有的教材中定义 s 公式的分母为 $N-1$,而不用 N,理由是 s 为总体标准差 σ 的有偏估计量。我们以后将 $\hat{\sigma}$ 定义为:

$$\sqrt{\frac{\sum(X - \bar{X})^2}{N-1}}$$

对**随机**样本来说,$\hat{\sigma}$ 是 σ 的无偏估计量(见第11章)。有些教师可能因此而在这时介绍 $\hat{\sigma}$,并把 $\hat{\sigma}$ 称作"样本标准差"。但是本书作者认为样本和总体的标准差应该定义为具有相同的分母,然后注明这样定义的样本标准差有偏倚。

我们必须对原来把标准差当做唯一"最好的"离差量度的高度评价予以一定限制。当然，如果存在几个极端个案，我们希望我们的量度能反映出这个事实，但如果分布中仅有很少极端个案而且数值非常大，标准差就会导致错误的结论。在这种情况下，我们可能会用中位数作为集中趋势的量度，用四分值偏差作为离差的量度。然而，对于大多数数据来说，标准差还是适宜的量度。

我们有理由问："为什么在计算离差量度时还要取平方根呢?"一个简单但不能令人满意的答案是:"这就是标准差的定义。"取平方根的道理在于，我们已将各偏差取平方，所以我们再取平方根是补偿先前的步骤。然而取平方根还有实用道理。以后我们要多次使用正态曲线，以上定义的标准差对正态曲线是非常有用的量度。为了其他目的我们还要使用标准差的平方，即方差，方差的定义为:

$$方差 = s^2 = \frac{\sum_{i=1}^{N}(X_i - \overline{X})^2}{N}$$

数理统计学家发现方差是比标准差更有理论价值的概念。从第16章开始我们将逐渐频繁使用方差，但目前我们仍集中讨论标准差。这两个概念是很容易互换的，可以直接从一个转换到另一个。至于把方差定义为标准差的平方，或把标准差定义为方差的平方根无关重要。

计算未分组数据的标准差　虽然总是可以通过上面的基本公式算出标准差，但采用不需要从每个分数中减去均值的计算公式更简便。均值一般不会是一个整数，而且利用以上公式还会有四舍五入的误差。为了说明我们如何简化计算方法，展开根号下的表达式，可得:

$$\frac{\sum_{i=1}^{N}(X_i - \overline{X})^2}{N} = \frac{\sum_{i=1}^{N}(X_i^2 - 2X_i\overline{X} + \overline{X}^2)}{N} = \frac{\sum_{i=1}^{N}X_i^2 - 2\overline{X}\sum_{i=1}^{N}X_i + N\overline{X}^2}{N}$$

注意，由于 $\overline{X}$ 是常数，所以可以把它从分子第二项的连加号中提出来。对于任意常数 k，有

$$\sum_{i=1}^{N}k = Nk$$

故第三项依此处理。由于 $N\overline{X} = \sum_{i=1}^{N}X_i$，分子的中项化简为 $-2N\overline{X}^2$，因而可以写成:

$$\frac{\sum_{i=1}^{N}(X_i - \overline{X})^2}{N} = \frac{\sum_{i=1}^{N}X_i^2}{N} - 2\overline{X}^2 + \overline{X}^2 = \frac{\sum_{i=1}^{N}X_i^2}{N} - \overline{X}^2$$

因此:

$$s = \sqrt{\frac{\sum_{i=1}^{N}X_i^2}{N} - \overline{X}^2} \tag{6.4}$$

还有以下一些替代公式:

$$s = \sqrt{\frac{\sum_{i=1}^{N}X_i^2}{N} - \left(\frac{\sum_{i=1}^{N}X_i}{N}\right)^2} \tag{6.5}$$

$$= \sqrt{\frac{\sum\limits_{i=1}^{N} X_i^2 - \dfrac{\left(\sum\limits_{i=1}^{N} X_i\right)^2}{N}}{N}} \tag{6.6}①$$

$$= \frac{1}{N}\sqrt{N\sum_{i=1}^{N} X_i^2 - \left(\sum_{i=1}^{N} X_i\right)^2} \tag{6.7}$$

虽然上述各式都可以用做计算公式,但公式(6.7)涉及最小的舍入误差,因此建议使用它。

我们将其中一个计算公式,即公式(6.7),用于上述问题,其中 $N=5$。

X_i	X_i^2
72	5 184
81	6 561
86	7 396
69	4 761
57	3 249
365	27 151

除个案总数目外,还需两个量 $\sum\limits_{i=1}^{N} X_i$ 和 $\sum\limits_{i=1}^{N} X_i^2$。这两个和都可以同时在现代计算器上累积算出。现在,我们用公式(6.7)来计算 s。

$$s = \frac{1}{5}\sqrt{5 \times 27\,151 - 365^2} = \frac{1}{5}\sqrt{135\,755 - 133\,225} = 10.06$$

我们用这个简单的问题说明计算公式得出的数字结果与基本公式,即公式(6.3)一样。由于这里的 $\overline{X}$ 为整数,计算公式实际上比原来公式涉及更多的计算工作。当然,一般并非如此。

*计算分组数据的标准差　当数据被分成组时,为了简化计算,我们把每个个案当做位于间距中点上,虽然实际情况并非如此。当然,这样会使结果不精确,但如果必须用笔来计算,这样做会节省很多时间。依照习惯表示法,令:

$$x_i = X_i - \overline{X}$$

因此 x 代表对于均值的偏差,从而标准差的基本公式转变为:

$$s = \sqrt{\frac{\sum\limits_{i=1}^{N} x_i^2}{N}}$$

现在我们可以修正公式,这是考虑到有许多个案都被当做具有相同分数——中点的值。如果将每一组的个案数乘以该组的中点值,然后取乘积之和,我们就可以节省顺次相加所有 N 个个案的工作。于是,标准差的公式转变为:

$$s = \sqrt{\frac{\sum\limits_{i=1}^{k} f_i x_i^2}{N}} \tag{6.8}$$

---

① 公式(6.5)、公式(6.6)和公式(6.7)的推导留做习题。

其中 f_i 是第 i 个间距中的个案数目,k 是间距数目[1]。

6.5 变差系数

当组别的均值相差很大时,有时希望就相对均质性方面比较几个组。因此,比较标准差的绝对值可能导致某些错误结论。人们可能会预料,很大的均值至少会伴随着相当大的标准差。因此人们可能主要关注**相对于均值**的标准差的大小。这表明可以用标准差除以均值来求得相对离差的量度,其结果被称为**变差系数**,用 CV 表示,因此:

$$CV = \frac{s}{\overline{X}}$$

(注意,变差系数是一个比率,所以,要求具有**定比**的量度层次,不能仅是定距量度。)

为了说明变差系数比标准差的优越之处,假定一位社会心理学家试图证明实际上两个组在年龄方面具有相同的均质性。其中一组人的年龄均值为 26,标准差为 3。另一组的年龄均值为 38,标准差为 5。因此两组的变差系数分别为 3/26 = 0.115 和 5/38 = 0.132,二者之差比两个标准差之差小很多。鉴于随着小组成员的平均年龄的增加,精确年龄一般对兴趣、能力和社会地位的作用越不重要,比较两个变差系数比使用标准差好得多,会造成较小误差。

第二个例子,假定要研究不同的周日和不同时刻的交通流量离差。如果将不同时间的交通流量离差用绝对数值表示,会导致错误的理解,故而应除以流量均值,使其标准化,以便充分考虑不同时刻平均交通流量的差别。

如果愿意的话,还可以使用相对方差。但是,在社会科学文献中很少报告这类相对离差的量度,更常见的做法是将均值和标准差分别记在相邻近的列中。

6.6 其他总结性量度

我们只讨论了两种总结性量度:集中趋势量度和离差量度。还有其他量度,但在社会学研究中很少应用。当然我们常会遇到提供整个频数分布的情况,但这不是一个总结性量度。有时需要表示出分布的偏斜程度。有一种偏斜度的量度利用以下性质:偏斜度越大,均值与中位数之差就越大。这种量度由以下公式表示:

$$偏斜度 = \frac{3(\overline{X} - \mathrm{Md})}{s}$$

如果分布向右方(大的正分数)偏斜,均值就大于中位数,结果也是正数。分布向左方偏斜则会导致负的结果。

很少提到分布的陡度。**峰态**一词常用于表示这类量度,在介绍正态曲线之后再扼要讨论这个量度。如果是专为经济学学生写的统计学教材,才会较深入地讨论偏斜度和峰态。当我们能够更精确地描述社会学变量的分布形式时,可能会更多地使用这些描述性量度。

---

[1] 注意,在根号下面表达式的分子的频数 f_i **不取**平方。

习　题

1. 计算第 5 章习题 1 中数据的标准差和平均偏差。(答案:9.62;11.59)

2. 计算第 4 章习题 1 中分组数据的标准差和四分位偏差,同样计算第 4 章习题 2 中的数据。

3. 计算第 5 章习题 4 数据的标准差。(答案:10.83)

4. 指明第 5 章习题 5 中所述的变化如何影响标准差。

参考文献

1. Anderson, T. R., and M. Zelditch: *A Basic Course in Statistics*, 2d ed., Holt, Rinehart and Winston, Inc., New York, 1968, pp. 76-84.

2. Hammond, K. R., J. E. Householder, and N. J. Castellan: *Introduction to the Statistical Method*, 2d ed., Alfred A. Knopf, Inc., New York, 1970. chap. 4.

3. McCollough, C., and L. Van Atta: *Introduction to Descriptive Statistics and Corre lation*, McGraw-Hill Book Company, New York, 1965, chap. 3.

4. Mueller, J. H., K. Schuessler, and H. L. Costner: *Statistical Reasoning in Sociology*, 3d ed., Houghton Mifflin Company, Boston, 1977, chap. 7.

5. Weiss, R. S.: *Statistics in Social Research*, John Wiley & Sons, Inc., New York, 1968, chap. 7.

7 正态分布

我们已经熟悉频数分布的概念。本章要讲一种很重要的频数分布——正态曲线。这种分布之所以有用,不仅由于许多经验分布近似正态,而且因为它在归纳性统计中具有理论意义。每当所研究的现象,如能力水平、高度和重量是由大量"偶然"因素产生的,且它们彼此却不高度相关时,就会导致近似正态的经验分布。因此,在许多不同的实质性领域都会遇到这种分布。人们也经常假定,诸如量度之类的"误差"为正态分布。

目前读者不必考虑正态曲线的应用。本章的目的在于说明正态曲线的性质,使读者可以熟练地使用依据正态曲线编制的数值。这种分布在描述性统计中讨论,而不在归纳性统计中讲,有两个主要理由:第一,正态曲线可供阐明标准差。第二,当读者学到统计检验时要使用正态分布,所以事先熟悉正态分布有很大便利。因此对本章内容理解得越深,以后的学习困难就越少。

7.1 有限的与无限的频数分布

到现在为止,讨论的频数分布都是个案数目有限的。当然,实际上所有的经验分布必然都是有限的,但个案数目可能很多。然而,数学家常发现,在无限个个案数目的基础上考虑分布问题是有益的,这时不用具有锯齿形的经验分布,如矩形图或频数多边形,而是将分布看作基于无限多个个案的平滑曲线,并且可用比较简单的方程表示。正态分布就是这样一种曲线。在学习这种特殊的分布之前,应了解这类平滑曲线产生过程的性质。

我们从具有五个间距的矩形图开始(图7.1(a))。为了简便起见,我们假定频数分布是对称的。我们已经看到,如果增加间距数目而不改变 N,矩形图就可能变成不规则形的。但是如果个案数目也增加,那么正如图7.1(b)所示,就可以使用很多个较窄的间距,每个间距都有足够多的个案数目保持规则性。如果个案数目进一步增加,则可采用更多个矩形,从而保持规则模式(图7.1(c))。可以通过每个矩形的顶端中点画一条平滑曲线。显然,当矩形数目增加时,即缩小间距宽度,矩形愈来愈近似平滑曲线。我们现在想象个案数目不断增加,间距相应变窄,直至矩形紧密近似平滑曲线,以至看不出任何

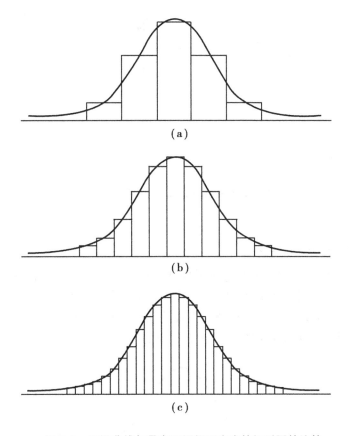

图 7.1 平滑曲线与具有不同间距宽度的矩形图的比较

区别。我们称这种不断变窄的矩形所近似的平滑曲线为频数分布的**极限**[①]。

虽然我们无法想象无限个个案数目,但可以想象其数目如此之多,以至矩形可以以任意精确度近似平滑曲线。

读者可能还记得,每个矩形**面积**都可以用来代表间距内个案的所占比例。如第 4 章所示,习惯上取全部矩形的总面积等于 1。因此如果第一个间距中的个案比例为 0.10,那么这同一个数也代表第一个矩形的实际面积。我们现在注意到,在任一间距平滑曲线下的面积可以由对应的矩形近似。图 7.2 说明这种情况。当矩形数目增加,矩形总面积越来越近似平滑曲线下面的面积。这种现象可以从阴影面积变得越来越小看出来。因此到极限,平滑曲线下的面积可由无限多个矩形面积取和求得。由于矩形下的面积为 1,所以平滑曲线下的面积也是 1。我们刚刚描述的这一过程就是数学分支之一的微积分的基本过程。

---

① 极限的概念还将在 9.1 节中讨论,参考以下无穷级数,可能有助于直观上的理解。

$$\frac{1}{2} + \frac{1}{4} + \frac{1}{8} + \frac{1}{16} + \frac{1}{32} + \cdots$$

可以看出随着加上更多的项,这个级数越来越近于 1.0 的值,但不会达到这个极限值。

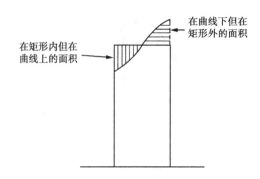

在矩形内但在
曲线上的面积　→

在曲线下但在
矩形外的面积

图7.2　比较平滑曲线下面与矩形下面的面积

7.2　正态曲线的一般形式

正态曲线是一种特殊类型的对称平滑曲线。由于正态曲线是平滑的,完全对称的,并且建立在无限多个个案数目的基础上,所以它只能由实际数据的频数分布来近似。它呈钟形,具有一些异乎寻常的数学性质。下面将讲述它的性质。由于它是对称的、单峰的,因此其均值、中位数和众数都相等。正态分布的一般形式如图7.3所示。

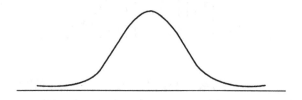

图7.3　正态曲线的一般形式

*正态曲线的数学方程从数学家的标准看是相当简单的,因为已为正态曲线编制了数值表。虽然读者绝无必要用这个公式来计算,但用它指出和证明其理论分布的性质还是很有教益的。公式如下:

$$Y = \frac{1}{s\sqrt{2\pi}} e^{-(X-\bar{X})^2/2s^2}$$

其中 Y 为任一 X 值的曲线高度。由于 π 和 e 都是曲线常数(分别近似等于3.14和2.72),这个公式只包含两个总结量度——均值 $\bar{X}$ 和标准差 s[①]。如果给定均值和标准差的数值,正态曲线的精确形式就为已知。换句话说,有许多不同的正态曲线,每一个对应于一种均值和标准差的组合。

*我们知道,有负指数的量可以写为那个量的倒数的正指数方,所以我们可以把公式重写为:

$$Y = \frac{1}{s\sqrt{2\pi}}\left(\frac{1}{2.72^{(X-\bar{X})^2/2s^2}} \right)$$

其中常数 e 已由它的近似数值代入。假定 s 为固定值,试求 Y 为极大值时的 X 值。显然,当括号内的分母为极小值时,Y 值极大。但此分母为大于1的正数,乘方后为正值,因为

---

①　当我们讨论归纳性统计时,将引进均值和标准差的其他概念。正态曲线的公式常用均值 μ 和标准差 σ 表示。

实数平方不能小于零,因此当指数为零时分母就取极小值。而当 $X - \overline{X} = 0$ 时指数为零,这时 X 取 $\overline{X}$ 的值。这表明众数(还有均值和中位数)实际等于 $\overline{X}$,这种情况早已指出,但尚未证明。我们还可以看到,这种方程的曲线对于 $\overline{X}$ 对称。由于 $X - \overline{X}$ 的平方不可能是负数,偏离 $\overline{X}$ 两侧的偏差都导致相等的 Y 值。

采用恰当的 $\overline{X}$ 值和 s 值可以获得任何特殊正态曲线的具体方程。具有相同标准差但不同均值的正态曲线见图 7.4。反之,具有相同的均值而不同标准差的正态曲线的峰值不一样,见图 7.5。

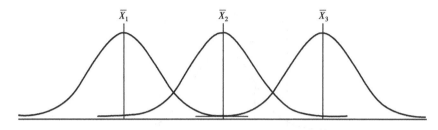

图7.4 具有相同标准差而均值不同的正态曲线之比较

应当指出,并非所有对称钟形曲线都是正态曲线。虽然图 7.5 所示的曲线具有不同的峰值,但这只是由于它们的标准差不同,它们在形式上都是正态的。一般来说,单峰形对称曲线可能比正态曲线更尖或更平,即便它们有相同的标准差。图 7.6 所示是几条这样的曲线,比正态曲线更尖的曲线称作**尖峰态**,比正态曲线更平的曲线称作**低峰态**。尖峰态曲线与低峰态曲线除了有均值和标准差外还有其他总结性量度,这与正态曲线不同[①]。

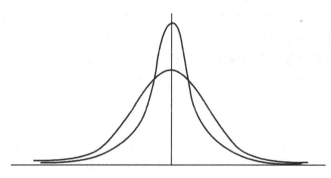

图7.5 具有相同均值,但标准差不同的两种正态曲线之比较

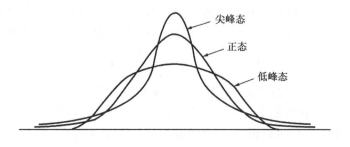

图7.6 具有相同标准差,但不同峰态正态曲线之比较

---

① **矩**的概念将在9.4节中扼要讨论,可用于描述偏斜的分布和比正态分布更尖或更扁的分布。

7.3　正态曲线下的面积

人们经常要确定位于给定间距内的个案比例。幸运的是,正态曲线具有一个重要的性质,使此项工作简单易行。不论正态曲线具有哪种特殊均值和标准差,在**均值与纵坐标某一点之间的距离内(用标准差来表示)曲线下的面积(或个案比例)为常数**。图7.7说明上述意义。

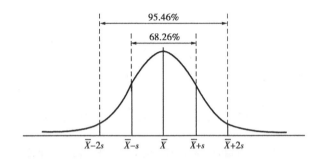

图7.7　正态曲线下的面积

如果在从均值向右一个标准差的位置定出一点,则均值与纵坐标这点之间包含0.341 3的面积。因此这个面积的两倍,即0.682 6包含在均值两侧各一个标准差之间。换言之,略多于2/3的个案会位于均值两侧的一个标准差的两个点之间。同样,在均值与纵坐标两个标准差之间的面积是0.477 3,因此此略高于95%的面积包含于均值两侧的两个标准差之间。虽然理论上正态曲线向两边扩展无限远,但几乎所有的个案都位于三个标准差内。当然,离开均值的距离不一定是标准差的整数倍。按照下面讲的方法,可以标出任何两个纵坐标之间的面积。例如,在均值两侧各1.96个标准差之间几乎包含面积的95%;均值两侧各2.58个标准差之间包含99%的面积。

正态曲线的这种性质可供阐述标准差,并有助于直观理解这种离差量度的意义。一些经验频数分布与正态分布相当类似,以至面积与标准差之间的上述关系依然成立,即使在收入分布中,虽然向高收入方向偏斜,但在均值两侧一个标准差内仍有接近2/3的个案。要记住,虽然正态曲线可供**阐释**标准差,但这个性质不可用来**定义**标准差。它的定义是其公式。上述性质仅适用于正态分布或近似正态分布。可以取任何特殊的正态曲线,并把这个曲线的数值转变为一个数值表,此表可以估计任意间距内的个案比例。我们可以用数字例题来说明这个过程。假定我们有一个均值为50,标准差为10的正态曲线。试求从间距50到65之间的个案比例。先求从均值50至65之间有多少个标准差。为此我们取两个值之间的差15,并除以标准差,结果为1.5。一般我们用下列公式:

$$Z = \frac{X - \overline{X}}{s} = \frac{65 - 50}{10} = 1.5$$

其中 X 为纵坐标值, Z 代表距离均值的偏差,以标准差为单位表示。

在讨论如何用 Z 数值来决定均值与对应于 Z 的纵坐标之间的个案比例之前,我们对 Z 作另外一种解释。我们可以想象,从 X 变量向新的 Z 变量的实际变换。 X 变量的分布

为正态并具有均值 $\overline{X}$ 和标准差 s,新变量也为正态分布并具有均值 0 和标准差 1[1]。均值为 0,标准差为 1 的正态分布称为**标准型**,Z 常被称作标准分。图 7.8 表示变量的变换情况。从每个 X 我们减去常数 $\overline{X}$(这里为 50),这时我们把每个原来分数向左转移 50 单位,因此把原来的正态曲线移到原点的上面。这样 Z 的分子就转换完了。现在用标准差大小来除每个差($X-\overline{X}$)。这样我们根据标准差大于或小于 1 来**挤尖或压扁**原来的曲线。因此我们可以想象,先移动原来正态曲线的位置,然后改变标准差的大小,使其重合于标准型。在除以 10 的标准差时,我们主要改变了沿水平轴的单位,使 X 轴的 10 个距离相当于 Z 轴的 1 个距离。

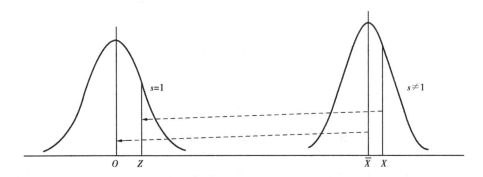

图 7.8 正态曲线的标准型和一般形式之比较

不论采用哪一种解释,Z 值为 1.5 就表示纵坐标距离均值 1.5 个标准差。对于标准型来讲,这种情况自然意味着纵坐标本身落在 Z 尺度的 1.5 数值上。人们已经编制了标准正态曲线的精确数值表,附录 2 中的表 C 就是其中的一种。Z 值列在左边缘及顶端。Z 的头两位数可从左列读出,第三位数从顶行读出。表中的数字表示均值(为 0)与对应于 Z 的纵坐标之间的面积比例。在上例中,我们看到面积的 0.433 2 处于这个界限之内。若 Z 为 1.52,相应的面积就是 0.435 7。

7.4 使用正态分布表的说明

假定我们求图 7.9 中正态曲线内的阴影面积的值,此时 Z 值是:

$$Z = \frac{143 - 168}{12} = \frac{-25}{12} = -2.08$$

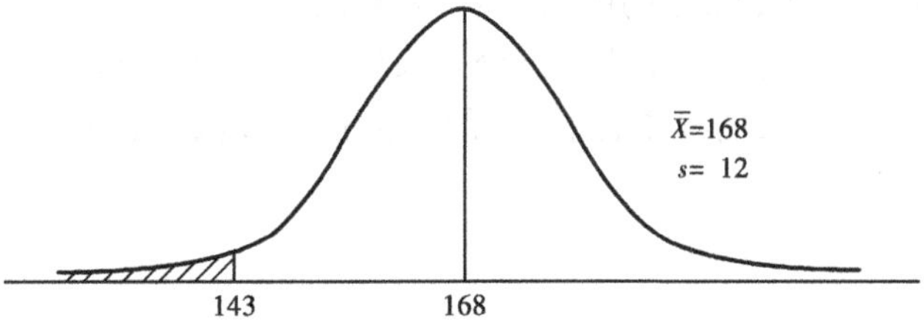

图 7.9 正态曲线单尾端面积由阴影部分表示

Z 是负值表示阴影面积处于均值的左边。由于曲线完全对称,所以使用正态分布表时可

以忽略 Z 的正负号。从表中我们看到,均值与 2.08 的 Z 之间的面积是 0.481 2。由于总面积为 1,所以根据对称性,均值左边的面积是 0.5。因此可以从均值左边的总面积减去均值与纵坐标之间的面积求阴影部分。于是:

（个案比例 ≤ 143）= 0.500 0 - 0.481 2 = 0.018 8

因此少于 2% 的个案的分数少于或等于 143[①]。由于假设检验几乎总是涉及频数分布的尾端,所以上述例题所说明的是非常普遍的问题。因此我们常对一个和两个尾端的面积感兴趣。如果我们想求由 168 ± 25 规定的区域以外的全部面积（由图 7.10 中阴影区表示）,我们可以直接把上面的结果乘 2,因为两个阴影区的大小完全相等。

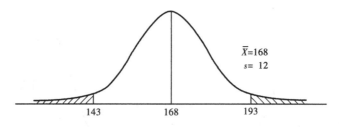

图 7.10　正态曲线,阴影部分代表双尾端

再举一个例子,假定我们求图 7.11 中表示的阴影区。计算这个面积时,首先找出均值与纵坐标 B 之间的个案比例,然后从这个数中减去均值与纵坐标 A 之间的个案比例。对应于 B,A 的 Z 分别为 2.0 和 1.2。由此得出:

B 与均值之间的比例　　0.477 3
A 与均值之间的比例　　0.384 9
A 与 B 之间的比例　　0.092 4

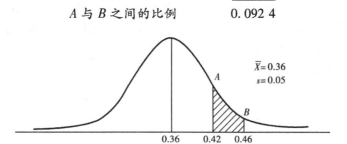

图 7.11　正态曲线,阴影部分代表两个纵坐标之间面积

因此略多于 9% 的个案落于 0.42 和 0.46 之间。注意,如果我们想求分别位于均值两侧的两个纵坐标之间的面积,则应采用加法而不是减法。

从第 11 章开始我们将广泛采用正态分布来检验不同总体的均值。不论总体形状如何,只要从总体中取相当大的样本,则样本的均值就会近似正态分布。这就使正态分布成为统计推论中极为重要的工具。

---

① 在连续分布中具有精确 143.0 数值的个案比例为 0。为了理解这个情况,让我们想象两个纵坐标极为接近,在这两个纵坐标之间的个案比例就会很小。如果我们想象这两个纵坐标越来越靠近,个案比例就趋于无穷小。大家应当记得,一条线从数学角度看是没有宽度的,但在实践中,由于量度不精确,可能会有一些分数为 143.0 的个案。然而,由于我们讨论理论分布,纵坐标本身是否包含在间距中无关紧要。今后我们还将讨论两个纵坐标(但不包含它们)之间的面积,或小于某给定值的面积。

习 题

1. 已经计算了第 4 章习题 1 给出的数据的均值和标准差,在 65 个个案中有多少比例位于均值的一个标准差之内? 两个标准差之内? 三个标准差之内? 如果分布是完全正态的,求出的数字与它近似到什么程度? 就第 4 章习题 2 也回答上述同样问题。对比和解释这两组数据结果之间的差异。

2. 如果正态分布的均值是 80,其标准差为 12,试问:

(1)80 和 93 之间的个案是多少? (答案:0.360 6)

(2)90 和 105 之间,70 和 105 之间的个案比例是多少?

(3)小于 68 的个案比例是多少?

(4)为了得到各包含总面积 2% 的尾端,需要从均值两边扩展几个标准差? 总面积 10% 呢?

(5)什么分数有 4% 的个案数超过它? (换言之,定于第 96 个百分位数上。)

*3. 证明标准正态曲线具有均值 0 和标准差 1。(指示:用公式 $Z = (X - \bar{X})/s$,重新把正态曲线用 Z 表示出。)

4. 假定知道一个正态曲线的均值是 40,7% 的个案分数大于 70,其标准差是多少? (答案:20.3)

5. 一个均值为 60,标准差为 8 的正态曲线,在分数为 50 与 Q_1 处(第 1 个四分位数)的垂线之间的个案百分比是多少?

6. 心理学家经常把不同的能力测验和态度测验的原始分数当做定距尺度来处理,再用适当的均值和标准差把原始分数转为标准分位点。假定大学入学考试的平均原始分数为 117,标准差为 28.5,且假定这些原始分数为正态分布。试问:

(1)131 以上的原始分数比例是多少? 低于 79 呢?

(2)对应于第 1、第 2 和第 3 个四分位数的原始分数是多少?

*(3)大学入学考试的原始分数可以标准化,使正态分布的均值为 500,标准差为 100。那么,如何把上面的一组分数标准化以得出均值 500 和标准差 100?

(提示:想想怎样通过标准化得到均值为 0 和标准差为 1?)

参考文献

1. Loether, H. J. , and D. G. McTavish: *Descriptive Statistics for Sociologists*, Allyn and Bacon, Inc. , Boston, 1974, chap. 5.

2. Mueller, J. H. , K. Schuessler, and H. L. Costner: *Statistical Reasoning in Sociology*, 3d ed. , Houghton Mifflin Company, Boston, 1977, chap. 6.

3. Runyon, R. P. , and A. Haber: *Fundamentals of Behavioral Statistics*, 3d ed. , Addison-Wesley Publishing Company, Reading, Mass. , 1976, chap. 7.

4. Walker, H. M. , and J. Lev: *Elementary Statistical Methods*, 3d ed. , Holt, Rinehart and Winston, Inc. , New York, 1969, chap. 8.

5. Weiss, R. S. : *Statistics in Social Research*, John Wiley & Sons, Inc. , New York, 1968, pp. 147-156.

归纳性统计学

第三部分

8 归纳性统计导论

在这简短的一章中,我们想对归纳性统计,特别是检验统计假设所依据的逻辑思想做一个一般的概括。过于详尽地叙述每一种特定的检验反而会使人们看不到各种检验的内在的相似性,这样一来,统计学的学习就会变得像照菜谱做菜一样,只是死记公式和步骤。由于这一章非常重要,所以读者在接触了几种具体的检验方法以后[①],最好再回过头来把它仔细地重读一遍。

8.1 统计量和参数

统计概括的目的在于,根据从所研究的总体或全域[②]中抽取的样本的情况来描述该总体的各种特征。我们把总体的特征称为**参数**,与之相对应的样本特征称为**统计量**。读者已经熟悉一些参数和统计量,如均值、中位数、比例以及标准差等。现在读者应该学会仔细区别哪些特征是总体的特征,哪些是样本的特征。通常用希腊字母代表总体特征,而以罗马字母代表样本特征[③]。以后我们将用希腊字母 μ 表示总体均值,而以罗马字母 $\overline{X}$ 表示样本均值;用希腊字母 σ 表示总体标准差,样本标准差则以罗马字母 s 来表示。

参数和统计量之间有一个重要区别,参数是有关总体的**固定值**,一般都是**未知的**[④]。例如,在任何给定的时间,哈佛大学学生的平均年龄或成绩的平均分数也许是未知的,但却可以假定对所有的观察者来讲,他们求出的值将是相同的。反之,从一个样本到另一个样本,统计量是不同的。如果我们随机地抽选 10 个不同的大学生样本,就不可能期望它们会有精确相同的年龄均值。事实上,要是果真出现了这样的情况,反而是相当可疑的。与参数不同,对一个特定的样本而言,统计量是已知的,或是可以计算出来的。不过,我们**不知道**样本对总体的实际代表性如何,或者说不知道得到的统计量和与其相对

---

① 最好在学到第 11 章后再复习。

② 在统计学文献中"**总体**"和"**全域**"二词可以通用。

③ 遗憾的是这条规则有许多例外。

④ 尽管参数实际上可能会随时间变化,但我们仍然把它们看做是固定的。例如,一个人口总体的年龄中位值会随时间变化。因此,读者应当将重复抽样想象为在同一时刻,而不是以先后相继的时序抽样许多样本。实际上,很多时候,我们的科学研究的目的就在于推论导致总体数值变化(在这里我们假定固定不变的)的因果进程。但是,在学习统计学的过程中,为了简化概念,一开始就一般性地限定总体是固定不变的,这样一种比较简单的概念上,似乎是明智的。关于因果推论的内容将在第 19 章做简单讨论。更详细的讨论请见参考文献 2 和 3。

应的未知的参数接近的程度究竟如何。

我们真正感兴趣的是总体,而不是样本。我们抽取样本,只是为了方便,而我们的目的总是在于根据已知的统计量来推论各种参数。实际上样本本身并不重要。我们先对未知的参数做一些假定,然后问道:"如果这些假定实际上是真实的,那么得到这样的样本统计量的可能性是多少?"我们之所以这样做,无非想根据手头的证据材料,就我们对这些参数所作的假定是否合理这一问题做出理性的决定。因此,可以把假设检验看做决策的一种特殊形式。由于构成假设检验的基本逻辑是相当复杂的,因此,现在简明地讨论一下这种逻辑不无裨益。在后面的章节中,读者将会看到如何把它运用于具体检验。

8.2 假设检验的步骤

在社会科学里,**假设**这一术语有好几种不同的含义,有时它被用来表示一个很少有可能被间接检验的命题,有时它却被用来表示一种可以在统计上实际检验的陈述。为了尽可能地避免混乱,有必要确切说明一下本教科书在什么意义上使用这一术语。我们用于定义称之为假设检验的判断标准是相当严格的,它排除了许多在当代社会科学文献中的所谓"检验",然而它却与统计学家规定的相当严格的要求相吻合。这就是说,它体现了一种理想,任何一种实际的检验是否恰当,都可以用这个理想加以比较判别。

"假设"是有关未来事件的陈述,或在预测时尚不知结果的事件的陈述。假设以可以被否定的陈述方式来表达。用精确的语言来说,如果我们按照下面的步骤去做,那么我们就可以说,我们检验了一个假设:

1. 在**检验**前[1],实验或观察的所有可能的结果都预先设想到了。

2. 在检验前对于用以确定究竟实际出现了哪一种结果的操作方法和步骤达成一致意见。

3. 预先确定如果发生了哪些结果将导致假设的否定。同时,也要确定发生了哪些结果,就可以不否定假设。正如上面所说的,被否定的当然必须是一种可能的结果。

4. 在做完实验或对事件作了观察后,记下它们的结果,并据此做出接受或否定假设的决定。

以上所概括的是那些最为普遍的步骤。而统计推论主要与上面步骤中的第三步和第四步有关。统计学家必须假定前两步已预先完成了。以后我们会有机会看到,怎样使后两个步骤在统计检验中变得更具体。也许上列步骤中最重要和最普遍的含义是,所有决定必须先于检验做出。所有可能结果被分为两类:一类将导致假设的否定,另一类则导致假设的证实。如果不是先于检验做出决定,就有可能在检验过程中,简单地改变某些规则而使假设得以保留。这就好像一个小孩用掷硬币的方法决定是否去看电影。他决定面朝上就去,面朝下就不去。如果硬币果真出现面朝上,他就去看电影了。要是不是,他又决定再继续掷,并确定选三次中最好的二次。用这样一种方法,最后他总是可以去看电影,除非这枚硬币丢失了(一种没有预见到的结果)。

一个命题只有以操作性定义来表达才能被检验,这一点在第 2 章中已经谈到。第二

---

① 统计学家经常在很广泛的意义上使用**实验**这个术语。例如,一个实验可以由对一个家庭主妇的访问构成,也可以由记录对一个问题回答"是"或"否"构成。

个步骤表明,必须在检验前就操作性定义达成协定。如果不这样做,那么不论实验的结果如何,只要放弃原来采用的方法,总是可以使假设得到保留。假定有人这样来表述一个假设:"人的社会阶级地位愈高,他赞同民族中心主义的可能性就愈小。"如果最后结果不能证实这个命题,提出这个假设的人可以透过于"社会阶级"或"民族中心主义"的量度方法没有真正量度想要量度的概念,并声称有某些其他更好的指标(新的指标恰好证实这一理论)。由此可见,最好还是将"**假设**"这一术语定义为操作层面的陈述,而且是可以被清晰否证(证伪)的。如果事先未能约定使用的程序,那么对于结果的解释几乎不可能达成一致意见。正如在第 2 章中所指出的那样,这一观点既不否定理论的重要性,也不意味着只有操作性定义才是科学发展的唯一必要条件。

第三步最关键,因为做出的决定通常会含有犯某种错误的危险。在某些情况里,问题比较简单。并不是所有的假设检验都涉及归纳问题,它也可能只涉及一个特殊事件的结果,如一场足球比赛,我们可以预测甲队将战胜乙队。这时,只要存在一些标准,可以确定约定的程序是否确实已被执行,那么做出的决定无论是否定还是肯定这种假设,犯错误的可能性都不大。然而当做决定的根据来自一个总体的事件的样本时,犯错误的危险就比较大。因为我们判断的依据仅仅是样本,所以无论我们否定还是肯定假设,我们必须承认总会存在由于样本缺乏代表性而犯错误的可能性。而概率论却可以使我们对犯这种错误的可能性做出估计,同时也可以使我们在决定用于否定假设的标准时,能够把这种可能性考虑进去。下一节将要讨论两种可能的错误,然后我们就可以回过头来讨论统计学在归纳性假设的检验中所起的作用。

8.3 以推论结果证实前提的谬误

对最重要的命题或理论直接作检查的方法往往是不存在的,不过我们却可以从这些命题或理论中推导出一些结果。如果原命题或理论是真实的,那么这些结果就会发生。同时,这些结果的真实性还可以用经验方法加以确定[①],所以,对原理论的证明不是直接的而是间接的。理论 A 意味着某些结果 B,或写做符号 $A \Rightarrow B$。这里应当强调的是,从 A 得出 B 是纯逻辑的或演绎推理,而不是经验证明。因此,如果 A 是真实的,且如果我们从 A 到 B 的演绎推论也是正确的,那么 B 也必然是真实的。然后,我们可以看一看 B 究竟是否发生了,如果 B 没有发生(B 是错误的),那么我们就知道理论 A 一定也是错误的。

相反,如果结果证明 B 是真实的,那么能否就此得出 A **必定**是真实的结论呢?我们的回答是不能。如果我们这么做,就会犯逻辑学家称之为以推论结果来证实前提的谬误。如果 B 是真的,我们可以说 A **也许**是真的。因为可以有许多备择的理论,也都预测 B。我们不能肯定 A **必定**是真的。除非我们同时还能证明不存在任何其他有效的备择理论 C,可使 $C \Rightarrow B$。遗憾的是这几乎不可能做到。因此,我们必须采用**排除**方法来代替确实证明的方法。一个好的理论是能够经受住排除方法的考验,而且不曾被排除掉。当然,前提是,它是可以以被排除的方式来表述的[②]。换言之,它必须能推导出一些在陈述

---

① 严格讲这种表述并不十分精确,因为一个纯演绎的理论不**直接**导出一个可检验的假设(见参考文献 2)。

② 关键性实验的作用在于使科学家能在几种备择理论中做选择。这几种备择理论都曾经受过被排除的考验而保留下来。例如,理论 A 和 A' 可能都预测事件 $B_1, B_2, \cdots, B_k$,而且它们都已发生。但是,A 可能预测 B_{k+1} 将是真的,而 A' 却预测 B_{k+1} 是错的。如果 B_{k+1} 事实上是错的,那么 A 就可以被排除,而 A' 则可以暂时被保留。

方式上可以被否定的假设。如果 B 是真实的,而我们没有否定 A,我们就会冒犯错误的风险,因为也许 A 实际是错的。在统计学中把这种类型的错误,即当**一个假设实际上是错的却未予否定的错误**,叫做**第二类错误**,或 β **错误**。

也许用一个简单的例子会使上面谈到的问题显得不那么抽象。假定理论 A 由以下三个命题组成:(1)所有的人都将遵守他们所属社会的规范;(2)社会 X 的一种规范是不许偷窃;(3)琼斯是社会 X 的一名成员。如果这一理论的所有部分都正确,我们就可以得出结论 B,即琼斯将不会偷窃。假定由于某种原因,我们不能直接证明理论 A 正确或错误,但我们都能查明琼斯的行为。显然,如果琼斯的确有偷窃行为,那么这个理论至少有一部分必定是不正确的。因此,如果 B 是错的,我们就否定 A。但是,即使我们知道琼斯没有偷窃行为,却不会作出理论 A 是正确的结论。因为可能琼斯只不过比别人更诚实一些而已,甚至琼斯可能根本不是社会 X 的一名成员。在这样的情况下,如果我们把这一理论看做是真的,就会冒相当大的犯错误的危险。我们可能会这样来作结论,虽然这个特定的个人也许是诚实的,但目前还是暂不对理论做判断为好。

不应当让上面例子的荒谬性来模糊一个很重要的问题,即每当我们有一种可以推论出某些结果的理论时,且我们所能证明的只是这些结果,而不是理论本身,那么,从逻辑角度来讲,我们可以否定这种理论,然而却不可能肯定它而不冒犯错误的危险。

8.4 统计性假设的形式

在社会科学里面,我们找不到类似上述例子的那种命题。理由很简单,因为关于现实世界的理论不意味着必然性。与那种宣称如果 A 是真的,则 B **一定**也是真的陈述方式不同,我们只断言,如果 A 是真的,B **可能**也是真的。这就是说,我们也承认这么一种可能性,即使 A 是真的,B 也可能是错的。每当 B 是错的时候,如果我们据此否定 A,那么我们还会冒犯另外一种错误的危险,就是否定一个真的假设的危险。我们把这种错误叫做**第一类错误或 α 错误**。仍用上面的例子,对命题做修改就变为:"大多数社会成员将会遵守社会规范"和"琼斯很**可能**不会偷窃"。如果琼斯是贼,我们因而否定修改过的理论,就会有犯错误的危险。因为有可能理论实际上正确,而琼斯却是极少数不诚实成员中的一个。

因此,应当要考虑的错误有两种。我们所讨论的第一种(第二类)错误来自以推论结果证实前提的纯逻辑性谬误。当我们把概率性陈述引进我们的理论时,又会产生另一种类型的错误(第一类)。到目前为止,我们还没有将归纳与演绎推理做比较。我们之所以需要采用这种概率性陈述,是因为最终必将在资料的范围之外做进一步概括。

统计性假设应取什么样的具体形式?A 和 B 的形式究竟如何?实际上,理论 A 是由一些关于总体性质,以及使用的抽样方法的假定和数学推理组成的。如果所设的假定实际上是正确的,用数学推理就可以做出有关特定样本结果可能性的概率性陈述。运用这些概率性陈述,我们预先确定哪些样本结果具有很大的概率,以至只要这些结果 B **没有**发生,我们就否定假定 A。实际上,我们推理如下:如果假定是正确的,那么我们的样本结果将非常有可能落在一个确定的结果区域内。当然,我们只抽了一个样本,但是如果我们那个特定的样本结果刚好落在这种区域之外,而进入了我们称之为**否定域**的区域,我们就将在冒着有可能犯第一类错误的危险的情况下,否定这个假定。于是,我们以某个范围内的样本结果来表示 B。如果结果落在这一范围之外,B 就是错的,从而就要否定假设。至于如何决定 B 所包含的范围的大小,则必须考虑(理想的做法)犯第一类错误和第二类错误的危险。

为了说明这种方法,假定有两个分别为蓝领和白领工人的样本。我们想就有关他们希望自己孩子上大学的愿望的百分数做比较。如果我们的研究假设是:这两个群体在这方面的百分数有差别。我们就采用排除"没有差别"的假设的方法。这么做似乎过于曲折,但必须记住,我们不可能直接去证明没有差别的假设。为了避免犯以推论结果证实前提的谬误,我们必须采取排除错误假设的方法。在这种情况下,逻辑上只有两种可能,要么有差别,要么没有差别,如果可以排除后一种可能,那么我们就得出实际上存在着差别的结论。

所以,我们假设:两个总体内希望孩子上大学的人的百分数是相同的。我们把这种两个总体没有差别的假设叫做**零假设**(H_0),实际上这是要与处于备择地位的研究假设(H_1)作对比加以检验的。我们可以从 H_0 上证明,如果**零假设和其他假定实际上正确**,则对于99%的所有这种可能的成对样本,两个样本之间百分数的差异小于10%,换言之,B 是由小于10%的样本差值构成的。如果两个总体之间实际上没有差异,两个样本之间的百分数的差就非常可能在10%以内。因此,如果两个样本之间的差超出10%或更多,就可以决定假设 A(包括 H_0)将被否定。但这样做出决定时,我们知道当 A 正确时也有1%的可能性出现这样大的差值(百分数的差大于10%)。换言之,犯第一类错误(否定正确的零假设)的危险是1%。因此,在通常的零假设检验中,我们总是从那个实际上被认为是错的 H_0 着手。这个 H_0 是若干个假定 A 中的一个,而在这些假定中含有一组可能的结果 B。如果 B **没有**发生,即结果最后落在否定域内,我们就可以放心地否定 A。然而,如果 B 确实发生了,为了避免犯以推论的结果证实前提的谬误,我们只说,"不否定"H_0。我们不能毫无保留地"接受"它。

让我们再回过头来看一下最初为假设检验所定的步骤表。这些步骤指出,在检验过程中统计性推论基本上主要涉及第三和第四步。研究人员要预知所有可能的样本结果,并把它们分成两类:一类可以否定假设;另一类则不能否定假设。实际上,概率论仅为我们提供了用于如何把结果分成两类的判断标准。把结果放入两类中的哪一类要根据甘愿冒多大犯第一类错误还是第二类错误的风险。统计方法之所以优于直观方法,主要在于它们能提供有关犯这些错误的可能性的知识。

这样说来,似乎不值得费事采用统计学,但是,用其他任何一种方法来完成第三步也并不容易。譬如,设想一个由抛掷25次硬币组成的实验,而我们对硬币的诚实性产生疑问。进而,我们想要确定一些结果,只要它们发生了,我们就会由此而对这个抛掷硬币的人提出怀疑。那么,试问究竟应当是正面出现15次或15次以上,还是18次以上才提出呢?还是仅仅当全部都是面朝上的时候才提出?还是不考虑其他结果,只要连续出现10次面朝上就提出呢?如果这枚硬币是诚实的话,我们就可以用概率论对任何一组特定结果发生的可能性是多少做出估计。然后,我们就能选出在这个假定条件下那些最不可能的结果。

我们并不奢望,一位初次接触统计推论的学生,通过第一次阅读就理解以上介绍的有关假设检验推理的全部内容。这些内容大家都公认是比较难懂的,它给学生带来的困难似乎比统计学的其他内容更多一些。因此,读者应当通过寻找各种统计检验的相似点,尽力理解这种逻辑。一旦完全理解了这个基本逻辑,统计学的学习就会变得简单多了。

参考文献

1. Ackoff, R. L. : *The Design of Social Research*, University of Chicago Press, Chicago, 1953, chap. 5.

2. Blalock, H. M. : *Causal Inferences in Nonexperimental Research*, University of North Carolina Press, Chapel Hill, 1964, chaps. 1 and 2.

3. Namboodiri, N. K., L. F. Carter, and H. M. Blalock: *Applied Multivariate Analysis and Experimental Designs*, McGraw-Hill Book Company, New York, 1975, chaps. 10 and 11.

4. Northrop, F. S. C. : *The Logic of the Sciences and the Humanities*, The Macmillan, Company, New York, 1947, chaps. 7 and 8.

5. Weiss, R. S. : *Statistics in Social Research*, John Wiley & Sons, Inc. , New York, 1968, chap. 13.

9 概　率

　　虽然我们可能还提不出**概率**一词的精确定义,但无疑我们都对这一词意味着什么有一种直观的概念。在日常语言中,有许多词和短语可以和它交替通用,如**可能性**、**机会**、**偶然**等。这些概念常常在各种极不相同的意义上使用,只要用几个案例就足以说明这些各不相同的用法。例如,我们问道:"今天下雨的概率是多少?"这个问题涉及一个单独的事件(今天下雨),这是一个将来可能发生,也可能不发生的事件。"琼斯可能没有谋杀他的岳母。"这样一种陈述与上面的例子很相似,但却涉及一个已经发生的事件,只不过我们还缺乏充分的根据对它做确定性陈述。或许我们还可能谈到一种最终可能会发生的事件,"如果你赌博,你就可能会输得精光"。这句话的意思并不是说掷一次骰子就输光,而是说,如果重复地多次实验,将会发生什么。"生于美国而且父母都是本地白人的婴儿很可能至少要活 65 岁。"这样一种陈述所提到的对象,似乎是泛指列在一张保险统计表上的婴儿,而不是特指一个具体的叫吉米·布朗的婴儿。

　　很明显,如果我们想从道理上谈概率,尤其是与一位数学家讨论概率,就必须要足够精确地定义概率这个概念,以便我们都能在相同的意义上使用它。然而令人遗憾的是,要得到一个既能使数学家感到满意,又符合我们日常使用的这个词的直观概念这样一种定义并不是一件简单的事。正如我们将要看到的,数学家认为必须用先验概率来思考问题,先验概率实际上既不能用经验方法求得,也不能依靠任何特殊的样本数据。下一节我们用数学语言定义概率概念,并对它的一些重要数学性质进行讨论。同时,我们力求指明这种定义以及这些数学性质合乎日常习惯和经验。

9.1 先验概率

　　在统计学中,我们的工作是对一个总体做概括。总体一般总是由数量很大的个体组成的。这种总体可以是有限的和现存的,并能被清晰地界定——如美国的人口,或 65 岁以上的本地男性白人等这样的总体。在这种情况下,一般总是从这个总体中抽取某种样本,但我们的兴趣主要是总体本身(或某个亚总体),而不是刚好出现在某一个特殊样本中的个案。总体也可以只是假设的。譬如,它可以是在"相似的条件下"进行的无限次的实验。因此,统计学家感兴趣的不是单个事件或个案本身,而是这个事件或个案能帮助他得到的有关总体的信息。当然本书是一本统计学教科书,我们在使用概率这个词时,显然不是指单个事件(今天下雨;琼斯是一个谋杀者;等等),而是数目相当多的事件,或在一个相当长的时期后将要发生的情况①。

　　我们怎样才能用重复事件的观点探讨概率呢? 首先,必须按照在相似条件下可以进行多次的理想化实验去思考。当然,实际上条件是变化的,但至少我们可以设想它们是不变的。因此,每一次理想实验的所有可能结果都必须是能预见到的。因此,我们必须学会按照以下方式考虑问题,如在完全相同的条件下多次抛掷一枚理想硬币,每掷一次只有两种可能结果(正面 H 或反面 T)。一枚真的硬币在抛掷过程中可能会因为磨损而不均匀,或者也许有时会刚好竖立着,我们对这种可能均忽略不计。我们要学会想象一副被洗得很彻底的纸牌,即每一张牌都不粘在一起这样的情况,尽管实际生活中永远找不到这样一副纸牌。

　　我们把一个实验的任何一个或一组结果叫作**事件**。零假设下的所有可能结果的集合叫作**样本空间**。一个事件可以是简单的(不可分的),或是复合的(简单事件的组合)。因此,事件 A 可能单是把一枚骰子掷出 6 点,事件 B(复合的)也许是一次掷出 2,4 或 6 点,而事件 C(也是复合的)也许是把一枚骰子掷二次得到的和是 7 点。当事件真正发生的时候,就是我们平时所说的**成功**,而没有发生就是所谓**失败**,这种用语是一种惯例②。于是,只要实验可以多次进行,就能得到任何一个特定事件发生次数的比例。

　　我们不准备立即提出概率的正式定义。首先,读者必须借助有关做多次抛掷一枚硬币的实验会实际发生什么结果的知识。假定我们开始掷硬币,并且每掷 10 次就记下成功(如正面朝上)的次数对总掷次数的比率,得到的结果很可能与图 9.1 所示的图形相似。

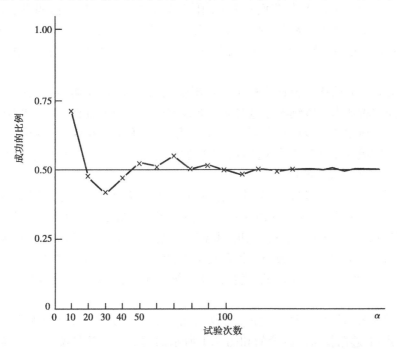

图 9.1　成功次数比例波动接近极限 0.50

<hr />

①　从单个事件的观点,并且沿用在下一节(见参考文献 8)论述的同样数学性质来探讨概率也是可以的。但这一种方法在概念上存在的困难不比本教科书使用的那种方法更少。

②　这种在专业上使用的**成功**和**失败**的术语不一定符合日常一般的用法。如**成功**也许指传染上小儿麻痹症,或一个蛊惑民心的政客当选。

在掷第一个 10 次的时候,我们通常并不期待得到刚好 5 次面朝上,即使这是一枚诚实的硬币。也许会出现 7 次面朝上。下一组试验也许会有一长串的"失败"。结果在 20 次投掷中面朝上的比例也许是 0.45。接下去的一组连贯试验的结果也许面朝下的次数比朝上的次数仍稍微多一些。但再下一组就可能面朝上的次数大于面朝下的次数,等等。用一枚诚实的硬币,在进行了 100 次抛掷后,我们期望成功的比例在 0.5 左右,而在做了 1 000 次抛掷后,就应该更加接近这个数。因此,我们期望成功次数对**总抛掷次数**的比率会趋于稳定。所谓稳定,其意义是,一次接一次地连续做 10 次一组的掷硬币的试验,当试验的次数非常大的时候,成功的比率值波动得很少。在 10 000 次试验以后,即使我们一连失败了 20 次(一个极不可能的事件),对这个比率的影响也是微乎其微的[1]。但如果在第三组和第四组试验中发生这种情况,那么这个影响就会很显著。因此,随着试验次数越来越多,这个比率将越来越接近一个数值,数学家把这个数值叫做**极限**。如果我们能想象实验可以无限次地进行下去,我们也就能设想这个比率确实会准确地成为极限值,如 0.5。由于我们逐渐涉及无穷的概念,而数学家又发现这是一个十分难以明确的概念,因此,我们还不如从试验非常多次的观点来考虑问题。

*极限的概念可以被定义得更精确。所谓"比率趋于一个极限"的意思是,如果我们预先确定,要在什么近似程度上接近极限值,那我们就可以有限次掷这枚硬币,直至确信所得的比率已经在要求的精度内接近极限。换言之,我们首先选择一个非常小的数 ε,用它来表示希望达到的近似极限的程度。假定我们令 $\varepsilon = 0.000\,1$,如果极限存在,那就有一个有限的掷硬币的次数 N,使我们基本上确信所得到的成功次数的比例将在真实概率的 $\pm 0.000\,1$ 之内[2]。此外,无论选择的 ε 多么小,我们都能找到一个有限的掷硬币的次数,使得到的成功次数的比例处于真实概率的 $\pm\varepsilon$ 之内。如果极限不存在,一般就不可能这么做。

用这种方式得到的比率要逐步稳定在极限值上,这决不是**逻辑**的必然性。实际上,至少可以想象这种比率会继续不停地波动。如果实际情况果真如此,我们就不能把一个单独的面朝上的概率和一枚硬币联系在一起。然而,当确实存在这样一种极限时,我们就可以把**成功的概率定义为成功次数对总试验次数的比率的极限**。更简单地说,概率是"从长远上来讲"成功次数的比例。

为了方便起见,今后在讨论概率时,我们把它当做单个事件的概率。因此,我们可以问:"掷一次骰子得 6 点,或从一副纸牌中单独抽一张,得到红爱司的概率是多少?"实际上在使用"单独掷一次骰子"这一短语时,我们只是想避免使用一种繁琐的表达方式,我们的真正意思是:"如果单个一枚骰子被重复地扔,我们期望在长远的结果中得到 6 点的次数的比例是多少?"为了方便起见,当我们谈到掷一次时,实际上指无限多次掷同一枚骰子。

在继续讨论概率的数学性质之前,需要做几点说明。现实生活的实验被重复进行时,显示出实际上遵循着前面讨论的和图 9.1 所示的模式。也就是说,实际的确接近一个极限,而且极限是可以被估计的。这就使我们得到"平均定律",并且期望大多数硬币

---

[1]　请注意,这并非断言面朝上和面朝下的**绝对次数**近似相等,也不是断言,如果开始时面朝上的次数过多,那么面朝下次数最终将会赶上来,也许会继续不断地保持过多的面朝上,但即使情况果真如此,这一**比率**将接近 0.5。因此,如果在最初的试验中,我们得到 35 次面朝上和 15 次面朝下,那面朝上的比例就是 0.7。在 100 次试验中面朝上多 20 次(即 60 次面朝上),其比例是 0.6,而在 200 次试验中多出同样的数(即 110 次面朝上)时比例的值却是 0.55。

[2]　第 12 章所讲的置信区间会帮助我们理解,为什么我们总不能完全肯定真实概率位于所求得的区间内。

出现面朝上的可能性大约是 1/2,或打桥牌有时得到好牌有时却得到坏牌。不过我们应当谨慎地对待平均定律。有些人把这条定律解释为:如果在抛掷实验中,"由于平均定律"的作用,一枚硬币连续出现了 10 次面朝上,在下一次抛掷中就很可能出现面朝下。这样一种解释关系到对一个单独事件(即掷第 11 次的结果)的预测。正像下面所要讨论的那样,通常我们假定前几次抛掷发生的结果与以后的抛掷结果完全无关①。一枚硬币既没有记忆,也没有良心。如果一位游戏者亲眼看到在 10 次试验中,连续 10 次都是面朝上,那么,为了采取明智的策略,在这枚硬币不诚实的假设条件下,应当预测第 11 次试验将也是面朝上。

显然,按照这一节所定义的先验概率,是不可能用经验方法**准确**求得的,但却是可以估计的。这不仅是因为我们必须设想一个理想化的实验,而且也因为没有一个实验能被无限次地重复。不过,用足够多次的试验,就能以任何精度对概率作估计。下一节提出的数学规则,以及统计推论所依据的数学推理都与先验概率有关,而不是与研究者实际上能得到的那种概率有关②。

在把统计推论应用于任何有关真实世界的科学时,我们要采用第 8 章所介绍的逻辑方法。为了应用数学推理,我们必须假定某种先验概率,然后才能说,**如果**这个先验概率是正确的,那么某些经验结果是很可能的(或不太可能的)。因此,A 是数学理论,B 是预测的经验结果,并且没有直接检验这个理论的方法。如果结果证明 B 是错的,我们就可以否定 A。但如果 B 是真实的,就可能还有其他与先验概率有关的理论 C 也能解释这些结果。如果我们想避免犯以推论结果证实前提的谬误,我们就必须把那些有疑问的概率作为假设前提,并通过检验把它们排除。下一章我们将举一些具体例子说明这种步骤。

9.2 概率的数学性质

虽然读者以后也许永远不必再计算概率了,但应当理解用做假设检验的所有基本数学表都是以一些相当简单的概率性质为基础的。像本书这样的教科书不可能深入探讨概率论。下面的讨论,旨在使读者理解数学家如何运用概率方法给统计推论提供依据。我们从先验概率的三个数学性质开始。

第一个性质几乎无须赘言。因为在 N 次试验中,成功的次数既不会小于 0,也不会大于 N。因此,任何一个事件 A 发生的概率[写作 $P(A)$],一定大于或等于 0,小于或等于 1,所以

$$0 \leqslant P(A) \leqslant 1$$

其中符号 ≤ 应读做"小于或者等于"。如果 $P(A) = 1$,事件 A 就必定发生,如果 $P(A) = 0$,那么事件 A 就不可能发生。

加法规则 概率的第二个性质更有趣味。为了简单明了,我们先讲加法规则的一个特例,表述如下:**如果事件 A 和事件 B 互斥**(互不相容),**那么得到 A 或者 B[写作 $P(A$ 或 $B)$]的概率等于 A 的概率加上 B 的概率**,也就是:

$$P(A \text{ 或 } B) = P(A) + P(B) \quad (\text{如果 } A \text{ 和 } B \text{ 互斥}) \tag{9.1}$$

所谓互斥的意思是,A 和 B 不可能在同一个实验中同时发生。譬如,从一副普通的扑克

---

① 必须牢记一个事实:在人或其他动物身上进行重复量度时,不能做这种假定。见 9.5。

② 严格地讲,研究者只能得到**比例**,因为试验或个案的数目总是有限的。

牌中单独抽一张,不可能同时得到爱司和国王两种结果。因此,把加法规则应用于一副假设是理想的扑克牌,就有:

$$P(A \text{ 或 } K) = P(A) + P(K) = \frac{1}{13} + \frac{1}{13} = \frac{2}{13}$$

当然,我们也可以用另一种推理得到相同的结果:一副牌有 8 张爱司和国王,且每张牌都有相等的被抽选的概率,因此抽到这 8 张牌中的一张的概率是 8/52 或 2/13。同样,单独掷一次骰子,得到 5 点或 6 点的概率将是(1/6 + 1/6)或 1/3。

加法规则可以推广到包容两个以上事件。因此,如果**事件** $A, B, C, \cdots, K$ **都互斥**,那么,

$$P(A \text{ 或 } B \text{ 或 } C \cdots \text{ 或 } K) = P(A) + P(B) + P(C) + \cdots + P(K) \qquad (9.2)$$

如果我们有一个由 100 个上层,200 个中上层,400 个中下层和 300 个下层的人组成的总体,并且每个人被抽取的概率相等,那么对这个总体来讲,做一次单独的抽取,得到上层,或中上层,或中下层人的概率为:

$$\frac{100}{1\,000} + \frac{200}{1\,000} + \frac{400}{1\,000} = \frac{700}{1\,000} = 0.7$$

因为概率基本就是比例,所以如果所有可能的简单事件都互斥,则这些事件的概率之和必定是 1。因此,如果我们把得 1 张黑桃或红桃或梅花或方块的概率加起来,它们的和必定是 1。事件 A **不**发生的概率等于所有其余的(互斥)事件概率的和,如果从 1 减去 $P(A)$,就得到事件 A 不发生的概率,因为

如果 $1 = P(A) + P(B) + P(C) + \cdots + P(K)$

所以 $1 - P(A) = P(B) + P(C) + \cdots + P(K)$

例如,得不到 1 张皇后的概率是 1 − 1/13,或 12/13。

到目前为止,我们仅讨论了互斥事件。加法规则更为**普遍的形式**可以表述如下:**如果 A 和 B 是任何事件**(不一定互斥),那么

$$P(A \text{ 或 } B) = P(A) + P(B) - P(A \text{ 且 } B) \qquad (9.3)$$

其中 $P(A \text{ 且 } B)$ 表示 A 和 B 两者都发生的概率[①]。一般情况下,得到或 A 或 B 的概率可以这样来求,先把发生 A 的概率和发生 B 的概率相加,然后减去同时发生 A 和 B 的概率。之所以要减去 $P(A \text{ 且 } B)$ 是因为这个同时发生事件的概率被算了二次,即在 $P(A)$ 中一次,在 $P(B)$ 中又一次。图 9.2 将会有助于说明这种情况。

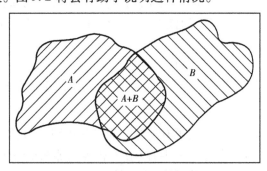

图 9.2　概率的几何图形表示法,面积与 $P(A), P(B)$ 和 $P(A \text{ 且 } B)$ 成比例

在图 9.2 中,A 和 B 的概率用某些与它的数值成比例的面积来表示。我们取矩形的

---

① 按照数学家的用法,**或**这一词含有得到 A 和 B 两者的可能性,因此表达式"A 或 B"意味着"A 且/或 B"。按照集合论的符号表示法,"A 或 B"的含义与 $A \cup B$ 相同,而"A 且 B"的意思与 $A \cap B$ 相同。

面积为1。在一般情况下,总会有一些部分要重叠,也就是说 A 与 B 将不是互斥的。图中带有条纹部分的总面积表示得到 A 或 B(或两者兼有)的概率。由于其中面积比较小的有交叉阴影的那部分被加了二次,在 A 中一次,在 B 中又一次,这样我们就会明白,为什么求带条纹部分的总面积必须减去 $P(A$ 且 $B)$[①]。

现在,我们举一个数字例子,设事件 A 是在一次单独抽取中得到一张皇后,而事件 B 是抽取到 1 张黑桃。这样 A 与 B 就不是互斥的,因为两者可能同时发生(即抽到 1 张黑桃皇后)。因此:

$$P(A \text{ 或 } B) = P(A) + P(B) - P(A \text{ 且 } B)$$
$$= \frac{4}{52} + \frac{13}{52} - \frac{1}{52} = \frac{16}{52} = \frac{4}{13}$$

这个结果可以从直观上得到证明。只要我们稍加留心就知道 A 或 B 事件的发生,相当于抽到 1 张黑桃或其余 3 张皇后中的一张,也就是 16 张牌中的任何一张。如果我们只是简单地把 $P(A)$ 与 $P(B)$ 相加,这样黑桃皇后就被重复计算了。下一节我们将讨论计算 $P(A$ 且 $B)$ 的一般规则,因为要得到这个数值并不都是那么容易。注意,如果两个事件互斥,那就不会产生重叠,从而 $P(A$ 且 $B)=0$。因此,这种情形可以看作加法规则的一个特例。

用一张类似图 9.2 的图形(称为**凡氏图**),就能证明,如果有三个不互斥的事件 A,B 和 C,则它们彼此可能重叠,不仅 A 和 B,A 和 C,以及 B 和 C 之间两两重叠,而且所有三个事件也可同时发生重叠,这时 $P(A$ 或 B 或 $C)$ 可表示为:

$$P(A \text{ 或 } B \text{ 或 } C) = P(A) + P(B) + P(C) - P(A \text{ 且 } B) - P(A \text{ 且 } C) -$$
$$P(B \text{ 且 } C) + P(A \text{ 且 } B \text{ 且 } C)$$

读者能不能把加法规则推广到四个或四个以上的事件?(请参见本章最后的习题9)

乘法规则 概率的第三种性质使我们得以求出两个(或两个以上)事件同时一起发生的概率。我们可以将此性质陈述如下:**如果 A 和 B 是任何两个事件,那么得到 A 和 B 两者一起发生的概率是它们之中的一个事件的概率与在这个事件已经发生的条件下另一事件发生的条件概率的乘积**,用符号来表示则为:

$$P(A \text{ 且 } B) = P(A)P(B|A) = P(B)P(A|B) \tag{9.4}$$

符号 $P(A|B)$ 和 $P(B|A)$ 代表条件概率,$P(A|B)$ 应当读作:"已知 B 已经发生时 A 发生的概率。"**条件概率**这个词的意思是,我们认为 A 的概率随 B 发生与否而变化。换言之,B 已经发生时 A 发生的概率将不同于 B **没有**发生时 A 发生的概率。因此,如果 B 事件是开车横冲直撞,而 A 事件是发生交通事故,那么我们可以预料,$P(A|B)$ 大于 $P(A)$,因为开车横冲直撞正是造成交通事故的原因之一。

在说明乘法规则的使用以前,先来介绍一个新的重要概念:当而且只有当 $P(A|B)=P(A)$ 以及 $P(B|A)=P(B)$ 的时候,才可以说 A 和 B 两个事件在**统计上无关**(独立)。因此,如果不论 B 是否发生,A 发生的概率都保持不变(对 B 亦同理),那么这两个事件在统计上彼此无关(独立)。实际这个意思是说,已知其中一个事件已经发生,无助于我们预测另外一个事件是否会发生。例如,在已知牌是红色的情形下,得到 1 张爱司的概率是 2/26。因为 26 张红色的牌中有 2 张是爱司。这个数值与无条件地得到一张爱司的概率(4/52)是相等的。因此牌的颜色与牌的面值在统计上彼此无关。知道牌是红色并不能有助于预测它是

---

① 读者应当自己证明,为了求 A 或 B,而不是两者同时的概率,我们要从 $P(A)+P(B)$ 中减去 $2P(A$ 且 $B)$。在三个或三个以上的非互斥事件的情形中,我们也可以得出类似结果。

否为爱司。同样已知一张牌是爱司,也不能帮助我们预测它的颜色。此外,还应该注意到,互斥事件不是无关的。如果 A 和 B 互斥,我们必定总是会有 $P(A|B) = P(B|A) = 0$。是为什么? 请想一想。

若 A 和 B 统计上无关(独立),则有 $P(B|A) = P(B)$,这时,乘法规则的公式就变得简单:

$$P(A\ 且\ B) = P(A)P(B) \qquad (如果 A 与 B 无关)$$

通常,乘法规则的这种特例比其更普遍的形式更容易运用。

我们先说明在 A 和 B 统计上无关特殊条件下的乘法规则。一般把重复进行的实验看做彼此无关。因此,我们可以预料,把一枚硬币掷一次的结果对下一次抛掷的结果不会产生任何影响。不论对哪一次抛掷硬币来讲,出现面朝上的概率都是一样的,是个常数。即使我们知道已经得到一次面朝上,但这对预测第二次抛掷的结果并无帮助[1]。因此我们可以运用乘法规则把任何一次试验得到面朝上的概率相乘算出两次试验连续得到面朝上的概率。对于一枚诚实的硬币,连续得到两次面朝上的概率是(1/2)(1/2)或1/4。同样,如果事件 A 是得到 1 张红色的牌,而事件 B 是得到 1 张爱司,那么得到一张红爱司的概率 $P(A\ 且\ B)$ 为:

$$P(A\ 且\ B) = P(A)P(B) = \frac{1}{2} \times \frac{1}{13} = \frac{1}{26}$$

我们再来举两个在统计上有关(非独立)的例子。第一个例子是两个变量相关的情况,因而知道其中一个变量状况就能帮助我们预测另一个变量。假定我们有下列纯假设的 2 000 个社区的数据:

属性	小	中	大	总和
高犯罪率	300	600	300	1 200
低犯罪率	600	100	100	800
总和	900	700	400	2 000

如果我们随机地从这个总体中抽取一个社区[2],那么抽到一个大的而且又是犯罪率高的社区的概率是多少呢? 由于在 2 000 个社区中有 300 个大的犯罪率高的社区,所以很明显得到一个这类社区中的概率是300/2 000或0.15。我们用乘法规则也能求出同样的概率。

事件 A 为抽到一个大社区,而事件 B 为社区具有高犯罪率。由于总共有 400 个大社区,因此 $P(A) = 400/2\,000$ 或 0.2。而在 1 200 个高犯罪率的社区中有大社区 300 个,所以,如果已知社区为高犯罪率社区,那么这类社区是大社区的概率将是 300/1 200,或0.25。同样,得到一个高犯罪率社区的概率是 1 200/2 000 或 0.6。如果已知是大社区,

① 我们假定真实概率是已知的,而我们的任务是预测任何一次特定试验的结果。当然,如果不知道真实概率,可以用以前试验的结果来**估计**此概率,而这个估计值可用来预测未来的结果。这与统计独立性不是一码事,即已知一个事件无助于我们对另一个事件的预测。已知接连出现 20 次面朝上将导致我们得出硬币有偏倚的结论,即掷这枚硬币面朝上的真实概率将是某一个大于 0.5 的值,而这就会导致我们预测第 21 次试验为面朝上。但是,如果存在这样一种偏倚,则它是已知的。因此,如果已知 p 实际上是 0.8,那么已知连续出现 20 次面朝上,也将不会提高我们预测下一个结果的能力。

② 在这一章的后半部分将提出随机样本的定义。在随机样本中,所有的个体和所有个体的组合,都有相等的被抽选的机会。

那么它具有高犯罪率的概率是 300/400 或 0.75。因此,我们有:

$$P(A) = 0.2 \qquad P(A \mid B) = 0.25$$
$$P(B) = 0.6 \qquad P(B \mid A) = 0.75$$

利用乘法规则可以算出得到一个高犯罪率的大社区的概率如下:

$$P(A \text{ 且 } B) = P(A)P(B \mid A) = 0.2 \times 0.75 = 0.15$$
$$= P(B)P(A \mid B) = 0.6 \times 0.25 = 0.15$$

再举一个例子。假定我们想计算从一副普通的扑克牌中抽取两次得到 2 张爱司的概率。令事件 A 为第一次抽取时得到爱司,而事件 B 为第二次抽取时得到爱司,A 和 B 是否在统计上无关呢?这就要看第一张牌是否回置,以及在抽第二张之前是否重新洗牌。如果我们使用的是**回置抽样法**,那么两次抽取就将是彼此无关(独立)的。因为在一次接一次的抽取中,得到 1 张爱司的概率保持不变,同时第一次的结果不可能影响第二次,在这种情况下:

$$P(A \text{ 且 } B) = P(A)P(B) = \frac{1}{13} \times \frac{1}{13} = \frac{1}{169}$$

假定我们使用的是**无回置抽样法**,也就是说我们不再把第一张牌放回去。这样,如果我们第一次刚好抽到 1 张爱司,那么第二次抽取再得到 1 张爱司的概率将是 3/51。因为在余下的 51 张牌中只 3 张爱司了。另一方面,如果第一次抽取,我们未能抽到爱司,那么第二次抽取得到爱司的概率则为 4/51。因此,在回置情形下,就没有统计独立性,因而必须用条件概率来计算 $P(A \text{ 且 } B)$,故有:

$$P(A \text{ 且 } B) = P(A)P(B \mid A) = \frac{4}{52} \times \frac{3}{51} = \frac{1}{221}$$

应当指出,我们讨论的乘法规则也可以推广运用于两个以上事件。例如,如果 A, B **和 C 在统计上彼此无关**(独立),那么:

$$P(A \text{ 且 } B \text{ 且 } C) = P(A)P(B)P(C)$$

同样,条件概率原理也很容易推广。例如,我们无回置地抽取 4 张牌,可以按照以下方法计算得到 4 张爱司的概率:

$$P(4 \text{ 张爱司}) = \frac{4}{52} \times \frac{3}{51} \times \frac{2}{50} \times \frac{1}{49} = \frac{1}{270\ 725}$$

如果有 A, B 和 C 三个彼此相关(非独立)的事件,那么,可以用以下公式来求它们同时一起发生的概率:

$$P(A \text{ 且 } B \text{ 且 } C) = P(A)P(B \mid A)P(C \mid A \text{ 且 } B)$$

式中 $P(C \mid A \text{ 且 } B)$ 表示当 A 和 B 已经发生时 C 的概率。当然,我们也可以把 A, B 和 C 的位置重新排列而运用类似公式。假定我们有如下总体:

态度	白人		非白人		总和
	共和党	民主党	共和党	民主党	
赞成增加公共福利	50	100	25	225	400
反对增加公共福利	350	200	25	25	600
总和	400	300	50	250	1 000

如果事件 A 是抽到一个白人,事件 B 是抽到一个共和党人,而事件 C 是同意增加公共福利的人,那么,由于同意增加公共福利的白人共和党人只有 50 个人,所以 $P(A \text{ 且 } B$

且 C) = 50/1 000 = 0.05。从这张表中我们还看到 $P(A)$ = 700/1 000，$P(B|A)$ = 400/700，而 $P(C|A$ 且 $B)$ = 50/400。最后一个数字表明既是 A 又是 B（白人共和党人）的 400 个人中，只有 50 人赞成增加公共福利。运用乘法规则得到以下结果：

$$P(A \text{ 且 } B \text{ 且 } C) = P(A)P(B|A)P(C|A \text{ 且 } B)$$
$$= \frac{700}{1\,000} \times \frac{400}{700} \times \frac{50}{400} = \frac{50}{1\,000} = 0.05$$

为了验算核实，可以用以下公式：

$$P(A \text{ 且 } B \text{ 且 } C) = P(C)P(B|C)P(A|B \text{ 且 } C)$$
$$= \frac{400}{1\,000} \times \frac{75}{400} \times \frac{50}{75} = \frac{50}{1\,000} = 0.05$$

统计上无关（独立）的事件的概念与两个（或更多的）**变量**之间的独立性（无关性）密切相关，我们将在以后各章中对此详加讨论。我们曾经用过的那个扑克牌的例子有这样一种性质，即牌面值和花色是统计无关（独立）的，这就是说，已知其中一种，无助于预测另外一种。在社区大小与犯罪率的关系，以及种族和政治倾向对公共福利的态度的关系这两个例子中，我们发现为了得到正确的结果必须要用条件概率。我们称后两个例子涉及的变量是**非独立的**，或者说它们是相关的。为了简便起见，我们来考虑社区的例子。假定小的、中的和大的社区都有完全相同的高犯罪率，其值为60%。在这种情形下，知道社区大小对于预测犯罪率毫无价值。如果我们保持相同的边缘总数值，结果将如下表所列：

属 性	小	中	大	总和
高犯罪率	540	420	240	1 200
低犯罪率	360	280	160	800
总和	900	700	400	2 000

首先，读者可以证明，对于这些假设的数据不需要使用条件概率；其次，应该注意表中对应每一格的概率（或比例）等于与它相应的两个边缘概率之**乘积**。例如，如果我们看一看左上方那一格，它的概率是 540/2 000 = 0.27，恰好是与它相对应的第一列的边缘概率（900/2 000 = 0.45）与第一行的边缘概率（1 200/2 000 = 0.6）的乘积。对于表中其余所有各格也可如此类推。每当两个变量的各个类别在交叉分类中具有这个性质，我们就说这些变量在统计上彼此独立。在以后各章中我们将逐步深入讨论有关独立性的统计检验，以及相关性的量度，它们都依据上述很简单的概念。

*有关贝叶斯定理的说明 已知 $P(A \text{ 且 } B) = P(A)P(B|A)$，我们可以求解条件概率为：

$$P(B|A) = \frac{P(A \text{ 且 } B)}{P(A)} = \frac{P(B)P(A|B)}{P(A)}$$

因为 B 和 $\overline{B}$（非 B）是互斥的并且穷尽了所有可能性，因此分母中的 $P(A)$ 可以分解成 $P(B)P(A|B) + P(\overline{B})P(A|\overline{B})$ 两项，从而导出方程：

$$P(B|A) = \frac{P(B)P(A|B)}{P(B)P(A|B) + P(\overline{B})P(A|\overline{B})}$$

这就是所谓的贝叶斯定理。这条定理可以推广到多个备择事件 $B_1, B_2, \cdots, B_k$，其前提是这些备择事件是互斥的和穷尽的，以至有 $\sum_{i=1}^{k} P(B_i) = 1$。若 A 发生，对任何给定的 B_i，其概率为：

$$P(B_i \mid A) = \frac{P(B_i)P(A \mid B_i)}{\sum_{i=1}^{k} P(B_i)P(A \mid B_i)}$$

当然，只要全部的条件和非条件概率是已知的，就可以应用贝叶斯定理。虽然它并不一定特别有用，但是它却可以用于相对频数概念被"心理概率"所代替的场合。黑斯（见参考文献5）告诫我们不应使用此方法。另外，贝叶斯方法直接应用于统计学还没有得到充分的验证。然而，我们应当提出可以使用这种方法的场合。我们先来考虑一个很简单的问题。假定一个人随机地从两个瓮中选取一个，然后再从被选出来的那一个瓮中随机地选一颗弹子。第一个瓮中有黑白两种弹子各半，而第二个瓮中 2/3 是白弹子，1/3 是黑弹子。我们获悉这个人抽到一个白弹子，这时，我们想要对他已经选取了某个瓮（譬如说，他已经选了第一个瓮）这一事件分配一个概率。请大家注意，这是一种"逆概率"，它适用于反映我们的知道状态的概率。有人可能说，这个人要么选取第一个瓮，要么没有选取。因此选取第一个瓮的概率不是 1 就是 0。但是，如果我们已知抽到一个白球，并想根据这个知识对选取了第一个瓮这个问题打一个赌，试问我们应该下多少赌注呢？无疑，用这种"逆概率"来表达这个问题是合乎情理的。

如果我们令事件 A 为抽取了白球，事件 B 为选取了第一个瓮，而事件 $\bar{B}$ 则是选取了第二个瓮，那么运用贝叶斯定理可得：

$$P(B \mid A) = \frac{P(B)P(A \mid B)}{P(B)P(A \mid B) + P(\bar{B})P(A \mid \bar{B})}$$

$$= \frac{\frac{1}{2} \times \frac{1}{2}}{\frac{1}{2} \times \frac{1}{2} + \frac{1}{2} \times \frac{2}{3}} = \frac{\frac{1}{4}}{\frac{1}{4} + \frac{1}{3}} = \frac{3}{7}$$

如果用普通常识我们可能不会预测到这个结果。注意，因为两个瓮被选取的概率是相等的，所以我们有 $P(B) = P(\bar{B}) = 0.5$，从而可以把贝叶斯公式简化。

下面我们再来考虑一种与统计学本身没有什么关系的问题，不过从心理概率的观点来看却很现实。心理概率涉及观察者缺乏相对频数或其他知识因而无法求得先验概率。假定我们已知一个行动群体有四种备择手段，它们的费用与预期成功的机会各不相同。假定一个观察者，根据对于分别以符号 B_1, B_2, B_3, B_4 标示的四种备择手段相对费用的估计，分配给四种手段的主观概率分别为 0.4，0.3，0.2 和 0.1。假定估计这些备择手段取得成功的概率分别为 0.3，0.5，0.6 和 0.9。这样，即使我们已经知道这个行动群体的行动已经取得了成功，我们也仍然无法得知他们究竟使用了哪一种手段，那么在已知成功事件(A)已经发生的情况下，我们应当如何对每一种手段的原来的概率估计值重新进行估计呢？对第一种手段 B_1，运用贝叶斯定理的更普遍形式可得：

$$P(B_1 \mid A) = \frac{P(B_1)P(A \mid B_1)}{\sum_{i=1}^{k} P(B_i)P(A \mid B_i)}$$

$$= \frac{0.4 \times 0.3}{0.4 \times 0.3 + 0.3 \times 0.5 + 0.2 \times 0.6 + 0.1 \times 0.9} = \frac{0.12}{0.48} = 0.25$$

因此,根据事后知道的情况,观察者可以给第一种手段配以 0.25 的主观概率。用类似的方法,他也可以给其余各种手段,分别配以 0.312 5,0.25 和 0.187 5 的主观概率。

9.3 排列

至今我们还只是讲了一些最简单的问题,它们几乎只要凭直觉就能解决。现在则有必要介绍一些更复杂的方法。无庸赘述,大多数概率问题要比迄今所讨论的那些问题复杂得多。我们将会发现,为了解决比较复杂的问题,就必须考虑事件发生的可能次序。譬如,假定我们想求出用回置法抽三次得到爱司、国王和皇后各 1 张的概率。我们可以求出第一次抽到爱司,第二次抽到国王,而第三次抽到皇后的概率。这个概率是$(1/13)^3$。但这是表示在爱司**之后**抽到国王,在国王**之后**抽到皇后的概率。**如果我们不考虑它们被抽到的次序**,那么抽三次得到爱司、国王和皇后各 1 张就还会有其他的方式。事实上有 6 种方式得到同样结果:AKQ,AQK,KAQ,KQA,QAK,以及 QKA。可以看出每一种可能性的概率是相同的。因此,如果我们的兴趣在于得到这些牌而不在于得到它们的**次序**,那我们就可以把这些单个的概率加起来(因为它们是互斥的)而得 $6 \times (1/13)^3$。

因此,在使用乘法规则时,我们曾令第一次抽到的结果为事件 A,令第二次为 B,如此类推。换言之,我们已经考虑到次序问题,但是通常我们对得到某一组结果的概率更有兴趣,我们可能想知道一副桥牌中得到 4 张爱司的概率,或在一个样本中得到某百分数黑人的概率,但并不考虑抽取的次序。要计算这种概率,**一般最简单的做法为:首先确定这种结果的任何给定的排列次序的概率,如果其他排列次序具有相同的概率**,就可以简单地把排列次序数与它们中间的任何一个发生的概率相乘。请注意,这样做的时候,我们同时使用加法规则和乘法规则。我们有准确计算给定问题的排列次序数的具体公式。

每当有 N 个不同的以特定的次序发生的事件时,我们就称之为事件的**排列**。而当无需考虑事件次序时,就称这一组事件为**组合**。例如,在一个单个组合(AKQ)中,就有 6 种不同的次序或排列,像我们刚才见到的那样。现在,我们看看如何求得计算简单情况的排列数的公式。

我们先从所有 N 个事件都不相同的情况开始。它们有多少种排列方式呢? 显然,如果我们考虑 N 个不同次序的**位置**(譬如说,N 把椅子排在一行上),其中的第一个位置能填以 N 个物体或事件中的任何一个。填好第一个位置后,第二个位置可填以剩下的$N-1$个事件中的任何一个,第三个位置可填以剩下的 $N-2$ 个事件中的任何一个,依次类推。当我们填到最后一个位置时,就将只剩下一种可能性,因此就有

$$N \times (N-1) \times (N-2) \times \cdots \times 3 \times 2 \times 1 = N!$$

种可能的排列次序,在这里符号 $N!$ 代表位于等号左边的各项连乘的积,称为 N 的阶乘。假如我们有 13 张牌,每种面值各一张。我们一张接一张地把它们翻开,那么它们有多少种可能的排列呢? 第一张牌可能是 13 种面值中的任何一种。若这张牌已经被翻开,那么第二张牌可以具有剩下的 12 个值中的任何一个。因此对第一和第二这两张牌,有 13×12 种可能结果。依次类推至最后一张,我们可以推断这 13 张牌将会有

$$13 \times 12 \times 11 \times 10 \times \cdots \times 3 \times 2 \times 1 = 13! = 6\ 227\ 020\ 800$$

种可能的排列方式。

下面设事件并非都不相同。我们又有 13 张牌,但是其中可能有 2 张爱司,同时我们不区分花色。在这种情况下,抽到 2 张爱司的先后次序是没有关系的。假定它们是在第

五次和第十一次被抽到的。如果可以将二者区分并分别标以爱司 1 和爱司 2,那么对每一次先抽到爱司 1、后抽到爱司 2 的排列,都对应有先抽到爱司 2、后抽到爱司 1 的相同排列。由此可见,当我们不能区别这 2 张爱司时的排列数只有所有事件都不相同时的一半。所以,这种情况的总排列数是 $N!/2! = N!/2$。

假如有 3 张爱司,而不是 2 张,并分别给它们标以爱司 1,爱司 2 和爱司 3。我们可看出,如果这 3 张爱司不能区分,则这 13 张牌的全部排列数将是 $13!/3!$。一般讲,如果有 N 个物体,其中有三个彼此一样不能被区分,那就将有 $N!/3!$ 个排列。这样一种推论法很容易推广到有一个以上各由无区别物体构成的组的情况。假若 13 张牌中有 3 张爱司,4 张国王,其余 6 张则都是各不相同的。因为这 3 张爱司如果能被区分,可以有 $3!$ 个方式排列,而 4 张国王则有 $4!$ 个方式。因此,我们必须用 13! 除以 $3!$ $4!$ 才能得到真正有可能区分的排列个数。

现在,关于排列的一般规则已显而易见了。如果我们有 N 个事件,其组成方式为:第一组有 r_1 个不能区分的元素,第二组有 r_2 个不能区分的元素,一般讲在第 i 组中有 r_i 个不能区分的元素。如果有 k 个这种组,且各组彼此是可以区分的,那么排列总数将是 $N!/r_1!$ $r_2!$ $\cdots r_k!$。再举另一个例子,假如有 25 个小孩,其中三岁的 6 个,四岁的 8 个,五岁的 9 个,六岁和七岁各 1 个,若仅以年龄来区分,这些小孩将有 $25!/6!$ $8!$ $9!$ $1!$ $1!$ 个排列。

确定非全部不同事件的排列的一般规则有一种极为重要的特例,即只有**两种**事件(例如成功与失败)的情形。如果有 N 个事件,其中 r 个是成功的,$N-r$ 个是失败的,同时这些成功事件彼此之间不能区别,失败事件也这样。这时求排列的一般公式将变为 $N!/r!$ $(N-r)!$。例如,我们把一枚硬币抛掷 10 次,得到 6 次面朝上,那么面朝上和面朝下的不同排列数为 $10!/6!$ $4! = 210$。下一章讨论二项分布时,将有很多机会用到这一重要的特例。

* 如果没有更简便的计算方法,阶乘的计算十分繁琐。幸而,当我们计算阶乘的比率时,分子分母能被大量消去,譬如,上述计算比率 $10!/6!$ $4!$ 的这个例子。下面列出从 1 到 20 的阶乘的数值,其中第二列的数仅是近似值:

$1! = 1$	$11! = 3.992 \times 10^7$
$2! = 2$	$12! = 4.790 \times 10^8$
$3! = 6$	$13! = 6.227 \times 10^9$
$4! = 24$	$14! = 8.718 \times 10^{10}$
$5! = 120$	$15! = 1.308 \times 10^{12}$
$6! = 720$	$16! = 2.092 \times 10^{13}$
$7! = 5\,040$	$17! = 3.557 \times 10^{14}$
$8! = 40\,320$	$18! = 6.402 \times 10^{15}$
$9! = 362\,880$	$19! = 1.216 \times 10^{17}$
$10! = 3\,628\,800$	$20! = 2.433 \times 10^{18}$

对于比较大的 N 值,可用斯特林近似式,定出 $N!$ 的两个上下界限,即:

$$\sqrt{2N\pi}\left(\frac{N}{e}\right)^N < N! < \sqrt{2N\pi}\left(\frac{N}{e}\right)^N\left(1 + \frac{1}{12N-1}\right)$$

式中 $\pi \approx 3.141\,59, e \approx 2.718\,28$。熟悉对数用法的学生会发现,用对数来计算阶乘最方

便,因为它把求积化成求和,把求比化成求差。例如:

$$\log\left(\frac{8!}{3!}\right) = \log\frac{8 \times 7 \times 6 \times 5 \times 4 \times 3 \times 2 \times 1}{3 \times 2 \times 1}$$

$$= (\log 8 + \log 7 + \log 6 + \log 5 + \log 4 + \log 3 + \log 2 + \log 1) -$$

$$(\log 3 + \log 2 + \log 1) = \log 8 + \log 7 + \log 6 + \log 5 + \log 4$$

几个例题 下面我们看一看如何把这些原理应用于概率问题。这类问题比我们上面所讨论的更复杂一些。在本节开始就已经指出,对于许多与选取次序不相干的问题来说,一个重要的普遍方法就是先计算一种特定排列的概率,然后再把它与相关的排列个数相乘。例如,我们想求在四次抽取中恰好抽到 1 张爱司和不少于 2 张国王的概率,并假定使用回置法抽取。我们注意到,这可以通过抽到 1 张爱司和 3 张国王**或** 1 张爱司 2 张国王和另外 1 张既不是爱司也不是国王的牌这样两种方式来实现。这两种可能性可用符号表示为 AKKK 和 AKKO("O"表示"其他")。我们注意到,1 张爱司和 3 张国王有 4!/3! =4 种排列方式,而 AKKO 组合则有 4!/2! =12 种排列方式。因为两种情况排列数不同,我们必须对它们加以区分。如果我们用回置抽样法,单独一次抽取得到 1 张爱司的概率是 1/13,抽到 1 张国王的概率也是一样的,而抽到一张 O 的概率则为 11/13。因此,恰好抽到 1 张爱司和 2 张或 2 张以上国王的概率是:

$$4 \times \left(\frac{1}{13}\right)^4 + 12 \times \left(\frac{1}{13}\right)^3 \times \frac{11}{13} = \frac{136}{28\ 561} = 0.004\ 8$$

现在假设我们想要知道在四次抽取中恰好得到 1 张爱司和不少于 2 张**红桃**的概率,抽取用回置法进行。这种情况就比较复杂了。因为红桃中可能有 1 张是爱司。为了方便起见,把牌分为四种:红桃爱司(AH)被抽到的概率是 1/52,不是红桃的爱司($A\overline{H}$)被抽到的概率是 3/52,不是爱司的红桃($\overline{A}H$)被抽到的概率是 12/52,而既不是爱司也不是红桃($\overline{A}\overline{H}$)被抽到的概率是 36/52。不言而喻,这些概率的和是 1,因为这些类型是互斥的,也是穷尽的。

下面列出恰好产生 1 张爱司和不少于 2 张红桃的组合,并计算每一种组合的排列数。

(a)恰好 2 张红桃:

$$AH, \overline{A}H, \overline{A}\overline{H}, \overline{A}\overline{H} \qquad \frac{4!}{2!} \times \left(\frac{1}{52} \times \frac{12}{52} \times \frac{36}{52} \times \frac{36}{52}\right) = 0.025\ 52$$

$$A\overline{H}, \overline{A}H, \overline{A}H, \overline{A}\overline{H} \qquad \frac{4!}{2!} \times \left(\frac{3}{52} \times \frac{12}{52} \times \frac{12}{52} \times \frac{36}{52}\right) = 0.025\ 52$$

(b)恰好 3 张红桃:

$$AH, \overline{A}H, \overline{A}H, \overline{A}\overline{H} \qquad \frac{4!}{2!} \times \left(\frac{1}{52} \times \frac{12}{52} \times \frac{12}{52} \times \frac{36}{52}\right) = 0.008\ 51$$

$$A\overline{H}, \overline{A}H, \overline{A}H, \overline{A}H \qquad \frac{4!}{3!} \times \left(\frac{3}{52} \times \frac{12}{52} \times \frac{12}{52} \times \frac{12}{52}\right) = 0.002\ 84$$

(c)恰好 4 张红桃:

$$AH, \overline{A}H, \overline{A}H, \overline{A}H \qquad \frac{4!}{3!} \times \left(\frac{1}{52} \times \frac{12}{52} \times \frac{12}{52} \times \frac{12}{52}\right) = \frac{0.000\ 94}{0.063\ 33}$$

把上面这些互斥事件的概率加起来,我们得到总概率为 0.063。

作为最后一个例子,我们来考虑一下这样一种情况:一连串发生的事件依随前面发生的事件结果的不同,其终止点也会有所不同。在这种情况下,我们可用所谓的树形图来代表不同的事件串发生的可能性。这种情况可以用大家熟悉的体育比赛为例,如果某队取得了三局中二局的胜利,或七局中胜了四局,就宣布该队取得最后胜利,只要一旦某队胜了预定的局数,比赛就不再继续。假定有甲乙两个队,以"三战二胜"制进行比赛,又假定知道甲队比乙队强,并且根据以往的比赛知道,甲队在任何给定的一局比赛中,取胜的概率是0.6。在更现实的例子中,每一局取胜的概率可能随前几局结果的变化而变化,这种变化可以用我们将要介绍的方法来处理。为了简便起见,我们取 $p=0.6$ 为甲队取得每局胜利的概率,乙队取胜的概率为 $q=0.4$,并假定这一连串试验是独立的。试问,在这场比赛中甲队取胜的概率是多少呢?可能的胜或败的顺序的单个概率又是多少呢?

我们可以把这些可能顺序(场)用下列图形表示:

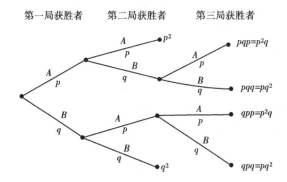

在上面的树形图中,上面的树枝表示假定第一局甲队取胜,而下面的树枝表示乙队先胜。如果甲队在胜了第一局以后,接着又胜了第二局,那么这场比赛就结束了,同时甲队取胜的概率则为 p^2。如果甲队胜了第一局,乙队胜了第二局,那么就必须还要进行第三局比赛。如果甲队赢得了第三局比赛,这场比赛也就结束,而甲队取胜的概率为 p^2q。如果乙队在第三局中取胜,那乙队赢得这场比赛的概率是 pq^2。这样诸局比赛的系列将产生一株完全对称的树。当然,人们也可以发明一些使某一方处于不利条件的比赛,使之产生不对称的树。例如,可能规定甲队必须胜四局,而乙队只需胜三局就可以决定一场比赛的胜负。

现在就可以计算各种顺序的可能性的概率:

甲队取胜的各种系列(场)($p=0.6$)	乙队取胜的各种系列(场)($q=0.4$)
$p^2=0.360$	$q^2=0.160$
$pqp=0.144$	$pqq=0.096$
$qpp=0.144$	$qpq=0.096$
取胜系列(场)的概率 $\overline{0.648}$	$\overline{0.352}$

诸概率之和为 1 这个事实也可以用代数方法证明:

$$p^2+2p^2q+2pq^2+q^2=p^2+2pq(p+q)+q^2$$
$$=p^2+2pq+q^2=(p+q)^2=1$$

9.4 期望值和矩

有一种观念可能源自赌场,但在统计学中,它有着重要的作用。这种观念是:如果有人非常多次地重复一种实验,并对实验的结果打各种赌,那么根据对博弈游戏性质所做的假定,应当可以计算出期望的取胜数(或失败数)。举一个很简单的例子,例如,你正在掷一枚硬币,并把赌注押在正面朝上。这时假如规定:出现一次正面朝上就赢1美元,正面朝下则输2美元,那么在硬币是诚实的假定条件下,显然用不了多久,我们就不愿意继续再做这种游戏了。而在更为复杂的情形中,我们究竟怎样才能算出期望的输赢数呢?

在刚才所提的很简单的例子中,根据常识就会想到,只要把每一种结果的概率乘以该结果的输或赢的钱数,然后再把它们相加就可以了。这样,我们求得"赢钱"的数值为 $1 \times 1/2 + (-2) \times 1/2 = -0.5$,这就是说,平均每次试验要期望输掉50美分。当然,实际的输赢也许不同于这个期望值,但根据概率论并且许多次玩这种游戏,我们期望的总输钱数将接近 $0.5N$,这里的 N 是试验次数。

第二个例子:假定我们掷一枚骰子,如果面值是偶数就赢1美元,如果面值是1点或3点就输2美元,但是如果面值是5点就赢3美元。假定每个面值朝上的机会相等,那么我们期望的赢钱数每局将是:

$$(-2) \times \frac{1}{6} + 1 \times \frac{1}{6} + (-2) \times \frac{1}{6} + 1 \times \frac{1}{6} + 3 \times \frac{1}{6} + 1 \times \frac{1}{6} = \frac{1}{3} \approx 0.333$$

一般讲,如果有 k 个可能结果 $X_1, X_2, \cdots, X_k$,且规定 X_i 的概率为 $p(X_i)$,那么,我们可以定义变量 X 的期望值,用符号 $E(X)$ 表示是[①]:

$$E(X) = \sum_{i=1}^{k} X_i p(X_i)$$

到目前为止,在所举的这些例子中,那些 X_i 表示一组结果中各次输赢的结果(以美元计算)。但是,也可以用更一般的方式来表达期望值概念。

假如,我们有一个由 N 个个体组成的总体,每个个体具有变量 X 上的某一分数值。如果随机地从这个总体做抽选,那么每个个体将有 $1/N$ 被选取的概率。试问 X 的期望值是什么? 在上述情况下,X 的期望值为:

$$E(X) = X_1 p(X_1) + X_2 p(X_2) + \cdots + X_N p(X_N)$$
$$= (X_1 + X_2 + \cdots + X_N)(1/N) = \overline{X}$$

我们得出一个有趣的结果,即 X 的期望值**正是在随机抽样假定下**它的均值。

从下一章开始,我们要详尽地讨论称为抽样分布的概率分布。严格地讲,这些分布是无限的,因为它所联系的是在极限的意义上定义的概率。然而,我们可以把这些概率分布看做具有期望值,且可以按照以下方式来理解期望值。我们设想从某个总体中反复抽取随机样本,如果该总体具有用希腊字母 μ 表示的均值,那么 $E(X) = \mu$。我们还希望找到其他量的期望值,如**样本**均值 $\overline{X}$,其期望值为 $E(\overline{X})$。在随机抽样的情况中,$E(\overline{X})$ 等于 μ。在统计学中另外一种表达式 $E[X - E(X)]^2$ 有相当重要的理论意义。对于随机样本而言,由于 $E(X) = \mu$,因此 $E[X - E(X)]^2$ 为:

$$\sum_{i=1}^{N} (X_i - \mu)^2 p(X_i) = 1/N \sum_{i=1}^{N} (X_i - \mu)^2$$

它就是 X 的方差。虽然,我们将不会过多地使用期望值符号,但读者会在高级的教科书

---

① 对于熟悉微积分的学生来讲,应该注意到,期望值的定义可以推广到包括连续的概率分布,如正态概率曲线,如果 $f(X)$ 表示曲线在任何一点 X 上的高度,那么 $f(X)dX$ 则表示位于 X 和 $X + dX$ 这一区间的概率,因此我们可以定义:

$$E(X) = \int_{-\infty}^{\infty} X f(X) dX$$

中遇到这个符号。因为它广泛地用于数理统计的各种证明中。

我们将不过多地讨论矩的概念，但它对公式的推导很有用处。X^k 的期望值，被称为 k 阶原点矩，所以一阶原点矩就是均值 μ。以均值为中心的高阶矩是经常用到的。$(X-\mu)^k$ 的期望值称为 k 阶中心矩。因此，方差是二阶中心矩。三阶中心矩 μ_3 为偏斜度的量度，而四阶中心矩 μ_4 为峰态量度。当分布对称时，量度值 $\alpha_3 = \mu_3/\sigma^3$ 等于 0。它作为偏斜度的常规量度，可以用来代替第 6 章所提到的那种量度。

9.5 独立性和随机抽样

本书所讨论的各种统计检验都采用以下假定：诸事件彼此之间具有独立性。因此当概率相乘时，不一定要使用条件概率[①]。换言之，即假定在样本内有抽选的独立性——一个个体的抽选不会影响其他个体被选入样本。然而，在许多场合，这一重要假定往往有被违反的可能。因此，我们应当养成这样一个习惯，对任何一个给定的问题，都要问问自己，对这个问题采用这一重要假定是否合理。举几个有可能疏忽这种假定的例子将有助于我们理解这个问题。

为了满足独立性假定的要求，并且给总体中每一个个体以相等的出现在样本中的机会，统计学家常常求取一个所谓的**随机样本**（或简单随机样本）。用一张随机数表或等价的方式，就能获得一个样本；其抽选方式基本上等同于从一副洗得非常彻底的纸牌中抽取一张张纸牌，或在排五点（bingo）游戏中抽取号码。一个随机样本具有以下性质：**不仅要给每一个个体以相等的被抽取的机会，而且要给每一种个体的组合以相等的被抽取的机会**[②]。

严格地讲，由于我们实际上总是做无回置抽样，因此并未完全符合独立性的假定。然而，只要总体比样本相对大很多，我们就完全可以心安理得地忽略无回置抽样所产生的微小畸变。因为事实上没有一个个体有第二次被抽取的机会。例如，从一个 100 000 人的总体中抽取 500 人，对任何一个被抽到的人，即使把他的名字重新放回，也很少有可能再一次被抽选到。同样，如果从一副扑克牌中只抽取 3 张牌，这时是否将牌回置，实际上不会有什么差别。但是，如果我们要抽取 35 张牌，那么产生的差别就相当大。如果相对总体而言，样本比较大，有时可以用修正因子来补偿由于没有使用回置法而造成的缺陷[③]。

虽然由于没有采用回置法所引起的问题并不严重，但是不给每一种个体的**组合**以相等的出现在样本的机会，就可能导致严重违反独立性假定的误差。例如，我们把一副普通的扑克牌分成四堆，一堆黑桃，一堆梅花，等等。然后，假定我们要从这些堆中随机地选取一堆，显然，这副扑克牌中的每一张都有相等被选取的机会（1/4）。但是可以肯定，并非所有牌的组合都是可能的，更不用说每种组合是等可能的。因为，只要知道顶上的那张牌是黑桃，我们立刻就知道样本中所有其余的牌也是黑桃。

由于这个原因，在社会调查中普遍使用的区域或整群样本也不能满足独立性的假

① 在下一章讨论二项分布时，我们将会看到这种情形，但在其他一些检验中，读者只得不加证明而承认这个陈述的真实性。

② 在第 21 章中，将把随机抽样与其他普遍使用的抽样类型，诸如系统、分层以及整群抽样等加以区别。

③ 见 21.1。

定。如果随机选择一个城市中的 100 个街道,再在这 100 个街道中,以三户的间隔来选取样本。显然,并非所有的户的组合都有相等出现在样本的机会。例如,同一街道的两户就比非同街道的两户有更多的机会出现在同一样本中。因为就户主的收入和教育水平这样的特性而言,城市的街道通常有比较高的同质性,所以这种类型抽样的精度要低于相同容量的随机样本。如果我们想象所有街道完全同质(就像几堆同花色扑克),就可以从直观上理解这一点。在这种情形下,我们仅需从每个街道取一户的资料,这时"个案"数目实际上就是选取的**街道**数目。这样势必使样本容量 N 比原来小很多。在第 21 章中我们将看到,如果得到这样一种整群样本,而研究者却使用以随机样本为依据的统计检验法,就可能得到某些极其错误的结果。

当我们研究个人的行为时,就会遇到类似的问题。例如,一位社会心理学家用 30 个人为对象来做一个实验,每个人都要做出 50 个单个判断,总共有 1 500 个判断。如果他假定这 1 500 个判断实际上组成一个来自某种总体的随机样本,他就可能在统计检验中使用这样一种人为地夸大的 N。因为显然在大多数情况下,做出每个人所做的每个判断在统计上是彼此独立(无关)这一假定都是荒谬的。前面 30 个判断很可能会影响后面的判断,因为人毕竟不同于硬币,人是有记忆的①。

假定社会科学家感兴趣的单位是成对的人而不是单个的人。假如有一个 20 个人的群体,其中每一个人都与其他所有的人有交往。这样,在这个群体中就会有 20 × 19/2,即 190 对人,然而我们却不可以认为,每一对与其他对是独立无关的。因为同一个人可以同时在几个对中出现。这样,我们得到的有关史密斯—布朗对的信息,很可能会对我们了解史密斯—琼斯对或布朗—琼斯对的信息有所帮助。

对于那些希望概括社区、社会或其他以空间限定的单位情况的生态学家、人类学家,以及其他社会科学家,在他们所从事的大多数工作中,也必须注意缺乏独立性的问题。在这些工作中,问题似乎来自被选取的单位往往不能明晰地加以区分。一个社会或社区的界线可能难以确定。其中的某个单位可能与另一个单位有所重叠,对两个单位的重叠部分的界限进行划定难免都会有些主观武断。例如,如果把一个城市中的普查区,或一个州中的县作为单位,这时往往可以根据一个单位的情况预测相邻的那个单位。假如某一普查区的青少年犯罪率高,那么相邻区的青少年犯罪率很可能也高,因为同一个青少年犯罪集团可能同时来自这两个区。只要认识到每当单位无法截然划分时,可以用简单像把蛋糕切成许多小块的办法,把"单位"数目扩大到任何想要的数目,就能从直现上理解关于独立性的假定这时必定会有所欠缺。因此,如果客观上得不到足够多的社会来求统计显著性,有人就会把一个社会分成 10 个亚区,从而得到 10 倍的"个案"。在称为**时间序列**数据的情况会发生类似问题。这里诸"个案"是在许多不同时间对同一个单位(例如一个单独的商行)所做的观察。

像本书这样的教科书是不可能讨论如何解决违反独立性假定问题的,更何况就笔者所知,有关这方面的问题,还有许多至今仍未能得到令人满意的解答。在前提假定(如独立性假定)的条件**未被**满足时,所导致错误的严重性往往相当难于估计。每当我们可以确信,检验所依据的前提假定**已被**满足,我们就处于一种比较保险稳妥的地位。而在它

---

① 这种在同一些个案上作重复观察或量度的问题,不要与这些个体原来是否随机地被选取的问题相混淆。重复量度这种方法经常用于实验设计,其目的在于对量度误差做估计。读者可以参考第 16 章中的实验设计和第 18 章中的量度误差这两部分。

们未能被满足时,我们几乎没有可能确定偏离这些假定究竟有多远? 为保险起见,读者应当养成仔细检查每一个假定的习惯。如果读者确有理由怀疑某个特定假定的可靠性,就应当认真考虑采用另一种不涉及这种假定的方法。例如,可以决定采用另一种不同的分析单位——以个人为单位,而不是以行为或一对人为单位;或者以犯罪分子为单位,而不以一个普查区的犯罪率为单位。

虽然社会科学家与其他使用统计学的人们有时倾向于忽视前提,而由此得出缺乏根据的结论,但是另一方面有时又趋于过分追求完美无瑕。因为我们决不会处理像掷一枚硬币,或从一副完整的扑克中抽几张牌这样简单的问题,所以对每一种方法总可以找到不够理想的地方。我们也可能由于过分害怕违反某些假定而完全拒绝使用任何统计方法,尤其在一门具有探索性研究特征并且科学技术不甚精确的学科中,有必要向真实性做一些妥协。最聪明的做法似乎是在实际范围内,尽可能少做一些让步。

习　题

1. 单独掷一枚诚实的骰子,求下列情况的概率:

(1)得 6 点?

(2)不是 6 点?

(3)得到 1 点或 6 点? (答案:1/3)

(4)得到 1 点和 6 点?

(5)得到奇数点或 6 点?

2. 从一副洗得很好的扑克中,做了 3 次抽取,得到下列各种结果的概率是多少?

(1)用回置法,得到 3 张 J 的概率是多少? (答案:1/2 197)

(2)用无回置法,得到 3 张 J 的概率是多少? (答案:1/5 525)

(3)用回置法,(以任何次序)得到黑桃、红桃、方块各 1 张的概率是多少?

(4)用回置法,恰好得到 2 张爱司的概率是多少?

(5)用回置法,至少得到 1 张爱司的概率是多少? (提示:至少抽取 1 张爱司的备择方案是什么)(答案:469/2 197)

*(6)用回置法,至少得到 1 张爱司和一张国王的概率是多少? 〔提示:在习题(6)中,以及下面的某些习题中,把问题分成三步将对求解有所帮助:(1)确定出现至少 1 张国王和 1 张爱司的所有组合(如 1 张爱司、1 张国王和另 1 张牌,2 张爱司和 1 张国王,等等);(2)确定以任何特定次序得到这些牌的概率;(3)对每一种组合确定可能的排列次序数。

3. 假如对 1 000 名大学一年级学生的音乐欣赏问题进行调查发现,其中 400 个学生喜爱古典音乐,其余学生都不喜欢古典音乐。这 400 名古典音乐爱好者中,只有 100 名喜爱摇滚乐。还有 400 人什么风格的音乐都不喜欢,而其余的只喜爱摇滚乐。试问:

(1)如果我们随机地从该总体中抽取一个学生,设事件 A 为该学生喜爱古典音乐,事件 B 为喜爱摇滚乐,试问:$P(A)$,$P(B)$,$P(A/B)$ 以及 $P(B/A)$ 各为多少?

(2)用数字证明:

$$P(A 且 B) = P(A)P(B \mid A) = P(B)P(A \mid B)$$

(3)得到一个喜爱两种风格音乐中的一种,而不是两种风格都喜爱的人的概率是多少?

*(4)请注意:一个人可以有四种欣赏方式中的一种(两种风格都喜爱,两种风格都不喜爱,等等)。随机选取 3 个人,试问这 3 个人**全都**有相同的欣赏方式的概率是多少?(假定使用回置抽选法)(答案:0.10)

*(5)选取的 8 个人中,至少有两个喜爱摇滚乐的概率是多少?(假定用回置的随机抽样法)

4. 31 个城市按州区分,其中华盛顿州、俄勒冈州以及加里福尼亚州,分别有 8,9 和 14 个城市,试问这 31 个城市共有多少种排列?

5. 假定从 50 个州的总体中随机地抽取一些州,这些州的州长所属党派与州类型之间关系的数据(假设的)如下表:

州　长	州　型		
	工业	农业	混合
民主党	16	4	15
共和党	2	8	5
	18	12	20

(1)用无回置抽样得到一个 4 个州的样本,试问其中恰好有 1 个工业州,1 个农业州以及 2 个混合州的概率是多少?

(2)在一个用回置法得到的 3 个州的样本中,得到至少 1 个共和党州长和 2 个混合州的概率是多少? 如果用无回置抽样法,如何修正计算?

(3)在一个用无回置法得到的 12 个州的样本中,恰好得到 6 种州型中每种 2 个的概率是多少? 如果使用回置法呢?

6. 按以下数据,令事件 A 为得到 1 个男性,事件 B 为得到 1 个受过高等教育的人,事件 C 则为得到 1 个偏见很大的人。

偏见程度	大学程度		大学以下程度	
	男	女	男	女
高	100	50	200	250
低	150	100	150	200

(1)通过一次单独抽取,不用公式找出 $P(A$ 且 B 且 $C)$。证明 $P(A$ 且 B 且 $C)$ 的公式适用于本习题的数据。

(2)对 $P(A$ 或 B 或 $C)$ 也同样做一次。

(3)在一个用回置法得到的 3 个人的随机样本中,恰好有 1 个大学程度的男人,1 个大学程度的女人和 1 个有很大偏见的人的概率是多少?

*7. 将密歇根大学修读社会学导论的学生按回答者性别及对本人或配偶的职业志向进行分类,得到以下数据:

性　别	高志向	低志向	合　计
男	43	10	53
女	71	93	164
合　计	114	103	217

假如想从这 217 个学生的总体中,随机地抽取一些个体,那么:

(1)得到 1 个高志向学生的概率是多少? 得到 1 个高志向的男生或者女生的概率又分别为多少?

(2)假定随机地(无回置地)选取一些个体,每次都要猜他究竟是高志向还是低志向,你在总次数中,猜他是高志向有多少比例,猜他是低志向又有多少比例? 为什么? 在 217 次试验中,期望可能会发生多少次错误? (答案:103 次)

(3)假定已知学生的性别。设个体为男生,那么把 53 个男生分别划归高志向或低志向类别,期望发生多少次错误? 如果是女生,期望发生的错误又是多少次? (答案:10;71)

(4)已知的回答者的性别与不知性别时发生的错误次数相比,如何设计一种指数来表示错误数减少的比例。

在第 15 章中你们将会看到,这样一种指数,可以用来量度回答者性别与他的职业志向之间的关系的强度或程度。

*8. 用一张树形图估算一场世界比赛的所有可能结果的概率(七局四胜制)。设国家联队在每局中取胜的概率是 0.6,假定三局后,美国队胜两局,而国家联队胜一局,从第四局起,你们怎样来设计一张新树形图,以估算国家联队取胜的概率?

*9. 当四个事件没有一个互斥时,借助凡氏图推导出 $P(A$ 或 B 或 C 或 $D)$ 的一般公式。如何把加法规则推广到 k 个事件的一般情况? (提示:检查这几项符号的格式)

参考文献

1. Feller, William: *An Introduction to Probability Theory and Its Applications*, 3d ed., John Wiley & Sons, Inc., New York, 1967.

2. Freund, J. E.: *Modern Elementary Statistics*, 3d ed., Prentice-Hall, Inc., Englewood Cliffs, N. J., 1967, chaps. 5 and 6.

3. Gelbaum, B. L., and J. G. March: *Mathematics for the Social and Behavioral Sciences*, W. B. Saunders Company, Philadelphia, 1969, chaps. 2-4.

4. Kemeny, J. G., J. L. Snell, and G. L. Thompson: *Introduction to Finite Mathematics*, 2d ed., Prentice-Hall, Inc., Englewood Cliffs, N. J., 1966, chaps. 3 and 4.

5. Loether, H. J., and D. G. McTavish: *Inferential Statistics for Sociologists*, Allyn and Bacon, Inc., Boston, 1974, chap. 2.

6. Mueller, J. H., K. Schuessler, and H. L. Costner: *Statistical Reasoning in Sociology*, 3d ed., Houghton Mifflin Company, Boston, 1977, chap. 11.

7. Runyon, R. P., and A. Haber: *Fundamentals of Behavioral Statistics*, 3d ed., Addison-Wesley Publishing Company, Reading, Mass., 1976, chap. 10.

8. Savage, L. J.: *The Foundations of Statistics*, 2d ed., Dover Press, New York, 1972.

10 假设检验:二项分布

在社会科学中,我们经常遇到一些只有两种简单结果的二分法问题,如一个个体是否具有某种属性,或一个实验究竟成功还是失败,等等。每当可以假定这种情况具有某个成功的概率,以及各次试验彼此独立无关,并且试验次数又比较少的时候,就可利用与二项分布有关的统计检验。虽然有许多统计检验比使用二项分布的检验更实用,但是二项分布简单明了,多花一些时间来讨论它是值得的。使用二项分布时,比较容易领会检验所涉及的各个步骤,从而可以加深理解所有统计检验的一般程序。

由于本章将扼要介绍许多新概念,读者可能会因此而觉得这是异常困难的一章。这些新概念中的许多内容还会在第 11 章中再次讨论。因此,读者可以把这两章合二为一,在对本章的内容有了大致了解后就前去阅读第 11 章。读者读完 11 章后再阅读介绍二项分布的各种应用的 10.3 节和二项分布的各种推广应用的 10.4 节可能更好。

10.1 二项概率分布

在讨论有关统计检验的各步骤之前,有必要先探讨如何求二项分布。目前,为了简化问题,我们仅讨论抛掷硬币这类问题。在这类问题中,抛掷硬币的次数就是样本的容量。我们主要注意 N 次试验中得到正面朝上(成功)的数目。

假定 N 次试验(掷硬币)在统计上相互独立,就可立即估算出某种特定次序的 r 次正面朝上和 $N-r$ 次正面朝下的概率。例如,我们可以求得在 r 次接连正面朝上后 $N-r$ 次正面朝下的概率。令 p 为得到正面朝上的概率,q 表示得到正面朝下的概率,$q = 1 - p$。因为试验是独立的,所以我们就可以把这些非条件概率相乘。**按上述次序**刚好得到 r 次正面朝上的概率为:

$$\underbrace{ppp\cdots p}_{r\text{项}}\underbrace{qqq\cdots q}_{N-r\text{项}} = p^r q^{N-r}$$

显然,在统计独立性和成功的概率为常数(即这枚硬币不会出现不均匀的磨损)的假定下,得到 r 次正面朝上和 $N-r$ 次正面朝下的任何其他特定次序的概率也是 $p^r q^{N-r}$。因此,为了求**刚好得到任何次序的** r 次正面朝上的概率,只需计算 r 次正面朝上和 $N-r$ 次正面朝下的各种不同顺序的数目。但是,只要 N 稍微大一些,这种计算就会是相当繁琐费力的。幸而我们有数学公式,无须做点算,得到 r 次成功和 $N-r$ 次失败的各种可能顺序的数目可以写做 $\binom{N}{r}$,有时也写做 C_r^N,即:

$$\binom{N}{r} = \frac{N!}{r!(N-r)!} \tag{10.1}$$

注意,分子和分母中的某些项可以相互消去,从而简化公式(10.1)以便于计算[①]。因为$r \leqslant N$,我们可以把$N!$写成两项的乘积,如下:

$$N! = [N(N-1)(N-2)\cdots(N-r+1)][(N-r)\cdots(3)(2)(1)]$$
$$= [N(N-1)(N-2)\cdots(N-r+1)][(N-r)!]$$

我们立刻看出分子和分母中都含有$(N-r)!$。消去后只剩有:

$$\binom{N}{r} = \frac{N(N-1)(N-2)\cdots(N-r+1)}{r!} \tag{10.2}$$

因此,如果我们想求10次抛掷中得到4次面朝上的方式的数目,则有:

$$N - r + 1 = 10 - 4 + 1 = 7$$

所以

$$\binom{10}{4} = \frac{10 \times 9 \times 8 \times 7}{4 \times 3 \times 2 \times 1} = 210$$

注意,在使用等式(10.2)时,分子和分母的因子数相等,且总是这样。第二种形式在计算上比第一种更方便。如果$r > \frac{N}{2}$,分母和分子中会有某些相同的项,可以把它们约去,如$r = 6$,我们就有:

$$\binom{10}{6} = \frac{10 \times 9 \times 8 \times 7 \times 6 \times 5}{1 \times 2 \times 3 \times 4 \times 5 \times 6} = 210$$

它给出的结果与用$\binom{10}{4}$计算得出的相同。一般可证明:

$$\binom{N}{r} = \binom{N}{N-r}$$

究竟用r,还是$N-r$,则要看它们中间哪一个比较小。

如果我们现在想求在N次试验中**刚好得到**r**次成功**的概率,而对它们发生的顺序不感兴趣。我们可以把得到的任何特定顺序的概率乘以$\binom{N}{r}$。若以$P(r)$表示要求的概率,我们就有:

$$P(r) = \binom{N}{r} p^r q^{N-r} \tag{10.3}$$

或

刚好出现r次成功的概率 = 得到r次成功的方式数 × 任何给定顺序的概率

如果这枚硬币是诚实的,即如果$p = q = \frac{1}{2}$,那么10次抛掷试验中恰好得到4次面朝上的概率是:

$$P(4) = \binom{10}{4}\left(\frac{1}{2}\right)^4\left(\frac{1}{2}\right)^6$$
$$= 210 \times \left(\frac{1}{2}\right)^{10}$$

---

① 不要把符号$\binom{N}{r}$与$\frac{N}{r}$和N除以r相混淆。

$$= \frac{210}{1\ 024} = 0.205$$

同样,我也可以求在10次抛掷试验中刚好得0,1,2,…,10次正面朝上的概率:

正面朝上数目	概率(用 $p = 1/2$)
0	$1/1\ 024 = 0.001$
1	$10/1\ 024 = 0.010$
2	$45/1\ 024 = 0.044$
3	$120/1\ 024 = 0.117$
4	$210/1\ 024 = 0.205$
5	$252/1\ 024 = 0.246$
6	$210/1\ 024 = 0.205$
7	$120/1\ 024 = 0.117$
8	$45/1\ 024 = 0.044$
9	$10/1\ 024 = 0.010$
10	$1/1\ 024 = \underline{0.001}$
	1.000

注意,当 r 为0时,$\binom{N}{r}$ 是没有加以定义的,因此公式无效,然而我们知道,当 $r = 0$(全部正面朝下)时,只可能有一种顺序。在这一例题中,因为概率分布是全对称的,所以应该用 $\binom{N}{r} = \binom{N}{N-r}$ 这一公式。读者自己也可以看出 $\binom{N}{r}$ 总是对称的,但必须在 $p = q = 1/2$ 时,因子 $p^r q^{N-r}$ 才是对称的。

　　在上面的例子中,实验的11个可能结果中的每一个都有一定的出现概率。在这简单例子中,在每掷一次只能有两种可能结果这个前提假定下,实验仅有为数不多的可以想象得到的结果。在某些其他实验中,可能的结果数目也许很大,或者甚至是无限的,因而可能需要把某些结果一起编组,并把一个概率和整个一组结果相联系。所以,如果一枚硬币被抛掷了1 000次,我们可以求出得到400至449,450至499或500至549次正面朝上的概率。

　　每当我们把概率与实验的每一种可能结果或几组结果联系起来的时候,由此而产生的**分布,我们称之为概率分布**。读者要记住,我们使用**概率**这一概念是指成功次数与抛掷总数之比的极限。我们看到,**概率分布所指的是在很多次试验中我们期望得到某种结果的相对次数**。

　　在我们所讨论的数例中,每个实验由抛掷10次硬币组成,并记下正面朝上的数目。计算指出,如果作1 024 000次实验,可望得到大约(不是恰好)1 000次10次都没有正面朝上,10 000次10次中刚好一次正面朝上,45 000次二次正面朝上,等等。此外,我们可以预料,实验的次数愈多,经验的比例就会愈接近理论的概率值。

　　研究者实际上从来不用经验方法来求概率分布,因为研究者通常只对一项实验进行一次或几次,抽取一个样本也只是一次,至多也不过是很少的几次。概率分布是假设的理论分布,理解这一点很重要。只有非常多次地重复一项实验才能得到这个理论的分布。概率分布是用数学或演绎推理的方法求得的,就像前面例子中所做的那样。

　　当我们学习本书后面的内容时,将会遇到一些其他概率分布,其中最重要的是:正态分布,"学生"t分布,卡方分布和F分布。已经给出正态曲线的数学公式并做过简要的讨论。而t分布,卡方分布和F分布的概率计算过于复杂和繁琐,对此,本书不再进行讨论,我们只把它们列表放进附录,并在适当的章节讨论它们的应用,但应当理解它们的使用和计算的基本逻辑与这一节所讨论的比较简单的二项分布基本上相同,这一点十分重要。因为所有这四种基本概率分布都与连续性结果有关,而不是与一组离散的结果有关,所以了解它们的推导所需要的数学基础超出我们对读者应具备的数学基础的要求。

因为概率分布实际上不是一种研究者从资料中看到的分布,所以那些不喜爱数学的人可能会难于理解这些假设分布在统计推论中的作用。但是,除非清楚地理解概率分布的概念,否则读者将会发现你们对统计学的了解仅限于一些死记硬背的条条框框。正因为如此,现在进一步系统地讨论统计假设检验的步骤和确切理解如何使用这些概率分布等问题。

10.2 统计检验的步骤

所有的统计检验都包含某些特定的步骤。必须再一次强调,这些步骤都必须在检查数据资料前进行。可以将步骤列表如下:

1. 建立假定。
2. 求抽样分布。
3. 选择显著性水平和否定域。
4. 计算检验统计量。
5. 做判断。

以上各步骤都将在本章和第11章做比较详细的介绍,以使读者熟悉各种统计检验所包括的一般过程。

1. **建立假定** 为了利用概率论求抽样分布,研究者必须对要做概括的总体和使用的抽样程序做某些假定。一般讲,就总体与抽样程序做的假定通常是以下两种类型中的一种:(1)我们对它们比较有把握,或是我们所同意采用的;(2)我们对它还没有足够把握,因而也是我们最感兴趣的。我们把第一种类型的假定统称为**模型**,而把第二种类型的假定叫**假设**,它正是研究者所要检验的那种假定。

通常,至少在本书以下章节中所列举的比较简单的检验中只有一个假设,**从统计检验的角度来看所有的假定在逻辑推理中都有相同的地位,这一点**很重要。如果检验的结果否定了假定,那么**根据检验**可以说至少其中一个(也可能是全部)假定是错的。因为检验本身不能指出究竟哪一个假定是错的,所以要使结果有意义,必须把怀疑集中于一个假定,然后,才可以将此假定(假设)作为错误的予以否定。

有些学生常常提出下面这样一种问题:"根据什么标准来选择一种比其他的更适用的统计检验呢?"我们认为要点在于选择合适的模型。换句话说,研究者应选择一种只含有一个可疑假定(假设)的检验。如果某一检验需要检验两个或两个以上可疑的假定,那么要确定究竟其中哪一个假定应予否定是很困难的,甚至是不可能的。在遇有这样的情况时,我们应当转而寻找到另一种不需要检验这么多可疑假定的检验方法。

仍以掷硬币为例。二项检验要求假定:10次抛掷组成一个抛掷同一枚硬币的所有可能抛掷结果的随机样本,而且各次抛掷试验都彼此独立。同时也假定,这枚硬币是诚实的。由于我们的兴趣主要在于这枚硬币是否诚实,因此关于硬币诚实的第二个假定就将作为假设,而前几个假定就作为模型。可以想象,也许我们会怀疑抛掷的人,这时,如果我们对这枚硬币比较相信,即事先已确认它在一般情况下总是有一半左右的次数出现正面朝上,那么我们就可以将这个问题倒过来,而转向检验一个有关抛掷方法(抽样方法)的假设。假若我们不愿相信硬币的诚实性,也不相信抛掷者的诚实性,从而不能采用二者的诚实性作为模型,那么在接连出现 50 次正面朝上时,至少可以确定我们的假定中,必定有一个是错的,但却不能指出究竟是哪一个。当然,一般来讲,为了确信有关抽样的假定有实际根据,我们都要十分注意我们的抽样方法。

再用一个社会学的例子来说明这一问题。假若在一个特定的统计检验中,要求我们作两个假定:(1)在被抽样的总体中,中阶层和下阶层都有相同比例的人具有强烈的进取性;(2)已经从所有人中抽取到一个随机样本。假若这些假定导致某些结论未能为资料所证实,也许样本资料表明中阶层人具有强烈进取性的百分比较高,我们就得出这样的结论,这些假定中有一个可能是错误的。但究竟应否定哪一个呢?也许我们情愿认为第一个假定是错误的,但也可能我们认为抽样方法有偏倚。所以,为了求得可靠的结论,除了检验本身所提供的知识之外,还必须从其他方面了解更多的情况。

在这个例子中,如果可以保证的确选择了随机样本,我们就可以取假定(2)为模型,并得出假定(1)很可能是错误的结论。这里,我们接受假定(2)的意愿是基于有关使用的抽样方法(即我们的研究方法论)的知识。在其他情况下,我们可以根据以前的研究成果来确认某种假定,**我们必须了解,检验本身不能使人们判断某个或若干个假定的真伪**。这一点很重要。正是在这个意义上讲,所有的假定都具有同等的逻辑地位。为了强调这一点,并引起读者注意模型中的假定,我们把实际上被检验的假设看作仅仅是检验所需要的许多假定中的一个。

正如前面所说的,研究者一般都希望建立一个可以否定的假设。一般我们都把实际被检验的假设称为**零假设**(用符号 H_0 表示),并用它与**备择假设**(H_1)相对比。而备择假设正是为了作为相对于 H_0 的另一种选择而建立的。虽然有例外,但一般来说,零假设总是假设几个组之间不存在差异,或几个变量之间没有关系,而备择假设则假设它们之间存在正相关或负相关的关系。实际上研究者一般都预期零假设是错误的,应予以否定,并据此而接受备择的 H_1。但是,为了计算概率分布,在操作过程中,却必须先把 H_0 看作正确的。例如,假定一枚硬币是诚实的。

请注意,硬币诚实的假定提供了用二项公式来计算精确概率的方法。若假设是这枚硬币"不诚实",我们就会发现,除非我们把假设作得更具体,否则就求不出概率分布。因为我们就不得不确定 p 的一个值,皆如说 0.75,而这几乎是不可能的。同样,在中等阶层中具备强烈进取性的人的比例比较大的备择假设,就不如两个阶层的人绝对没有差异的零假设那样具体。

2. 求抽样分布 在做了必要的假定之后,我们就能用数学推理来求**抽样分布**。抽样分布的根据是某种具体的概率分布,在这一例子中,它是二项分布。我们需要计算某种"检验统计量",在这里就是 N 次试验中成功次数 r。它具有已知的概率分布。今后,我们将经常提到的一些抽样分布是二项分布、正态分布、卡方分布,等等,它们都有特定形式的方程式。应当记住,一般讲,我们可以证明,一些不同的统计量(从我们的数据计算出来的),可能都具有同一概率分布(如正态分布),但它们具有的参数可能不尽相同。因此用"抽样分布"这个词来统称这些概率分布是恰当的。当我们说一个统计量具有二项的或正态的抽样分布时,我们的意思是,它具有这种形态的概率分布,即**在零假设或其他假定实际上是正确的时候**,从长远看,统计量将以一确定的比例取某些特定的值(或某一数值范围)。在我们讨论了一些不同的概率分布后,抽样分布的含义及其操作会变得更加清楚。

如果上述关于硬币和抛掷的假定实际上都是正确的,我们已经看到,从长远说,在 1 024 组试验结果中可期望得到硬币全部都是正面朝上的只有一组,得到 9 次正面朝上的只有 10 组,等等。如果假定的确是对的,我们就可以引用偶然发生任何一种特定的结果的可能性的知识,对某些条件做出合理的抉择,决定在什么条件下我们可冒否定这些假定的风险。假若我们得到一组 10 次全部为正面朝上的结果,这就有两种备选可能性:(1)所有假定都正确以及在各种可能的情况中有一种罕见的偶然情况发生了;或(2)至少其中一个假定(多半是零假设)是错的。遗憾的是,我们永远不能完全肯定选择哪一种可能性是正确的。如果我们能够肯定,那就是事先已经知道这些假定的真假,再做这种实验就没有意义了。不过我们至少可以说,选择第一种可能是极不可靠的。

让我们来建立这样一条规则:每当在 10 次试验中全部得到 10 次正面朝上,就应该自动地得出其中有一个假定是错的,并应做出否定它的结论。从长远来看,遵循这条严格的规则,我们有时还会做出错误的选择。因为我们知道,即使用一枚诚实的硬币,在 1 024 组试验中还可期望偶然得到一组 10 次都是正面朝上的结果。这样一条规则不能帮助我们对任何一次特定实验所选择的正确性做出判断,但概率定律却能使我们确切地预料,**从长远来看**我们作出正确选择的次数的比例,从某种意义上说,我们所信赖的是我们所遵循的程序,而不是在任何特定场合我们所做的决定。尽管我们不能绝对肯定任何一个具体决定正确无误,但这种**程序**在大多数情况下可提供正确决策。

3. 选择显著性水平和否定域　在理论上讲,应当在实际实验或数据分析之前对采用什么显著水平和否定域做出决定。根据抽样分布的知识,我们选择一组备择结果,如果它们发生了,就要否定那些假定。这些不大可能的结果称为**否定域**。这样,我们就把可能的结果分成两类:(1)这类结果发生,我们将否定假定(否定域);(2)这类结果出现,就不允许我们否定假定。为了选择否定域,我们除了选择模型和假设之外,还必须做出两个决定。首先,必须确定我们甘冒犯第一类错误和第二类错误的风险有多大;其次,要确定否定域是否要包含抽样分布的两端。

正如第 8 章所指出的那样,我们必须考虑两种类型的可能错误。第一种类型的错误是,当一组假定(包括 H_0)实际上是正确的,但却把它们否定了;第二种类型的错误则是,一组假定实际上是错的,却没有被否定。假如**假定实际上是正确的**,那么只要根据抽样分布,我们就可以确定某种结果将要发生的确切概率,如果我们决定一组可能性很小的结果(譬如 0 次或 10 次正面朝上)一旦出现,就要否定假定,而如果假定是正确的话,那么每当我们得到这些结果中的任何一个,我们就会犯第一类错误。犯第一类错误的概率是否定域内各种结果概率的和。例如,若否定域由 0 次或 10 次正面朝上组成,那么犯第一类错误的概率便是 2/1 024,即 0.002。选择的否定域越大,犯第一类错误的可能性就越大。假若我们决定在得到 0 次、1 次、9 次或 10 次正面朝上时否定假定,那么第一类错误的概率将是(1 + 1 + 10 + 10)/1 024,即 0.022。我们把犯第一类错误的概率叫做检验的**显著性水平**。如果抽样分布是连续的,就可以把这一水平建立在任何我们想要建立的水平上。

在讨论确定显著性水平的标准前,应当先谈谈有关第二类错误的问题。根据我们以前讨论过的以推论结果来肯定前提的谬误问题,我们不难了解所谓"某些不能否定的假定就必定正确"的观点是不正确的。因为从另外一组假定也可以推出导致同样结论的抽样分布。例如,假若真正的正面朝上的概率是0.51,而不是0.50,则正确的抽样分布和我们所计算的几乎完全相同。因此,很可能选择了一个完全相同的否定域,并且否定还是肯定假设的决定也是完全相同的。然而,严格地讲,$p = 0.50$的假设是错的,并且应当予以否定。如果不能否定它,我们也不能将它作为唯一正确的假设而无保留地予以接受,因为还有许多其他假设也不能被否定,所以我们能做的决定只应该是"不否定"假设。

即使我们保守地拒绝接受一个假设,但我们仍然想尽可能多地排除一些错误假设。在这个意义上讲,每当我们未能否定一个错误假设时,就意味着我们犯了一个错误。犯第二类错误的概率有什么性质呢?遗憾的是计算第二类错误不像计算第一类错误那样简单。我们必须把有关第二类错误的讨论放到第14章进行。但应当注意一个重要事实:对任何一个给定的检验而言,第一类错误的概率和第二类错误的概率是成反比的。换言之,**第一类错误的危险越小,第二类错误的概率就越大**。在抛掷硬币的例子里就能看出这一点。读者应当认识到,选择一个小的否定域(譬如说,0次、1次、9次和10次正面朝上)有更大的可能性否定**任何**假设。在前一例中,虽然我们不太可能否定正确的假定,但是也不太可能否定错误的假设。因此,我们就有更多的可能性犯第二类错误。

请注意,严格讲同时犯两类错误是不可能的。如果H_0是正确的,我们只可能犯第一类错误,即否定H_0。反之,若H_0是错误的,就只可能犯没有否定H_0的第二类错误。然而,由于我们不知道H_0究竟是否正确。因此,只能不太严格地说,犯两类错误的危险是彼此成反比的,即使我们实际上不可能知道犯第二类错误的概率,除非真正的参数是已知的。当然,实际工作中决不会有这样的事情。在第14章中,我们将讨论"检验的**效力**"这一概念。"检验的效力"是以一个检验否定错误假设的能力来定义的。有时它也可以用犯第二类错误的概率来定义。我们将看到,一般不可能估计第二类错误概率的值,除非已知所涉及的参数的真正数值。例如,在目前所讲的二项分布中,就不可能计算β或第二类错误概率的值,除非我们知道H_0实际错误到**什么程度**。

如果我们已经假设$p = 0.5$,而实际上$p = 0.9$,那么我们需要计算在$p = 0.9$时真正的抽样分布,以便求出落在否定域的实际概率。如果$p = 0.9$,那么我们可以预料,在10次试验中大多数次数会得到8,9或10次正面朝上,而得到2次或2次以下正面朝上的可能性就极小。因此,假如我们使用一个由8,9或10次正面朝上概率组成的否定域,而实际上$p = 0.9$的话,就很可能否定H_0的$p = 0.5$,所以犯第二类错误的危险就比较小。相反,在已知$p = 0.9$的情况下,选择了0,1或2次正面朝上作为否定域,那么犯第二类错误的危险是相当大的。你应当确认是否真正的p值非常接近0.5(如0.52),这时到达否定域的概率将非常接近α或者所选的显著性水平。因此,从技术上来讲,如果H_0是错误的,那么我们犯第二类错误的**危险**就很大,尽管犯这种错误的**代价**比p的真正值为0.9时的情形要低。

因此,**同时把犯两类错误的危险压缩到最小是不可能的**,除非重新设计研究方案,选择附加的个案或不同的统计检验法。在实际工作中,我们先把犯第一类错误的概率置于一个固定水平(譬如说0.05),然后设法选择一个使犯第二类错误的危险成为最小的统计检验。在对各种备择的统计检验中作选择时,我们应选择这样的检验,它具有合适的模型,并且最有效力地把犯第二类错误的危险压缩到最小①。

决定选择哪一种显著性水平,要根据犯两类错误的相对代价,并对此做出相应的评估。有时一个实际的决定必须根据实验的结果来做。一位制造商想安装一种昂贵的设备;一位研究人员想抽取另一个样本并重复一项研究;公共卫生保健当局必须就是否作群众性的血清注射作决定;等等。在另外一些场合,则不要求作什么实际决定,譬如,一位社会学家可能只要在刊物上撰文报告他的研究结果,并不必承担犯这种或那种类型错误的后果。

在必须做出实际决定的场合,显著性水平的选择特别困难。如在掷硬币这个例子中,假设要就拒绝使用一枚诚实性可疑的硬币继续赌博这一问题做出决定,如果一名男赌客囊空如洗地回到家中将会面临一位唠唠叨叨的妻子,这时他只要对这枚硬币有丝毫怀疑,那还是不赌为妙。在这种情况下,他就会选择一个大的否定域,因为犯第二类错误(即硬币是不诚实的,他仍要赌博)而受到惩罚过大。反之,如果指出这枚硬币不诚实就要冒着得罪老板的危险,那么他在决定这么做以前,必须先有充分把握肯定这一事实。这样,在后面这种情况里,他就应当选择一个很小的否定域,以使犯第一类错误的危险变得最小。同样,如果群众性注射的费用相当大,或血清可能有害,那就必须在投入使用前充分确定它的效果的可靠性。这时应当使用人们很难于否定血清无效的零假设。

如果仅为了是否发表研究结果,而无需做什么实际决定,就应当遵照另外一种简单规则。**对于证明我们自己是错误的,或得出我们实际上并不想得到的结果,我们应当持保守态度。**通常,我们所建立的零假设正是我们实际上想否定的(但这也不是绝对的)。所以,我们就应当采用很小的否定域,使得我们想要得的结果难以出现。

要提醒大家注意,在某些场合,人们实际并不想否定零假设。例如,零假设有时可能以预测的形式出现:"就出生率而言,没有阶级的或宗教的差别"。如果有人真的想证明这样一种差别,那就应当选择一个很小的否定域,使零假设的否定变得困难。但是,假定有人实际想证明不存在这样一种差别,譬如,他想证实某种广泛流行的生育率差异理论是不正确或不恰当的。也可能有人希望这样一些差别是不存在的,以便在考虑与生育率问题有关的那些变量时,不必对阶级或宗教变量再做对照实验进行控制。

在上述例子中,从某个意义上来讲,研究者是站在与假设相反的立场上,并主要想使犯第二类错误的可能性最小。换言之,当"没有差别"的零假设实际上是不真实的时候,他特别关心的问题是不要保留这个假设,所以,当人们选择小的否定域,使否定其想保留的零假设变得困难时,并不总是意味着在统计上就是保守的。在统计上使用的显著性水平一般为 0.05,0.01 和 0.001。通过以上讨论,我们应该懂得并不存在什么神圣的、绝对的显著性水平。如果实际上不想否定零假设,虽然使用这样一些显著性水平通常是保守的,但是为了保险起见,还是使用 0.10,0.20,甚至 0.30 的显著性水平为好,以减少犯第二类错误的危险。

在解释显著性检验的结果时,我们必须谨慎。因为即使使用 0.001 的显著性水平并希望否定零假设,也仍然可能得到相当错误的结果。显著性检验告诉我们:如果有关总体参数的某些假定是正确的,那么一组给定样本结果出现的可能性会是多大。一般讲,有几个因素能决定我们可以否定假定的可能性。第一个因素是:这些假定有多适合实际情况。譬如,若正面朝上的真实概率是 0.9,这样我们否定概率为 0.5 的假设的可能性就

---

① 关于这一问题的进一步讨论,请见 14.1。

很大。因为实际上我们很容易得到比例多的正面朝上次数,使结果落在否定域内。相反,如果真实概率是 0.53,那么我们就不容易得到否定零假设所需要的极端结果。

其次,**个案数目**是另一个重要因素,它决定结果极端到什么程度才能否定零假设。若只用 10 次抛掷,或只有 10 个个案,那么就像我们已经看到过的那样,为了否定零假设,就要求非常极端的结果。但是如果 N 很大,为了否定零假设,只需成功的比例与假设的 p 有少量的差别即可。如果一枚硬币被掷了 10 000 次,而不是 10 次,只要得到 5 200 次以上正面朝上,我们就能否定假设。换言之,假定 p 的**精确值**为 0.5,那么在 10 000 次试验中得到 5 200 次或 5 200 次以上正面朝上的可能性,甚至比在 10 次试验中得到 10 次正面朝上的可能更小。尽管这些结果似乎不那么极端。显然,这与人们的直觉相一致。人们一般都在直觉上比较相信大容量的样本,而认为容量很小的样本常常会碰到非常极端的结果。同样,用一个由 10 000 人组成的样本,我们可能得到处于中等阶层与较低阶层妇女的出生率差异很小的结果,但我们仍然可以据此否定总体中**没有**差异的零假设。

用数目很多的个案,几乎总是可以否定我们可能建立起来的错误假设,不论假设值与真正值的差别如何。这意味着如果我们用 10 000 个个案,那么即使在 0.001 的显著性水平否定零假设也不足为怪。但是我们要把这个结果作为重大发现报告时,却应特别谨慎,不要把统计显著性和实际显著性(实际意义)混淆。统计显著性(统计意义)仅仅告诉我们,如果总体中没有任何差异,那么某些样本差异一般不太会偶然发生。但它并不直接告诉我们这些差异的大小或意义。一个在小样本中大到足以产生有统计显著性(意义)的因素,比一个只在大样本中方能显示具统计显著性(统计意义)的因素,更值得引起我们的注意。如果一项研究涉及一大批个案,我们一般对其他问题比显著性检验更有兴趣。在第 15 章论述相关程度的量度时,我们将对这一问题做更深入的讨论。目前,仅指出统计显著性(统计意义)并不一定表示有突出差异,也不一定意味着对社会科学家是重要的问题。

在确定否定域之前,还必须做出另外一种决定。有许多个或许多组结果,它们的概率可能比选择的显著性水平小。例如,**刚好**得到 8 次正面朝上的概率是 45/1 024 即 0.044。因此,做出如果刚好出现 8 次正面朝上就否定零假设,出现其他结果就不否定零假设的决定尽管不合理,但却是可能的。那么,犯第一类错误的概率就是 0.044,但是,选择这样一种否定域,在理论上毫无意义。因为一般情况下,如果出现了 9 次、10 次正面朝上,人们会对采用这种零假设更犹豫不决,但这些备择值却都不属于这个否定域。在实际工作中,我们更愿意使用分布的至少一个单边的整个尾端。我们感兴趣的不是**刚好**得 8 次正面朝上的概率,而是得到 8 次**以上**正面朝上的概率,也就是说得到 8 次正面朝上或**更不寻常**事件的概率。

不过,既然 0 次、1 次和 2 次正面朝上,正是和 8 次、9 次,以及 10 次正面朝上一样的不大可能事件,那么这些备择值不是也可以包括在否定域中吗?我们通常不能事先推断那些不寻常结果可能发生的方向。在这个例子中,我们可能仅怀疑这枚硬币是不诚实的,但却不知道它究竟偏于正面朝上还是正面朝下。此外,也可能我们并不关心方向的问题。在这种情况下,为了稳妥起见,就要采用抽样分布的两端,因为如果我们仅仅用 8 次、9 次和 10 次正面朝上组成否定域,那么在我们刚好得到 1 次正面朝上时,就不能否定零假设,尽管它可能是不正确的。

有些场合,我们能预测偏差的方向,或只对一个方向的偏差感兴趣。例如,根据事先的信息,我们预测硬币倾向于正面朝上。或者,我们每次都用正面朝下打赌,那么如果硬币刚好偏向于正面朝下,我们就无须为继续这种游戏而担惊受怕。在更为实际的例子中,往往可以根据理论或过去的研究来预测方向。例如,可能预测天主教徒的家庭比新教徒的大。如果人们对证明一个理论的正确性感兴趣,则仅当结果出现在预测的方向时才做显著性检验,若结果出现在相反的方向,就无需再作检验,因为数据显然不支持这种理论的。

　　每当方向已经被预测的时候,在同样显著性水平条件下,单侧检验比双侧检验更合适,因为把整个否定域集中到抽样分布中更合适的一侧,可以得到一个比较大的尾端。图 10.1 是具有正态曲线形式的平滑的抽样分布图。它说明单侧检验的优点。由该图可见,在两种情况中,犯第一类错误的概率相等,因为两个否定域的大小相同(根据面积量度)。但是,如果结果出现在预测的方向,研究人员使用单侧检验会更可能否定零假设,因为在这个方向上落入比较大的否定域有较高的概率。如果真实的概率在预测的方向上,使用单侧检验比使用双侧检验犯第二类错误的危险小。

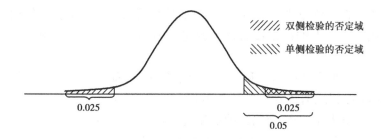

图 10.1 用 0.05 显著性水平,比较单侧检验和双侧检验的否定域

　　我们可以把研究过程设想为,为了说服一位理性的怀疑论者所做的一系列努力。怀疑论者会提出一系列必须回答的问题。每当有人声称已经找到一种预测的关系时,怀疑论者也许会提出一个最小(但却合理)的问题,找到这种关系是不是由于抽样误差造成的,即总体中并不存在这种关系,只不过是研究者在一个特殊的样本中碰巧遇到的。零假设检验正是要回答这种问题。但是,假如我们得到的关系与我们预测的方向**相反**,那么在这场辩论中,实际上我们已经输给了怀疑论者,即使再做零假设的显著性检验也是毫无意义了。因此,当我们事先预测了方向,那么就可以在这个方向上取一个较大的否定域(具有相同的犯第一类错误的危险),但是却因此放弃了当结果与预测方向相反时作检验的权利。当然,一个预测错的方向会对后续的另一组数据的分析提供有价值的启示。

　　读者不应奢望现在就能直观地理解第二类错误与单侧和双侧检验之间的关系。只有在讨论了几个实际例子后才能澄清许多相当困难的概念。有关第二类错误的更详尽的讨论,则必须推迟到第 14 章进行。

　　为了使例子更具体,我们选用 0.05 的显著性水平,并采用了双侧检验,否定域由备择值 0,1,9 和 10 组成。如果增加更多的备择值,犯第一类错误的机会要增加,超过 0.05 水平。在这个例子中,实际上使用的显著性水平是 $(1+1+10+10)/1\,024$ 即 0.022。若抽样分布连续而非离散,则可以采用精确的显著性水平(如 0.05, 0.01 或 0.001)。

　　4.计算检验统计量　计算检验统计量总是必要的,统计量的抽样分布要在检验中应用。到目前为止,我们只讨论了诸如样本比例,均值和标准差等这样一些统计量,它们与总体中相同的量直接对应,并可以用来作为对资料进行概括的量度。检验统计量却是这样一种统计量,它一般不用做描述,但可用来检验假设,它所具有的抽样分布可直接用于统计检验。换言之,我们从样本数据中计算一种量,其值的变化方式根据概率论是已知的。然后,我们把它的值与抽样分布作比较,并通过估算它出现的概率而做出决定。当然,可以从同一样本数据计算出许多量,但其中只有少数具有已知抽样分布可用作假设检验。

在这个二项检验的例题中,检验的统计量如此简单,以至不需要读者过多劳神。它只不过是 N 项试验中成功次数的数目,不用再做进一步计算。但在其他问题中,则必须计算检验统计量。在二项检验中,我们令成功次数 r 的值取从 0 到 N 的各个可能值,并把每一个值与一定的概率相联系。假定在这样一个包括 10 次抛掷的特定问题中,成功的次数(正面朝上)实际是 8。现在我们有了做判断所必需的全部信息。

5. 做判断　在选择否定域并计算检验统计量以后,我们根据实验结果决定假定的取舍。如果结果落在否定域内,我们将在已知犯第一类错误概率的条件下,否定假定。反之,如果结果落在否定域外,则不否定假定,并且我们冒着犯第二类错误的危险。在本例题中,因为 8 次正面朝上的结果没有落在否定域内,我们不应否定"硬币是诚实的"零假设。

理想的做法是,所有在第四步和第五步以前的决定,都应该在把结果制成表格前做出。在预先探索工作中,有人往往先检查数据,然后做显著性检验。尽管这样做有时是必要的,但应该提醒大家注意,每当这种情况发生时,实际上我们是没有完全遵守本应遵循的规则。这时,我们最好不要冒然断言,已经做了假设检验。当然,这种结果可作为建议提出来,随后根据这种建议作研究,再做合乎规则的统计检验。

鉴于许多社会科学研究往往带有探索性,上面的提法也许会令人感到过于严格和完美。但笔者认为,与其给人以随随便便马马虎虎的印象,宁可树立严格的"统计学良心"。除非我们在数据分析前做出决定,否则就不能合理地使用概率论,因为我们的分析基本上都是事后回溯性的。事后分析的问题在于,我们可以以立于不败之地的方式做实验。例如,假定我们事先暂时决定采用 0.05 显著性水平,但是实验结果发现显著性在 0.07 水平上,而在实验之后,我们又想不论结果的显著水平是什么都要否定假设,那么只要更动一下显著水平就可以了。我们可以把显著水平更改为 0.09,0.13 或 0.18 等,只要选择的显著水平大于实验结果的显著水平就可以了。还有一种犯规的方式,就是等到实验以后才决定采用单侧或双侧检验。在这样的情况中,如果结果表明正面朝上的次数多于正面朝下,那么我们就会因为下意识地预测偏倚有利于正面朝上,而决定使用单侧检验。如果我们果真这么做了,那么无论偏差的方向如何,我们都能得到一个比双侧检验大的否定域。

10.3 二项分布的应用

符号(正负号)检验　假定一位社会科学家采用一种简单的"事先-事后"或"仅事后"的实验设计,其中个案数不多,并且只能对每个个案确定实验是否成功[①],例如,可能有人想要确定建立种族混合的居民点是否可以减少对少数民族的偏见。实验者在实

---

① 有关这种和其他类型的实验设计见参考文献 6。

前和实验后都对实验对象进行了有关偏见的测验,从而可以确定这种类型的偏见有否减少。我们用 + 号(成功)表示每个偏见减少的个案,用 – 号(失败)表示偏见增加的个案。如果有人毫无变化,就把他们从分析中除去,除非量度方法极为粗糙,否则毫无变化的人应该相当少①。

二项检验的前提是试验具有独立性,因此社会科学家将假定:实验组组成一个随机样本,它是从将要对它做概括的那个总体中抽取的,并且就偏见的分数而言,样本个体之间没有或仅有较少的相互影响。假定有人想证实,这种居民点的建立对于减少偏见实际有效,但因为不能直接证明,所以可先建立实验无效的零假设。如果实验确实无效,进而,假如样本所源自的整个总体也发生类似情形,我们就可期望偏见增加的人数与偏见减少的人数相同。换言之, + 号与 – 号的比例相等。

因为总体的每个成员都有相同机会出现在一个随机样本中,所以在实验无效的零假设下,抽到任何得到 + 的个案的**概率**将是 0.5。关于总体中 + 号的**比例**的假定和随机性的假定联系在一起时,就可推论任何一次试验成功的**概率**。随机性也保证试验的独立性。我们再一次强调,**必须对总体和抽样方法都做出假定**。在这个例子中,我们关心的重点是实验的有效性,即总体中成功的比例。因此,社会科学家要确保采用正确的程序来取得随机样本。

如果样本中有 8 个人,成功次数的抽样分布如下:

成功次数	概率
0	$1/256 = 0.004$
1	$8/256 = 0.031$
2	$28/256 = 0.109$
3	$56/256 = 0.219$
4	$70/256 = 0.274$
5	$56/256 = 0.219$
6	$28/256 = 0.109$
7	$8/256 = 0.031$
8	$1/256 = \underline{0.004}$
	1.000

假定这位社会科学家希望用 0.05 的显著水平,因为已预测了方向,所以可使用单侧检验。否定域可以这样确定,先从成功 8 次的概率开始,然后 7 次,6 次,等等,一直累积到它们的概率之和大于选定的显著性水平为止。一般不必求出整个抽样分布。因为确定否定域大小,只需尾端的抽样分布。本例中,成功 8 次的概率是 0.004,成功 8 次或 7 次的概率是 0.035,而成功 6 次、7 次或 8 次的概率是 0.144,因为位于否定域内的结果的概率之和必须小于或等于选定的显著性水平,因而否定域显然只能由成功 8 次或 7 次组成。

假若社会科学家做了实验,并发现有 6 个个案的偏见减少了,但有 2 个个案的偏见却增加了,那么将不否定"实验没有效果"的假设,因为得到这样一种结果的概率,或者甚至更不寻常结果的概率都大于 0.05。

---

① 在定序变量研究中出现的同分或无变化问题是很麻烦的,故放到第 14 章和第 18 章讨论。有关这方面的更广泛的讨论,见参考文献 2 第 3 章内容。

非随机性检验　在上面的例子中,我们作了随机性假定,并且我们的兴趣主要在于总体中成功次数的比例。在其他类型的问题中,也许会有具有某种特征的人的比例的资料,但却存在有关选择性的问题。例如,可能有人想做一个检验,了解一下理事会中专员是否过多或陪审团中黑人是否过少这样一些类型的问题。假定一名市长任命某委员会的9名委员,并且声称各种类型的成年人都有被选上的相等机会,每名委员都具有代表性。如果已知劳动力人口中白领的比例为35%,但是委员会的9名成员中有6名是白领。这时可以使用二项检验来确定,在随机样本的假定下,这样一种职业分布的可能性是多少。在这个特定问题中,在随机性的零假设下,成功的概率是0.35,并且抽样分布是不对称的。我们把委员会中的九个位置中的每一个都看作一次**试验**,第一个委员是白领工人,其概率是0.35,其余八个位置被白领工人占据的概率同样为0.35。

二项分布的其他应用　除了上面提到的那些方面以外,二项分布还可以用于许多其他类型的问题。有时我们可以用中位数或四分位数来检验由人组成的小容量子样本是否显著地不同于根据偶然性所预料的那样。通过一次大规模调查,可以很准确地估计某一特定城市的收入分布。如果取得的资料中,只有7个波多黎各人,且其中6人位于最低的四分位数,我们可以作一个检验,看一看这种情况的可能性有多大。当然,决定要先于检验作出[1]。

因为根据定义,总体的1/4将在最低的四分位数。在这个子样本是来自较大总体的随机样本的假定下,二项分布给出子样本中低于总体四分位数的某个比例的概率。例如,因为任何一个给定的人处于最低四分位数以下的概率是0.25,得到刚好6个波多黎各人处于最低的四分位值的概率就应是:

$$P(6) = \binom{7}{6}\left(\frac{1}{4}\right)^6\left(\frac{3}{4}\right)^1 = \frac{21}{16\ 384}$$

并且

$$P(7) = \binom{7}{7}\left(\frac{1}{4}\right)^7\left(\frac{3}{4}\right)^0 = \frac{1}{16\ 384}$$

因为我们必须求出得到**6次或6次以上**成功的概率,于是我们把概率相加,得到:

$$P(6) + P(7) = \frac{21 + 1}{16\ 384} = 0.001\ 3$$

二项分布的另一种用法是检验某个理论的准确性。譬如说,这个理论准确地预测15次独立试验中11次试验的某种差异的方向。为了保证试验的独立性,它们必须包括不同的样本。例如,第一个样本可由年青的男性基督新教徒组成,第二个是青年女基督新教徒,第三个是老年男天主教徒,等等。对于统计显著性来讲,每个单独子样本也许都太小了,但是如果这些子样本都是独立地被抽选的,就可以合理地用二项分布来检验是否有足够多的子样本在预测的方向上得到结果。每个子样本构成一次试验;在该理论完全没有预测价值的零假设下(即用这种理论预测方向时对错各半),任何一项给定试验的结果在预测方向的概率应为0.5,注意,如果15次观察都使用**同一个样本**,就不能用这种检验,请读者想一想,这是为什么?

当然,二项分布主要用于样本很小,以及资料质量较差的情况,所谓质量差是指只能粗略地二分为"成功"和"失败"两类。在下面和下一章中,我们将看到,当样本很大时,

---

[1]　为了得到一个位置量度(例如Q_1)的精确估计量,必须要有许多个案,否则在估算中,将会有比较大的抽样误差,以致需要使用双样本检验。其原因在学完介绍双样本检验的第13章后就会清楚。

就可以使用其他各种概率分布。然而,也会有许多场合,由于条件限制,"个案"数目稀少
(如国家、学校区),或所涉及的资料的收集费用很大,很费时间。假如情况果真如此,那
么读者要注意,如果要求的假定能基本得到满足,就可以用二项分布来作显著性检验。

10.4 * 二项分布的推广

以二项分布的使用为例所说明的方法可以通过几种途径扩展使用范围。虽然它们
不常用于社会科学的统计检验,但是应当对它们有所了解。第一种是**多项**分布,可用于
有两种以上事件的情况。我们已经看到,如果有 k 类不同事件,并且第 i 类事件的数目为
r_i,那么这些事件的排列数可表示为 $N!/r_1! \ r_2! \cdots r_k!$。如果事件在统计上独立,得到各
类事件的概率为 p_i,其中 $i = 1, 2, \cdots, k$,而且

$$\sum_{i=1}^{k} p_i = 1$$

那么**刚好**以**某特定顺序**刚好得到 r_1 个第一类事件,r_2 个第二类事件……和 r_k 个第 k 类事
件的概率是:

$$\underbrace{(p_1 p_1 p_1 \cdots)}_{r_1 \text{项}} \underbrace{(p_2 p_2 p_2 \cdots)}_{r_2 \text{项}} \cdots \underbrace{(p_k p_k p_k \cdots)}_{r_k \text{项}} = p_1^{r_1} p_2^{r_2} \cdots p_k^{r_k}$$

如果我们把这个表达式乘以排列数,就得到以下公式:

$$P(r_1, r_2, \cdots, r_k) = \frac{N!}{r_1! r_2! \cdots r_k!} p_1^{r_1} p_2^{r_2} \cdots p_k^{r_k} \tag{10.4}$$

要懂得这个公式给我们**刚好**得到各种类型事件为各种特定数目的概率。假若我们
知道一所学校有 50% 的高加索人,30% 的黑人和 20% 的奇卡诺人。试问,假定用纯随机
的选择方法,使足球队的种族成分刚好为 3 个高加索人,7 个黑人和 1 个奇卡诺人的"最
佳阵容"的概率是多少? 用多项分布我们将得到:

$$P(3, 7, 1) = \frac{11!}{3! 7! 1!} \times 0.5^3 \times 0.3^7 \times 0.2^1 = 0.007$$

我们在统计检验中,使用多项分布立即就遇到使问题复杂化的困难。在许多场合,
怎样才能清楚地确定一组具体结果要比得到的结果更"异常",并不是一件轻而易举的
事。在这个例子中,有许多种"异常"的组合。例如,球队中可能一个黑人也没有,或者没
有一个奇卡诺人。但是,哪一种结果才属于否定域呢? 如果可以确定这个问题,那么就
可以定出一种合适的检验。如果高加索人和奇卡诺人能并在一起,那么我们就会得到在
球队中有 7 个或 **7 个以上**的黑人的概率。不仅在这个例子中,许多其他例子也一样,因
为我们把不同种类的数目减少到两个,所以采用的仍是二项分布,而不是多项分布。

当我们从一个较小的总体中做**无回置抽样**时,就可以对二项分布做第二种修改。如
果有一个容量为 M 的总体,其中第一类元素数目为 M_1,第二类元素数目为 M_2,第 i 类元
素数目为 M_i,并且相应的样本容量分别为 N 和 N_i,那么刚好得到每种类型个案数目为
$N_1, N_2, \cdots, N_k$ 的概率由**超几何分布**给出,公式如下:

$$P(N_1, N_2, \cdots, N_k) = \binom{M_1}{N_1} \binom{M_2}{N_2} \cdots \binom{M_k}{N_k} \bigg/ \binom{M}{N} \tag{10.5}$$

例如,在打桥牌时,我们想确定手中的 13 张牌刚好是 6 张黑桃,6 张梅花和 1 张方块
的概率(牌是随机但无回置地被抽选的)。此概率是:

$$P(6,6,1) = \binom{13}{6}\binom{13}{6}\binom{13}{1} \Big/ \binom{52}{13}$$

这是一个非常小的数。这时,我们又碰到了同样的困难,即如何确定比这种特定组合"更异常"的其他组合。在第 15 章中,我们讲 2×2 表的子样本检验,费舍尔精确检验,它所根据的是只含两种不同类型事件的超几何分布。

最后再提一点,可以说明当整个样本太大,以致计算过于繁琐时,可以用其他分布近似地表示二项分布。当 N 比较大,且 p 值适中,以至乘积 $Np > 5$ 时,二项分布可看做近似正态分布。在这种情况下,我们可以用基于成功次数**比例**的检验代替其他检验。这些检验将在第 11 章和第 13 章介绍。

有时样本大小虽然适度,但 p 却很小(或很大)。例如,p(或 q)可能表示一个极为罕见事件的概率,譬如得了一种异乎寻常的疾病,或自杀。如果我们把这个问题表示如下:令 p 表示罕见事件的概率,使 $p < q$,并且 $Np < 5$,这时二项分布就可用**泊松分布**来近似地表示,它的公式如下:

$$P(r) = \frac{\lambda^r e^{-\lambda}}{r!} \tag{10.6}$$

式中 r 代表 N 项试验中成功的次数,$\lambda = Np$,e 是自然常数,近似于 2.718。现有 $r!$ 和 $e^{-\lambda}$ 的表(见参考文献 6),可使我们免去计算之苦。

为了说明泊松近似法的应用,可假定已知在一个给定社区中被逮捕的概率是 0.06。但是在一个由 50 个成年日裔美国人组成的样本中,只有 1 个人曾经被捕,那么 $Np = 50 \times 0.06 = 3.0$,而

$$P(1) = \frac{3^1 e^{-3}}{1!} = 3e^{-3}$$

同样

$$P(0) = \frac{3^0 e^{-3}}{0!} = e^{-3}$$

其中 0! 习惯上被定义为 1。为了得到 1 个或少于 1 个日裔美国人被逮捕过的概率,把 $P(1)$ 和 $P(0)$ 相加,就得到:

$$P(1) + P(0) = 4e^{-3} = 4 \times 0.049\,8 = 0.199$$

10.5 小结

本章除了讨论二项分布的内容外,还包括大量新的,同时也是很基本的思想观念。这些观念中的一部分还会在下面各章中详细讨论。在那里,将用均值的假设和其他两种抽样分布来阐述它们。从本章介绍的一般概念和涉及假设检验的诸步骤中可以看到各种检验的重要相似点。我们再把这些内容简单扼要地重复一下。

首先,必须就研究的总体和从这个总体做抽样的方法这**二者都**做出假定。这些假定再加上概率论,使我们可以对零假设下的结果做具体的概率陈述。例如,在二项分布中,这些假定使我们可以给任何一次给定的试验中成功的概率赋予一个具体数值(例如 $p = 0.5$)。为了确定否定域(即一组否定 H_0 的结果),我们必须求出所谓的抽样分布。抽样分布就是把具体概率数值赋予每个或每组结果的概率分布。

然后,我们决定显著性水平。所谓显著性水平就是当零假设实际上正确,却被否定

的概率(第一类错误)。第二类错误是零假设 H_0 错误却没被否定。确定显著性水平的理想做法是先评估并比较犯第一类错误和第二类错误的代价,然后再作决定。我们还要决定采用单侧或双侧检验。这时我们才能最后确定否定域。可以用累积概率的方法找出这组否定 H_0 的结果,从最极端、可能性最小的结果开始,向中心移动,直至概率之和略小于选定的显著性水平(例如 0.05)为止。然后检查数据资料,算出检验统计量(例如成功次数),并做出判断。如果结果落在否定域内,我们就应据此否定 H_0。这时我们犯第一类错误的概率等于选定的显著性水平。如果结果没有落在否定域内,则保留 H_0,从而就有冒犯第二类错误的危险。虽然,(我们将在第 14 章看到)估算犯第二类错误的概率很困难,因为事实上它与零假设的错误程度有关,但我们知道,对一个固定容量的样本,犯第一类错误的危险越小,则犯第二类错误的危险越大。

习 题

1. 把一枚诚实的硬币抛掷 11 次,试问刚好得到 4 次、7 次和 3 次以下正面朝上的概率各为多少? [答案:$P(4) = 330/204\,8$]

2. 假若习题 1 的硬币不诚实,且实际上得到正面朝上的概率是 0.6。不做计算,请指出它将对上题求出的概率产生什么影响(即提高了、降低了或保持不变)? [答案:降低了 $P(4)$]

3. 假若你想通过抛掷 11 次硬币来检验这个硬币是诚实的零假设,请指出你使用的否定域:

(1)双侧检验,0.05 显著性水平。(答案:0,1,10 或 11 次正面朝上)

(2)双侧检验,0.10 显著性水平。

(3)双侧检验,0.01 显著性水平。

(4)单侧检验,0.05 显著性水平,预测方向 P(正面朝上)> 0.5。(答案:9,10 或 11 次正面朝上。)

(5)单侧检验,0.10 显著性水平,预测方向 P(正面朝上)< 0.5。

4. 某特定社区人口的 10% 是犹太人,对该社区各种服务机构的董事会的调查表明:在所有 7 个董事长中有 4 个是犹太人。试问由于偶然而发生这种情况的可能性是多少?就这个习题和涉及假设检验的其他习题说明你的推理,并把建立的假定列出来。(答案:$P = 0.002\,7$)

5. 某社会心理学家取 12 个组,按容量大小配对,得到六对组,每对组均有一个对照组(控制组)和一个实验组。实验目的在于提高这些组的凝聚力,而且实验者能够评估实验组是否比与之配对的对照组有更大的凝聚力。怎样用二项分布做"实验无效"的检验?在回答这一问题时,应当说明所要求的全部假定,计算抽样分布,并选择否定域。

*6. 假设所研究的对象是一个 12 个人的小群体,并想检验"人越顺从群体规范,其地位越高"的假设。对这两个变量(顺从性和地位),你只能评估个人是否高于或低于中位数。试问:怎样用二项分布来检验两个变量彼此无关的零假设? 请陈述理由。

*7. 在第 13 章的习题 7 中,你会找到四组分别代表对照组和实验组的"事先-事后"分数资料。在那个习题的问题(3)中,要求用全部四组数值来做"对照组与实验组之间没有差别"的零假设检验。你是否知道怎样建立一个使用全部信息的符号检验? 在这个检验中"成功"是什么? 假定你事先正确地预测了方向,在 0.05 显著性水平上你会否定

H_0 吗?

*8. 某调查者要考察七组独立数据,每一组都把越轨行为与该人的家庭背景联系起来,后一变量(家庭背景)包括以下三种类型:(1)青少年时期父母健在;(2)青少年时期父母仅有一人(单亲亡故);(3)青少年时期父母仅有一人(分居或离婚)。调查者预测类型(3)的越轨率最高,类型(2)次高,而类型(1)最低,并想利用这项预测设计一种二项检验。请你建立这样一种检验,指明"成功"是什么? 在零假设下成功的概率是多少? 并算出抽样分布。提示:在这种情况中,每一**组**数据就是一个"个案"。

9. 假如在一个有 10 000 个成年居民的小城市中有共产党员 11 人,抽取一个 5%的成年人口的样本(假定有回置),那么样本有 3 个共产党员的概率是多少? 说明你的推理,包括假定和零假设。

*10. 假设某年龄组中自杀的概率是 0.003,而在一个同年龄范围的诺瓦霍印第安人中随机地抽选一个 1 200 人的样本,发现无人自杀。试问,这一情况属偶然发生的可能性有多少?

*11. 用 10.4 节所给出的一副桥牌的例子证明超几何分布公式(10.5)与第 9 章有关概率计算章节中所提供的无回置的计算得到 6 张红桃、6 张梅花和 1 张方块的概率相等。

参考文献

1. Anderson, T. R., and M. Zelditch: *A Basic Course in Statistics*, 2d ed., Holt, Rinehart and Winston, Inc., New York, 1968, chap. 11.

2. Bradley, J. V.: *Distribution-Free Statistical Tests*, Prentice-Hall, Inc., Englewood Cliffs, N. J., 1968, chaps. 3 and 7.

3. Loether, H. J., and D. G. McTavish: *Inferential Statistics for Sociologists*, Allyn and Bacon, Inc., Boston, 1974, chaps. 4 and 6.

4. Pierce, Albert: *Fundamentals of Nonparamelric Statistics*, Dickenson Publishing Company, Inc., Belmont, Calif., 1970, chaps. 9 and 12.

5. Siegel, Sidney: *Nonparametric Statistics for the Behavioral Sciences*, McGraw-Hill Book Company, New York, 1956, pp. 36-42.

6. Spiegel, M. R.: *Theory and Problems of Statistics*, Schaum's Outline Series, McGraw-Hill Book Company, New York, 1961, chap. 7.

7. *Tables of the Binomial Probability Distribution*, National Bureau of Standards, Applied Mathematics Series, no. 6, 1950.

含均值和比例的单样本检验 **11**

这一章我们将讨论关于总体均值和比例的假设检验。把从单独一个样本中得到的样本均值或比例与假设的参数做比较,然后决定是否放弃假设。读者很快就会发觉本章讨论的检验的实用价值要比多个样本的检验的实用价值小得多。然而,现在深入理解它们的基本概念比过分强调实际应用更为重要。遗憾的是,最简单的检验并不总是最有用的。

在有关二项分布的统计检验的讨论中,我们已经确切地理解怎样用概率论求抽样分布。从今以后,数学问题就变得更复杂,以至虽然应当使大家了解每一个论点依据的数学原理,但读者却不得不在更大程度上只知其然而不知其所以然。当然,可以做数学证明,但大多数证明都要涉及更多的数学知识。

11.1 均值的抽样分布

有一条很重要的基于与二项分布同一原理和同一概率规则的定理,但像本书这样的教科书却不能对此做数学证明。此定理可表述如下:**如果从一个均值为 μ、方差为 σ^2 的正态总体中重复地抽取一个容量为 N 的随机样本,则样本均值的抽样分布将是正态的,并具有均值 μ 和方差 σ^2/N。**现在我们仔细地看看这条定理究竟说的是什么?

我们先从正态总体谈起。当然,我们知道在实际生活中不会有完全精确的正态总体,然而我们可以设想从这个整体中抽取许多容量为 N 的随机样本[①]。对每一个样本我们都可求出一个均值 $\overline{X}$。当然,不同样本具有不同均值,但我们可期望它们将聚集在真正的总体均值 μ 的周围。定理告诉我们,如果把这些样本均值绘制成图,结果将是一条正态曲线,并且这种样本均值的正态分布的标准差是 $\sigma/\sqrt{N}$。因此,选取的样本容量越大,抽样分布的标准差就越小,即样本均值越集中(见图11.1)。如果我们用样本均值作为总体均值的估计量,那么可以说在评估过程中有一定误差是由于抽样的波动,所以我们把抽样分布的标准差称做**标准误差**。在这种情况下,**均值**的标准误差用符号 $\sigma_{\overline{x}}$ 表示,它等于 $\sigma/\sqrt{N}$。

读者应当清楚地认识到,这里涉及三种不同的分布,其中有两种是精确正态的。**第**

[①] 小心,不要把**样本数目**(它是无限的)和**每个样本的容量**(N)混淆。

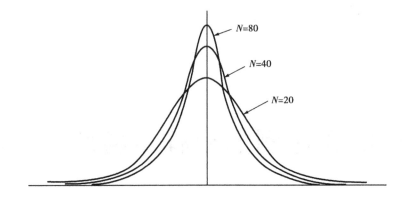

图 11.1　比较不同容量的样本的正态抽样分布

一种是假定具有均值 μ 和方差 σ^2 的正态分布的总体[以后将简单写为 $\mathrm{Nor}(\mu, \sigma^2)$]。**第二种是每个样本内**的数值分布。如果 N 大,这种分布可能合理地代表总体,从而可能近似正态,要注意,这是实际上唯一从经验得到的分布[1]。**第三种**是统计量(在这里是均值)的抽样分布。我们刚才已经看到,均值的抽样分布也是正态的,但却有比总体更小的标准差(除非样本容量 N 为 1)。

　　总体分布和抽样分布之间的关系如图 11.2 所示。从图 11.1 可见,样本容量 N 越大,抽样分布的峰态愈陡峭。虽然总体分布和抽样分布的标准差彼此直接相关,但它们却是完全不同的分布,这一点应当铭记在心。抽样分布中所有的"个案"都是各个样本的**均值**。正像二项检验中那样,显著性检验所直接使用的是抽样分布,而不是样本所渊源的总体分布。其他各种统计检验也是这样。有关总体的假定可能出现在模型中。正是通过概率论,才使有关总体和抽样方法的陈述转变为关于抽样分布的陈述。

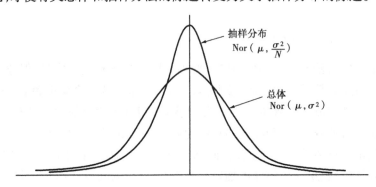

图 11.2　总体分布与抽样分布的比较

　　三种分布的均值和标准差可概括成下表:

	均　值	标准差
总　体	μ	σ
样　本	$\overline{X}$	s
抽样分布	μ	$\sigma/\sqrt{N}$

---

[1]　因为研究者实际上见到的是这种分布,所以有可能会把第二种分布与抽样分布混淆。

这条定理与我们普通常识的直觉是一致的,在偏倚被排除的前提下,在估计样本均值时,较之小样本,我们更相信大样本[1]。实际上这就是说,如果 N 大,各个样本之间的变化较小。但定理远比常识精确。定理指出,如果 N 增加了一定的数量,那么可靠性将随之增加到什么程度。例如,我们可以看出,为了把标准误差缩小一半,就需要把 N 扩大四倍。定理也告诉我们,总体均质性程度越高,即 σ 的值越小,那么标准误差 $\sigma/\sqrt{N}$ 就越小,而样本值在总体均值周围的聚集程度就越高。

　*通过引入线性组合概念可以从理论上证明这条重要定理。以后还将多次引用这个概念。不言而喻,均值是分数 X_i 的线性函数,因为 $\overline{X}=\dfrac{1}{N}(X_1+X_2+\cdots+X_N)$。可以证明:如果变量 Y 是 X_i 的任何线性组合,并且这些 X_i 是独立地如简单随机抽样那样被抽选的,那么就可得到 Y 的均值(期望值)和方差的简单的表达式。具体地讲,如果:

$$Y = c_1X_1 + c_2X_2 + c_3X_3 + \cdots + c_NX_N$$

若 X_i 又是独立地被抽取的,那么:

$$E(Y) = c_1E(X_1) + c_2E(X_2) + \cdots + c_NE(X_N)$$

且　　　　　$$\text{Var}Y = \sigma_Y^2 = c_1^2\sigma_{X_1}^2 + c_2^2\sigma_{X_2}^2 + \cdots + c_N^2\sigma_{X_N}^2$$

*对随机样本而言,每个 X_i 的期望值是 μ。若设每个 $c_i = 1/N$,则 Y 为样本均值,就有:

$$E(\overline{X}) = E(Y) = \frac{1}{N}(\mu+\mu+\cdots+\mu) = \frac{1}{N}(N\mu) = \mu$$

同时因为:

$$c_1^2 = c_2^2 = \cdots = c_N^2 = 1/N^2$$

$$\sigma_Y^2 = \sigma_{\overline{X}}^2 = \frac{1}{N^2}\sigma_{X_1}^2 + \frac{1}{N^2}\sigma_{X_2}^2 + \cdots + \frac{1}{N^2}\sigma_{XN}^2$$

$$= \frac{1}{N^2}(\sigma^2+\sigma^2+\cdots+\sigma^2)$$

$$= \frac{1}{N^2}(N\sigma^2) = \frac{\sigma^2}{N}$$

这样我们就证明了 $E(\overline{X})=\mu$ 和 $\sigma_{\overline{X}^2}=\sigma^2/N$,从而也就证明了 $\sigma_{\overline{x}}=\sigma/\sqrt{N}$。得到这个标准误差的结果是由于每个 X_i 的方差恰好是 σ^2,因为这些单独的个案是从方差为 σ^2 的总体中以相等概率抽选的。从直观上讲,可以这样想:如果很多次抽取"第一个"个案来重复实验,那么这些第一个个案的分布就近似 $\text{Nor}(\mu,\sigma^2)$。重复抽取第二个个案也会出现相同情况,依此类推。

　中心极限定理　现在讨论一条更普遍的定理,称为中心极限定理。可以表述如下:**如果从任何一个具有均值 μ 和方差 σ^2 的总体(可以具有任何形式)重复抽取容量为 N 的随机样本,那么当 N 变得很大的时候,样本均值的抽样分布接近正态,并具有均值 μ 和方差 σ^2/N。**

　这条定理比前一条定理更奇妙。它提出,无论我们遇到的分布多么异常,只要 N 足够大,我们就可以确信,得到的抽样分布是近似正态的,这就意味着,只要 N 足够大,我们

---

　① 注意,虽然我们更相信大样本所做的**估计**,但不论 N 大小如何,当在显著性水平 0.05 上否定零假设时,犯第一类错误的危险是一样的。我们很快就会看到,在确定检验的否定域大小时要考虑样本的大小,这就解释了表面的矛盾。

可以完全放宽总体为正态的假定,却仍然可以在检验中使用正态曲线。

读者可能要求从经验上理解中心极限定理。为了理解中心极限定理的定义,并使读者能相信标准误差的确是 $\sigma/\sqrt{N}$,最好的办法是从一个已知均值和标准差的总体中抽取一些样本,计算样本均值,并找出这些均值的标准差,再把求得的结果与 $\sigma/\sqrt{N}$ 做比较[1]。但是,为什么在总体分布不是正态的时候,抽样分布却会变成正态的呢? 为了回答这一问题,让我们看一看当从一个与正态分布差别很大的总体中抽取的样本越来越大时将会发生什么情况。

设想我们抛掷(在数学上)理想的骰子,每次得到六面中某一面的概率都刚好是1/6,那么掷单独一枚骰子的概率分布就是一个矩形,即所有的点数(从1到6)出现的机会都是相等的。这种类型的分布与正态分布形成鲜明的差异。在正态分布中,那些极端的数值比那些比较接近均值的数值出现可能性要小。可以用图11.3表示这样一种矩形分布。当然,严格讲这种分布是离散的,而不是图中所示的那样是连续的。

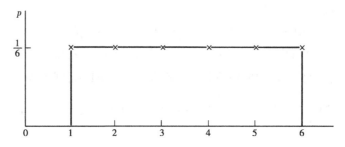

图11.3 掷一枚理想的骰子,得到面值为1,2,3,4,5或6的总体概率分布

我们先把这样一种分布看作所有可能的掷骰子结果的总体,然后再来计算容量为2的样本的均值抽样分布。这就意味着,我们要掷二枚骰子,把面值和加起来再除以2。掷过骰子的人都很清楚,这些和的区间是从2到12,其中最可能的值是7。当计算每一个总数和出现的概率时,我们首先注意到,如果两枚骰子是可以区分的,那么就会有6×6个,即36个可能结果。因为第一枚骰子可以显示出六个面值中的任何一个,第二枚骰子同样如此。为了求出总数和为7,即均值为3.5的概率,只需记下发生这种结果的可能方式数目。显然,有六对面值显示的和值恰好为7:(1,6),(2,5),(3,4),(4,3),(5,2)和(6,1)。显示总和为6的方式只有五种:(1,5),(2,4),(3,3),(4,2)和(5,1)。同样,只有一种方式可以显示总和为12:(6,6)或总和为2:(1,1)。所以,**均值**的概率分布如下表所示:

均值	概率	均值	概率
1.0	1/36	4.0	5/36
1.5	2/36	4.5	4/36
2.0	3/36	5.0	3/36
2.5	4/36	5.5	2/36
3.0	5/36	6.0	1/36
3.5	6/36		36/36

当我们把它绘成图的时候,这种抽样分布就成为一个三角形,如图11.4。

---

① 请见本章习题1。

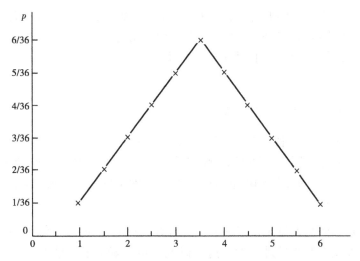

图 11.4　用理想骰子及样本容量为 2 时,面值均值的抽样分布

如果掷三枚骰子,并求面值总数和的均值,则这种均值的抽样分布如下表所示:

均值	概率	均值	概率
1.00	1/216	3.67	27/216
1.33	3/216	4.00	25/216
1.67	6/216	4.33	21/216
2.00	10/216	4.67	15/216
2.33	15/216	5.00	10/216
2.67	21/216	5.33	6/216
3.00	25/216	5.67	3/216
3.33	27/216	6.00	1/216
			216/216

这一分布可绘制成图 11.5,而由图 11.5 可知,这种分布已开始接近正态曲线的图形。尽管这时样本容量还只不过是 3,在仔细考察上面两图之后,读者应从直观上认识到正在发生什么情况和为什么当样本容量 N 越来越大时,分布会接近一条钟形曲线。虽然,单独掷一枚骰子得到 6 点的可能性与得到 3 点或 4 点是一样的,而且得到两个 6 点与

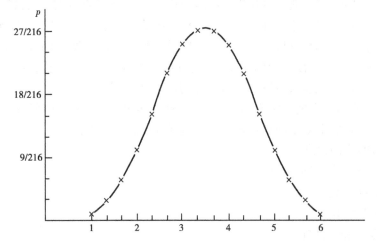

图 11.5　用理想骰子及样本容量为 3 时,面值均值的抽样分布

两个 3 点的可能性也是一样的,但可以得到两个 6 点的方式只有一种,而在掷二枚或更多骰子时,得到**平均数为 3.0** 的方式却有许多种。用普通的语言说,就是大点数很可能被小点数抵消,尤其当 N 较大时,情况更是如此。

11.2 已知 σ,总体均值检验

现在让我们来看一看中心极限定理如何用于统计检验。首先,为了便于说明,我们从最简单的模型开始。因为这种模型所依据的某些假定是不切实际的,所以今后对它们会放宽。要再一次详细介绍第 10 章讨论的五个步骤中的每一步骤,以帮助读者更熟悉建立统计检验的过程。

例题 假定某研究人员想核实一下某项地方调查的抽样程序是否正确,因为该调查是由一些没有经验的调查员进行的。这位研究人员怀疑他们可能对中等和上等收入的家庭做了超额抽样,即给这些家庭(比低收入家庭)以相对较大的概率出现在样本中。现有完整的普查资料,该资料表明此社区的家庭收入均值是 11 500 美元,标准差是 1 500 美元。这项包括 100 个家庭的小规模调查,据称是按随机抽样进行的,并发现家庭收入的样本均值是 11 900 美元。该研究人员是否有理由怀疑这是一个有偏倚的样本?

1. 建立假定 为了使用中心极限定理,我们必须作某些假定。正像前面所指出的那样,我们必须对抽样方法做出决定。对本例题而言,我们假定样本是随机的。实际上我们的兴趣主要在于检验这个假定,因为我们怀疑调查人员是否有能力给每个家庭以相等的被抽选的机会。可以设想,我们可以接受某些有关总体的假定,即承认普查资料是精确的。如果我们不能接受普查数字,那么至少就会有两个假定有疑问,因而对结果的解释将十分困难。现在,随机抽样就是我们的假设;其余关于总体的假定则构成模型。

如果 N 不太大,就要求总体必须是正态的。随之势必会产生这样一个问题:"究竟 N 多大才可以放宽总体是正态的假定,并使用中心极限定理呢?"对这个问题还没有简单的答案。因为它与其他一些问题有关:(1)估计第一类错误概率所要求的精度;(2)接近正态分布的程度。虽然读者要谨慎应用简单规则,但可以采用以下经验法则:如果 $N \geqslant 100$,关于正态性的前提假定总是可以放宽的;如果 $N \geqslant 50$,**同时**经验表明总体分布与正态分布的差异不那么严重,那么就可以相当放心地使用这一节介绍的检验方法;如果 $N \leqslant 30$,就应当避免使用这种检验。除非已知总体分布十分接近正态,使用很小的样本时,往往缺乏反映总体分布形态的资料,这是因为样本中没有足够多的个案,因此,对于小样本一般使用其他类型检验。设在这个问题里,我们可以合理地使用中心极限定理。我们知道,收入分布一般有一些偏斜,但另一方面,我们有一个相当大的样本。

如果我们使用中心极限定理,除了上面这些假定外,还必须相信普查得到的 μ 和 σ 的数字,而且还要假定使用的是定距尺度。这样我们就有以下假定:

量度层次:定距尺度

模型:正态总体(可以放宽)

$\mu = 11\ 500$ 美元

$\sigma = 1\ 500$ 美元

假设(零):随机抽样

2. 求抽样分布 幸运的是,求抽样分布的工作已经有人替我们做好了,因为我们知

道样本均值的抽样分布是正态的,或近似正态,所以我们可以直接去查正态分布表。从现在开始,我们从附录2中的那些表格来定抽样分布,但应当懂得,这些数字表是用概率论计算的。繁琐的计算步骤使我们很容易忘记,当在统计检验中使用这些表的时候,实际上就是在使用抽样分布。

3. 选择显著性水平和否定域　选择合适的显著性水平时,当然要考虑犯第一类错误和第二类错误所导致的相对代价。当样本实际偏倚时,如果我们未能否定随机抽样的零假设,我们就要冒报告错误结果的危险。另一方面,当假设实际正确时,如果我们把它否定了,就可能必须再做一次费用很大的调查。从理论上讲,我们应当根据这两类错误的相对代价做出合理的决定,但实际上却很难做到这一点。假定我们决定显著性水平为0.05。

其次,由于已预测了偏倚的方向,因此应当使用单侧检验。如果样本均值小于11 500美元,我们就根本不会怀疑采访人员超额抽取了中等或上等收入组[①]。在决定选择显著性水平0.05及使用单侧检验以后,就可以用正态分布表确定否定域。因为在纵坐标右面,离均值1.65标准差以外的正态曲线面积只有全部面积的5%,所以当结果大于μ的量超过1.65标准差的时候,我们就应当否定零假设(见图11.6)。

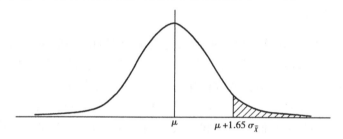

图11.6　正态抽样分布曲线,有斜线部分代表0.05显著性水平,单侧检验的否定域

4. 计算检验统计量　我们知道,如果所有假定都正确无误,$\overline{X}$的抽样分布是$\mathrm{Nor}(\mu,\sigma^2/N)$。用我们的例子来表示,则:

$$\mu = 11\ 500$$
$$\sigma_{\overline{X}} = \frac{\sigma}{\sqrt{N}} = \frac{1\ 500}{\sqrt{100}} = 150$$

为了使用正态分布表,还需要把它转换成标准分,或者说求具有$\mathrm{Nor}(0,1)$形式的统计量Z。以前,我们曾用公式:

$$Z = \frac{X - \overline{X}}{s}$$

这种公式适用于$\mathrm{Nor}(\overline{X},s^2)$的样本,但**不**适用于抽样分布。现在我们来回忆一下整个程序中的每一个步骤。为了求抽样分布,我们先做一系列假定,如果这些假定实际正确,那么抽样分布将告诉我们一个**给定的**$\overline{X}$的可能性是多少。一位调查人员从样本中得到一个$\overline{X}$,然后再用理论的抽样分布估计得到像$\overline{X}$这样不寻常或比$\overline{X}$更不寻常结果的可能性。使用正态分布表正是使用抽样分布。在抽样分布中,每个"个案"是一个$\overline{X}$,均值是μ,标准差是$\sigma/\sqrt{N}$。因此在对Z值的计算式中,$\overline{X}$替换了X,μ代替了$\overline{X}$,而$\sigma/\sqrt{N}$替换了

---

① 在这个问题中,抽样数据实际上已经给出了结论,并且我们已经**知道**结果的方向。但是,你应当设想,这一决定是先于某个人对结果的了解前就做出的。

s,因而,

$$Z = \frac{\overline{X} - \mu}{\sigma/\sqrt{N}}$$

$$= \frac{11\,900 - 11\,500}{150} = 2.67$$

换言之,样本均值比总体均值大 2.67 标准误差。

5. 做判断　因为 $\overline{X}$ 在预测方向上偏离假定的 μ 大于 1.65 个标准差,所以在显著性水平 0.05 上应否定假设。事实上,在精确地算出 Z 以后,我们可以作的结论决不止这一个。使用单侧检验,得到这么大的或更大的 Z 的概率是 0.003 8。在实践中,只要有可能,就应当精确算出显著性水平,这样就可以明确地指出,结果是否落到了一个比原来所设立的否定域更小的否定域内。因为读者也许会更喜欢用与这里笔者采用的不同的显著性水平,所以一般要提供一个精确的或比较精确的概率值,以便读者可以自己做出是否接受研究结果的结论。在本例中,调查者否定"抽样是随机"的零假设,然后,决定究竟是否还要重新再抽取一个样本。

11.3 学生 t 分布

在大多数情况下,把 σ 作为已知的做法是很不现实的。一般来讲,我们要花费很大精力来保证抽样的随机性,因为我们主要目的就是对所研究的总体的假定做出检验,我们很可能用本章讨论的这种检验来检验有关 μ 的假设。如果情况果真如此,那么实际上我们就不可能知道 σ 的值。因为如果我们已经知道 σ,毫无疑问我们也会知道 μ,除非有些统计学教师故意不告诉我们。通常我们既不知道 μ 的值,也不知道 σ 的值。那么,在这种情况下,我们应该怎么办呢?因为中心极限定理必定会涉及 σ,所以我们不能完全忽略它的值。一种办法就是用**样本**标准差 s 来代替 σ。事实上,在现代统计学建立之前,就是这样做的。在 Z 的公式中,$\sigma/\sqrt{N}$ 直接被 $s/\sqrt{N}$ 取代了。因为 s 可以从样本数据中计算出来,所以公式中就没有未知数了。当 N 大的时候,用这种方法可以得到相当好的结果。当 N 比较小的时候,用这种办法求出的概率可能是错误的。下面我们看看这是为什么?

我们可以设计另一种检验统计量:

$$t = \frac{\overline{X} - \mu}{s/\sqrt{N-1}}$$

这个统计量是由 W. S. 戈塞特(W. S. Gossett)提出的,用笔名"学生(Student)"发表。这个统计量的抽样分布称为学生 t 分布。比较 t 与 Z 的计算公式,我们注意到它们的分子相同,而分母却有两点不同:(1)根号下是 $N-1$;(2)σ 为 s 所代替。为了理解这些修正,我们来逐项检查,同时还要引进几个新的概念。

样本标准差 s 可以用来估计 σ。虽然估计问题要在下一章才讲到,但在这里需要提醒大家注意:我们往往要求估计量应具有某些性质,一个"良好"的估计量应具有的性质之一是无偏倚。与我们的愿望相反,s 并不是 σ 的无偏估计量。我们可以用另一个量,并用符号 $\hat{\sigma}$ 代表。它可用以下公式计算:

$$\hat{\sigma} = \sqrt{\frac{\sum_{i=1}^{N}(X_i - \overline{X})^2}{N-1}}$$

在数学上可以证明，$\hat{\sigma}$ 是 σ 的无偏估计量[①]。$\hat{\sigma}$ 和 s 的差别仅仅在分母中的因子$(N-1)$，所以尽管读者已经学会了计算 s，但现在则应该用另一个公式来估计 σ。在目前这一问题中，需要估计的是 $\sigma/\sqrt{N}$，而不是 σ，因为出现在 Z 的计算公式分母中的是前者。虽然 $\hat{\sigma}/\sqrt{N}$的确是 $\sigma/\sqrt{N}$ 的最好估计量，但在已经求出 s 的情况下，完全可以不计算 $\hat{\sigma}$，请注意：

$$\frac{\hat{\sigma}}{\sqrt{N}} = \frac{\sqrt{\left[\sum_{i=1}^{N}(X_i - \overline{X})^2\right]\Big/(N-1)}}{\sqrt{N}}$$

因为$\sqrt{a}/\sqrt{b}$可以写作$\sqrt{a/b}$，所以就有：

$$\frac{\hat{\sigma}}{\sqrt{N}} = \sqrt{\frac{\sum_{i=1}^{N}(X_i - \overline{X})^2}{N(N-1)}} = \frac{\sqrt{\left[\sum_{i=1}^{N}(X_i - \overline{X})^2\right]\Big/N}}{\sqrt{N-1}} = \frac{s}{\sqrt{N-1}}$$

因此$s/\sqrt{N-1}$就是用对 σ 稍有偏倚的估计量除以比$\sqrt{N}$稍小一些的量得到的 $\sigma/\sqrt{N}$的无偏估计量。正因为这个原因，$(N-1)$才会出现在 t 的分母中[②]。

当 Z 用 t 替代的时候，虽然用因子$(N-1)$所导致的修正比较小，但是如果 N 不大，用 s 来替换 σ 就可能有相当重要的意义。因为不同样本有不同的 s，所以 t 的分母和分子也都有所不同。对一个给定的 $\overline{X}$ 值，如果一个特定样本的 s 很小，那么 t 就会相当大，反之，如果 s 大则 t 就比较小，所以 t 的分数值比对应的 Z 值有更大的可变性。这就意味着 t 的抽样分布比正态分布更平滑。因此，t 分布具有较大的尾端。t 分布的平滑程度取决于样本容量。如果 N 很小，t 分布就比正态曲线更平滑。也就是说，为了能包含95%的个案，必须从均值起向两边延伸更多数目的标准差。随着 N 变大，t 分布将越来越接近正态分布，但总是比正态曲线稍微扁平一些，所以对于容量不同的样本，t 分布也不同。为了从直观上理解 t 分布接近正态分布的事实，请考虑：随着 N 变大，s 逐渐变成 σ 的精确估计量，因而分母项无论使用 s 还是 σ，差别都非常小。

为了使用 t 分布，必须假定总体是正态的，当 N 比较小时尤其是这样。计算 t 的抽样分布时要求分子$(\overline{X}-\mu)$是正态分布，并且它的变化独立于分母$s/\sqrt{N-1}$。通常，我们并不期望分子和分母彼此独立，因为 $\overline{X}$ 和 s 在统计上彼此独立是十分罕见的。已知样本 $\overline{X}$，可以提高预测同一样本 s 的能力。但是，对于正态总体和随机抽样，样本均值和标准差在统计上的确是独立的，因为一般情况下不是所有总体分布都具有这种性质，又因为$(\overline{X}-\mu)$一般并不都呈正态分布（除非 N 大时），所以当我们使用 t 检验时，必须假定总体是正态的。

例题 假设你正在对一个由 25 个防治吸毒中心组成的随机样本进行医疗工作的评价。该样本以纽约州的全部防治吸毒中心为总体。每个中心都保存了治疗成功的个案百分数的记录，而治疗成功则是根据某种准则判断的。有关当局制订一项标准，要求所

[①] 严格讲 $\hat{\sigma}$ 并不是 σ 的无偏估计量，但 $\hat{\sigma}^2$ 是 σ^2 的无偏估计量，我们可以不必为这样微小的差别煞费苦心。在本教科书中，我们一般在希腊字母上加上符号(^)来表示参数的估计量。有些教科书定义 s 时，在分母中用 $N-1$，但我们却仍保留两个公式的区别。

[②] 有些教科书建议对小样本用 $N-1$，而对大样本则用 N。这样做似乎要增加不必要的麻烦。当然，在大样本中无论使用哪一个量都没有什么差别。

有防治吸毒中心的治疗成功个案的百分数的均值是 60%。在你的样本中发现百分数的均值是 52%,标准差是 12%。那么,你是否有理由怀疑整个防治吸毒中心总体的工作水平低于期望的标准?

1. 建立假定   必须作的假定罗列如下:

量度层次:定距尺度

模型:随机抽样

    正态总体

假设:$\mu = 60\%$

请注意,我们不需对 σ 做什么假定,因为 s 不仅实际上已经从经验观测上求出,而且还可把它直接用于 t 检验。但我们有必要对量度层次做一些解释,因为对一个防治中心的每个患者来说,结果不是成功就是失败,并且每个防治中心得到的数字是成功的百分数,有人可能会就此认为这个例题涉及的就是简单的二分定类尺度,而不是定距尺度。实际上,如果分析单位是**患者**而不是**防治中心**,那么情况确实是这样。但要注意,研究的单位是**防治中心**,且已求得每一个中心的分数(即成功的百分数),则分数就代表一个合理的定距尺度。例如,30% 和 40% 之间的差与 70% 和 80% 之间的差是相同的。两个差值所转变成的患者的实际人数相同。

2. 求抽样分布   在附录 2 的表 D 中给出了 t 的抽样分布。因为各种容量不同的样本具有不同的 t 分布,所以我们对原表作了一定压缩,仅列出每一种分布的尾端。在使用这张表时,应先在表的左方的列中找到符合样本容量的那一行。样本容量一般用**自由度** (df) 项表示,在这类问题中,它总是等于 $N-1$[①]。然后,再从表顶的横行找到合适的显著性水平。表中的数字指明对应显著性水平的 t 值。

3. 选择显著性水平和否定域   假定我们采用显著性水平 0.05 和单侧检验。从表 D 我们可以看出,对于自由度 24 来讲,为了在显著性水平 0.05 上的双侧检验中获得显著性,t 值必须等于或大于 2.064。采用单侧检验和显著性水平 0.05 只需 t 值为 1.711 或大于 1.711,单侧检验取双侧检验所需显著性水平的一半。这是因为要获得单侧检验的 0.05 否定域,要求的距离均值的标准差的数量与双侧检验的 0.10 的否定域相同。

4. 计算检验统计量   虽然 $\overline{X}$ 的抽样分布确实为 $\mathrm{Nor}(\mu, \sigma^2/N)$,从而 Z 的分布为 $\mathrm{Nor}(0,1)$,但我们无法真正使用这一知识,因为 σ 是未知的。所以我们用 t,并计算其值为:

$$t = \frac{\overline{X} - \mu}{s/\sqrt{N-1}} = \frac{52-60}{12/\sqrt{24}} = -3.27$$

5. 做判断   我们已经确定,任何一个大于 1.711 的 t 值都在否定域内。因为现在 $t = 3.27$,所以我们否定 $\mu = 60$ 的零假设,并在犯一定错误的风险下,得出如下结论:这些中心的实际工作水平低于期望的标准。从 D 表中查看与自由度 24 相应的一行,我们看到在单侧检验中对应 $t = 3.27$ 的显著性水平在 0.005 和 0.000 5 之间[②]。

现在可以对 t 分布的性质做几点说明。如果读者看一下 t 表中对应于双侧检验

---

① 关于自由度的讨论见 12.1。

② 虽然不能以数字表示出精确的概率,却可使用内插法,通常只需指出 p 在两个值之间,譬如 $0.000\,5 \leqslant p \leqslant 0.005$。

$p = 0.05$的那一列,就会发现随着样本逐渐增大,t值逐渐变小,并很快收敛到 1.96。如果使用的是正态分布表,这个值恰好是显著性所需的值。这些数值可以使我们了解任何一个给定容量的样本逼近正态曲线的程度。当 $N-1$ 的值大于 30 时,一般应使用内插法;当 $N-1$ 的值大大超过 120 时,则只能使用正态分布表,因为表中没有对应这种情况的 t 值。有些教科书武断地宣称,只有当 $N \leqslant 30$ 时才使用 t 表。虽然,这样一种经验规则能提供合理的结果,但我们认为只要 σ 是**未知的**,并可假定总体为正态的,最好还是**使用 t 表**。因为使用 t 表并不困难,所以在可以使用精确 t 值的条件下,就无需用正态近似。还应当强调指出,实际上并不像某些教科书所说的那样,有一种应用于小样本的独特理论和另一种完全不同的应用于大样本的理论。

从 t 表可以看出,只有在样本比较小的时候,正态分布和 t 分布才有比较大的差别。使用 t 表时,除非 N 相当大,否则还必须假定总体是正态的。当 N 相当大时,t 可用 Z 来近似,所以在小样本并可假定总体是正态的情况下,t 检验具有实用价值。遗憾的是,当样本比较小的时候,一般都不能肯定总体的确切性质。譬如,一位研究人员从事一项有 17 个个案的探索性研究,他是否有充分理由采用正态性假定呢?恐怕不太可能。在第 14 章中我们将看到,有另一些检验可以用来代替 t 检验,同时又不必以正态性为前提。

11.4 比例的检验

迄今为止,本章仅讨论了与定距尺度有关的例子。此外,对于小样本,我们还必须做总体是正态的假定。在这一节我们将看到,当 N 相当大时,如何把中心极限定理用于涉及比例问题的检验。实际上比例可以作为均值的特例处理,因此前面讨论的内容仍然适用。

假设有一种简单的二分定类尺度,我们想检验一个有关总体中男性比例的假设,我们人为地规定男性为 1,女性为 0,并且把分数值按定距尺度处理。虽然这个问题不存在单位(除非把男性性别的属性作为单位,这种属性可被人具有或不具有),但我们可以把这些人为规定的分数作为定距尺度处理,因为总共只有两种分数。不过要是还有第三种类别,这样做就行不通,因为必须确定这第三种类别相对于其他两种类别的准确位置。实际上,我们的意思是说,在二分法下,不需要区别定类、定序和定距尺度,因为从不会出现比较不同分数之间的间距问题。

现在这个总体完全是由许多个 1 和 0 组成的。这就是一个二项分布,所有个案都集中到两点中的一点,因此可以肯定它不是正态分布。但我们知道,如果 N 足够大,不论总体分布形态如何,样本均值的抽样分布总是近似 $\mathrm{Nor}(\mu, \sigma^2/N)$。接下来我们还需要做的事情,就是确定这个 1 和 0 的总体均值和标准差。

令 p_u 为总体中男性的比例,q_u 为女性的比例,下标 u 表示总体。为了求总体中 1 和 0 的均值,我们只要把这些值加起来,再除以总的个案数目。1 的**数目**就是全部个案数乘男性的比例。不管 0 的数目多少,它们的和总是 0,所以总体的均值是:

$$\mu = \frac{Mp_u}{M} = p_u$$

其中 M 表示总体容量(以区别于样本容量 N),所以,由许多个 1 和 0 组成的总体的均值就是 1 的比例。同理,$\overline{X} = p_s$,其中 p_s 表示**样本**中男性的比例。

利用标准差的一般公式,我们可以证明 $\sigma = \sqrt{p_u q_u}$。用总体参数的符号来表示,σ 的

公式就成为:

$$\sigma = \sqrt{\frac{\sum_{i=1}^{M}(X_i - \mu)^2}{M}} = \sqrt{\frac{\sum_{i=1}^{M}(X_i - p_u)^2}{M}}$$

我们看一看根号下面的分子部分,那里只有两种类型数量代表偏离均值 p_u 的偏差平方。对每个 1 的分数距均值的偏差平方是 $(1 - p_u)^2$,对每个 0 它就是 $(0 - p_u)^2$。因为在平方和中,有 Mp_u 个 1 和 Mq_u 个 0,因此得到:

$$\sigma = \sqrt{\frac{Mp_u(1 - p_u)^2 + Mq_u(0 - p_u)^2}{M}} = \sqrt{\frac{Mp_u q_u^2 + Mq_u p_u^2}{M}}$$

从分子中的每一项提出因子 $Mp_u q_u$,得到:

$$\sigma = \sqrt{\frac{Mp_u q_u(q_u + p_u)}{M}} = \sqrt{\frac{Mp_u q_u}{M}} = \sqrt{p_u q_u}$$

注意,因为 M 从 μ 和 σ 两个公式中消去了,所以总体的均值和标准差与总体的大小无关,这正像我们所预料的那样。

因此,我们可以应用中心极限定理得出:

$$\sigma_{\bar{X}} = \sigma_{p_s} = \frac{\sigma}{\sqrt{N}} = \frac{\sqrt{p_u q_u}}{\sqrt{N}} = \sqrt{\frac{p_u q_u}{N}}$$

式中符号 σ_{p_s} 表明我们所处理的是样本比例的标准误差。用我们的术语讲,在 Z 的公式中,p_s 替换了 $\bar{X}$,而 p_u 与 σ_{p_s} 分别替换了 μ 和 $\sigma_{\bar{X}}$。因此:

$$Z = \frac{\bar{X} - \mu}{\sigma_{\bar{X}}} = \frac{p_s - p_u}{\sqrt{p_u q_u / N}}$$

注意,虽然从表面上看这个公式与前面使用的公式完全不同,其实除了符号有所变化外,并没有任何区别,因为我们已经证明可以把比例看做均值的特例。不过应该强调,为了使用正态近似,中心极限定理要求 N 必须足够大。当 N 小时,则使用二项检验更合适。

*这种涉及比例的检验与二项分布之间有密切联系。我们曾经指出,如果 N 比较大,并且 $Np > 5$,此时 $p < q$,那么二项分布可以用正态分布来近似。当然,在二项分布中,我们处理的是成功的**次数**,而不是比例。成功次数的期望值是 Np,它的标准差是 $\sqrt{Npq}$。为了将这两个值都化成比例,只需把它们都除以 N,即可得到期望值 p 和标准差:

$$\frac{1}{N}\sqrt{Npq} = \sqrt{\frac{Npq}{N^2}} = \sqrt{\frac{pq}{N}}$$

所以在大样本中,我们可以用比例表示二项分布问题,即把公式中的符号改为 p_u 和 q_u,再用本章介绍的方法来处理就可以。例如,在符号检验中,我们可以用 $p_u = 0.5$ 的零假设,并把这个值与从样本中实际得到的成功次数比例 p_s 做比较。

例题　假设你想要评价某个防治吸毒中心的工作,并且发现,在由该中心档案中抽取的容量为 125 个个案的随机样本中,成功案例的百分比是 55% ,但规定的标准要求成功案例应为 60% 。读者能否就此得出该防治中心的工作没有达到规定的标准的结论?

1. 建立假定
量度层次:二分定类尺度
模型:随机抽样

假设:$p_u = 0.60$

为了强调分析单位不同,我们故意使这个例子与前面的例子相类似。本例研究的是一个单独的中心,样本由**患者**组成,只有成功(治愈)或失败(未愈)两类。上一个例子中,研究的单位是中心不是个人,而每一个中心的量度是成功个案的**百分数**。注意,这里除了假设之外,不要求对总体做其他假定,因为这个总体已经被认为是双峰态分布型。

2. 求抽样分布　抽样分布近似正态,因为 N 比较大。

3. 选择显著性水平和否定域　为了使例题多样化,我们选择显著性水平 0.02 和单侧检验。

4. 计算检验统计量　我们按以下公式计算 Z:

$$Z = \frac{p_s - p_u}{\sqrt{p_u q_u / N}} = \frac{0.55 - 0.60}{\sqrt{(0.60 \times 0.40)/125}} = \frac{-0.05}{0.043\ 8} = -1.14$$

注意,在分母中使用的是 p_u 和 q_u 而不是 p_s 和 q_s。万一读者还想用 t 而不用 Z,应当提醒读者注意:当假设的 p_u 给定后,σ 值由公式 $\sigma = \sqrt{p_u q_u}$ 确定。因此,σ 是已知的,或更确切地说它是**假定已知的**。

5. 做判断　从正态分布表中可以看到,如果假定正确,则 Z 等于或小于 -1.14 偶然出现的可能性近似 13%。因此,在显著性水平 0.02 上,我们不否定假设。就手头证据而言,不能证实该中心低于标准。

习　题

1. 用附录 2 表 B 中给出的随机数表(参见 21.1 节的该表使用说明),从第 4 章习题 1 中由 65 个个案组成的总体中抽取 10 个每个容量为 4 的样本。计算这 10 个样本中每一个的均值,并求出这 10 个均值的标准差。于是就有了不仅比较粗糙同时又略有偏倚的均值标准差的估计值。这个数字与中心极限定理求出的标准差有何不同?用第 6 章习题 2 中算出的总体标准差。

*2. 用掷 3 枚骰子的均值抽样分布证明图 11.5。

3. 一个容量为 50 的样本,均值 10.5,标准差 $s = 2.2$。用:(1)单侧检验、显著性水平 0.05 和(2)双侧检验、显著性水平 0.01 分别来检验总体均值为 10.0 的假设。对容量分别为 25 和 100 的样本,也分别作同样的检验,并比较结果。

(答案:在 $N = 50$ 时,$t = 1.59$;用(1)和(2)都不能否定假设)

4. 设已知某工厂装配线上的工人年收入均值为 9 000 美元,标准差为 900 美元。据悉工会积极分子收入高于平均收入。从这些工会积极分子中取出一个容量为 85 的随机样本,求出均值为 9 200 美元和标准差为 1 000 美元。能不能说工会积极分子的收入显著高于平均收入?(用显著性水平 0.01)(答案:$Z = 2.05$;不能否定)

5. 对某社区的 200 名选民做了一次民意测验,发现在竞选某职务的两名候选人中,甲在样本中得票率为 54%。能否据此就得出甲将获胜的结论?用显著性水平 0.05,列出必须做出的所有假定。(答案:$Z = 1.13$)

6. 除非样本容量足够大,否则对于比例不可以使用正态概率分布,但可再做一遍第 10 章的习题 4,把它作为一个要检验 p_u 的零假设的问题。那么 H_0 是什么?把它与 Z 相联系的概率和用二项分布求得的精确概率做比较。

7. 假如对全国高校学生量度"整合需要（conformity need）"的考试分数进行了标准化处理,其中50%学生的原始分数是26或高于26（分数高表示整合需要高）。有人认为,没有受过高等教育的成年人的整合需要一般都比较高。为了检验这种观点,一个社会科学家从一个社区抽取了一个由25岁及以上的成年人组成的随机样本,发现:①257个未受过高等教育的成年人中67%的分数是26或更高;②80个受过高等教育的成年人中59%的分数也在这个范围。试问:

(1)我们能否据此认为社区内的两组成年人中任何一组,其分数都显著高于标准化的学生分数?（使用显著性水平0.001）

(2)假如这个社会科学家已经知道整个高校学生的测验分数的精确分布,请问,就本章的内容而言,是否还有什么其他方法可做两组成年人分数偏离标准化分数的显著性检验?诸如这样的备择方法是否需要一些其他的假定?请加以说明。

参考文献

1. Freund, J. E.: *Modern Elementary Statistics*, 3d ed., Prentice-Hall, Inc., Englewood Cliffs, N. J., 1967, chaps. 9 and 11.

2. Hammond, K. R., J. E. Householder, and N. J. Castellan: *Introductioa to the Statistical Method*, 2d ed., Alfred A. Knopf, Inc., New York, 1970, chap. 9.

3. Loether, H. J., and D. G. McTavish: *Inferential Statistics for Sociologists*, Allyn and Bacon, Inc., Boston, 1974, chap. 7.

4. Runyon, R. P., and A. Haber: *Fundamentals of Behavioral Statistics*, 3d ed., Addison-Wesley Publishing Company, Reading, Mass., 1976, chap. 12.

5. Walker, H. M., and J. Lev: *Elementary Statistical Methods*, 3d ed., Holt, Rinehart and Winston, Inc., New York, 1969, chaps. 10 and 11.

点估计和区间估计 **12**

到目前为止,对统计推论的讨论还只限于假设检验。有些读者可能也想用统计推论来**估计**总体参数。本章所要讨论的就是这个问题。首先讨论估计所涉及的原理,然后讨论估计与假设检验之间的关系,再然后讨论需要对 t 分布和比例所作的修正,最后讲述有关确定样本容量的一般性问题,并用估计的程序来阐述这个问题。

也许读者在阅读前两章时已经注意到,在某些实际问题中,检验特定假设的方法并不适用,因为我们无法确定参数的特定假设值,譬如参数值 μ。很快我们就会看到,在这种情况下估计方法将能怎样为我们提供一种代替实际检验的有用方法。此外,可能有些社会科学家的兴趣本来就在于计算估计值,而不在于假设检验。例如,调查研究的实际目的也许就是为了估计使用某种产品的人的比例或一次选举中投票者的比例,也可能调查的目的在于估计某地区收入的中位数或每对夫妇的子女平均数,等等。在这类问题中,检验特定假设可能有一定用处,但估计方法的用处更大。

基本上有两种估计,即点估计和区间估计。在点估计中,我们的兴趣在于估计参数的最好的那个数值。例如,也许我们估计纽约市个人收入的中位数是 10 500 美元,但与此同时,我们往往还想了解估计量的准确性如何。我们经常会预测参数值在点估计值两侧某给定的区间内,故而,我们可能会做如下的陈述:"纽约市个人收入的中位数在 10 000 美元和 11 000 美元之间。"在下面几节我们就讨论这两类估计。

12.1 点估计

从表面上看,用什么统计量来做参数的估计量这一问题似乎是很简单的常识问题。如果有人想估计**总体**的均值(或中位数,或标准差),何不使用**样本**均值(或中位数,或标准差)呢?虽然在这些问题上,常识还不致于把我们引入歧途太远,但我们将看到这个问题并非如此简单。显然,我们可以用几种方法来估计总体均值。除了样本均值外,我们可以用样本中位数或众数;我们也可以用介于两个极端值中间的那个数,或第十三次观察的值。在这些方法中会有一种优于其他几种。因此,为了确定每一种方法究竟怎样,就必须有某些标准。将统计学作为应用工具的社会科学家几乎不必为这些标准而担忧,通常他们只不过被告知应当使用某种特定的估计量。不过我们认为,读者似乎应当了解数理统计学家用什么标准来确定使用哪一种估计量。两个最重要的判断标准是偏倚和效率,我们将依次予以讨论。至于充分性、一致性,以及最大似然性原则等其他一些标准,读者可自行参阅更高级的教科书。

偏倚　所谓参数 θ 的估计量 $\hat{\theta}$ 无偏是指,**假如 $\hat{\theta}$ 的抽样分布的均值刚好等于被估计的参数值**,即 $E(\hat{\theta}) = \theta$,换句话说,从最终的结果来看,估计量的期望值就是参数本身[①]。请注意,这里所说的并不是任何一个特定样本结果的值。根据这一定义,随机样本的 $\overline{X}$ 就是 μ 的无偏估计量,因为 $\overline{X}$ 的抽样分布的均值或期望值就是 μ,即 $E(\overline{X}) = \mu$。然而这并不意味着,可以期望 $\overline{X}$ 的任何一个特定值等于 μ。同时,在任何实际问题中,我们也无从知悉样本均值是否等于总体均值。读者应当清楚,**偏倚**这一词是在最后结果这一意义上使用的。在实际研究中,读者也许习惯于把偏倚一词用于表示抽取的特定样本的特殊性质。

前一章提到样本标准差 s 是 σ 的略有偏倚的估计量。正如 $\overline{X}$ 一样,s 也有它的抽样分布。换句话说,样本标准差分布在真正总体标准差的周围,就像样本均值分布在 μ 的周围一样。不过,在数学上可以证明,对于随机样本而言,s^2 的抽样分布的均值是 $[(N-1)/N]\sigma^2$,而不是 σ^2。因此,s^2 是 σ^2 的有偏估计量。为了找到 σ^2 的无偏估计,我们取量:

$$\frac{N}{N-1}s^2 = \left(\frac{N}{N-1}\right)\frac{\sum_{i=1}^{N}(X_i - \overline{X})^2}{N}$$

$$= \frac{\sum_{i=1}^{N}(X_i - \overline{X})^2}{N-1} = \hat{\sigma}^2$$

因为 s^2 的抽样分布均值是 $[(N-1)/N]\sigma^2$,所以我们看到,$\hat{\sigma}^2$ 有均值恰好等于

$$E(\hat{\sigma}^2) = \frac{N}{N-1}\left[\left(\frac{N-1}{N}\right)\sigma^2\right] = \sigma^2$$

的抽样分布。

虽然是 $\hat{\sigma}^2$(而不是 s^2)是无偏估计量的基本理由来自数学推理,但是我们可以用**自由度**这个在以后各章中还会遇到的概念在直观上对这一理由予以说明。自由度数值**等于未知量的数目减去联系这些未知量的独立的方程数目**。为了求得一组联立代数方程的唯一解,方程数必须与未知数的数目相等。所以,为了求 X,Y 和 Z 这三个变量,就必须有三个方程。如果只有两个方程,就可以随意把任何值赋予一个变量,譬如说 Z,其他两个变量则可依靠两个联立方程来确定。如果有五个未知量,但只有三个需要求解的联立方程,我们就可以把任意的值分配给其中任何两个未知变量,然后其余未知量的值也就被计算确定了。在这种情况下,自由度就是 2,因为可以自由地把值分配给任何两个变量。

在用样本值计算标准差的时候,我们必须用一个联系 N 个 X 的变量和样本均值的方程式,即 $\sum_{i=1}^{N} X_i/N = \overline{X}$。在样本均值 $\overline{X}$ 给定时,可以把任意值分配给 $N-1$ 个 X_i,最后的 X_i 值由上面的方程来确定。因为确定样本均值时失去一个自由度,所以求 σ^2 的无偏估计量时应该除以 $N-1$,而不是 N。离差则要根据均值来计算。如果读者乐于这样考虑自

---

① 　**一致性**估计量对于大样本的偏倚是可以忽略不计的,更确切地说,如果我们选择两个任意小的正数 ε 和 η,并对某个有限的 N,如果有 $P(|\theta - \hat{\theta}| > \varepsilon) < \eta$,那么我们就说估计量 $\hat{\theta}$ 是一致的。一致性概念对于更高的多变量分析所用的某些类型指标是重要的,但在本书中不利用这一概念。

由度问题,就可以认为:由于我们取的是对样本均值的偏差,而不是对真正总体均值的偏差,为补偿这一点,因而才对个案数目做了细微的修正。在计算样本均值时,实质上我们用掉了一个个案。读者将会发现,求无偏估计量常除以自由度数,而不是除以个案总数。

效率　估计量的效率是指其抽样分布集中在真实参数值周围的程度。如果估计量是无偏的,就可以用估计量的标准误差的均值来量度这种集中程度,标准误差越小,估计量的效率就越高①。效率总是相对的。没有一种估计量具有完善的效率,因为完善效率意味着没有丝毫抽样误差。但是我们可以把两种估计量做比较,并且可以说一种估计量的效率比另外一种高。譬如,设有一个正态总体,那么对于随机抽样来讲,均值的标准误差就是 $\sigma/\sqrt{N}$。如果用样本中位数来估计总体均值,那么对于随机抽样而言,中位数的标准误差接近 $1.253\sigma/\sqrt{N}$②。因为均值的标准误差小于中位数的标准误差,所以均值是效率更高的估计量。正因为这样,一般都用均值而不用中位数,即使在均值与中位数相等的正态总体中也不例外。我们说均值受抽样波动的影响比较小,也就说它的效率比较高③。

我们讨论了两种标准,其中效率比较重要。如果两种估计量的效率相同,我们当然应该选择偏倚较少的那种。正因为这样,人们往往都用 $\hat{\sigma}$,而不用 s。但是一个有效而略有偏倚的估计量,却比一个低效而无偏的估计量更好。可以用图来帮助读者理解为什么是这样。在图 12.1 的两条曲线中,那条略有偏倚却比较陡峭的曲线更好。这是因为,即使从长远来看,对参数值的估计会趋于微量低估,但在任何一次给定的试验中,却更有可能求得一个相当接近参数值的样本估计值。如果对于任何一个给定的样本,估计值很可能远远偏离参数值,那么,即便知道长期多次的估计会平均到正确的数值,我们也不能心安理得地采用这种估计量④。

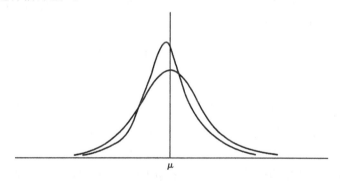

图 12.1　高效率有偏估计量与低效率无偏估计量的抽样分布比较

①　如果估计量是有偏倚的,它的效率则用均方误差来评估,**均方误差**指对真实参数值 θ 的偏差,而不是对这个参数的有偏估计值的偏差。

②　这里总体的均值和中位数相等。

③　对大多数总体,尤其对偏离正态性不多的总体,均值是效率较高的估计量。事实也如此。请注意:相对效率问题与哪一种量度是集中趋势更适宜的描述性量度这一问题完全不同。后者仅涉及找到一种代表**样本**资料的最好的单一量度的问题。

④　如果对总体分布做条件更严的假定,例如假定它是正态的,那么就有一种相当好的方法,称为**极大似然估计**,它保证取得最大效率的估计量。也就是说,如果我们知道某个估计量是极大似然估计量,那就知道它具有最优性质,没有进一步改进的余地。掌握极大似然估计方法,需要一定微积分和概率论的基础知识。

12.2 区间估计

也许读者还记得,在学习普通物理的时候,老师教你们把一块木头称几次,然后取均值,并指明误差的可能范围。或者你可能说木头的重量是 102 ± 2 克,意思是说,估计木头的真正重量在 100 克到 104 克之间。这样做就是承认量度方法有一定误差,同时也指出对得到的结果的精确程度有多大的信心。尽管那时你们也许还没有清楚地意识到,但其实就是承认了自己不能绝对肯定真实的值确实在求得的区间内。而如果把区间加宽,读者往往就会更加肯定真实值在区间内。所以,读者几乎绝对确信真实值在 98 与 106 克之间,而且乐于把仅有的几毛钱做赌注来赌木头的重量在 2 克与 202 克之间。在求参数的区间估计时,我们的做法基本上和物理学家的做法相同,不同的是它可以计算出误差的准确概率值。

求区间估计值或所谓**置信区间**的方法相当简单,而且不涉及任何新的基本概念。我们先介绍怎样求这个区间,然后再考察为什么这样求。首先要确定我们肯冒多少风险犯下述错误:我们认为参数值在此区间内,但事实上参数值并不在此区间内。譬如说,我们决定接受 5% 概率的犯错可能,或者说我们采用 95% 的置信区间[①]。从点估计值(如样本均值)起向两侧各展开一定倍数的标准误差,分别得到置信区间的上下限;标准差的倍数要对应于所选择的置信水平,这样就求得了置信区间。假如要估计总体均值 μ,那么应按以下公式(用 95% 的置信水平)求置信区间:

$$\overline{X} \pm 1.96\sigma_{\overline{X}} = \overline{X} \pm 1.96 \frac{\sigma}{\sqrt{N}}$$

式中的值 1.96 对应于采用显著性水平 0.05 和双侧检验的正态曲线否定域。如果 $\overline{X} = 15, \sigma = 5, N = 100$,则置信区间为:

$$15 \pm \frac{1.96 \times 5}{\sqrt{100}} = 15 \pm 0.98$$

换句话说,区间在 14.02 到 15.98 之间[②]。

为了解释用这种方法求得的置信区间,应当回忆一下抽样分布,特别是均值的抽样分布。设有一正态分布,均值是 μ,标准差是 $\sigma\sqrt{N}$。就目前所要讨论的问题而言,有两类样本均值:(1)在否定域之外;(2)在否定域之内[③]。设先求得一个落在否定域外的 $\overline{X}$(图 12.2 中的 $\overline{X}_1$),我们知道这样的 $\overline{X}$ 一定在 μ 的 $1.96\sigma_{\overline{X}}$ 之内。如果把一个区间设在 $\overline{X}$ 的两侧,区间两端各距 $\overline{X}$ 的距离为 $1.96\sigma_{\overline{X}}$,这样的区间一定会包含抽样分布的均值 μ,不论 $\overline{X}$ 在 μ 的左面还是右面。如果求出的 $\overline{X}$ 在否定域内(见图 12.2 中的 $\overline{X}_2$),那么这样的 $\overline{X}$ 距 μ 的距离将超过 1.96 个标准误,所以置信区间就不能延伸到 μ(如图 12.3 中的 $\overline{X}_8$)。然而,我们还知道,求出的 $\overline{X}$ 有 95% 不在否定域内,只有 5% 的 $\overline{X}$ 在否定域内。换句话说,我们**用这种方法得到的区间,只有 5% 的可能性未包含参数值**(如 μ),其余 95% 的可能性将是样本估计值非常接近参数值,即置信区间实际上包含着参数值。

---

① 注意,置信区间等于 1 减去误差的概率。这表明,我们对自己正确的"置信"程度是多少,譬如说 95%。

② 区间的两个端点叫做**置信极限**。

③ 这里,当我们提及否定域时,由于我们采用的是正确的,尽管是未知的 μ 值,而不是假设的某个值,因此这是**正确**的抽样分布。

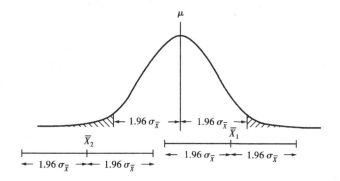

图12.2 用均值的抽样分布对置信区间作比较,说明95%置信区间有95%的可能性包含着μ

在解释置信区间的意义时,有几点必须注意。初学者往往可能用这样一种模糊的语言如:"我有95%的信心确信这个置信区间包含着参数。"或"参数在置信区间内的概率是95%。"他们之所以这样说,往往是由于不清楚参数是一个固定值。随着样本的变化而变化的是区间,而非参数。根据概率的定义,参数位于任何一个给定的区间内的概率非1即0。因为参数要么在这个区间内,要么不在这个区间内。用简单的图来表示参数(这时参数是μ)的固定值及区间的可变性,会帮助读者更清楚地理解有关这一问题的正确阐释。图12.3说明,我们信赖的是所使用的方法,而不是任何一个特定的区间。可以这样说:从长远来看,用**这种方法**求出的区间,其中将有95%含有真实的(固定的)参数值。要注意,这既不意味着,也不能假定所求出的特定区间具有从其他样本求出的类似区间所不具备的特殊性质。有的人这么说,当多次重复地抽取样本时,这些均值的95%将落在它实际算出来的一个置信区间内(例如15 ± 0.98)。当然,这意味着在研究者的样本中求出的$\bar{X}$恰好等于μ,或者至少非常接近μ。实际上求得的特定区间却可能离μ值很远,以致只有少数$\bar{X}$落在求出的特定区间内。在统计推论中,我们信赖的总是使用的方法,而不是任何特定的样本结果。

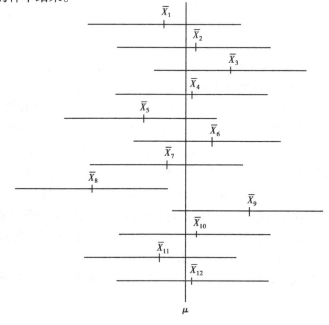

图12.3 在固定参数值μ周围的不同置信区间的分布

采用适当的标准误差的倍数,可以把发生错误的危险的可能性定在任何需要的水平上。但是应当注意:在缩小犯错误的可能性时,区间的宽度必然会因此而增大,除非同时增加个案的数目。区间越宽,则有关参数的信息就越少。如果指出纽约的家庭收入中位数在 1 000 美元到 25 000 美元之间,当然是正确无误的,但却是废话。因此,研究者面临进退两难的境地,他可以说参数位于一个狭窄的区域内,但犯错误的概率较大。另一方面,他也可以做一种很不精确的表述,然而却几乎绝对正确。那么究竟应该怎么办呢?必须根据具体情况来定。虽然一般讲,他用 95% 和 99% 的置信区间比较合适,但必须指出,这并不是绝对的。

置信区间和假设检验　虽然在估计量周围设置一个置信区间的表面目的是为了指明估计的精确度,但置信区间也是对一整个范围假设的隐含检验①。所谓隐含检验的意义是指特定的假设实际上并未表达出来,而只是隐含的。我们用置信区间作为 μ 的每一个可能假设值的隐含检验。图 12.4 说明置信区间与假设检验的关系。

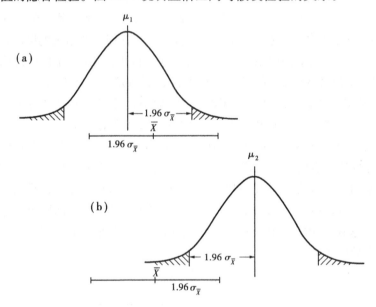

**图 12.4　比较 95% 的置信区间与在显著性水平 0.05 上的假设检验,
图中显示接受位于区间内的假设均值 μ_1 及拒绝位于区间外的假设均值 μ_2**

现在我们就专门来谈 $\overline{X}$ 周围的置信区间问题。假若我们没有求置信区间,而假设了几个备择的 μ 值,并对这些假设值做检验。为了简便起见,假定 σ 是给定的,并假定采用显著性水平 0.05 及双侧检验。假若我们先假设 μ 值为实际落在置信区间内的 μ_1(图 12.4(a)),那么,样本均值 $\overline{X}$ 显然不会落在否定域内,同时在显著性水平 0.05 上不会否定假设。相反,如果我们假设 μ 值为在置信区间外的值 μ_2(图 12.4(b)),μ_2 和 $\overline{X}$ 之间的距离将大于 $1.96\sigma_{\overline{X}}$,因此,第二个假设将会被否定。显然,如果我们假设的 μ 值落在置信区间内的任何一点,在适当的显著性水平上,我们就不能否定这些假设。如果我们假设的 μ 值落在区间外面,我们知道这些假设会被否定。

所以,若在求出置信区间之后检验任何一个特定的假设,只要一看就能断定结果如

① 应当指出,尽管区间估计和假设检验是两个有着密切联系的概念,但它们却是两种不同的方法。

何。但是,我们却断定不了由此做出的决定是否**正确**,就像我们不知道 μ 实际上究竟是否在求出的区间中那样。我们知道的仅仅是,如果我们检验了一个特定的假设,将做出什么**决定**。如果在我们的研究问题中提不出某一个特定假设比其他的假设更为适宜,那么很显然针对这种情况,实际可行的办法就是求得单独一个置信区间来代替一系列的检验[①]。读者应当自己去验证,上一章讲的例子也可以用置信区间的方法处理。

对置信区间作假定 不能因为采用置信区间就可以不再对总体的性质和抽样方法作某些假定。置信区间的假定问题基本上与任何检验的假定相同,唯一不同之处在于没有必要把所估计的参数假定为某个特定值。本教科书总是假定抽样是随机的。此外,如果使用正态抽样分布,就必须假定总体是正态的,或者假定样本足够大。如果用 t 分布或某些其他抽样分布,必须依从这类检验所要求的一般假定。

12.3 其他类型问题的置信区间

到目前为止,我们对于置信区间的讨论还只涉及已知 σ 及估计的参数为总体均值这类问题。如果问题有所不同,只需要在方法上作一些简单的变动,而对置信区间的基本解释,以及它们与假设检验的关系仍然不变。一般总是按以下方法求得参数的置信区间:先定参数的估计量,并把它放在某一区间内,而该区间的长度则是估计量的标准误差的函数[②]。

如果由于 σ 未知而必须使用 t 分布,只需直接使用标准误差的估计值,并用 t 表中的相应数字来代替用正态分布表求得的倍数,就像我们在用双侧检验时那样。因此,自由度为 24 的均值的 99% 的置信区间是:

$$\overline{X} \pm 2.797 \hat{\sigma}_{\overline{X}} = \overline{X} \pm 2.797 \frac{s}{\sqrt{N-1}}$$

如果对 11.3 节中的例题采用 99% 的置信区间,那么结果就是:

$$52 \pm 2.797 \left(\frac{12}{\sqrt{24}} \right) = 52 \pm 6.85$$

因此,99% 的置信区间是从 45.15 到 58.85。我们看到上面这一结果与以前求出的结果是一致的(即 $0.001 < p < 0.01$),因为 μ 的假设值 60 实际是在求得的区间之外。因此,我们知道在显著性水平 0.01 上假设会被否定(对双侧检验而言)。

同样,我们也可以求得比例的置信区间。用 p_s 代替 $\overline{X}$,$\sqrt{p_u q_u / N}$ 代替 $\sigma / \sqrt{N}$,95% 的置信区间就是:

$$p_s \pm 1.96 \sqrt{\frac{p_u q_u}{N}}$$

在这个公式中,我们遇到一个困难,而当可以假定特定的 p_u 值时没有出现这个问题。因为,p_u 显然是未知的,所以需要估计标准误差。建议采用两种估计 p_u 的简便方法,其中的一种比另一种更保守一些。第一种方法:既然样本容量必须大才有充分根据使用正态分布表,所以 p_s 一般就是 p_u 的一种相当好的估计量。因此,如果我们直接用 p_s 来代替 p_u

---

① 必须注意,当我们检验一个给定的零假设时,就求得一个具体概率值,譬如 $p = 0.032$。在置信区间问题中不求具体概率值。

② 不过在某种情况,诸如相关系数的置信区间,点估计值可能并不恰好在区间的中心(见 18.1 节)。

（用 q_s 代替 q_u），通常就可以求得一个十分接近正确数值的区间。故此，在11.4节中的那个例题中，可以按以下方法求得96%的置信区间：

$$p_s \pm 2.054\sqrt{\frac{p_s q_s}{N}} = 0.55 \pm 2.054\sqrt{\frac{0.55 \times 0.45}{125}} = 0.55 \pm 0.091\,4$$

如果因为没有对由此而产生的附加抽样误差做某种修正，从而不同意使用标准误差的估计量，那么可以使用一种更保守的求置信区间的方法。因为当 $p = q = 0.5$ 时，乘积 pq 达到极大值，所以用值 0.5 作为 p_u 的估计值求出的是最宽的置信区间①。既然一般都希望有一个狭窄的区间，那么不考虑 p_u 的值去求一个尽可能大的区间就是保守的。用这种方法，我们可得到一个与第一种方法略有不同的区间：

$$0.55 \pm 2.054\sqrt{\frac{0.5 \times 0.5}{125}} = 0.55 \pm 0.091\,9$$

请注意，第二种区间只比第一种稍宽一些，而每当 $0.3 \leqslant p \leqslant 0.7$ 时，两种方法将导致接近相同的结果。

*如果 p_s 很大或很小，用保守方法求出的区间就太宽了。如果用第一种方法，把 p_s 作为 p_u 的估计值觉得把握不大，那么为了求得一个更合理的区间，可以把两种方法结合起来使用，而求得的区间仍然是保守的。先用更保守的方法来求一个近似的置信区间，假如 p_s 是 0.175，这个区间就是从 0.10 到 0.25，因此有理由确信 p_u 的实际值在这个近似的（且保守的）区间内。在计算比较准确的区间时，则取这个近似区间内最接近 0.5 的值作为 p_u 的估计值，因为在标准误差公式中，代入这个值所求出的区间比 0.10 到 0.25 区间内任何其他的值求出的更宽。换言之，我们没有用实际 p_s（那是 0.175），而是选用了我们认为可能最大的 p_u 值。所以按下面的公式计算95%的置信区间为：

$$0.175 \pm 1.96\sqrt{\frac{0.25 \times 0.75}{N}}$$

上面这个区间将比根号下用 p_s 求出的区间更宽，因此也更保守，同时也没有使用可能太大的 0.5 这个值。

12.4 确定样本容量

本书一次仅介绍少数几个新概念，所以之前没有讨论怎样在搜集资料前确定样本容量。统计学家经常被问到的一个问题是："我们需要多少个案？"当然，答案要视如何处理样本结果而定。更确切地说，在提出恰当的答案前，必须确定几个事实。一般讲，为了确定未知的样本容量，我们必须从所期望得到资料出发往回推理。到目前为止，我们一直把样本容量作为已知量，至于样本均值和标准差等这些统计量都可以从样本结果求出。一旦确定了检验的显著性水平或要求的置信水平，就可以把所有这些值代入公式，从而确定置信区间的宽度或是否拒绝零假设。然而在这一节中，我们所考虑的却是样本容量未知这样一种问题。这就意味着，为了解求 N 的方程，公式中除了 N 以外的每一个量都必须已知。一旦把这些量的值代入方程，求 N 的问题就直接变成一个代数问题。为了说明这个过程，我们用置信区间问题作为例子。

假若我们想知道为了估计异国后裔子女受教育年数的均值需要多少个案。在确定

---

① 读者应当自己证实这一点。

问题的答案前,必须具备以下几个信息:(1)确定用什么样的置信水平;(2)参数估计量的精确度;(3)任何一个可能出现在公式中的参数的合理估计值。例如,我们可能想要估计均值精确度为±0.1 教育年,且采用的 95% 置信区间。注意,这两个量都必须确定,因为如果我们允许有较大的犯错误的可能,这样我们总是可以使精确度在±0.1 年之内。现在我们用公式中的这些值求置信区间:

$$\overline{X} \pm \underbrace{1.96\frac{\sigma}{\sqrt{N}}}_{0.1}$$

有关置信水平的信息使我们把数值 1.96 代入公式。因为我们希望精确度为±0.1,或整个区间宽度为 0.2,所以我们由此得知 $1.96\sigma/\sqrt{N}$ 必定等于 0.1。尽管 $\overline{X}$ 的值未知,但我们立即知道它与这个问题毫不相干,因为我们要得到的区间的宽度与 $\overline{X}$ 的值无关。

假若我们现在解下列方程,求 N:

$$0.1 = 1.96\frac{\sigma}{\sqrt{N}}$$

公式中除了 N 外,还有一个量是未知的,即 σ 的值,那么我们怎样才能在收集数据前求出 σ 呢?显然,这个值只能用某种方法来估计。从这个意义上看,这种方法已超出我们将收集的资料的范围。一般我们需要根据专门知识、以前研究的结果或通过某种小规模的探索性研究来作一定根据的猜测,而作一次探索性研究往往费用太大,因此较多使用的是另外的方法。当然,最满意的方法是精确确定 σ,问题在于,如果我们可以做到这一点,则可不必再抽取样本。请注意,这类问题所需的估计方法完全不同于用**样本**资料来估计 σ 的方法,所以既不必用 $\hat{\sigma}$ 去估计 σ,也不必使用 t 分布。如果必须作猜测,那就直接去猜测 σ 的值,而不必猜测 $\hat{\sigma}$ 或 s 的值。在这个例子中,根据最佳现成资料,我们估计 σ 近似地等于 2.5 年,再用这个值求样本容量,我们得到:

$$0.1 = 1.96\frac{2.5}{\sqrt{N}}$$

或

$$\sqrt{N} = \frac{1.96 \times 2.5}{0.1} = 49$$

即
$$N = 2\,401$$

注意,求 N 时,我们先把除了 $\sqrt{N}$ 以外的所有项都移到等号的一边,然后简化,最后把方程两边乘方,去掉根号。

因为必须估计参数值,所以只能求得样本容量的近似值。例如,我们大可不必取恰好为 2 401 的个案数。但是,即使是这样一种近似的结果,它也比某种靠直觉来确定需要的个案数的方法好很多。在实际应用中,我们通常要同时研究一个以上的变量,因此确定个案数目问题往往比我们介绍的要复杂得多;同时又要受到资金的限制,而不得不把精确度定在我们可以达到的程度。然而,计算所需的样本容量常有助于研究方案的设计。

虽然确定样本容量的问题在以后有关其他统计方法的章节中不予讨论,但读者会发现有几个其他类型的习题要求对 N 做估计。虽然有时代数运算会变得相当复杂,但总的来说把这种方法推广到其他类型的问题却并不困难。

习　题

1. 求第 11 章习题 3,4 和 5 的置信区间,结果是否与以前这些习题得出的结果一致?你是怎么知道的?(答案:习题 5,0. 47 ~ 0. 61)

2. 假如从某社区抽取一个由 200 个家庭组成的随机样本,发现其中有 36% 的家庭在家庭开支上的决定半数以上由丈夫做出,试问,家庭开支的半数以上由丈夫决定的家庭的 99% 置信区间是多少? 在什么特定意义上区间提供隐含假设检验?

3. 如果置信区间的整个宽度不超过 500 美元,同时估计的标准差是 1 300 美元,试问,建立一个均值的 99. 9% 置信区间需要多少个个案? (答案:$N = 295$)

4. 如果认为某住宅区房产主的比例为 0. 75,若用比例表示宽度,同时要求整个区间的宽度不超过 0. 03(总宽度)。试问,建立这样一个 95% 的置信区间需要多少个个案? 如果房产主的比例估计约为 0. 5,则又需要多少个个案呢?

5. 正态总体中位数的抽样分布的标准误差大约为 $1. 253\sigma/\sqrt{N}$,利用这一事实可以在样本中位数两侧建立一个置信区间。假如在上面习题 3 中,要在样本中位数的周围建立一个宽度相同的区间,结果如何? 标准差用同一估计值需要多少个个案? 结果表明均值和中位数的相对效率如何? (答案:$N = 463$)

6. 假如从事某项活动的机构成员提出这样一个问题:他们想估计愿意支持他们机构活动的人们的真正百分数,那么做这样一种估计需要有一个多大的随机样本? 假定他们可以确定目标总体的性质,并假定不存在量度误差问题或非抽样型的困难,那么在给他们答案前还需要他们提供哪些情况? 请读者自行提供这些情况,并着手解决这个问题。

7. 有人认为 95% 置信区间表示一系列隐含在水平 0. 05 上的**双侧**检验,说明为什么 95% 的置信区间不表示隐含的 0. 05 水平上的单侧检验?

参考文献

1. Freund, J. E. : *Modern Elementary Statistics*, 3d ed. , Prentice-Hall, Inc. , Englewood Cliffs, N. J. , 1967, chaps. 9 and 11.

2. Loether, H. J. , and D. G. McTavish: *Inferential Statistics for Sociologists*, Allyn and Bacon, Inc. , Boston, 1974, chap. 5.

3. Runyon, R. P. , and A, Haber: *Fundamentals of Behavioral Statistics*, 3d ed. , Addison-Wesley Publishing Company, Reading, Mass. , 1976, chap. 12.

4. Walker, H. M. , and J. Lev: *Elementary Statistical Methods*, 3d ed. , Holt, Rinehart and Winston, Inc. , New York, 1969, chaps. 10 and 11.

双变量和多变量统计学
第四部分

13 双样本检验：均值差和比例差

第 11 章讨论了单样本的各种检验方法。对社会科学家来说，这些检验的实用价值不大，因为一般我们都不能具体提出可以预测 μ 或 p_μ 的假设。但是，当研究侧重于类别或样本之间的**比较**时，则不必确定每个类别的绝对水平，而可以直接检验假定各类别或各样本之间没有差别的零假设。例如，预测底特律市黑人的收入水平或该城白人对黑人的歧视程度是非常困难的，但可以检验这样的假设：黑人的平均收入与出生在外国的白人一样，或犹太人和非犹太人对黑人的歧视程度相同。本章要研究的正是后一种类型的假设。

在类似社会学这样的社会科学学科中，研究可能集中在建立各变量之间的**关系**上，这和寻求事实类型的调查不同。正如我们已经看到的，后者主要研究单一变量的参数的点和区间估计值。只要对两个样本进行比较，就会遇到两个变量可以有联系的最简单的问题。到目前为止，本书每次只考虑一个变量，这或许正是前面讨论的检验对社会学家用处不大的主要原因。本章要研究一个简单的二分变量和另一个变量相互关系的各种检验。例如，在比较犹太人和非犹太人对黑人的歧视问题上，正是考虑宗教信仰和歧视态度的关系。同样，可以就"其他取向"或其他不同性格特点，考察两种性别的情况；还可就某一变量，比较控制组（对照组）和实验组。以后的各章将讨论多于两个样本的各种检验。

13.1 均值差检验

为了把单样本均值检验推广到能够比较两个样本均值的检验，必须再一次应用中心极限定理。下面是一条重要的推导出的定理：**如果从 $\mathrm{Nor}(\mu_1, \sigma_1^2)$ 和 $\mathrm{Nor}(\mu_2, \sigma_2^2)$ 两个总体中分别抽取两个容量为 N_1 和 N_2 的独立随机样本，那么两个样本的均值差 $(\overline{X}_1 - \overline{X}_2)$ 的抽样分布就是 $\mathrm{Nor}(\mu_1 - \mu_2, \sigma_1^2/N_1 + \sigma_2^2/N_2)$。** 像单样本一样，在大样本的情况下，这个理论可以推广应用于任何具有均值 μ_1 和 μ_2 以及方差 σ_1^2 和 σ_2^2 的两个总体。当 N_1 和 N_2 逐渐变大时，$\overline{X}_1 - \overline{X}_2$ 的抽样分布像前面那样接近正态分布。现在要更深入地考察上述定理。

首先要说明独立随机样本的含义。独立随机样本是指各样本必须是**相互独立抽取**的，而随机样本只是保证样本**内**的个案之间的独立性，其含义是知道了第一个被抽取的个案的分数不能有助于预见第二个个案的分数。"独立随机样本"的含义不同，它不仅要求每一个样本(确保是随机的)内部具有独立性,而且各样本**之间**也必须是独立的。例如,两个独立随机样本不能像实验组和控制组那样可以匹配。如果我们想比较男人和女人的情况,就不能选用由丈夫组成的样本和由他们的妻子组成的样本进行均值差检验。

规定各样本相互具有独立性是极为重要的。这一要求在应用研究中,特别是在处理整群样本时,可能被忽视。如果总样本具有严格的随机性,并且用于比较的两个子样本是从较大样本抽取的,那么两个样本相互独立的规定就一定能得到满足,因为总样本中所有个案都是相互独立被抽取的。例如,若比较男性和女性的情况,就一定要有一个男子的随机样本和独立抽取的妇女的样本,也就是约翰的入选毫不影响苏珊被选上的概率。在社会研究中通常抽取一个较大的样本,为了便于分析,可以认为这些资料来源于几个不同且互不相关的样本。在大多数这类情况下,不会出现样本之间无独立性的问题,除非故意匹配样本。但是,在抽样设计比较复杂的情况下,就应该注意样本间不具独立性的可能。

上述定理指出:如果抽样无限进行下去,每次选取两个样本,并绘出均值差的图,那么均值**差**的抽样分布就是正态或接近正态的。读者应该准确理解这段话的意思。作为社会科学工作者,读者在实际上只能得到两个样本和一个均值差,但是现在讨论的是所有可能的均值差的假设分布。因为抽样分布表示的是样本均值的**差**,所以抽样分布的均值就是两个总体均值之间的差,而不是它们各自均值的差。在 μ_1 和 μ_2 相等的特殊情况下,抽样分布的均值等于0。若 μ_1 大于 μ_2,可期望大多数 $\overline{X}_1$ 将大于相应的 $\overline{X}_2$,所以抽样分布的均值是正值。例如 $\mu_1 = 60$,$\mu_2 = 40$,那么 $\overline{X}_1 - \overline{X}_2$ 的分布的均值或期望值就是20。

为什么方差是 $\sigma_1^2/N_1 + \sigma_2^2/N_2$,或者说是各个均值抽样分布的方差之**和**呢?理解这一点不太容易。显然,不能使用方差的差 $\sigma_1^2/N_1 - \sigma_2^2/N_2$,因为这样得到的抽样分布的方差值可能是0或负数。方差 $\sigma_1^2/N_1 + \sigma_2^2/N_2$ 比方差 σ_1^2/N_1 或 σ_2^2/N_2 任一个都**大**,为什么?不运用数学推理而完整地证明这个问题是不可能的,但是可以进行直观的解释。实质上,均值差的标准误差比各个均值的标准误差大,因为两个样本各有一个误差,所以均值差的标准误差有两个误差来源。因此,两个 $\overline{X}$ 的标准误差的方向相反的概率为50%。为了简单起见,假定 $\mu_1 = \mu_2$,如果 $\overline{X}_1$ 大于 μ_1,而 $\overline{X}_2$ 小于 μ_2,则因两个误差方向是相反的,$\overline{X}_1 - \overline{X}_2$ 就会是一个大的正值。例如,$\overline{X}_1$ 比 μ_1 大20,$\overline{X}_2$ 比 μ_2 小15,$\overline{X}_1 - \overline{X}_2$ 的值就比 $\mu_1 - \mu_2$ 大35。这样误差就相加了。同样,如果 $\overline{X}_1$ 小、$\overline{X}_2$ 大,就会得到一个大的负值。换言之,由于每一个均值独立于另一均值而变化,故常常会得到很大的样本均值差。因此,均值差的抽样分布会比各单个的均值的抽样分布有一个较大的标准差。

*可以再一次利用线性组合的表达式推导出 $\overline{X}_1 - \overline{X}_2$ 的期望值和方差的公式。先回忆一下,如果 $Y = c_1 X_1 + c_2 X_2$,那么,$E(Y) = c_1 E(X_1) + c_2 E(X_2)$,而且 $\sigma_Y^2 = c_1^2 \sigma_{X_1}^2 + c_2^2 \sigma_{X_2}^2$,条件是 X_1 和 X_2 相互独立。如果令 Y 代表均值差,$\overline{X}_1$ 代替 X_1,$\overline{X}_2$ 代替 X_2,假定 $c_1 = 1$,$c_2 = -1$,则作为一种特例,有:

$$E(Y) = E(\overline{X}_1 - \overline{X}_2) = (1)E(\overline{X}_1) + (-1)E(\overline{X}_2) = \mu_1 - \mu_2$$

和

$$\sigma_Y^2 = (1)^2 \sigma_{\overline{X}_1}^2 + (-1)^2 \sigma_{\overline{X}_2}^2 = \frac{\sigma_1^2}{N_1} + \frac{\sigma_2^2}{N_2}$$

注意:如果取 $\overline{X}_1$ 和 $\overline{X}_2$ 之**和**,其方差表达式仍与取差的方差表达式一样。第16章将研究更复杂的比较方法,其中涉及两个样本均值的简单比较的推广。

现在我们来举例说明如何使用均值差检验。已知 σ 值的情况不需要讨论,因为这类问题简单易解,而且不太实用。我们要举的是 σ 未知的例题。下面考虑两种特例:在模型 A 中,假定 $\sigma_1 = \sigma_2$;在模型 B 中,假定 $\sigma_1 \neq \sigma_2$。显然,这两种模型包括了所有可能的情况。

例题　有两种类型的县,一种是城市型的县,另一种是农村型的县。比较它们在总统选举中投民主党票人数的百分比。已知:

城市型的县　　　　农村型的县

$N_1 = 33$　　　　　$N_2 = 19$

$\overline{X}_1 = 57\%$　　　　$\overline{X}_2 = 52\%$

$s_1 = 11\%$　　　　$s_2 = 14\%$

根据以上数据能否得出两种类型的县在投票意愿上具有显著性差异的结论? 假定各县是在远西地区全部县中随机抽取的,并且过去的研究表明各总体分布接近正态。

模型 A:$\sigma_1 = \sigma_2$

1. 假定

量度层次:定距尺度——投民主党票的百分数

模型:独立随机样本

正态总体,$\sigma_1 = \sigma_2 = \sigma$

假设:$\mu_1 = \mu_2$

在 N 较大时(比如,两个样本的容量都超过 50),对正态的假定可以放宽。实际上,$\sigma_1 = \sigma_2$ 的假定可以用 F 检验分别进行检验,第 16 章将讨论这个问题。检验是比较两个样本的标准误差。如果 s_1 和 s_2 无显著差别,就不能否定 $\sigma_1 = \sigma_2$ 的假设。如果根据 F 检验的结果,标准误差相等的假定成立,则利用这一假定计算 σ 的共同值更便利。如果假定它们的均值和标准差相等,就意味着两个总体完全一样。

因为要判断两种类型的县是否有差异,所以提出的零假设是它们之间不存在差异。我们猜想两种县实际上存在差异,因而提出了一个希望否定的零假设。在本例中,能够合理地把假设称为零假设,因为它表明"县的类型"和"投票意愿"两个变量之间无关系。可以想象,我们可能有条件来确定两个总体的均值差为非零的常数。例如,如果预言在城市型县内民主党多得 10% 的选票,那么假设的形式为 $\mu_1 - \mu_2 = 10$。然而,在社会科学中很难有条件做得这样具体。

2. 抽样分布　因为 σ 未知,且个案数大大少于 120,所以应当用 t 分布。

3. 显著性水平和否定域　选用显著性水平 0.01 和双侧检验。

4. 计算检验统计量　我们记得,t 值等于求出的样本值减去抽样分布均值,再除以抽样分布的标准差的估计值。本例题的样本值指样本均值之差 $\overline{X}_1 - \overline{X}_2$,同时因为抽样分布的均值为 $\mu_1 - \mu_2$,所以 t 的表达式如下:

$$t = \frac{(\overline{X}_1 - \overline{X}_2) - (\mu_1 - \mu_2)}{\hat{\sigma}_{\overline{X}_1 - \overline{x}_2}} \tag{13.1}$$

式中的 $\hat{\sigma}_{\overline{X}_1 - \overline{x}_2}$ 是样本均值差的标准差的估计量。根据 $\mu_1 = \mu_2$ 的零假设,本例的 t 的表达式可简化为:

$$t = \frac{\overline{X}_1 - \overline{X}_2}{\hat{\sigma}_{\overline{X}_1 - \overline{x}_2}}$$

上式的分子和单样本检验算式的分子相似,这不过是一种巧合。它是根据零假设的规定,μ 项都被去掉的结果。读者不要认为第一类问题中的 μ 值只是简单地被第二个样本的样本平均值取代。实际情况是,$\overline{X}_1 - \overline{X}_2$ 取代了 $\overline{X}$,$(\mu_1 - \mu_2)$ 取代了 μ,而 $\hat{\sigma}_{\overline{X}_1 - \overline{X}_2}$ 则取代了 $\hat{\sigma}_{\overline{X}}$。

现在来求 $\hat{\sigma}_{\overline{X}_1 - \overline{X}_2}$。读者一定知道:

$$\hat{\sigma}_{\overline{X}_1 - \overline{X}_2} = \sqrt{\frac{\sigma_1^2}{N_1} + \frac{\sigma_2^2}{N_2}}$$

在本例中,因为 $\sigma_1 = \sigma_2$,所以可用同一符号 σ 表示它们。把 σ 从根式中提取出来,化简 $\sigma_{\overline{X}_1 - \overline{X}_2}$ 的算式,得:

$$\hat{\sigma}_{\overline{X}_1 - \overline{X}_2} = \sqrt{\frac{\sigma^2}{N_1} + \frac{\sigma^2}{N_2}} = \sigma\sqrt{\frac{1}{N_1} + \frac{1}{N_2}} = \sigma\sqrt{\frac{N_1 + N_2}{N_1 N_2}} \quad (13.2)$$

求出两个样本的**合并估计值**,可得到方差 σ^2 值。因为两个样本各自的方差基于不同的个案数,所以可用加权的方法求出 σ^2 的估计值。计算时要除以适当的自由度以便获得无偏倚的估计值。取 $\hat{\sigma}^2$ 的平方根,得到:

$$\hat{\sigma} = \sqrt{\frac{N_1 s_1^2 + N_2 s_2^2}{N_1 + N_2 - 2}} \quad (13.3)$$

因为 $N_1 s_1^2 = \sum\limits_{i=1}^{N_1} (X_{i1} - \overline{X}_1)^2$,可以用 $\sum\limits_{i=1}^{N_1} x_{i1}^2$ 代替 $N_1 s_1^2$,式中 $x_{i1} = X_{i1} - \overline{X}_1$。用同样的方法替换 $N_2 s_2^2$,得:

$$\hat{\sigma} = \sqrt{\frac{\sum\limits_{i=1}^{N_1} x_{i1}^2 + \sum\limits_{i=1}^{N_2} x_{i2}^2}{N_1 + N_2 - 2}}$$

所以,如果取对第一个样本均值的偏差平方和加上对第二个样本均值的偏差平方和,再除以 $(N_1 + N_2 - 2)$,就得到共同方差的合并估计值。

注意,这里用来表示估计量的符号 $\hat{\sigma}$ 与前两章的意义不同。符号(^)常常在统计学里用来表示无偏估计量。根据 $\overline{X}_1$ 和 $\overline{X}_2$ 计算 s_1 和 s_2 时,分别损失了一个自由度,一共损失了两个自由度,所以全部自由度的数目就成为 $N_1 + N_2 - 2$。我们是用两个样本来计算估计量的,两个样本中较大样本的方差被赋予较大的权,这样的合并估计量比从单个样本单独求出的估计量效率更高。$\hat{\sigma}$ 的数值一般应在 s_1 和 s_2 之间,可用这个性质来校验计算。

最后,用 σ 的估值乘以 $\sqrt{\frac{N_1 + N_2}{N_1 N_2}}$,就得到和公式(13.2)相似的 $\hat{\sigma}_{\overline{X}_1 - \overline{X}_2}$ 的公式:

$$\hat{\sigma}_{\overline{X}_1 - \overline{X}_2} = \sqrt{\frac{N_1 s_1^2 + N_2 s_2^2}{N_1 + N_2 - 2}}\sqrt{\frac{N_1 + N_2}{N_1 N_2}} \quad (13.4)$$

请注意,公式(13.4)和公式(13.2)的不同点在于:公式(13.2)的 σ 被公式(13.3)定义的估计量 $\hat{\sigma}$ 所取代。公式(13.4)只是表面上繁复,读者应复习上述演算步骤,以改变它给人的这种表面印象。

在我们的数字例子中,我们得到以下结果:

$$\hat{\sigma}_{\overline{X}_1 - \overline{X}_2} = \sqrt{\frac{33 \times 121 + 19 \times 196}{33 + 19 - 2}}\sqrt{\frac{33 + 19}{33 \times 19}} = 12.42 \times 0.288 = 3.58$$

因此：

$$t = \frac{(\overline{X}_1 - \overline{X}_2) - 0}{\hat{\sigma}_{\overline{X}_1 - \overline{X}_2}} = \frac{57 - 52}{3.58} = 1.40$$

注意，估计值 $\hat{\sigma} = 12.42$ 在 $s_1 = 11$ 和 $s_2 = 14$ 这两个数值之间。

5. 做判断   因为使用了共同的标准差的合并估计值，与 t 有关的自由度就是 $(N_1 + N_2 - 2)$，或 50。读者看到，$t = 1.40$，如果全部假设都是正确的，t 的概率就大大高于 0.01。因此，我们决定在 0.01 水平上不否定零假设，从而得到远西地区城市型的县和农村型的县在选举意愿上无显著差别的结论。

模型 $B: \sigma_1 \neq \sigma_2$ 现在来看一看在不能假定两个总体具有相同标准差的情况下，需要做些什么修正。假定已检验并否定了 $\sigma_1 = \sigma_2$ 的假设，因而不能用引进共同 σ 值的方法简化 $\hat{\sigma}_{\overline{X}_1 - \overline{X}_2}$ 的公式，也不能计算合并估计值。在本例中要分别计算两个（不同的）标准差，用 $s_1^2 / (N_1 - 1)$ 估计 σ_1^2 / N_1，用 $s_2^2 / (N_2 - 1)$ 估计 σ_2^2 / N_2，得：

$$\hat{\sigma}_{\overline{X}_1 - \overline{X}_2} = \sqrt{\frac{s_1^2}{N_1 - 1} + \frac{s_2^2}{N_2 - 1}} \tag{13.5}$$

代入本例题数值：

$$\hat{\sigma}_{\overline{X}_1 - \overline{X}_2} = \sqrt{121/32 + 196/18} = \sqrt{3.78 + 10.89} = \sqrt{14.67} = 3.83$$

因此：

$$t = \frac{57 - 52}{3.83} = 1.31$$

可以看出，用两种不同模型得到的结果相差不大。

虽然模型 B 的方法在概念和计算上都较简单，但 $\hat{\sigma}_{\overline{X}_1 - \overline{X}_2}$ 的估计值的效率不如模型 A，而且，即使假定总体是正态的，模型 B 在 N 值不太大或两个样本差别很大的情况下也是有问题的。困难在于选择适当的自由度。例如，如果第一个样本特别小，那么把自由度选为 $(N_1 + N_2 - 2)$ 就会产生很大的误差，这是因为 s_1 将是 σ_1 的一个非常不准确的估计量，并且 $s_1^2 / (N_1 - 1)$ 的值一般要比 $s_2^2 / (N_2 - 1)$ 的值大得多。这是因为如果 s_1^2 和 s_2^2 的值差别不大，则两个公式的相对大小主要决定于分母。有人曾提出，在 N 值小的时候，要应用下面的公式计算正确自由度的近似值：

$$df = \frac{\left(\dfrac{s_1^2}{N_1 - 1} + \dfrac{s_2^2}{N_2 - 1}\right)^2}{\left(\dfrac{s_1^2}{N_1 - 1}\right)^2 \left(\dfrac{1}{N_1 + 1}\right) + \left(\dfrac{s_2^2}{N_2 - 1}\right)^2 \left(\dfrac{1}{N_2 + 1}\right)} - 2 \tag{13.6}$$

代入上例数值，得：

$$df = \frac{14.67^2}{3.78^2 \times \dfrac{1}{34} + 10.89^2 \times \dfrac{1}{20}} - 2 = 33.89 - 2 = 31.89 \approx 32$$

注意，自由度计算公式中的所有数值都是已经计算出来的。根据 t 表，在自由度等于 32 时，不能在 0.01 水平上否定零假设。

就假定来说，模型 A 不同于模型 B 的唯一地方是：$\sigma_1 = \sigma_2$ 的假定，但是要注意，模型 B 并没有**规定**标准差必须不等。在 $\sigma_1 = \sigma_2$ 或近似相等的情况下，模型 B 只是效率较低。因此，模型 B 似乎更好，因为它不需要 $\sigma_1 = \sigma_2$ 的假定条件。但是正如我们看到的那样，模型 B 需要计算自由度的近似值。在大样本的情况下,**只要标准差实际上一样**,用两种模型计算的结果一般相似,原因是两个样本的标准差通常都是共同 σ 的相当准确的估计值。

如果两个总体的 σ 值都是已知的,就不必再进行计算了,只需把它们的数值直接代入 $\hat{\sigma}_{\bar{x}_1 - \bar{x}_2}$ 的计算公式,然后可计算 Z 值并使用正态分布表。当 σ 为已知时,就无所谓区分模型 A 还是模型 B 了。不言而喻,在实际研究中,两个样本的 σ 为已知的情况是极少的。

13.2 比例差

与单样本比例检验中的情况一样,两个比例的差可以被做为两个均值的差的特例来处理。如果比较两个独立随机样本中持偏见人数的比例,可以提出这样的零假设:两个总体中持偏见人数的比例 p_{u_1} 和 p_{u_2} 相等。在讲解比例时,已经证明 $\sigma_1 = \sqrt{p_{u_1} q_{u_1}}$ 和 $\sigma_2 = \sqrt{p_{u_2} q_{u_2}}$,因而两个总体的标准差也一定相等,所以下面例题使用的方法基本上与均值差检验的第一种模型相同。

例题 比较装配线工人和从事非重复性、非机械性工作人员的娱乐习惯。假定研究者设想装配线工人更愿意选择"消极的"旁观式娱乐。在某一指定工厂随机抽取 150 名装配工人的样本中,57% 的人偏爱消极式娱乐。在第二个容量为 120 的随机样本中,46% 的工人偏爱消极式娱乐。问:在显著性水平 0.05 上,两者有无差异?

1. 假定

量度层次:两种娱乐方式,是二分变量

样本类型:独立随机样本

假设:$p_{\mu_1} = p_{\mu_2}$(隐含 $\sigma_1 = \sigma_2$)

2. 抽样分布 因为两个样本的 N 都比较大,所以比例差的抽样分布近似正态分布,均值 $p_{u_1} - p_{u_2} = 0$,标准差为:

$$\sigma_{p_{s_1} - p_{s_2}} = \sqrt{\frac{\sigma_1^2}{N_1} + \frac{\sigma_2^2}{N_2}} = \sqrt{\frac{p_{u_1} q_{u_1}}{N_1} + \frac{p_{u_2} q_{u_2}}{N_2}} \tag{13.7}$$

式中 q_{u_1} 和 q_{u_2} 分别等于 $1 - p_{u_1}$ 和 $1 - p_{u_2}$[①]。

3. 选择显著性水平和否定域 例题已指定采用显著性水平 0.05。因为已事前预测比例差的方向,所以用单侧检验。因此,任何大于 1.65 的正 Z 值都与假定不符,从而可以否定零假设。

4. 计算检验统计量 因为假设 $p_{u_1} = p_{u_2}$,所以 $\sigma_1 = \sigma_2 = \sigma$。可使用特殊公式:

$$\sigma_{p_{s_1} - p_{s_2}} = \sigma \sqrt{\frac{N_1 + N_2}{N_1 N_2}}$$

在前面的单样本比例的检验中,因为实际 p_u 值是假设的,所以可以不必计算 σ 值。而现在只是假设 $p_{u_1} = p_{u_2}$,并没有规定两个比例的实际数值。因此,我们可以算出 p_u 的合并估

---

① 如果样本容量小,可使用第 15 章讲到的费舍尔精确检验。

计值($\hat{p}_u$),就能得到较准确一些的估计值,从而不必像以前那样直接求两个样本方差的加权平均值。然后运用减法,就可以得到$\hat{q}_u$,因为:

$$\sigma = \sqrt{p_u q_u}$$

所以我们可以令:

$$\hat{\sigma} = \sqrt{\hat{p}_u \hat{q}_u}$$

因此:

$$\hat{\sigma}_{p_{s_1} - p_{s_2}} = \hat{\sigma}\sqrt{\frac{N_1 + N_2}{N_1 N_2}} = \sqrt{\hat{p}_u \hat{q}_u}\sqrt{\frac{N_1 + N_2}{N_1 N_2}} \qquad (13.8)$$

为了得到$\hat{p}_u$,可取样本比例的加权平均值,其形式如下:

$$\hat{p}_u = \frac{N_1 p_{s_1} + N_2 p_{s_2}}{N_1 + N_2} \qquad (13.9)$$

注意,上式的分子就是两个样本中偏爱消极式娱乐的工人的总数。代入数值,得:

$$\hat{p}_u = \frac{150 \times 0.57 + 120 \times 0.46}{150 + 120} = 0.521$$

所以:

$$\hat{q}_u = 1 - \hat{p}_u = 0.479$$

$$\hat{\sigma}_{p_{s_1} - p_{s_2}} = \sqrt{0.521 \times 0.479}\sqrt{\frac{150 + 120}{150 \times 120}}$$

$$= 0.4996 \times 0.1225 = 0.0612$$

因此:

$$Z = \frac{(p_{s_1} - p_{s_2}) - 0}{\hat{\sigma}_{p_{s_1} - p_{s_2}}} = \frac{0.57 - 0.46}{0.0612} = 1.80$$

5. 做判断　就单侧检验来说,如果零假设与实际情况相符,Z值等于或大于1.80的概率就应该是0.036。因此可以在显著性水平0.05上否定零假设,从而可以断定该工厂的两类工人对待消极式娱乐的态度是显著不同的。

应该指出,对这个例题有几种不同的检验方法,其中最重要的是在第15章将要讨论的卡方检验。它可以代替比例差检验。比例差检验只能用于双样本和二分变量,不如卡方检验实用。后者可用于三个或更多样本的检验。但是,比例差检验的一个优点是在已获得整群或地区样本时,只要适当地加以修正就能使用。然而对整群样本应用比例差检验时所需要的修正方法超出了本书叙述的范围。

*比例差之差　把比例(或均值)差检验的原理推广应用到比例差之差,甚至比例差之差的差的检验是很容易的。例如,假定有男女工人的资料,想要比较不同性别在工种和娱乐意愿之间的区别。可能男子的情况如上述例题的结论,即不同工种的男子在娱乐意愿上有差别,而不同工种的妇女在娱乐意愿上无差别,也可能是正好相反方向的情况。我们还可以推广,再加上年龄因素。可以设想可能有这样的情况:年青工人中存在差别(男女之别)之差,而在年长工人中,情况又是另一种样子。读者可以看出,当讨论的变量多于两个以及几个变量可能产生特殊组合效应时,可能出现不同问题。在这种情况下,我们说变量间存在"交互作用",或者说它们的联合效应是非可加性的。在第15,16,19和20章里将会更详细地讨论这类问题。

比较男子和女子比例差是最简单的例子。假定如上述例题,男子总体比例分别为p_{u_1}和p_{u_2},妇女总体同样有两个比例p_{u_3}和p_{u_4}。仍然可检验假定妇女比例p_{u_3}和p_{u_4}相等的零假设,也可以检验男女(总体)之差相等的更复杂的假设。于是,零假设就成为:

$$p_{u_1} - p_{u_2} = p_{u_3} - p_{u_4} \quad 或 \quad (p_{u_1} - p_{u_2}) - (p_{u_3} - p_{u_4}) = 0$$

换言之,我们假设工种和娱乐意愿的**关系**(用比例差表示)对男女是一样的。也可以提出另一种假设,假定男子的比例差大于妇女的比例差。

可以再一次应用线性组合原理,令:

$$Y = c_1 p_{s_1} + c_2 p_{s_2} + c_3 p_{s_3} + c_4 p_{s_4}$$

根据上面的零假设,令 $c_1 = c_4 = 1$ 和 $c_2 = c_3 = -1$。于是(假定样本为独立随机样本)有:

$$E(Y) = E(p_{s_1}) - E(p_{s_2}) - E(p_{s_3}) + E(p_{s_4}) = (p_{u_1} - p_{u_2}) - (p_{u_3} - p_{u_4})$$

$$\sigma_Y^2 = \frac{p_{u_1} q_{u_1}}{N_1} + \frac{p_{u_2} q_{u_2}}{N_2} + \frac{p_{u_3} q_{u_3}}{N_3} + \frac{p_{u_4} q_{u_4}}{N_4}$$

因此:

$$Z = \frac{(p_{s_1} - p_{s_2}) - (p_{s_3} - p_{s_4})}{\sqrt{\dfrac{p_{u_1} q_{u_1}}{N_1} + \dfrac{p_{u_2} q_{u_2}}{N_2} + \dfrac{p_{u_3} q_{u_3}}{N_3} + \dfrac{p_{u_4} q_{u_4}}{N_4}}}$$

然后直接利用正态分布表。分母中的两个未知项 p_{u_i} 和 q_{u_i} 可以用对应的 p_{s_i} 和 q_{s_i} 来估计,也可以保守地令它们都等于 0.5。

要注意,Y 的方差表达式含有四个不同的 N_i,作为分母,它分别出现在 4 个分数中。因为积 $p_{u_i} q_{u_i}$ 的数值一般都近似等于 0.25,所以每一分式的值主要取决于子样本的容量。用更通俗的语言来讲就是,如果存在着一个容量很小的子样本,那么它将对 Y 的方差产生重大的影响。因此,为了最大限度地提高效力,我们应该尽可能地使子样本的容量相等。如果有一个子样本的容量很小,那么 Z 的分母就会很大,上述检验就不可能被证明是显著的,而且我们也可能没有正当的理由采用近似正态分布的假定。

均值差,如 $(\bar{X}_1 - \bar{X}_2) - (\bar{X}_3 - \bar{X}_4)$ 的检验步骤和上述方法完全一样,但是现在暂不论述,到第 16 章讨论 k 个均值之间的一般比较时再讲。

13.3 置信区间

为均值差建立置信区间的方法是上述内容的直接推广。可直接用样本结果,在这里它就是样本均值**差**,在 $(\bar{X}_1 - \bar{X}_2)$ 两侧设立一个为标准差适当倍数的区间。例如,若要求一个 95% 的置信区间,可以得到如下的区间:

$$(\bar{X}_1 - \bar{X}_2) \pm 1.96 \sigma_{\bar{X}_1 - \bar{X}_2}$$

如果要求标准差的估计值和 t 分布,就需要把公式按一般方式修改。

13.4 非独立样本:配对

设计一项有关样本相互非独立的研究有时是有用的。这类问题中最常见的类型是把两个样本的个案两两匹配成对。例如实验组和控制组(对照组),其成员按相关特征配对,或是一种简单的"前-后"对比类型,它比较同一个体在引进实验变量前后的情况。后者的"两个"样本是由诸多同一个体组成的。显然,这样的样本不具有相互独立性,因为知道了每对的第一个成员(第一个样本)的分数就有助于预测第二个成员的分数。事实上,匹配或重复使用同一个人的全部目的就是为了控制实验变量以外尽可能多的变量,使两个样本尽可能相同,使它们比独立抽取时更相似。

研究人员遇到这类问题可能想采用均值差检验,但是显然不行,因为 $2N$ 个个案(每个样本 N 个)不是全部独立抽取的。这类问题的两个样本是故意匹配的,一个样本的任何特性在另一个样本中也极有可能存在。实际上两个样本只有 N 个具有独立性的个案,分别来自两个样本的**两个**个体组成一个"个案"。因此,如果把每一对当做一个个案,在符合其他必要的假定下,就能合理地应用统计检验。不用均值差检验,而是求出每一对的分数差(数值差),直接进行一对和一对的比较。如果采用两个总体无差异的零假设,也就等于假定实验变量无效,就可以直接假设在总体中对与对**之差**的均值(μ_D)为 0。于是,问题就简化成对 $\mu_D = 0$ 假设的单样本检验。

例题 假设研究小组要调查影响选民在即将到来的选举中投票赞成公共住房计划的因素。把州内的城市按照有关变量仔细配对,并采用两种影响选民投票的方法。对 A 组城市采用不直接向选民呼吁,而是鼓动城市领导人的间接方法。对 B 组城市,研究小组充当压力团体的角色,以旁观者的身份直接向选民呼吁。下列数字是赞成公共住房计划的选民的百分数。试问哪一种鼓动方式更好?

对　数	A 组,%	B 组,%	差,(B − A)%
1	63	68	5
2	41	49	8
3	54	53	− 1
4	71	75	4
5	39	49	10
6	44	41	− 3
7	67	75	8
8	56	58	2
9	46	52	6
10	37	49	12
11	61	55	− 6
12	68	69	1
13	51	57	6
			52

1. 假定

量度层次:投赞成票的百分数为定距尺度

模型:随机抽样,总体差为正态分布

假设:$\mu_D = 0$

必须假定样本内的成对城市是从含有许多成对城市组成的某一总体中随机抽取的。下面将会谈到,有时这一假定会产生解释上的困难,因为研究的对象是每对城市的差值,所以必须假定由全部可能出现的差值组成的总体是正态分布。如果 N 大,这个假定可以放宽。

2. 抽样分布 因为总体内差的标准差没有给出,所以必须应用自由度为 $N-1$ 或 12 的 t 分布。注意,这个自由度正好是使用($\sigma_1 = \sigma_2$)均值差检验所需自由度的一半。

3. 显著性水平和否定域 决定采用显著性水平为 0.05 的双侧检验。因此,当自由

度等于 12 时,若 | t | ≥2.179,就可以否定零假设。

4. **计算检验统计量** 首先把表格中差列的各项相加,除以 N(=13),得数为样本差的均值,同时也就求出了样本差的标准差:

$$\overline{X}_D = 52/13 = 4.0$$

$$s_D = \sqrt{\frac{\sum (X_D - \overline{X}_D)^2}{N}} = \sqrt{\frac{328}{13}} = 5.023$$

因此:

$$t = \frac{\overline{X}_D - \mu_D}{s_D/\sqrt{N-1}} = \frac{4.0 - 0}{5.023/\sqrt{12}} = 2.76$$

注意,在得到表格的差别后,就不必考虑其他各列了。这个原则也适用于计算诸如各对差之差的更复杂的情况(见习题7)。

5. **做判断** 在自由度为 12 时,0.02 的概率对应的 t 值为 2.681,因此决定否定零假设。根据差的方向,得出 B 方法优于 A 方法的结论。

13.5 对实验设计和显著性检验的几点评论

像本书这样的一般教科书不能深入讨论实验设计的问题,不过,对它做一些评述是必要的①。读者或许会问:为什么要使用匹配样本,而不用独立样本呢? 显然,使用匹配样本损失了自由度。使用匹配样本也要减少一半的个案数,(就检验来讲)这样做不是得不偿失吗? 答案是要看我们能否恰当地匹配个案。匹配的目的就是要减少无关变量引起的差异。就是说,仔细地匹配应该显著地减少每个"对与对"之间的差异。换言之,匹配得越好,差的标准差就越小。因此,虽然个案数减少了,但 s_D 也缩小了。如果与损失的个案比较,差的标准差减小得更多,这样的匹配就是值得的。匹配总要减少个案数目(见下文),其原则是,只有在找到了重要的有关变量的条件下,才使用匹配方法。如果在研究犯罪问题时,按照头发颜色进行匹配,其结果就会比不用匹配方法更糟糕。

介绍方法的书籍一般都要提到匹配可能损失大量的个案,即很多个案因为找不到与之相似的个案配对而被淘汰了。个案的减少会严重破坏随机性这个假定。一位社会科学家着手研究的随机样本最初含有 1 000 个个案,匹配后可能只剩下 200 个可配成对的个案。这样很可能会使最终的样本具有很大的偏倚,因为在匹配过程中无疑去掉了很多不能匹配的极不寻常或极端性质的个案。因此,对于总体性质所做的结论也难于判断。所以,在概括研究结果时要极为慎重。如果研究重点不是要对一个特定的有限总体——如芝加哥本地白人——推出一般性结论,匹配方法则非常有用。

联系到个案的减少和由此产生的对某一特定总体做出结论的困难,常常有人提议,认为研究人员的侧重点不在总体本身,而是侧重建立变量之间的关系。例如,一位社会心理学家研究的样本最初只包括那些自愿作为研究对象并选修心理学导论的新入学的白人学生。某些学生在匹配过程中会被淘汰,因而可能出现进一步的选择性。假定找到了实验变量和某一因变量之间的关系,人们可能会因此做出结论:这一关系不单是该总体特有的,即这种关系具有普遍性。如果实际情况确实如此,这位社会科学家就可能认

---

① 在关实验设计的深入讨论,可参见任何一种有关研究方法的标准文本。

为,他对特定有限总体做出一般性概括是没有兴趣的。但是,在什么样的基础上,才能假定在一个非常有限的总体中发现的关系也适用于其他总体呢? 显然,只有对很多不同的总体进行实验后,才能合理地肯定这一结论。虽然在一个仔细设计的实验中能够控制很多变量,但是把这种结论推广到更大的总体时,在普遍性方面还是会有所损失。

在对与对的匹配方法中,最好用掷硬币的方式决定——"对"中的哪一个归入实验组,哪一个归入控制组,从而使"对"内随机化。这种方法由于排除了可能的自我选择而使检验结果的解释更有意义。例如,在公共住房问题方面如何影响选民的例子中,假定允许社区领袖在两种鼓动方法中选择自己喜爱的一种,或是选择他们认为在其社区中最有效的一种。可能出现某一类型的领袖管辖的全部或大多数社区采用间接方法,而另一种类型的领袖管辖的社区采用直接方法。这样就出现了一个非控制变量(领袖类型),它的作用就会与实验变量的作用混淆起来。具体地说,如果 B 组不仅投票赞成的百分数高而且因为它的领袖更具民主作风,赞成在其选区内采用直接方法,那么,怎么能断定投票的差别是 B 法优越造成的,还是两类社区的领导作用不同而引起的呢?

或许有人会说,领导的类型应在匹配过程中加以控制,使任何一"对"内的两个社区都有相同类型的领袖。显然,在匹配过程中控制所有的有关变量是不可能的,这不仅在实际作法上有困难,而且我们的知识有限,不了解哪些变量最重要。在分析到一定程度时,我们必须承认,在大量可能的重要变量中,有许多仍然是未知的,它们在匹配过程中没有被加以控制。这时,我们依靠随机原理,即依靠概率定律,在实验中使那些未受控制的变量的作用相互抵消。例如,我们期望在 N 很大时,大致一半的民主领袖管辖的社区归属 A 组,另一半归属 B 组。对于其他未受控制的变量,情况也是一样。

在事后实验设计中,研究者是在实验发生**之后**才抵达实验现场的,因而没有机会进行诸如这样的随机分配,这样自我选择的可能性也就永远不会被排除。正因为如此,我们就无法通过用概率定律把实验变量的效应与未作配对分组的变量的可能效应做比较,来估计它们的效应。实验室实验优于所谓"自然"的,或事后实验的主要之处在于,它有可能对自我选择进行随机化控制。

还有其他一些匹配样本的方法,经常被作为对与对匹配方法的备择方法使用。它们一般都具有可以少减少个案数目的长处,但与此同时却给统计分析带来困难。其中一种方法是通过频数分布来匹配样本。例如,仔细安排使两个组具有相似的平均收入、平均年龄和总收入分布等。两个组就这些概括性的量度而言是可比的,即使一个组中的给定个体在另一个组中找不到合适的个体配对。这类设计也明显违反了样本独立性的假定,但是,就作者所知,还没有既有效又不包含可疑假定的统计检验。我们可以做到尽可能好地对个案进行匹配,且使匹配过程也完全遵循上面介绍的那些步骤,但由此产生的却是一个低效的设计,因而肯定不能使用自由度为 $(N_1 + N_2 - 2)$ 的均值差检验。

显著性检验和对总体做概括性结论　在统计分析涉及整个总体时,进行显著性检验是否适当这一问题,社会学界一直有着广泛争论(见参考文献 2,4,6,7 和 8)。例如,在有了关于美国国内或某特定地区内的各州或县的资料之后,就不可能再会有更大的要做概括推论的总体了。不仅如此,我们也很难把概括过程想象为向某个放大的总体做外推,或对情况相同的个案群体的概括过程,因为没有抽样误差,故显著性检验也就似乎很不恰当了。

研究人员对待这个问题的态度主要决定于他是否满足于对某一固定总体做出概括,

或者对产生总体资料的因果过程做出推论。本书把这个问题想象为,似乎我们的唯一目的就是对某一总体做出推论。但显然,如果我们想把发现的实际情况和**理论**分析联系起来,那么目的就不会这样简单了。根据样本或完整总体的非实验性资料进行因果推论的问题太复杂,本书不拟讨论。然而,对显著性检验有一种看法,这种看法更符合**为什么**对某种特定的关系给予理论解释。

例如,假定使用了全美国 50 个州的资料,发现北部的各州和南部的各州之间,或民主党人执政的州与共和党人执政的州之间存在差异。一般不会仅仅满足于简单描述这种差异,而要做出解释,如用区域差异或政治差异来解释。譬如说,发现南方各州在修建高速公路上投资较多,而在高等教育上花费较少。在我们宣称对于产生区域性差异的因果因素应该予以解释之前,可以设想有一位假想的怀疑论者,他对我们的发现提出了另一种简单解释,即用"偶然性"做出解释。实际上,他可以说:"你们宣称发现了由于区域性而产生的差异,但我可以用随机数表分开这 50 个州,或者按字母顺序,根据它们名字的第三个字母划分。如果这种随机的或接近随机的方法能够产生一个等同于或大于你们发现的差异,那么你们的解释就不会比我的解释更站得住脚。"

请注意,这不是对超过 50 个州的总体做概括的问题,争论是针对产生亚总体间差异的过程,亚总体是根据不同方式划分的。当然,如果研究者使用随机数表就可以经常得到与区域性差异一样大的很多差异,那么怀疑论者的"理论"就比我们的更简单,所以也就不必再进一步研究资料了。如果采用这种看法对待概括过程,则显然,即使拥有整个总体的资料,进行显著性检验也是有意义的。大多数社会学家探讨因果过程似乎有更广泛的目的,所以他们总是进行显著性检验,以排除简单的"偶然性过程"的解释。然而,应该强调指出,显著性检验**不会**排除许多其他备择解释,例如在讨论两个变量问题时,引入附加变量作为两个变量的共同原因。第 15,16,19 和 20 章还要讨论这个较难的问题。

习 题

1. 从一个城市内随机抽选 50 个普查区,其中 20 个有社区服务中心,另外 30 个没有。比较两类普查区的少年犯罪率,数值如下(按每 1 000 名青少年中少年罪犯的数目):

量 度	有服务中心	没有服务中心
样本容量	20	30
均值	27	31
标准差(s)	6	8

试应用模型 A 和模型 B 检验两类普查区的差异显著性(0.01 水平),比较结果。(答案:模型 A 的 $t=1.87$,不能否定零假设)

2. 抽取一个与丈夫生活在一起的已婚妇女的随机样本。按照对婚后生活的态度,把她们分成"满意"和"不满意"的两组。然后,就已婚的时间来比较两组妇女,结果如下:

已婚时间(以年为单位)	满意 f_1	不满意 f_2
0-2	34	10
3-4	41	16
5-9	50	23
10-14	39	25
15-19	18	14
20-39	15	16
总和	197	104

试问:在 0.01 水平上两组是否存在显著性差异?

3. 有内科医生和牙科医生两个样本,假若期望他们的平均年收入之差为 500 美元 $(\overline{X}_1 - \overline{X}_2 = 500)$,样本的标准差分别是 1 900 美元和 1 600 美元。如果在一个总样本中取相同数目的内科医生和牙科医生,那么在 0.05 水平上需要多少个案才能检验两类医生的平均收入是否有显著性差异? 如果内科医生的个案数两倍于牙科医生,需要多少个案?(答案:每类医生 95 名)

4. 有一个大学生的随机样本,按照"外向"和"内向"性格,把他们分成两类。结果发现,四年级学生中有 58% 属于"外向"类,新生中有 73% 属于"外向"类。样本中四年级学生有 117 名,新生有 171 名。问:在 0.001 水平上,两类学生有无显著性差异?

5. 如果对样本比例差之差使用 90% 的置信区间,且子样本的容量相等,若规定置信区间不得大于 0.20,试问需要多少个案?(答案:4 个子样本各约有 270 个个案)

6. 假定 5 个样本(如从 5 个城市抽取的)的均值分别为 2.2,3.5,3.1,1.7 和 2.6。取最小均值(1.7)和最大均值(3.5)进行均值差检验,发现在 0.01 水平上,均值差具有显著性。问:在 5 个均值之间是否也具有显著性差异? 请读者尽量详细地对结论做出**解释**。

7. 假定给一个控制组设计了一个前-后实验。换言之,把两个组按"对"与"对"进行匹配,并对两个组进行了前-后量度。根据以下三种情况,应用 t 检验来检验实验变量的效度:

(1)只用实验前,不用实验后的分数;

(2)只用实验组的"前"和"后"的分数;

(3)用全部四组分数(提示:设法利用四种分数把实验变量的作用和可能影响两个组群的额外变量的作用区分开)。

比较(1)法和(2)法的优缺点。(3)法在哪些方面优于(1)法和(2)法?(答案:(1)$t = 1.25$,不能否定零假设)

配　　对	控制组		实验组	
	前	后	前	后
A	72	75	66	77
B	61	60	61	65
C	48	37	43	49
D	55	64	55	53
E	81	76	76	91
F	50	59	52	68
G	42	49	40	51
H	64	55	65	74
I	77	75	67	79
J	69	78	64	63

　　*8.如果上题的控制组和实验组不是匹配关系,而是独立抽取的,(3)的结果如何?

　　*9.第15章表15.4是关于儿童的分数成绩与他们的能力、勤奋和社会阶级的关系资料。

　　(1)检验中等阶级成分儿童,试问他们的勤奋和分数成绩之间的关系是否按能力水平变化?

　　(2)扩大上述检验范围,试问(1)中的交互作用是否随着阶级成分的变化而变化?

　　注意:(2)实际上是检验交互作用的交互作用,或是所谓的二次交互作用。

参考文献

1. Downie, N. M. , and R. W. Heath: *Basic Statistical Methods*, 4th ed. , Harper and Row, Publishers, Incorporated, New York, 1974, chaps 12 and 13.

2. Gold, David: "Statistical Tests and Substantive Significance," *American Sociologist*, vol. 4, pp. 42-46, 1969.

3. Goodman, L. A. : "Modifications of the Dorn-Stouffer-Tibbetts Methods for 'Testing the Significance of Comparisons in Sociological Data, '"*American Journal of Sociology*, vol. 66, pp. 355-359, 1961.

4. Kish, Leslie: "Some Statistical Problems itl Research Design," *American Sociological Review*, vol. 24, pp. 328-338, 1959.

5. Loether, H. J. , and D. G. McTavish: *Inferential Statistics for Sociologists*, Allyn and Bacon, Inc. , Boston, 1974, chap. 7.

6. Morrison, D. E. , and R. E. Henkel (eds.): *The Significance Test Controversy*, Aldine Publishing Company, Chicago, 1970.

7. Selvin, H. C. : "A Critique of Tests of Significance in Survey Research," *American Sociological Review*, vol. 22, pp. 519-527, 1957.

8. Winch, R. F. , and D. T. Campbell: "Proof? No. Evidence? Yes. The Significance of Tests of Significance," *American Sociologist*, vol. 4, pp. 140-143, 1969.

14 定序尺度:双样本非参数检验

第 2 章谈到,在社会科学的研究中经常采用定序尺度,但是直到现在,还没有机会讨论涉及定序尺度的显著性检验。本章要讲述某些用于定序尺度的双样本检验,它们相当于上一章讲的均值差和比例差的检验。本章讨论定序尺度变量与二分定类尺度变量关联的检验。以后各章还要讲定序尺度和有任意数目类别的定类尺度,或同另一定序尺度相关联的检验。

本章讨论的检验常被称为**非参数检验**或**自由分布检验**,因为不需要正态总体的前提假定。事实上,**非参数**和**自由分布**两个术语会使人产生误解,其含义不是说无参数的分布,也不意味总体可以是"自由分布"的。这两个术语实际上指一大类检验,它们不需要正态的假定或规定总体准确形式的假定。所有非参数检验都需要某些有关总体性质的前提假定,但是一般不像参数检验所要求的那样充分和严格。我们已遇到过某些非参数检验,例如,二项检验,符号检验和比例差检验都不需要正态假定,因为它们只涉及二分定类尺度。和这类特殊的非参数检验不同,本章讨论的检验都涉及定序尺度,从而可使用较高一级的量度。下章要讲另外两种只涉及定类尺度的非参数检验。

与均值差等检验比较,非参数检验有什么优点呢? 在对均值差进行 t 检验时,不仅要假定定距尺度,还要假定总体正态。当然,对于大样本,正态总体的假定可以放松,但正是对于小样本,这种假定最容易出问题。因此,在满足下面两种中的一种条件时,期望用非参数检验代替均值差检验最有效:①没有根据采用定距尺度,但是可以安排分数顺序;②样本小且不能假定具有正态分布。因为非参数检验的假定不如均值差检验那样严格,所以非参数检验不能充分利用全部现有的资料信息,因此,如果有根据采用定距尺度,并且如果对于小样本能够假定具有正态性,或对于大样本能够放宽对正态性假定的要求,一般宁愿使用均值差检验,不用非参数检验。

在什么意义上,可以说一种检验比另一种检验好呢? 判断标准是什么呢? 首先,如上所述,如果检验要求做某些含糊的、本身不能被检验的假定,就不如那些不需要这些假定的检验。如果两种检验的其他条件都相同(实际上不会有这种情况),我们总是选用假定条件最弱的检验。如果检验的结果要求否定假定,就可以立即把零假设做为唯一的错误假定。可惜,问题并不如此简单。如果真如此,我们就会总是应用非参数检验。一般来说,检验需要的假定越强,犯第二类错误的危险就越小,因而检验的效力也越强。于是,我们就有两个必须同时考虑而又彼此矛盾的标准。非参数检验要求的假定较弱,但是它的效力较小。以后在用特殊非参数检验代替均值差检验时,就能更好地理解假定的

"强"和"弱"的含义。而现在必须考虑如何评价检验的相对效力。

14.1 检验效力和检验效率

我们将检验的效力定义为 $1-$(犯第二类错误的概率)或 $1-\beta$。因此,检验的效力就与不能否定错误假定的可能性成相反关系。对于固定的样本容量,检验能够否定错误假设的能力越大,其相对效力也越大。我们曾指明,估计犯第二类错误的可能性比评估犯第一类错误的可能性更困难。因为,这不仅要求知道总体的准确形式,而且也必须了解假设的参数同实际数值相差多少。换言之,犯第二类错误的概率——从而检验的效力——取决于哪一个备择假设是正确的。因此,在应用研究中实际上很少计算第二类错误的概率。然而,如前所述,我们必须用检验的效力来评价它的相对效率。可以选出几种犯第一类错误可能性相等的检验,然后根据它们犯第二类错误的相对概率,挑选一个在一组给定条件下最适当的检验。虽然,判断检验的效力非常复杂,超出本书范围,但是,我们可指明在比较各种检验时所涉及的一般方法。为此必须引进效力函数的概念。

图 14.1 是双侧检验的效力函数的一般形式。检验各种取代 H_0 的正确假设的效力可由以上函数式表示。具体地讲,设想我们假定总体均值为特定值 μ_0,如果实际总体均值和假设的 μ_0 相差两个标准差,那么显然 H_0 是错的,应予否定。因为检验效力是 $1-\beta$,所以它实际就是**否定**错误假设 H_0 的概率。这一概率(不是误差概率)表示为曲线高度。如果实际均值和 μ_0 相差两个标准差,可找到 X 轴上该点的曲线高度,这就是否定 H_0 的概率。因此,X 轴上的各数值表示 μ 的各可能**正确**值,Y 轴上的各数值表示否定 H_0 的概率[①]。

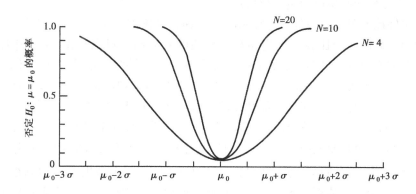

图 14.1 在 $\alpha=0.05$ 时,对于不同容量样本的双侧检验的效力函数

(*By permission from W. J. Dixon and F. J. Massey*, Introduction to Statistical Analysis, *McGraw-Hill Book Company, New York*, 1957 ,*fig.* 14.6 ,*p.* 252)

注意,当均值的正确值就是 μ_0 时(这时否定 H_0 就会犯错误),效力函数曲线的高度就是检验的显著性水平。为什么?请想一想。如果正确的 μ 和 μ_0 相差不多,由曲线高度表示的检验效力的数值就小于两者相差很大时的检验效力的值。这表明在假设值和正确值相差不大时,犯第二种错误的可能性较大;但如果两个值相差很大,否定错误假设的

---

① 注意,X 轴上的数值不是样本的统计量(如 $\bar{X}$)。即便参数(如 μ)是固定的,但由于它是未知的,所以,X 轴表示参数的各种可能数值。

概率也较大。这与我们讲二项式时的直觉论据相一致,同时也符合实际研究的要求。如果零假设接近正确,我们不必为不能否定而困惑,虽然从技术上讲这样做是不对的。只有在 H_0 确实是错误的时候,我们才真正希望否定它。

*为了从横轴上任一给定点的数值找出效力函数曲线的高度,必须能够假定抽样分布的形式。在下面的例子中,假定 $\overline{X}$ 的抽样分布是 $\mathrm{Nor}(\mu, \sigma^2/N)$,如果实际均值 μ 在假设均值 μ_0 的右方,如图14.2所示,那么,(围绕 μ 的)实际抽样分布就在(围绕 μ_0 的)假设抽样分布的右方。因为实际 μ 未知,还要用假设分布定出否定域。设否定域为小于 a、大于 b 的一组 $\overline{X}$ 的值。在做判断检验效力时,我们必须在实际均值是 μ 而非 μ_0 的情况下,计算落在否定域内的实际概率。

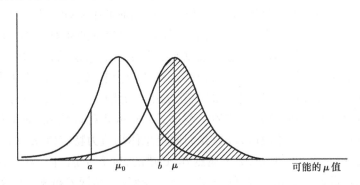

图 14.2　效力以 $(\mu-\mu_0)$ 函数表示的推导

实际抽样分布下的阴影部分的面积就是否定域内的实际概率,它在 a 的左方和 b 的右方。我们看到,当 μ 和 μ_0 相距很远时,阴影的面积几乎等于1,当 μ 和 μ_0 距离越来越接近时,阴影部分的面积也即越来越接近它的下限 a(例如0.05)。

为了更好地说明效力函数的实际用法,我们把双侧检验的效力函数(图14.1)和单侧检验的效力函数做一个比较。单侧和双侧检验的效力函数可以像图14.3那样进行比较。我们假定 H_0 预测了实际均值为 μ_0,我们用正向的一端为否定域,讨论单侧检验的情况。如果实际 μ 值大于 μ_0,那么从总体抽取的大多数样本均值也大于 μ_0,并且在相同显著性水平上,落在单侧否定域的可能性比落在双侧否定域更大。换言之,若 μ 在 μ_0 的右方,在这一方向上使用单侧检验否定 H_0 就更容易。当然,这是指对于正方向的 μ 值来讲,这种特定的单侧检验的效力较强。但是,当 μ 的实际值在 μ_0 的左方,则大多数 $\overline{X}$ 值就要出现在 μ_0 的左方,而落在连续轴另一端(正方向)的否定域里的 $\overline{X}$ 值则很少。在这种情况下,实际上就不能否定 H_0,因而单侧检验的效力就很微弱。对于否定域处于负向一端的单侧检验,其效力与上述情况相反。

总之,如果假定的 μ_0 和否定域同向(当显著性水平相等时),单侧检验的效力就比双侧检验的强;但如果 μ_0 和预测的方向相反,双侧检验的效力就比单侧检验的强。因此,在使用单侧检验时,如果预测错误的方向,犯第二类错误的可能性就很大。在这种情况下,数据资料本来就不能支持理论。因此,只有当研究者出于探索的目的,希望确定一个完全相反的理论是否有价值时,他才会继续进行这个检验,否则不会进行这种检验。

通过对单侧和双侧检验的比较,可以看出,一种检验对某些假设的效力较大,而对另一些假设的效力则较小。一般来说,在比较两类差别很大的检验时,也可能出现这种情况。例如,我们不久就会看到,在一组条件下,一种非参数检验可能比另一种非参数检验的效力大得多,但在另一组条件下,两者的效力又相差不大。正是这种情况使我们难于

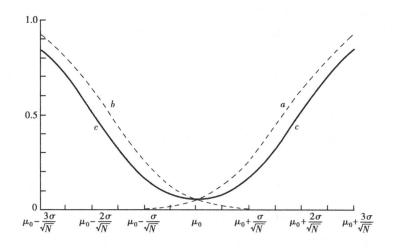

图 14.3 在 $\alpha = 0.05$ 时,单侧和双侧检验的效力函数的比较

(a)$Z > 1.645$,否定;(b)如果 $Z < -1.645$,否定;(c)如果 $Z > 1.96$ 或 $Z < -1.96$,否定

(*By permission from W. J. Dixon and F. J. Massey*, Introduction to Statistical Analysis, *McGraw-Hill Book Company*, *New York*, 1957, *fig. 14.5*, *p. 249.*)

轻易地指出哪一种检验更好。而且,一种检验可能对大样本比对小样本的效力更大,这种情况使问题进一步复杂化了。当然,任何一种检验的效力都会随着样本容量的增加而变大,因为就任何一个给定的显著性水平而言,增加样本容量就能够否定与假设值偏差较小的零假设。例如,我们已经看到,当 N 增大时,均值的标准差减小。因此,随着 N 的增大,若要保留 H_0,则样本均值必须更接近假设值,其含义是,当 N 大时,否定错误假设就更容易。虽然检验的效力随着 N 的增加而变大,但是各种检验的效力的**增加率**却不一定相同。一个对小样本的检验效力很小的检验可能"赶上"另一检验的效力,只要前者比后者对大样本的检验效力更大。

为了比较两种检验的相对效力,我们不妨问自己这样一个问题:为了达到在个案数给定时使用第二种检验相同的效力,使用第一种检验需要多少个个案?在一般情况下,我们都是将一个给定的检验与最有效力的备择检验法进行比较。在本章讨论的前三种非参数检验中,最有效力的是均值差的 t 检验。**效力的效率**通常是指某一检验的效力与同类检验中最强的效力之比。如果说这些非参数检验中的一种的检验效率为 95%,就意味着这种非参数检验在使用 100 个个案时的效力,约等于在**模型用于 t 检验是正确的条件下**使用 95 个个案时的效力。

为了估计检验的效力,我们需要假定总体具有某种特定的形式,因此在上面的阐述中,我们设想,我们实际使用是定距尺度量度,并且假定两个总体都是正态的。在确定非参数检验的效率时,我们要回答一个问题:如果总体实际上是正态的,但是我们却没有建立正态总体的假设,那么我们将为此付出多少代价?这里可以看出,如果没有采用正态总体的假设,如果使用均值差检验需要 95 个个案,那么使用非参数检验,还需要在此基础上再额外增加 5 个个案。如果我们有理由怀疑均值差检验所需要的正态总体的假设未能得到满足,那么我们在可检验效率上受一些诸如这样的小损失,改而使用非参数检验。另一方面,如果检验效率只有 60%,且总体又比较接近正态(或 N 比较大),那么可能还是使用均值差检验为好。

如上一章所指出的,正是在样本小的情况下,我们才应该更注重考虑正态总体的假设。对于小样本,因为样本的数目只能取整数值,所以检验的效率一般不能以样本的准确个案数目的比较来表示。例如,当检验效率为95%时,如果使用非参数检验的样本容量是10,那么使用 t 检验的样本容量就是9.5,虽然9.5这个数值没有操作意义,它却有助于比较效率。

在结束本节时,需要再一次提醒读者注意:一种检验的效率可能取决于选取的样本容量,对小样本效率高的检验,对大样本的效率却可能很低。

14.2 瓦尔德-沃尔夫维茨链检验(The Wald-Wolfowitz Runs Test)

在本章讲述的链检验和其后的两种检验中,我们假定有两个独立随机样本,量度层次至少是定序尺度。三种检验的零假设都是相同的:两个样本是从同一连续(或相同)总体中抽取的。我们假定基本量度单位是连续而非离散的,尽管量度手段的粗糙会产生相互持平(相等)的分数。实际上,两个样本系取自同一总体的假设在性质上与均值差检验中使用的假设相似。如前所述,在假定两个总体都是正态的,且具有相同方差和相同均值时,实际上就是假定两个总体相同。在链检验中,我们假定两个总体具有完全相同的形式,因而它们可以被认为是相同的。但是,我们不必规定其形式的性质,总体可以是正态的,也可以不是,因此,所建立的一组假定要比均值差检验所要求的较弱。均值差检验(各 σ 相等)不仅需要链检验要求的全部假定,**而且还**要求正态总体和使用定距尺度的假定。

在均值差检验中,研究的重点放在中心趋势的差异,而不是离差的差异或形式的差异。链检验基本上同时检验所有这些可能的差异。我们很快就会看到,因为检验中心趋势的差异可以应用更有效力的非参数检验,所以链检验主要用于检验离差或形式的差异。注意,零假设不是用均值或标准差而是用任何差异形式表示。本章讨论的其他非参数检验也是如此。如果使用定序尺度,用均值和标准差的概念思考问题当然是无意义的。

链检验的基本原理和计算都很简单。首先取两个样本的数据,不管分数来自哪个样本,将数值(分数)按照从高到低的顺序排列。如果零假设正确,两个样本的个案就会很好地混合起来。换言之,混合后的序列不会是前一个链都由第一个样本的个案组成,而后一个链都由第二个样本的个案组成。例如,用 A 和 B 代表两个样本,我们期望混合排列后的顺序列应类似以下形式:

ABBABAAABABBABBAAABAAB

而不是

AAAAAAAAABABBBBBBBBBBB

为了检验在排列顺序的过程中两个样本混合的程度,可以直接点算链出现的数目。链的定义为:由同一样本的个案分数组成的任何序列。在上述第一种情况里,第一个链由一个 A 组成,第二个链是两个 B,然后又是一个 A 组成的链,一个 B 组成的链和三个 A 组成的链,等等。链的总数为14。在第二种情况里,A 几乎都在低值端排在一起了,只有4个链。我们可以在来自第一个样本的个案下面画上横线,在来自第二个样本的个案上面画上横线,这样能简化点算链数目的方法并减少差错。然后点算横道的数目就求得链数目。如果像第一种情况那样,链的数目很大,就表明两个样本混合得很好,不能否定零假设;相反,若链的数目小,假设就很可能是错的,应该否定。链的抽样分布可用于建立否定零假设的否定域。

例题 假设评定员们按声望的高低来排列 19 个社会组织,声望最高的组织的分数为 1,声望最低的分数为 19。其中 10 个组织只允许非犹太人加入,其他的 9 个组织不排斥犹太人。假定这 19 个组织是从一个社区的全部组织中随机抽取的。试问:在总体中,限制性社会组织和非限制性社会组织的声望是否有显著性差异?

限制性社会组织的秩数(排列位数):$1,2,4,5,6,7,9,11,14,17(N_1=10)$。

非限制性社会组织的秩数(排列位数):$3,8,10,12,13,15,16,18,19(N_2=9)$。

1. 假定

量度层次:声望是定序尺度

模型:独立随机样本

假设:样本是从具有相同连续分布的总体中抽取的

2. 抽样分布 若 N_1 和 N_2 都小于或等于 20,链数目 r 的准确抽样分布可以从附录 2 表 E 中查找。当 N 较大时,r 的抽样分布近似正态,均值为:

$$\mu_r = \frac{2N_1N_2}{N_1+N_2}+1 \tag{14.1}$$

标准差为:

$$\sigma_r = \sqrt{\frac{2N_1N_2(2N_1N_2-N_1-N_2)}{(N_1+N_2)^2(N_1+N_2-1)}} \tag{14.2}$$

注意,虽然没有假定总体是正态的,r 的抽样分布——即使在 N 小的情况下——也是接近正态的。我们将会看到,很多其他的非参数检验的统计量也有这种性质。还要注意,在均值和标准差的公式中只用到样本容量,因此不需求出均值差检验所需要的总体参数。非参数统计量的抽样分布的公式之所以比较简单,部分原因在于个案的分数已经按顺序排列,它们只能取数值 $1,2,3,\cdots,N$,因此,秩(次序)的和数和标准差的数量只取决于个案的数目[①]。

3. 显著性水平和否定域 附录 2 的表 E 仅列出在 0.05 水平上否定零假设所要求的链数,因此,对于小样本,只能使用该显著性水平,但在文献 7 里还有更完整的数值表。注意:链检验不考虑声望和限制性组织成员之间关系的方向。另一方面,在应用 r 的抽样分布时,因为只有在该数目少的情况下(不管差的方向)才能否定零假设,所以检验只考虑单侧的情况[②]。即使关系的方向没有事先预测,链检验也是作为单侧检验来使用的。这也适用于下一节讲的曼-威特尼检验和以后几章讨论的重要检验。为了避免混乱,我们将单侧检验和已经预测方向的检验加以区别。到目前为止,因为所有单侧检验都已经预测方向,所以不需要加以区别。

我们已经看到,如果抽样分布是正态的,在事先已经预测方向的情况下,可以只用抽样分布的一端,从而减少一半显著性水平。在链检验和很多其他应用中,在方向已预测的情况下,也可以减少一半显著性水平,但依据的理由稍微不同。在本例题中,假定在社区的全部组织总体中,限制性组织的声望和非限制性组织的声望无区别。令 A 表示在没有预测方向的情况下,在水平 0.05 上样本结果具有显著性的事件。显然,$P(A)=0.05$。

---

① 如果几个总体的"实际分数"确有差异时,定序分数的方差(假定没有相持平现象)是已经事先确定的这一事实是非常不利的。看过第 17 和第 18 章后,就会了解它的原因。

② 但是,链检验有时也有做双侧检验的应用。例如,如果样本不是随机而是人为地加以混合时,可能出现过多的链。这种情况下链检验就可用于随机性检验。

令 B 表示在假定总体无差异的情况下,样本之间实际的差异方向与预测一样的事件。若排除差异等于 0 的可能性, $P(B) = 0.5$。

因为 A 和 B 一般都是独立事件,在没有预测方向情况下在 0.05 水平上获得显著性的概率和预测正确方向的概率为: $P(A\&B) = P(A)P(B) = 0.05 \times 0.5 = 0.025$。凡是检验统计量的抽样分布对差异方向是对称的或不敏感的时候,都可应用相同的原理。例如,如果我们不仅要比较三个样本(在下两章将要讲到),而且还要能预测样本差异的准确次序(如 $\overline{X}_1 > \overline{X}_2 > \overline{X}_3$),那么在假定 $\mu_1 = \mu_2 = \mu_3$ 的条件下,获得上述差异的准确次序的概率为 1/6。这样,我们就有道理取没有预测方向的显著性水平的 1/6 作为现在的显著性水平。当然,这种方法要受到事后推理的影响,并且只有在看过资料之前已预测方向的情况下才能进行。

表中的数字是在没有预测方向的假定条件下显著性水平为 0.05,或者是在预测方向的条件下显著性水平为 0.025 的链数目。因此,任何等于或小于表中数值的 r 值都表明链的数目太少,可以在该显著性水平上否定零假设。本例中两个样本的个案数分别为 10 和 9,若链数目小于或等于 6,就可以否定零假设。

4. 计算检验统计量　首先把社会组织按声望的高低顺序排列好,在属于第一个样本的个案下面画上横线,在属于第二个样本的个案上面画上横线,一共得到 12 个链。

$$\underline{1\ 2}\ \overline{3}\ \underline{4\ 5\ 6\ 7}\ \overline{8}\ \ \overline{9}\ \underline{10}\ \overline{11}\ \underline{12\ 13}\ \overline{14}\ \underline{15\ 16}\ \overline{17}\ \underline{18\ 19}$$

虽然样本的个案数太少不能符合正态近似的要求,但是,我们仍然可使用近似计算方法,以说明其用法,并且把计算结果与附录 2 表 E 中查到的数值进行比较。正如通常所做的那样,我们计算 Z 值,它表明实际的链数目与零假设的链均值或期望链数之间相距的标准差个数,因此:

$$\mu_r = \frac{2 \times 10 \times 9}{10 + 9} + 1 = 10.47$$

$$\sigma_r = \sqrt{\frac{2 \times 10 \times 9 \times (2 \times 10 \times 9 - 10 - 9)}{19^2 \times 18}} = 2.11$$

得到:

$$Z = \frac{r - \mu_r}{\sigma_r} = \frac{12 - 10.47}{2.11} = 0.725$$

因为实际得到的链数**大于**均值或期望数,而只有在相反的情况下才需要否定,所以,到这里就可以停止了。如果链数小于期望值,就要像进行双侧检验一样,应用正态分布表查出 Z 值(如:若 $Z \leqslant -1.96$,就在显著性水平 0.05 上否定零假设)。

5. 做判断　因为实际得到的链数目比表 E 给出的数值 6 大,我们决定在显著性水平 0.05 上不否定零假设。如上所述,在没有事先预测方向的情况下,使用正态近似计算法也导致相同的结果。当然,在能够得到准确数值表时,还是应该使用表,而不用正态近似计算法。根据以上的数据,否定了两类社会组织在声望上存在显著性差异的说法。

同分(Ties)　在上述例题数据中,两个社会组织没有同分的情况。连续性的假定在理论上排除了同分的可能性,因为不会有两个分数完全相等的情况。但是,由于量度的粗糙(大多数社会调查中肯定如此),在实际工作中就可能出现同分现象。注意:如果在声望上同分的两个社会组织属于同一样本,链检验不受影响。如果同分的社会组织分属两个样本,那么链的数目多少将取决于如何处理同分的方式。例如,假定两个(属于不同样本的)同分的组织处于第八和第九的位置。若两个样本的位置按原来的顺序颠倒,则只能得到 10 个而非 12 个链。换言之,链是 10 个还是 12 个,取决于所采用的排列顺序。因为这个顺序是随意的,常常会发生对同一零假设有时否定,有时又肯定的情况。在出现同分的问题里,最保险的办法是用同分的各种可能分布方式计算链数。如果各种排列顺序都导致同一判断(否定或肯定),就可以坚持这一判断。如果各种排列顺序导致不同的判断,可以依靠抛掷硬币的方法决定取舍。不过,最保险的办法还是暂不做判断为好。布莱德雷(参考文献 1)介绍一种可行的方法,它提供同分各种可能分布的概率范围。显然,如果同秩(相持平秩)数目很大,则不应使用链检验。

14.3 曼-威特尼或威尔柯克森检验(The Mann-Whitney or Wilcoxon Test)

对于某些可以使用链检验的问题,还可用另一种非参数检验。它似乎是几个人各自独立发明的,一般称为曼-威特尼检验,或是威尔柯克森检验。这种检验需要的假定和链检验完全一样,而且同链检验一样,计算步骤十分简单。我们再把两个样本的分数合并一起并按 1 至 19 排列起来,然后注意检查第二个样本(或其中较小样本)的分数。对于第二个样本的每个分数,求出排在其后的比它秩高的属于第一个样本的分数的数目。做完这一步后,把求得的各个数目相加,得到统计量 U。如果 N 小,可得到 U 的准确的抽样分布。对于大样本,我们则可用正态分布曲线来近似 U 的抽样分布。如果 U 的值特别大或特别小,我们就可以据此否定两个样本是从同一总体抽取的零假设。

这种检验还有另一种形式,可用于正态近似,它不需要直接求 U,而是计算每一样本排位数之和(也可叫做秩和)。然后应用类似均值差检验的方法。先求出各样本的秩数和之差,从此差值再减去在零假设条件下的期望差数。然后用这个与 $(\overline{X}_1 - \overline{X}_2) - (\mu_1 - \mu_2)$ 相类似的差数之差除以标准差,就得到 Z。两者不完全相同,因为这里用的不是秩数(排列位数)的均值,而是秩数(排列位数)的和数。但是,曼-威特尼检验明显与均值差检验相似。如果 Z 值大,就可否定零假设。下面用上述同一例题说明怎样应用曼-威特尼检验,并比较它和链检验的检验效率。

例题 与链检验使用同一例题。

限制性社会组织的秩数(排列位数):1,2,4,5,6,7,9,11,14,17($N_1 = 10$)。

非限制性社会组织的秩数(排列位数):3,8,10,12,13,15,16,18,19($N_2 = 9$)。

1. **假定** 和链检验的假定相同。

2. **抽样分布** 假如无论 N_1 还是 N_2 都不大于 8,那么我们就可以在附录 2 的表 F 中查到 U 的抽样分布值;假如一个 N 的值在 9 和 20 之间,而另一个在 1 和 20 之间,那么我们就可以在表 G 中查到 U 的抽样分布值。注意:两个表的格式是不同的。表 F 是用 N_1 和 N_2 的不同组合建立的。在表 F 中,不同的 N_2 的值都在每一个分表的上方标出,与之对应的 N_1 的值在表的顶行中列出,而 U 值则由小到大,自上而下地列在表的左边的那一列中,表体中列出了对应的概率值。如果 $N_2 = 6$,$N_1 = 4$(满足 N_2 总是表示两个样本中那个较大的样本这一条件),且如果 $U = 5$,那么我们便可以看到,在预测的方向,$U \leqslant 5$ 的概率为 0.086。另一方面,在表 G 中的各个分表的表体中则给出了对应于不同的显著水平的 U 的临界值。因而,在预测方向上,假如 $\alpha = 0.001$,$N_1 = 13$ 和 $N_2 = 10$(在这里,N_2 不一定要大于 N_1),我们将会发现,只有在 U 值等于或小于 17 时才会具有显著性。当 N 比较

大的时候,U 的抽样分布接近正态分布,其均值和标准差分别是:

$$均值：\mu_U = \frac{N_1 N_2}{2} \tag{14.3}$$

标准差:

$$\mu_U = \sqrt{\frac{N_1 N_2 (N_1 + N_2 + 1)}{12}} \tag{14.4}$$

3. 显著性水平和否定域　为了便于比较,仍使用不预测关系方向的 0.05 显著性水平。

4. 计算检验统计量　可以用两种方法求出统计量 U。当 N 小时,根据定义公式进行简单运算就能求出 U。先考查第二个样本的 9 个组织中的每一个,再点算第一个样本中在声望上低于(从而秩数高于)第二个样本各组织的个案(组织)数目。因为在按声望高低的排列中,第二个样本的第一个组织排在第三位,所以第一个样本中声望低于它的组织有 8 个。同样,由于第二个样本的第二个组织排在第八位,因此第一个样本中声望低于它的组织有 4 个。照此继续点算第二个样本其他组织后面属于第一个样本的组织的数目。然后把各数相加,得:

$$U = 8 + 4 + 3 + 2 + 2 + 1 + 1 + 0 + 0 = 21$$

注意:如果点算第一个样本的社会组织后面的属于第二个样本的组织数目,运算步骤一样,得到:

$$U' = 9 + 9 + 8 + 8 + 8 + 8 + 7 + 6 + 4 + 2 = 69$$

这两个数的任何一个都可以用来检验变量关系的显著性。因为表是依据较小的 U 值编制的,所以总是使用两个数中较小的一个。U 和 U' 不必都算出来,因为只要算出其中的一个,另一个可以根据以下公式求出:

$$U = N_1 N_2 - U' \quad 或 \quad U' = N_1 N_2 - U \tag{14.5}$$

这里用数值 21 作为检验统计量。

在个案的数目较多,或有同分的情况下,把各样本的个案的秩数(排列位数)相加,求出 U 值可能更容易。我们用 R_1 和 R_2 分别表示两个样本的个案排列位数之和,应用公式

$$U = N_1 N_2 + \frac{N_2(N_2 + 1)}{2} - R_2 \tag{14.6}$$

或

$$U' = N_1 N_2 + \frac{N_1(N_1 + 1)}{2} - R_1 \tag{14.7}$$

二者中较便利者,把排列位数相加,得:

1	3
2	8
4	10
5	12
6	13
7	15
9	16
11	18
14	18
17	
$R_1 = 76$	$R_2 = 114$

作为校验,应该有:

$$R_1 + R_2 = \frac{N(N+1)}{2}$$

$$76 + 114 = \frac{19 \times 20}{2} = 190$$

式中 N 表示两个样本的个案数目之**和**。因此:

$$U = 10 \times 9 + \frac{9 \times 10}{2} - 114 = 90 + 45 - 114 = 21$$

作为校验:　　　　$U' = 10 \times 9 + 11 \times 10/2 - 76 = 90 + 55 - 76 = 69$

　　曼-威特尼检验本来可以直接用 R_1 和 R_2,不必求 U。因为小 N 的 U 值可以从准确的数表中查出,所以在检验中一般使用统计量 U 比较方便。但是使用 R 可以使读者认识到曼-威特尼检验和均值差检验的相似性。读者运用简单的代数方法就可以证明从公式(14.3)至(14.7)可以推导出以下结果:

　　对于近似正态分布,统计量

$$Z = \frac{R_1 - R_2 - (N_1 - N_2)(N+1)/2}{\sqrt{N_1 N_2 (N+1)/3}} \tag{14.8}$$

近似 $\mathrm{Nor}(0,1)$。在以上 Z 公式中,分子由差 $(R_1 - R_2)$ 和另一项组成。后者就是零假设对 $(R_1 - R_2)$ 项的期望值或最终值。因为我们使用的是**和数**之差而非均值,需要考虑到两个 N 值一般是不相等的,所以必须引进后者,即修正因子。如果 $N_1 = N_2$,第二项就是 0,分子只剩下 $(R_1 - R_2)$。我们从中可以看出曼-威特尼检验和均值检验的相似性。在均值差检验中,在总体无差异的零假设条件下,分子就简化为 $(\overline{X}_1 - \overline{X}_2)$。曼-威特尼检验可以看做是**秩数**(排列位数)和之**差**检验。

　　5. 做判断　　根据附录 2 的表 G,在未预测方向的情况下,在显著性水平 0.05 上的 U 值要等于或小于 20 才可以否定零假设。因此,我们恰好不能否定两类社会组织无差异的零假设。注意,如果事先预测了方向,在显著性水平 0.05 上,U 值必须等于或小于 24。读者看到链检验和曼-威特尼检验都做出相同的判断。但是,我们应用后者时,更接近否定零假设。所以,如果零假设实际上是错的,应用曼-威特尼检验比应用链检验犯第二类错误的可能性小。

　　如果 N 较大,可以应用正态近似计算法。为了说明计算步骤,我们应用上述数据求 Z:

$$Z = \frac{U - N_1 N_2/2}{\sqrt{N_1 N_2 (N_1 + N_2 + 1)/12}} = \frac{21 - 45}{\sqrt{10 \times 9 \times 20/12}} = -1.96$$

如果用 $U'(=69)$ 代替 U,就得到:

$$Z = +1.96$$

如果应用公式(14.8),也会得到:

$$Z = \frac{76 - 114 - (10 - 9) \times 20/2}{\sqrt{10 \times 9 \times 20/3}} = -1.96$$

　　因此,应用正态近似计算法得到的结果是:在方向未预测时,在显著性水平 0.05 上刚好否定零假设。我们要再一次强调指出,在可以利用准确数表的条件下,还是不用正态近似计算法为好。

　　同分　　如果有同分(数值相等)的情况,我们必须再次假定:同分是由量度不精确造成的,而分布则实际上是连续的。如果同分发生在组(类别)内,当然不会影响 U 值,仍可如上述方法进行运算。如果同分出现在组与组之间,就以无同分的情况下个案分数的均值作为它们的分数。因此,如果两个社会组织(同分)并列于第八和第九位置,它们的分数就是 $(8+9)/2$,或 8.5。如果第十个社会组织也和这两个组织同分,它们的分数就都是 $(8+9+10)/3$,或 9.0。在计算 U 时,应用秩数和的方法可能减少混乱。因为修正因子含有 U 的标准差,所以 Z 式的分母中包含修正因子。修正后的公式变成:

$$Z = \frac{U - N_1 N_2/2}{\sqrt{[N_1 N_2/N(N-1)][(N^3-N)/12 - \sum T_i]}} \tag{14.9}$$

式中 $N = N_1 + N_2$,$T_i = (t_i^3 - t_i)/12$,t 是对给定秩数的同分数目。

在计算 $\sum T_i$ 时,必须找出所有的同分的情况。可能两个组织在第八和第九位置的分数相同,并且在声望最低的位置有三个同分,所以一个 t 为 2,而另一个 t 为 3。由此有:

$$\sum T_i = T_1 + T_2 = \frac{t_1^3 - t_1}{12} + \frac{t_2^3 - t_2}{12}$$
$$= \frac{2^3 - 2}{12} + \frac{3^3 - 3}{12} = \frac{6}{12} + \frac{24}{12} = 2.5$$

和

$$Z = \frac{21 - 45}{\sqrt{\frac{10 \times 9}{19 \times 18}\left(\frac{19^3 - 19}{12} - 2.5\right)}} = -1.964$$

只有在正态近似计算法中才能使用同分的修正因子,因为数表是在排除同分的情况下计算出来的。一般来说,除非同分的数目很多,否则修正因子可以忽略不计[①]。如果同分数目很多,应当选用斯米尔诺夫检验代替曼-威特尼检验。

曼-威特尼检验与链检验的比较　两种检验的零假设都是假定两个样本抽取自相同总体,正如在均值差检验中一样,我们主要关注中心趋势的差异。但是,有时更注意研究离差或总体形式的差异。总的来说,当两个总体的主要差异表现在中心趋势上,曼-威特尼检验总比链检验更有效力;当两个总体在中心趋势上差别不大,而在离差或形式上有重大不同时,链检验则更有效力。

我们举一个简单例题加以说明。假定有两个总体,中位数相同,但是一个总体的分布是均质的,另一个是异质的,可以期望有如下后果:

样本 1	样本 2
5	1
6	2
7	3
8	4
9	13
10	14

① 看起来,似乎对同等数值情况进行修正总是减小分母,而分子不变。但是,读者要记住,同分通常使 U 和 U' 更接近,从而使分子也减小。在上例中,我们需要重新计算 U。由于同分的出现,上例中的 $R_1 = 76.5$,$R_2 = 113.5$,因此 U 的修正值等于 21.5,Z 缩小到 1.923。

11	15
12	16
$R_1 = 68$	$R_2 = 68$

在这个极端的例子中,因为 $R_1 = R_2$,使用曼-威特尼检验不会否定这个(明显错误的)零假设。相反,因为这个排列只有三个链,应用链检验可以否定零假设。因为不能否定零假设说明犯了第二类错误,所以,链检验比曼-威特尼检验的效力强。但是在大多数问题里,常常是中心趋势的差异较大,而离差的差异很小。读者可以自己证明,对于这类总体很可能有许多链处于邻近分布中心的位置。这时,链检验就比曼-威特尼检验的效力小得多。对于大多数社会学的实际问题,曼-威特尼检验似乎是两种检验中更有用的一种。

如果量度层次为定距尺度,并且可以合理地假定总体是正态的,那么就可以应用均值差的 t 检验。在这种条件下,若改用曼-威特尼检验,从而使量度层次降低,并采用较弱的模型,这时效力会损失多少呢? 对于中等样本和大样本,曼-威特尼检验的效率近似等于 t 检验的 95%;对于小样本,曼-威特尼检验的效率也很高,只是其准确数值不易估算。布莱德雷指出(参考文献1),总的来说,包括曼-威特尼检验在内的很多非参数检验对于小样本比对大样本的效率高。因此,曼-威特尼检验是代替 t 检验的一个强有力的检验。由于曼-威特尼检验需要的前提假定较弱,因此,当定距尺度或正态总体的假定不很可靠时,就应该选用曼-威特尼检验。我们对于链检验的效率了解得更少一些。史密斯(参考文献8)发现,在样本容量为20,且正态总体具有相同标准差的一些实例中,链检验的效率近似为 75%。布莱德雷指出,在相同条件下,链检验对大样本的效率近似为 t 检验的 1/3。

14.4 柯尔莫哥洛夫-斯米尔诺夫检验(The Kolmogorov-Smirnov Test)

柯尔莫哥洛夫-斯米尔诺夫检验(以下简称斯米尔诺夫检验)是另一种双样本的非参数检验。它所需要的假定同链检验和曼-威特尼检验的一样。斯米尔诺夫检验的效力一般不易估算,但当总体间差异只表现在中心趋势上时,其效力值介于链检验和曼-威特尼检验之间(见布莱德雷,参考文献1,第291-292页)。严格地讲,在没有同分的前提下才能应用斯米尔诺夫检验。但是,我们将看到,如果是由于把资料分类定序而出现许多同分,那么应用斯米尔诺夫检验特别简便。

在社会学调查中,人们常常把实际上是定序尺度的变量的资料分成三个以上大类别来使用。如果有四个以上的定序类别,斯米尔诺夫检验特别有用,而曼-威特尼检验则因资料中含有同分不能使用。例如,一位社会学家可以把一个社区的居民分成六个社会阶级,每一阶级的成员具有相同的地位(即在地位上同分)。另外,也可以把职业按照地位高低排成顺序,每一职业阶层内的成员都同分。或者,某个态度变量可依据格氏尺度分成七种反应类型。在这些例子中,我们可能希望把变量想象为连续的,但是,由于量度手段非常粗略,资料只能分成几个有序类别。像定距尺度的情况一样,资料分得越细,类别数目越多,损失的信息越少。

斯米尔诺夫检验的原理很简单。如果独立随机样本系抽取自相同总体的零假设正确,则可期望两个样本的累积频数分布基本上相似。斯米尔诺夫检验使用的检验统计量是两个累积分布的最大差值。如果最大差值大于零假设前提下偶然性作用的期望值,就表明两个分布相差太大,以致应否定零假设。检验可以取一个(若已预测方向)方向上的最大差值,也可以取任一方向上的最大差值。

例题 假定把一个社区的成年男子的随机样本分成六个社会阶层,并且又按照流动愿望,把他们分成高、低两类。由于一个完全随机的总样本可以保证其子样本之间的独立性,所以,按愿望分类的两个类别(子样本)可以被认为是分别从流动愿望强和弱的两个总体中抽取的独立随机样本。假定我们预测流动愿望强的人比流动愿望弱的人的社会阶层高,试问:以下结果在 0.01 水平上有显著性吗?

阶　层	流动愿望低	流动愿望高
下—下	58	31
下—上	51	46
中—下	47	53
中—上	44	73
上—下	22	51
上—上	14	20
总和	236	274

1. **假定** 与曼-威特尼检验和链检验相同。

2. **抽样分布** D 是两个累积分布之间的最大差值。当 $N_1 = N_2$,N 值小时($\leqslant 40$)可以给出 D 抽样分布的准确形式(参考文献 7,第 129 页)。但是我们不讨论这种情况,因为在 N 很小时,可以不用斯米尔诺夫检验,而用曼-威特尼检验,而且在大多数社会学的例题中,两个样本的容量一般不会正好相等。如果两个样本的容量都大于 40,并且没有预测方向,D 值不小于

$$1.36 \sqrt{\frac{N_1 + N_2}{N_1 N_2}}$$

才能在显著性水平 0.05 上否定零假设。在显著性水平 0.01 和 0.001 上,系数 1.36 可分别用 1.63 或 1.95 代替。在显著性水平 0.10 上,对应的系数为 1.22。

如果已经预测方向,可应用卡方近似计算法。在下一章讨论卡方检验统计量(χ^2)时,我们将进一步熟悉卡方表[①]。计算卡方近似公式如下:

$$\chi^2 = 4D^2 \frac{N_1 N_2}{N_1 + N_2} \tag{14.10}$$

在这个特殊例题中,卡方的自由度总是 2。在应用近似计算法时,我们假定总体分布是连续的。但是,当数据实际上不连续而出现大量同分时,若希望否定零假设则求出的概率一定趋于保守。换言之,实际概率小于计算值。

3. **显著性水平和否定域** 例题要求显著性水平为 0.01。因为已预测方向,我们将应用卡方近似计算法。

4. **计算检验统计量** 首先求出每一样本的累积频数分布(见表 14.1),并把 F 表示

---

① 读者可以在学过第 15 章以后再研究斯米尔诺夫检验。

为总样本容量的**比例**。因此,第一个样本输入 F 列的第一个值就是58/236,或 0.246,第二个值是109/236,或0.462,等等。两列最后一项都是1。再编制差值$(F_1 - F_2)$的一列数值,并找出最大的正差值。这是因为我们预言在流动愿望低的人中,低等阶级成员的百分数较高,即 F_1 值较高。D 值为 0.187,如箭头所示。下一步应用公式(14.10)计算卡方。

　　5. **做判断**　我们看到,D 值越大,卡方也越大。卡方值多大才能否定零假设呢? 在卡方表里(附录2,表I),自由度列在左边,显著性水平列在表上面。我们看到,当自由度为 2 时,9.210 的卡方值对应的显著性水平是 0.01。这说明,如果零假设正确,我们得到等于或大于9.210 数值的卡方只有比 1% 还小的概率。因为我们计算得到的卡方值是 17.74,所以可以否定零假设。在方向已预测的条件下,对于小样本也可应用卡方检验。若希望否定零假设,卡方近似计算法实际上更趋于保守。换言之,用这种方法求出的概率要大于实际概率。

表 14.1　斯米尔诺夫双样本试验的计算

阶　层	流动愿望				差值
	低 F_1		高 F_2		$F_1 - F_2$
下—上以下	58	.246	31	.113	.133
中—下以下	109	.462	77	.281	.181
中—上以下	156	.661	130	.474	.187←
上—下以下	200	.847	203	.741	.106
上—上以下	222	.941	254	.927	.014
总和	236	1.000	274	1.000	

$$\chi^2 = 4D^2 \frac{N_1 N_2}{N_1 + N_2} = 4 \times 0.187^2 \times \frac{236 \times 274}{236 + 274} = 17.74$$

　　如果没有预测方向,D 值必须不小于

$$1.63 \sqrt{\frac{N_1 + N_2}{N_1 N_2}} = 1.63 \sqrt{\frac{236 + 274}{236 \times 274}} = 1.63 \times 0.0888 = 0.145$$

才能达到显著性水平 0.01。这时取最大差值作为 D 值,不考虑正负号。由于这个 D 值和上述 D 值(0.187)一样,所以再一次否定零假设。

14.5　威尔柯克森配对符号-秩检验(The Wilcoxon Matched-pairs Signed-ranks Test)

　　本章迄今讲过的三种非参数检验都要求两个样本是相互独立抽取的。读者还记得,如果各对是匹配的,就不能应用一般的均值差检验。我们曾采取另一种方法,把每个配对的个案当作一个个案,求出每对个案的分数之差,于是,似乎就有了一个单一样本,然后检验 $\mu_D = 0$ 的零假设。此外,读者还会想起符号检验也可以利用含有配对的样本。在符号检验中,只考虑分数之差的符号而不管其大小,并且应用二项分布检验零假设。另一方面,最有力的检验——t 检验不仅需要定距尺度,而且还要求假定分数之差的总体是正态的。威尔柯克森配对符号-秩检验兼备了上述两种检验的某些特征,其效力也处于两者之间。

我们在下面会看到,威尔柯克森检验要求比定序尺度稍高的量度层次。它必须采取一种有序量度尺度,不仅可以顺序排列原来的分数,而且还能排列分数之差。在社会学的研究中很少应用有序量度尺度,这种要求相当于需要用定距尺度。由于威尔柯克森检验不需要正态总体的假设,所以把它归入本章双样本非参数检验的范畴。它的检验效率大大高于符号检验,这一点并不奇怪,因为符号检验只利用很少的资料信息。如果 t 检验的假定成立,威尔柯克森检验的检验效率对于大、小样本都近似为 95%。因此,在定距尺度的量度层次但样本容量太小而不能假定正态分布的情况下,威尔柯克森检验特别有用。

威尔柯克森检验的零假设基本上和符号检验以及用于配对样本的 t 检验的零假设相同。零假设的内容是,两个总体的分数之间无差异。在应用威尔柯克森检验时,首先求出每对个案的分数之差。然后,不计正负,按绝对值大小把差值顺序排列起来。因此,差值 -6 的秩(排列位置)就高于(后于)差值 $+3$。将差值的绝对值按顺序排列后,总是将绝对值最小的差值定为秩一(放在排列的第一个)。这样排好后,再在差值前补填上符号。最后,求得正差值的秩数和及负差值的秩数和。如果零假设成立,我们期望两个秩数和的值应该近似相等。如果两个值相差太大,就应该否定零假设。我们用两个值中**较小**的一个作为统计量 T。如果 N 小,可以应用准确的数字表查 T 的抽样分布;如果 N 大,就应用正态近似计算法。

为了便于比较,我们用讨论 t 检验时所用的同一数据资料。表14.2给出了相同的资料,并且补充了威尔柯克森检验需要的数据。如果不计正负号,则表中的几个差值数值同分(相等)。这时,同分的秩数仍然取在没有同分的情况下其秩数的平均值[①]。这里有两个大小为1的差值。我们已经规定,最小的差值取最低的秩数,因此,它们的秩数为1.5。在表中的第五列里,我们把正负号放在秩数左边的括号里。根据表中的数值,可以看出负秩数之和小于正秩数之和。因此,T 值取负秩数之和。由于表中的 T 值都是正数,所以从表中查 T 时不必考虑正负号。因此:

$$T = 1.5 + 4 + 8 = 13.5$$

我们把上面的论述按照一般的步骤写成如下形式:

1. 假定

量度层次:有序量度尺度(差值可以按顺序排列)

模型:随机抽样

假设:在总体中,正秩数之和等于负秩数之和

2. 抽样分布　当 $N \leqslant 25$ 时,T 的抽样分布可以在附录2的表 H 中查找。对于大样本,T 近似为正态分布,其均值和标准差为:

$$均值:\mu_T = \frac{N(N+1)}{4} \tag{14.11}$$

$$标准差:\sigma_T = \sqrt{\frac{N(N+1)(2N+1)}{24}} \tag{14.12}$$

_____

① 有一种更保守的检验,就是分解同分,使之得到更大的 T 值。那些差值为0的(即无变化)配对应该从分析中去掉。

3. 显著性水平和否定域 与 *t* 检验一样,在不预测结果方向的条件下,使用 0.05 显著性水平。

4. 计算检验统计量 根据表 14.2,我们得到 *T* 值为 13.5。

表 14.2 威尔柯克森配对检验的计算

对号数	A 组	B 组	差值	差值的秩	负秩
1	63	68	5	(+)6	
2	41	49	8	(+)10.5	
3	54	53	− 1	(−)1.5	1.5
4	71	75	4	(+)5	
5	39	49	10	(+)12	
6	44	41	− 3	(−)4	4
7	67	75	8	(+)10.5	
8	56	58	2	(+)3	
9	46	52	6	(+)8	
10	37	49	12	(+)13	
11	61	55	− 6	(−)8	8
12	68	69	1	(+)1.5	
13	51	57	6	(+)8	
总和					13.5

5. 做判断 附录 2 的表 H 给出 $N \leqslant 25$ 的 *T* 的临界值。因为 *T* 是两秩数和中较小的一个,所以 *T* 值必须小才能否定零假设。因此,每当 *T* 值等于或小于表 H 的数值时,就可以否定零假设 H_0。当 *N* 为 13 时,*T* 等于或小于 17 才可以在显著性水平 0.05 上否定零假设,*T* 等于或小于 13 可以在 0.02 水平上否定零假设。在上一章的 *t* 检验中,我们只能在 0.02 水平上否定零假设。现在可以在比 0.02 稍高的水平上否定零假设,不过,两种检验的结果非常相似。

虽然本例中 *N* 很小,但是为了说明用法,我们仍然使用正态近似计算法:

$$Z = \frac{T - N(N + 1)/4}{\sqrt{N(N + 1)(2N + 1)/24}}$$

$$= \frac{13.5 - 13 \times 14/4}{\sqrt{13 \times 14 \times 27/24}} = \frac{13.5 - 45.5}{\sqrt{204.75}} = -2.24$$

在双侧检验中,数值为 − 2.24 的 *Z* 对应于 $p = 0.025$,所以两种计算方法得到相同的结果。因为 *T* 值小于偶然性作用下的期望值,我们可以否定零假设。必须指出,上述的正态近似计算法没有把同分的情况考虑在内作出修正,因此,在同分的相对数目很大时不能使用。

14.6　小结

本章讨论了四种不同的非参数检验,其他的非参数检验放在以后再讲。读者一定会注意到,我们讨论过的所有非参数检验与其他(如均值差)检验相比,其基本原理和计算方法都很简单。在像本书这样的一般教科书里,只能扼要地介绍几种这类检验。本章的某些检验还有其他用途。例如,链检验可以检验随机性,斯米尔诺夫检验可以作为单样本检验、比较观察频数和理论预测频数。对于某些情况,置信区间也可以由非参数检验求出。读者一旦熟悉了本章的检验,就会提出一些更深的问题,想参阅专业的文献。幸运的是,没有经过数学训练的读者可以轻易地理解很多非参数检验,而且,在塞格尔(参考文献7)、布莱德雷(参考文献1)和皮尔斯(参考文献5)等人编写的一些著作中也讲述了很多非参数检验。此外,还有讨论这类检验的大量技术性期刊。

在本章和上一章里,我们看到必须区别独立抽取的样本和匹配样本或涉及同一个案的分数比较的样本。因此,样本之间有无独立性是选用统计方法的标准之一。在匹配样本中,我们给每一对个案一个分数,然后把数据当做一个样本处理。在样本是独立抽取,但容量不同的时候,我们就要建立样本独立抽取自相同总体的零假设,而且检验统计量(Z,t,r,U,D)的抽样分布都是基于这个假定。上述原理可以轻易地推广到两个以上样本的问题。第15章和第16章将讨论三个以上独立抽取的样本的比较,这时第二个变量可以是定类、定序或定度。虽然我们不集中讲述多于两个匹配样本的较复杂问题,但是,从上一章的习题7和本章的习题5可以看出,把双样本检验推广到更多个样本并不难。基本的原则是给每一对个案一个分数(可以是差之差或更复杂的函数),然后,组成一个容量为N的样本,N表示配对(或三个个案的组合,等等)的数目,然后按上述检验步骤进行。

我们在本章第一次碰到了一个基本问题,这就是选择不同统计检验方法的标准是什么?我们主要以检验的相对效率以及某些检验需要更严格的假定前提作为选择的考虑要点,但是读者不要认为问题就这样简单,只凭上述标准就行了。我们已经指出,在大多数实际问题中,实际参数值是未知的,从而无法根据它做出选择。此外,还有一个未讲述过的技术问题,这就是检验对于违反有关假定的敏感程度。例如,如果应用均值差检验,而总体具有某一特定的非正态形式,这会对结论造成多大的影响?在违反定距尺度假定的情况下,又会产生什么样的有害结果?统计学家用**检验的稳定性**(robustness of a test)这一术语来表示检验对各种违反假定的敏感程度。当同时违反或偏离**几个**假定时,则很难估计检验的稳定性。虽然均值差检验等参数检验方法在很多情况下相当稳固,但是在可以合理地选用令人满意的非参数检验的时候,是否还要用参数检验呢?对此,各家看法不同,意见纷纭。

我们认为,在难于做出正确选择时,明智的做法是同时采用参数和非参数检验,并且公布两类检验的结果,以便读者可以据此做出自己的判断。研究人员通常把第二种检验的结果写在注释里,并且注明检验结果不同的原因。在可以应用非参数检验(或估计)的场合下,且其效力与可相比的参数检验的一样,如曼-威特尼检验和t检验一样,那么,最好主要依据非参数检验。然而,还有很多多变量参数检验方法,它们没有可替代的令人满意的非参数检验,这时,我们应该主要倚重参数检验而不用较弱的或理论上不令人满意的非参数检验,但同时必须充分认识到,使用参数检验可能得不到确切的结果。总之,究竟哪一类检验或量度更适用,我们无法做出简单武断的回答。

习 题

1. 在一社区里有很多基督新教教堂。按照参加教堂活动的教民的阶级成分,把教堂分成两类:①主要是上层或中上层阶级去的教堂;②主要是中下层或下层阶级去的教堂。然后根据教堂举行宗教活动的正规形式程度,把教堂按顺序排列,结果如下:

上层或中上层阶级的教堂:排列序数 1,2,3,6,7,8,11,13,14,15,17,21,25。

中下层或低层阶级的教堂:排列序数 4,5,9,10,12,16,18,19,20,22,23,24,26,27。

问:在 0.05 水平上,使用(a)链检验,(b)曼-威特尼检验,能够得出两种教堂具有显著性差异的结论吗? 你愿用哪一种检验,为什么? [答案:(a)$r = 14$,不能否定;(b)$U = 52$,不能否定]

2. 第 18 章中的表 18.3 是参加夏令劳动营成员的名望排列顺序。具有 1 至 8 秩数的成员是小组讨论会的"积极分子",其余的成员是"消极分子"。问:在水平 0.05 上,"积极分子"和"消极分子"在名望方面有显著性差异吗? 试用链检验和曼-威特尼检验。

3. 假定把城市职业按专业和管理人员、职员、熟练工、半熟练工和非熟练工分类并按秩从高到低顺序排列,然后询问每家户主是否赞成增加纳税人负担以提高社会保险费用。结果如下:

职业类别	赞成	反对
专业和管理人员	46	97
职员	81	143
熟练工人	93	88
半熟练工人	241	136
非熟练工人	131	38
总和	592	502

问:在 0.001 水平上,职业和态度之间是否有显著性关系?

(答案:$D = 0.282, P < 0.001$)

4. 应用斯米尔诺夫检验计算第 13 章习题 2,试将其结果与 t 检验的结果做比较。

5. 应用威尔柯克森配对符号-秩检验计算第 13 章习题 7 的各种问题,并比较两种检验结果。[答案:(1)$T = 14.5$,不能否定;(3)$T = 11$,不能否定]

*6. 证明公式(14.8)在代数的意义上等同于 151 页 14.3 节中描述的对 Z 的计算方法。

7. 如果第 10 章习题 3(1)的实际 p 值是 0.6,而不是 0.5,落在其否定域的概率是多少? 如果 $p = 0.8$,概率又是多少? 根据 p 的这两个数值,能否写出二项式符号检验的检验效力函数?

参考文献

1. Bradley, J. V.: *Distribution-free Statistical Tests*, Prentice-Hall, Inc., Englewood Cliffs, N. J., 1968, chaps. 1-3, 5,

11, and 13.

2. Dixon, W. J., and F. J. Massey: *Introduction to Statistical Analysis*, 3d ed., McGraw-Hill Book Company, New York, 1969, chap. 17.

3. Downie, N. M., and R. W. Heath: *Basic Statistical Methods*, 4th ed., Harper and Row, Publishers, New York, 1974, chap. 18.

4. Freund, J. E.: *Modern Elementary Statistics*, 3d ed., Prentice-Hall, Inc., Englewood Cliffs, N. J., 1967, chap. 13.

5. Pierce, Albert: *Fundamentals of Nonparametric Statistics*, Dickenson Publishing Company, Inc., Belmont, Calif., 1970, chap. 14.

6. Runyon, R. P., and A. Haber: *Fundamentals of Behavioral Statistics*, 3d ed., Addison-Wesley Publishing Company, Reading, Mass., 1976, chap. 18.

7. Siegel, S.: *Nonparametric Statistics for the Behavioral Sciences*, McGraw-Hill Book Company, Inc., New York, 1956, chaps. 5 and 6.

8. Smith, K.: "Distribution-free Statistical Methods and the Concept of Power Efficiency," in L. Festinger and D. Katz (eds.), *Research Methods it the Behavioral Sciences*, The Dryden Press, Inc., New York, 1953, pp. 536-577.

9. Swed, F. S., and C. Eisenhart: "Tables for Testing Randomness of Grouping in a Sequence of Alternatives," *Annals of Mathematical Statistics*, vol. 14, pp. 66-87, 1943.

定类尺度：列联问题 **15**

本章要研究两个以上的定类尺度之间的关系。我们已经看到两个二分定类尺度可以作为含有一个比例差的问题来处理。我们往往希望利用较一般的方法来检验三个以上样本的差异，或者能够就一个包括两个以上的类别的变量，比较两个(或更多的)样本。下一节讨论的卡方检验可以把定类尺度和任意数量的类别联系起来，同时还要引进一些新的思想。到目前为止，我们一直在讨论那些鉴别在两个变量间是否**存在**关系的检验方法。本章要介绍某些量度这种关系**强弱**程度的方法，并且讨论控制一个或多个变量的方法。

15.1 卡方检验

每当我们想要对从经验上得到的频数和在一组特定的理论假定下期望得到的频数之间是否存在显著差别进行评估时，就常常会用到卡方检验。这种检验有许多用途，在社会科学中普遍应用于列联问题，即两个定类尺度交互分类的问题[①]。例如，假定将宗教信仰和选举意愿相互关联，数据如下面的 3×3 列联表所示(见下表)。

党　派	基督新教徒	天主教徒	犹太教徒	总和
共和党人	126	61	38	225
民主党人	71	93	69	233
无党派人士	19	14	27	60
总和	216	168	134	518

注意，把频数换算成百分数后，基督新教徒中参加共和党人的百分数为 58.3%，天主教徒和犹太教徒的这个百分数则分别是 36.3% 和 28.4%。这些不同的百分数是否具有统计意义呢？因为有三种宗教类别和三种政治取向，所以不能运用单一的比例差检验。但如果应用卡方检验，就可以做出基本上与以前一样的零假设。我们可以假定在三个宗教总体中，参加各党派的人数比例没有差别。这就是说，在每一个宗教总体中，共和党人、民主党人和无党派人士的百分数相同。在零假设是正确的和样本是随机独立抽取的

假定下,就可以根据表端的那些合计数(边缘总和),求出一组期望的频数值。换言之,我们可以算出参加共和党的基督新教徒的数目,并将这个数值同实际数值比较。如果求出的数值同表格中各格的实际值相差很大,就大可怀疑零假设。

必须有一种能够量度观测值与期望值之差的方法。这样的量度很多,而我们需要的量度是一种具有已知的并制成表的抽样分布。因此,我们使用了以卡方(χ^2)统计量为根据的量度,它具有以下形式的概率分布:

$$\chi^2 = C\chi^{(\nu-2)/2}e^{-\chi^2/2} \qquad \chi > 0$$

式中 C 是常数,它对分布做了规范,以产生一种统一的面积。C 的大小取决于自由度 ν(见下文)。如图 15.1 所示,χ^2 分布代表一组向右偏斜从零到无穷的曲线。当 ν 增大时,曲线的偏斜程度变小。χ^2 的期望值是 ν,方差是 2ν。χ^2 分布可以看做是一组独立分布的、标准化了的正态变量的平方和。在本章后面还要利用 χ^2 分布的可加性的特性,即,如果有两个独立的 χ^2 分布,其自由度分别是 ν_1 和 ν_2,那么这两个分布之和就等于自由度为 $(\nu_1 + \nu_2)$ 的 χ^2 分布。

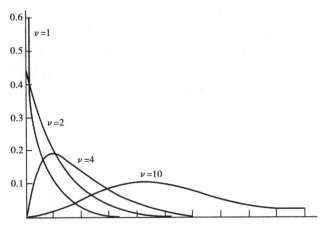

图 15.1　不同 ν 值的 χ^2 曲线

可以使用两个略有差异的近似公式来计算 χ^2。第一个公式只顺便提一下,它被称做**似然比 χ^2** 公式,其表达式为:

$$\text{LR}\chi^2 = -2\sum f_o \ln f_e/f_o = 2\sum f_o \ln f_o/f_e$$

式中 f_o 为观测频数,f_e 为期望频数(如下所述),连加号 $\sum$ 表示对所有的单元(格)取和,$\ln$ 是底数为 e 的自然对数,e 的近似值是 2.72。使用带自然对数的袖珍计算器,就能很容易地算出公式的数值。似然比 χ^2 近似公式具有准确可加性的优点,而第二种更广泛使用的近似公式只对于容量有限的样本具有近似可加性。在超出本书讨论范围的大表格分解和多变量分析使用的较高级检验中,似然比 χ^2 近似公式特别有用。可参阅参考文献 2 和 20 对这个公式及其应用的深入介绍。

本章在下面要应用的 χ^2 近似公式是:

$$\chi^2 = \sum \frac{(f_o - f_e)^2}{f_e} \tag{15.1}$$

式中 f_o 和 f_e 分别表示表中每一格的频数观测值和期望值[①]。在求卡方值时,我们先求出

---

① 为了避免混乱,我们省去了下标 i,而假定是对所有格取和。

每格中频数的观测值和期望值之差的平方,然后,为了使这一数字标准化,我们再把这一数字除以每一格的**期望**的个案数。这就会使得对卡方贡献最大的那些数值,并不总是来自那些个案数最多的格。所有这些格的非负的数量之和就是卡方值。

请注意,观测频数和期望频数的差愈大,χ^2 值愈大。只有在观测值和期望值相等时,χ^2 为零。现在只要通过 χ^2 的抽样分布,就可以检验零假设。观测频数恰好等于期望频数是几乎不可能的,但如果 χ^2 值大于根据概率期待的数值,那么依据通常的程序就可以否定零假设。

例题 以上述问题为例,把它简化成 2×2 表格,其结果也可以直接推广到一般的情况。把天主教徒和犹太教徒合并为一,并略去无党派人士,得到下面表格。

党 派	基督新教徒	天主教徒和犹太教徒	总和
共和党	126	99	225
民主党	71	162	233
总和	197	261	458

要特别注意,表格中各格的数值不是百分数,而是实际频数。如果给出的数值是百分数,则必须换算成频数值,因为卡方检验的统计量要涉及频数而非百分数的比较。

1. 假定

量度层次:两个定类尺度

模型:独立随机样本

假设:在各宗教总体中,政治见解没有差别(每种政治意愿的人数比率相同)

当然,量度层次还可以更高。有时,卡方检验与定序尺度,甚至与定距尺度一起使用。如在前几章所看到的,检验这类问题有效力更好的方法,我们一般应用那些方法而不用卡方检验。使用卡方检验仍需假定样本间的独立性,而且,样本容量必须比较大,因为公式(15.1)定义的卡方只有 N 比较大的时候,抽样分布才接近卡方数值表给出的真实分布[①]。

零假设有几个等价的表述方法。各宗教团体的政治取向无差异的假设基本上与宗教倾向与选举意愿无关的假设相同。但是,要认识到,这样的陈述只能适用于已被操作化定义的那些变量。在本例中,政治意愿和宗教被定义为二分变量。零假设还可表述成将假定相等的各比例排列为表的形式。这种方法可能最精确,但在一般情况下,这会变得相当麻烦。

2. 显著性水平 假定我们想证明的是存在差异,并且希望得到的结论十分稳妥,所以选定 0.001 显著性水平。我们还假定事先未预测差异的方向。

3. 抽样分布 附录 2 的表 I 是卡方(χ^2)的抽样分布。注意,ν 涉及的自由度不同,分布亦不同。如何确定自由度将在下面讨论。不管宗教和政治倾向之间的关系的方向如何,我们的兴趣在于求出的 χ^2 值是否大于在偶然性作用下的期望值,因此,仅考虑分布的上端。在分布的下端,χ^2 值都很小,列联问题一般不考虑。注意,当 $\nu = 1$ 时,卡方值正好

---

① 有关这个问题的详细论述,请见本节后文的讨论。

等于对应于 Z 表数值的平方。例如,在未预测方向的情况下,对应 0.05 显著性水平的数值 3.841 正好是 1.96^2。

4. 计算检验统计量　　计算 χ^2 值首先需求出期望频数。零假设提出总体在投票意愿上无差异。因此,不管各宗教**总体**的共和党人的实际百分数如何,最终都可期望两个样本的共和党人的比例相等。因为两个样本合在一起后,共和党人的比例是 225/458,即 0.491 3,所以可期望每个教派样本含有共和党人的比例也等于此值。因此每个样本具有相同的共和党人百分数值,也具有相同的民主党人百分数。用样本中基督新教徒的总数乘以 0.491 3,就可求出基督新教徒中共和**党人数**的期望值。因此,该样本中共和党人数的期望值等于 0.491 3 × 197 = 96.8。其他的期望值也可照此算出。计算期望频数时,一般最好保持小数点后一位,这样就不必四舍五入得到 97 了。

在继续讨论之前,应注意到,期望频数也可按相反的推理方式导出,即期望有多少共和党人是基督新教徒。因为混合样本中基督新教徒的比例是 107/458,即 0.430 1,所以能够算出基督新教徒中共和党人的期望频数为 0.430 1 × 225 = 96.8。读者应学会用两种方法计算频数值,这样可检验计算结果。

读者熟悉了计算方法以后,可能会发现应用下述简单公式更方便。如果把表中各格和边缘总数的数值写成如下形式:

a	b	$a+b$
c	d	$c+d$
$a+c$	$b+d$	N

每一格的频数期望值可以用与该格对应的两个边缘总数相乘,然后除以 N 而求得。例如,a 格的期望值等于:

$$(a+b)(a+c)/N = 225 \times 197/458 = 96.8$$

用先除(求比例)后乘的方法可能造成四舍五入的误差,而上述方法则可避免。

我们注意到,用边缘总数相乘再除以个案总数的算法与在第 9 章讨论两个变量的独立性时使用的方法基本相同。这种方法强调了这样一个事实:计算期望频数是根据变量之间不相关的**假定**,而观测频数表明这一假定与实际情况背离的程度。在前面讲过,如果事件(或变量)A 和 B 在统计意义上独立,那么知道了一个事件的数值并不能有助于预测另一个的数值。如果观测值与期望值刚好相等,在本例题中就意味着知道了一个人的宗教信仰并不能预测他的政治倾向。

根据习惯,我们通常把期望频数加上圆括号放在实际的观测频数下面,如下表所示:

党　派	基督新教徒	天主教徒和犹太教徒	总和
共和党	126 (96.8)	99 (128.2)	225
民主党	71 (100.2)	162 (132.8)	233
总和	197	261	458

然后,计算 χ^2 值可总结为表 15.1 的形式。注意,每一格的 $f_o - f_e$ 绝对数值都相同,这是 2×2 表格特有的,不适用于其他类型的列联表。取 $(f_o - f_e)$ 的平方值可消除负值。

记住,分母是期望频数,而不是观测频数。各个样本的观测频数不同,有时甚至为0。

表 15.1　χ^2 的计算

格	f_o	f_e	$f_o - f_e$	$(f_o - f_e)^2$	$(f_o - f_e)^2/f_e$
a	126	96.8	29.2	852.64	8.808
b	99	128.2	−29.2	852.64	6.651
c	71	100.2	−29.2	852.64	8.509
d	162	132.8	29.2	852.64	6.420
总和	458	458.0			30.388

使用另一种 χ^2 公式可以不必把每一个观测频数减去每一个期望频数,因此更简便。展开 χ^2 公式中的分子,得:

$$\chi^2 = \sum \frac{(f_o - f_e)^2}{f_e} = \sum \frac{f_o^2 - 2f_o f_e + f_e^2}{f_e}$$

$$= \sum \frac{f_o^2}{f_e} - 2\sum f_o + \sum f_e$$

因为 $\sum f_o$ 和 $\sum f_e$ 都等于 N,故得:

$$\chi^2 = \sum \frac{f_o^2}{f_e} - N \tag{15.2}$$

这个公式只含有一个减法,计算结果和前面一样(见表 15.2)。

表 15.2　应用计算公式求出卡方值

格	f_o^2	f_o^2/f_e
a	15 876	164.008
b	9 801	76.451
c	5 041	50.309
d	26 244	197.620
总和		488.388

$\chi^2 = 488.388 - 458$
$= 30.388$

只有在 2×2 表格情况下,χ^2 可表示成各格频数和边缘总数的简单函数。仍用 a, b, c, d 表示表中各格,可得:

$$\chi^2 = \frac{N(ad - bc)^2}{(a + b)(c + d)(a + c)(b + d)} \tag{15.3}$$

虽然这个公式要进行大数值的相乘,但是应用对数可大大简化计算。从方程式(15.3)看出,当 ad 之积等于 bc 之积时,χ^2 等于0。这种情况可用来迅速判断是否还需要进行显著性检验。如果对角线两项的积数非常相近,χ^2 就太小了,不能产生显著性。对角线两项的积数也能来确定关系的方向,而无需计算百分数。积数值较大者表明该对角线的两项包含的个案数较多。

*上述卡方的计算公式和计算期望值的方法对大多数问题够用了。那些希望学习

高等教科书以继续研究 χ^2 的读者可参阅一种稍微不同的、适用于普遍性 $r \times c$ 列联表的计算公式。后面要用它来计算一般 $r \times c$ 列联表的 χ^2 上限值。此外，使用这个计算公式可不必求出期望值。

令 N_{ij} 为表中第 (i,j) 格的观测值，

　e_{ij} 为（零假设下）第 (i,j) 格的期望值，

其中 $i = 1, 2, \cdots, r$，$j = 1, 2, \cdots, c$；

令

$$N_{i.} = \sum_{j=1}^{c} N_{ij}，\text{其中} i = 1, 2, \cdots, r（\text{表中总行数}），$$

$$N_{.j} = \sum_{i=1}^{r} N_{ij}，\text{其中} j = 1, 2, \cdots, c（\text{表中总列数}）；$$

然后，可把卡方表示为：

$$\chi^2 = \sum_{i=1}^{r} \sum_{j=1}^{c} \frac{(N_{ij} - e_{ij})^2}{e_{ij}}$$

但是因为：

$$e_{ij} = N \frac{N_{i.}}{N} \frac{N_{.j}}{N} = \frac{N_{i.} N_{.j}}{N}$$

所以，计算公式（15.2）变成了：

$$\chi^2 = N \left[\sum_{i=1}^{r} \sum_{j=1}^{c} \frac{N_{ij}^2}{N_{i.} N_{.j}} - 1 \right]$$

而由此式可以看出，我们可不必再计算期望频数。

5. 做判断　使用卡方（χ^2）表前，必须先决定与这个检验统计量相联系的自由度 ν。在前面的习题中，自由度总是取决于抽取的个案数目。但是对列联问题来讲，自由度只决定于表的格数。读者在求期望值时可能会注意到，大多数格的期望值都可以用减法求出而不必计算每个格的数值。事实上，在 2×2 表格中只需计算一个期望值，其他的可用减法求出来。这是因为我们用样本边缘总数求期望值。换言之，如果在任何一个格中填入一个数值，其他格的数值也就决定了，因为期望频数和观测频数都具有相同的边缘总数。因此，自由度为 1[①]。

确定了 2×2 表的自由度为 1 以后，在 χ^2 表中查找与自由度 1 对应的行，再挑出要找的显著性水平。与 0.001 显著性水平对应的卡方值为 10.827。这意味着，如果所有假定实际上正确，我们得到的 χ^2 值等于此数或大于此数的机会只有千分之一。换言之，如果本例题中做操作化定义的宗教信仰与选举意愿无关，则观测值和期望值的差异大到使 $\chi^2 \geqslant 10.827$ 的情况是极少出现的。由于实际得到的 χ^2 值为 30.388，所以在 0.001 显著性水平上可以否定零假设。我们也看到，在 N 较大时，获得 0.001 显著性水平并不难。

本例题只考虑 χ^2 的大值而没有预测变量关系的方向。因为不论基督新教徒参加民主党的人多，还是加入共和党的人多，只要百分数之差大，χ^2 值也大。换言之，检验统计量不能指出变量关系的方向，因为取 $(f_o - f_e)$ 的平方，所以无负值。如前所述，只要把得到的显著性水平分为一半，就可以检验对方向的预测。如果在没有预测方向的情况下，卡方值大到能够提供 0.10 显著性水平，那么在事先预测的方向上，计算结果就具有 0.05 显著性水平。

---

　① 在其他类型应用卡方的检验中，ν 是用不同方法计算的。基本上讲，ν 是根据某种规则独立计算期望频数的次数。这里使用的规则是把边缘总数作为给定的数值。

在不能从卡方表中准确得到我们想要的显著性水平,可改而取 χ^2 值的平方根,再通过正态分布表找出近似值。例如,在没有事先预测方向的情况下,对应 0.05 显著性水平、自由度为 1 的 χ^2 值为 3.841,其平方根等于 1.96,该值即为正态分布表中对应此显著性水平的 Z 值。正态分布表只能用于 2×2 的列联问题。

一般列联表 在遇有一般的 r 行和 c 列的列联表时,我们只需对有关 χ^2 的假定和计算方法稍做改动。"无差异"或"无关系"的零假设就意味着每一个总体含有第二个变量中各种类别的比例相等。期望频数可以用完全和上述相同的方法计算,但是,因为表的格子数变成了 rc,所以自由度也因此而不同了。

让我们使用上述例题的本来形式,即 3×3 表。这个表格提供的信息比把天主教徒和犹太教徒合并一起的 2×2 列联表更详尽,因而可以预料根据此表计算的结果会稍微不同于上面得到的结果。利用前面讲过的任一方法可求出期望频数,如下表所示。我们可以用它来制成一张和以前一样的带有期望值的表格(参看表 15.3)。

党　派	基督新教徒	天主教徒	犹太教徒	总和
共和党人	126 (93.8)	61 (73.0)	38 (58.2)	225
民主党人	71 (97.2)	93 (75.6)	69 (60.2)	233
无党派人士	19 (25.0)	14 (19.4)	27 (15.6)	60
总和	216	168	134	518

表 15.3 3×3 列联表的卡方计算值

格	f_o	f_e	f_o^2	f_o^2/f_e
a	126	93.8	15 876	169.254
b	61	73.0	3 721	50.973
c	38	58.2	1 444	24.811
d	71	97.2	5 041	51.862
e	93	75.6	8 649	114.405
f	69	60.2	4 761	79.086
g	19	25.0	361	14.440
h	14	19.4	196	10.103
i	27	15.6	729	46.731
总和	518	518.0		561.665

$$\chi^2 = 561.665 - 518 = 43.665$$

自由度如何确定呢?我们注意到,第一列前两个期望频数一旦填入表后,第三个期望值就可用减法求出。第二列的情况也一样。第三列的各期望频数可通过各行的总数算出。一般来说,对前 $c-1$ 列中的每一列,除了该列最后一格以外(即 $r-1$ 格),各格的值都能填入,而最后一列中各栏的数值可用减法求出。因此,$r \times c$ 列联表的自由度可用下面公式计算：

$$\nu = df = (r - 1)(c - 1)$$

注意,当 $r = c = 2$ 的特殊情况下,计算结果为 1 个自由度。

　　因为 3×3 表的自由度等于 4,所以在 0.001 显著性水平上,否定零假设所要求的卡方值为 18.465。因此,我们否定零假设。注意,在 3×3 列联表的情况下,虽然否定零假设所需要的卡方值变大,但是表格的格数增多了,卡方值也就随之增加了。由于卡方值是和数,而不是平均值,所以在其他条件不变的情况下,格数愈多,卡方值愈大。自由度增加,否定零假设所需要的卡方值也要增大,这一点并不奇怪[①]。如前所述,在零假设下,$E(\chi^2) = \nu$。

　　连续性的修正　上面已经提及,只有 N 大时,检验统计量的抽样分布才近似等于卡方表的抽样分布。因此卡方检验要求 N 相当大。于是,我们自然会问:N 需要多大,才能使用卡方检验呢? 这要看表的格数以及表的边缘总数。一般来讲,格数愈少并且各边缘总数愈接近相等,则 N 就可以愈小。各格的**期望**频数通常用来作为判断所需个案数的标准。如果任何一个期望频数值接近或小于 5,最好照下述方法做某种修正。

　　卡方分布被假定为连续性分布。实际上,在个案数很少时,不可能求出很多不同的卡方值,这是因为观测频数必定总是整数。为了对分布的连续性做修正,我们假想观测频数实际上可以有各种可能的数值。然后,在各真实的观测频数整数两侧 1/2 单位上取那些可能的数值。以 2×2 列联表为例,校正卡方分布的连续性是很容易的。只要在观察的频数上加上或减去 0.5,便可减少卡方的量。式(15.3)的校正式为:

$$\chi^2 = \frac{N \left(|ad - bc| - \frac{N}{2} \right)^2}{(a + b)(c + d)(a + c)(b + d)}$$

从下表可以看出对连续性作修正的效果:

(A)	7	13	20		(B)	7.5	12.5	20
	(10)	(10)				(10)	(10)	
	8	2	10			7.5	2.5	10
	(5)	(5)				(5)	(5)	
	15	15	30			15	15	30
	$\chi^2 = 5.40$					$\chi^2 = 3.75$		

表(B)通过把每格观测频数加上或减少 0.5,缩小了期望频数和观测频数之间的差,从而改进了分布的连续性。我们设想表中左上格可取 6.5 至 7.5 之间的个案数。之所以取 7.5,是因为在这个区间内它最接近 10.0 的期望频数。在本例中对连续性的修正把显著性水平从大约 0.02 降低到稍大于 0.05。显然,在期望频数较大时,连续性修正的作用不大。既然修正工作不需要花很多额外的精力,同时,这是从保守的立场来对统计量做修正的,所以建议在期望频数值低于 10 的情况下,都应做修正工作。样本很小时,即便修正也可能导致错误的结果。另一种适用于 2×2 表的检验方法将在下一节讨论。

---

① 注意,对于 t 分布,情况相反。为什么?

对于一般列联表,连续性不容易修正。如果表格中格数比较多,且只有一两个格的期望频数值是5或小于5,一般最好不做连续性的修正,而直接进行卡方检验。但如果格数既多且数值小,那么唯一切实可行的方法是把类别合并,以取消这种格。当然,必须在理论上有意义的条件下,才能合并类别。如果一个宗教类别包括了很多宗教团体,就使得这个类别在理论上无意义了,那么最好在分析时排除这些人,虽然总的来说,在分析时排除某些资料不是好办法。

15.2 * 费舍尔精确检验

当2×2表的 N 值很小时,可应用费舍尔提出的检验方法,它可以给出精确的而不是近似的概率。如果把2×2列联表各格及边缘总数用符号表示为如下形式:

$$\begin{array}{cc|c} a & b & a+b \\ c & d & c+d \\ \hline a+c & b+d & N \end{array}$$

就可求出在假定总体中各种比例无差异的零假设下各**确切**频数的概率。这个概率由以下公式表示:

$$P_k = \frac{(a+b)!(c+d)!(a+c)!(b+d)!}{N!a!b!c!d!}$$

我们在下文会提出下标 k 的定义。

应用超几何分布求**无回置抽样**的概率的方法可导出上述概率公式。和其他非参数检验一样,在费舍尔检验中把问题看做是从容量为 N 的"总体"中重复抽取样本。换言之,我们把得到的样本当做实际总体,并在本例中假定个案按类别分入四个格。假定第一列有 $(a+c)$ 个个人,第一行有 $(a+b)$ 个个人,等等,那么在第一行的 $(a+b)$ 个个人当中,a 个个人分在第一列、b 分在第二列的实际概率是多少?我们假设无回置地随机抽取了 $(a+b)$ 个个案,并把它们放在第一行,剩下的个案自然就落在了第二行。这相当于设想每一格的个案是随机分配的。那么,应用随机抽样的方法得到这种结果的可能性是多大呢?

应用10.4节的超几何分布公式可以算出表中上一行两格得到 a 个和 b 个个案的概率为:

$$P(a,b) = \frac{\binom{a+c}{a}\binom{b+d}{b}}{\binom{N}{a+b}}$$

把每一项表示为阶乘形式,然后化简,得:

$$P(a,b) = \frac{\frac{(a+c)!}{a!(a+c-a)!}\frac{(b+d)!}{b!(b+d-b)!}}{\frac{N!}{(a+b)!(N-a-b)!}} = \frac{\frac{(a+c)!}{a!c!}\frac{(b+d)!}{b!d!}}{\frac{N!}{(a+b)!(c+d)!}}$$

$$= \frac{(a+c)!(b+d)!(a+b)!(c+d)!}{N!a!b!c!d!}$$

可以很容易地证明,如果把问题设想为抽取一个有 $(a+c)$ 个个案的样本,求 a 和 c 落入第一**列**的概率,其结果也一样。

注意,在求 P 的公式中有 9 个阶乘,因此直接计算公式很麻烦。此外,通常感兴趣的是抽样分布的整个尾端,而不是要准确获得已知结果的概率,所以在同一方向上,除了这个概率以外,还必须加上获得更为异常结果的概率。

用简单的数字例题可解释上文的含义。假定有一张如下的 2×2 列联表:

$$
\begin{array}{cc|c}
3 & 9 & 12 \\
12 & 5 & 17 \\
\hline
15 & 14 & 29
\end{array}
$$

如果假定边缘总数固定不变,我们就会看到,有三个结果(在同一方向上)比得到的结果可能性更小。三个结果如下:

$$
\begin{array}{cc|c}
2 & 10 & 12 \\
13 & 4 & 17 \\
\hline
15 & 14 & 29
\end{array}
\qquad
\begin{array}{cc|c}
1 & 11 & 12 \\
14 & 3 & 17 \\
\hline
15 & 14 & 29
\end{array}
\qquad
\begin{array}{cc|c}
0 & 12 & 12 \\
15 & 2 & 17 \\
\hline
15 & 14 & 29
\end{array}
$$

注意,把 a 和 d 格的数值逐次减 1,c 和 b 格的数值逐次加 1,直到 a 格的数值等于 0,就能得到上面三种表格形式。

我们要假定 a 格含有的个案数最少,而表总是能够安排成这种形式的[①]。令 P_0 表示在零假设下获得 a 格数值为 0 的概率(边缘总数已定),令 P_1 表示获得 a 格数值为 1 的概率,P_2 表示获得 a 格数值为 2 的概率,等等。于是,在这个例题中必须求出概率和数

$$
P_0 + P_1 + P_2 + P_3
$$

才能计算在 a 格得到三个或少于三个个案的概率。因为应用的是单侧检验,所以在不能预测方向的情况下,要把得到的显著性水平加倍[②]。

我们不必计算上面含有阶乘的公式中的每一个 P_i,而可以直接求出 P_0,然后再把其他概率作为 P_0 的函数求出,这样更简便。用下标 k 表示数值最小格 a 的个案数,以区别在边缘总数固定的情况下,a,b,c,d 格取其他数值的各种组合。因此,如果 a 格有 k 个个案,那么各格数值就记做 $a_k (=k), b_k, c_k$ 和 d_k。因为边缘总数假定是固定不变的,所以若 a_k 和 d_k 减 1,b_k 和 c_k 就要加 1。当 $a_0 = 0$ 时,$a_0! = 1$(根据定义),$(a_0 + b_0)! = b_0!$,$(a_0 + c_0)! = c_0!$。因此,可简化计算 P_0 的公式。消去一些阶乘后,得:

$$
P_0 = \frac{(c_0 + d_0)! (b_0 + d_0)!}{N! d_0!}
$$

式中分子只剩下两个而不是四个边缘总数的阶乘,分母只剩下 $N!$ 和 $d_0!$ 两项。从上面四个表格中最后的一个可以求出 d_0 的数值。因此,在这个例题中,$(c_0 + d_0) = 17$,$(b_0 + d_0) = 14$,$N = 29$,$d_0 = 2$。应用阶乘对数表,或把阶乘展开消去同类项,可求出 P_0。

为了求出 P_1,P_2 和 P_3 的值,还需要一个用 P_k 项表示出的 P_{k+1} 的一般公式。用 a_k,

[①]　在极少的情况下,如果把 a 总是作为最小数值的格,变量关系的方向会改变。例如,如果行和列的边缘总数分布相差很大,这种做法就行不通。因此,如果 a,b,c 和 d 分别为 1,2,3 和 7,乘积 $ad (=7)$ 大于乘积 $bc (=6)$。如果把 a 减少为 0,各格的数值就分别是 0,3,4 和 6,这时因为 $bc > ad$,关系方向就相反了。因此,应检查是否发生方向的改变,如果出现了这种情况,应该把较小的对角线乘积中最小的格定为 a。

[②]　严格地讲,方向必须事先预测才能应用费舍尔精确检验,因为实际上两个尾端决不会完全对称的。

b_k, c_k 和 d_k 分别表示 P_k 表格中的四个格,因边缘总数固定不变,故有:

$$P_k = \frac{(a+b)!(c+d)!(a+c)!(b+d)!}{N!a_k!b_k!c_k!d_k!}$$

和

$$P_{k+1} = \frac{(a+b)!(c+d)!(a+c)!(b+d)!}{N!(a_k+1)!(b_k-1)!(c_k-1)!(d_k+1)!}$$

P_{k+1} 的分母不同于 P_k 的分母,这是因为每当把 a 格加 1,则 d 也加 1,同时从 b 和 c 都减去 1。如果将 P_{k+1} 除以 P_k,则几乎所有的项都消去。两个概率的分子相等,因为二者的边缘总数相同。N 阶乘消去,只剩下:

$$\frac{P_{k+1}}{P_k} = \frac{a_k!b_k!c_k!d_k!}{(a_k+1)!(b_k-1)!(c_k-1)!(d_k+1)!}$$

因为 $a_k!/(a_k+1)! = 1/(a_k+1)$,$d_k!/(d_k+1)! = 1/(d_k+1)$,$b_k!/(b_k-1)! = b_k$ 和 $c_k!/(c_k-1)! = c_k$,所以:

$$\frac{P_{k+1}}{P_k} = \frac{b_k c_k}{(a_k+1)(d_k+1)}$$

或

$$P_{k+1} = \frac{b_k c_k}{(a_k+1)(d_k+1)}P_k$$

这样就消掉了繁琐的阶乘因子。因此,可应用这个公式从 P_0 求 P_1,求出 P_1 后,可以再求 P_2,如此类推。

再来看上面的数字例题,P_0 可按下式求出:

$$P_0 = \frac{14!17!}{29!2!} = 0.175\ 35 \times 10^{-5}$$

因此:

$$P_1 = \frac{b_0 c_0}{(a_0+1)(d_0+1)}P_0 = \frac{12 \times 15}{1 \times 3} \times 0.175\ 35 \times 10^{-5} = 10.521 \times 10^{-5}$$

计算 P_2 要用 a_1, b_1, c_1 和 d_1,而不是用计算 P_1 的数值,这一点要注意。我们得到:

$$P_2 = \frac{b_1 c_1}{(a_1+1)(d_1+1)}P_1 = \frac{11 \times 14}{2 \times 4} \times 10.521 \times 10^{-5} = 202.529 \times 10^{-5}$$

同样:

$$P_2 = \frac{b_2 c_2}{(a_2+1)(d_2+1)}P_2 = \frac{10 \times 13}{3 \times 5} \times 202.529 \times 10^{-5} = 1\ 755.252 \times 10^{-5}$$

注意,在用 P_k 求 P_{k+1} 时,分子中的每一项要减去 1,而分母中的每一项要加上 1。把诸概率加在一起,得:

$$P_0 + P_1 + P_2 + P_3 = (0.175 + 10.521 + 202.529 + 1\ 755.252) \times 10^{-5}$$
$$= 1\ 968.48 \times 10^{-5} = 0.0197$$

因此,在零假设下,a 格的个案数为三或少于三的概率等于 0.02。根据这一数值,就可做出肯定或否定零假设的判断。

费舍尔检验是精确检验,所以比对连续性做修正的卡方检验更好。一般来说,应用卡方检验得到的概率比用费舍尔检验得到的小。如果我们希望否定零假设,那么应用费舍尔检验就会趋于保守。换言之,应用卡方检验会得到超过实际情况的小的概率,这可能使我们否定实际上不应该否定的零假设。如果最小的期望频数值大大超过 5,并且对连续性进行了修正,两种检验就会给出近似相同的结果。即便用费舍尔检验时可以避免使用含有阶乘的公式,但是当数值最小的格的频数大于 5 时,计算过程也非常麻烦。所以,在 N 值很小,或样本容量适中而表格中一个或一个以上的边缘总数很小时,费舍尔检验最适用。当 $(a+b)$ 和 $(c+d)$ 都小于或等于 30,参考文献 4 有表可查,应用费舍尔精确检验特别简便。

15.3 卡方分解和其他检验

有些时候,如果一个复杂的 $r×c$ 表格的卡方具有显著性,这时若能对它的子表做一番考察以确定究竟是整个表格的哪一部分对总卡方影响最大,可能不失为一种明智之举。而进行诸如这样的考察的一种可行的简便方法是考察每一格的残差 e_{ij},其公式为:

$$e_{ij} = f_o - f_e / \sqrt{f_e}$$

根据计算结果,可看出哪一个残差(不论在哪一个方向上)距离零值较多。参考文献 20 论述了这种方法。

另一种方法则是利用(真实的)卡方分布的可加性,把 $r×c$ 表的总卡方分解为若干独立部分(见参考文献 2,4.4 章)。第 16 章将讨论一种用于离差平方之和,即 $\sum(X - \bar{X})^2$ 的类似的分解方法。古德曼(参考文献 8)证明,在随意重新安排了 $r×c$ 表的列或行以后,可以得到和数等于总卡方的两个独立 χ^2。方法是做两个子表,第一个子表含有原表的 J 列(或 I 行);第二个子表包括剩余的列(或行),再加上数值等于 J 列(或 I 行)之和的一列(或行)。由于可以对一个或两个子表再顺次分解下去,所以能够用许多不同方式把原表分解成很多子表,从而更深入了解变量的情况。

我们用原来的把三种教派和三种政治倾向联系在一起的 $3×3$ 表格作为例子说明分解的方法。这张表格的自由度等于 4,卡方值是 43.665。首先像下面那样把原表分成两个 $3×2$ 表。两张表格的卡方值分别是 20.61 和 22.61,其和等于 43.22,而不是原表的 43.665。如果用卡方的似然比近似法,两个子表的卡方之和就恰好等于原表的卡方值,只是在四舍五入上有微小误差。

	基督新教徒	天主教徒	总和	基督新教徒和天主教徒	犹太教徒	总和
共和党人	126	61	187	187	38	225
民主党人	71	93	164	164	69	233
无党派人士	19	14	33	33	27	60
总和	216	168	384	384	134	518
	$\chi^2 = 20.61$			$\chi^2 = 22.61$		

两个子表卡方值的自由度均为 2,显著性水平都是 0.001,但是第一个卡方值根据的个案较少,表明该表变量间的关系较强。当然,也可以把 $3×3$ 表格分解成其他形式。例如,首先比较天主教徒和犹太教徒,然后把两者合并,再同基督新教徒比较。同样,这样的表格的一个或两个可以进一步分解。例如,假定我们想就主要的党派倾向比较基督新教徒和天主教徒。然后把共和党人和民主党人合并,同无党派人士比较。上面第一个子表可以再分解成如下所示的形式:

	基督新教徒	天主教徒	总和
共和党人	126	61	187
民主党人	71	93	164
总和	197	154	351

$$\chi^2 = 20.59$$

	基督新教徒	天主教徒	总和
共和党人和民主党人	197	154	351
无党派人士	19	14	33
	216	168	384

$$\chi^2 = 0.02$$

在这里很容易看出,第一次分解的第一张子表的卡方值20.61几乎完全是由共和党人和民主党人之间的差别造成的。在把民主党人和共和党人合并之后再同无党派人士比较时,基督新教徒和天主教徒几乎无差异。对于第2个3×2子表,也可以同样再分解。

应用卡方分布可以进行许多其他的检验,同时,分解列联表格也有很多精细灵活的方法。这使我们能够提取更多的信息。在这方面,古德曼的研究非常重要。但是读者在学习这方面的学术期刊文章之前,最好先看参考文献2和20。

检验某些问题中的"准独立性"是卡方分布的又一种有趣的应用,这些问题预测表格中只有某些格具有独立性。例如,有一张正方形的职业流动表,表中上面的一行是父亲的各种职业,儿子的职业按同一次序由上到下排在表格的左列。如果子继父业的情况普遍,那么大量的个案就会集中在主对角线的格内。但是,可能希望检验这样的零假设:对于表格中其余的格来说,儿子的职业分布和父亲的职业分布无关。

这种方法太复杂,不便在此讲述。其基本过程是把主对角线上的格排除在外,对其余的格进行卡方检验。这一方法的复杂之处在于它需要一个顺序重复的步骤来求出期望频数的适当估计值。但是,只要求出估计值,检验本身就很容易了。卡方的自由度需减去排除的格数。

15.4 关系强度的量度

到目前为止,我们一直仅仅在研究两个变量间是否存在关系。其方法是建立假定变量间无关系的零假设,然后再试图否定它。但是,在我们能够否定零假设时,工作完成了多少呢? 当我们在可能犯第一类错误的情况下,确定了两个变量间**存在**关系时,就是指这一关系具有统计意义。但是,这是否意味着变量之间存在一种强关系,或是重要关系呢? 不一定。变量关系的强弱和变量间是否存在关系是两个完全不同的问题。本节将讨论几种量度关系强弱的方法,这有助于回答第二个问题。

乍一想,会考虑到直接用检验达到的显著性水平来估计变量间关系的强弱,这似乎是合情合理的。例如,如果一个检验的显著性水平是0.001,另一个是0.05,我们可能由此得出第一个检验中的变量关系较强。但是情况一定如此吗? 根据不同的显著性水平只能判断出各个问题中变量之间存在关系的可信程度。因此,第一个检验中的变量之间的关系和第二个检验中的变量之间的关系相比较,我们更相信前者的**存在**。不过一定要记住,检验的显著性水平决定于样本的容量。如前所述,当样本很大时,即使变量间关系很微弱,确立它的显著性一般也不难。这意味着,在大样本的情况下,确定变量间存在"有显著"的关系并无很大意义。对大样本来说,更重要的问题是:"如果变量之间存在关系,其强度有多大"?

为了解释这一问题,我们再深入地研究卡方的性质。在研究时,读者要记住,同一原理也适用于其他类型的显著性检验。首先,我们提一个问题:如果个案数增加,卡方会发生什么情况? 为了解释清楚,以 2×2 表格为例:

30	20	50
20	30	50
50	50	100

该表格的卡方恰好等于 4.0。现在,假定把样本的容量加倍,并保持各格数值比例不变,得:

60	40	100
40	60	100
100	100	200

该表的卡方值为 8.0,正好是第一表格卡方值的一倍。从卡方公式可以很容易证明,如果各格数值间的比例不变,卡方值和个案数成正比。如果个案数增加一倍,卡方值也增加一倍。如果个案数增加两倍,卡方值也增加两倍。若原来个案数增大 k 倍,由于各格内数值间比例不变,每个新观测频数都比原观测数值增大 k 倍。期望频数值也如此。新卡方可表示如下:

$$(\chi^2)' = \sum \frac{(kf_o - kf_e)^2}{kf_e} = \sum \frac{k^2(f_o - f_e)^2}{kf_e} = k \sum \frac{(f_o - f_e)^2}{f_e}$$

从上式看出,新卡方值正好是原卡方值的 k 倍。

用其他例子可以解释这个现象的意义。假定研究的对象是性别与容忍越轨行为的关系,样本结果如下表:

容忍程度	男性	女性
高	26	24
低	24	26

本例的卡方等于 0.16,由此可正确地判断变量关系无显著性(意义)。但是,假如调查的规模很大,资料包括了 10 000 个个案,结果如下表:

容忍程度	男性	女性
高	2 600	2 400
低	2 400	2 600

其卡方等于 16.0,这个数值表明变量间具有很高的统计显著性(意义)。但是,如果各格的数值用百分数表示,其结果给人的印象就不同了。在容忍程度高的一项里,男性占总数的百分数是 52%,而女性只占 48%。这时如果我们强调在容忍程度上性别存在差异,就会受到批评。因为这种差异在理论或实践的意义上都是微不足道的。这个例子说明了一个很重要的事实:在统计上有意义(显著性)的差异在其他方面可能无意义。我们可以确信,在选取 10 000 个个案的问题里,一定会有某种很弱的关系可以产生一个在统计上有意义的(显著的)关系。

可以看出,当样本小的时候,变量之间的关系必须较强才能产生统计意义(显著性)。正因为如此,在使用小样本时显著性检验是非常重要的。这时,如果变量间的关系具有一定显著性水平,就能说明很多问题。显著性水平决定于两个因素:关系的强度和样本的容量。小样本、强关系可以获得显著性;同时,大样本、弱关系也能获得显著性。在大多数社会研究中,我们的兴趣主要不在于寻找彼此有关系的变量,而是要确定哪些关系是重要的。应该强调指出:不是所有强关系都是重要的(例如,夫妇的年龄关系),但是,就一种关系应具有实际的重要性来说,它起码必须具有一定强度。研究者在确定了变量间存在关系后,还应该再问:"其强度是多大?"

怎样量度变量关系的强度呢? 我们要寻求一种描述性的量度,使用它可以比较几个变量关系,从中找出最强的关系,从而有助于概括这种关系。我们理想上也希望这个量度具有直观上操作性的解释。依照习惯,统计学家通常设计上限为1,下限为0或−1.0的量度。只有当变量之间的关系是完整的,大多数量度才能取极限值1.0(或−1.0),并且当变量之间毫无关系(即彼此独立),量度取0值。我们在下面就要讨论几种用于列联表的量度及其性质。

在讨论各种可以用于列联表的变量关系的量度以前,先要谈谈使用百分数来量度差异的简明方法。使用比较百分数的方法肯定能够相当准确地表示两个二分变量之间关系的强弱。例如,若样本中属于容忍程度高的一栏的男性和女性各自的百分数分别为60%和30%,那么,男女两组的差异就是30%。但是为什么不使用百分数来量度关系的强度呢? 这种方法不是很方便吗? 例如,比较中等阶层和低等阶层的容忍程度,其百分数差值为20%。于是,我们就可以断定性别和容忍程度的关系比阶层和容忍程度的关系更强。

在2×2列联表的这一特例中,我们凭借诸如这样的方式很容易就可以对百分数进行比较。同其他量度相比,人们对百分数更为熟悉,因此都愿意使用百分数来进行比较[①]。但是,对于一般$r \times c$列联表,情况怎样呢? 这时若使用百分数,读者就不能一目了然地看出关系的强度。例如,假定社会各阶层中属于高容忍程度的百分数如下:高等阶层,70%;中等阶层,50%;低等阶层,30%。高等阶层和低等阶层的百分数之差是40%,在数字上它大于男女在容忍程度上的百分数之差。另一方面,若只采用极端情况,一般能期望得到较大的百分数之差。假如把阶层细分为五种,会得到多大的百分数差呢? 其结果怎么和2×2列联表的结果比较呢? 为了进一步说明这个道理,假定把容忍程度划分为四类。很明显,比较不同表格的结果很难。我们需要一种简单的、总结性的量度,它具有相同的上限和下限,不受表格格数的影响。

以卡方为根据的传统量度方法 已经讲过,卡方和N成正比。根据这个性质,可以设计几种关系的量度。在以下两个列联表的情况中:

30	20	50		60	40	100
20	30	50	和	40	60	100
50	50	100		100	100	200

我们希望有一种量度,它对两个表的量度结果相同,因为在把各格换算成百分数后,

---

① 等到第17章讲到斜率时,就会了解使用百分数的另一个优点。在讲到比例差之差检验时,曾说过比例差可以被看做是斜率的特例。

对应格的值是一样的。换言之,我们可以说,这两组资料表现出来的关系强度相同,只是样本容量不一样。第二张表的卡方值是第一张表的一倍,但如果两张表的卡方值除以各自的个案总数,则其结果相同。这一点提醒我们,表达式 χ^2/N 或其整数倍具有一个我们所希望获得的量度性质,若各表对应格的百分数相同,这个表达式的数值一样。

注意,χ^2/N(一般用 ϕ^2 表示)的值在变量之间毫无关系时为 0。在 2×2(或 $2 \times k$)列联表的情况下,当两个变量之间存在完整关系时,ϕ^2 等于上限值 1。假定我们有下面这样的一张表:

50	0	50
0	50	50
50	50	100

很容易证明,其卡方等于 100,因此 ϕ^2 等于 100/100,或 1.0。在对角线上的两个格**都为 0** 的时候,2×2 列联表的卡方值总是等于 N,从而 ϕ^2 总是为 1。显然,这个例子中的关系是最完整的。如果它表示的是性别和容忍程度的关系,就可以说男性都具有高容忍性,而女性都没有容忍性。用我们很快就要熟悉的术语表示,可以说所有容忍程度上的变差都可以用性别来解释,或者说它与性别有关[①]。

一般 $r \times c$ 列联表的 ϕ^2 值可以比 1 大很多,因此提出了几种其他的量度,它们都是 χ^2/N 的简单函数,但其上限值都是 1。第一种是朱普洛夫 T,公式为:

$$T^2 = \frac{\chi^2}{N\sqrt{(r-1)(c-1)}} = \frac{\phi^2}{\sqrt{(r-1)(c-1)}}$$

虽然 T 的上限为 1,但只有当表格的行数和列数相等时,T 值才达到上限。换言之,如果表格是 2×3 或 3×5 的形式,T 一定小于 1。如果行数大大超过列数(或相反),T 的上限就可能大大低于 1。为了修正这种情况,总是把实际计算的 T 值除以在给定的行数和列数情况下最大的 T 值。因为还有其他更好的量度,所以就不讨论这种修正了。

*用下面的公式可以证明 ϕ^2 的上限等于 $\text{Min}(r-1,c-1)$:

$$\chi^2 = N\left[\sum_{i=1}^{r}\sum_{j=1}^{c}\frac{N_{ij}^2}{N_{i.}N_{.j}} - 1\right]$$

因为:

$$\frac{N_{ij}^2}{N_{i.}N_{.j}} \leqslant \frac{N_{ij}}{N_{i.}} \quad (\text{其中 } i = 1,2,\cdots,r)$$

$$\frac{N_{ij}^2}{N_{i.}N_{.j}} \leqslant \frac{N_{ij}}{N_{.j}} \quad (\text{其中 } j = 1,2,\cdots,c)$$

所以:

$$\sum_{i=1}^{r}\sum_{j=1}^{c}\frac{N_{ij}^2}{N_{i.}N_{.j}} \leqslant \sum_{i=1}^{r}\sum_{j=1}^{c}\frac{N_{ij}}{N_{i.}} = \sum_{i=1}^{r}1 = r$$

$$\sum_{i=1}^{r}\sum_{j=1}^{c}\frac{N_{ij}^2}{N_{i.}N_{.j}} \leqslant \sum_{j=1}^{c}\sum_{i=1}^{r}\frac{N_{ij}}{N_{.j}} = \sum_{j=1}^{c}1 = c$$

因此:

$$\sum_{i=1}^{r}\sum_{j=1}^{c}\frac{N_{ij}^2}{N_{i.}N_{.j}} \leqslant \text{Min}(r,c)$$

---

① 当然,这是假定:容忍程度是二分变量。

从而:
$$\chi^2 \leq N[\text{Min}(r,c) - 1] = N[\text{Min}(r-1,c-1)]$$

所以:
$$\phi^2 \leq \text{Min}(r-1,c-1)$$

克雷默介绍了另一种量度,我们记做 V,其定义为:

$$V^2 = \frac{\chi^2}{N\,\text{Min}(r-1,c-1)} = \frac{\phi^2}{\text{Min}(r-1,c-1)}$$

式中 $\text{Min}(r-1,c-1)$ 表示在 $(r-1)$ 或 $(c-1)$ 中选用较小的一个($r-1$ 和 $c-1$ 的最小值)。社会科学文献中一般很少用 V,但它比 T 优越,因为在行数和列数不等时,V 可取值 1。很容易证明,在 $r=c$ 时,V 和 T 相等。在 $r \neq c$ 时,V 总是稍大于 T。当然,在表格为 2 ×2 的形式时,V 和 T 都等于 ϕ。在表格为 $2 \times k$ 的形式时,V 和 ϕ 相等。

另一种根据卡方的关系量度是皮尔森的列联系数 C,公式为:

$$C = \sqrt{\frac{\chi^2}{\chi^2 + N}}$$

与其他量度一样,在变量相互独立时,C 等于 0。不同的是,C 的上限取决于列和行数。对于 2 ×2 列联表,由于 χ^2 可达到最大值 N,这时 C^2 的上限就成为 $N/(N+N)$,所以,C 的上限就是 0.707。虽然 C 的上限随着行数和列数的增加而增加,但是其上限总小于 1。因此,和其他量度相比,C 更难于解释,除非做出修正,把它除以在给定的行和列数时的最大 C 值。例如,在 2 ×2 列联表情况下,求出的 C 要除以 0.707。

上述关系强度的量度都根据卡方,而卡方在检验显著性水平时就已经计算出,所以这些量度只需极少的补充计算。另一方面,关系强度的量度必须依据相对应的检验统计量并无特殊的理由。事实上,所有依据卡方的量度都多少具有人为规定的性质,对它们的解释也有许多缺陷。例如,这些量度都侧重反映那些边缘总数最小而非最大的行或列(见参考文献3)。但是,量度 T 和 C 常常出现在文献里,读者应该熟悉它们的性质。

尤里 Q 量度　尤里 Q 是另一种常用的量度。第 18 章要讲与定序尺度有关的 γ(伽玛)量度,尤里 Q 是其特例。这一量度只能用于 2 ×2 列联表,公式为:

$$Q = \frac{ad - bc}{ad + bc}$$

式中 a,b,c,d 是各格的频数。请注意把分子乘方再乘以 N 后,它就变成卡方公式中的分子。像其他量度一样,当变量相互独立,即对角项乘积 ad 和 bc 相等时,Q 等于 0。但是 Q 和 ϕ^2 不同,只要任何一格的频数为 0,它就取极值 ± 1.0。为了理解在什么情况下 Q 为 1,而 ϕ^2 小于 1,请看下面的例子:

30	0	30		40	0	40	
20	50	70		10	50	60	
50	50	100		50	50	100	

上面两张表的 Q 值都是 1,而 ϕ^2 分别是 0.429 和 0.667。在两张表中,边缘总数的分配使得对角线上的**两格**不能都为 0。因此,边缘总数必须具有一定的条件,ϕ^2 才能等于 1。对于 2 ×2 列联表,和第一个变量对应的各边缘总数必须同第二个变量的相等[①]。行

---

① 这并不是说边缘总数必须对半分。其含意是,当一个边缘总数为三七开时,另一个边缘总数也必须是三七开。对于不等的边缘总数可以进行修正,但正如下文所指出的,读者在修正时须慎重。

和列边缘总数之间的差愈大,ϕ^2 的上限就愈小。

现在的问题是:如果只有一个格的值为 0,是否能认为变量之间存在"完整"关系。答案似乎主要取决于两个变量各含的类别是如何划分的。通常可以把一个问题中的变量分成自变量和应变量。这样就可以合理地断定,当变量之间存在完整关系时,应变量的边缘总数应该和自变量的边缘总数"符合"。例如,假定基督新教徒 60 人,天主教徒和犹太教徒共 40 人。如果变量之间存在完整关系,那么就会期望所有 60 名基督新教徒都投共和党的票,40 名天主教徒和犹太教徒都投民主党的票。因此两个变量的边缘总数分布相同,ϕ^2 和 Q 都是 1。另一方面,如果样本的半数投共和党的票,半数投民主党的票,即使共和党的票数都来自基督新教徒,也不能说基督新教徒和共和党两个变量之间存在完全关系,因为一定还有 10 名基督新教徒投了民主党的票。这时,应变量的边缘总数分布和共和党的不符,因此,ϕ^2 小于 1。在这种情况下,ϕ^2 是更确切的量度,因为,虽然两个变量间的关系不完全,但 Q 仍等于 1。

有时,应变量的边缘总数分布决定于分类的方法。例如,应变量实际上是连续的,可是被分成两个数量相等的部分。于是,两组边缘总数就不能相等,除非自变量的边缘总数也分成数量各半。例如,量度宗教信仰和政治保守性的关系,政治保守性按其分数从中位数一分为二,这样,ϕ^2 就不等于 1(假定各宗教派别人数仍划分如上文)。在这种情况下,应用 Q 量度更合适,因为它已经把研究方法决定应变量边缘总数分布的情形考虑在内了。

古德曼和克鲁斯克尔的"tau"量度法   古德曼和克鲁斯克尔提出了许多其他的用于列联表的相关性量度法,其中大多数都涉及概率性的解释(见参考文献 11,12,13)。它们具有直观性,可对 0 与 1 之间的各种数值做出解释,因而优于根据卡方的各种量度法。

为了说明其中的一种量度 τ_b,我们应用一个数字例题。下面把定序尺度分别记做 A 和 B,选择 B 做应变量。

	A_1	A_2	总和
B_1	300	600	900
B_2	600	100	700
B_3	300	100	400
总和	1 200	800	2 000

假定样本(或总体)为 2 000 个个人,要求按其类别分别填入 B_1,B_2 或 B_3,使 B_1 总数为 900,B_2 为 700,B_3 为 400,并且假定我们不掌握任何个案的情况。如果个案是随机排列的,很容易算出把个案分别填入各格时会出多少期望差错。

因为要把 900 个个案划归到 B_1,而实际上在 2 000 个个案中有 1 100 个不属于该类,所以在分类时就可能犯 900 × (1 100/2 000),即 495 个差错。同样,有 700 个个案要划归到 B_2,在 2 000 个个案中有 1 300 个不属于该类,所以在分类时可能犯 700 × (1 300/2 000),即 455 个差错。换言之,在把 700 个个案填入该类时,只能期望填对(700 − 455),即 245 个。当然,我们犯的错误不一定恰好是 455 个,但是,它是多次长期分类误差的均值。在把 400 个个案划归 B_3 时,可能犯 400 × (1 600/2 000),即 320 个差错,注意,虽然划归此类的个案数最少,但是出错的可能性比上两类大,因为只有 20% 的个案属于该类。

因此,在把 2 000 个个案归类时,出错的总数为:

$$495 + 455 + 320 = 1\ 270$$

所以,总的来讲我们的分类结果准确性不太好。

假设给我们的某个个案附加条件,如告诉个案属于 A_1 或 A_2,问:在知道个案属于 A_1 或 A_2 的情况下,把他们划归 B 的各类时可减少多少次差错? 当 A 和 B 两变量在统计意义上互相独立时,则知道 A 无助于预见 B。这时,我们犯错误的可能性和在不知道个案属于 A_1 或 A_2 的情况下一样多。另一方面,如果 A 和 B 之间存在完整关系,那么知道了 A 能准确地预见 B。下面要讲的量度能够告诉我们在知道 A 后少犯错误的比例。

现在来看一看在知道 A 的情况下,怎样计算期望误差。在知道属于 A_1 的个案的情况下,可以利用第一列的数值。属于第一列的个案共有 1 200 名,其中 B_1 占有 300 名,而 B_1 行共有 900 名,剩下的 600 名属于 A_2。因为 A_1 列 1 200 名个案中的 900 名不属于 B_1,所以误差期望值是 $300 \times (900/1\ 200)$,即 225。同样,将 A_1 的 1 200 个个案分配 600 名属于 B_2 时,误差期望值是 300;划归 B_3 时,误差期望值为 225。A_2 列共有 800 名个案,应划归属于 B_1 的个案为 600 名,属于 B_2 和 B_3 的个案各是 100。在分配划归过程中产生的误差期望值分别是 150,87.5 和 87.5。在知道个案 A 的列属的情况下,A_1 和 A_2 两列的误差总期望值为 1 075。

τ_b 的定义为"误差减少比例(PRE)",公式为:

$$\tau_b = \frac{\text{不知道 } A \text{ 时的误差数 } - \text{ 知道 } A \text{ 时的误差数}}{\text{不知道 } A \text{ 时的误差数}}$$

$$\tau_b = \frac{1\ 270 - 1\ 075}{1\ 270} = \frac{195}{1\ 270} = 0.154$$

换言之,在知道列属后,可以在 1 270 次期望误差中减少 195 次,从而减少的比例为 15.4%。如果 τ_b 等于 0.50,可以简单地解释为:在知道 A 的情况下,误差值减少了一半。若 τ_b 等于 0.75,表明把误差减少到原值的 1/4。对于 ϕ^2 量度就不能做出这样简单的解释(见参考文献 3)。如果 B 已知而要预测 A,相应的量度则表示为 τ_a。一般来讲,τ_a 和 τ_b 的数值不等,这是为什么呢? 请想一想。

对于 2×2 列联表,可证明 $\tau_a = \tau_b = \phi^2$。它表明了两类不同的量度符号表示法的困难。一类(C, Q, T 和 V)是用拉丁字母表示,另一类(ϕ 和 τ)是用希腊字母表示。如果要保持一致,希腊字母就应专用于从样本统计量估计的总体参数,遗憾的是,一旦符号被普遍来用,再改使之标准化就难了。读者只能迁就现实,记住它们的不一致性。此外,有的量度是平方值,而其他的量度不是,特别是对 2×2 表,非平方值 τ 等于 ϕ^2,而在此情况下 T^2 和 V^2 等于 ϕ^2。对于更一般的列联表,用 τ 和其他量度的平方值比较是更有意义的,但是要记住,它们不等。一般来讲,τ 的数值小于 ϕ,T 和 V 等非平方值。如果读者用小、中、大这样的绝对数量概念思考问题(例如,认为小于 0.3 的值为"小"),很容易出错,除非能够明确认识到各种量度的差别。

"λ"量度 λ(拉姆达)是另一种量度,和 τ 非常相似,也是对于 A 和 B 不对称的量度。将 B 定为应变量和被预测的对象,应当注意到,假如我们把所有的个案都放进 B_i 最大的那类中,实际上就会减小期望的误差值(见第 9 章习题 7)。在上例中,这就相当于把 2 000 名(而不是 900 名)个案全部划归 B_1 类,因而产生的差错只有 1 100 个,因为属于 B_2 和 B_3 的个案总数是 1 100。它比 τ_b 式中分母的数值小。如果知道属于 A 的个案,并且可以把 A_1 的 1 200 个个案都划归含有 A_1 个案最多的 B_2,只会划错 $300 + 300 = 600$ 个。同样,如果把属于 A_2 的 800 个个案都划归 B_1,也只能划错 200 个。因此,知道个案所属的 A 的类别,并且可以按上面这种较不严格的方式安排个案类别,则错划的期望数值是 800,"误差减少比例(PRE)"量度 λ_b 便等于:

$$\lambda_b = \frac{1\,100 - 800}{1\,100} = 0.273$$

可以看出,计算 λ 比 τ 容易,因为可以不限地减少划错的数目。在上例中,λ 值比 τ 值大得多。不过 λ 量度也有不足的地方,在上述其他量度不等于 0,且变量间并非无关或统计意义上并非相互独立时,它的数值却可能是 0。这种情况之所以可能发生只是由于某一 B 类的边缘总数大大超过其他 B 类的边缘总数。这时不管个案列属 A 的情况如何,我们总是把所有个案(对所有 A_i 而言)都放在同一 B 类。例如,若上述例子中的 B_1 和 B_2 合并,则总是把所有个案都放在 B_1 和 B_2,而非 B_3 类里,因而 λ_b 值就等于 0。同理,即使某一类的边缘总数(例如 B_1 的总数)没有过高地超过其他类别的总数,但某些个案数目较小的类别可能完全被排除在 λ 的计算之外。在上面的情况里,我们决不会把个案放在 B_3。如果在上表再附加个案数目较小的行 B_4,那么对于 B_3 和 B_4 之间的个案分布来说量度 λ 都表现不出什么差异。由于以上原因,对于那些边缘总数不接近相等的情形,τ 量度比 λ 量度好。

可能性比之比率(odds ratios) "可能性比之比率"α(阿尔法)是具有直观性的另一种关系量度。古德曼和其他人在近期研究中提出了它的很多用途(见参考文献 2 和 20)。以 2×2 表为例,用符号表示如下:

$$\begin{array}{cc|}a & b \\ c & d \\ \hline\end{array}$$

用可能性比 $a/c, a/b, b/d, c/d$(或其倒数)代表对一个变量属于不同类别的个案数目与对另一个变量属于同一类别的个案数目的比率。

如果宗教教派变量有基督新教徒和天主教徒两个类别,政治党派变量有共和党人和民主党人两个类别,那么就可以写为四格表格:

	基督新教徒	天主教徒	总和
共和党人	126	61	187
民主党人	71	93	164
总和	197	154	351

可以这样说,在基督新教徒中归属于共和党人的可能性比为 $126/71 = 1.775$,而在天主教徒中归属于共和党人的可能性比为 $61/93 = 0.656$。显然,如果这两个可能性相等,就表明教派和党派两个变量在统计意义上相互独立。这就启发人们利用可能性比**之比率**

$$\alpha = \frac{a/c}{b/d} = \frac{ad}{bc}$$

作为变量间关系的量度。上例的 α 等于 2.706。

这种量度具有几种很明显的性质。首先,取 $(a/c)/(b/d)$,还是取 $(a/b)/(c/d)$,其结果都一样,因为两个比率或化简后都是 ad/bc。其次,如果两列(或行)中一列(或行)的数值乘以任意常数 k,可能性比之比率的值不变,因为 $(ka/kc)/(b/d) = (a/c)/(b/d)$。

量度 Q 也具有这种同样的性质。像 Q 量度和百分数差或比例差量度一样,可能性比之比率对于每一行(或列)中的个案相对数目是常数。同那些受边缘总数影响的量度相比,这是可能性比之比率的优点。在第 17 章讲到相关系数和斜率时,这个优点将会变得更明显。第三,可能性比之比率决不会是负值,也没有上限。事实上,如果 c 或 d 为 0,可能性比之比率无意义。另外,可能性比之比率和其他含有格的频数之乘积或比率的量度一样,其值会很大,并且对于那些频数很小的格的微小变化都很敏感。但是可以把可能性比数值变换成"可能性比对数"。如果把原表各格写成条件概率形式:

$$
\begin{array}{cc|}
p_1 & p_2 \\
1-p_1 & 1-p_2 \\
\hline
1.0 & 1.0
\end{array}
$$

第一列的可能性比就变成 $p_1/(1-p_1)$,其对数为:

$$\log[p_1/(1-p_1)] = \log p_1 - \log(1-p_1)$$

采用以 e 为底的自然对数更方便,表达式 $\ln[p_1/(1-p_1)]$ 称"分对数(logit)"变换,在第 20 章扼要阐述对数线性模型时很有用。

最后,读者要注意,对于一般的 $r \times c$ 表,可以计算的可能性比之比率会有很多个。这是与比例和百分数共同具有的缺点,尽管比例和百分数对多数读者具有较强的直观性。原则上可以试图用一组可能性比之比率来概括复杂表格,每次比较比率之比率。不过,这样可能由于把表简化合并成 2×2 表而使量度误差被引进到分析中,所以实际上很少这样做。

我们已经指出在统计分析中可能性比之比率主要用于更高级的应用问题,如古德曼在交叉分类的复杂多变量的分析中寻找交互作用和在对数线性模型中应用可能性比对数变换。读者可见参考文献 2 和 20,其中列有详细参考书目。

预测逻辑和"▽"量度　　如果预测一个 $r \times c$ 表的某些格的频数为 0,可以应用由黑尔德布兰德,伦格和罗森塔尔最近提出的极灵活的"▽(del)"量度。把量度"▽"作一些相应的调整,可以适用于任何预测。像只有一个格为 0,其余格都不是 0;或只有一格不是 0,其余格都为 0 的预测也行。例如可能作出这样的预测:基督新教徒或是共和党人或是无党派人士,天主教徒都是民主党人,犹太教徒或是民主党人或是无党派人士;或预测表中对角线以外的格都是 0,或主对角线以下的格都是 0;或预测三人组合中只有某些组合类型不太可能存在,但其他类组合的相对频数却不可能预测。进一步的说明,请见参考文献 17。

预测逻辑的基本思想是要确定被预测为 0 的格。预测当然会有误差。量度"▽"可以赋予预测的"误差减少比例(PRE)"的意义,量度"▽"也可以作某种调整,根据误差的相对严重性进行加权。实际上,这就是在类别有序的情况下修正"▽"量度。可以证明第 18 章要讨论的几种关系的定序量度可以看做是"▽"量度的特例,它们各具有不同的加权方法。

虽然预测逻辑的内容超出了本书的范围,但我们可以用以下两个非常简单的预测阐明它的基本思想。(Ⅰ)预测的形式为"若 X 成立则 Y 成立"(记做 $X \Rightarrow Y$ 或 X 包含 Y),(Ⅱ)预测的形式为"若 X 成立则 Y 成立,以及若 Y 成立则 X 成立"(记做 $X \Leftrightarrow Y$)。如图:

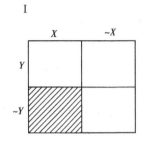 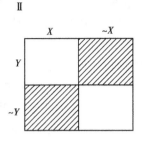

两个图的阴影部分表示错误格。预测（Ⅰ）"若 X 成立则 Y 成立"没有说在 X 不出现的时候（记做 $\sim X$）Y 会出现什么情形，所以只有 X 和 $\sim Y$ 同时出现的情况才能否定预测（Ⅰ）。预测（Ⅱ）和（Ⅰ）比较，可以看出 $Y \Rightarrow X$ 的附加条件意味着 $\sim X$ 和 Y 同时出现也能否定命题。这两个模型对应于前面讨论过的 Q 为 0 而 ϕ 不为 0，及 Q,ϕ 都为 0 的情形。

严格地讲，$X \Rightarrow Y$ 或 $X \Leftrightarrow Y$ 的逻辑含义给理论规定了严格的限制，因为只要有一个个案出现在阴影格内，就表明预测是错的。因此，用"近似推论"的方式表示 X 和 Y 的关系更好些。黑尔德布兰德等人把 X 和 Y 的这种关系记做 $X \longrightarrow Y$ 或 $X \longleftrightarrow Y$。于是，"∇"量度就用于量度逻辑推论实际达到的**程度**。如果把表格的频数换算成比例且整个表格的比例之和等于 1，则 2×2 表格的各格表示为如下形式：

	X	$\sim X$			基督新教徒	天主教徒	
Y	p_{11}	p_{12}	$p_{1.}$	共和党	0.359	0.174	0.533
$\sim Y$	p_{21}	p_{22}	$p_{2.}$	民主党	0.202	0.265	0.467
	$p_{.1}$	$p_{.2}$	1.0	总和	0.561	0.439	1.000

预测Ⅰ和Ⅱ的 ∇ 值的公式则为：

$$（Ⅰ）\nabla_{x \rightsquigarrow y} = 1 - \frac{p_{21}}{p_{2.}p_{.1}} = 1 - 0.771 = 0.229$$

$$（Ⅱ）\nabla_{x \rightsquigarrow y} = 1 - \frac{p_{12} + p_{21}}{p_{1.}p_{.2} + p_{2.}p_{.1}} = 1 - 0.758 = 0.242$$

注意：在（Ⅰ）中，如果预测无误差，p_{21} 等于 0，所以 $\nabla = 1$。同样，在（Ⅱ）中，预测无误差意味着 p_{12} 和 p_{21} **都**是 0，所以 ∇ 也等于 1。计算 ∇ 值时，可以把各种类型的因命题产生的错误考虑在内。黑尔德布兰德等人也提出用误差减少比例（PRE）来解释 ∇ 不需要用应变量的各个边缘总数。因为在收集资料前，应变量的边缘总数很难预测，所以这是又一个优点。黑尔德布兰德等人也为 ∇ 量度的抽样分布提出了（大样本的）渐近公式。

各种量度特点的简要比较 鉴于本节例举了许多不同的量度及量度可以具有的各种优点，因此最好的方法是把这些优点制成表格。表 15.4 编辑了一组优点清单，"有"表示量度具有这种优点，"无"表示没有。表格列出的这些特点中的最后两种的重要性说明：量度不仅要不会随自变量或预测变量的边缘值的变化而变化，而且还要不受极端的边缘值或几乎等于零的格频数值的影响。这一问题在第 17 章讨论另一种变量关系的量度——**积矩相关系数** r 时将会变得更明显。

除了表格列举的各种标准以外，还应该已知量度的抽样分布，这是很重要的，但它超出了本书的范围。对此有兴趣的读者可参阅古德曼和克鲁沙尔的两篇论文（参考文献 13 和 14），以及参考文献 2,17 和 20。这种抽样分布可用于确定有关量度的置信区间，并且在某些情况下可以检验对量度数值之间差异的假设。

表 15.4　测量变量关系的定类尺度量度性质的总结[1]

量度	简单的上限	变量间独立时为0	简单的解释	可用于r×c表	在r×c表的情况下只有一个值	与X的边缘总数无关	不受边缘总数极值的影响
百分数差	有	有	有	有	无	有	有
Q	有	有	有[6]	无	—	有	无
ϕ	无[2]	有	无	有[2]	有	无	有[7]
T	无[3]	有	无	有[3]	有	无	有[7]
V	有	有	无	有	有	无	有[7]
C	无	有	无	有	有	无	有[7]
τ_b	有	有	无	有	有	无	有
λ_b	有	无	无	有	有	无	无
α	无	无[4]	有	有	无	有	有[8]
$\bigtriangledown$	有	无[5]	有	有	有	无	有

[1]"有"表示该量度具有这种优点，"无"表示没有。"有"和"无"的角标表示某些特点。

[2]在r×c表格中，上限大于1。

[3]除非r等于c，否则上限小于1。

[4]如果变量相互独立，α等于1。

[5]取决于预测的性质。

[6]与定序尺度的γ测量相同。

[7]只有在期望频数大于或等于5的时候。

[8]只有在格频数不接近于0的时候。

15.5　其他变量的控制

到目前为止，在讨论显著性检验和变量关系的量度时，每次只涉及两个变量。但在大多数实际问题中，必须控制一个或多个另外的变量，因为它们可能掩盖了某种关系，或可能导致了一种虚假的关系，社会科学常常用两个变量描述问题，但实际上不言而喻，这是假定控制了其他有关变量。"其他条件相同"这句话经常用来强调这个事实。理想上，一个假设应该清楚地说明要控制哪些变量。一门趋于成熟的学科的概括性命题是有条件的，必须指出在什么确切条件下它才正确。但在学科发展的初级阶段，常常无法知道需要控制的是哪些变量。因此，社会科学的命题通常不能指出需要控制哪些变量。但是，即使读者没有被明确告诉应寻找可能的控制变量，也要养成这种习惯。

以后将看到，有几种在统计上控制变量的方法。本章要讨论的方法可能是最简单的，并且和实验室的实验方法最相近，后者使控制变量在物理意义上保持不变。在实验室的实验中，把一个控制变量保持固定不变，其他变量相互影响。例如，把温度控制在70 ℉，观察压力和体积的关系。如果这两个变量之间存在某种关系，就可以比温度不受控制时更好地描述它的性质。但是，这种关系必须在各种温度下都成立，才能说它是普遍适用的。无疑，我们会在各种温度下，进行一系列的实验。我们很可能发现，这种关系仅在某一温度范围内成立。于是，就必须对这种关系加上一定条件，概括为："压力和体积的关系如此这般,**条件是**:温度必须保持在 − 100 和 600 ℉之间"。我们也可能会幸运地发现一个修正因子,它可以使结论的形式适合于更广的温度范围。如果增加控制变量,上述论点也同样成立。把每个变量保持在一个固定的值上,可以同时控制数个变量。然后,取控制变量的各种数值组合,进一步实验。在数个控制变量同时作用的情况下,实验要重复更多次。

统计学控制变量的方法和在物理操纵下保持控制变量不变的实验室的研究方法有某种相似处。但是,两者有一个基本差异,其在解释实验结果时是关键的。统计学中的控制变量,只是用纸和笔修正某些个案的分数,或是把它们从一张表格填到另一张表格里,而实际上,我们并不操纵它们的真实分数。例如,在统计中控制智商分数,并不是真正保持某个人的智力不变。我们可以把某些人的智商加分,把另一些人的智商减分,从而调整智商分数,使所有人的智商似乎一样。但是我们却不能像实验室控制压力和温度那样去控制人的实际智力。

这种对变量假设性的控制和调整很容易做。**如果**实际情况和我们的所做所为一致,就不会导致错误的结论。如果智力的变化实际上以某种确定的方式影响变量之间的关系,并且如果在实验中保持智力不变,就能推论出"在智力不变"的情况下,其他两个变量的实际关系,那么这种用笔和纸对变量进行控制和修正就很有意义。但是必须认识到,笔和纸的"控制"可以施加于**任何**有量度(包括类别)的变量,甚至那些与我们正在研究的变量存在因果性**依赖**的变量,或者由于外部原因同其中一个变量在表面上有虚假关系的变量。

统计学使用的控制方法比用现实控制方法更易行,甚至在那些应用控制方法无意义的情况中也可以灵活使用。基本上,为了合乎情理地使用控制法,需要有一个**理论**,这种理论要包含关于一组变量的因果关系结构的假定。虽然这个问题超出了一般统计教科书的范围,但是必须提醒大家注意,因为许多对统计学控制方法的误解都是出自盲目应用控制变量而没有理论依据。

在前面的政治倾向和宗教信仰关系的例题中,可以在统计意义上控制诸如性别和社会阶级这样的变量。例如,为了保持性别为常数,可以只考虑男性投票者。如果变量间的关系分别对男性和女性都存在,就可以说它对两性都成立,因为我们对性别变量的两个类别都做了考察。但是,很可能变量关系只对男性而不对女性成立。这时,结论就是有条件的,并且可以进一步研究为什么关系只对一种性别而不对另一种性别成立。可以看出,控制有关的变量不仅为假设提供了一种更严格的检验,而且在发现变量关系只适于控制变量中一个类型而不适于另一类型时,可导致进一步的深入认识。

在某些情况下,同时控制几个变量是有利的。但是由于个案少,经常不得不一次只控制一个有关变量,这样做可能会失去一些信息。例如,假定性别不计,只控制投票者的社会阶级。于是,分别考察各个社会阶级,看看变量关系是否对所有阶级都成立。也可以同时控制性别和阶级,从而考虑控制变量的所有可能的组合(如低等阶级男性、低等阶级女性和中等阶级男性等),并且考察在各控制组合中的变量关系。假定除了低等阶级女性投票组以外,变量关系对其他所有组合都成立。如果情况如此,就会使我们寻求这个特殊组合的特性。

我们举另一个具体事例说明研究过程。假定有关于学校儿童的以下资料:阶级成分、智商、成绩和每个儿童努力学习的程度。把资料数据总结列在如表15.5的主表里。

表 15.5 四个变量关联的总表

智力	成绩	中等阶级		低等阶级		总和
		高努力程度	低努力程度	高努力程度	低努力程度	
高	高	60	40	40	18	158
	低	20	24	16	38	98
低	高	40	24	6	2	72
	低	24	12	32	54	122
总和		144	100	94	112	450

注意,这张表包含的格很充分(阶级成分、智商、成绩和努力程度),因此,如果有必要,可以对每个儿童重新绘制四项表。就是说,我们能够知道每种变量组合(例如,低等阶级、高智商、不努力和高成绩)有多少名儿童。如果不需要详细的资料,也可以把项目合并,形成较大的组合。例如,可以把低等阶级和中等阶级合并一起,只保留智商、努力程度和成绩三项。但是,如果我们仅有更粗略的分解表,就不能重现原来的完整信息,否则只得重新分析。像表 15.5 这样的主表格可作为资用表,根据它可绘制出一组分表。

一般应当绘制一张主表格,把因变量放在表中左边最里面的一列里,最重要的自变量安排在题头的最下面一行中。于是,主表可分解成频数能够直接比较的子表。例如,表 15.5 可分解成努力程度和成绩相关联的四个子表,如包括中等阶级成分和高智商个人的上左子表,等等。制表时行和列的安排无关重要,因为可以根据所研究的关系重新安排行和列(如表 15.6)。

表 15.6 一组同时控制两个变量的二变量列联表

成绩	高努力程度		低努力程度	
	高智商	低智商	高智商	低智商
中等阶级				
高	60	40	40	24
低	20	24	24	12
低等阶级				
高	40	6	18	2
低	16	32	38	54

假如我们猜想老师偏爱中等阶级出身的学生,不管他们的能力或努力如何,总给他们高分,而对低等阶级出身的学生,则必须努力并具有能力才给高分。于是,我们预言中等阶级成分的儿童除了那些肯努力和具有能力的以外,其余在控制努力和能力的情况下,成绩都较高。我们还会预言,成绩同努力和能力二者的关系对于低等阶级成分的学生比中等阶级成分的学生要强一些。换言之,若中等阶级成分的儿童成绩总是较高的话,这个阶级儿童的成绩与努力或能力没有关系(或只有很弱的关系)。现在,我们注意研究成绩和能力的关系,考察这一关系是否在低等阶级成分的儿童中更强一些。在这个问题中,我们要控制努力程度不变。每一阶级成分中都包括不努力和努力的两类学生。因此,可以绘制出如表 15.6 的四个列联表。

现在,在两种阶级成分之间比较关系的存在和强度,并分别考察努力的学生和不努力的学生之间的差异。只要算出百分数或比较对角线格的乘积,就能看出关系的方向。把各表的卡方、ϕ、比例差和可能性比之比率 α 求出,填入表 15.7。我们看到,对中等阶级成分的儿童来说,能力与成绩的关系没有显著性,而对于努力和不努力的低等阶级成分的儿童,能力与成绩之间存在中等强度的正关系。我们还看到,对于很用功的学生,变量间的关系较强一些。

表 15.7

阶级成分	努力程度	卡方	显著性水平	ϕ	比例差 d	α
中层	高	2.565	不显著	.133	.105	1.650
	低	.188	不显著	.043	−.042	.833
低层	高	28.064	$p < 0.001$	.546	.556	13.33
	低	15.582	$p < 0.001$	.373	.286	12.79

读者无疑注意到,对变量的控制影响到每一格中的个案数目。如果有两个二分控制变量,格就不是 4 个,而应该是它的四倍——16 个。如果再加上第三个控制变量(如性别),格数就不是 16,而是 32 个了。如果每个变量包含的类别多于 2 个,格的数量还要增加。因此,虽然从理论上讲,同时控制的变量可以无限制增加,但是要用这样的方法来控制,个案的数目就必须非常多。另一种办法就是采用限制总体性质的方法,只研究涵盖大学程度中等阶级出身的男子或某一类似的子群组。这样可选取该子群组的一个较大的样本。一般来说,如果要同时控制几个变量,就必须选择看起来最有效的两个或三个变量。在各格的个案数都很少时,当然可以应用费舍尔精确检验。但是要记住,除非变量间的关系很强,否则得不出显著性。由于这种个案数目减少的效应,控制变量的做法会使变量间关系变得不显著,这种情况都不能充分证明控制变量具有某种影响。任何情况下,都应当计算出关系强度的诸量度并加以比较。

如果控制变量的某一类别中的**关系**不同于该控制变量的另一类别中的关系,这种情况称之为**非可加性或统计性交互作用**。对此,我们在讨论比例差之差的检验方法时已谈到过,在第 16 章和第 20 章还要更详细地讲述。如果读者认为可能存在交互作用,则一定要对交互作用进行统计检验,然后再进一步分析。因为从一个样本得到的关系总是稍微不同于从另一个样本得到的关系,所以检验的关键问题是样本的交互作用是否很大,以至不存在总体交互作用时也会偶然表现出来。在上述例题中,所有变量都是二分的,因而可以应用第 13 章提到的比例差之差的简单检验法。又因为同时控制两个变量,甚至有可能出现所谓的二次交互作用或差之差之差的情况。例如,在低层阶级出身的儿童中,努力和不努力关系的差异就可能大于在中等阶级出身儿童中表现出来的差异。

如果将表 15.7 中比例差的列数值分别用 d_1,d_2,d_3 和 d_4 表示,中等阶级的比例差之差可以写成:

$$d_1 - d_2 = 0.105 - (-0.042) = 0.147$$

而低层阶级比例差之差的值为:

$$d_3 - d_4 = 0.556 - 0.286 = 0.270$$

各个 d 是比例差,所以 d 的差之差就是一种比例差,其形式为:

$$(d_1 - d_2) - (d_3 - d_4) = 0.147 - 0.270 = -0.123$$

$(d_1 - d_2)$ 或 $(d_3 - d_4)$ 都被称为一次交互作用。一次交互作用之差,即 $(d_1 - d_2) - (d_3 - d_4)$,称为二次交互作用。请注意,如果我们有另外一对比例差 $(d_1 - d_3)$ 和 $(d_2 - d_4)$,用

第一个式子减第二个式子所得到的差之差就等于上面的二次交互作用。

如果每个变量的类别多于两个,可以比较的差的数目会多得难以处理。因此,研究一般表格中的交互作用非常复杂。古德曼(见参考文献9)提出了检验不同备择"层次等级模型(hierarchical models)"的系统搜索方法。"层次等级模型"假定:交互作用意味着也存在有"主要影响"(即简单差异)(见参考文献6和10)。该方法太复杂,不能在此详细论述,但它基本上是应用似然比卡方统计量和可能性比之比率。注意,如果 $\alpha = 1$,表明 2×2 列联表中的两个变量间无关系。假定我们(以表15.7的中等阶级或低等阶级的样本为例)比较两个 2×2 列联表的可能性比之比率。把各 α 值分别记做 $\alpha_1, \alpha_2, \alpha_3$ 和 α_4,得到:

$$\alpha_{12} = \alpha_1/\alpha_2 = 1.650/0.833 = 1.981$$

和
$$\alpha_{34} = \alpha_3/\alpha_4 = 13.33/12.79 = 1.042$$

若 $\alpha_1 = \alpha_2, \alpha_3 = \alpha_4$,则 α_{12} 和 α_{34} 等于1,从而在两个 α 的比率为1时,表明无交互作用,就像一个 α 等于1表示两个变量无关一样。

同理,可用 α_{12} 和 α_{34} 的比率来查看是否有二次交互作用。注意,通过 α 之比得出的结论不一定和比较 d 得出的结论一样。这是因为,一方面两种比较的类型不同,一种是比率的比较,另一种是差的比较;另一方面,读者应注意在格频数很小时,如 α_3 和 α_4 的例题中,我们曾讲过的有关可能性比之比率的注意事项。

我们在第16,19和20章要讲交互作用的检验,如果读者还想进一步研究定类变量的检验,请参阅参考文献2,6和20。

如果交互作用在统计上有显著性,并且大到具有实际意义,我们的结论必须附加条件,具体指明控制变量内的类别。例如,我们必须说:"对于低等阶级出身的儿童,成绩和能力之间存在关系。对中等阶级出身的儿童,不存在这种关系。"然后再由此开始,对两种阶级出身的儿童分别进行其他关系的研究。但是,当交互作用无统计显著性,或者有统计显著性但是太小而可忽略不计,那么就可以合理地假定,对控制变量的不同类别而言这种关系基本相同。在这种情况下,可以把各单独的结果汇合起来,从而简化分析过程。下面讨论对于分类资料可采用哪些具体的简化方法。

首先,如果资料是独立随机样本,则可以把各单个卡方检验合并进行总检验。这种方法非常简单,只要把各卡方值和各自由度相加,再用一般的方法估算结果。例如假定有四个 2×2 列联表,其卡方值分别为2.1,3.3,2.7和2.9,卡方的和数为11.0,自由度的和数为4。查表可知自由度为4的卡方值11.0在0.05水平有显著性。因此,即使没有任何一个单独的卡方值是显著的,我们仍然可以将它们的结果加起来,并使之因此而具有理论意义。实际上这就是说,在每次出现的关系大致相同,但每个单独的结果的概率都大于0.5时,我们仍然可以问自己,如果四个表中的任何一个都显示变量之间是没有关系的,那么诸如这样的结果的组合所显示的变量之间的关系又可能会是什么样的呢?

注意,把各表数值合并得到的结果可能与**在不控制变量**的情况下两个变量间呈现的**总**关系不同。当我们把各结果合并后,得到的是在控制变量的某些类别**内**的变量间的**平均关系**。如果忽略了控制变量,控制的效果就会模糊不清。通过合并,我们是用控制其他变量的方法,对两个变量的总关系做单独一次卡方检验。

同样,也可能希望根据四个表求出加权的量度平均值,从而算出单个关系量度。已经讲过的一种方法是应用与每张表的个案数成比例的权。可以先用各表的 τ_b 乘以表的个案数,然后把结果相加,最后除以四个表的个案总数。这样,我们就可以得到一个显著性检验及变量关系的单个的量度,代表四个表的平均结果。

再讲另一种求加权平均值的简便方法(详细的论述请看参考文献21)。基本程序是求出比例(或百分数)的加权平均值,从而使所有控制类别标准化。假定男性和女性的结果数值分别如下:

| | 男性 | | | | | 女性 | | | |
	基督新教徒	天主教徒	犹太教徒	总和		基督新教徒	天主教徒	犹太教徒	总和
共和党人	180	80	20	280		100	50	10	160
民主党人	90	80	50	220		60	30	70	160
无党派人士	30	40	30	100		40	20	20	80
总和	300	200	100	600		200	100	100	400

因为表上面是自变量,所以先把数值换算成比例,使每一列的总数等于1.00。结果如下:

| | 男性 | | | | 女性 | | |
	基督新教徒	天主教徒	犹太教徒		基督新教徒	天主教徒	犹太教徒
共和党人	0.60	0.40	0.20		0.50	0.50	0.10
民主党人	0.30	0.40	0.50		0.30	0.30	0.70
无党派人士	0.10	0.20	0.30		0.20	0.20	0.20
总和	1.00	1.00	1.00		1.00	1.00	1.00

假若我们肯用平均法(不惜抹消两表的差异),那么就可以用以下方法得到加权平均值:因为在个案总数为 1 000 的整个样本中男子占 600,所以用 0.6 乘以男性表格的各比值,得到加权平均值。同样,可用 0.4 乘以女性表格的各比值,求出加权平均值。结果如下:

	基督新教徒	天主教徒	犹太教徒
共和党人	0.56 (0.36 + 0.20)	0.44 (0.24 + 0.20)	0.16 (0.12 + 0.04)
民主党人	0.30 (0.18 + 0.12)	0.36 (0.24 + 0.12)	0.58 (0.30 + 0.28)
无党派人士	0.14 (0.06 + 0.08)	0.20 (0.12 + 0.08)	0.26 (0.18 + 0.08)
总和	1.00	1.00	1.00

表中各比值是上面两个表的两个加权比例之和(如括号内所示)。因为权的和数是1,所以表中每列比例值的和也为1。表中的比例也可写成百分数的形式。

我们将看到,采用加权平均值的方法来控制变量是一种普通方法。实际上,我们标准化了基督新教徒、天主教徒和犹太教徒的数目,从而使它们在男性和女性样本中的相对容量与检验无关了。如果同时控制其他更多的变量,只需要把标准化的范围直接扩大。因此,如果要控制社会阶级变量,用三种类别,就会有六张表,每张表对应一种性别—阶级成分的类别。首先检查交互作用,并确信加权过程不会抹消重要的差异,就可以

把权 W_i 分配给控制表，使 $\sum W_i = 1.0$，从而得到一张如上的合并表格。

我们用单个量度和单个检验代替几个量度和几个检验，就遇到了通常应用总结性统计量时出现的问题。我们把数据压缩以获得较少的统计量。另一方面这样做可能会歪曲结果。例如，如果从一张表求出的卡方及变量关系的强度比从其他表求出的大得多，那么把各表的数值混合就会掩盖这一情况，从而可能导致错误结论。因此，统计方法绝不能代替常识。

本节讨论的某些思想，特别是把几张表的结果合并的思想，无疑是新的，并且使读者感到有些不知所措。因此，读者阅读了第 16 和 20 章的某些内容后，再把这一节重新复习一遍将是有益的。因此在第 16 和 20 章还要讨论和比较几种不同的控制变量的方法。

15.6 有关分类变量的若干注意事项

现在已经有了各种各样的高级统计技术以及与之配套的计算机程序（软件包），这使得统计分析人员能够十分容易地用它们来进行交互分类，处理复杂的多元分析问题。这些问题包括具有任意类别数目的定类尺度分析、对多个变量进行控制的分析和对交互作用的探索性检验等。此外，现在已经有了一些用于各种预测的拟合优度的检验方法，而有关这一问题的讨论已经超出了本章所讲授的范围，所以无法在这里进行讨论。而与之有关的一个事实便是，许多研究人员都不愿对已经十分明显是很粗略和不准确的数据做较强的定序性，或更高量度层次的假定。如果不做拟合优度检验，并对数据做诸如这样的假定，那么我们现在似乎就已经有了一套十分易于和适于用于社会科学调查的技术和方法。

我们简要地叙述采用非定序分类变量的一些重要限制，其中某些限制在研究了以下各章的一般线性模型和第 18，19 两章中讨论的定序双变量和多变量技术后读者会更深入理解其意义。基本上说，定类变量带来了很多与量度有关的问题，但统计学教科书很少讨论这类问题。这类问题是由于对资料的量度性质所提的假定条件太弱而产生的。它们包括由于采用类别太少而产生的分类和量度误差，减少类别带来的决定判断问题，不同分类方法对各种量度变量关系方法的影响，减少类别时遇到的说明量度误差原因的困难，以及用一种而不用另一种方式合并类别的理论根据。如果在研究的分析阶段忽视了这些重要问题，就会在阐释研究结果时含糊不清。遗憾的是，很多含糊不清的解释并未被认识到。

首先，应该注意到，各个变量采用的类别越多并相关变量越多，则表中的格和子格的数量就越多，从而使分析变得越复杂。如果对一组资料采取事后回溯性研究，资料的许多特性，包括具有的较高级交互作用，都可能是由于抽样误差，或由于拒绝回答而导致资料有缺陷，或设计不完整，或量度错误造成的。如果把整个样本随机分成两部分，可以用第一部分探索变量关系和提出研究假设，再用第二部分检验它们。但是，这种方法不能防止非抽样误差，如非随机量度误差。因此，阐释结果时就需要特别小心。

因此，如果要"彻底"地研究一张复杂表格，或者对它某一部分的可能的交互作用或特殊关系进行事后分析，就必须充分注意事后检查可能产生的问题。当然，这一点对于定序尺度和定距尺度的各种多元分析也同样适用。但是，对于包含多个类别的各个变量的定类尺度，格的各种可能组合数目很大，所以这种分析更会受上述困难的影响。因此，读者应该仔细学习黑尔德布兰德等人提出的"预测逻辑"式方法,它特别强调先验性预测。读者也应该注意其他方面,特殊的边缘总数可能产生畸变,尤其是在分析时,这些边缘总数是作为给定条件,但在资料收集前并没有进行预测式计算。

　　如果问题包含大量变量的组合并且各变量的类别众多,就会使问题很复杂。这时我们常常想把大部分变量作为二分变量来处理以简化分析过程(如在解释如何应用控制技术的章节所举例说明的那样)。当然,这种方法会导致新的量度误差,从而有减弱双变量间关系的趋势,并且在用二分变量做控制变量时会产生有偏倚的估计量。对于这个问题,我们将在第 18 章简要讨论。减少变量的类别也会产生性质特殊并不易理解的非随机性误差(见参考文献 4 和 15)。显然,合并某些类别时必需依据对这些类别具有"相似性"的判断,而这样做本身就已经假定这些类别实际上是按某一方式顺序排列的。若真如此,最适当的方法就是把变量看做是定序的,并尽可能保持量度的准确性。

　　例如,为什么我们把众多的宗教派别都划归为"基督新教"呢? 这是由于历史原因,基督新教徒共同具有许多天主教徒和犹太教徒所没有的特点。但是,就很多方面而言,基督新教徒内部的不同之处甚至大于他们与某类天主教徒或犹太教徒的差别。从某些方面来看,唯一神教徒和教友派教徒可能应该和犹太新教徒而不是和南方洗礼教徒划分为一类。在分析资料前,这种分类判断必须经过非常仔细的考量。研究人员应该常常提出一个附带的问题:"我应根据哪些方面把个案划分成类别?"假如使用习惯的标签来分类,固然可以绕过上述这样的判断问题,但却会给以后的理论阐释造成困难。如果压缩(合并)类别没有依据,最好的方法是保留尽可能多的类别,或者至少应该用几种不同的方法合并类别,以了解不同的分类是否会产生在根本上有重大不同的实质性结论。

　　最后还要注意,大量适用于定类尺度的比较灵活的分析方法会使人们满足于低质量的资料,因而对积累知识不利。例如为了解释得方便,本章内容侧重用二分变量,所以本章把努力的程度分成"高"和"低"两种,把智商只分成两级,社会阶级分成两种,宗教信仰和政治倾向仅分成三类。如果由于资料具有局限性,并且只能这样分类,那么这样分析资料可能是恰当的。但是这种度量质量的科学性水平太低,并且很可能所发现的变量关系强度大大低于用较好的变量量度求出的,因此我们的志向不应仅仅停留于这个水平上。再者,采用无序定类类别虽然可能会简化资料分析,但是却会推迟从理论上阐释分析类别(如信仰宗教的程度或正统性程度)的含义,而后者对建立理论至关重要。

习　题

　　1. 求第 9 章习题 7 的资料的卡方。若以职业愿望为应变量 B,τ_b 是多少? τ_b 值和求出的习题 7 中"d"的量度值比较,结果如何?

　　2. 第 14 章习题 3 应用了斯米尔诺夫检验。若对同一资料应用卡方检验结果如何? 对这一资料,你喜欢用哪种检验? 为什么? 求 ϕ,T,V,C,τ_b 和 λ_b。

　　*3. 卡方检验一般可用于比较观测频数和理论频数,它还可用来检验假定样本是从正态总体随机抽取的零假设。具体的做法是:把观测频数与正态分布的期望频数比较,后者的均值和标准差从样本资料算出。求出 $\bar{X}$ 和 s 后,可应用实际极限值和正态分布表给出每一间隔的期望频数。自由度是 $k-3$,k 表示间隔的数目。丢失的一个自由度是因为期望频数的总数必须是 N,另外两个丢失的自由度是因为用 $\bar{X}$ 和 s 作为实际参数 μ 和 σ 的估计量。读者记住这些事项后,请检验以下数据是否显著偏离了正态分布。(答案:

$\chi^2 = 2.53$,不能否定)

间隔	频数
0.0 - 9.9	7
10.0 - 19.9	24
20.0 - 29.9	43
30.0 - 39.9	56
40.0 - 49.9	38
50.0 - 59.9	27
60.0 - 69.9	13
	208

4. 威兰斯基(参考文献23)发现,在控制社会经济地位的条件下,工会活跃性与政治取向和选举意愿二者有关系。15 名黑人会员的选举意愿资料符合威氏的发现。8 名黑人是工会的非积极会员,其中 7 人在 1948 年的选举中没有遵循"工会路线"。另外 7 名黑人是工会的积极分子,其中 5 人是按工会的意图投票的。检验关系的显著性:(1)用方向已经预测的费舍尔精确检验法;(2)用方向已经预测的和连续性已经修正的卡方检验法。(答案:(1)$p = 0.035$;(2)$\chi^2 = 3.22$,$p < 0.05$)

5. 利用以下数据(如果需要,可重新排列)检查(1)、(2)和(3)的准确性。适宜时,求出关系强度量度的数值并控制有关变量。

(1)不论宗教和社会阶级如何,女性的偏见程度低于男性。

(2)宗教和歧视黑人的关系强度取决于持偏见态度的个人所属的社会阶级。

(3)表中犹太人比非犹太人的偏见程度低,其原因是犹太人样本中的妇女和高等阶级出身的人的百分数较高。

宗教	性别	对黑人的偏见程度				总和
		高		低		
		高等阶级	低等阶级	高等阶级	低等阶级	
非犹太人	男	14	30	15	16	75
	女	8	13	9	7	37
犹太人	男	13	7	22	15	57
	女	18	9	33	21	81
总和						250

6. 应用习题 5 的数据,编制在同时控制性别和社会阶级条件下宗教和偏见的关系表。假定交互作用可忽略不计,把各数据标准化,以便可以把宗教和偏见的关系以及控制变量编制成一张 2×2 列联表。

7. 失业率引起了华盛顿领导人的关注,他们决定发起一项旨在降低中小社区失业率的实验计划。他们从东西海岸地区地名表中随机选取了 360 个社区,通过随机选取,某些社区作为实验组群,其他的作为控制组群。各社区的失业率量度不精确,读者仅知道各失业率是提高还是降低。各类社区的频数如下:

频数	类型	地区	大小	失业率
10	实验	西部	中	升高
30	实验	西部	中	降低
50	实验	西部	小	升高
10	实验	西部	小	降低
15	实验	东部	中	升高
35	实验	东部	中	降低
25	实验	东部	小	升高
5	实验	东部	小	降低
20	控制	西部	中	升高
40	控制	西部	中	降低
20	控制	西部	小	升高
20	控制	西部	小	降低
15	控制	东部	中	升高
15	控制	东部	中	降低
25	控制	东部	小	升高
25	控制	东部	小	降低

要求:绘制一组表格,填入适当频数,用以说明你在表示实验变量和失业率变化之间的关系时采用的分析方法,指出你要采用什么检验方法和量度来描述发现的关系。

8.下述假设资料是**基督新教徒**针对这一问题"你赞成政府资助合法人工流产吗?"的回答(赞成和反对)。样本是从法律界和医学界随机选取的,比较两界的学生和工作人员的态度,表中的数值都是频数。另外绘制两张**天主教徒**的表格,表格中的假设资料要包括相同变量并符合下列所有条件:

学生	法律	医务	总和
赞成	30	20	50
反对	10	20	30
总和	40	40	80

工作人员	法律	医务	总和
赞成	56	12	68
反对	24	8	32
总和	80	20	100

(1)在总样本中天主教徒人数少于基督新教徒的人数。

(2)天主教徒的医生和律师都比基督新教徒更不赞成人工流产。

(3)天主教徒和基督新教徒相比,前者的职业(律师和医生)与回答(赞成和反对)之间的关系较强。

(4)在学生中,宗教和职业具有交互作用,并且共同影响,趋于支持人工流产的态度。

(5)(学生和工作人员的)宗教、职业和地位之间的二次交互作用接近于0。

9.仅用上题中的**基督新教徒**的样本:

（1）比较学生和工作人员的可能性比之比率。

（2）计算学生样本的 $\nabla_{x\sim y}$，$\nabla_{x\sim y}$ 式中，X 指法律学生，Y 指赞成。

（3）绘制一张在控制地位条件下表示职业和回答的平均关系的标准化表。

*10. 假定对宗教信仰（基督新教徒和天主教徒）和政治倾向（共和党人和民主党人）列联的 2×2 表做卡方检验。若基督新教徒和天主教徒的随机样本大小相同，方向已预料，期望在共和党人中，基督新教徒的比例约为 0.60，天主教徒的比例约为 0.40。问：在显著性水平 0.05 上，需要多少个案？（答案：约为 68 个）

11. 从一个学生总体中，随机抽取 15 名男学生，然后把他们安排在一个实验环境里，使他们相互变得很熟悉。在实验结束时，要求每一个学生对其他每一个人回答以下两个问题：①你是否喜欢他？ ②你认为在某一问题上，他是否和你意见一致？ 一共有 $15 \times 14 = 210$ 个回答，其情况如下：

	认为观点一致	认为观点不一致	总和
喜欢	95	45	140
不喜欢	25	45	70
总和	120	90	210

根据卡方值（读者不必计算）发现显著性水平 0.05，是否有理由断定在男生总体中喜欢和观点一致之间存在正关系？为什么？ 如果你认为这样判断是不正确的，那么用这同一批人和同样的问题，你认为应该怎样来处理这一问题？

参考文献

1. Anderson, T. R., and M. Zelditch: *A Basic Course in Statistics*, 2d ed., Holt, Rinehart and Winston, Inc., New York, 1968, chap. 9.

2. Bishop, Y. M. M., S. E. Fienberg, and P. W. Holland: *Discrete Multivariate Analysis: Theory and Practice*, The M. I. T. Press, Cambridge, Mass., 1975.

3. Blalock, H. M.: "Probabilistic Interpretations for the Mean Square Contingency," *Journal of the American Statistical Association*, vol. 53, pp. 102-105, 1958.

4. Blalock, H. M.: "Can We Find a Genuine Ordinal Slope Analogue?," in D. R. Heise (ed.), *Sociological Methodology* 1976, Jossey-Bass, Inc., Publishers, San Francisco, 1975, chap. 7.

5. Bradley, J. V.: *Distribution-free Statistical Tests*, Prentice-Hall, Inc., Englewood Cliffs, N. J., 1968, chap. 8.

6. Davis, J. A.: "Hierarchical Models for Significance Tests in Multivariate Contingency Tables," in H. L. Costner (ed.), *Sociological Methodology* 1973-74, Jossey-Bass, Inc., Publishers, San Francisco, 1973, chap. 8.

7. Downie, N. M., and R. W. Heath: *Basic Statistical Methods*, 4th ed., Harper & Row, Publishers, Incorporated, New York, 1974, chap. 14.

8. Goodman, L. A.: "The Analysis of Cross-Classified Data: Independence, Quasi-Independence, and Interactions in Contingency Tables With or Without Missing Entries," *Journal of the American Statistical Association*, vol. 63, pp. 1091-1131, December 1968.

9. Goodman, L. A.: "The Multivariate Analysis of Qualitative Data: Interactions Among Multiple Classifications," *Journal of the American Statistical Association*, vol. 65, pp. 226-256, March 1970.

10. Goodman, L. A.: "A General Model for the Analysis of Surveys," *American Journal of Sociology*, vol. 77, pp. 1035-1086, May 1972.

11. Goodman, L. A., and W. H. Kruskal: "Measures of Association for Cross Classifications," *Journal of the American Statistical Association*, vol. 49, pp. 732-764, 1954.

12. Goodman, L. A., and W. H. Kruskal: "Measures of Association for Cross Classifications. II: Further Discussion and References," *Journal of the American Statistical Association*, vol. 54, pp. 123-163, 1959.

13. Goodman, L. A., and W. H. Kruskal: "Measures of Association for Cross Classifications. III: Approximate Sampling Theory," *Journal of the American Statistical Association*, vol. 58, pp. 310-364, 1963.

14. Goodman, L. A., and W. H. Kruskal: "Measures of Association for Cross-Classifications, IV: Simplification of Asymptotic Variances," *Journal of the American Statistical Association*, vol. 67, pp. 415-421, June 1972.

15. Hawkes, R. K.: "Effects of Grouping on Measures of Ordinal Association," in D. R. Heise (ed.), *Sociological Methodology* 1976, Jossey-Bass, Inc., Publishers, San Francisco, 1975, chap. 6.

16. Hildebrand, D. K., J. D. Laing, and H. Rosenthal: "A Prediction-Logic Approach to Causal Models of Qualitative Variates," in D. R. Heise (ed)., *Sociological Methodology*, 1976, Jossey-Bass, Inc., Publishers, San Francisco, 1975, chap. 5.

17. Hildebrand, D. K., J. D. Laing, and H. Rosenthal: *Prediction Analysis of Cross Classifications*, John Wiley & Sons, Inc., New York, 1977.

18. Kohout, F. J.: *Statistics for Social Scientists*, John Wiley & Sons, Inc., New York, 1974, unit XIV.

19. Mueller, J. H., K. Schuessler, and H. L. Costner: *Statistical Reasoning in Sociology*, 4th ed., Houghton Mifflin Company, Boston, 1977, chaps. 8 and 15.

20. Reynolds, H. T.: *The Analysis of Cross-Classifications*, The Free Press, Riverside, N. J., 1977.

21. Rosenberg, Morris: "Test Factor Standardization as a Method of Interpretation," *Social Forces*, vol. 41, pp. 53-61, 1962.

22. Siegel, Sidney: *Nonparametric Statistics for the Behavioral Sciences*, McGraw-Hill Book Company, New York, pp. 96-111, 1956.

23. Wilensky, H. L.: "The Labor Vote: A Local Union's Impact on the Political Conduct of its Members," *Social Forces*, vol. 35, pp. 111-120, 1956.

方差分析 16

在第 13 章里我们曾利用均值差或比例差的显著性检验来比较两个样本。这种检验方法可以用于两个变量中有一个为二分定类尺度变量的情况。上一章我们曾讨论如何使用卡方检验来比较两个以上的样本。本章讨论方差分析,这是一种很重要的分析方法,它可以检验两个以上样本均值之间的差。方差分析是均值差检验的推广,一般可用于检验一个定类(或更高层次)尺度变量与一个定距尺度变量之间的关系。在某些情况下,方差分析可以推广应用于单个定距尺度与两个或更多个定类尺度的情况。本章还将讨论类似的非参数检验和几种关系程度的量度。

本章最重要的特点在于从前几章的内容过渡到**广义线性模型**(general linear model),后者是大多数多元分析方法的核心思想。在线性模型中,取一个定距尺度应变量 Y 为几项自变量的函数。自变量中有一项是干扰项 ε,ε 代表所有未知的或应当忽略不计的变差来源的影响。

在第 17,18,19 章中,此线性模型的形式为:

$$Y = \alpha + \beta_1 X_1 + \beta_2 X_2 + \cdots + \beta_k X_k + \varepsilon$$

其中 α 和 β_i 为常数,X_j 代表定距或定比尺度变量,而且对干扰项 ε 有某些假定。本章所讨论的自变量为定类尺度,但是采用的基本模型和假定与以下各章相同。首先介绍如何对于仅有一个定类尺度自变量的情况进行计算和显著性检验,然后在 16.3 节中说明如何用一般线性模型表示两个或更多个定类尺度自变量的**主作用项和交互作用项**。

在以后几章中我们将看到用这种一般线性模型可以处理多种不同的复杂问题。这种线性模型不仅是本书以下部分而且还是较高深的专业教科书籍的统一思想框架。本章介绍的 F 检验是一般线性模型的基本显著性检验。因此,为了理解以后讲授的多元分析以及与方差分析直接有关的实验设计文献,一定要掌握本章的内容。

16.1 简单的方差分析

可以将方差分析看做均值差检验的推广或概括,但是它涉及一些新的基本原理,需详加解释。为了使读者不至因繁琐细节而看不到总纲,这里首先概述基本要点。方差分析所包含的假定与均值差检验的假定基本相同,但检验本身却很不同。我们需要假定正态分布、独立随机样本等总体标准差和总体均值相等的零假设,但是,方差分析检验方法本身却直接涉及方差而不是均值和标准差。

设三种类型城市的谋杀率如表 16.1 的数据资料所示。三种城市类型为:工业、商业、政治。我们可以分别计算三个类别或样本的各个均值,也可以忽略组别(类别)取所有数值的平均来算出总均值。在本例题中所有样本的容量相等,但不是非得这样不可。

表 16.1　方差分析的数据

	谋杀率			总和
	工业社区	商业社区	政治社区	
	4.3	5.1	12.5	
	2.8	6.2	3.1	
	12.3	1.8	1.6	
	16.3	9.5	6.2	
	5.9	4.1	3.8	
	7.7	3.6	7.1	
	9.1	11.2	11.4	
	10.2	3.3	1.9	
和	68.6	44.8	47.6	161.0
均值	8.58	5.60	5.95	6.71
个案数目	8	8	8	24

由于已经假定三个总体都具有相等标准差,所以可对共同方差 σ^2 制定两个独立估计量。第一种共同方差 σ^2 估计量类似均值差检验中所采用的合并估计量。这种估计量是各个样本**内**的方差的加权平均,即便样本均值彼此相差很多,它仍然无偏倚。这是因为各样本方差是单独求出的,仅涉及对该样本均值的偏差。

第二种共同方差估计量是把各单个样本均值的方差作为单个数值。这时用样本均值对总均值的偏差来估计 σ^2。对于表 16.1 的数据来讲,要求出三个样本均值 8.58,5.60,5.95 对总均值 6.71 的变差,然后求出方差作为 σ^2 的估计量。只有当诸总体(即三个样本所代表的三个子总体)均值实际上相等,这个 σ^2 的估计量才是无偏估计量。如果诸总体均值相等,根据中心极限定理可以期望诸样本均值彼此不等,并且随着样本容量的增加其分布接近正态分布。我们可以利用这个规律及样本均值的实际差值来估计真正的方差。另一方面,如果诸总体均值实际上不等,则可预料样本均值彼此的差值要大于总体均值相等的情况。因此,如果零假设不正确,那么第二种 σ^2 估计量的估计值不仅一般都会过大,而且还是一个有偏估计量。

方差分析采用的检验方法是比较两种总体方差估计量。然而,这时不取两种估计量之差,而是取第二种估计量对第一种估计量的**比率**。如果零假设正确,两种估计量皆无偏倚且上述比率近似等于 1。但是,如果诸总体均值不等,则第二种估计量一般大于第一种估计量,因而这个比率大于 1。由于抽样过程中总会有涨落因素,所以我们应当确定:这个比率要大到什么程度我们就应该对零假设提出怀疑。幸运的是,在两种方差估计量彼此实际独立的前提条件下,两种估计量之比率 F 具有已知抽样分布,因而可以进行很简单的检验。

上面讲的就是方差分析检验的基本过程,以下详加论述。

分解总变差　虽然我们的最终目标是求得两种独立的方差估计量,但为了说明这个过程需要引入一个新概念。**变差**(variation)这个词(不同于方差)表示对于均值的偏差之平方和。对于所有样本总均值的总变差为 $\sum\limits_{i=1}^{N}(X_i - \overline{X})^2$。所以,变差代表一种平方和,但不除以个案数目。现在可以将总变差分解成两个部分,各自用于计算两种估计量。

我们将数据用符号表示如表 16.2。表中 $X_{11}, X_{21}, \cdots, X_{ij}$ 代表单个数值;$\overline{X}_{\cdot 1}, \overline{X}_{\cdot 2}, \cdots,$ $\overline{X}_{\cdot k}$ 代表样本均值;$\overline{X}_{\cdot \cdot}$ 代表总均值。符号下标的点号用于区分列均值和行均值,当加上一个定类尺度时要用到它。X_{ij} 代表第 j 列中第 i 个体的分数值。和 $\sum\limits_{i=1}^{N_1} X_{i1}$ 代表第一列的 N_1 个数值之和,其他各列以此类推[①]。根据初等代数运算,有:

$$X_{ij} - \overline{X}_{\cdot \cdot} = (X_{ij} - \overline{X}_{\cdot j}) + (\overline{X}_{\cdot j} - \overline{X}_{\cdot \cdot})$$

表 16.2　方差分析中数据的符号表示法

	类别				总和
	A_1	A_2	$\cdots$	A_k	
记分数值	X_{11}	X_{12}	$\cdots$	X_{1k}	
	X_{21}	X_{22}	$\cdots$	X_{2k}	
	X_{31}	X_{32}		X_{3k}	
	$\vdots$	$\vdots$		$\vdots$	
	$X_{N_1 1}$	$X_{N_2 2}$	$\cdots$	$X_{N_k k}$	
和	$\sum\limits_{i=1}^{N_1} X_{i1}$	$\sum\limits_{i=1}^{N_2} X_{i2}$	$\cdots$	$\sum\limits_{i=1}^{N_k} X_{ik}$	$\sum\limits_{i}\sum\limits_{j} X_{ij}$
均值	$\overline{X}_{\cdot 1}$	$\overline{X}_{\cdot 2}$	$\cdots$	$\overline{X}_{\cdot k}$	$\overline{X}_{\cdot \cdot}$
个案数目	N_1	N_2	$\cdots$	N_k	N

或者

（个体数值 – 总均值）=（个体数值 – 类别均值）+（类别均值 – 总均值）

也就是从 X_{ij} 减去 $\overline{X}_{\cdot j}$（第 j 列的均值）,然后又再加回去。于是,我们将一单个个体数值与总均值之差表示为两个数量之和:①个体分数值与该个体所属类别的均值之差;②类别均值与总均值之差。在以上数字例题中,可以将第一个类别中第一个个体的分数与总均值之差表示为:

$$4.3 - 6.71 = (4.3 - 8.58) + (8.58 - 6.71)$$
$$-2.41 = -4.28 + 1.87$$

将以上方程两边乘方,可得:

$$(X_{ij} - \overline{X}_{\cdot \cdot})^2 = (X_{ij} - \overline{X}_{\cdot j})^2 + 2(X_{ij} - \overline{X}_{\cdot j})(\overline{X}_{\cdot j} - \overline{X}_{\cdot \cdot}) + (\overline{X}_{\cdot j} - \overline{X}_{\cdot \cdot})^2$$

对方程两边取和,求得所有个体的偏差平方之和。可以先对各列向下依次相加,然后再将各类别的数字相加。这时方程的中间项变为 0。为了理解这一点,应看到当对任何一列向下求和时,j 值为常数。所以,对第 j 列来讲,因子 $(\overline{X}_{\cdot j} - \overline{X}_{\cdot \cdot})$ 是常数,因而可以把它提出到连加号外面。因此,中间项的第 j 列数值之和为:

---

① 因为有两个下标 i 和 j,所以要注意区分符号 $\sum\limits_{i}$ 和 $\sum\limits_{j}$。对后一个连加号来说,这是任何一特定的（固定）i 将 j 值取和,从而得到第 i 行的数值之和。

$$2(\overline{X}_{.j} - \overline{X}_{..}) \sum_i (X_{ij} - \overline{X}_{.j})$$

由于每一列的对列均值的偏差之和一定是0,所以每一列的中间项也是0。于是有:

$$\sum_i \sum_j (X_{ij} - \overline{X}_{..})^2 = \sum_i \sum_j (X_{ij} - \overline{X}_{.j})^2 + \sum_i \sum_j (\overline{X}_{.j} - \overline{X}_{..})^2 \qquad (16.1)$$

$$总平方和 \; = \; 组内平方和 \; + \; 组间平方和$$

这样我们得到一个双和号 $\sum_i \sum_j$,它表示对列与行都要取和。

我们已将总变差分为两个部分。第一部分是个体分数值对其所属类别的均值的偏差平方和,称为**组内平方和**,可以用它求出第一种共同方差 σ^2 估计量。请注意,求这个平方和的方法与均值差检验中求合并估计量的方法基本上相同。如果将组内平方和表示为:

$$\sum_{i=1}^{N_1} (X_{i1} - \overline{X}_{.1})^2 + \sum_{i=1}^{N_2} (X_{i2} - \overline{X}_{.2})^2 + \cdots + \sum_{i=1}^{N_k} (X_{ik} - \overline{X}_{.k})^2$$

可以看出第一项就是 $N_1 s_1^2$,这是对类别均值取偏差,其他各项也一样。因此:

$$组内 \; = \; N_1 s_1^2 + N_2 s_2^2 + \cdots + N_k s_k^2$$

其中 SS 表示平方和,如果将它除以自由度$(N-k)$,则求得所有 k 个类别的合并估计量。第二部分是**组间**平方和,它涉及诸类别均值对总均值的偏差,所以它是样本之间变异性的量度。第二种方差估计量就是根据组间平方和求得的。

通常将组间平方和与组内平方和分别称为**已解释的**变差与**未解释的**变差。将组内平方和(组内变差)称做未解释的变差,这或许容易理解,因为这是分成类别的变量所未能解释的那部分变差。如果在类别 A 内还有对类别均值的一些变异(变差),这一部分肯定不能由类别来解释。另一方面,如果诸类别均值彼此相差很多,则可以认为总变差的很大一部分是由于几个类别之间的差异而引起的。因此,类别内部的变异量与类别之间的差异两者的相对大小确定两个变量彼此关联的密切程度。若诸个类别内部较一致,则其彼此之间存在的差异可以解释很大比例的变差[①],对于极端情况,即如果诸个类别完全均质同质,则组内平方和为0,这时可以认为全部变差源自区分类别的变量。例如,如果所有工业城市都具有相同的谋杀率,所有商业城市具有相同的谋杀率,所有政治城市也都具有相同的谋杀率,而且三者彼此不同,那么就可以说:城市的类型解释了全部谋杀率的变差。只要知道城市属于什么类型就可以准确预测谋杀率。

为了从两个平方和求出估计量,仅需分别除以恰当的自由度,因为 $\hat{\sigma}^2$ 是 σ^2 的无偏估计量,而且计算总均值 $\overline{X}_{..}$ 时丢失一个自由度,所以与总平方和相联系的自由度为 $N-1$。现在看一看组间平方和。这个量代表 k 个样本均值对总均值的偏差的平方和,也就是把每个类别均值看作为单个个案。因此,与组间平方和相联系的自由度为 $k-1$,这是因为用 $\overline{X}_{.j}$ 的加权平均值求 $\overline{X}_{..}$ 时丢失一个自由度。对于组内平方和来讲,计算 $\overline{X}_{.j}$ 时每列丢失一个自由度,所以与组内平方和相联系的自由度为 $N-k$。注意,自由度相加与平方和相加的情况一样。因而:

$$N - 1 \; = \; (N - k) + (k - 1)$$

$$总自由度 \; = \; 组内自由度 \; + \; 组间自由度$$

---

① 当然,这不意味着因果关系。统计学文献中使用的"**已解释**"一词可以翻译成"**与××关联**",绝对不可理解为在因果意义上或理论意义上找到了肯定的解释变量。

因而两种共同方差估计量分别为:

$$组内估计量 = \frac{\sum_i \sum_j (X_{ij} - \overline{X}_{\cdot j})^2}{N - k} \tag{16.2}$$

$$组间估计量 = \frac{\sum_j (\overline{X}_{\cdot j} - \overline{X}_{\cdot\cdot})^2}{k - 1} \tag{16.3}$$

正如前面曾提到的,不论 H_0 是否正确,组内估计量的期望值为 σ^2。但是,组间估计量的期望值为:

$$\sigma^2 + \frac{\sum_{j=1}^{k} N_j (\mu_j - \mu)^2}{k - 1}$$

只有当所有 μ_j 等于 μ 时,这个量才无偏倚,而且诸类别均值相互差异愈大则偏倚程度也愈大。

这时读者可能会认为,如果将根据总平方和求出的估计量也包括在内,则有三种共同方差估计量。这个总估计量很可能优于前两种估计量,那么为什么不用它与另外两种估计量中的一个相比较来作检验呢? 应当记住,F 检验要求相比较的估计量彼此独立,然而,根据总平方和求得的估计量与其他两种估计量不是相互独立的,所以 F 检验不能采用它。

例题 采用以上三种类型城市谋杀率的假想数据。我们想确定三种类型城市的均值彼此是否有显著性差异。

1. 建立假定
量度层次:谋杀率为定距尺度
城市类型为定类尺度
模型:独立随机抽样
各城市类型为正态总体
总体方差相等
$(\sigma_1^2 = \sigma_2^2 = \cdots = \sigma_k^2 = \sigma^2)$
假设:总体均值相等
$(\mu_{\cdot 1} = \mu_{\cdot 2} = \cdots = \mu_{\cdot k})$

正如均值差检验一样,这里必须假定样本是独立抽取的。换言之,城市相互没有匹配。由于假定三种类型的城市总体为正态分布并且具有相同的均值和方差,所以实际上就是假定它们是相同的总体,因此,可以把三个样本看做是从同一个总体中随机抽取的。一般说来,研究人员对于等均值假定感兴趣。在本例题中,人们很可能会预料三种类型城市的谋杀率有差别,因而提出无差异的零假设。由于采用了正态分布的假定,所以不需要大样本。但是,如果各类别仅有一个个案,则类别内无变异,从而就不可能进行检验。

F 检验本身并不对等方差性或方差齐性(homoscedasticity)(这种假设是用技术语言表述的)的假设进行检验。在样本方差看起来相差很大的例子中,可能会做等方差性的独立检验(见参考文献 1 的 141-144 页以及参考文献 8 的 253-254 页)。如果检验结果表明方差彼此相差很多,则不应使用方差分析,但如果相差不多,则仍可进行方差分析。用变换变量的方法可以大大缩小非等方差性①。如果有单个的类别在均质性方面比其他类别强很多或弱很多,则应该在方差分析中取消这个类别。一般来讲,偏离正态性和同方差不多时仍可进行 F 检验,不必使用其他非参数检验(见参考文献 1 的 220-223 页和参考文献 8 的 238-240 页)。

2. 显著性水平和否定域　我们采用显著性水平 0.05。如果零假设实际不正确,并且如果取组间估计量对组内估计量的比率,可以期望这个 F 值大于 1,所以用 F 分布的上尾端作为否定域。如果 F 值小于 1,则没有必要从表中查看这个值的概率,因为只有当 F 值大于 1 才可以否定零假设。小于 1 的 F 值表明,类别内的异质性程度之高决非出自偶然。读者应记住,虽然仅采用 F 分布的单侧尾端,但这并不意味着事先预测哪一个类别均值最大。

3. 求抽样分布　F 分布被定义为两个各除以自身自由度的独立分布的卡方之比率。正如以后要讲到的,也可以把 F 分布看成 t 分布的推广。这要求干扰项为正态分布,如果子样本容量相当大,则这个假定可以放松。正如前面曾谈到的,在本书以下各章节中当讲到一般线性模型的各种检验时,要多次采用 F 分布。附录 2 表 J 为 F 的抽样分布表。后面将讲该表的使用方法。

4. 计算检验统计量　为了求出 F 值,即组间估计量与组内估计量之比率,必须先计算总平方和、组间平方和及组内平方和。由于总变差等于另两个变差之和,所以仅需求得两个数值,然后从这两个数值求出第三个数值。求组内平方和时需要进行合并运算,这种运算要比求另两个平方和的运算繁琐很多,所以通常从总平方和中减去组间平方和而求得组内平方和。

导出方差计算公式的方法(见公式 6.6)与导出总平方和计算公式的方法相同。于是有:

$$\text{总平方和} = \sum_i \sum_j (X_{ij} - \bar{X}_{..})^2 = \sum_i \sum_j X_{ij}^2 - \frac{\left(\sum_i \sum_j X_{ij}\right)^2}{N} \tag{16.4}$$

这个公式与我们曾经用过的计算标准差的公式基本相同,但这里需用双连加号。

组间变差的计算公式看起来非常复杂,但实际运算很简单。其公式如下:

$$\text{组间平方和} = \sum_j \frac{\left(\sum_i X_{ij}\right)^2}{N_j} - \frac{\left(\sum_i \sum_j X_{ij}\right)^2}{N}$$

$$= \left[\frac{\left(\sum_i X_{i1}\right)^2}{N_1} + \frac{\left(\sum_i X_{i2}\right)^2}{N_2} + \cdots + \frac{\left(\sum_i X_{ik}\right)^2}{N_k}\right] - \frac{\left(\sum_i \sum_j X_{ij}\right)^2}{N} \tag{16.5}$$

请注意,上式的最后一项与求总平方和时从 $\sum_i \sum_j X_{ij}^2$ 减去的因子相同。有些读者可能对上式第一项迷惑不解。把它分解,可以看出:首先计算各列之和,然后乘方求得 $\left(\sum_i X_{ij}\right)^2$,再除以列中个案数目(不一定相等),这样求得第 j 列的 $\left(\sum_i X_{ij}\right)^2 / N_j$。最后,对每一列进行

① 例如,有时具有最大均值的类别也是最不均质一致的。在这种情况下,如果将原来变量的对数取作定距尺度变量,其效果相当于把方差之间的差异缩小。18.2 节将进一步讨论对数变换。

同样运算,再将结果相加求和。

为了更清楚说明计算步骤,下面对本例题进行计算。总平方和及组间平方和的计算如下:

$$\sum_i \sum_j X_{ij}^2 = 4.3^2 + 2.8^2 + \cdots + 1.9^2 = 1\,453.58$$

$$\frac{\left(\sum_i \sum_j X_{ij}\right)^2}{N} = \frac{161.0^2}{24} = 1\,080.042$$

$$总\,SS = 1\,453.58 - 1\,080.042 = 373.538$$

$$组间\,SS = \frac{68.6^2}{8} + \frac{44.8^2}{8} + \frac{47.6^2}{8} - 1\,080.042$$

$$= 1\,122.345 - 1\,080.042 = 42.303$$

为了求出组内平方和,可以直接从第一式减去第二式,得到:

$$组内\,SS = 总\,SS - 组间\,SS$$

$$331.235 = 373.538 - 42.303$$

各自除以相应的自由度,即求出两种共同方差估计量。最后,将组间估计量除以组内估计量算出 F。表 16.3 总结了计算过程。

表 16.3 方差分析的计算

	平方和	自由度	方差估计量	F
总	373.538	$N-1=23$		
组间	42.303	$k-1=2$	21.152	
组内	331.235	$N-k=21$	15.773	1.34

5. 做判断 为了决定是否放弃零假设,必须确定 F 值是否落于否定域内。F 的三个表分别对应于显著性水平 0.05,0.01 和 0.001。这方面的信息无法压缩成一张表,因为每个 F 值联系着两个自由度,一个是分子的,另一个是分母的。分子(组间估计量)的自由度可以从表顶部横向查出,分母(组内估计量)的自由度可以从表中左列向下查出。表中的 F 值均大于 1.0,说明这是为单侧检验编制的。换言之,分子总是大于分母,也可以说组间估计量大于组内估计量。在本例题中,F 具有自由度 2 和 21,用 $F_{2,21}$ 表示,其值为 1.34。由显著性水平 0.05 的 F 表中查到这个自由度的相应数字为 3.47。由此可知,如果假定正确,则获得 F 值为 3.47 或大于 3.47 的概率为 5%。我们的实际 F 值小于 3.47,在显著性水平 0.05 上不能否定零假设。故此做判断:没有充分根据提出不同类型城市在谋杀率方面有所不同。

16.2 特定均值的比较

以上例题也可以用均值差检验来处理,均值差检验涉及 t 分布,可以做三种组合的比较,即工业与商业、工业与政治、商业与政治。与此不同,方差分析仅进行一次检验来判断三种城市类型彼此间是否存在显著性差异,即三种城市是否都来自同一总体。方差分析的优点在于,一个检验可以代替多个检验。如果有 4 个类别则可以做 $4 \times 3/2 = 6$ 次均值差检验;如果有 6 个类别则可以做 15 次均值差检验;如果有 10 个类别则可以做 45 次均值差检验。假设需要做 15 次均值差检验,结果其中 4 次具有显著性,这时应当得出什么结论呢? 可能很难回答。

有一个简单方法表面看起来似乎颇有道理,那就是对分别具有最小和最大均值的两个类别进行均值差检验。如果两者之间差别显著,则可判断诸类别相互不同。但是这样做是完全错误的,因为在样本容量相等条件下,这样做是在挑选一个最可能导致显著性结论的检验而忽略其他检验。因为即便所有总体均值都相等,在显著性水平 0.05 上仍可期望每 20 次检验中会有一次得出有显著性差异的结论,所以上述做法正是从所有检验中故意挑出否定零假设的检验。换句话说,实际采用的不是显著性水平 0.05 而是 0.5 或 0.7,因为这时的概率是多次试验中至少获得一次成功(在显著性水平 0.05 上)的概率[1]。

然而也不要认为方差分析总是优于一系列的均值差检验。如果仔细运用均值差检验,它可能会提供更多的信息。例如,很可能仅仅由于一个类别与其他类别差异很大而使方差分析提出有显著性的结论,但如果将此特殊类别排除在外,结论可能完全不同。采用一系列均值差检验可能会更清楚地显示出这一情况,尤其在检验前若已经认为有一个或几个类别与其他类别差异很大,则采用数个单侧均值差检验更适宜,有时还可以预测类别均值的顺序。例如,预测工业城市的谋杀率最高,政治城市的谋杀率最低。这时可以用两个单侧均值差检验,一个检验工业城市与商业城市有差异的预测,另一个检验商业城市与政治城市有差异的预测。一般来讲,对预测相对大小和差异方向的知识愈多,则分别进行均值差检验愈适宜。另一方面,方差分析更适合用于探索性研究。

最后谈一谈 t 分布与 F 分布的关系。如果只有两种城市类型,也可以使用方差分析,再将结果与均值差 t 检验的结果做比较。在这种情况下,F 分子的自由度是 $2-1=1$,分母的自由度是 $N-2$,这与均值差检验中的 t 相同。此外,读者应能回忆起当假定 $\sigma_1 = \sigma_2$ 时,t 和 F 的分母中都有方差合并估计量,可以把 t 分布看做 F 分布的特例。经过计算可知,具有自由度 $N-2$ 的 t^2 值等于具有自由度 1 和 $N-2$ 的 F 值。比较 F 表和 t 表也可以核实这一点。换言之,t 是分子的自由度为 1 的 F 的平方根。这当然就意味着,对于双样本而言,不论采用方差分析或均值差检验,其结果完全相同。就此意义而言,方差分析实际上是均值差检验的推广。

*正交比较　有时需要比较的类别多于两个,在这种情况下应当事先根据研究的课题来确定几个特定比较。例如,设在一项试验中有五个组,一个是控制组(对照组),其余四个组经受不同的试验操纵。如,第二组和第三组都具有专制型的领导,分别经受中度和高度的挫折;第四组和第五组都具有民主型的领导,也分别经受中度和高度挫折。研究人员可能会将控制组(对照组)与其他四个组做比较,但可能也要对比两个专制型组与两个民主型组,或将经受中度挫折的两个组与经受高度挫折的两个组做对比。问题在于,在这些对比中是否有一些是不必要的,是否仅提供一些冗余的信息? 换句话说,如果知道一项对比的结果,是否能就此对其他对比的结果做出一些推论? 我们需要一种有条理的方法来决定这些对比是否独立或**正交**[2]。

在从均值差检验推广出来的一种方法中,我们可以再次使用线性函数的概念。如果要把控制组(Ⅰ组)与实验组做对比,自然会想到从控制组的均值减去四个实验组均值的

---

[1]　在这种情况下可以采用几种事后的检验法,SPSS 计算机软件包中有现成的程序。请看参考文献 6 和 8。

[2]　正交性概念来自统计关联性的几何解释,它指可以用垂直的或正交的轴来表示关系。对所讲的内容来讲,其重要性在于:如果假定应变量的分布为等方差性和正态性,则可以证明正交性代表统计独立性。

均值。同样,要对比民主型组与专制型组,就要从Ⅱ组和Ⅲ组(专制型组)的均值减去Ⅳ组和Ⅴ组(民主型组)的均值。如果给各组的加权相等(不论样本相对容量如何),这就是两个均值的均值相对比,或 $(1/2)(\bar{X}_2 + \bar{X}_3) - (1/2)(\bar{X}_4 + \bar{X}_5)$;零假设为 $(1/2)(\mu_2 + \mu_3) - (1/2)(\mu_4 + \mu_5) = 0$。

从广义上讲,将第 i 次对比的函数 ψ_i 定义为:

$$\psi_i = c_{i1}\mu_1 + c_{i2}\mu_2 + \cdots + c_{ik}\mu_k = \sum_{j=1}^{k} c_{ij}\mu_j$$

其中 c_{ij} 为简单加权,其值取决于对比。如果加上限制条件:加权之和为 0,即 $\sum_{j=1}^{k} c_{ij} = 0$,就会简化分析过程而又不会限制对比。如果第一次对比是将控制组(对照组)与其他四个组的均值比较,可取 $c_{11} = 1$,其余 c_{1j} 皆为 $-1/4$。如果某次对比中没有比较某一个组,则令该组的 c_{ij} 为 0, 因而,对所考虑的三种比较有:

	Ⅰ	Ⅱ	Ⅲ	Ⅳ	Ⅴ
ψ_1:控制组对其余(Ⅰ对Ⅱ,Ⅲ,Ⅳ和Ⅴ)	1	−1/4	−1/4	−1/4	−1/4
ψ_2:专制型对民主型(Ⅱ和Ⅲ对Ⅳ和Ⅴ)	0	1/2	1/2	−1/2	−1/2
ψ_3:中度挫折对高度挫折(Ⅱ和Ⅳ对Ⅲ和Ⅴ)	0	1/2	−1/2	1/2	−1/2

如果诸总体方差 σ_i^2 大致相等,诸总体近似正态分布,所有样本容量相等,那么若系数间的关系符合以下条件:

$$\sum_{j=1}^{k} c_{hj}c_{ij} = 0 \qquad 所有 h \neq i$$

则各个对比彼此独立(同时也正交)。我们先检查第一对对比,即第一次对比与第二次对比 $(h=1, i=2)$,这时有:

$$c_{11}c_{21} + c_{12}c_{22} + c_{13}c_{23} + c_{14}c_{24} + c_{15}c_{25}$$

$$= 1 \times 0 + \frac{-1}{4} \times \frac{1}{2} + \frac{-1}{4} \times \frac{1}{2} + \frac{-1}{4} \times \frac{-1}{2} + \frac{-1}{4} \times \frac{-1}{2} = 0$$

因而符合上述条件。再来看第一次对比与第三次对比和第二次对比与第三次对比,结果仍然满足以上乘积和的条件,即有:

$$1 \times 0 + \frac{-1}{4} \times \frac{1}{2} + \frac{-1}{4} \times \frac{-1}{2} + \frac{-1}{4} \times \frac{1}{2} + \frac{-1}{4} \times \frac{-1}{2} = 0$$

和

$$0 \times 0 + \frac{1}{2} \times \frac{1}{2} + \frac{1}{2} \times \frac{-1}{2} + \frac{-1}{2} \times \frac{1}{2} + \frac{-1}{2} \times \frac{-1}{2} = 0$$

一般来讲,可以证明:如果有 k 个类别,则最多有 $k-1$ 个相互独立的对比。此外,如果样本容量不等,则必须用样本类别容量 N_j 加权,这时正交性的检验判定标准为:

$$\sum_{j=1}^{k} \frac{c_{hj}c_{ij}}{N_j} = 0$$

以上例题仅用三个正交对比,但可以有 $k-1=4$ 个。当然,在大多数情况下利用所有正交对比在理论上不一定有什么意义。不过,知道本例题的第四个对比究竟是哪一个还是有助于理解这种方法的。注意,我们已经将控制组(对照组)与所有实验组做过对比,所以我们可能无法预期控制任何一个子集(如专制型组)的比较与第一个比较正交。这一点是很容易通过检验判断准则理解的。请注意,我们已经将Ⅱ组(同Ⅲ组或Ⅳ组一起)与Ⅴ组(同Ⅲ组或Ⅳ组一起)做过对比,因此,我们可以预期,正像事实已经证明的那样,假如将Ⅱ组和Ⅴ组配对,与Ⅲ组或Ⅳ组进行比较,由此产生的比较可能与其余的比较正交。不过,除非我们需要对交互问题予以特别的关注,否则这样的对比在理论上是没有意义的,因为这可能导致把中度受挫的专制型组的得分与高度受挫的民主型组的得分平均。

请注意,在检验诸次对比的相互正交性或独立性时,除了用到样本容量 N_j 之外,丝毫没有提到实际样本数据。正交性检验判定标准仅涉及加权 c_{ij},而与样本均值和样本方差无关。也就是说,应该在收集数据前就决定用哪一种对比,然后,如下所示对各个对比做统计显著性检验。这种检验要用 t 分布,方式与均值差检验相类似。当然,均值差检验是最简单的对比,其中 $c_{11} = 1$ 和 $c_{12} = -1$。t 的分子是线性函数 ψ_i 的估计量,用样本均值替代总体均值求出,所以,如果取

$$\hat{\psi}_i = c_{i1}\overline{X}_1 + c_{i2}\overline{X}_2 + \cdots + c_{ik}\overline{X}_k$$

则得到第 i 个对比的分子。例如,在上面第一次将控制组(对照组)与所有其他组的对比中,有:

$$\hat{\psi}_1 = \overline{X}_1 - \left(\frac{1}{4}\right)(\overline{X}_2 + \overline{X}_3 + \overline{X}_4 + \overline{X}_5)$$

这与常识相符合。

我们希望使用根据所有样本算出的合并估计量作为 t 的分母,即便该对比没有包含所有样本。根据以前讨论的线性组合的方差结果,我们知道:

$$\mathrm{var}\,\hat{\psi}_i = c_{i1}{}^2\mathrm{var}\,\overline{X}_1 + c_{i2}{}^2\mathrm{var}\,\overline{X}_2 + \cdots + c_{ik}{}^2\mathrm{var}\,\overline{X}_k$$

其中 var 代表方差。如果假定正态分布和等方差 $\sigma_i^2 = \sigma^2$,上式变为:

$$\mathrm{var}\,\hat{\psi}_i = c_{i1}{}^2\frac{\sigma^2}{N_1} + c_{i2}{}^2\frac{\sigma^2}{N_2} + \cdots + c_{ik}{}^2\frac{\sigma^2}{N_k} = \sigma^2\sum_{j=1}^{k}\frac{c_{ij}^2}{N_j}$$

用 σ^2 的估计量代入上式,然后取平方根,则得 t 的分母,其自由度为 $N-k$。在没有控制组的第二次和第三次对比中,t 的分母仍为同一表达式。例如,对于第二次对比来讲,有:

$$\hat{\sigma}^2 = \frac{N_1 s_1^2 + N_2 s_2^2 + \cdots + N_5 s_5^2}{N-5} \ (\text{组内方差估计量})$$

$$\sum_{j=1}^{5}\frac{c_{ij}^2}{N_j} = \frac{0}{N_1} + \frac{\left(\frac{1}{2}\right)^2}{N_2} + \frac{\left(\frac{1}{2}\right)^2}{N_3} + \frac{\left(\frac{-1}{2}\right)^2}{N_4} + \frac{\left(\frac{-1}{2}\right)^2}{N_5}$$

$$= \left(\frac{1}{4}\right)\left(\frac{1}{N_2} + \frac{1}{N_3} + \frac{1}{N_4} + \frac{1}{N_5}\right)$$

因此:
$$t = \frac{(1/2)(\overline{X}_2 + \overline{X}_3) - \left(\frac{1}{2}\right)(\overline{X}_4 + \overline{X}_5)}{\hat{\sigma}(1/2)\sqrt{\dfrac{1}{N_2} + \dfrac{1}{N_3} + \dfrac{1}{N_4} + \dfrac{1}{N_5}}}$$

$$= \frac{(\overline{X}_2 + \overline{X}_3) - (\overline{X}_4 + \overline{X}_5)}{\hat{\sigma}\sqrt{\dfrac{1}{N_2} + \dfrac{1}{N_3} + \dfrac{1}{N_4} + \dfrac{1}{N_5}}}$$

上式显然是均值差检验的推广。注意,分子和分母中的$(1/2)$因子约掉了,这表明:只要$\sum_j c_{ij} = 0$,c_{ij}的绝对值不起作用。还应当强调,合并估计量$\hat{\sigma}$就是根据组内平方和计算的估计量,如在F检验中计算的一样,它与**所有**类别有关,但t的分子和分母根号内的表达式不一定包含所有类别。

16.3 双向方差分析(Two-way Analysis Variance)

在某些情况下,增加定类尺度变量可以将方差分析推广。在可控制的实验中,研究人员可以把个体随机地归属于几个组从而控制各类别的个案数目,此时这种方法最适用。在实际的自然条件下不能进行这样的控制,本节讲的推广方法用处不大。然而,所谓双向方差分析所包含的一些基本思想有助于理解第 19 章和第 20 章中讲授的内容。

如果可以引入另一个定类尺度变量使两个定类尺度变量的所有子类别组合都具有相同个案数目,则可以直接推广方差分析①。设第二个定类尺度变量的诸类别由各行表示,这样就得到几个子格,各具有相等的个案数目。为了满足这个条件,列的各类别大小必须相等。在表 16.1 的数据中加上定类尺度变量"区域",并且只用东北和东南两个区域。设六个格各具有相等数目的城市。如果情况并非如此,可以采用一种近似方法(见下文)。引入"区域"变量后,数据如表 16.4 所示,子类别的均值及和填在各格内。

表 16.4　双向方差分析的数据

区域	城市类型			总和
	工业	商业	政治	
东北	4.3　5.9 2.8　7.7 $\sum X = 20.7$ $\overline{X} = 5.18$	5.1　3.6 1.8　3.3 $\sum X = 13.8$ $\overline{X} = 3.45$	3.1　3.8 1.6　1.9 $\sum X = 10.4$ $\overline{X} = 2.60$	$\sum_j X_{1j} = 44.9$ $\overline{X}_{1.} = 3.74$
东南	12.3　9.1 16.3　10.2 $\sum X = 47.9$ $\overline{X} = 11.98$	6.2　4.1 9.5　11.2 $\sum X = 31.0$ $\overline{X} = 7.75$	6.2　11.4 7.1　12.5 $\sum X = 37.2$ $\overline{X} = 9.30$	$\sum_j X_{2j} = 116.1$ $\overline{X}_{2.} = 9.68$
总和	$\sum_i X_{i1} = 68.6$ $\overline{X}_{.1} = 8.58$	$\sum_i X_{i2} = 44.8$ $\overline{X}_{.2} = 5.60$	$\sum_i X_{i3} = 47.6$ $\overline{X}_{.3} = 5.95$	$\sum_i \sum_j X_{ij} = 161.0$ $\overline{X}_{..} = 6.71$

如果各子格都具有相同的个案数目,就可以把列内平方和(未解释的平方和)分解成几个部分。当然也可以忽略列而对各行进行方差分析。计算行间平方和及行内平方和的方法同计算列间平方和及列内平方和的方法完全一样。根据数学推理,如果各子格的

---

① 假如我们把同样数目的个案放进各个类别,打算建造一个临时的表格将两个定类尺度联系起来,我们将会看到在**本例**中它们之间没有关系。由于在定类尺度变量之间缺乏关系,那么我们就可以毫不含糊地将行和列的平方和拆分开。

个案数目相等,则可以认为行间平方和完全来自列内平方和(即未由列解释的平方和)。因此,总变差可以分为三个部分,如下:

$$总 SS = 列间 SS + 行间 SS + 未解释的 SS \qquad (16.6)$$

在总变差中,我们用第一个定类尺度变量(城市类型)解释了它可以解释的那一部分。在未解释的部分(列内平方和)中,第二个定类尺度变量(区域)可以解释一部分。剩余的是总变差中两个变量均未解释的那部分,称为误差项。这样,除去根据总变差求得的估计量之外,还有共同方差的三种估计量,据此可做两个单个 F 检验。误差项可以作为两个 F 检验的分母,因为根据未解释的平方和求出的估计量无偏倚而且独立于其他两个估计量。F 的分子是根据列间平方和及行间平方和求得的。各检验都是在控制一个定类尺度变量条件下,检验另一个定类尺度变量与定距尺度变量之间是否存在某种关系。

第 19 章将详细讨论这种控制方法,但这里还要就此问题讲几句话,因为用双向方差分析方法进行控制涉及与列联问题稍许不同的原理。读者会回想起,迄今为止我们使用的控制方法是借助检查控制变量的各类别内的情况来保持控制变量恒定。例如,对各类别各做一次卡方检验,从而进行一系列检验。这里我们却仅做**一个** F 检验而不是几个检验,正如在合并卡方检验中一样,也就是根据控制变量的类别来**调整**定距尺度变量的数值,从而将控制变量的作用考虑在内。

例如,从表 16.4 可知所有东北部城市的平均谋杀率为 3.74,东南部城市的平均谋杀率为 9.68。假若我们现在设想所有城市都在同一区域并对谋杀率进行统计调整,给所有东北部的城市谋杀率加上一个固定数量(即 2.97)并从所有东南部城市的谋杀率减去一个相等的固定数量,使两个类别城市的谋杀率皆具有相等均值(即总均值 6.71)。这种控制方法隐含着以下假想问题:**如果**所有城市都受到同样的区域性影响,谋杀率会怎样呢?我们不去单个处理诸区域,从而减少个案数目,而是调整谋杀率的数值以便将控制变量的作用计入在内。这样做虽不严谨,但设计效率较高,因为可以进行包含总个案数目的单一检验。

这样调整谋杀率实际上就是缩小诸数值的总变差,相当于减掉了区域性引起的那一部分变差。基于**调整的数值**可以像通常的方法那样来比较列间估计量和列内估计量。幸好不必实际算出调整数值,如果真的进行运算,就会发现其结果与采用双向方差分析的结果相同。换言之,下面讨论的那类分析等价于以上讲的调整方法。实际做法是:首先让控制变量对应变量起作用,然后从总变差中提取出这个控制变量所解释的那部分,再把剩余部分作为"新的总变差",确定这个剩余部分中有多少可以由其他自变量来解释。这个"新的总变差"等价于**调整数值**的总变差。一般来讲,可以用同样方式来控制附加的变量。通过对各控制变量作调整,可以提取出这些控制变量所能解释的那部分变差,然后再看剩余部分中有多少可以由其他自变量来解释。在以下各章中我们会多次运用这一类型的控制方法。

交互作用　现在还不能举数字例题,因为引入第二个定类尺度变量后会导致一种额外的复杂性。如果各子格至少具有两个个案,就一定应该再多做一种检验,这就是"交互作用"检验。所谓交互作用就是两个定类尺度变量的特殊组合所可能引起的作用。为了进行上述双向方差分析,必须假定可加性。严格地讲,这个性质要求列间的平均总体差对每行都相等,而且行间的平均总体差对每列都相等。可加性可以由以下假想总体均值数据说明：

	A_1	A_2	A_3
B_1	5	10	20
B_2	10	15	25
B_3	25	30	40

请注意，对各行来讲第一列与第二列之差都是 5，第二列与第三列之差都是 10。同时，第一行与第二行之差都是 5，第二行与第三行之差都是 15。然而，设中间格的均值是 35 而不是 15，那么就不符合可加性了。虽然一般来讲，A_3 的数值大于 A_2，B_3 大于 B_2，但是当 A_2 和 B_2 放在一起时，却出现了均值很高的特殊情况。这种过程有些类似氢和氧结合成水的情况。如果单独检查各元素不会料想到这种结果。

在列联表中曾遇到交互作用问题，其中两个变量之间的关系会由于第三个变量的水平不同而有差异。下面再用几个例子来说明这个概念。设工业城市的谋杀率高于政治城市，并且东南部城市的谋杀率高于东北部城市，然而却可能有谋杀率非常低的东南部工业城市。这时就应该寻找工业因素与区域因素之间的交互作用。再举另一个例子：设有三种教学方法，准备从中选出一种。请四位教师采用三种方法。一般来说，教师 A 的能力优于教师 B，第一种教学方法优于第二种方法。但是很可能教师 A 不善于运用第一种教学方法，效果比预料的低。在这种情况中，教师与教学方法之间有交互作用。

为了便于理解，在计算各种数量之前我们先列出一般线性模型。这个模型类似回归分析中推导的模型，其中将一个定距尺度变量表示为另外几个定距或定类变量的函数。令 X_{ijk} 代表第 i 行和第 j 列的第 k 个个案的数值，可以认为 X_{ijk} 是由以下部分组成的：(1) 总的总体均值 μ "导致的" 部分；(2) 由于处在 i 行而导致的部分，标为行效应 α_i；(3) 由于处在 j 列而导致的列效应 β_j；(4) 由于 i 行和 j 列的特殊组合产生的交互作用 γ_{ij}；(5) 由方程中没有标示出的因素引起的独特效应或误差项 ε_{ijk}。方程式为：

$$X_{ijk} = \mu + \alpha_i + \beta_j + \gamma_{ij} + \varepsilon_{ijk}$$

这当然是指总体参数，必须从样本数据来估计。如果双向方差分析所要求的前提假定都已满足（见下文），就可以求得以上方程中参数的无偏估计量，如下：

$$\hat{\mu} = \overline{X}_{..} \qquad \hat{\gamma}_{ij} = \overline{X}_{ij} - \overline{X}_{i.} - \overline{X}_{.j} + \overline{X}_{..}$$
$$\hat{\alpha}_i = \overline{X}_{i.} - \overline{X}_{..} \qquad = \overline{X}_{ij} - (\hat{\alpha}_i + \hat{\beta}_j + \hat{\mu})$$
$$\hat{\beta}_j = \overline{X}_{.j} - \overline{X}_{..} \qquad \hat{\varepsilon}_{ijk} = X_{ijk} - \overline{X}_{ij}$$

以上各估计量在直观上皆易理解，或许交互作用效应 γ_{ij} 是例外。我们利用总均值 $\overline{X}_{..}$ 来估计 μ，用行和列的样本均值对于 $\overline{X}_{..}$ 的偏差来分别估计行效应 α_i 和列效应 β_j。X_{ijk} 对于子类别样本均值 $\overline{X}_{ij}$ 的偏差代表样本的未解释变差，这是残差项 ε_{ijk} 的估计量。然后可以用减法运算求出交互作用效应 γ_{ij} 的估计量，这相当于将各个 X_{ijk} 用以下诸部分表示：

$$X_{ijk} = \overline{X}_{..} + (\overline{X}_{i.} - \overline{X}_{..}) + (\overline{X}_{.j} - \overline{X}_{..})$$
$$（总均值 + 行效应）+（列效应）$$
$$+ (\overline{X}_{ij} - \overline{X}_{i.} - \overline{X}_{.j} + \overline{X}_{..}) + (X_{ijk} - \overline{X}_{ij})$$
$$+（交互作用）\qquad +（误差项）$$

例如，对于东北部的第二个政治城市来讲，有：

$1.60 = 6.71 + (3.74 - 6.71) + (5.95 - 6.71) + (2.60 - 3.74 - 5.95 + 6.71) +$

$(1.60 - 2.60)$

交互作用估计量的期望值为:

$$\sigma^2 + \frac{\sum \sum n\gamma_{ij}^2}{(k-1)(l-1)}$$

其中 n 代表各子格中的个案数目,k 代表列数,l 代表行数。因此可见,只有在所有的 γ_{ij} 均为 0 的情况下,交互作用估计量无偏倚。

在遇到这个模型,以及这个模型的更为一般的形式时,我们可以采用的最为基本的方法是,对每一分量效应 α_{ij}、β_{ij} 和 γ_{ij} 分别进行检验。检验的方法是评估它们对误差项贡献的大小。此外,因为一般我们总是希望尽可能简单地利用一个模型,因而我们的工作可以从判断交互项 γ_{ij} 是否有意义开始(即看看在把它排除之后对模型是否有影响)。现在让我们再次回到我们将要使用的计算方法的讨论。

可以独立于上述两个检验来进行交互作用检验,其基本方法相同。从未解释的平方和中减掉由交互作用可以解释的那一部分,这样就将未解释的平方和(或误差项)进一步分解了。于是,总平方和分解为:

$$\text{总 SS} = \text{列间 SS} + \text{行间 SS} + \text{交互作用 SS} + \text{误差 SS} \tag{16.7}$$

以上分解是这样进行的:把每个 A 和 B 类别的组合当作一个组合(单个)变量的一个类别,换言之,将问题设想为有一单个定类尺度变量,它包含有 A_1B_1,A_2B_1,$\cdots$,A_kB_1 等类别。显然,如果各子格内仅有一个个案,则没有子组内变差。如果完全不存在交互作用,则算出的误差项精确等同于把行和列单个效应相加所求得的误差项[如公式(16.6)]。另一方面,如果交互作用显著,则采用这第二种方法求得的误差项较小一些。读者应自己验证,如果 ij 格产生的效应不同于其他的格,那么 ij 格就比 j 列或 i 行都更为均质(内部变差小),而且子组内平方和小于从总平方和减去列间与行间平方和所求得的残差。

用这些子格所解释的变差量与可加性所解释的变差量之间的差就是交互作用引起的,从而有:

$$\text{总 SS} = \text{子组间 SS} + \text{子组内 SS}$$

其中子组间平方和被分解成三个部分:

$$\text{子组间 SS} = \text{列间 SS} + \text{行间 SS} + \text{交互作用 SS}$$

计算　仍用城市类型、区域和谋杀率的数字例题。计算前先列出假定。

1. 假定

量度层次:两个定类尺度,一个定距尺度

模型:独立随机样本

　　　　所有子格、行和列的总体都是正态的

　　　　子格总体的方差相等

假设:(1)总体列均值相等

　　　　(2)总体行均值相等

　　　　(3)总体具有可加性(无交互作用)

这里有三个可以单个独立检验的假设。应该首先进行交互作用检验,其余检验取决于这个检验的结果。如果没有否定假设(3),通常的方法就是假定模型为可加性,并将(样本中)交互作用产生的平方和放回在误差项中,然后用这个加大的误差项来检验假设(1)和(2)。如果否定了无交互作用的假设,那么其他两个检验使用的方法取决于数据的

性质(见下文)。注意,为了检验交互作用,现在必须假定各**子格**都是正态的并具有相同的方差。不同子格内的个案必须是独立抽选的并且不能匹配。

2. 显著性水平　0.05 水平。

3. 抽样分布　F。

4. 计算检验统计量　已经求得了总平方和及列间平方和。计算行间平方和的方法与计算列间平方和的方法相同。于是有:

$$行间 SS = \frac{44.9^2}{12} + \frac{116.1^2}{12} - 1\,080.042$$

$$= 1\,291.268 - 1\,080.042 = 211.226$$

为了求出交互作用平方和,我们要利用各子组的和。子组间平方和为:

$$子组间 SS = \frac{20.7^2}{4} + \frac{47.9^2}{4} + \cdots + \frac{37.2^2}{4} - 1\,080.042$$

$$= 1\,341.585 - 1\,080.042 = 261.543$$

从总平方和减掉子组间平方和,这样求得用于检验交互作用的误差项,所以有:

$$误差 SS = 373.538 - 261.543 = 111.995$$

交互作用产生的平方和是子组间平方和减去行与列各单独产生的平方和,所以:

$$交互作用 SS = 261.543 - (42.303 + 211.226) = 8.014$$

表 16.5 列出了计算结果。

用一般的方法计算自由度。在 l 个行和 k 个列的情况下,与行间平方和联系的自由度为 $l-1$。为了求出交互作用项的自由度,先将子格数目减去一个$(kl-1)$,再从这个数量减行间平方和的自由度$(l-1)$及列间平方和的自由度$(k-1)$。简单的规则是:取列间平方和的自由度与行间平方和的自由度二者的**乘积**,因而,得到$(k-1)(l-1)=2$ 个自由度。这个结果等于:取子组间自由度$(=5)$减去行间平方和及列间平方和的自由度$(=1+2)$。用代数符号表示:

$$(kl-1) - (k-1+l-1) = (k-1)(l-1)$$

剩余的自由度为 $N-kl$,这就是误差项的自由度,它等于个案总数目减掉各子组的自由度(每个子组有一个自由度)。

表 16.5　双向方差分析的计算,附加交互作用检验

	平方和	自由度	方差估计量	F
总和	373.538	$N-1=23$		
子组间	261.543	$kl-1=5$		
列间	42.303	$k-1=2$	21.152	
行间	211.226	$l-1=1$	211.226	
交互作用	8.014	$(k-1)(l-1)=2$	4.007	.644
误差(子组内)	111.995	$N-kl=18$	6.222	

5. 做判断　交互作用检验的结果得出 F 为 0.644,这个值小于 1。因此,没有理由否定无交互作用的零假设。这意味着,在这些**样本**中由交互作用解释的附加部分完全可以归因于抽样过程的随机波动现象。在此情况下,我们肯于接受可加性的假定,即使对检

验而言这是冒着接受一个错误假设的风险,即主要是产生第二类错误的可能性。顺便说一句,如果手头上有详细的数表并且希望保留可加性假定,也可以使用显著性水平 0.3。现在既然做判断没有交互作用,所以把(样本的)交互作用引起的平方和再次归属于误差项,然后利用这个加大的误差项作为方差的误差估计量。于是得到表 16.6 所示的结果,其中数值为 120.009 的误差项就是表 16.5 中交互作用项与误差项之和。注意,交互作用的自由度已加到误差项的自由度上,故新的误差项的自由度为 20。

表 16.6 双向方差分析的计算,交互作用项归属误差项

	平方和	自由度	方差估计量	F	显著性水平
总和	373.538	23			
列间	42.303	2	21.152	3.525	$p < .05$
行间	211.226	1	211.226	35.204	$p < .001$
误差	120.009	20	6.000		

查表可知,对于具有自由度 2 和 20 的 F 来讲,在 0.05 水平上要达到显著性,F 值必须等于或大于 3.49。同时,具有自由度 l 和 20 的 F 值 35.204 是非常显著的,因为在 0.001 水平上 F 值仅为 14.82 就已经达到显著性。请注意,若对区域进行控制,让这个因素来解释它可解释的谋杀率变差,然后让城市类型因素来解释剩余部分,则在城市类型与谋杀率之间获得显著性关系。回顾前文,如果没有控制区域变量,该关系并不显著。

如果交互作用不具有显著性,则将交互作用归属误差项并用此组合误差作为 F 的分母,这样做的结果好处大于坏处。因为,虽然误差平方和稍许增加,但这个增大的误差项的自由度也增加了。由于交互作用项比较小,一般来讲总的效果是使 F 的分母减小,而且 F 所联系的自由度要增多,所以达到显著性所要求的 F 值也较小。

现在的问题是,如果交互作用具有显著性,应该如何进行计算? 这个问题比较复杂,但可提出几点建议。读者如果对此问题深感兴趣,应当查阅有关实验设计的教科书,如参考文献 5,6,7 或 8。

如果交互作用显著,有时可以找到引起交互作用的一个或两个行、列,或几个子格。例如,如果把区域细分为五个,则很可能发现东南部基本上不同于其他地区域。这时就可以将东南部排除在外,对其余区域之间的交互作用进行检验。当然应认识到,这种方法是事后追溯性的。在很多实际课题中,找到产生交互作用的单个行、列或格是很困难的。这时要对所发现的模式给予一般性合理的解释,会在理论上花很大气力。事实上,研究的最重要的成果或许就是找到了主要交互作用效应。建立和构思涉及交互作用的数理模型已超出本书范围。这里只能告诉读者,有几种可以替代线性可加性模型的方法,如乘积性模型(见参考文献 2)。

除了集中研究交互作用之外,可能还希望弄清楚在定类尺度变量中是否有一个变量与定距尺度变量相关。对于这些关系可以进行哪些检验呢? 根本问题是:"F 的分母应当采用哪个方差估计量,用误差估计量还是用从交互作用项计算的估计量?"问题的答案似乎取决于两个定类尺度变量的性质,特别依赖于采用的各个类别是否代表总体内的所有类别还是仅代表类别的样本。在社会学研究中,一般不把个体随机地分配给类别,而且这些类别通常代表着与分类方案有关的所有类别。譬如,若将所有城市分为三个类型而且不排除任何城市,则可预料这样做起码会包括所有类型中的某些城市。同样,如果

将人分成男性和女性,或分成基督新教徒、天主教徒和犹太教徒,通常可以预料这样会包括所有(或几乎所有)类别的某些代表。另一方面,划分的各个类别可能本身就是所有类别的样本。例如,抽选出卫理公会、教友派教会、圣公会作为代表着众多教会的三个宗教团体,或许这些教派各自代表着某一类型的宗教。对于上述两种情况应当分别讨论。

在第一种情况中,两个变量的各个类别**都**代表着有关的所有类型,或几乎所有类型。在抽选类别时肯定没有抽样误差,这种情况不同于仅采用三个宗教教派来做对比。在大多数这类问题中,研究重点放在各类型的均质性程度(就相对类型之间的差异大小而言)。可以把第二个定类尺度变量看做主要是一个需要予以控制的干扰变量。在分析中,交互作用的研究可能只是次要的。在这种情况下,应当把根据组间平方和求出的估计量与根据未解释的平方和求出的估计量做对比。后一估计量是子组内平方和估计量,它涉及在主要自变量(如城市类型)和控制变量共同作用下尚未解释的变差。这也就是:让控制变量先起作用,然后让主要自变量来解释剩余的部分。此外,这两个变量的交互作用还可以解释一部分。可以把这几个"已解释的"平方和与"未解释的平方和"(或误差项)做对比。这时把这个误差估计量作为各单个 F 检验的分母。因此,对于列间差异进行显著性检验时,取列间估计量除以误差项;对行间差异同样如此。在以上数字例题中,如果交互作用具有显著性,则 F 比率分别为 21.152/6.222 和 211.226/6.222。

当两个定类尺度变量中的一个(或两个)的各个类别只含有所有可能类别中的一个小样本时,这时会出现其他问题。如果交互作用具有显著性从而大于误差估计量,那么就要进一步考虑,如果类别不同会不会出现这种情形? 如果行变量和列变量**都**是类别的抽样,则称此模型为**随机效应**模型;如果两个变量都不是类别的抽样,则称之为**固定效应模型**;一个变量是被抽样因素,另一个(或多个)变量是非被抽样因素,这种模型是**混合模型**。混合模型相当普遍,但是作者还没有看到过一个随机效应模型的例子。在社会科学实践中,最常见的混合模型是这样的一种情况,即将人(教师、实验人员、采访员、仪表员等)看做是许多因素之一。例如,在课堂实验中,可能需要考虑以五个教师组成的一组中的"教师效应";而在实验室中,可能是三名不同的实验员任研究员,虽然指示他们要按同一方式来行动,但是这些人员还必然将个人因素带到实验条件内。又如,在一项调查中分析人员可能需要把"采访员效应"与其他变量的作用分开。在上述各情况中所涉及的人员数目仅仅是研究对象数目的很小一部分,而且人员与所研究的主要因素之间的交互作用是很难处理的。

可以对这类直观的想法给予严格的理论解释(请看参考文献 5,6,7,8)。在这里只要指出这个想法的提出过程就足够了。人们如果对于检验这个非被抽样的或固定因素的效应是感兴趣的话,那么假定交互作用具有显著性,这就意味着根据交互作用项求出的方差估计量一定大于"误差"估计量(以便使 $F > 1.0$)。若已知第二个因素是被抽样的,而且另一个样本可能导致完全不同的交互作用估计量,这时比较保险的方法是采用交互作用估计量(两个数量中较大者)作为检验固定(或非抽样)因素显著性的 F 比率的分母,也就是把交互作用看作误差。在本数字例题中,由于从五个或六个区域中仅抽选两个区域,故将区域视为被抽样因素。如果交互作用具有显著性从而没有归属于误差项,那么检验城市类型对谋杀率影响的显著性时就要用比率 21.152/4.007。

如果也想检验被抽样因素(如人或区域)的作用,则 F 的分母仍用误差估计量而不用交互作用估计量。从直观上讲这样做的道理是因为另一个因素没有被抽样,因而这个因素的抽样误差不会成为被抽样因素对应变量影响的估计量的误差来源。所以在本例题中,假如交互作用具有显著性,则检验区域对于谋杀率有影响时,就要用比率211.226/6.222(检验城市类型对于谋杀率有影响时,使用的分母是4.007,现在的分母是6.222,大于4.007。这是由于在本例题中检验交互作用时,采用的 F 值小于1,而具有显著性的交互作用要求大于1的 F 值)。参考文献6和8对此方法有更详细的说明。

有关显著性交互作用的解释有一个需要注意的事项。在统计学文献中常提到:行或列变量的"主效应"加上"交互作用效应",可以把这些主效应解释为自变量中的一个在其他变量的变化范围内的平均效应。然而,如果交互作用比较大,主效应与交互作用效应之间的区别就很不容易给予实质性或理论的解释。因为,当交互作用较大时,谈论某一变量(如城市类型)的平均效应从而抹煞真正的差异,在理论上是没有道理的。因此,应当理解将主效应与交互作用效应区分开的做法仅限于统计学,正如将"已解释的"平方和与"未解释的"平方和区分开一样。

有时人们将统计学术语直接替代具体学科的术语,认为有不同种类的"效应"直接与实质性理论中的概念相对应。这是很容易犯的错误。最谨慎的做法是,应该认识到,每当发现相当大的统计交互作用,意味着两个或更多个自变量对某个应变量有着共同的复杂合并影响,而且这种复杂效应无法用简单可加性模型来描述。统计交互作用的存在说明变量之间的关系比原来设想的更为复杂。但是,不能认为交互作用是独自脱离变量的"主效应"之外的某种效应。

推广到三个或更多个定类尺度变量　从理论上讲,可以将方差分析推广到更多个变量。然而在实践上受到各子格必须具有相等个案数目条件的限制,除非在实验中可以控制这个因素。如果引进第三个定类尺度变量,则可以将总平方和分解成 A 间平方和、B 间平方和、C 间平方和、交互作用平方和及误差平方和等项。然后对单个假设进行几个 F 检验。但是,现在的交互作用不只一种,有变量 A 与变量 B 之间的交互作用、有 A 与 C 之间、有 C 与 B 之间以及三个变量一起的交互作用。首先检验三因素交互作用($A \times B \times C$)。如果它不具有显著性,则把它归属于误差项,再检验三个双因素交互作用。然后再对 A,B 和 C 进行显著性检验。可以按照上述方法推广到四个或更多个定类尺度变量。如果可以用随机分配的方法来控制各类别的个案数目,则可采用几种其他的实验设计。读者应参阅有关实验设计的教科书。在许多这类实验设计中,通过对某些交互作用项作出简化假定可以获得更高的效率(样本容量减少)。例如,若假定某些交互作用可忽略不计,则在效率更高的"不完整"设计中可以故意把交互作用"混入"主效应。

不等子组的双向方差分析　通常在社会学研究中各子组内的个案数目不相等,这时的双向方差分析比较复杂。如果个案数目足够多,当然可以对控制变量的各类别内进行单个分析从而控制第二个定类尺度变量,正如在列联问题中所用的那样。如果个案数目较少,则可采用某些近似方法。请看参考文献6和8。

如果子组包含的个案数目相差悬殊,这说明行变量与列变量彼此相关。非实验性研究中通常如此。这时,列变量"解释"的一些变量也正是行变量所"解释"的。很难明确共同解释的方差究竟应当归属于哪一个变量。在多重回归分析和协方差分析中,我们会遇到同一问题。

在以下章节中讲授多重回归和协方差分析之后还要在第20章中扼要讨论所谓虚拟变量方法及多重分类分析方法。这两种方法可以处理许多类型的问题,包括两个或更多个彼此相关的定类尺度自变量的情况。但是,这种非常广义的统计学方法不能克服由于自变量彼此相关所引起的**理论性**疑难问题。这类问题只能用联立方程估计法来解决,其内容超出本教科书的范围。还要提醒大家注意,实验设计的主要优点之一在于得以操纵自变量使其效应可以明确地区分开,从而在交互作用不大的条件下可以评估各变量的主效应。

16.4 替代方差分析的非参数法(Nonparametric Alternatives to Analysis of Variance)

如果方差分析的前提假定没有被满足,则可采用非参数检验来代替单向和双向方差分析。我们先讨论克鲁斯克尔-瓦利斯的秩的单向方差分析(the Kruskal-Wallis one-way analysis of variance with ranks),然后讲弗里德曼的匹配样本检验(the Friedman test for matched samples)。后者可用于行变量为一组匹配变量的情况,其中各行有一个"个案"。

克鲁斯克尔-瓦利斯检验　本节讨论的检验方法是克鲁斯克尔和瓦利斯提出的。这种检验方法适用于所有定序尺度量度层次及几个独立随机样本的情况。对于大样本来讲,它的检验效率大约为95%。这种检验非常简单,它包含定类尺度变量的各类别的秩之和的对比。为了量度各种秩之和与零假设条件下的秩之和的差异程度,先计算统计量H。如果各组的个案数目大于5,H的抽样分布近似卡方分布[①]。

为了便于比较,我们仍用同一数据来说明克鲁斯克尔-瓦利斯检验的使用方法。表16.7将三种城市类型的谋杀率按其数值大小排秩(顺序数),秩数小表示谋杀率小。

表16.7　克鲁斯克尔-瓦利斯的秩方差分析的计算及数据

	工业城市		商业城市		政治城市	
	谋杀率	秩	谋杀率	秩	谋杀率	秩
	4.3	10	5.1	11	3.1	5
	2.8	4	1.8	2	1.6	1
	5.9	12	3.6	7	3.8	8
	7.7	16	3.3	6	1.9	3
	12.3	22	6.2	13.5	6.2	13.5
	16.3	24	9.5	18	7.1	15
	9.1	17	4.1	9	11.4	21
	10.2	19	11.2	20	12.5	23
和		$R_1 = 124$		$R_2 = 86.5$		$R_3 = 89.5$

1. 假定

量度层次:定序尺度及定类尺度

模型:独立随机抽样

假设:样本抽取自同一连续总体

2. 显著性水平及否定域　采用显著性水平0.05。

---

① 对于N很小而且有三个组的情况,请看参考文献9第185至187页。

3. **抽样分布** H 的抽样分布近似卡方分布,自由度为 $k-1$,其中 k 为类别数目。

4. **计算检验统计量** 用以下公式计算 H。

$$H = \frac{\left(\dfrac{12}{N(N+1)} \sum_{i=1}^{k} \dfrac{R_i^2}{N_i}\right) - 3(N+1)}{1 - \sum T_i / (N^3 - N)} \tag{16.8}$$

其中 N_i 和 N 分别代表第 i 个类别的个案数目和总样本的个案数目。以上公式的分母对同秩情况作了修正,其中:

$$T_i = t_i^3 - t_i$$

t_i 为给定秩相持平的观测次数。

在本例题中只有一对数值同秩,因此 $T_i = 2^3 - 2 = 6$,故可得:

$$H = \frac{\dfrac{12}{24 \times 25}\left(\dfrac{124^2}{8} + \dfrac{86.5^2}{8} + \dfrac{89.5^2}{8}\right) - 3 \times 25}{1 - \dfrac{6}{24^3 - 24}} = 2.17$$

5. **做判断** 查看卡方数值表可知,在自由度为 2 的情况下要在水平 0.05 上达到显著性,卡方值需等于或大于 5.991。由于计算出 H 为 2.17,因此不能在此显著性水平上否定零假设。这个结论与以前的结论相同。

弗里德曼的秩的双向分析 显然不能用定序尺度数据来精确地处理交互作用,但是,如果可以假定交互作用是微不足道的,而且想要用配对方法来控制一个或更多个变量,那么就可以按以下方法进行检验。先按照任何一种标准将个体匹配,在本例题中其个体为城市。采用的匹配标准可以是区域,可以是容量,也可以是城市年龄等。然后,将每组的一个成员放置在实验条件下,取"个案"数目为匹配个体的组别的数目。显然,这种方法是以前讲过的配对检验的推广。在一些情况下,对每个个体可以进行重复观测;在另一些情况下,不能使将个体分配给实验组的过程随机化,这时做解释一定要小心谨慎。在本例题中,显然不可以将城市随机地分配给工业、商业和政治类别。

现在把每一个匹配的个体的组看成为一个独立的重复实验(或观测)。在每个组内根据所得的应变量数值分配秩 $1, 2, 3, \cdots, k$。对每个个案都如此进行,再将每列的秩相加,第 j 个列的秩之和为 T_j。如果实验(列)变量丝毫不起作用,则可预料这些不同的 T_j 大致相等。实际上,如果我们在各行内完全随机地分配秩,因而可以期望不会有任何一列的总秩数特别大或特别小。但是在 T_j 中一般有微小的样本差异,所以我们希望得到具有已知抽样分布的 T_j 之间的差异量度。

如果计算以下统计量 S,就可以对小样本精确算出并对大样本近似算出 S 的抽样分布。统计量 S 的公式如下:

$$S = \sum_{j=1}^{k} (T_j - \overline{T})^2$$

其中 k 是类别的数目,$\overline{T}$ 是 T_j 的均值。在参考文献 3 和 9 中有 S 分布的精确数值表。在 $k \geq 4$ 和 $N \geq 10$ 的条件下,可以采用以下卡方近似公式:

$$\chi^2 = \frac{12S}{Nk(k+1)} = \left[\frac{12}{Nk(k+1)} \sum_{j=1}^{k} T_j^2\right] - 3N(k+1)$$

其中 N 代表匹配个体的组的数目,$k-1$ 为卡方的自由度。使用公式右侧的表示式来计算更为便利。我们仍假定真实的分数值是连续分布的,而同分(同秩)完全是由于量度手段不精确产生的。对于同分赋予在没有同分情况下的秩均值,或将同分分解使卡方取极小值。后一种赋值方法更为保守。现在举例说明。

为了便于比较起见,仍用同一例题。我们还是假定:谋杀率至少为定序尺度的量度层次,以及样本系抽选自同一连续总体的零假设。实际上这个假设断言:在实际实验条件下,实验变量没有效应。然而,我们现在假定样本是匹配的,而且在本例题中是三重匹配,即三个城市分别为工业、商业和政治配成一个组合。这里有八个重复观测,因而 $k=3,N=8$。以前进行双向方差分析时我们仅使用两个行,一个为东南部,另一个为东北部,现在有八个行,使个体可以匹配。当然也可以将每个东南部城市随意地分配到下面四行中的一行,但是这种设计效率不如在匹配过程中所采用的那种更细致的控制方法。具体地讲,我们假定两个区域各有四个不同的大小组,这样一来诸城市就同时在区域方面和大小方面匹配。假定城市按表 16.8 排列。

表 16.8　检验的数据和计算

组	工业城市		商业城市		政治城市	
	谋杀率	秩	谋杀率	秩	谋杀率	秩
A	4.3	2	5.1	3	3.1	1
B	2.8	3	1.8	2	1.6	1
C	5.9	3	3.6	1	3.8	2
D	7.7	3	3.3	2	1.9	1
E	12.3	3	6.2	1.5(1)	6.2	1.5(2)
F	16.3	3	9.5	2	7.1	1
G	9.1	2	4.1	1	11.4	3
H	10.2	1	11.2	2	12.5	3
T_j		20		14.5(14)		13.5(14) $\overline{T}=16$

表 16.8 中的秩不同于表 16.7,这是因为我们把每个组(行)作为单个重复观测,其秩只至 $k=3$。注意,仅在 E 组有一个同秩,赋予的数值为平均秩 1.5。另一种比较保守的赋值办法是令商业城市的秩为 1,令政治城市的秩为 2,因为对于其余的组来讲 $T_2>T_3$。用保守方法得出的值填在括号内。虽然本例的行数目和个案数目都很小,但为了说明计算步骤仍采用卡方近似法,因而得到:

$$\chi^2 = \frac{12}{8\times 3\times 4}(20^2+14.5^2+13.5^2)-3\times 8\times 4 = 3.06$$

对于自由度 $df=k-1=2$,这个卡方值甚至在 0.10 水平上也不具有显著性。如果利用更保守的方法,则 $T_2=T_3=14$,这时卡方值为 3.00。

布莱德雷(参考文献 3)曾提出,弗里德曼检验的效率不仅与样本容量有关,而且与类别数目有关。如果 F 检验的前提假定都成立,那么对于大样本而言,弗里德曼检验的效率相对于 F 检验(假定后者所有都得到满足)来说,近似等于:

$$\frac{3}{\pi}\left(\frac{k}{k+1}\right)$$

所以对于 $k=2$ 来讲,大样本效率近似为 $2/\pi=0.64$,$k=5$ 时大样本效率近似为

$5/(2\pi)=0.80$。布莱德雷提到,随着 k 减小,在列的横向顺序排秩的方法的优点也减少。在极限情况下 $k=2$,只有两个秩,即 1 和 2,这时本检验等价于符号检验,其相对效率很低。

如果应变量(在本例题中为谋杀率)的测量手段非常粗糙以致仅能赋予两个值:**成功**与**失败**,则可以利用一种非常类似的非参数检验法,称为寇克兰 Q 检验。寇克兰检验法的步骤包括给诸 X 分配数值 1 和 0(可以根据 X 高于或低于总中位数而定),再采用类似弗里德曼检验的精确分布或卡方近似法。在参考文献 3 中弗里德曼讲述了寇克兰检验法,它也适用于匹配的样本。

16.5 关系的量度:组内相关

方差分析检验仅能确定两个变量之间是否有关系,正如我们已经看到的,只要个案数目足够多,即便关系很微弱也很容易获得统计上的显著性。如果在可能犯第一类错误的条件下确定存在着某种关系,下一步就需要量度该关系的强度。直接比较不同类别的均值可以获得关系大小的一些信息。如果均值的差异很大,该关系很可能相当强;如果均值的差异微小,即便可能具有统计上的显著性,其关系的实际意义也不会太大,然而比较类别均值的时候,还应当注意各组内的均质性程度,否则会得出错误的结论。通常,研究重点放在**相对于类别差异而言的均值间差异的相对大小**。换言之,我们希望获得相对定距尺度变量的总变化程度而言的类别同质性程度的量度。如果各个类别都完全同质(内部一样),两个变量之间的关系就是完整的,也就是说,知道个体属于什么类别就可以准确预测它的分数值。

根据总平方和、组间平方和、组内平方和或根据这些平方和计算的方差估计量,制定了几个关系的量度,其中最简单的是**相关比率** E^2,它是已解释的平方和与总平方和的比率,即:

$$E^2 = \frac{\text{已解释的 SS}}{\text{总 SS}} = \frac{\text{组间 SS}}{\text{总 SS}} \tag{16.9}$$

在下一章要说明,除去没有正负号之外,相关比率类似积矩相关系数。在检验两个定距尺度变量之间关系的非线性时要使用这个量度。

但是,样本相关比率稍有偏倚。读者应该回想起,样本的标准差和方差分别低估了总体的标准差和方差。对小样本来讲,偏估的程度相当严重。因此,为了得到无偏估计量,分母用 $N-1$ 而不是 N。同样,在各类别内的个案数目较小的情况下,根据标准差 s 量度的各样本内的变差期望值小于总体内的变差值。为了对相关比率的偏倚做相应的修正,可利用修正的自由度并直接用方差估计量(而不是平方和)来求出所谓的**无偏相关比率**。

无偏相关比率 η^2 的公式为:

$$\eta^2 = 1 - \frac{V_w}{V_t} \tag{16.10}$$

其中 V_w 代表组内估计量,V_t 代表总**估计量**[①]。虽然到目前为止,我们还没有计算过总估计量,但可以把总平方和除以 $N-1$ 直接求出它的数值。在本数字例题中(见表 16.3)E

[①] 可以用**误差减小比例**(PRE)来说明 η^2,但如果应变量为定距尺度,仍使用"已解释的方差"和分类误差的粗浅概念是没有什么意义的。

和 η 的值为：

$$E^2 = \frac{42.303}{373.538} = 0.113 \qquad\qquad E = 0.34$$

$$\eta^2 = 1 - \frac{15.773}{373.538/23} = 0.029 \qquad \eta = 0.17$$

请注意，η 的数值小于 E。

　　组内相关系数是比较常用的关系量度。它基本上是定类尺度变量的类别**内**所有可能个案对之间的积矩相关系数，从而得此名称[①]。同本节讨论的其他量度一样，可以把组内相关系数 r_i 看为相对定距尺度变量的总变异性而言的组别的均质性程度的量度。其公式如下：

$$r_i = \frac{V_b - V_w}{V_b + (\bar{n} - 1)V_w} \qquad\qquad (16.11)$$

其中 V_b 为组间估计量，V_w 为组内估计量，$\bar{n}$ 为各组内的平均个案数目。另一种用 F 来表示的 r_i 公式为：

$$r_i = \frac{F - 1}{F + (\bar{n} - 1)}$$

　　如果各组的个案数目相同，$\bar{n}$ 数值的计算当然不会有问题。如果组的大小不等，可以用算术平均值来计算 $\bar{n}$。哈格德参考文献 4 提出：如果各类别的个案数目相差很多，则应采用另一种平均值，其计算公式如下：

$$\bar{n} = \frac{1}{k-1}\left(\sum_{i=1}^{k} N_i - \frac{\sum_{i=1}^{k} N_i^2}{\sum_{i=1}^{k} N_i} \right) \qquad\qquad (16.12)$$

其中 N_i 代表第 i 个类别内的个案数目，k 代表类别数目。在本数字例题中，所有类别的大小相等，所以 $\bar{n} = 8$。于是有：

$$r_i = \frac{21.152 - 15.773}{21.152 + 7 \times 15.773} = \frac{5.379}{131.563} = 0.041$$

　　组内相关系数具有几个值得注意的性质。如果类别都完全均质一致，则没有组内变差（即 $V_w = 0$），所以 r_i 的数值为 +1.0。在相反的极端情况下，如果所有的变异都发生在组内而类别均值准确相等，这时 V_b 为 0，r_i 的下限为：

$$\frac{-V_w}{(\bar{n} - 1)V_w} = -\frac{1}{\bar{n} - 1}$$

因此，r_i 的下限不是 -1.0，除非在各组内的个案平均数目为 2 的特例中，所以一般来讲，下限的绝对值小于 1。实际上我们不必为此担忧，因为很难碰到类别的同质性程度大大低于偶然条件下所期望的。当组内估计量准确等于组间估计量，即 F 值恰好为 1 时，r_i 为 0，所以，如果两个变量之间没有关系，而且类别的同质性程度恰好如偶然条件下所期望的那样，那么 $r_i = 0$。一般来说，r_i 的值在 0 与 1.0 之间。遗憾的是，对于数值在以上界限之间的 r_i 似乎没有简单的概率解释。

　　*组内相关系数的概念可以推广应用于双向方差分析。在 F 的分母为误差项的情况下，取 V_b 为列间估计量并用误差项代替 V_w，就可以求得在控制行变量条件下，列变量

————————————

　　① 为了深入理解这两种量度之间关系的确切性质，读者在看过第 17 章以后可以看参考文献 4。

与定距尺度变量之间的关系强度的量度。同样,也可以取 V_b 为行间估计量,则在减去列变量引起的变差之后,求得行变量与定距尺度变量之间的关系强度的量度。在第 19 章中我们将会看到,这个方法类似于在控制第三个定距尺度变量条件下,求两个定距尺度变量之间"偏"相关系数的方法。

习　题

1. 可以用 F 检验来检验同一个方差具有两个独立的估计量的零假设,所以也可以用前者在均值差问题中检验 $\sigma_1 = \sigma_2$ 的假定。由于一般不可能预测 s^2 的哪一个数值较大,所以取较大值与较小值的比率,再将 F 表中查到的概率值加倍。试按照上述方法并采用第 13 章习题 1 的数据,检验 $\sigma_1 = \sigma_2$ 的假设。(答案:$F = 1.75$,在 0.10 水平上不能否定)

2. 将以下表中的数字看做真实的分数值,对它进行单向和双向方差分析,使用显著性水平 0.05,试证明交互作用平方和为 0。

再将列 Ⅱ 的数字倒换,使 7 和 8 出现在行 A,5 和 6 出现在行 B。现在你的计算结果中哪几个平方和保持不变? 对修改后的表再次计算平方和。交互作用平方和是什么? 在 0.05 水平上检验交互作用的显著性。

	Ⅰ	Ⅱ	Ⅲ
A	1 2	5 6	9 10
B	3 4	7 8	11 12

3. 设以下数据表示不同类型社区组织的董事会主席的收入。从大社区和小社区的各种组织类型中各随机抽选出 5 个组织,因而每个子组都有相等数目的个案。试问:

(1)忽略不计社区的大小,对组织类型与董事会主席收入之间的关系进行单向方差分析检验。试求 E 和 ε 的数值。(答案:$F = 4.97$;$E = 0.52$;$\varepsilon = 0.47$)

*(2)利用双向方差分析,在控制社区大小的条件下,组织类型与收入之间的关系如何? 与(1)的结果相比较。(答案:对交互作用来讲,$F = 3.52$;在水平 0.05 上应否定)

(3)计算(1)和(2)的组内相关系数。

社区大小	组织类型		
	宗教	社会福利	民政
大	$ 13 000 11 500 17 300 19 100 16 700	$ 15 000 10 600 12 300 11 400 10 800	$ 20 800 18 100 14 600 22 300 16 500
小	15 000 12 300 13 900 14 300 11 700	9 300 10 400 12 900 11 000 9 100	14 400 10 800 9 700 12 300 13 100

4. 将习题 3 的收入数据变换成秩,采用克鲁斯克尔-瓦利斯检验对组织类型与收入的关系进行检验:

(1)忽略不计社区大小。(答案:$H = 9.2$;在水平 0.05 上应予否定)

(2)控制社区大小。

5. 仍采用习题 3 的数据,假定表中数字已经按照大小将社区匹配成三个一组,社区大小共十种。表中顶上一行的组织表示最大的社区的数据(收入分别为 13 000 美元、15 000 美元、20 800 美元),第二行表示社区大小为第二的数据,以此类推,等等。试用弗里德曼检验对组织类型与董事会主席收入之间的关系进行检验(0.05 水平)。

*6. 对分组数据和未分组数据都可以进行方差分析。为了减少混乱不清,最好利用未修正的公式(16.4)和(16.5)。但要注意,对于分组数据来讲,我们把分数值看做集中在间距的中点。按照上述方法,对第 13 章习题 2 的数据进行单向方差分析。为了检验计算结果,比较 F 值与 t 值。

7. 利用本章习题 3 的数据:

(1)忽略不计社区大小,对宗教组织主席的收入均值与福利和民政组织合并的主席的收入均值之间的差进行显著性检验。

(2)哪些对比正交于(1)?

(3)假设有六种组织类型(大社区的宗教组织,小社区的宗教组织,大社区的福利组织,等等),可以有几种彼此正交的对比?具体找出这些彼此正交的对比,并试证明之。

*8. 给定三个独立变量 A,B 和 C,分别具有 $a = 4$,$b = 3$,$c = 2$ 个类别,每个子格有 3 个个案(共 72 个个案);因素 B 是被**抽样**的,A 和 C 是固定的;各个平方和如下:

$$
\begin{aligned}
\text{总} \quad SS &= 500 \\
EA &= 90 \\
EB &= 25 \\
EC &= 40 \\
I_{AB} &= 20 \\
I_{AC} &= 15 \\
I_{BC} &= 40 \\
I_{ABC} &= 30 \\
\text{误差} &= 240
\end{aligned}
$$

其中 SS 表示平方和,EA 表示由 A 解释的,EB 表示由 B 解释的,I_{AB} 代表 A-B 的交互作用,……,I_{ABC} 代表 A-B-C 的交互作用。

(1)说明如何计算 EC(由 C 解释的)、I_{AC}(A-C 的交互作用)和 I_{ABC}。

(2)列出以上各项的自由度。

(3)假若研究重点是对 A 和 C 的主效应进行检验,试做方差分析,说明各步骤的顺序、各步骤的设定及其理由。采用显著性水平 0.05。

*9. 假设一项实验包含一个控制组(对照组)和三个实验组。实验的操纵(组Ⅰ,Ⅱ和Ⅲ)包括三种旨在改善低成绩学生能力的教学方法。控制组(组Ⅳ,对照组)受到正常的教学待遇。每组有 20 名学生。

(1)假若要把控制组(对照组)与三个实验组的平均作比较,假定各组都是从低成绩学生中独立抽选的随机样本,在各个 σ 相等的假定条件下进行 t 检验,说明你使用的具体公式和自由度。

（2）如果在把学生分配到各组之前，曾对他们进行匹配，应如何修正上述方法？

（3）假若未曾匹配学生，但不能假定各个 σ 相等，应做何种修正？

（4）在什么条件下可以对本例题采用威尔柯克森符号-秩检验？如何进行具体检验？

（5）假若要把第一个实验组与第二个和第三个实验组的平均做比较，假定的条件与（1）相同，如何进行检验？用哪一个 t 公式？自由度是多少？

参考文献

1. Anderson, R. L. , and T. A. Bancroft: *Statistical Theory in Research*, McGraw-Hill Book Company, New York, 1952, chaps. 17 and 18.

2. Blalock, H. M. : "Theory Building and the Statistical Concept of Interaction," *American Sociological Review*, vol. 30, pp. 374-380, 1965.

3. Bradley, J. V. : *Distribution-free Statistical Tests*, Prentice-Hall, Inc. , Englewood Cliffs, N. J. , 1968, chap. 5.

4. Haggard, E. A. : *Intraclass Correlation and the Analysis of Variance*, The Dryden Press, Inc. , New York, 1958, chaps. 1-5.

5. Kirk, R. E. : *Experimental Design: Procedures for the Behavioral Sciences*, Brooks/Cole Publishing Company, Belmont, Calif. , 1968, chap. 3.

6. Lindman, H. R. : *Analysis of Variance in Complex Experimental Designs*, W. H. Freeman and Company, San Francisco, 1974.

7. Mendenhall, W. : *Introduction to Linear Models and the Design and Analysis of Experiments*, Wadsworth Publishing Company, Inc. , Belmont, Calif. , 1968.

8. Namboodiri, N. K. , L. F. Carter, and H. M. Blalock: *Applied Multivariate Analysis and Experimental Designs*, McGraw-Hill Book Company, New York, 1975.

9. Siegel, S. : *Nonparametric Statistics for the Behavioral Sciences*, McGraw-Hill Book Company, New York, 1956, pp. 166-172, 184-193.

10. Walker, H. M. , and J. Lev. : *Elementary Statistical Methods*, 3d ed. , Holt, Rinehart and Winston, Inc. , New York, 1969, chap. 17.

相关和回归　17

本章和第 18 章讨论两个定距尺度之间的关系。第 19 章在讨论到多变量和偏相关问题时，我们将把这种关系推广到三个或更多个定距尺度变量。目前，我们在这里仅考虑每一个个案具有两个定距尺度的情况。例如，我们可能知道某给定社区内成年男子完成教育的年数和每年的收入，或许我们感兴趣的可能是现行劳动力中从事制造业的百分数与城市的人口增长之间的关系。

对于某些这类问题，我们常常不仅关心相关程度的量度和显著性检验，而且也想要描述两个变量之间关系的**性质**，以便在我们知道其中一个变量时可以预测另一个的值。譬如，我们可能希望根据他（她）的教育状况预测其未来的收入，或是从现行制造业劳动力的百分数预测某城市的人口增长率。当我们对于最初给定的变量，想找出与它相关的**那些**变量时，我们很可能主要关心对相关程度的量度，如求相关系数。然而一旦我们已经找到了有重要意义的变量，我们则更可能把兴趣转移到回归分析，希望通过这种分析能从一个变量出发而精确地预测另一个。

虽然读者已经熟悉相关性的量度和显著性检验，但是下面我们还是先讨论预测问题，这是因为回归概念不只在逻辑上先于相关概念，而且在理论上也更为重要。随着讨论的深入，这样做的理由将会更加明显。在讨论预测问题之后，我们将转过来探讨关系强度的量度。第 18 章实际上是本章的延续，我们将讨论几种显著性检验以及秩-序相关，后者可以用于联系两个定序尺度。

17.1 线性回归和最小二乘方

从某种意义上可以说，整个科学的最终目标即是预测。当然，这并不意味着，对于两个或更多个变量之间为什么具有某种相互关系的理解或提供因果解释仅仅是次要的。或许，正确的说法是，提供这种解释才是最终的目标，并且随着理解的逐渐完善，预测才变得更加精确。可以设想，如果理解是完全的，并且已知某些必要的事实资料，那么完善的预测也将是可能的。例如，如果知道行星运行规律，知道太阳系内引力场的规律以及金星在特定时刻的位置和速度，那么人们将可预测它未来的运动。姑且不考虑这种决定论观点的哲学含义，我们仍可以认为，预测是一切科学的目的。

社会学和其他社会科学中的预测常常必然地会显得相当不确切，通常来说，这是因为我们还没有达到定距尺度的量度水平。譬如，我们可能预测：如果一个人在群体中的地位愈高,那么他(或她)将愈顺从群体的规范。这种陈述并不一定意味单向因果关系,它只是说明地位和这种顺从性是正相关的。如暂时撇开因果关系问题的话,用数学术语来作类比(虽然不完全准确),我们可以说,地位是顺从性的**函数**,或顺从性是地位的函数。不过要注意,除了说明它们的关系是正的以外,对于这种关系的**形式**,我们却什么也没说。除非我们对于这两个变量设有定距尺度的量度层次,否则要想谈得更多是非常困难的。

然而设想我们的确有两个定距尺度,那么要更准确地描述一个变量如何随着另一个变量变化就成为可能的了。例如,我们可能说每完成一个学年教育,期望的收入将增加1 000美元。如果真是如此,我们就有非常简单的关系,即一种线性的或直线的关系。显然大多数的关系几乎都不可能这样简单,但是如我们将看到的,借助于假定的线性,常常可能对于真实的关系获得很好的近似。表达两个(或更多个)变量之间的关系的最好的最直接的方法还是数学方程的方法。像读者所熟悉的某些物理定律,如:压力、体积和湿度之间的关系($PV/T = k$)或落体加速度、物体落下的距离和落体所用去的时间之间的关系。我们也可以把每个这类数学方程用某种几何曲线来代表。幸运的是在社会学中我们通常只遇到很简单的方程和最简单的曲线(直线)。当我们加进更多的变量时,我们就不可能这样轻易地把方程式表示成几何曲线了,因为平面只有两维,不过我们现在却完全不必为此担心。

设有一个应变量Y,它要由自变量X来预测。在某些问题中X显然在时间上要比Y领先。例如,人们在挣得工资之前通常要完成他(或她)的学业。在这些例子中,这种概念构想很容易理解,但我们要注意这并不意味着X与Y的必然的或因果的关系,或X是唯一影响Y值的变量。如果因果性的方向不明确,或每个变量都影响另一个,我们要想提出它们之间的关系的理论说明就必须用联立方程的方法,关于这一点本书将不予讨论(见参考文献1,5和10)。如果我们的目标只是简单地从X估计Y或是从X短期地预测Y,我们就不必考虑这许多不确定性了,虽然应当再一次指出,在统计运算中并没有任何东西防止我们去做那种无任何理论意义的数学运算。在本章和下一章我们都将假定在数学意义上取应变量的Y在因果关系上也是应变的,从而理论上的说明可以比较明确。

我们已经看到,如果X和Y在统计意义上独立,我们就不可能从X预测Y,或更准确地说,有关X的信息不可能改善我们对Y的预测。可以推定,如果这些变量彼此不是统计意义上独立的,那么关于X的信息是能够帮助我们预测Y的。相关性愈强,我们的预测也将愈精确。以后我们将借助相关系数来量度这种关系的强度。我们现在要集中考查**如何从X预测Y**。譬如,我们希望估计一个有三年高中学历的人的未来收入。如果没有这种有关受教育状况的信息的话,我们最好的猜测(设不存在通货膨胀)将是用全部成年男子的平均收入来估计。然而,当知道他的学历以后,就应该使我们的预测更准确。

回归方程　我们用如下的方法来概括这个问题。设想对于自变量X(学历)的每一个固定值都相应有Y变量(收入)的某种分布。换言之,对于每一种教育水平都将在人口总体中具有相应的一定的收入分布。当然不是所有的具有高中学历的人都会严格地具有同一收入,不过这些收入是在某个均值周围分布的。对于初中毕业生、大学毕业生、研究生等都将会具有类似的收入分布。这些(相应于固定的X值)各自的收入分布都将会有一个均值,从而我们可以在熟悉的直角坐标上标出这些均值的位置。我们称相应于固定的X值的这些Y的**均值所组成的点连成的曲线**(轨迹)为Y**对于X的回归方程**。这样的回归方程可用图 17.1 来表示。

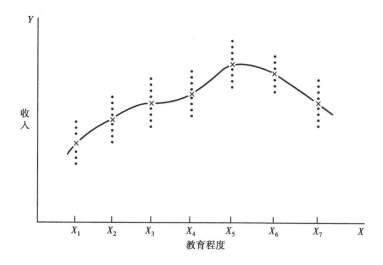

图 17.1 Y 对于 X 的一般回归形式或对于固定 X 值的 Y 的均值的曲线

这些回归方程即为科学的"定律"。在某些场合有关回归方程的变差程度是很小的，这时可以做出非常准确的预测，而相对于定律的偏差则常被认为是量度误差，或是非可控的次要外因。于是这时似乎这条"定律"陈述 Y 与 X 之间存在完美的关系。在理想条件下，一切点都被认为是准确地落在曲线上，从而这种关系可以抽象成某个理想的数学函数；对于该函数而言，每一个 X 值都会有唯一的 Y 值与它对应。但在社会科学中我们恐怕不能这样自负。我们预期在回归方程周围有相当大的变差性，从而宁可考虑对于每一个 X 的 Y 分布取均值和方差的方法。虽然原则上在一切科学中该方法是同样的，可是社会科学定律无论如何都是不可能接近到像物理学中那样精确。

在图 17.1 中我们已经把回归方程的一般性质同对应于给定的 X 值的 Y 的均值曲线联系起来了。为了可以在统计上处理这种问题，我们现在必须作一些简化的假定。虽然回归的思想是相当普遍适用的，可是多数统计工作却一直仅针对最简单的模型，特别是我们做出的下面三个假定：(1)回归方程是线性的；(2)对于每一个 X 值的 Y 的分布是正态分布；(3)对于各个 X 值的 Y 分布的方差是相等的。我们可以依次考察上面的每一个假定，特别注意第一个。

如果 Y 对于 X 的回归是线性的，或者说 Y 对于 X 是直线变化的关系，那么可以写出如下方程：

$$Y = \alpha + \beta X \tag{17.1}$$

这里 α, β 都是常数。方程(17.1)意味着 Y 和 X 之间的关系是精确的，但是以后我们将在方程中引入一个误差项。该方程的另一种可替代的写法是：$E(Y|X) = \alpha + \beta X$，这里 $E(Y|X)$ 强调表示我们关心的是由 X 决定 Y 的期望值。这里使用希腊字母，因为指总体，在此方程中希腊字母 α, β 都具有明确的几何解释。如果我们取 X 等于 0，则有 $Y = \alpha$，因此 α 表示 Y 的截距，或者表示回归线穿过 Y 轴(即 $X = 0$)的点。

β 则表示回归线的斜率，因为该常数表示当 X 每变化一个单位时 Y 的变化幅度。线性关系意味着，对于任意给定的 X 的变化(譬如说是 5 个单位)，总是导致同样的 Y 的变化(这里是 5β)，而不必考虑在 X 轴上的位置(见图 17.2)。读者可以自己证明，如果 $\beta = 1$，并且 X 轴和 Y 轴均是以同样长度为单位的话，那么回归线将与 X 轴成 45°角。当 β 大于1时表示更陡的斜度。斜度愈陡,则相应于给定的 X 的变化 Y 的变化愈大。如果 β 小于1但大于0,那么为了产生给定的 Y 的变化,X 必须取更大的变化。在极端的情况下即成为水平线了,这时 β 为0,X 的变化将不会引起 Y 的任何变化。换言之,如果 $\beta = 0$,X 与 Y 之间就不存在线性关系了。这时,如果假定线性模型,我们将无法从 X 推知 Y[①]。如果 β 是负的,我们知道两个变量之间将有负的关系:X 增加引起 Y 减小。

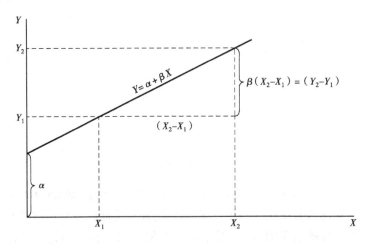

图 17.2　解释 α 和 β 的几何意义的线性回归方程

如果我们知道直线的两个点或是一个点和斜率的话,那么我们就可以完全确定该直线。因此,若 α 和 β 有固定值,则有唯一的直线同方程 $Y = \alpha + \beta X$ 对应。如果给定 α 和 β,我们就可以很容易地利用先取两点的办法绘出该直线。我们知道,当 $X = 0$ 时,$Y = \alpha$,从而有点 $(0, \alpha)$,同样,若 $Y = 0$,有 $0 = \alpha + \beta X$ 或 $X = -\alpha/\beta$,则有点 $(-\alpha/\beta, 0)$。自然,点 $(-\alpha/\beta, 0)$ 是该直线与 X 轴的交点。如果取这样两点的办法不方便,我们可以依同样程序取任何其他的点[②]。

关于 X 和扰动项的假定　至此我们还不曾明确地考虑下述情况:因为在回归方程附近存在散布(取值的)情形,我们将利用一个含有扰动项或误差项的方程来代表每个个案的实际 Y 值,这里的误差项对于每一个个案都是唯一的。如果令 Y_i 和 X_i 为第 i 个个案的分数,那么可以用下式表示(线性)关系:

$$Y_i = \alpha + \beta X_i + \varepsilon_i$$

式中 ε_i 表示扰动项,它的性质是需要我们加以考察的。我们可以想象该项既包含 Y 的(不是 X 的)量度误差,也包含那些不曾在方程中明确表示出的引起 Y 发生变化的因素导致的全部结果。如果大多数被忽略的原因单个的影响很小,而且它们几乎都是彼此独立地发生影响的话,那么可以合理地认为扰动项的期望值 $E(\varepsilon_i)$ 为0,而 ε_i 的分布近似于正态。极其重要的是还须假定扰动项与 X 在统计上独立,这种假定刚好与下述情况一致:当使用最小二乘方估计回归系数 α, β 时,必须假定 $E(\varepsilon) = 0$ 以及 X_i 与 ε_i 是不相关的。正态分布的假设,加上同方差性的假设(即 σ_ε^2 相应于整个 X 轴都是常数)是显著性检验和确定置信区间的必要前提。

选用回归分析方法的真正关键的前提假定是:X 与误差项是相互独立的。在实验研

究应用中我们常选择固定的 X 水平值(例如,我们使温度每间隔 50°取一次值)。在此情形下,X 的水平值处于我们的控制和操纵之下,并推测它将不会随着扰动项规则地变化。我们很少采用这种特定的假定,因为稍微想想,读者就会明白,在许多实验中这种假定本身就是天真幼稚的,因为人们在控制 X 的过程中可能一不小心就影响到其他未被方程所估计到的因素,而这些因素正包含在扰动项中。

在非实验性研究中,我们一般取 X 和 Y 为观测量而不是被操纵量,因此 X 和 Y 都是随机变量,或者称做具有一定概率分布的**机动**变量。有时 X 的分布是近似正态的,虽然在回归分析中这不是必要的。然而根本问题在于我们对于 X_i 和扰动项 ε_i 的合并分布做出一些假定。如果我们对于确定某种特定的分布具有很强的先验性根据,这将是充分条件,但是通常我们总是缺乏这种信息。我们常常假定 X_i 和 ε_i 在统计上相互独立,如果影响 Y 的被忽略的因素满足如下条件之一:(1)多个因素,各自的单独作用不重要,并且彼此关系不强;(2)在一个或两个被忽略的因素比其他被忽略因素更起主导作用的场合,前者与 X 是不相关的,那么这将是一个合乎情理的假定。如果不愿在任何特定的场合做这种假定的话,就应该试图找到那些主要的被忽略的扰动因素,并设法明确地把它们作为附加变量引入方程。在第 19 章我们将讨论多元回归,在那里将考虑这些附加的因果因素。

回归分析的统计理论的长处之一是它已经得到充分的发展,可以明确提出有关扰动项性质的假定。显然,我们提及的关于被忽略的变量的性质也适用于至此所讨论的一切方法。例如,如果发现在均值或比例中存在统计意义上的显著差异并且如果希望对这种关系中的自变量(例如性别)给予因果解释,那么就需要假定那些被忽略的因素并不是有规律地同那些二分定类尺度(例如性别)相关。人们不可能仅仅靠改变分析方法来绕过未能满足的有关被忽略变量的前提假定,并指望问题会自行解决。

上面指出,对于显著性检验,我们将假定相应于每个 X 值的 Y 均为正态分布。对于随机的 X 变量而言,也应假定对于每个固定的 Y 值,X 也为正态分布。我们称 X 和 Y 的联合分布是**双变量正态分布**或**二元正态分布**,意思是说,有两个变量,它们之中的任一个都相对另一个呈正态的分布。这样一种二元正态分布具有确定的数学方程,而且可以如图 17.3 所示表示为一个三维的曲面。该曲面在任何一点 (X,Y) 的高度都是同在那点的个案数目成正比的。一个三维的图形可以表示 X 和 Y 之间的联合分布,正如需要用两维来表示单个的 X 变量的频数分布。这个曲面非常像消防队员的帽子,其精确形状由变量之间的相关程度决定。

如果两个变量都是用标准差单位来表示的,那么两者相关程度愈高,则"帽子"愈窄。在极端的情形下,当 Y 能够精确地从 X 预测,从而全部的点都准确地位于回归方程(轨迹)上,那么对于每一个 X 值来讲,Y 的标准差都为 0,所以这顶"帽子"也将全然没有厚度了。而另一方面,如果 X 和 Y 之间不存在任何关系,那么该帽子的底部即为圆。这时用任何一个平面正交于 XY 平面,都将与该平面相交成一条正态曲线,而一个平行于 XY 平面的平面则将与它相交成一个椭圆。二元正态分布具有如下性质:Y 对于 X 的回归是线性的。因此,如果我们有一个二元正态分布的话,我们就知道,对于每个 X,联接 Y 的均值的线将是一条直线。不过反过来却未必成立,即如果回归是线性的,联合分布却未必是二元正态的。

对于显著性检验来说,我们也需要假定,不论 X 为什么值,对于每一个 X 来讲 Y 的标准差都是相等的。在谈到相关性问题时还要讨论这个假定,因为相关性基本上是对于回归线周围的离差程度的量度。这里我们仅需指出,如果联合分布是二元正态的,那么 Y

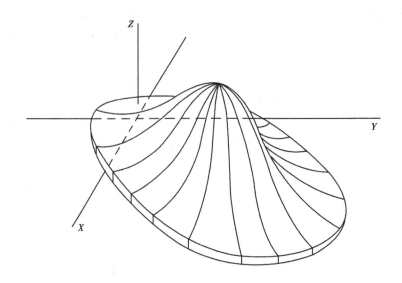

图 17.3　二元正态分布

(*By permission from A. M. Mood, Introduction to the Theory of Statistics,*
McGraw-Hill Book Company, New York, 1950, fig, 41, p. 165.)

对于每一个 X 的标准差事实上将全都是一致的。这种等方差的性质我们称为同方差性，这也类似于在方差分析中所作的假定 $\sigma_1 = \sigma_2 = \cdots = \sigma_R$。

线性最小二乘方　我们讨论过的回归模型在概念上是相当简单的，遗憾的是它的理论形式是无法直接使用的，我们难得有足够的个案来考察相应于不同固定的 X 值的 Y 的分布。更通常的是我们发现，只有很少的个案具有相同的或近似相同的 X。如果我们按照惯例在 X 和 Y 轴上绘出个案的分布，我们通常会发现如图 17.4 所示的点的散布情况。当我们在平面上画出点的分布时，我们便可以得到所谓的散布图。读者应当养成在作进一步的分析之前总是先画出一个散布图的习惯，仅仅对散布图作一些检查就可能会指出再进一步分析已无必要。例如，如果点似乎在图上随机地分布，显然在两个变量之间不存在任何关系，或者即使有也是很微弱的关系。

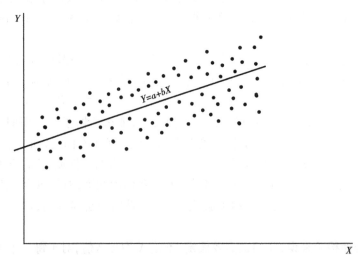

图 17.4　散布图与最小二乘方线

　　如果已画出一个散布图,可能读者会想要利用某种最拟合的曲线来逼近这些点。方法之一是用视察法画出这条曲线(在图中是一条直线)。然而更精确的方法之一是最小二乘方方法,我们现在就来讨论这种方法。我们现在的目标与前面在回归分析中所述的画出 Y 的均值轨迹的办法有些不同,在此我们希望用某种最拟合的曲线去逼近一群点。

　　为了运用最小二乘方理论,我们必须假定用于拟合数据的曲线形式。在回归分析中该曲线的形式实际上是由均值的轨迹决定的(如果已有总体的数据)。这里我们仍将取最简单的曲线——直线作为最小二乘方曲线。这意味着我们将根据最小二乘方判断标准用一条最佳拟合的直线来拟合数据,得到方程形式如下:

$$Y = a + bX \tag{17.2}$$

如果我们假定(1)随机抽样;(2)期望值 $E(\varepsilon_i)=0$;(3)X_i 和 ε_i 统计上独立,又如果回归方程是直线方程,那么我们用这种方法获得的 a 和 b 就是总体参数 α 和 β 最有效的无偏估计量。

　　最小二乘方判断标准包括找到唯一的直线,它具有如下的性质:Y 的实际值偏离该直线的离差的平方之和是最小值。因此,如果从每一个点出发画出一条纵向线止于最小二乘方线,又如果我们把所有这些线段的长度值乘方并相加,那么所得之和必小于用任何其他直线所得的相应平方之和(见图 17.5)。注意,这里指的是纵向距离,而不是垂直距离,也不是横向距离。使垂直距离平方和最小(称为正交最小二乘方)也是办得到的,但是这样所构成的方程就不太方便了。如果采用横向距离的话,那么所构成的最小二乘方线就可以用来估计 X 对 Y 的回归。读者应自己证明,使纵向距离平方和最小并不一定也使横向距离平方和最小。因此我们将能获得几种不同的最小二乘方线。只有当全部点都准确地落在一条直线上时,这些最小二乘方线才重合。结果是,当我们使纵向距离的平方和最小时,我们实际上相当于找到一条直线,使得所有的点到该直线的正的和负的纵向距离之和为0,并且所有这些点对于该直线的标准差最小。下面将对该直线的 Y 的标准差的概念进行更详细的讨论。

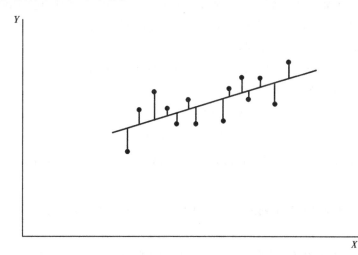

图 17.5　最小二乘方方程使纵向距离平方之和最小,并以此估计 Y 对于 X 的回归
　　为了获得最小二乘方线,我们需要计算确定具有所要求的性质的直线的 a 和 b 值。

用微积分很容易解决这类问题,可以推导得出 a,b 的公式如下[①]:

$$a = \frac{\sum\limits_{i=1}^{N} Y_i - b \sum\limits_{i=1}^{N} X_i}{N} = \overline{Y} - b\overline{X} \qquad (17.3)$$

$$b = \frac{\sum\limits_{i=1}^{N} (X_i - \overline{X})(Y_i - \overline{Y})}{\sum\limits_{i=1}^{N} (X_i - \overline{X})^2} = \frac{\sum\limits_{i=1}^{N} x_i y_i}{\sum\limits_{i=1}^{N} x_i^2} \qquad (17.4)$$

式中 $x_i = X_i - \overline{X}, y_i = Y_i - \overline{Y}$。注意,在这两个方程中,$a$ 和 b 是未知量,而其他的量可以直接由数据资料来确定。一旦求出了 b,a 就可以很容易从第一个方程求出。因此,我们可以集中考虑计算 b 的问题。

b 的分子含有表达式 $\sum\limits_{i=1}^{N} (X_i - \overline{X})(Y_i - \overline{Y})$,该式称作 X 和 Y 的**协变量**。这个量类似于 X 或 Y 的平方和,只不过这里不是单取$(X - \overline{X})$或$(Y - \overline{Y})$的平方,而且是取二者之积。这使我们可以量度 X 和 Y 的共变化,正是因此,我们把它称为协变量。如果我们将这个表达式除以 N,那么我们类比称其为**协方差**。可以立即看出,b 等于协方差与 X 的方差之比。

仔细考察 X 和 Y 的协变量,我们看到它与平方和不同,协变量可以取正值或负值。如果 X 和 Y 是正相关的,那么 X 的大值一般将联系于 Y 的大值。这一来,如果 $X > \overline{X}$,那么通常有 $Y > \overline{Y}$。同样,对于正相关来说,若 $X < \overline{X}$,则也有 $Y < \overline{Y}$。因此$(X - \overline{X})$和$(Y - \overline{Y})$的乘积将是正的,自然这类乘积之和也会是正的。同样,如果 X 和 Y 是负相关的,那么 $X > \overline{X}$,将会得到 $Y < \overline{Y}$,从而上述乘积之和将是负的。如果二者之间不具备任何关系,那么因为 X 和 Y 是独立变化的,大约会有一半乘积是正的,另一半是负的。在这种情况下 b 将等于 0,或近似为 0。由此可见,不论相关性正负方向如何,相关性程度愈高,则协变量的数值将愈大。正如很快我们就会看到的,在相关系数的分子项中也要出现协变量,该系数是用来量度相互关联的程度的。在 b 的表达式中我们取协变量并把它除以 X 变量的偏差平方和,以便计算回归方程斜率的估计量。

利用协变量公式会更方便,这种公式类似于求平方和的公式,而且可用相似的方式推导出来。列出求 b 的公式如下[②]:

$$b = \frac{N \sum XY - (\sum X)(\sum Y)}{N \sum X^2 - (\sum X)^2} \qquad (17.5)$$

在式(17.5)中分子和分母项同时乘以 N 是为了减少由于做除法引起的舍入误差并便于计算机运算[③]。

例题　设有如表 17.1 所列的数据,其中 X 表示中西部大城市中黑人的百分数,Y 表

---

① 对于那些熟悉初等微积分运算的学生来说,我们可以概括推导的性质如下:从方程 $Y_i = a + bX_i + e_i$ 开始,这里 e_i 是残差项,可以用它来估计回归方程中的残差 e_i。我们希望使这些残差项的平方和最小,也即使 $\sum e_i^2 = \sum (Y_i - a - bX_i)^2$ 相对于 a 和 b 取极小值,这里把 a 和 b 当作未知量。取该式分别对于 a 和 b 的偏微分并使之为 0,解这两个偏微分方程(又称**规范方程**),求出 a 和 b。对于更多变量的情况,做法也是同样的。

② 见本章的习题 5。

③ 在这里和接下去的公式中,下标均略去,因为我们总是对于 N 个个案求和的。

示白人和黑人的收入的中位数之差,以作为经济歧视的指标。

从原始数据中我们可以算出五个和数,再有 N,我们可以利用这六个数值求解回归和相关问题。

表 17.1 相关例题的数据

黑人百分数 X	收入差额 Y	黑人百分数 X	收入差额 Y
2.13	$ 809	4.62	$ 859
2.52	763	5.19	228
11.86	612	6.43	897
2.55	492	6.70	867
2.87	679	1.53	513
4.23	635	1.87	335
		10.38	868

除了一个和数外,全都可以用于计算 a 和 b。计算得各种和数如下:

$$N = 13 \qquad \sum Y = 8\,557$$
$$\sum X = 62.88 \qquad \sum Y^2 = 6\,192\,505$$
$$\sum X^2 = 432.276\,8 \qquad \sum XY = 43\,943.32$$

这里唯一的新数量是 $\sum XY$。把这些数值代入求 a 和 b 的公式,可得:

$$b = \frac{N \sum XY - (\sum X)(\sum Y)}{N \sum X^2 - (\sum X)^2}$$
$$= \frac{13 \times 43\,943.32 - 62.88 \times 8\,557}{13 \times 432.276\,8 - 62.88^2} = \frac{33\,199.0}{1\,665.7} = 19.931$$
$$a = \frac{\sum Y - b \sum X}{N}$$
$$= \frac{8\,557 - 19.931 \times 62.88}{13} = 561.83$$

由此得直线方程如下:

$$Y_p = a + bX = 561.83 + 19.931X$$

这里我们用 Y_p 来表示 Y 值是从最小二乘方预测的。正如前面已指出的,如果在方程 $Y_i = \alpha + \beta X_i + \varepsilon_i$ 中扰动项 ε_i 的期望值为 0,并与 X 无关,又如果在所考察的总体中我们实际上取得了随机样本,那么我们用这种办法所获得的 a 和 b 就是实际回归系数 α 和 β 的最有效的无偏估计量。因此,如果回归方程真是线性的话,那么最小二乘方线是对真实回归的最好估计。

最小二乘方方程还具有通过 $(\overline{X}, \overline{Y})$ 点的特性,这里 $\overline{X}, \overline{Y}$ 分别代表 X, Y 的均值。这一点可以从方程(17.3)看出来。

因为:

$$a = \overline{Y} - b\overline{X}$$

所以我们有：

$$\overline{Y} = a + b\overline{X}$$

这表明 X 和 Y 的均值满足方程，因此点 $(\overline{X}, \overline{Y})$ 位于线上。

在上面的问题中，如果我们知道任何给定的中西部城市的 X（黑人百分数）值，那么我们对于 Y 值的最好的猜测就是根据最小二乘方方程相应于给定的 X 所得到的 Y 值。因为收入差额值表示白人和黑人的收入中位数之间的差（美元），我们可以看到每相应增加1%的黑人，白人和黑人的收入中位数之差要增加19.93美元。图17.6中画出了散布图和最小二乘方线。为了说明这种预测方程的用途，设已知某城市黑人比例为8%，利用此方程我们算得收入中位数之差为：

$$Y_p = a + b \times 8 = 561.83 + 19.931 \times 8 = 721.28（美元）$$

用图解法可以近似地得到同一结果。顺便说明一下，设 $X = 8$ 并解出 Y，我们就在直线上找到了第二个点，然后又可以用这个点在散布图上画出直线。

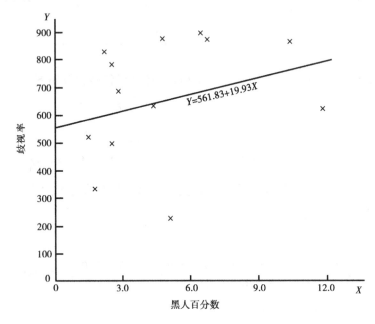

图17.6　对应于表17.1中数据的散布图和最小二乘方线

17.2 相关

从现在开始我们假设 X 是随机的，因此它们将不受研究者的控制。我们不仅要知道 X 和 Y 之间关系的形式或性质，以使我们可以从一个变量预测另一个，而且我们还必须知道这种关系的程度或强度。显然，如果该关系是非常弱的，我们要从 X 去预测 Y 就意义不大了。社会学家常常首先关心在大量的变量中**哪几个**变量与某个给定的应变量最密切相关。在这类探索性研究中，回归分析的重要性倒是其次的。当一门科学成熟了从而重要的变量变得明确之后，才可能把注意力集中到准确预测的方法上来。有一些统计学家对于过多地考虑相关性而太少考虑回归分析是很有意见的。当然，他们的意见是否正确取决于该学科的知识状况。

本节所要讨论的相关系数 r 是由卡尔·皮尔逊引入的，常常又称作积矩相关以区别于其他类型的关联量度。该系数量度了在**线性**最小二乘方方程周围的散布量。还有一个相应的总体系数 ρ(rho)是用来量度对于真实的回归方程的拟合程度。我们可以通过量度偏离最小二乘方线的偏差来求出参数 ρ 的估计量 r。

因为回归方程表示对于给定的 X 的 Y 均值的轨迹,所以借助于该线的标准差也可以量度该线周围的散布量[①]。可是由于在多数应用的领域中研究人员已经习惯了相关系数,因此相关系数很可能还会保留下来。它从 -1.0 到 1.0 之间取值,易于解释,这个优点吸引着多数使用者。如我们将要看到的,相关系数与偏离最小二乘方线的标准差之间的关系是非常简单的,这一点可以用来解释 r。

我们已经说过,r 具有上限 1.0,如果全部点都准确地落在直线上,那么 r 要么是 1.0,要么是 -1.0,这要取决于该关系是正的还是负的。如果这些点是随机散布的,那么 r 为 0。拟合得愈好,r 的数值愈大。这就是在图 17.7 中所表示的。

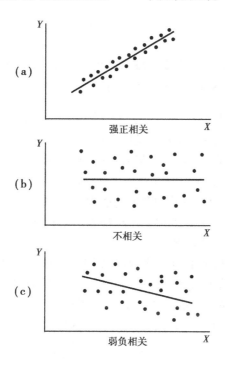

图 17.7 散布图表示 X 与 Y 之间关系的不同强度和方向

注意,r 是线性关系的量度,是对于最小二乘方直线的拟合性的量度。读者不应当得出结论以为:如果 $r=0$(或如果 $\rho=0$),将不存在任何关系。如果真是没有任何关系,r 将近似为 0,并且将会有点的随机散布。然而,可能存在完善的曲线关系,却仍然有 $r=0$,这只表明不存在任何可拟合数据的直线。图 17.8 就属于这种情形。因此,如果一位研究人员发现相关系数为 0 时,他(或她)不要轻易推论这两个变量是无关的。通常,审查散布图之后将可以指出:是实际没有关系,还是该关系非线性程度较大以致导致相关为 0。在社会学问题中大多数的关系是可以用直线很好地近似的,然而这并不是说人们可以不必警惕有可能的例外。

至此我们还未定义相关系数,但这可以很容易用以下的公式表示出:

[①] 这种量度的精确性质将在后面讨论。不过在此我们不妨直接指出,它代表推广的标准差。在这里,Y 的均值将不再是固定的,而被认为是 X 的函数。

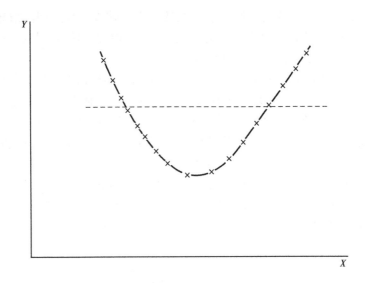

图 17.8　相应于完全非直线关系的散布图,这时仍有 $r=0$

$$r = \frac{\sum (X - \overline{X})(Y - \overline{Y})}{\sqrt{[\sum (X - \overline{X})^2][\sum (Y - \overline{Y})^2]}} = \frac{\sum xy}{\sqrt{(\sum x^2)(\sum y^2)}} \qquad (17.6)$$

它用日常的语言来表达就是:相关系数是协变量与 X 的变差和 Y 的变差之积的平方根之比。将上式分子分母同时除以 N,写进根号时变成 N^2,我们看到 r 也可以定义为协方差与 X 和 Y 的标准差的乘积之比。协方差是 X 和 Y 联合变差的量度,其大小取决于该两个变量可变范围的总量。因为协方差的数值可能大于 1 很多,因此直接用它来作为关系的量度是不便利的。我们把协方差除以两个标准差之乘积使其标准化,从而得到一个变化范围限于 -1.0 与 1.0 之间的量度。

我们已经看到,当 X 与 Y 不相关时,协方差即为 0,很容易证明 r 的上限为 1。设 b 取正值,并且所有的点都落在直线上。因此,对于各个 Y,我们可写为 $Y = a + bX$。因为 $(\overline{X}, \overline{Y})$ 也在直线上,故 $\overline{Y} = a + b\overline{X}$。因此,对于直线上所有的点有:

$$Y - \overline{Y} = (a + bX) - (a + b\overline{X}) = b(X - \overline{X})$$

所以:

$$\sum (X - \overline{X})(Y - \overline{Y}) = b \sum (X - \overline{X})^2$$

$$\sum (Y - \overline{Y})^2 = b^2 \sum (X - \overline{X})^2$$

考察 r 的分子和分母可知,这时 $r = 1.0$。同样,如果全部点都落在具有负斜率的直线上时,r 将为 -1.0。

还应该注意相关系数与两个最小二乘方方程的斜率之间的关系。如果用 b_{yx} 表示 Y 对 X 的回归最小二乘方方程的斜率,而用 b_{xy} 表示 X 对 Y 回归最小二乘方方程的斜率,那么依据对称性可得:

$$b_{xy} = \frac{\sum (X - \overline{X})(Y - \overline{Y})}{\sum (Y - \overline{Y})^2}$$

其中

$$X = a_{xy} + b_{xy}Y$$

可知在两个斜率下 r 均有相同的分子。如果 b 为 0,那么 r 必同样为 0,反之亦然。

由此看来,我们可以得出相关强度正比于最小二乘方直线斜率的结论。然而这只有在分母保持固定的情况下才是对的。正如下面将要讨论的,b 的数值要由量度单位的大小来决定。

r 的值已标准化了,所以它与 X 和 Y 的标准差的相对大小无关。如果不是这样的话,情况的确是很糟糕的,因为我们很不愿意要一种随着我们所选用的样本计量单位(美元或是便士)变化而变化的量度。从 r 和 b 的公式可以注意到,r^2 可以用 b 来表示,即:

$$r^2 = b_{yx}b_{xy} = \frac{(\sum xy)^2}{\sum x^2 \sum y^2} \tag{17.7}$$

读者可以证明,当 r 为 1.0(或 -1.0)时,$b_{yx} = 1/b_{xy}$,这表明两个最小二乘方方程结合了。一般说来,当 r 趋近于 0 时,两条直线的夹角会变得愈来愈大,直到 r = 0 时,两者变为相互垂直。

最后,我们可以导出计算 r 的公式,其中包含先前计算 a 和 b 的过程中获得的五种和数[1],此公式如下:

$$r = \frac{N\sum XY - (\sum X)(\sum Y)}{\sqrt{[N\sum X^2 - (\sum X)^2][N\sum Y^2 - (\sum Y)^2]}} \tag{17.8}$$

当然,式中的分子已经计算过了,分母的一部分也是如此。因此黑人的百分数与(种族)歧视指数之间的相关系数为:

$$r = \frac{13 \times 43\,943.32 - 62.88 \times 8\,557}{\sqrt{(13 \times 432.276\,8 - 62.88^2)(13 \times 6\,192\,505 - 8\,557^2)}}$$

$$= \frac{33\,199}{110\,120} = 0.301$$

可以看到,从 X 或 Y 加上或减去某些值并不影响相关系数的值。同样,r 也不因为某个变量的尺度发生变化而受到影响。这就是说,收入与教育状况之间的相关与收入是用美元来量度还是用便士来量度是无关的,在两种情况下都是同样的。然而虽然相关系数不随此类变换而变化,但是最小二乘方方程却不然,加上或减去数值将会影响到 a 的数值。尺度的变化也将影响到直线的斜率。例如,如果每个 X 都除以 10,而 Y 保持不变,结果 b 将乘上 10。读者可以证明,上述两种性质分别对于 r,a 和 b 的公式均是成立的。这些性质可以用来简化计算。譬如,如果 X 含有非常大的数值或非常小的小数,那么改变尺度将可以减少发生计算错误的可能性;或者如果 X 变量由诸如以下数值组成:1 207,1 409,1 949,1 568,那么或许最好从每个数中减去 1 000。某些计算程序要求全部数值是正的。因此,为了计算 r,可能必须给每个数值加上一个正数,其绝对值略大于"最大"(绝对值最大)负数的绝对值。

关于相关系数,这里还应提醒人们注意到一种情形,因为这个量度涉及方差和协方差两者,它受到变量的几个极端值的很大的影响。此外,r 的大小要由自变量的总变化范围来决定。图 17.9 说明了这几种情况。在图 17.9(a)中表示当其余的个案不存在相关时,一个或两个极端值引起中等程度相关性的情况。图 17.9(b)表示除了极端个案外其余个案存在一种中等程度的线性关系。后一种情况或许是一个非线性关系的例子。在任何给定问题中,散布图经常可用来指明某一给定问题状态的性质。现在让我们来讨论一下当上述两种情况出现时,我们应当怎样处理。

图 17.9(a)说明上面谈到的相关系数的大小取决于两个变量的变化范围。如果有更

---

① 除非会引起混乱,我们将继续沿用没有下标的 b 来表示 b_{yx}。

多的极端值时,那么可能会有如图 17.10 中的分布。在这种情况下可能总的相关性是相当高的,可是在任何 X 的有限的区域内相关性却接近 0。这实际表明在该有限区域内,X 的变化范围不足以抵消许多未控制变量的作用。实际上,X 几乎是被保持不变的。因此,如果得出了类似如 17.9(a)所示的散布图,那么总是应当试图借助找出更多的极端个案来扩展 X 的变化范围。

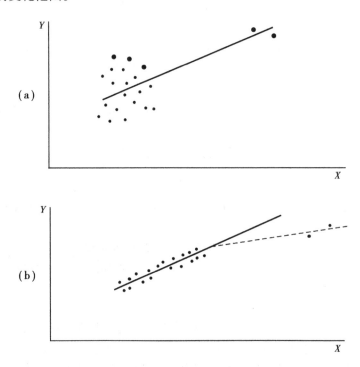

(a)

(b)

图 17.9　显示 X 极端值的可能作用的散布图

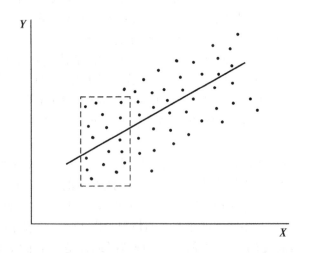

图 17.10　在总范围内显示正相关,但在 X 的局部有限区域内却显示无任何关系的散布图

　　如果扩展变化范围实际不可能,或者如果研究人员主要研究不太极端的个案,那么或许更明智的办法是在分析过程中完全排除极端个案。例如,若令 X 表示城市的大小,并且纽约市出现在样本内。由于样本中个案的城市规模相差太大,因此可能有必要把注意力局限于人口少于 50 万的城市。在有些情况中,把有和没有极端个案时的 r 都算出来

似乎还是有用的。显然,怎样选择是由问题的性质和社会科学家的研究兴趣来决定的。应当警惕有可能一个或两个极端个案会对 r 的大小具有非常明显的影响,因此,要经常以某种方式考虑到这类情况。因此,变量的变化范围应当联同相关系数一起被报告。这又说明,仅采用单独一个概括性量度,无论它比其他的量度多么优越,仍经常会造成失误,这一点非常重要。

如果数据如图 17.9(b)所示,那么我们显然可以设想它具有非线性性质。可能的话,我们应该再求得一些极端个案。如果只有一个或两个极端个案,或许从分析中排除它们会更好些。这类问题说明,在一个有限的变化范围内可能存在近似于线性的关系,而在扩大的范围内线性模型就可能不适合了。因此,把结论推广超出数据范围时必须非常谨慎。最恰当的表述形式如下:"在×××和×××限度内该关系近似线性"。

相关系数与斜率的比较 前面有关相关系数对于 X 变化量差异的灵敏度(相对由外部因素造成的离散而言)的评述,说明它是**任何一种**相关度量度都会遇到的基本问题之一。我们主要关心的应该是联系 X 和 Y 的定律的性质;关系是否线性;如果是线性的,则要考虑斜率的大小。当比较两种研究或几个子样本的结果时,我们必须认识到,即使在同样的定律(以斜率所量度的)作用下各种相关系数仍完全可能有相当大的差异。也就是说,即使斜率相同但 r 值仍可能有差异,这可能完全是由于自变量 X 的变化量的差异引起的,或者是由于引起 Y 的随机变化的外部因素受到不同程度的控制。我们将在协方差分析中看到,检验交互作用时我们实际上是检验斜率间的差异而不是相关系数的差异。在下一章中我们将简单地讨论关于相关系数之间的差异的检验。读者应当注意,如果发现这样的一些差异而不检验,是极易被曲解的。

或许这样做是有意义的,把相关系数 r_{xy} 看作是斜率 b_{yx} 和因子 s_x/s_y 两类变量的函数,后者为所研究的两个特定样本或子样本的标准差之比率。于是有:

$$r_{xy} = b_{yx}(s_x/s_y)$$

当然,b_{yx} 的数值并不仅仅取决于联系 X 和 Y 的定律,而且与研究者对量度单位的选择有关。因子 s_x/s_y 也是这些单位的函数,当然这些单位在总体或样本数据之前就已经知道。但是比率 s_x/s_y 对于每一个样本也是唯一的(σ_x/σ_y 对于每一个总体也是如此)并用于导出标准化的量度 r_{xy}。相关系数具有标准化的优点,从而与所选择的量度单位无关,不幸的是它的这种标准化必须借助某种参量,而这参量却对于样本和总体不是一个恒量。必须清楚理解这一点,并且在研究报告中总是应该报导未标准化的斜率以防重复研究时不致引起人们的误解。

换言之,我们可能在统计推论和估计过程中看到某种科学目标的等级层次问题。我们首先作显著性检验来决定是否已经找到一种不能以偶然因素来解释的关系。在这方面我们注意到概率或显著性水平是关系程度和样本容量的函数。如果我们有非常大的样本,我们甚至可能对于很微弱以至没有什么实际意义的关系也会获得小的概率水平。但是如果我们已经找到了一种中等强度的关系,我们就另有一项更重要的任务,即估计这种关系的性质,就如在线性情况下利用回归系数来量度。当相关性属于中等强度时,我们不直接比较 r 的值,而是估计斜率并且在检验交互作用的过程中比较这些斜率。我们用图示方法表示这种过程,如下图:

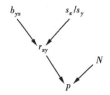

其中的箭头方向代表"因果流"(例如,概率要受到关系程度和样本容量的影响),它常常与统计分析的程序处于相反的方向。图中表明 p 是两个变量的函数,其中的样本容量 N 是没有什么内在意义的。相关系数 r_{xy} 也是两个变量的函数,其中之一(s_x/s_y)也是没有什么意义的。我们的目标是按图示从下向上方向进行分析以估计回归系数,而不是停留在关于概率水平或相关系数的叙述。

　　每当我们遇到关系的定序量度时,如下章所要讨论的,区分斜率与关系的量度就没有意义了。但是对于二分法情况,可以证明,如果人们把自变量横排在表的顶部,而把计算的比率(或百分数)向下排列使其总数为 1.00(或 100),然后横向比较,最后得到的比例之差即可以看作是斜率 b_{yx} 的一种特例,而 ϕ 则是 r_{xy} 的一种特例。如果比率是按相反的方向计算的,比率之差就变成了 b_{xy} 的一种特例了,这样,对于我们在前面曾提到的经验法则又有一种理论依据了。上述结果可以利用如下简单的办法获得:对 X 和 Y 赋予 0 和 1 的分数,然后利用计算 r_{xy} 和 b_{yx} 的基本公式(见本章末练习5)。

　　相关系数的解释　为了得到当 r 不为 0 也不为 1.0 时对于 r 的有意义的解释,让我们回到对于回归方程的可变性的概念。我们把 Y 均值的方差定义为:

$$\sigma_y{}^2 = \frac{\sum (Y - \mu_y)^2}{M}$$

这里 M 表示总体容量(用于区分样本容量 N),这里我们使用下标是为了强调现在有两个变量必须加以区分。普通的方差概念包含有偏离某个**固定**的中心量度(即总均值)的偏差的含义。我们也可以得到对于固定 X 值的 Y 的均值,而且我们假定这些值是随着 X 变化的,从而产生线性回归。于是,我们可以得到广义的均值概念,一种对于给定 X 值的 Y 的条件均值,可以用符号 $\mu_{y|x}$ 或 $E(Y|X)$ 来表示。

　　如果我们按类似的方式推广方差的概念,便可以得到有关回归方程的离散程度的量度:

$$\sigma_{y|x}^2 = \frac{\sum (Y - \mu_{y|x})^2}{M} \tag{17.9}$$

　　式中的符号 $\sigma_{y|x}^2$ 是用来强调:围绕回归方程的变化量及 Y 的均值都取决于 X 的值。换言之,对于每一个 X 而言,不仅会有一个 Y 的均值,而且还会有一个围绕这个均值的方差。尽管我们将要做等分散性(homoscedasticity)或等方差性这样的假定,但实际上对于每个 X 来说,围绕直线的离散量并不需要总是相同的[①]。

　　我们现在有 Y 的两种变化量的量度。第一种量度 Y 的总均值 μ_y 周围的散布状况;如果 X 未知,μ_y 是 Y 的最好预测值。换言之,如果要求我们在不知道 X 的情况下来预测 Y,那么最好的猜测应是 μ_y(或 $\bar{Y}$,如果只有样本数据)。但是如果我们知道 X,我们则可以

---

　　①　每当独立变量 Y 是一个二分变量或是一个比例数时,这种同方差性前提多半都要被违反,这一点在第 20 章将会有简单的讨论。

根据回归方程预测相应的 Y 值。除非 X 和 Y 之间没有关系,已知 X 总是可以有助于预测 Y 值的。如果这种关系是完善的,我们将能准确地预言 Y,因为全部点都准确地落在直线上。通常我们并不能很好地做到这点,不过,由于我们假定 Y 为正态分布和具有固定的标准差 $\sigma_{y|x}$,我们可以做出关于风险率和误差大小的概率性的陈述。对于我们的目标来说更重要的是,我们可以比较两种标准差(或方差),从而得到对于在已知 X 的情况下预测改进程度的量度。这样做时,我们可以借用类似于方差分析的方法。

在方差分析中我们采用总变差或平方和,并把这个数量分成已解释的和未解释的两部分。我们现在要用同样的方法,并附带取得 $\sigma_{y|x}^2$ 和 r^2 值,然后我们可以给相关系数一个有意义的解释。首先,我们可以把每个 Y 偏离 $\bar{Y}$ 的偏差表示为两项之和:$(Y - Y_p) + (Y_p - \bar{Y})$(见图 17.11)。第一项表示 Y 值对于最小二乘方直线的偏差,说明当利用 Y_p 来预测 Y 时所构成的误差。第二项表示最小二乘方直线(在给定 X 的情况下)对于 $\bar{Y}$ 的偏差。在多数情况下,这个数量表示当 Y_p 已知时误差减少的量。如果我们在方程两边同时取平方,并对所有个案取总和,则得到:

$$\sum (Y - \bar{Y})^2 = \sum (Y - Y_p)^2 + 2\sum (Y - Y_p)(Y_p - \bar{Y}) + \sum (Y_p - \bar{Y})^2$$

幸运的是中间项又可以消去,剩下:

$$\sum (Y - \bar{Y})^2 = \sum (Y - Y_p)^2 + \sum (Y_p - \bar{Y})^2 \qquad (17.10)$$

$$总平方和 = 未解释的平方和 + 已解释的平方和$$

方程右边的第一项表示实际 Y 值对最小二乘方直线的偏差的平方和,这个数量是未解释的,因为它代表了预测的误差量,剩下的一项表示我们用 Y_p 而不是用 $\bar{Y}$ 所获得的增益,这一项可以称为是已解释的平方和。当然,所谓"已解释的"并非说有一个因果的解释,而只是说明两个变量之间有某种联系。下面让我们更进一步地来考察每一项。

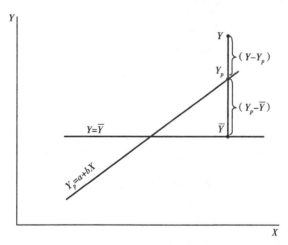

图 17.11 对 $\bar{Y}$ 的偏差的几何图示,这项偏差被表示为对最小二乘方线的偏差与最小二乘方线对 $\bar{Y}$ 的偏差之和

如果将未解释的平方和除以个案总数,便可得到对于最小二乘方直线的样本方差 $s_{y|x}^2$:

$$s_{y|x}^2 = \frac{\sum (Y - Y_p)^2}{N} \qquad (17.11)$$

如果我们想得到对于真实回归的总体方差 $\sigma_{y|x}^2$ 的无偏估计量,那么就不应该除以 N,而是除以适当的自由度。在这里我们计算 a 和 b 以估计 α 和 β 时已失去了两个自由度。因此,为了估计 $\sigma_{y|x}^2$,应当采用:

$$\hat{\sigma}_{y|x}^2 = \frac{\sum (Y - Y_p)^2}{N - 2} \tag{17.12}$$

因此,未解释的平方和就可以转换为对于回归方程的方差的估计量。读者应当自己证明,我们所做的与我们先前的方差分析是等同的。对于最小二乘方方程的变差已经取代了 X 类别内的变差。

现在我们来看已解释的平方和 $\sum (Y_p - \bar{Y})^2$,我们可以很容易地证明,这个数量是等价于 $r^2 [\sum (Y - \bar{Y})^2]$ 或 $r^2 \sum y^2$ 的。因为 $Y_p = a + bX$ 和 $\bar{Y} = a + b\bar{X}$,我们有:

$$(Y_p - \bar{Y}) = b(X - \bar{X})$$

因此:

$$\sum (Y_p - \bar{Y})^2 = b^2 \sum (X - \bar{X})^2 = b^2 \sum x^2$$
$$= \frac{(\sum xy)^2}{(\sum x^2)^2}(\sum x^2) = \frac{(\sum xy)^2}{\sum x^2}$$
$$= \frac{(\sum xy)^2}{\sum x^2 \sum y^2}(\sum y^2) = r^2 \sum y^2$$
$$= r^2 \sum (Y - \bar{Y})^2$$

这样我们就证明了:

$$r^2 = \frac{\sum (Y_p - \bar{Y})^2}{\sum (Y - \bar{Y})^2} = \frac{已解释的平方和}{总平方和}$$

它也可以表达为类似误差减少比例量度的形式,即:

$$r^2 = \frac{总平方和 - 未解释的平方和}{总平方和}$$

在这里我们把平方和看成预测的误差。

按照类似的方式我们可以证明,r^2 代表 X 的已解释的变差与 X 的总变差之比。因此,相关系数平方可以解释为一个变量的全部变差中可以由另一个变量来解释的那部分的比例。数值 $\sqrt{1 - r^2}$ 有时又称作**离散系数**,它代表了一个比例的平方根,该比例是自变量未解释的平方和部分在总平方和中的比例。

应当注意,对于 r 本身并没有直接和简单的解释。事实上按 r 的数值来解释是可能出错的,因为这些数值总是大于 r^2 的数值(除非 r 是 0 或 ±1.0)。因此 r 等于 0.5 时,表面上显得是完全相关的一半了,然而我们看到,在这种情况下,我们只能解释变差的 25%。相关系数为 0.7 才可以解释稍小于一半的变差。我们也看到如果相关系数等于或小于 0.3,意味着只有很少一部分变差能得到解释。表 17.2 表示了各种数量之间的关系。

因为 $1 - r^2$ 代表未解释的变差的比例,我们有:

$$(1 - r^2)[\sum (Y - \bar{Y})^2] = \sum (Y - Y_p)^2$$

故：
$$(1 - r^2) \frac{\sum (Y - \overline{Y})^2}{N} = \frac{\sum (Y - Y_p)^2}{N}$$
$$(1 - r^2) s_y^2 = s_{y|x}^2$$

因此：
$$s_{y|x} = \sqrt{1 - r^2} \, s_y$$

这个结果表明:由于已知 X,我们可以把标准差减少多少(见表 17.2 最后一列)。当 r 等于 0 时,两个标准差相等。这是很明显的,因为这时最小二乘方直线是一个水平线,具有方程 $Y = \overline{Y}$。当 r^2 为 1 时,$s_{y|x}$ 为 0,因为所有点都准确地落在直线上。由表 17.2 我们看到,为了得到标准差的实质性的减小,将要求大的 r 数值。当 r 为 0.80 时,对于最小二乘方直线的标准差仅是普通标准差的 0.60,但当 r 为 0.40 时,我们在由 X 估算 Y 的程序中已经得不到太多的好处了。

表 17.2　$r, r^2, 1 - r^2$ 和 $\sqrt{1 - r^2}$ 之间的数字关系

r	r^2	$1 - r^2$	$\sqrt{1 - r^2}$
.90	.81	.19	.44
.80	.64	.36	.60
.70	.49	.51	.71
.60	.36	.64	.80
.50	.25	.75	.87
.40	.16	.84	.92
.30	.09	.91	.95
.20	.04	.96	.98
.10	.01	.99	.995

习　题

1. X, Y 分别取下列简单数值：

X：　1　2　3　4　5

Y：　-2　0　2　4　6

它们准确地满足以下方程:$Y = -4 + 2X$,　试证明:$r = 1.0, b = 2, a = -4$。

2. 下面有关 29 个人口等于或超过 10 万的非南部城市的数据取自 R. C. 安格尔对美国城市的道德整合性研究的资料。道德整合性指数是结合犯罪率指数和各种福利问题指数导出的。异质性则利用总人口中非白人和外国出生的白人的比例数来量度。量度进入和迁出城市相对人口数目的流动性指数被视为第二个自变量。

城市名	整合指数	异质性指数	流动性指数
罗切斯特	19.0	20.6	15.0
西拉克尤斯	17.0	15.6	20.2
维尔西斯特	16.4	22.1	13.6
埃雷	16.2	14.0	14.8
米尔窝基	15.8	17.4	17.6
布雷基波特	15.3	27.9	17.5

续表

城市名	整合指数	异质性指数	流动性指数
布法罗	15.2	22.3	14.7
德依顿	14.3	23.7	23.8
雷丁	14.2	10.6	19.4
德斯·莫依尼斯	14.1	12.7	31.9
克莱维尔兰德	14.0	39.7	18.6
丹维尔	13.9	13.0	34.5
彼奥里亚	13.8	10.7	35.1
维奇他	13.6	11.9	42.7
川顿	13.0	32.5	15.8
格兰德·拉彼兹	12.8	15.7	24.2
多莱多	12.7	19.2	21.6
圣迭戈	12.5	15.9	49.8
巴尔的摩	12.0	45.8	12.1
叟思·班德	11.8	17.9	27.4
阿克朗	11.3	20.4	22.1
帝特罗依特	11.1	38.3	19.5
达柯玛	10.9	17.8	31.2
福林特	9.8	19.3	32.2
斯波肯	9.6	12.3	38.9
西雅图	9.0	23.9	34.2
印第安那波利斯	8.8	29.2	23.1
哥伦布斯	8.0	27.4	25.0
波特兰德(矿)	7.2	16.4	35.8

数据来源：R. C. Angell, "The Moral Integration of American Cities," *American Journal of Sociology*, vol. 57, part 2, p. 17, July 1951, with the kind permission of the author and publisher. (Copyright 1951 by the University of Chicago.)

(1)按道德整合性与异质性的关系绘出散布图。

(2)对同一变量计算 r, a, b 并在散布图中画出最小二乘方直线。取道德整合性指数为 Y。(答案：$r = -0.156; a = 13.9; b = -0.049$)

(3)相比对 Y 的标准差，对最小二乘方直线的标准差有多大？

3. 为了解第 19 章的习题，需要求出道德整合性指数和流动性指数之间的相关系数以及异质性指数与流动性指数之间的相关系数，算出二者的相关系数 r。(答案：$r = -0.456; r = -0.513$)

*4. 分别证明计算 b 和 r 的公式(17.5)和(17.8)。

＊5. 取 X 和 Y 等于 0 和 1，利用对于 b 和 r 的定义公式，证明 ϕ 是 r 的一种特例，以及比例之差是斜率的一种特例。

参考文献

1. Christ, Carl: *Econometric Models and Methods*, John Wiley & Sons, Inc., New York, 1966, Part III.

2. Croxton, F. E., and D. J. Cowden: *Applied General Statistics*, 3d ed., Prentice-Hall, Inc., Englewood Cliffs, N. J., 1967, chaps. 19 and 20.

3. Downie, N. M., and R. W. Heath: *Basic Statistical Methods*, 4th ed., Harper & Row, Publishers, New York, 1974, chap. 7.

4. Hanushek, E. A., and J. E. Jackson: *Statistical Methods for Social Scientists*, Academic Press, New York, 1977, chaps. 2 and 3.

5. Johnston, J.: *Econometric Methods*, 2d ed., McGraw-Hill Book Company, New York, 1972.

6. Loether, H. J., and D. G. McTavish: *Descriptive Statistics for Sociologists*, Allyn and Bacon, Inc., Boston, 1974, chap. 7.

7. McCollough, C., and L. Van Atta: *Introduction to Descriptive Statistics and Correlation*, McGraw-Hill Book Company, New York, 1965, chaps. 5-8.

8. Mosteller, F., and J. W. Tukey: *Data Analysis and Regression*, Addison-Wesley Publishing Company, Reading, Mass., 1977, chaps. 12 and 14.

9. Mueller, J. H., K. Schuessler, and H. L. Costner: *Statistical Reasoning in Sociology*, 3d ed., Houghton Mifflin Company, Boston, 1977, chap. 11.

10. Namboodiri, N. K., L. F. Carter, and H. M. Blalock: *Applied Multivariate Analysis and Experimental Designs*, McGraw-Hill Book Company, New York, 1975, chaps. 4, 10, and 11.

11. Rao, P., and R. L. Miller: *Applied Econometrics*, Wadsworth Publishing Company, Inc., Belmont, Calif., 1971, chaps. 1 and 3.

18 相关和回归(续)

这一章我们继续讨论相关和回归。首先,我们讨论各种显著性检验,然后考虑非线性关系,这个课题在第19章也将做简单讨论,接着我们考虑量度误差对斜率和相关性的影响。最后,将讨论秩-序相关的问题。

18.1 显著性检验和置信区间

r 和 b 的显著性检验 因为 r 和最小二乘方系数 a, b 只是对样本数据的描述,我们的兴趣通常着重在相对应的总体参数 ρ, α 和 β,特别是我们可能希望检验在总体中不存在任何(线性)关系的零假设,或者是我们可能想要获得 ρ 或回归系数的置信区间。我们首先来考虑在总体中没有线性关系的零假设的检验。我们将看到,如果我们可以假定 Y 对于 X 取正态分布和同方差性,那么我们可以利用方差分析来检验 $\rho = \beta = 0$ 的假设。

我们可以利用以下情况:因为 r 和 b(同样还有 ρ 和 β)具有同样的分子,所以对假设 $\rho = 0$ 的检验也是对假设 $\beta = 0$ 的检验,反之亦然。换言之,如果总体内不存在线性关系,那么回归方程的斜率将为零,从而回归直线是水平直线。回归方程表示对给定 X 的 Y 的均值的轨迹,我们立即看到,只要 $\beta = 0$,则 Y 的均值对于 X 的每个值都是一样的(见图18.1)。自然,这里假定回归方程实际上是线性的。特别是,如果我们把 X 轴分成若干类别,我们将看到各总体类别均值是精确地相等的。如此我们就可以把 $\beta = \rho = 0$ 的假设表述为:对于每一个 X 类别,Y 的均值都是相等的。如果我们设想一个无限的总体(这对于满足正态分布的假定是必要的),我们就可以设想 X 轴被分成无限多个类别,每一个类别都具有相等的 Y 的均值,因此我们的零假设就变成 $\mu_{y1} = \mu_{y2} = \mu_{y3} = \cdots$,这里我们用了两个下标,一个表示它们是 Y 的均值,另一个表示这里存在无限多个 X 的类别。

显然,根据上述推理可以把方差分析检验推广至定类尺度变量(这里是 X)的无限多个类别的情况。让我们回顾一下在方差分析中所要求的假定。除了零假设和从每个类别中作随机的和独立的抽选个案的假设外,我们还必须假定每个类别内为正态分布和同方差性。在随机抽样的前提假定下,可以看出,如果我们假定 X 和 Y 的联合分布是双变量正态分布,那么上述所有假定都能满足。读者应回忆起,双变量正态分布假定同时保证:存在线性的回归方程;对于每个固定 X 值 Y 均为正态分布以及对于一切 X 值的同方差性。因此,实际上随机抽样和双变量正态性的假定将使我们能够利用方差分析来检验 $\rho = \beta = 0$ 的假设,而且只需要 ε_i 具有近似的正态分布,并不要求 X 的分布为正态。

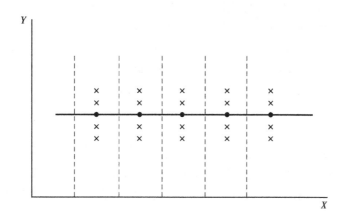

图 18.1 $\beta = 0$ 的假设等价于 $\mu_1 = \mu_2 = \cdots = \mu_k$ 的假设的几何图示

我们看到,为了得到类别内平方和,我们必须先求得总平方和以及类别间平方和,然后相减。然而,为了检验 $\rho = 0$ 的假设,这个过程却大大地简化了。我们已经看到,可以由 X 来解释 Y 的总平方和的**比例**是 r^2,因此,剩下的不能由 X 来解释的比例就将是 $1 - r^2$。因为总的平方和可以表示为 $\sum y^2$,所以已解释的和未解释的平方和分别为 $r^2 \sum y^2$ 和 $(1 - r^2) \sum y^2$。

与总平方和相联系的自由度为 $N - 1$。为了计算未解释的平方和,我们对最小二乘方线的偏差取平方和,而不是对 Y 的总均值的偏差取平方和。但是,为了求得最小二乘方线,我们必须用到 a 和 b 两个系数,因此我们失去了两个自由度,比对单个的 $\overline{Y}$ 值取偏差时还要多失去一个自由度。因而,与未解释的平方和相联系的自由度为 $N - 2$,相减后我们看到同已解释的平方和相联系的自由度为 1。

上述结果可以总结如表 18.1。在表中用符号而不用数字的好处在于我们一眼即可看出,当我们取已解释的平方和与未解释的平方和的比率时,$\sum y^2$ 被消去了。换言之,总平方和被消去了,我们可以将 F 表示为已解释的平方和与未解释的平方和之**比**。所以在 F 的公式中只含有 r^2 和 $1 - r^2$ 以及自由度($N-2$)和 1。于是我们可以采用以下公式:

$$F_{1,N-2} = \frac{r^2}{1 - r^2}(N - 2) \tag{18.1}$$

表 18.1 $\beta = \rho = 0$ 假设的方差分析检验

	平方和	自由度	方差估计量	F
总和	$\sum y^2$	$N - 1$		
已解释的	$r^2 \sum y^2$	1	$\dfrac{r^2 \sum y^2}{1}$	$\dfrac{r^2(N-2)}{(1 - r^2)}$
未解释的	$(1 - r^2) \sum y^2$	$N - 2$	$\dfrac{(1 - r^2) \sum y^2}{N - 2}$	

而不必像前一章那样必须作出一列方差分析表。因为 F 表只允许检验 0.05,0.01 及 0.001 显著性水平,所以最好是取式(18.1)的正平方根,然后利用自由度($N-2$)的 t 分布。

我们可以借用表 17.1 中的数据来举例说明用方差分析检验 r 的显著性。在黑人的百分数和歧视指数之间我们得到的相关系数为 $r = 0.301$。为了检验 r 的显著性,我们所问的重要问题是:"如果在总体中实际上不存在线性关系的话,那么我们获得等于 0.301 或(绝对值)更大一些的 r 的可能性有多大?"为了做 F 检验,我们利用公式 (18.1) 直接计算 r^2 和 $1 - r^2$。因为 r 是以 13 个个案为基础的,所以:

$$F_{1,11} = \frac{0.301^2}{1 - 0.301^2} \times 11 = \frac{0.090\,6}{0.909\,4} \times 11 = 1.10$$

参考 F 表,我们看到对于自由度为 1 和 11 的情形,假若没有预测方向的话,那么为了在 0.05 水平上可以否定零假设,我们将需要 F 大于或等于 4.84,因此我们决定不否定 $\rho = 0$ 的零假设。即使总体内绝对不存在任何关系,我们仍可能会常常偶然得到等于或者大于 0.301 的 r 值。

还有必要强调一下,显著性检验与关系程度的量度之间的区别。如果我们在样本容量为 50 时获得的 r 为 0.301,这时自由度增加,那么我们将得到:

$$F_{1,48} = \frac{0.090\,6}{0.909\,4} \times 48 = 4.78$$

这个值对于 0.05 水平具有显著性。在上面两种情况下,我们都解释了大约 9% 的样本变差,但是在后一种情况我们更相信在总体内会有一些关系,即使很微弱。

置信区间 只要可以假定或近似认为双变量正态总体,那么就可以建立对于 ρ, β 以及回归直线的置信区间,r 的标准误差由下式表示:

$$\sigma_r = \frac{1 - \rho^2}{\sqrt{N - 1}}$$

遗憾的是,除了在 $\rho = 0$ 的特殊情况下,一般来说 r 的抽样分布不会是对称的。事实上随着 ρ 的绝对值趋近 1,抽样分布变得愈加偏斜。此外,我们注意到,为了利用上述 r 的标准误差的公式,就必须知道或估计出 ρ 的值。这两种复杂的情况使得我们难于直接了当地获得 ρ 的置信区间。

为了计算 r 的置信区间,我们将首先把 r 转换为一个新的统计量 z,后者的抽样分布近似正态。然后我们按通常的方式定下 z 的置信区间。最后,在标出 z 的上、下置信界限之后,我们又把这些特定的 z 值转换回 r 值,依此获得 r 的置信界限。

我们用下面的公式把 r 转换为 z:

$$z = 1.151 \log \frac{1 + r}{1 - r}$$

这里 z 可以在从 0 到 ∞ 的区间内取值。必须注意,由上面公式计算得来的 z 值与标准正态曲线的 Z 值毫无关系。z 值可以直接由附录 2 的表 K 获得,而不必利用对数。r 的前两位数字记录在靠左边的边缘,第三位数字列在上部横方向。相应的 z 值在表中给出。例如,相应于 $r = 0.312$ 的 z 值是 $0.322\,8$;相应于 $r = 0.883$ 的 z 值是 $1.389\,2$。在使用表 K 时我们不考虑 r 的正负符号,找到 z 的数值之后,我们再给 z 加上适当的符号。注意,只要 $|r| \leqslant 0.40$,z 的绝对数值就只稍稍大于 r,但是当 r 增加时,z 的值会逐渐大于 1。

现在我们可以对于置信区间问题运用 z 变换。即使对相对较小的 N 和稍许偏离双变量正态分布,z 的抽样分布仍近似正态。其标准误差如下:

$$\sigma_z = \frac{1}{\sqrt{N - 3}} \tag{18.2}$$

这不仅使得可以运用正态分布表,而且因为 z 的误差仅取决于 N,我们可以不必计算 ρ。以我们的数字例题来说,黑人百分数与歧视指数之间的相关系数为 0.301,我们发现相应的 z 值为 0.310 6。因为只有 13 个个案,故:

$$\sigma_z = \frac{1}{\sqrt{13-3}} = \frac{1}{\sqrt{10}} = 0.316\ 2$$

假设我们希望获得的 ρ 的置信区间为 95%,我们首先用 z 值计算这样一个区间,因此取:

$$z \pm 1.96\sigma_x = 0.310\ 6 \pm (1.96 \times 0.316\ 2)$$
$$= 0.310\ 6 \pm 0.619\ 8$$

因此 z 值的置信区间为从 $-0.309\ 2$ 至 $+0.930\ 4$。要看到,为了取得下限值,我们必须减去一个比 0.310 6 更大的数字,这就得到负的结果。这反过来说明,相应于这个下限值的 r 值也必须取负值。查出相应于上述 z 的两个置信界限值的 r 值,我们得到分别对应于下、上界限值的 r 为 -0.300 和 0.731。

注意,所得到的区间在 $r = 0.301$ 周围并不正好是对称的。在这个例子中上限比下限更接近 r。如果我们找出的 r 为 0.80,那么所得到的区间会在同一方向上更偏斜,每当 r 开始接近上限 1 时,我们也就对置信区间的上限予以一种约束,这样的认识就可以从直观上理解偏斜的原因。因此,我们想要获得 0.86 ± 0.16 的置信区间是不可能的。如果 r 碰巧是负的,那么偏斜的方向显然会同上面所述的相反。只有当 $r = 0$ 时,置信区间才会是相对于 r 对称的。

我们还可以以通常的方式来解释这种置信区间。我们采用的方法使我们最后可以期望得到这样一个区间,即:有大约 95% 的概率会含有(固定的)ρ 值。我们也可以利用这种置信区间来作为对假设的潜在检验。在上面的例子中,我们注意到区间的下限是负值。因为零包含在区间内,所以我们可以立即知道不能否定 $\rho = 0$ 的零假设。如果我们想要检验其他的 ρ 的特定假设值,我们也可以这么做。例如,若我们假设 $\rho = 0.80$,因为这个值已超出了上限 0.731,所以我们就会在 0.05 水平上否定这种假设。

最好也计算出其他的关系程度的量度的置信区间。遗憾的是,对于列联问题的某些关系量度的抽样分布我们知道得太少,所以无法建立这些量度的置信区间。哈嘎德(参考文献 14)提出了一种计算组内相关系数 r_i 的置信区间的方法,古德曼和克鲁斯卡尔(参考文献 11,12)讨论了几种定类的和定序的量度的抽样分布。

有人或许还想在 b 周围放置一个置信区间,或是可能想找到可以期望真实的回归方程会落入其中的某个范围(带形区域)。在这两种情况下我们都可以直接利用 t 分布。b 的标准误差的估计量由下式给出:

$$\hat{\sigma}_b = \frac{\hat{\sigma}_{y|x}}{\sqrt{\sum_{i=1}^{N}(X_i - \overline{X})^2}} \tag{18.3}$$

在该式中我们可以回忆起:

$$\hat{\sigma}_{y|x} = \sqrt{\sum_{i=1}^{N}\frac{(Y_i - Y_p)^2}{N-2}}$$

为了计算方便,利用代数方法,上式又可表示为:

$$\hat{\sigma}_{y|x} = \sqrt{\dfrac{\sum\limits_{i=1}^{N}(Y_i - \overline{Y})^2 - b\sum\limits_{i=1}^{N}(X_i - \overline{X})(Y_i - \overline{Y})}{N-2}} \qquad (18.4)$$

至此,我们已可以利用在表 17.1 中获得的关于歧视问题的数据来进行数字计算,得:

$$\hat{\sigma}_{y|x} = \sqrt{\dfrac{560\,024 - 19.931 \times 2\,553.77}{11}} = \sqrt{46\,284} = 215.1$$

$$\hat{\sigma}_b = \dfrac{215.1}{\sqrt{128.131}} = \dfrac{215.1}{11.32} = 19.00$$

如果我们希望计算出 99% 的置信区间,可以直接利用自由度$(N-2)$(或 11)查 t 表,得到:

$$b \pm (3.106 \times 19.00) = 19.931 \pm 59.014$$

＊在估计回归方程的过程中我们已看到,最佳的单一("点")估计是最小二乘方线。因为我们现在要估计的数量不再是单值的,而是整个一条直线,所以我们的**区间估计**也将不再是一个区间了,而是沿最小二乘方线两边的一个带形区域。按照最初的设想,人们可能会期望这个带形区域是由平行于最小二乘方线的两条直线所夹的部分组成的。但是,这样的带状区域会意味着我们已知正确的斜率,而唯一的误差原因来自对 α 的估计。我们必须记住,现在有两个要估计的数量(α 和 β),所以应有两个误差来源。应当理解,由于可能错误地估计斜率,所以从两个方向上愈远离点$(\overline{X},\overline{Y})$,不精确的可能性愈大。置信区域带通常如图 18.2 所示。

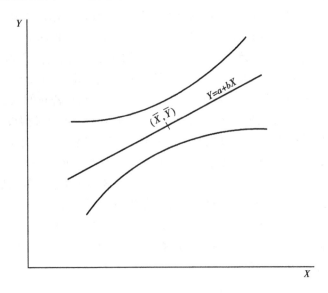

图 18.2　最小二乘方线周围的置信区域带

＊为了绘出诸如这样一种置信区域带,我们必须计算出不同 X 值的 Y_p 的标准误差。用如下的公式给出估计的标准误差:

$$\hat{\sigma}_{y_p} = \hat{\sigma}_{y|x}\sqrt{\dfrac{1}{N} + \dfrac{(X - \overline{X})^2}{\sum\limits_{i=1}^{N}(X_i - \overline{X})^2}} \qquad (18.5)$$

在$(X - \overline{X})^2$ 中要用到的特定 X 值可以在 X 轴的任何位置上。请读者注意,所取 X 离 $\overline{X}$ 愈远,标准误差数值愈大。设想当 $X = 10.0$ 时我们希望得到的估计标准误差。因为 $\overline{X} =$

4.837,我们得到:

$$\hat{\sigma}_{y_p} = 215.1 \sqrt{\frac{1}{13} + \frac{(10.0 - 4.837)^2}{128.131}} = 215.1 \sqrt{0.28496} = 114.86$$

* 再次利用 t 表和对于该**固定 X 值**所要计算的 Y_p 取99%的置信区间,我们将得到:

$$Y_p \pm (3.106 \times 114.86) = Y_p \pm 356.8$$

一旦我们获得了对于其他的特定 X 值的 Y_p 的类似置信区间,我们就能够绘出全部置信区域带了。不言而喻,如果希望得到整个区域而又没有计算机帮助的话,那么所述的计算程序将是相当麻烦的。

    检验两个相关系数之间的差   正如我们在前面曾注意到的,通常比较两个或更多个斜率比起比较相关系数来说,在理论上更有意义。因此,在第20章的协方差分析中,我们将主要考虑斜率比较的问题。然而有时情况却是,我们已经获得了几个相关系数,进而希望确定其中一个显著地比其他的更高。只要我们满足于描述某特定样本内部的诸关系,我们就可以直接比较两个 r 值的相对大小并注意到二者之间相差的幅度。不过如果我们希望推广到更大的总体,那么我们就得考虑所求得的差是否主要是由于偶然原因出现的,例如,设我们已取得一个 r 等于 0.50,另一个为 0.30,我们可能希望检验该两个总体的相关系数是一致的,即 $\rho_1 = \rho_2$ 的零假设。

    这样的检验可能会有两种不同的情况。第一种情况,可能有**两个独立样本**而希望比较在每一个样本内 X 与 Y 之间关系的程度。例如,黑人百分数与歧视之间的关系,南方和北方就可能不相同。人们可能假设南方的 ρ_{xy} 高于北方的 ρ_{xy},并检验两个相关系数相等的零假设。第二种情况,很可能与第一种情况混淆,这出现在只有**单一样本**的场合。可能有一个应变量(如种族歧视)和两个自变量(如黑人的百分数和从事制造业的劳动力的百分数)。人们可能会希望确定这两个自变量中的一个比另一个与应变量的相关程度更高。取第二个自变量为 Z,然后检验零假设 $\rho_{xy} = \rho_{zy}$。我们首先来看看前一种情况如何处理,然后再转到单一样本检验。

    如果两个相关系数是建立在独立样本上的,我们可以把每一个 r 值变换为 z 值,然后利用求两个 z 值差的标准误差公式,该公式类似于求均值差的标准误差公式,如下:

$$\sigma_{z_1 - z_2} = \sqrt{\frac{1}{N_1 - 3} + \frac{1}{N_2 - 3}} \tag{18.6}$$

然后我们或者求出 $(z_1 - z_2)$ 周围的置信区间或者在正态分布表中查出下面的值:

$$Z = \frac{(z_1 - z_2) - 0}{\sigma_{z_1 - z_2}}$$

0 出现在上面公式中是因为采取了 $\rho_1 = \rho_2$ 的零假设。

    假设 17 座南方城市的黑人百分数与种族歧视之间的相关系数为 0.567,而与之相比较的北方城市的同类相关系数为 0.301,因此有:

$$r_1 = 0.301 \qquad r_2 = 0.567$$
$$z_1 = 0.3106 \qquad z_2 = 0.6431$$
$$\sigma_{z_1 - z_2} = \sqrt{1/10 + 1/14} = \sqrt{0.1000 + 0.0714} = 0.414$$

所以:

$$Z = \frac{0.3106 - 0.6431}{0.414} = \frac{-0.3325}{0.414} = -0.803$$

因而我们看到 r 的这种差别在 0.05 水平上是不显著的。因此,尽管对于南方城市来说相关性更高一些,但这样一种差别却很可能是因为偶然的原因而出现。

在上面提到的第二类情况中,我们并没有两个独立样本,因此对于 $z_1 - z_2$ 的标准误差不能用同一个公式。如果我们感兴趣的问题只是把所有可能的样本推广到某一子总体的话,那么便找到一种处理后一种问题类型的方法。不过读者必须注意,这时所有的可能样本的 X 和 Z(两个自变量)所具有的值的集合,必须与已经得到的特定样本相同。对于大多数实际情况来说,忽略这一限制是不会有问题的,除非我们有理由认为,总体的变差范围比研究的样本大得多。在遇有这样的情况时,无论进行什么样的推广我们都必须特别小心谨慎。如果我们要检验 $\rho_{xy} = \rho_{zy}$ 的零假设,我们可以如下形式构成 t:

$$t = (r_{xy} - r_{zy}) \sqrt{\frac{(N-3)(1+r_{xz})}{2(1 - r_{xy}^2 - r_{xz}^2 - r_{zy}^2 + 2r_{xy}r_{xz}r_{zy})}} \qquad (18.7)$$

然后我们可以利用自由度 $N-3$ 在表中查出 t 值。在我们的数字例题中,设北方城市 X 与 Z 之间的相关系数为 0.172,而 Y 与 Z 之间的相关系数为 0.749,那么我们可得:

$$t = (0.301 - 0.749) \sqrt{\frac{10(1+0.172)}{2(1 - 0.301^2 - 0.172^2 - 0.749^2 + 2 \times 0.301 \times 0.172 \times 0.749)}}$$

$$= -1.72$$

因为自由度为 10,所以在没有预测方向的情况下,我们不能否定"在总体内各个自变量与种族歧视的相关系数之间无差别"的零假设。

18.2 非线性相关和回归

至此为止,我们都是假定回归方程具有线性形式。在许多实际的社会学问题中,线性模型虽然不很精确,可是仍能提供足够近似于真实的方程形式,从而不必用更复杂的替代模型。对于拟合程度不太精确的探索性研究来说,情况尤其是这样。然而在有些场合,散布图可能明显地显示出某种非线性关系,或是理论已经预言了这样一种关系。只要这样的非线性关系存在,积矩系数显然将会低估关系的真实程度,因为这种系数只能量度最佳直线的拟合程度。读者已经看到,在具有 U 状曲线的情况下,即使 r 近似为 0 时,仍旧有存在强关系的可能,因而提醒读者,不要仅仅因为 r 为 0 就错误地判断两个变量是互不相关的。如果散布图形表明点是或多或少的随机分布,那么我们就可以做出不存在任何关系的结论,但是也必须提防存在非线性关系,因此我们更有理由养成在作出分析之前先绘出散布图的习惯。

非线性相关和回归的一般课题太复杂,无法在本书中充分地展开讨论。非线性分析的复杂性在于,一旦我们越出了直线方程的范围,就会有许多不同类型的方程代表非线性关系可能的形式。这里只能谈谈其中最简单的方程。幸运的是这些比较简单的方程对于在社会学研究中产生的各种非线性关系来说,通常还是足以胜任的。一种普遍的非线性函数可以用 n 次多项式来表示,它还可以表示方向的变化,其形式如下:

$$Y = a + bX + cX^2 + dX^3 + \cdots + kX^n$$

对于这种一般形式的非线性关系的讨论,我们将放在下一章(关于多重回归问题)进行讨论。当我们明白了这后一种回归问题时,我们就会有一种比较简单的方法来处理这类能用多项式来适当描述的非线性关系。

另一些比较简单的非线性关系则常可用变量变换的办法解决,从而仍可运用熟悉的

线性模型。例如,可以用以下方程代表的对数函数来说明:

$$Y = a + b \log X$$

它的一般形式可用图 18.3 表示。在这样一类方程中,Y 实际上是 $\log X$ 而不是 X 本身的线性函数。

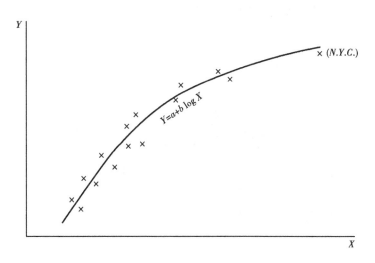

图 18.3 形式为 $Y = a + b \log X$ 的对数最小二乘方方程

这表明,如果我们把每一个 X 的取值变换为新变量 $Z = \log X$,那么就可以把 Y 写成 Z 的线性函数,即:

$$Y = a + b \log X = a + bZ$$

现在可按通常的方式计算 Y 与 Z(即 Y 与 $\log X$)之间的相关系数了。如果我们按 Y 轴和 Z 轴坐标画出分数值的分布的话,其结果应当是近似于直线形式。如果我们愿意的话,还可以进行 Y 与 Z 之间和 Y 与 X 之间的关系程度的比较。如果 r_{yz} 比 r_{xy} 大得相当多,那么我们可以说,对于 X 与 Y 之间的关系而言,对数模型的拟合性更好。

上述类型的对数模型常常出现在下面所述的情形中:自变量 X 取值范围很大,而一旦到达一定的数值后进一步增大则对应变量的影响越来越小,也即存在一个饱和的或递减收益的效应。城市大小就是常常具有这种效应的变量。超过 50 万人的城市可能全都具有在 Y 坐标上的非常相同的分数,但是如果把纽约包括在这个样本中的话,那么对于这个城市的 X 值比之其余的城市来说将是如此之大,以至净效应将使关系曲线弯曲如图 18.3 所示。在这样的情况下,因为取城市大小的对数,将有把极大的数字紧缩在一起的效果,从而减弱了这种大城市的"弯曲效应",所以最好把 Y 与 $\log X$ 相联系[①]。

在一些情况下,我们可能对找出最拟合数据的预测方程的准确形式并不真正太感兴趣,我们可能仅想证明关系是非线性的或获得关系程度的量度而不考虑它的形式。当可以作某种简单的变换时,比如对数变换,那么毫无疑问利用这种方法是有利的。即使如此,我们可能仍希望检验我们所获得的量度对于可能的最佳拟合结果是否是一个好的近似。在处理这样一类问题的过程中,我们可以运用方差分析的基本原则以及在方差分析一章提出的一种关于关系程度的量度。

[①] 在预料有"阈效应"情形下,这时对于非常小的 X 值,斜率接近于 0,而当 X 增加时曲线渐渐变得陡直,人们可以用指数函数来表示,如 $Y = a + be^x$ 或 $Y = a + bx^c$ ($c > 1$)。

不妨回顾一下,在单向方差分析中求组内平方和时,我们对于每一个类别均值的平方差取和。现在设想 X 被分成一些类别,而 Y 的平方和仍按通常的方式来分析。我们知道,对于任何给定的 X 类别而言,围绕类别均值的平方差的和将小于围绕任何其他数目的平方差的和。特别需要说明的是,这一性质将会使组内平方差的和小于围绕最小平方线上那些落在间隔中点的平方差的和(见图18.4)。

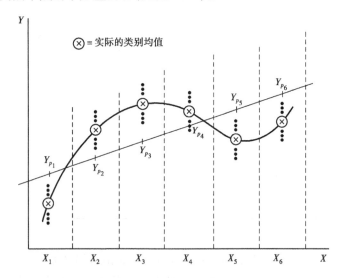

图18.4　围绕最小二乘方线的偏差与围绕类别均值的偏差的比较

如果回归方程恰好是线性的,那么可期望 $\bar{Y}_j$ 将全部近似地落在最小二乘方线上,从而不论是围绕类别均值还是围绕最小二乘方线取偏差都没有什么区别。另一方面,如果关系实际上是非线性的,那么至少对有些类别来说围绕类别均值的平方和将会比围绕最小二乘方线的要小一些。换句话说,组内的或未解释的平方和将会由于采用了类别均值而极小化,从而组间的或已解释的平方和都被极大化。因此,由类别来解释的变差比例(用相关比率 E^2 来量度)将大于由最小二乘方线来解释的比例,除非真实关系实际上是线性的。

我们可以利用这个事实来检验非线性。如果我们构成 $E^2 - r^2$ 量,我们就得到已解释的变差比例,这里可假定任何形式的关系,只要它不是由线性关系来解释的。显然,在求得 E^2 的过程中,我们要允许所讨论的关系取任何可能的形式,因为我们已经直接采用了围绕类别均值的偏差,而并未顾及这些类别均值落在什么地方。我们探讨的是,如果不局限于线性模型,我们能在多大的程度上改进预测 Y 值的能力。如果这种改进比我们在假定回归方程是线性的情况下所期望的偶然作用导致的改进更大,那么可以得出该关系是非线性的结论。

用于非线性的方差分析检验采用了一种我们很快就会熟悉的形式。首先我们找出可以用线性模型解释的变差。利用代数方法,这个数量可以表示为 $r^2 \sum y^2$,留下的由线性模型未解释的差为 $(1 - r^2) \sum y^2$。然后,我们求出按照一般的模型能够解释的部分有多少。因为 $E^2 \sum y^2$ 是不限任何关系形式时可以由 X 来解释的平方和,所以 $(E^2 - r^2) \sum y^2$

就表示由于非线性而增加的可解释的平方和。假定不存在分组误差,这个量应当总是正的[①]。因为 $(1 - E^2) \sum y^2$ 是即使用最拟合的模型也无法解释的平方和,我们可以如表 18.2 所示作 F 检验。按常例,F 的分母是误差项,因为我们要检验的是对线性的偏离,所以我们取做分子的是基于 $(E^2 - r^2) \sum y^2$ 的方差估计量,或者说这是按线性模型尚未解释而由最佳的一般模型来解释的部分。与分子联系的自由度可用减法求得。

我们又注意到总平方和约去了,留下求 F 的公式是:

$$F_{k-2, N-k} = \frac{(E^2 - r^2)(N - k)}{(1 - E^2)(k - 2)} \tag{18.8}$$

其中 k 代表 X 的类别数。

表 18.2　非线性的方差分析检验

	平方和	自由度	方差估计量	F
总和	$\sum y^2$	$N - 1$		
用线性模型解释的	$r^2 \sum y^2$	1		
用非线性模型附加解释的	$(E^2 - r^2) \sum y^2$	$k - 2$	$\dfrac{(E^2 - r^2) \sum y^2}{k - 2}$	$\dfrac{(E^2 - r^2)(N - k)}{(1 - E^2)(k - 2)}$
未解释的	$(1 - E^2) \sum y^2$	$N - k$	$\dfrac{(1 - E^2) \sum y^2}{N - k}$	

下面我们利用表 17.2 的分组数据来举例说明检验非线性的方法。容易证明,Y 的总平方和以及组间平方和如下:

$$\text{总 SS} = 101\ 115.38 - 92\ 132.04 = 8\ 983.34$$
$$\text{组间 SS} = 94\ 792.59 - 92\ 132.04 = 2\ 660.55$$

在这里我们把全部 Y 的分数都视为处于各自间距的中点上,并且利用分组数据程序(见 6.4 节),因此有:

$$E^2 = \frac{\text{组间 SS}}{\text{总 SS}} = \frac{2\ 660.55}{8\ 983.34} = 0.296\ 2$$

因为我们以前假定有线性关系而得到 r 为 -0.460,所以有:

$$F_{7,141} = \frac{0.296\ 2 - (-0.460)^2}{1 - 0.296\ 2} \times \frac{150 - 9}{9 - 2} = \frac{0.084\ 6}{0.703\ 8} \times \frac{141}{7} = \frac{11.929}{4.927} = 2.42$$

我们看到在 0.05 水平上可以否定农场人口百分数与劳动力中妇女的百分数之间为线性关系的零假设。

如果某个关系是非线性形式的,那么很可能 r 不具有统计显著性,而 E 具有统计显著性。E 的显著性可以直接用方差分析来检验,即取已解释的与未解释的方差估计量的比率来检验。因此可以做三种不同的检验:(1) r 的显著性;(2) 偏离线性程度 $E^2 - r^2$ 的显著性;(3) E 的显著性。

如果找到一个非线性关系并要计算总体中关系程度的估计量,通常最好采用在第 16 章中讨论的无偏相关系数比率 η,η 的公式如下:

[①]　每当 N 很小时就只能使用小数量的类别,关于 X 值聚集在每个间距的中点的假定就变得不现实了,这可能导致分组误差而得到小于 r^2 的 E^2 值。

$$\eta^2 = 1 - \frac{V_w}{V_t}$$

因为 E 的数值是所用类别数目的函数并且一般会稍稍过高估计总体内的关系。如果已经算出 E, η 的值可以下式计算:

$$\eta^2 = \frac{E^2(N-1) - (k-1)}{N-k} \qquad (18.9)$$

18.3 量度误差的影响

如果在 X 或 Y 的量度中存在随机的或系统的误差,那么我们可以预料结果会有变化。自然,这一点也适合我们讨论过的**一切**检验和量度,包括非参数方法。事实上,在社会学、政治学以及大多数其他社会科学中,最普通的就是由于我们使用像**高**、**低**或**有**、**无**这样简单的二分法之类粗糙的分类办法造成的那类量度误差。人们尚未充分理解各种量度误差的后果,但是在涉及相关和回归分析的定距尺度的这类问题上已经做了相对最系统的探讨。可惜这个题目太过于技术性,不宜在本书中讨论,不过,可以介绍几点注意事项。

如果存在系统的或非随机的量度误差,那么几乎可能发生任何类型的失真。所以,说明非随机误差的来源以及它们是如何起作用的,就变得相当必要了。例如,如果要比较三个样本的均值,如果量度误差使得第二个和第三个样本的均值接近第一个,那么就可能无法获得统计的显著性,而用更精确的量度则零假设会很容易地被否定。但是如果量度误差是严格随机的,那么量度误差的后果反而可能更确定。一般来说,关系的量度会由于两变量中任一个存在随机量度误差而被削弱。例如,在方差分析中定距尺度的随机量度误差将增强类别内的变差,却不会系统地影响各类别之间的变差,这将降低所获得的 F 值和类别内的相关系数。

在有两个定距尺度的情况下,任一个变量的随机量度误差都将降低相关系数的幅值。在初等统计学课本中有时会讨论对所述削弱影响的修正,不过这种修正是以特殊的假定为依据的,而这种假定常常并不适用于社会学的研究(见参考文献 5)。一般来说,当每个变量存在两个或更多个量度时,在不同假定条件下可以获得修正的估计(见参考文献 8 和 22)。

如果 Y 有随机量度误差而 X 没有,那么我们可以设想这种误差仅对以下方程中的误差项有所贡献:$Y_i = \alpha + \beta X_i + \varepsilon_i$。可以证明,除了由于误差的方差较大而使斜率估计量的标准误差增加之外,对于斜率估计量 b_{yx} 并不会有任何系统的影响。但是如果 X 也有随机量度误差——在实际的研究中这当然是非常可能的——斜率估计量 b_{yx} 也将衰减。在大样本情况下,斜率 $b_{yx'}$ 期望值的近似公式是:

$$E(b_{yx'}) = \beta \frac{\sigma_x^2}{\sigma_{x'}^2} = \beta \frac{\sigma_x^2}{\sigma_x^2 + \sigma_u^2}$$

式中 X' 表示 X 的量度值,正如方程 $X' = X + u$ 所示,这里假定 u 为一个纯粹随机成分,其期望值等于 0,并且 u 与 X 之间不相关。根据以下公式,衰减的原因是量度值 X' 的方差大于 X 的真实方差:

$$\sigma_{x'}^2 = \sigma_x^2 + \sigma_u^2$$

因此我们看到斜率估计量的衰减是**相对于** X 的方差的量度误差方差的函数。

这个结果具有一系列重要的实际含义。它意味着,每当自变量有随机量度误差时,就不可能指望斜率估计量相等,即使真实的斜率事实是相等的。如果有几个总体(或样本)在 X 的变差方面不同,那么即使有相同的量度误差方差,它们的斜率衰减也将是不同的。如果要比较几个不同的研究结果,记住这一点是有用的。一切关系量度都有这种困难,不能把它看作是回归分析所独有的缺陷。对变迁的研究常常涉及相对量度误差方差而言较小的实际变化,这种研究尤其受到上述困难的影响,所以从事时间跟踪研究的研究者必须特别关心他们的量度手段的质量。

18.4 定序尺度:秩-序相关

至此我们已经提出了用来联系两个定类尺度的关系量度(ϕ^2,τ_b,等等),联系一个定类尺度和一个定距尺度的关系量度(组内相关系数)以及联系两个定距尺度的关系量度(r)。这一节要讨论的几种量度可用于两个定序尺度变量之间,只要两个变量都能按秩排列,那么用这几种量度就可得出相关系数,它们有些类似于积矩相关。

只要 X 与 Y 的关系是**单调递增**的或者是**单调递减**的,本书讨论的定序量度都能适用。线性概念自然是不适合定序尺度的,正如 X(或 Y)值之间距离的概念不适用于定序尺度。然而我们可以讨论总是增加(或减少)的关系。一个单调递增函数是指当 X 增加时 Y 总是增加或者保持恒定的函数。换言之,当 X 增加时 Y 不减少。线性函数是单调递增(或递减)函数的一种特例,而一个如 $Y = a + b \log X$ 所表达的对数函数也是如此。我们可辨认出两种非线性关系:即单调的和非单调的。当然,后一种非线性关系具有一个或更多个的弯曲或换向,例如抛物线或三次方程。

我们常常碰到这样的理论命题,"X 愈大,Y 也愈大(或愈小)"。这种表述意味着 X 与 Y 之间的关系是单调的,但是没有确定具体的形式。定序量度适用于这种性质的命题。自然,应该精炼理论以便确定是线性的或者是某种特殊的单调非线性(例如对数)的,但是如果量度不比定序水平更强的话,那么要从经验上区分线性的和非线性的将是困难的(见参考文献 25)。

斯皮尔曼的 r_s 斯皮尔曼量度所依据的原理是非常简单的。取两组分数的秩的差,并取这些差的平方,然后相加,最后计算量度,令其值当秩的顺序完全一致时为 +1.0,完全不一致时为 -1.0,如果没有任何关系时为 0,以此来比较两组分数的秩。用符号 D_i 来表示任何一对秩的差,然后算出 $\sum_{i=1}^{N} D_i^2$ 并用以下公式计算 r_s:

$$r_s = 1 - \frac{6 \sum_{i=1}^{N} D_i^2}{N(N^2 - 1)} \qquad (18.10)$$

这个求 r_s 的公式是将求积矩相关的公式运用到秩而不是原始分数推导出来的,从而斯皮尔曼量度可以解释为:X 的秩与 Y 的秩之间的积矩相关。

现在让我们用作者收集的一些数据对之作具体的说明。某一工作营小组(work-camp group)的成员按其名望高低和小组讨论的参与次数的多少,按分数由高而低排列,其中名望高低则由友谊的选择(friendship choices)来量度。对于这两个变量来说,数值为 1 的秩表示一个高分数,得分持平的个案的秩,则为假定那些分数持平(同秩)的个案在非持平时的秩的算术平均数*。而 D_i 的值则是如表 18.3 所示的那样计算得来的。如果持平的数目比较少,如目前这一例子那样,那么就不必对 r_s 的公式做任何修正。如果有相当数目的持平,那就需要通过计算,得到一个修正因子(见参考文献 23 第 206-210 页)。通过计算,我们得到:

$$r_s = 1 - \frac{6 \times 207.50}{16 \times 255} = 1 - 0.305 = 0.695$$

表 18.3   斯皮尔曼秩-序相关系数的计算

人　名	名望秩	参与秩	D_i	$D_i{}^2$
安	1	5.5	4.5	20.25
比尔	2.5	5.5	3.0	9.00
吉姆	2.5	1	-1.5	2.25
汉斯	4	2	-2.0	4.00
马歇尔	5	3	-2.0	4.00
琼	6	9.5	3.5	12.25
鲁斯	7	5.5	-1.5	2.25
多雷斯	8	13.5	5.5	30.25
巴波拉	9	9.5	0.5	0.25
辛西尔	10	16	6.0	36.00
爱里	11.5	5.5	-6.0	36.00
福罗	11.5	11.5	0.0	0.00
南西	13.5	8	-5.5	30.25
马特	13.5	15	1.5	2.25
斯坦	15	11.5	-3.5	12.25
沙勒	16	13.5	-2.5	6.25
总和			0.0	207.50

　　注意,如果秩的顺序完全一致,那么 $\sum_{i=1}^{N} D_i{}^2$ 为 0,而 r_s 为 1。对于不相关和完全负相关,虽然直接检视公式并不能让我们得到 r_s 的值,但是可以证明,在完全负相关时,第二项的值为 -2.0,因为 r_s 等于 -1.0。在不相关时,第二个因子正好等于 1。

　　如果 $N \geq 10$,那么 r_s 的抽样分布近似为正态,并具有标准差 $1/\sqrt{N-1}$,所以在上面的例题中,标准误差为 $1/\sqrt{15}$。对在总体中不存在任何关系的零假设进行检验,可以计算 Z 如下:

$$Z = \frac{r_s - 0}{1/\sqrt{N-1}} = 0.695 \sqrt{15} = 2.69$$

利用正态分布表,我们看到关系在 0.01 的水平上是显著的。

---

　　* 如本例中,Ellie 和 Flo 名望的得分持平,如果不持平,他们的名望的秩分别为 11 和 12,因为持平,所以要取假定的秩的算术平均数:11 + 12 = 11.5。——译者注

肯达尔的 τ 为了计算斯皮尔曼的 r_s，我们利用了秩差的平方。肯达尔的 τ 值也是在 -1.0 与 1.0 之间变化的，但它基于稍许不同的运算。首先，我们观察一切可能的个案配对并注意到是否各种秩具有同样的顺序，从而计算统计量 S，例如，设有如下的两组秩（等级）：

	a	b	c	d
A	1	2	3	4
B	2	3	1	4

因为 A 组的分数排列为升序，我们可借依次检查 B 组的每个秩来计算 S。注意 B 行的第一个值（a 个体），我们看到在 B 组分数中，(a,b) 对和 (a,d) 对是符合顺序的，换言之，就 A 和 B 两个变量而言，个体 a 较之 b 和 d 有较低的秩。另一方面，B 的分数（相对 A 的分数）却由于 (a,c) 对乱了顺序，因而在 A 组 a 具有比 c 更低的秩，而在 B 组则相反。

用 $+1$ 来表示某一给定的配对在 A 和 B 组中均有同样的顺序的情形（称之为"谐和对"），而用 -1 来表示有不同的顺序的情况（称之为"非谐和对"）。对于一切可能的配对的这些" $+1$ 和" -1 取和即为 S 值，因此 S 等于谐和对的数目 C 减去非谐和对的数目 D。可知配对 (a,b)，(a,c) 和 (a,d) 对 S 的贡献为 $+1-1+1=(2-1)=1$。为了不失去其余的配对，我们按照表横向配下去。我们看到配对 (b,c) 和 (b,d) 的贡献为 $-1+1=0$。最后，配对 (c,d) 的贡献为 $+1$。注意，实际上我们为求得 S，首先把 A 组安排成适当的顺序，然后逐次检查 B 行中的秩的顺序，每次加上 B 中顺序与 A 中顺序相同的（配对）数，减去顺序不同的数，于是在现在这个简单例题中，我们得到：

$$S = C - D = (2-1) + (1-1) + (1-0) = 2$$

如果我们把 S 除以它可能有的最大的值，即 $(N-1) + (N-2) + \cdots + 2 + 1 = N(N-1)/2$，那么即可得到一个在 -1 到 $+1$ 之间变化的系数。于是我们定义这个系数为 τ_a（见肯达尔，参考文献 18），这适用于不存在任何有相同分数的情况，τ_a 的定义如下[①]：

$$\tau_a = \frac{S}{\frac{1}{2} \times N(N-1)} = \frac{C-D}{\frac{1}{2} \times N(N-1)} \tag{18.11}$$

显然，如果两个秩系统是彼此完全不一致的（即 B 行中秩排列顺序为 4,3,2,1），那么 S 值就是 $-N(N-1)/2$，从而 τ 为 -1.0。如果这两个变换是完全不相关的，那么对 S 的正的和负的贡献将刚好互相抵消，从而 τ 将为 0。

为了具体举例说明相持平的秩顺序的情形，我们不妨仍利用义务工作营的例子。我们用字母代替各人的名字并放在第一行，秩的顺序则变成了下表所示：

	a	b	c	d	e	f	g	h	i	j	k	l	m	n	o	p
A	1	2.5	2.5	4	5	6	7	8	9	10	11.5	11.5	13.5	13.5	15	16
B	5.5	5.5	1	2	3	9.5	5.5	13.5	9.5	16	5.5	11.5	8	15	11.5	13.5

现在我们必须遵照下面的规则：当任何配对无论在 A 还是在 B 的分数有数字相等的情况时，那么它对 S 的贡献为 0，首先观察可与 a 组成的所有配对，我们看到配对 (a,b)，(a,g)，(a,k) 对 S 的贡献均为 0，因为所有这些个人在 B 的秩分数相持平为 5.5。因此，

[①] 这样由样本数据导来的系数有时用 t 来表示，而 τ 则留给在总体中对应的概念。不过我们还是采取习惯的用法。肯达尔的 τ 不应当同古德曼和克鲁斯柯的 τ_a，τ_b 混淆，它们是用于定类数据的。

从所有剩下的与 a 成配对得到贡献为：

(a,c) (a,d) (a,e) (a,f) (a,h) (a,i) (a,j) (a,l) (a,m) (a,n) (a,o) (a,p)
　-1　　-1　　-1　　$+1$　　$+1$　　$+1$　　$+1$　　$+1$　　$+1$　　$+1$　　$+1$　　$+1$

$$= 9 - 3 = 6$$

接着，我们再把 b 的秩与每个放在它右边的秩比较。注意，在 A 行中，b 和 c 是相持平的。既然 b 和 c 因此可以颠倒秩序，所以我们必须取消配对 (b,c)。同样，在 B 行中配对 (b,g) 和 (b,k)，因为都持平，所以对 S 均没有贡献，于是对于 b 的配对我们得到的和为 $9 - 2 = 7$。依次类推，继续完成所有诸如这样的计算后可得：

$$S = C - D = (9-3) + (9-2) + (13-0) + (12-0) + (11-0) +$$
$$(6-3) + (8-0) + (2-5) + (5-2) + (0-6) + (4-0) +$$
$$(2-1) + (2-0) + (0-2) + (1-0) = 60$$

为了对持平秩的情况作修正，现在必须在 τ 的分母中做一些调整。这种调整具有增加 τ 的数值的作用，但除非相持平秩的数目较多，一般来说增加的作用很微小。τ 的公式（肯达尔用 τ_b 表示）如下：

$$\tau_b = \frac{S}{\sqrt{\frac{1}{2} \times N(N-1) - T}\sqrt{\frac{1}{2} \times N(N-1) - U}} \tag{18.12}$$

式中 $T = \frac{1}{2} \sum t_i(t_i - 1)$，$t_i$ 是 A 行中每个相持平组中相持平秩的数目，$U = \frac{1}{2} \sum u_i(u_i - 1)$，$u_i$ 是 B 行中每个相持平组中相持平秩的数目。在上面的例题中，在变量 A（名望）中有三个二者相持平秩，故有：

$$T = [2 \times 1 + 2 \times 1 + 2 \times 1]/2 = 3$$

同样，在变量 B（参与讨论）中有三个二者相持平秩的对，有一个四者相持平秩，故有：

$$U = [2 \times 1 + 2 \times 1 + 2 \times 1 + 4 \times 3]/2 = 9$$

因此：

$$\tau_b = \frac{60}{\sqrt{(8 \times 15 - 3)(8 \times 15 - 9)}} = \frac{60}{\sqrt{117 \times 111}} = \frac{60}{114.0} = 0.526$$

τ 的显著性检验　肯达尔（参考文献 18）曾证明，对于样本容量为 10 或更多的情况，在零假设条件下的 S 抽样分布近似正态，并具有均值为 0，方差则由下式表示：

$$\sigma_s^2 = N(N-1)(2N+5)/18 \tag{18.13}$$

严格地说，上述公式只有在不存在相持平秩情况时才成立，不过在相持平秩数目比较少时也还是可用的。如果数据已被分成组，或者由于某些原因存在许多相持平的秩，那么就要用不同的方式来处理。我们将把具有许多相持平秩的显著性检验的讨论放到第 19 章，在那里我们要考虑使用具有定序量度的控制变量。

为了检验义务工作营数据的 τ 的显著性，先计算 σ_s^2 如下：

$$\sigma_s^2 = 16 \times 15 \times 37 \div 18 = 493.3$$

取平方根得：

$$\sigma_s = 22.21$$

它在计算 Z 的算式中做分母以检验 A 和 B 不相关的零假设，于是有：

$$Z = \frac{S - 0}{\sigma_s} = \frac{60.0}{22.21} = 2.70$$

我们看到,τ 值为 0.526 在水平 0.01 上具有显著性。

分组数据的定序量度:τ_c,γ,d_{yx} 和 d_{xy} 和 e τ 比 r_s 优越之处在于前一种量度可以方便地运用于存在许多相持平秩的情况中。虽然在这种情况中,上述的计算程序会变得相当繁琐,但是只要两个变量可以归成几种较粗略的类别,还是可以把这种程序大大简化的。例如,人们可能被划入五个社会阶级之一,处于同一阶级的全部人员被认为相对于地位来说是相持平的。如果把第二个变量按类似的方式分类,那么我们就可以使用 τ 的修正公式。因为这时数据已非只是被简单地分了类,而是实际上已经做了排序,因此我们在计算时,便可使用有关数据排序的信息。

我们可以利用下文所述的方法来计算 $S = C - D$。运用上面给出的公式,我们将发现 τ_b 的上限只有当行数和列数相等的时候才为 1。为了对 $r\neq c$ 的可能性进行修正,我们构造如下的比率:

$$\tau_c = \frac{S}{N^2[(m-1)/m]/2} \tag{18.14}$$

其中 $m = \text{Min}(r,c)$

我们仍按肯达尔的办法用符号 τ_c,以便把公式(18.14)同前面两个公式区别开来。现在我们来看如何计算 τ_c。

表 18.4 的数据表示对在密执安大学参加社会学导论课程的 217 名学生所赋予的秩(等级)。变量 B 涉及学生对自己在日常环境中行为举止"合礼仪"或"正确"的关心程度,变量 A 涉及仅仅为了改善自己的社会地位而加入组织的愿望。因为这两种变量的量度都比较粗糙,因此,决定把每个变量都划分为四个类别:上、中上、中下、下。于是,虽然每种变量都涉及具有许多相持平秩数的定序尺度,但是结果可以按列联表的形式概括总结出来。

表 18.4 从分组数据计算肯达尔 τ 值的交叉分类数据

参加组织愿望的强度	对合乎礼仪行为的关心程度				总和
	上	中上	中下	下	
上	18	19	12	8	57
中上	16	16	12	10	54
中下	11	14	18	16	59
下	5	5	15	22	47
总和	50	54	57	56	217

在计算 S 时分别算出 C 和 D 是较好的方法,因为这些量还将用于本节所讨论的其他量度。我们注意到在 A 上的分数仍分成从高到低的秩,只是现在有 57 个人相持平(同秩)于上等,54 个人相持平(同秩)于中上等,59 个人相持平(同秩)于中下等,47 个人相持平(同铁)于下等。首先观察 A 中处于上等的这些人,我们看到其中有 18 个人也处于 B 的上等,19 个人处于 B 的中上等,12 个人处于 B 的中下等,8 个人处于 B 的下等。为了算出对 C 和 D(从而还有 S)的贡献,我们注意到,因为对于 A 所有属于高等类别的个人都是相持平(同秩)的,因此其中没有一个配对对 C 或 D 有贡献。同样,在同一列中的任何一个配对也不会对 C 或 D 有贡献,因为对于 B 来说它们都是相持平的(同秩的)。如果我们注意任何一个格子,所有在它下面和它右面的分数都将对"谐和对"的数目 C 有贡

献。例如,在左上格的 18 个人中的每一个都将具有如下所示的谐和对个数:

$$16 + 14 + 5 + 12 + 18 + 15 + 10 + 16 + 22$$

这些分数全在这个格子的右下方,从而这一格对 C 的总贡献将为:

$$18 \times (16 + 14 + 5 + 12 + 18 + 15 + 10 + 16 + 22) = 18 \times 128$$

其次,我们来看左上角紧靠下面的 16 这一格。其中的每一个人都处于 B 的上等,为了计算具有对 C 的贡献的配对数目,我们仍然可以把出现在它右下方的数字加起来。对于这一格的情形我们得:

$$16 \times (14 + 5 + 18 + 15 + 16 + 22) = 16 \times 90$$

当我们移至第二个及以下的列时,我们应同时求出对 C 和 D 两者的贡献,因为左边的列具有更高的 B 分数,于是对于第二列的第一格我们得到对 C 的贡献为:

$$19 \times (12 + 18 + 15 + 10 + 16 + 22) = 19 \times 93$$

而对 D 的贡献为 $19 \times (16 + 11 + 5) = 19 \times 32$。按同样的方法把表中的每一格都计算一遍,我们可以相当简便地求得 S,如下:

$$C = 18 \times 128 + 16 \times 90 + 11 \times 42 + 19 \times 93 + 16 \times 71 + 14 \times 37 +$$
$$12 \times 48 + 12 \times 38 + 18 \times 22$$
$$= 9\,055$$
$$D = 19 \times 32 + 16 \times 16 + 14 \times 5 + 12 \times 67 + 12 \times 35 + 18 \times 10 +$$
$$8 \times 112 + 10 \times 68 + 16 \times 25$$
$$= 4\,314$$

因此:

$$S = 9\,055 - 4\,314 = 4\,741$$

于是有:

$$\tau_c = \frac{4\,741}{(217)^2[(4-1)/4]/2} = 0.268$$

注意到 τ_c 分母只取决于行数和列数而不取决于边缘总数分布,后者可决定相持平(同秩)的数目。这使得 τ_c 难以得到解释,而在这方面不如 τ_b[①]。在处理分母中的相持平(同秩)问题方面还有另外几种不同的量度。最著名的如 γ(伽玛),它排除了分母中全部的相持平秩,它还可以用于非分组数据。γ 的公式是:

$$\gamma = \frac{C-D}{C+D}$$

在所讨论的例题中我们有:

$$\gamma = \frac{9\,055 - 4\,314}{9\,055 + 4\,314} = 0.354$$

在第 15 章中已指出尤尔(Yule)的 $Q = (ad - bc)/(ad + bc)$ 是 γ 的一个特例,因此我们可以期望 γ 在边缘总数分布很不均匀的场合其性质基本相同,因而也有与运用 Q 时同样的问题要注意。

因为 γ, τ_a, τ_b 都具有同样的分子而 γ 的分母又排除了所有的相持平的秩,所以很容易看出 $|\gamma| \geq |\tau_b| \geq |\tau_a|$。一般说来,在 A 和 B 的边缘总数非常不同的情况下,γ

---

① 可以证明,在 $k \times k$ 的情况下若**全部**边缘总数都为 N/k,则 τ_b 与 τ_c 相等。在其他 $k \times k$ 情况下 τ_c 一般小于 τ_b 的数值,虽然在 $r \times c$ 情况下 τ_c 可能大于 τ_b。

可以超过 τ_b 一个相当大的量。例如,在如下假想的表所反映的情形中:

A	B 上	中	下	总和
上	100	80	0	180
中	0	20	80	100
下	0	0	20	20
总和	100	100	100	300

我们注意到,不存在不协调的配对(discordant pairs),从而 $\gamma = 1.0$。可是 $\tau_b = 0.77$,$\tau_c = 0.68$,至于人们是否把上述关系称作是"完善"的,这取决于对于边缘总数分布不一致原因的假定。

高斯特纳(参考文献7)曾指出 γ 可以解释为一种"误差减少比例",这与古德曼和克鲁斯克尔对 τ_b 或 λ_b 的解释相似。假若我们希望预测一对个案相对 B 的次序,如果我们排除相持平秩,那么在不知道其他情况的条件下我们做出错误认定的概率为 0.5。但是如果我们已知 A 的次序,那么 γ 的绝对值将等于知道 A 时的期望误差的数目减去不知道 A 时的期望的数目再除以不知道 A 时的期望数目。威尔逊(参考文献26)曾经证明,如果人们承认,当预测有相对于 B 的次序而实际上相对于 B 是相持平(同秩)时会造成误差,那么 γ 的"误差减小比例"的性质就破坏了[1]。看起来处理相持平秩(同秩)现象的问题并没有任何简单的解决方法。

除了 τ 和 γ,我们还有萨默尔斯(参考文献24)提出的两个非对称的量度 d_{yx} 和 d_{xy},它们的定义如下:

$$d_{yx} = \frac{C - D}{C + D + T_y}$$

$$d_{xy} = \frac{C - D}{C + D + T_x}$$

还有威尔逊(参考文献27)提出的量度 e,即:

$$e = \frac{C - D}{C + D + T_x + T_y}$$

这里 T_x 是 X 而非 Y 上的相持平(同秩)对的数目,T_y 是 Y 上而非 X 上的相持平(同秩)对数。如果我们让 T_{xy} 表示同时对于 X 和 Y 的相持平(同秩)数目,那么再考察 τ_b 的公式(18.12),我们看到 $T = T_x + T_{xy}$,$U = T_y + T_{xy}$,从而,因为总配对数目为 $N(N-1)/2 = C + D + T_x + T_y + T_{xy}$,所以有 $C + D + T_y = N(N-1)/2 - (T_x + T_{xy}) = N(N-1)/2 - T$。同样,$d_{xy}$ 的分母是 $C + D + T_x = N(N-1)/2 - U$。因此 $d_{yx}d_{xy} = \tau_b^2$。在此意义上非对称量度可以看成是**斜率模拟量度**(slope analogs)。但是因为它们的非对称性是同秩数目的函数,而这些同秩数目又是由分类方法决定的,所以这种与斜率 b_{yx} 和 b_{xy} 的类比至多也不过是很微弱的。

---

[1]　威尔逊指出(见参考文献26),诸如这样的持平并未从回归模型的分析中排除。因此,如果两个个案的 X 分数非常接近,我们就可推测,他们的 Y 分数也是非常接近的。在这个意义上讲,如果某一对的 X 的分数是持平的,那么我们就可以推测,他们的 Y 分数也是持平的,如果他们的 Y 分数**不是**持平的,那么我们就犯了一个"错误"。有持平情形犯推测错误的可能,究竟比无持平情形时大多少呢? 我们不得而知。不过我们不难看出,尽管较之其他量度,γ 更有利于持平对的排除,但就整个排除持平问题而言,事情并非那么简单。因此,由于量度的粗糙而造成的持平数目愈多,我们在各种量度中做出的选择就越模棱两可,而这又会使这样的选择的敏感性更大。

18.5 确定量度和分类层次

在许多实际社会研究中,人们可以建立某种并不完全符合定距或定比尺度的严格要求而多少带有一定任意性的指标。然而我们却可以假定这样的指标的量度层次比定序尺度的更高一些,尽管我们无法据此来确定那些仅仅被有序排列在一个连续谱上的个案之间的间距。正因为这样,我们就可能用一组里克特(Likert)尺度的题项来窥测偏见、政治异化,或一些其他的态度变量。这样我们不仅可以假定这些变量是可以有序排列的,而且也可以在理论上假定,它们在不同的总体中有着不同的离差量[①]。又如职业,有时它可以以某种特定的方式,如用一组可窥测其声望高低的答案来估算每一职业的分数 [*]。在这样的情况下,我们究竟应当使用回归分析和其他的参数方法呢,还是为了保险起见,仍然把变量的量度层次视为不高于定序尺度呢?

对于这种问题不存在任何简单的答案,然而愈来愈多的证据表明,**一般**这种答案实际上也没有什么作用。由于很容易得到计算机程序包,或许最好的忠告还是双管齐下(如同时计算积矩系数和肯达尔的 τ_b)分析数据。拉波维茨(参考文献 19,20)曾证明,在最合理的保持分数顺序排列的记数系统中,可以期望有非常高的相关系数(约 0.98),因此,他提出直接把整数 1,2,3,… 分配给定序类别,然后运用以一般线性模型为基础的各种参数方法。另一些人,如亨克尔(参考文献 16)根据实用观点不同意这种意见,因为存在特例,在其中这样的分数分配方法将产生错误的变量转换和哲学见解。

一定要认识到,设想一切分数系统都同样好是有内在危险的,它会使人们忽视要努力改进量度的重要目标。然而如果量度判断标准过于严格,同样会有失去信息的危险。正如我们以前警告过的,依然通行于社会学和政治学的一个**最坏**的实践方法是二分法或三分法,它们或者减少了分格的数量或计算的复杂性,或者是为防止别人批评而过分注意量度问题而放弃原则。如果量度已经不太合理,即使把它做得再细也是毫无意义的。

对于定距尺度和定比尺度来说,量度误差的问题是可以通过把量度值或指标与真实值相联系的方程来处理的。这种方程可能是极其简单的,如本章前面讨论的 $X' = X + e$,也可能更复杂,以便考虑到各种非随机误差(见参考文献 22 第 13 章)。如此处理量度误差促使人们研究这些误差隐含的作用,并在有些情况下做适当的修正。但是如果量度误差来自分类误差或是源于采用任意分割点或合并类别,那么(除了在极简单的情形)要估计它们的效果是非常困难的。但是误差并不能轻易忽略。事实上,它们可能并不重要,不过这要由许多因素来决定,而现在人们只理解了少数几个因素。

研究分类或分组误差的一种办法是先从具有已知性质的数据开始。例如,可以人为地制造一些数据使其服从定律 $Y = \alpha + \beta X + \varepsilon$,其中 ε 具有单位正态分布。变量 X 和 Y 可以各种方式分类,然后在 X 和 Y 的真实数值未知情况下分析数据。现在已经有不少如蒙特·卡罗模拟法之类的研究和论文对一些非常简单的情况推导出精确的数学表达式。这些研究的成果不可能简单地加以概括,但是证实了关于定序量度的一些性质如下:

---

① 尽管里克特题项的**分数**是用一个假定合理的定距尺度测得的,但是,由此得到的分数显然有赖于有关问题的措辞及使用的每类题项包括的问题数目的主观决定。

* 在社会学研究中,常先通过职业声望调查来给职业打分,然后再根据每一职业的声望得分高低对它们进行排序——译者注。

1. 在几种以和谐和非和谐配对为根据的 τ 类量度之间的差异是随着类别数目的增加而减小的。一般来说,这是因为类别愈多,则相持平(同秩)愈少,因此,这些量度的分母之间的差异也就愈小。

2. 随着类别数目减少,γ 的数值**增加**(见参考文献3)。因此 γ 具有随着精密度的降低而变大的不良性质,这使得运用 γ 的人容易使用不良的量度。

3. 如果为了改变边缘总数分布而变动分割点,全部关系量度都将受到影响。阿格雷斯第(参考文献1)提出证据证明,在一切定序量度中,τ_b 在这方面看来是最稳定的,而 γ 和 τ_c 最不能令人满意。

4. 如果存在许多相持平(同秩),τ_a 实际上很可能会很小,以至人们会倾向于认为这里的关系可以忽略,即使它在统计上是显著的。

5. 分类误差不是随机的。事实上,霍克斯(参考文献15)注意到,分类误差与真实分数是成反比的,而随机误差的一个确定性特征却是,它们与其他变量的真实分数或误差都是不相关的。在有些例子中可能作出对分类误差的修正。

6. 定序斜率类比量 d_{yx} 和 d_{xy},虽然是非对称的并在形式上类似非标准化回归系数,但是其变化性质并不像这些回归系数,而且也不是随着自变量分布的变化保持恒定不变的(见参考文献4)。

基于以上这些考虑,我们可以给读者提供几个建议,进一步支持我们在第15章结论部分提出的一些意见。首先,我们要尽量避免仅仅出于习惯或为了简化分析而去合并类别的做法。如果合并是为了使**展示**出来的表便于读者阅读,那么此时要计算定类量度 τ 的时候,则用于**计算的值**就应当来自维度(dimensionality)较大的表。合并类别会加大原来已经存在的量度误差。此外,这些量度误差是非随机的。尽管一旦类别数超过了5到10个,由仍然保持较多的分类所产生的效益可能是微不足道的,但是我们还是要奉劝大家,要尽量避免简单地使用二分法或三分法。

其次,如果分数系统或者分割点的选择,或者类别的界限看来是任意的(就像通常以连续的变量为基础的情况那样),最好用一些不同的分割点组来试一试,并把每个结果报告出来,以便读者可以估计类别的选择和分割点的选择所造成的差异的程度。

第三,如果的确看来没有任何明确的道理能决定在合并表上把哪些类别归属在一起,那么这就暗示着可能涉及多维性问题。可以设想,把类别合并的判定是依据某种相似性判断的,这意味着是一个定序尺度或者至少是部分定序尺度。例如,如果不能决定 B 类别是归于 A 还是 C,那么这就**可能**表明 B 在某个有序连续谱上处于 A 与 C 之间与两者几乎是等距离的位置。但是这也可能意味着 B 在某些方面像 A,而在另一些方面像 C,从而暗示在分类别方案中至少有两种概念维度。并且还指出,在分类方案所选用的"变量"在概念上有混乱不清的地方。实际上这等于说,仔细检查分类过程可能起到进一步深化理论问题的作用,这些问题已超出统计学和数据分析的范围,虽然后者有时被用来解释这些问题。

最后,我们要对威尔逊(参考文献25)有关定序量度使用的一个观点做一些评论。威尔逊认为,凡涉及二个一组(或三个一组)的匹配概念,没有一个可以完全具有我们所希望的那些性质,他的基本观点是:一般理论的推论所确认的规律只适合于**一个个单独的个案**,这就如同确定单位 X 的变化引起 Y 的 b_{yx} 个单位的变化那样。根据这一理论,我们不一定非要把按照有序对做出的推论推广到跨个案的比较。例如,如果某人的理论确定黑人百分数的变化将导致种族歧视率的变化,那么该理论涉及的"规律"可能只是在某一单个社区(或其他观察单位)内起作用,而不可直接把它用于跨观察对的比较。当然,如果我们能把自己的目标规定为对确定的总体作简单的概括的话,那么这类概念上的困难便将不复存在。如果读者希望对这一问题的更为完整的讨论有所了解,可参阅威尔逊的有关著作。显然,定序量度的使用涉及了许多至今尚未得到妥善解决的困难。

习 题

1. 在第 17 章的习题 2 和 3 中,曾计算三个相关系数。

(1)对于其中每一个系数,试用方差分析检验 $\rho = 0$ 的零假设。(答案:$F = 0.67$;$F = 7.09$;$F = 9.6$)

(2)确定三个 r 的 99.9% 的置信区间。

(3)检验道德整合性与异质性之间关系的非线性。

(4)把这同样三个数据转换成秩并求出三个相关系数的肯达尔 τ 和斯皮尔曼 r_s。

(5)检验各个秩-序系数的显著性。

2. 在第 17 章练习 4 中,曾把道德整合性和异质性指数分类。对于这些分类数据计算肯达尔 τ_c 和 γ,然后把结果同上面第 1 习题的(4)中获得的结果相比较。

3. 给定 $N = 100$,设已抽选了一个随机样本,按 0.05 水平并假定未预测方向以及给出:$r_{xy} = 0.60$,$r_{yz} = 0.40$,$r_{xz} = 0.30$,试检验 r_{xy} 与 r_{yz} 之间的差的显著性。

4. 设你有两个独立选择的随机样本,其容量分别为 39,67。对于样本 1,$r_{xy} = 0.61$,而第二个样本 $r_{xy} = 0.29$,算出这两个相关系数之间差的 99% 的置信区间。

参考文献

1. Agresti, A.: "The Effect of Category Choice on Some Ordinal Measures of Association," *Journal of the American Statistical Association*, vol. 71, pp. 49-55, 1976.

2. Anderson, T. R., and M. Zelditch: *A Basic Course in Statistics*, 2d ed., Holt, Rinehart and Winston, Inc., New York, 1968, chaps. 7 and 8.

3. Blalock, H. M.: "Beyond Ordinal Measurement: Weak Tests of Stronger Theories," in H. M. Blalock (ed.), *Measurement in the Social Sciences*, Aldine Publishing Company, Chicago, 1974, chap. 15.

4. Blalock, H. M.: "Can We Find a Genuine Ordinal Slope Analogue?," in D. R. Heise (ed.), *Sociological Methodology 1976*, Jossey-Bass, Inc., Publishers, San Francisco, 1975, chap. 7.

5. Bohrnstedt, G. W.: "Observations on the Measurement of Change," itl Edgar Borgatta (ed.), *Sociological Methodology 1969*, Jossey-Bass, Inc., Publishers, San Francisco, 1969, chap. 4.

6. Christ, Carl: *Econometric Models and Methods*, John Wiley & Sons, Inc., New York, 1966, Part III.

7. Costner, H. L.: "Criteria for Measures of Association," *American Sociological Review*, vol. 30, pp. 341-353, 1965.

8. Costner, H. L.: "Theory, Deduction and Rules of Correspondence," *American Journal of Sociology*, vol. 75, pp. 245-263, 1969.

9. Croxton, F. E., and D. J. Cowden: *Applied General Statistics*, 3d ed., Prentice-Hall, Inc., Englewood Cliffs, N. J., 1967, chap. 20.

10. Goodman, L. A., and W. H. Kruskal: "Measures of Association for Cross Classifications," *Journal of the American Statistical Association*, vol. 49, pp. 732-764, 1954.

11. Goodman, L. A., and W. H. Kruskal: "Measures of Association for Cross Classifications. II: Further Discussion and References," *Journal of the American Statistical Association*, vol. 54, pp. 123-163, 1959.

12. Goodman, L. A., and W. H. Kruskal: "Measures of Association for Cross Classifications. III: Approximate Sampling

Theory," *Journal of the American Statistical Association*, vol. 58, pp. 310-364, 1963.

13. Goodman, L. A., and W. H. Kruskal: "Measures of Association for Cross Classifications. IV: Simplification of Asymptotic Variances," *Journal of the American Statistical Association*, vol. 67, pp. 415-421, 1972.

14. Haggard, E. A.: *Intraclass Correlation and the Analysis of Variance*, The Dryden Press, Inc., New York, 1958, pp. 22-26.

15. Hawkes, R. K.: "Effects of Grouping on Measures of Ordinal Association," in D. R. Heise (ed.), *Sociological Methodology 1976*, Jossey-Bass, Inc., Publishers, San Francisco, 1975, chap. 6.

16. Henkel, R. E.: "Part-Whole Correlations and the Treatment of Ordinal and Quasi-Interval Data as Interval Data," *Pacific Sociological Review*, vol. 18, pp. 3-26, 1975.

17. Johnston, J.: *Econometric Methods*, 2d ed., McGraw-Hill Book Company, New York, 1972.

18. Kendall, M. G.: *Rank Correlation Methods*, 4th ed., Charles Griffin & Company, Ltd., London, 1970.

19. Labovitz, S.: "The Assignment of Numbers to Rank Order Categories," *American Sociological Review*, vol. 35, pp. 515-524, 1970.

20. Labovitz, S.: "Comment to Henkel's Paper: The Interplay Between Measurement and Statistics," *Pacific Sociological Review*, vol. 18, pp. 27-35, 1975.

21. Mueller, J. H., K. Schuessler, and H. L. Costner: *Statistical Reasoning in Sociology*, 3d ed., Houghton Mifflin Company, Boston, 1977, chap. 8.

22. Namboodiri, N. K., L. F. Carter, and H. M. Blaloek: *Applied Multivariate Analysis and Experimental Designs*, McGraw-Hill Book Company, New York, 1975.

23. Siegel, Sidney: *Nonparametric Statistics for the Behavioral Sciences*, McGraw-Hill Book Company, New York, 1956, chap. 9.

24. Somers, R. H.: "A New Asymmetric Measure of Association for Ordinal Variables," *American Sociological Review*, vol. 27, pp. 799-811, 1962.

25. Wilson, T. P.: "A Critique of Ordinal Variables," *Social Forces*, vol. 49, pp. 432-444, 1971.

26. Wilson, T. P.: "A Proportional-Reduction-in-Error Interpretation for Kendall's tau-b," *Social Forces*, vol. 47, pp. 340-342, 1969.

27. Wilson, T. P.: "Measures of Association for Bivariate Ordinal Hypotheses," in H. M. Blalock (ed.), *Measurement in the Social Sciences*, Aldine Publishing Company, Chicago, 1974, chap. 11.

19 多重相关与偏相关

在前面两章中,我们讨论了两个定距尺度之间的关系、一个应变量与单个自变量之间的关系,所述的相关和回归分析方法亦可推广至任意多个定距尺度,其中之一可看做是应变量,其余的为自变量。这个问题可以作为一个预测问题来讨论,即由变量 X_1, $X_2, \cdots, X_k$ 预测 Y。我们仍须利用类似线性回归的简单模型,唯一不同之处在于它的维数大于 2。

相关的概念将以下述两种方式推广。**偏相关**指在其他变量都受到控制的情况下任何两个变量之间的相关。**多重相关**则用来表示应变量的总变化中有多大一部分可由全部自变量的共同作用来解释。读者将发现本章的大部分来自前面内容的直接推广。当我们对相关和回归概念做了推广之后,即可在下一章讨论回归方法和方差分析结合起来的协方差分析问题。

19.1 多重回归和最小二乘方

在多重回归中,我们试图从任意多个自变量来预测一个应变量。如果存在许多彼此相关的定距尺度变量,要从变量的任意组合预测任一特定的变量当然是可能的。一般来说,从研究课题的内容看哪些变量应取为自变量,哪个变量是应变量是明确的[①]。例如,可能想由一系列能力测验记分和高中成绩来预测大学生的成绩。或者可能已知某城市现在的大小、各种职业中劳动力的百分比以及离它最近的大城市的大小和距离等因素想预测该城市的增长率。

在多重回归分析中,我们将回归方程定义为对 $X_1, X_2, \cdots, X_k$ 的全部组合的应变量 Y 的均值轨迹。换句话说,对于各个固定 X 值的每一种组合都将存在一种 Y 的分布,而每一种分布都会有一个均值 $\mu_Y|x_1, x_2, \cdots, x_k$ 和一个标准差 $\sigma_Y|x_1, x_2, \cdots, x_k$,我们仍假定这些分布都是正态分布,并且这些标准差都相等(同方差性)。这里的均值轨迹将不再是二维空间中的一条曲线了,而是 $k+1$ 维空间中的一种超曲面。显然,除非只有两个自变量 X_1 和 X_2,我们已不再能几何地表示这样一种轨迹了。

在前一章中我们曾假定线性回归方程的形式为 $Y = \alpha + \beta X + \varepsilon$。现在仍假定回归方

---

① 如果要考虑应变量与任何其他变量之间有相互影响和反馈,则须用联立方程组来取代最小二乘方,见参考文献 3,7,11,16。

程具有简单形式。设 Y 的均值轨迹取如下的形式:

$$Y = \alpha + \beta_1 X_1 + \beta_2 X_2 + \cdots + \beta_k X_k \tag{19.1}$$

其中 $\alpha, \beta_1, \beta_2, \cdots, \beta_k$ 均为常数。这是最简单的多重回归方程,它直接类似二维的线性回归方程形式。事实上,如果除一个以外其余全部 β 均为 0,则此问题就简化为二维问题了。

X 的分布不**必**是正态的,只需扰动项为正态分布。然而,如果我们可以假定总体为"多元正态",其中每一个变量都对全部其他变量为正态分布,那么我们可以满足全部所需要的三个假定。换言之,多元正态分布可以保证回归方程具有上述形式,Y 对于固定 X 的分布是正态的,并且全部方差都相等。这显然是二元正态分布特性的推广。不言而喻,多元正态分布是无法用几何方法描绘出来的(即使它具有确定的代数方程),因为我们在描绘二元分布情形时已经使用了三维坐标了。

为使读者更直观地领会上述推广的性质,考虑一下仅具有两个自变量的情况是有益的(见图 19.1)。这时回归方程 $Y = \alpha + \beta_1 X_1 + \beta_2 X_2$ 可以由三维空间的一个**平面**来表示。如果设 $X_1 = X_2 = 0$,则得 $Y = \alpha$,这表示回归平面在高度 α 上交于 Y 轴。为了得到关于 β 的解释,我们取回归平面与垂直于 X_1 轴和 X_2 轴的平面的交线。例如,如果我们取一平面垂直于 X_2 轴,实际上就是取 X_2 保持常数,因为所有在这个平面上的点都具有相同的 X_2 值。这个平面与回归平面相交于一直线,而这条回归**直线**的斜率为 β_1。换言之,如果我们保持 X_2 为固定值,那么 β_1 代表 Y 对于 X_1 的回归线的斜率。同样,保持 X_1 为常数所导致的平面与回归平面相交的直线具有斜率 β_2。

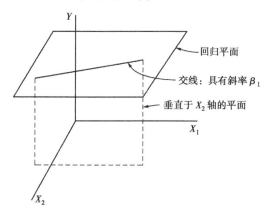

图 19.1 Y 对于 X_1 和 X_2 的多元回归的几何表示

应当注意,在多元回归中用的 β 值与在二元(双变量)情况下获得的通常并不相同。称二元情况为总回归,我们看到在总回归中所用的 β 值是在**忽略**其他自变量的情况下求得的,而不是保持它们为常数。在多元回归方程中求得的 β 称作**偏系数**,因为它们表示借控制其余每一个在回归方程中的自变量所求得的斜率。

最小二乘方的概念可以类似地推广。因为实际上总是需要使方程拟合经验数据来估计回归方程,所以我们仍然要求估计方程具有某种特定的形式,从而利用最小二乘方判断标准来获得"最佳"的拟合。我们将采用如下所列的最小二乘方方程形式:

$$Y_p = a + b_1 X_1 + b_2 X_2 + \cdots + b_k X_k + e \tag{19.2}$$

如果真正的回归方程亦是这种形式,那么最小二乘方方程仍然代表回归方程的最佳估计。换言之,如果我们用 a 来估计 α,用 b_i 来估计 β_i,那么这种估计量为无偏倚的,也是具有最大效率的。为此,我们可以着重研究最小二乘方分析,把它作为估计适用于总体的理论方程的一种实际方法。如果只有两个自变量,那么就是使一系列三维空间的点同某个最佳拟合平面相拟合。在一个 $k+1$ 维的空间中,我们则是使这点与某个 k 维超平面相拟合(如果可以想象这样一种图形的话)。

以三维情况为例,我们使 $\sum(Y-Y_p)^2$ 取极小值,$\sum(Y-Y_p)^2$ 表示对最小二乘方平面在竖直 Y 方向上的偏差的平方和(见图19.2)。这个结果将是由具体数值 a,b_1,b_2 所确定的唯一最佳拟合平面。正如我们将看到的,多重相关系数可以用来量度各个点与最小二乘方平面相拟合的程度。当然,也可以用来量度对平面的标准差的拟合程度,从而可以把这个标准差同对固定 $\bar{Y}$(这里 $\bar{Y}$ 代表一个垂直于 Y 轴的**平面**)的标准差相比较,从代数上讲,更一般的情况是三维情况的直接推广。使 $\sum(Y-Y_p)^2$ 取极小值,从而需要计算 $k+1$ 个系数,即 $a,b_1,b_2,\cdots,b_k$。这些系数的计算问题将在讨论了偏相关之后进行。

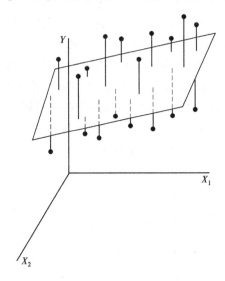

图19.2　最小二乘方平面使在垂直的 Y 维度上的偏差平方和取极小值

19.2 偏相关

我们可以利用多重回归模型来量度在控制一个或更多个其他自变量的情况下应变量 Y 与任何一个自变量之间的关联程度。**偏相关**便是指诸如这样的控制程序。正如我们将要看到的那样,这种程序基本上同二元方差分析类似。在偏相关中,我们靠调整应变量和自变量的值来控制,以便考虑控制变量的取值。为了理解偏相关的性质和调整程序,我们现在将限于讨论只含有三个变量的情形,并假定在所有三种每次取两个变量的组合里,变量之间可以利用线性回归模型。假定在控制自变量 X_2 的条件下,我们希望量度应变量 Y 与自变量 X_1 之间的关系程度。举一个具体例子,我们希望预测对黑人的经济歧视率(用收入的差别来量度)和城市化程度(用一个县的城市百分数来表示)。显然可以预料,县内的黑人百分数也会影响到歧视率,因而决定用黑人百分数来做控制变量。

设歧视率 Y 与黑人百分数 X_2 之间的最小二乘方线与城市百分数 X_1 与黑人百分数 X_2 之间的最小二乘方线如图19.3所示。歧视率与黑人百分数之间关系是正相关的,表明高的歧视率同高的少数民族百分数相对应。另一方面,城市化指数与黑人百分数之间的关系是负相关的。仅根据这个信息,我们会预测在歧视率与城市化之间有负相关的关系。换句话说,城市区域具有低的歧视率,可能仅仅由于那里的黑人平均而言较少。然而,设想我们可以在某种方式上"迫使"所有的县具有一样的少数民族百分数,这样我们就可以消除第三个变量的干扰作用。当然,实际上我们无法使全部少数民族百分数相等,但是我们至少能对它们的差异做出调整。因为我们知道(或能够估计)控制变量和另外两个变量之间的关系,我们可以预测此二个变量会随着控制变量①的变化做怎样的变化。事实上,图 19.3 中所表示的最小二乘方方程即为我们的预测方程,因而可以用于调整过程。

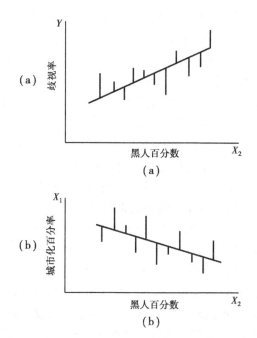

图 19.3 (a)Y 与 X_2 之间残差的最小二乘方线 (b)X_1 与 X_2 之间残差的最小二乘方线

在歧视率 Y 对黑人百分数 X_2 的关系中,我们可以认为歧视率的变化是两种成分的产物:第一种成分是黑人百分数,剩下的属于其他的因素,而其中之一即为城市化。正如我们已经看到的,这里的第二种成分可以表示为相对于包含 Y 和 X_2 的最小二乘方方程的**偏差**。用 X_2 来解释,这些偏差或**残差**代表误差,即使 X_2 保持恒定,它们依然存在。因此,这些偏差正是我们实际上要研究的,因为它们代表在黑人百分数说明了它可解释的那些歧视率变化之后剩余的歧视率变化量。

同样,我们还关心从黑人百分数预测城市化百分数的方程的相对偏差。换言之,我们令黑人百分数来尽量说明其他两个变量的变化。如果我们现在使各残差彼此相关,那么我们就求得 Y 与 X_1 之间的关系量度,它与 X_2 的作用无关。**控制 X_2 条件下的 Y 与 X_1 之间的偏相关可以定义为 Y 对 X_2 的回归残差与 X_1 对 X_2 的回归残差之间的相关。**于是在某种意义上,偏相关代表相对于控制变量各种"误差"之间的相关。

为什么通过关联各种残差可以控制 X_2,这一点的理由可能还不明确。或许让我们更仔细地考察一下在各种残差之间的某种假设的关系,使我们对这种说明会有更直观的理

---

① 应再一次强调,合理解释这样一种理论上调整的结果涉及一种潜在的因果假设,即控制变量可能同时影响其他两个变量。

解。例如,设想当我们把 Y 与 X_2 关联起来时,对于 A 县我们发现有一较大的负残差。这意味着,A 县的歧视率较之仅知道它的少数民族百分数所预测的歧视率要小得多。当然,代表该特定县的那一点处在低于最小二乘方线的某个位置。又设想,对于这同一个县,当我们使 X_1 与 X_2 关联时,残差却是正的。在这种情况下,我们看到该县的城市化程度较之仅知道它的少数民族百分数时所预测的要更高。因此我们有一个具有低歧视率的相对城市化的县,进一步我们知道这些数值较之具有相同的黑人百分数的其他县分别是较低的和较高的。于是我们就不能把各种残差之间的负相关简单地归之于黑人百分数值刚好是较大和较小的事实。类似地,B 县可能对于 Y 有大的正残差,而对于 X_1 却有负的残差。因此,这个县较之其他有相同的少数民族百分数的县有比预测的要更高的歧视率和更低的城市化程度。显然,如果多数县类似于 A 县或 B 县,那么我们将获得残差之间的负相关,表明通过调整黑人百分数,在歧视率与城市化之间具有负的关系。

偏相关提供了一种在控制第三个变量条件下概括两个变量之间关系程度的量度。正如我们在讨论计算过程时将要看到的,这里的论证可以很方便地推广到增加控制变量的情况。我们可以设想几种多重回归方程,一个涉及 Y 和所有的控制变量,另一个则关联 X_1 及这些控制变量。可以由每一种多重回归方程中求得残差并相互关联。为此我们同时调整全部控制变量。这里重要的是,只求得一种偏相关系数,然而在用列联表(考虑到交互作用)控制中,我们对于控制变量的每一类别都分别获得了一个量度。

在第 15 章我们看到,两个变量之间的关系程度可能随控制变量类别的变化而变化。于是,如果黑人百分数也分成类别,那么我们完全可能发现有交互作用,或许甚至对于具有非常低的少数民族百分数的县在歧视率与城市化之间有很高的负相关,而在黑人百分数连续谱的相反的一端(即高的少数民族百分数)却有正相关。因此,当我们在偏相关中获得单一的概括性量度时,就可能模糊了关于交互作用的某种信息。

实际上,偏相关系数也可以解释为诸多相关系数的**加权平均**,这些相关系数是在控制变量分成相当小的间距后,对每一类别(间距)分别进行计算而得到的(类别)。这种加权程序的准确性如何无关紧要,因为实际上我们从来也不会去使用它。正因为如此,那种把偏相关看作是一种在"保持"第三个变量为常数时的,两个变量之间的关系的观点是没有意义的,因为两个变量之间的关系强度,将随控制变量的特定的常数值的变化而变化。

在多元正态分布的情况下,我们知道所有回归方程将具有方程(19.1)所描述的特殊形式。多元正态分布还有另一个特殊的特性,即两个变量之间的关系强度不随控制变量的值而改变。换言之,如果某个控制变量分成许多类别,并从中选出许多类别,而且求得每个类别内的相关系数,那么这些相关系数都具有相同的值。因此偏相关系数会具有与这些类别内相关系数相同的数值。所以,在这种特殊情形中考虑保持第三个变量为常数是有意义的。然而,因为多元正态分布最多只能用真实数据近似,所以保险的办法是把偏相关看做是一种加权平均或是对于控制变量的某种调整。

偏相关系数的计算 除非要求同时控制三个或三个以上变量,偏相关的计算是非常简单的。在提出偏相关的公式之前,我们必须介绍一些符号的变动。遗憾的是,对于某个目的来说是方便的符号对于另一个目的却未必如此,此外习惯用法也不完全一致。我们一直用 Y 表示应变量,而用 $X_1,X_2,\cdots,X_k$ 表示自变量。由于有时应变量的选择要由所考虑的变量子集来确定,并且可能要计算各种变量组合之间的偏相关,因而从 1 到 $k+1$

对变量重新编号,而且用 $r_{12 \cdot 3}$ 来表示控制变量 3 条件下的变量 1 与变量 2 之间的相关系数更显得方便。同样,$r_{23 \cdot 1}$ 表示控制变量 1 时变量 2 与变量 3 之间的相关系数。

在点的右方增加数字可以把这种符号表示法很便利地推广到控制任意多个变量的情形,从而 $r_{57 \cdot 12346}$ 表示控制变量 1,2,3,4,6 时变量 5 与变量 7 之间的相关系数。点的左方两个变量的次序(与右面的数字一样)不起作用。为了区分具有不同控制变量数目的偏相关系数,我们称控制变量的数目为相关的**次**。于是有一个控制变量的称一次偏相关,具有两个控制变量的称二次偏相关,等等。与此一致,没有控制变量的相关系数称零次相关。也用**全相关**表示在没有控制变量条件下两个变量之间的相关。

现在我们可以给出一般的一次偏相关系数 $r_{ij \cdot k}$ 的公式:

$$r_{ij \cdot k} = \frac{r_{ij} - (r_{ik})(r_{jk})}{\sqrt{1 - r_{ik}^2}\sqrt{1 - r_{jk}^2}} \tag{19.3}$$

注意,分子中的第一项相关系数是变量 i 与变量 j 之间的全相关系数。控制变量 k 在分子的第二项中出现,在分母的两项中它与另两个变量 (i,j) 中的每一个关联。任意特定的偏相关系数均可由这个一般的公式导出,只要把适当的数字代入 i,j,k 即可。因此:

$$r_{13 \cdot 2} = \frac{r_{13} - r_{12} \times r_{23}}{\sqrt{1 - r_{12}^2}\sqrt{1 - r_{23}^2}}$$

在一项对 150 个南方县的研究中(参考文献 2),收入歧视与黑人百分数之间的相关系数为 0.536;收入歧视与城市化百分数之间的相关系数为 0.139;而黑人百分数与城市化百分数之间的相关系数为 -0.248。令歧视指数为变量 1,黑人百分数为变量 2,城市化百分数为变量 3,我们可以求得在控制黑人百分数条件下歧视率与城市化百分数之间的偏相关系数:

$$r_{13 \cdot 2} = \frac{0.139 - 0.536 \times (-0.248)}{\sqrt{1 - 0.536^2}\sqrt{1 - (-0.248)^2}} = \frac{0.271\,9}{0.817\,8} = 0.332$$

这个结果可以解释为,在黑人百分数说明了它所说明的两个变量的相关性后,剩余的歧视率与城市化百分数之间的相关。

虽然不能直接看出上述公式可以由残差相关所定义的偏相关推导出来,但计算公式至少是可以理解的。在公式分子中,我们基本上是从全相关系数减去某个修正因子。而分母则由两个修正因子组成,二者均小于 1,这是考虑到控制变量说明了其他变量的一定比例的变化。如果取偏相关系数的平方,那么所得的结果代表变量 1(歧视率)的变化比例,该比例是变量 2(黑人百分数)没有解释的,且由变量 3(城市化百分数)的调整值来解释。

让我们更仔细地考察公式(19.3),看看偏相关系数与三个全相关系数之间有何关系。为简便起见,首先假定 r_{ij} 是正的,如果 r_{ik} 和 r_{jk} 具有相同的符号(无论是正或负),它们的乘积都将是正的,那么分子将小于 r_{ij},且甚至为 0 或负值。另外,分母将总是小于 1,除非 $r_{ik} = r_{jk} = 0$。因此,结果所得分数几乎是从 -1.0 到 +1.0 之间的任何数,这要由三个全相关系数的大小来决定。以后我们将看到,在这种条件下偏相关系数所具有的性质。

设与控制变量关联的两个相关系数符号相反,这时乘积是负的,所以就要从一个正数减去一个负值,所得结果将是一个更大的正数。这意味着,如果有两个正相关的变量,又如果找到一个控制变量,它与一个变量是负相关的,而同另一个变量是正相关的,那么所得偏相关系数将大于零次相关系数。如果该控制变量同其他变量的任一个的相关系数刚好为0,那么分子中的修正因子将为0。但是如果控制变量同其余的变量或者是正相关,或者是负相关,那么分母将小于1,从而偏相关系数又要大于全相关系数。

如果有一个负的全相关系数,那么与这两个变量的每一个均同向相关(或正或负)的控制变量将产生一个更大的负相关系数。但是,如果它同两个变量是按相反的方向相关,那么结果就会类似于首先描述的那个(其中全相关系数是正的,而修正因子也是正的)。为什么? 并且,如果控制变量同其他变量中的一个是无关的,那么偏相关系数将在绝对值上大于全相关系数。如果控制变量同其余两个变量**都**无关,那么偏相关与全相关系数相等。在对偏相关与因果解释的关系作过讨论之后,我们将可以对于在不同条件下的偏相关的变化给出直观的解释。

二次或更高次偏相关系数的公式可直接以类似于一次偏相关公式导出。我们直接顺次加上控制变量,每一次都从比所要求的次数低一次的偏相关出发,于是 $r_{ij \cdot kl}$ 和 $r_{ij \cdot klm}$ 的公式如下:

$$r_{ij \cdot kl} = \frac{r_{ij \cdot k} - (r_{il \cdot k})(r_{jl \cdot k})}{\sqrt{1 - r_{il \cdot k}^2}\sqrt{1 - r_{jl \cdot k}^2}} \tag{19.4}$$

$$r_{ij \cdot klm} = \frac{r_{ij \cdot kl} - (r_{im \cdot kl})(r_{jm \cdot kl})}{\sqrt{1 - r_{im \cdot kl}^2}\sqrt{1 - r_{jm \cdot kl}^2}} \tag{19.5}$$

注意,在公式(19.4)中假定我们已经控制了变量 X_k,因此,在所有三个一次偏相关系数公式中 k 都出现在点的右面。同样,在公式(19.5)中我们已先控制了变量 X_k 和 X_l,因此在每一个二次偏相关系数公式中 k 和 l 都出现在点的右面。

四次和五次偏相关系数可按同样方法求得,试图写出这些更高次的偏相关公式是很有启发意义的。计算更高次偏相关系数的形式与计算一次偏相关系数的形式是一样的。不过所涉及的工作量却是飞跃般增长,变得极其繁琐。例如,为了用这种方法获得一个三次偏相关系数,就必须首先算出三个二次偏相关系数,而其中每一个又必须由从零次相关系数算出的所有一次偏相关系数求得。如果读者想直接用零次相关系数表达三次偏相关系数的公式,就会明白需要做多少工作。

幸运的是,在社会学研究中很少有需要计算超出二次或三次偏相关的情况。通常,两个或三个控制变量以上再加上新的控制变量带来的新认识极少,如果真有必要用到更高次的偏相关或涉及四个或更多个变量的多重回归方程,也可以采用诸如 SPSS 之类的计算程序,使这种工作简便易行。

19.3　偏秩-序相关

对于偏秩-序相关的理论的研究并不多,这个课题一直有不少争议。肯达尔的 τ 可以推广至一次偏相关,但是对于偏 τ 的解释并不像积矩相关那样直观。可以证明,偏 τ 的公式与我们一直运用的形式一致(见参考文献10,12,21),从而有:

$$\tau_{ij \cdot k} = \frac{\tau_{ij} - (\tau_{ik})(\tau_{jk})}{\sqrt{1 - \tau_{ik}^2}\sqrt{1 - \tau_{jk}^2}} \tag{19.6}$$

另一种可以用在具有大量同秩数目情况的备择方法已经由戴维斯(参考文献6)提出用于 γ,这种原理也可以推广到任意 τ 量度或 d_{yx} 和 d_{xy}。如果控制 W,则可以直接对 W 进行分类,然后计算 W 的各类别内的 γ(或其他量度),求得这些 γ 的加权平均,但不是借助各类别内个案数来加权,而是用**配对数**来加权。于是,在偏 γ 的情形中我们只考虑对于控制变量的类别的同秩配对,而不是对于 X 或 Y 的同秩配对。戴卫斯证明,这样的加权平均可以被给予一种误差减小比例的简单解释。

因此,当使用偏秩-序相关量度时,我们可以使用与用于积矩系数的公式相一致的公式,或者建立加权平均的量度。第三种方法在下一节讨论,它涉及更一般的控制概念,即匹配的概念,就是在一个"匹配"的个案集合内,依照某种判断标准,对协调的和不协调的配对求加权平均的问题。

奎德(Quade)匹配方法和显著性检验　这一节我们要同时考虑两个课题:(1)涉及匹配运算的控制方法;(2)关于各种 τ 类量度的标准误差的渐进(大样本)公式,这里的各类 τ 量度可以用于大的同秩数目的情形,无论是否有控制。

奎德匹配方法的基本思想(参考文献17)是,可以用种种方式定义所谓"关联"配对,它们可以用于制定量度。如果我们定义 θ 如下:

$$\theta = \frac{C_R - D_R}{R} \tag{19.7}$$

式中 R 是关联配对的数目,C_R 和 D_R 则分别是这些关联配对中的和谐对和非和谐对的数目。可将改变关联的定义而获得前面讨论过的大多数量度作为特例。由此,如果 R 由**所有的**配对组成,不考虑同秩问题,θ 即成为 τ_a。如果关联配对对于任何变量都是不同秩的,那么 θ 便成为 γ。同样,可以排除只在一个变量同秩的配对。

按照在前面一章引用的古德曼和克鲁斯克尔的著作,奎德提出计算 θ 的标准误差公式。可以证明,如果关联配对数目足够大的话,θ 的标准误差具有接近标准正态分布的抽样分布。这个公式为:

$$S_\theta = \frac{2}{(\sum R_i)^2} \sqrt{(\sum R_i)^2 \sum W_i^2 - 2(\sum R_i)(\sum W_i)(\sum R_i W_i) + (\sum W_i)^2 \sum R_i^2}$$

$$\tag{19.8}$$

其中:

$$\theta = \frac{\sum W_i}{\sum R_i} \qquad \sum W_i = 2(C_R - D_R) \qquad \sum R_i = 2R$$

如何获得公式中各种表达式的方法,我们将在下面进行讨论。

虽然公式(19.8)也能用于检验零次相关,但我们却要用适合偏相关的匹配方法举例说明其应用。让我们回顾关于16个义工营参加者的数据,并加进两条新信息:人们的性别和年龄。设想我们对单独控制性别和控制性别及年龄两者都感兴趣。这些数据见表19.1,其中还包括计算 θ 和 s_θ 所要求的数据。

一种可用于定序方法的控制的定义(如我们在戴卫斯的方法中已注意到的),是对与控制变量匹配的个体取加权平均。通常认为匹配为准确相等,但是如果从字面上理解,这意味着两个人在年龄上永远不能准确地匹配。显然,某种年龄**间距**是必要的,但这不必是一组一致类别,如18—19,20—22,或23—25。如果我们愿意的话,可以采用这样一种年龄匹配的定义,但是因为我们在定义 R 方面有完全的灵活性,故可以借助一种移动的判断标准来举例说明。例如,我们设想当且仅当他们所登记的年龄彼此相差在两年范围之内时,两个人在年龄上匹配。这意味着18岁的人将同19,20岁的人匹配(因为在数据中没有比18岁更年轻的人),而19岁的人将同18,20,21岁的人匹配,等等。当我们要同时控制性别和年龄时,我们可以说18岁的女性只能同其他19,20岁的女性匹配,等等。如果我们只控制性别,那么即可忽视年龄,从而每个女性只能同其余10位女性匹配,而每个男性则同其余4位男性匹配。

表 19.1　奎德的匹配偏 θ 的计算

	性别	年龄	X 名望	Y 参与	仅对性别加以控制		对性别、年龄均加以控制	
					R_i	W_i	R_i	W_i
玛西亚	F	18	5	3	10	8	5	3
多丽斯	F	19	8	13.5	9	1	6	0
爱莉	F	19	11.5	5.5	7	-1	5	1
安	F	20	1	5.5	8	6	7	5
莎拉	F	20	16	13.5	9	7	7	5
约翰	F	20	6	9.5	9	3	8	4
南希	F	21	13.5	8	10	0	8	-2
福罗	F	21	11.5	11.5	9	3	7	1
辛西尔	F	22	10	16	10	2	6	0
巴巴拉	F	23	9	9.5	9	2	4	2
茹斯	F	25	7	5.5	8	6	1	1
马特	M	19	13.5	15	4	2	2	2
吉姆	M	21	2.5	1	3	3	2	2
比尔	M	21	2.5	5.5	3	1	2	2
斯坦	M	23	15	11.5	4	2	3	3
汉斯	M	24	4	2	4	2	1	1
总和					116	48	74	30
$\sum R_i^2 =$					948		436	
$\sum W_i^2 =$					240		108	
$\sum R_i W_i =$					378		144	

我们还不能计算 θ,因为还未决定如何处理两个变量 X,Y(名望和参与)的相持平(同秩)问题,而这两个变量又是相互关联的。假定我们希望求得一个偏 γ,在此情况下关联配对数目要进一步受到限制,只计入对 X 或 Y 不同秩的配对。如果我们要计算 τ_a,那么我们就可计入对 X 和 Y 的同秩配对,虽然我们仍然要受到在性别或年龄方面匹配配对的限制。为了便于比较,我们应注意到,在没有控制的条件下,对于这些数据(见18.4节)有 $C=84,D=24,C-D=60,C+D=108$,从而有 $\gamma=0.556$(与前面求得的 $\tau_b=0.526$ 比较)。

现在我们来考虑表19.1中的计算。注意,各个人已被重新排序,女性先按年龄增加方向排列以便于计算。检查列于仅控制性别标题下的 R_i 列和 W_i 列。R_i 代表关联第 i 个人的配对,W_i 则给出关于该个人的 C 与 D 之间的差。在表中向下看,我们寻找全部与第

i 个人关联的个人,因而每个人都将计入两次。因此我们所求得的 $\sum R_i$ 将等于 $2R$,同样 $\sum W_i = 2(C-D)$,然而在 $\theta = \sum W_i / \sum R_i$ 中 2 却约去了。

先看玛西亚,我们看到,她可以同所有在 X 或 Y 方面与她不同秩的女性配对,因而可以同 10 个女性配对。然而多丽斯却与莎拉在参与性方面同秩(秩为 13.5),因而对于莎拉来说只有 9 个关联配对。对于爱莉,她与福罗在名望(变量)方面同秩,又与安和茹斯在参与(变量)方面同秩,因而对于爱莉只有 7 个关联配对。这些数字记在 R_i 列。再看男性,第一个马特,我们只发现 4 个关联配对,对于吉姆和比尔只有 3 个。

检查 W_i 列,我们看到对于玛西亚来讲 $C-D$ 的值为 8,而对于多丽斯来说只是 1,对于爱莉来说非和谐配对个数实际上比和谐配对超出 1。当然,我们还要检查最后两列,因为我们现在还要对年龄匹配,所以所列的值变得小许多。玛西亚只与 5 个与她相差不超过两岁的女性配对。多丽斯和爱莉均为 19 岁,她俩每人都同其他 7 个 18 到 21 岁的姑娘匹配,但是对多丽斯来讲,莎拉仍必须排除,而对爱莉来讲,则福罗与安必须排除。在关联配对之中我们仍计算 $C-D$ 的值,并把它填入 W_i 列内。

在求得 R_i 和 W_i 的值之后,我们还要计算 $\sum R_i$,$\sum R_i^2$,$\sum W_i$,$\sum W_i^2$ 以及 $\sum R_i W_i$,两组配对的这些值都已列在表 19.1 的底部。大家不妨顺便注意一下,这 5 种数量与在计算积矩相关系数过程中所需要的 5 种数量何其相似。

我们现在可以计算 $\theta(\gamma)$,s_θ 和 Z 如下:

仅控制性别

$$\theta = \gamma = \sum W_i / \sum R_i: \qquad \gamma = 48/116 = 0.414$$

$$S_\theta = \frac{2}{116^2} \sqrt{116^2 \times 240 - 2 \times 116 \times 48 \times 378 + 48^2 \times 948}$$

$$= 0.163$$

$$Z = \frac{0.414}{0.163} = 2.54$$

对性别、年龄均加以控制

$$\gamma = 30/74 = 0.405$$

$$S_\theta = \frac{2}{74^2} \sqrt{74^2 \times 108 - 2 \times 74 \times 30 \times 144 + 30^2 \times 436}$$

$$= 0.214$$

$$Z = \frac{0.405}{0.214} = 1.89$$

如果我们预先预测方向并用 0.05 水平,那么两种偏 γ 都具有显著性。

必须记住,上述 θ 的标准差公式以及正态分布表的应用只有在关联配对数目足够大的情况下才是合理的。至于应该多大,则取决于判断,但是奎德(参考文献 17)提出了一个要求 C_R 和 D_R 等于或大于 200 的保守的判断标准。显然,我们所举的只涉及 16 个个人的简单例题没有满足这个判断标准的要求。从这个例子我们注意到,对于社会科学家来说这种得失权衡导致某种两难问题。我们的匹配判断标准制定得愈精细,那么我们的控制就愈好,而且对总体的偏相关估计也愈少偏倚。但是这种限制愈严格(例如年龄范围愈窄),那么关联配对数目会变得愈少,θ 的标准误差会愈大。显然,解决这类两难问题唯一的方法是用更多数目的个案,而这又将提高研究的费用。原则上说,匹配方法是十分灵活的,并能够运用到任何数目的控制变量,无论它们是如何量度的。

必须注意的事项　在探索性研究中借推广公式(19.6)把控制变量分解成若干子类别的方法以便利用多重控制变量或许是有意义的。然而,这种方法的理论基础并不是非常牢靠的,尤其是当存在大量同秩现象时(见参考文献23)。索墨斯(参考文献21)曾提到,在明显的非单调关系情况下,由戴维斯提出的方法可能导出错误结论。正如前面所讨论的,由于不了解部分定序量度的性质和作用,谨慎地运用它们和用积矩量度来补充它们,即便在没有充分根据采用定距尺度的情况下也还是明智的。当然,理想状态是改进量度方法,以便运用更有效力的参数检验和量度。

诚如前面我们在讨论定序数据时所暗示的那样,对于哪一种量度才是更合适的这样的问题是很难做出明确结论的。根本原因之一在于,这种答案要由人们对隐藏在数据后面的"潜在的真实性"的观念来决定。在处理同秩问题以及分类过程时我们便已经注意到了这一点。正如已经指出的那样,解决这个难题的一个最有希望的方法是,通过运用计算机输出的或模拟的数据建立具有已知其性质的"真实"。例如,可以构造具有正态的、矩形的或偏斜的频数分布的变量。可以利用线性的和非线性的模型,改变误差的方差相对大小,以及构造具有已知因果结构(例如由于 Z 或数个 Z_i 而彼此虚假相关的 X 和 Y)的多元数据组。数据可以用不同的方式、不同的分块程序(partialling procedures),和比较若干种定序量度哪一种更适合我们要做的工作来合并。例如我们可以对 Z 加以控制,并将模型构造为 $X \leftarrow Z \rightarrow Y$,看一看 X 和 Y 之间的偏相关是否几乎会降低到0?

雷诺德(Reynolds,参考文献19)用各种不同的因果模型、不同类型的频数分布、非线性模型,以及引进一些其他的复杂情形获得了一些相当令人鼓舞的结果。他发现,如果人们至少用到了每个变量的五(最好是十)个层次的话,就可以利用几种不同的分块法,和已经做过同秩修正的 τ_b, τ_c, d_{yx} 或 r_s 量度中的任何一种,求得非常好的积矩偏相关的近似值。如果同秩数相当多,那么 τ_a(未经同秩修正)的总相关值就会非常小,以致我们难以把它们的值与偏相关的值区分开来。例如,如果总表中的 τ_a 只有 0.20,那么抽样误差就可能会大到使我们难以确定分表中的 τ_a 值是否已经缩小到足以支持两个变量之间的关系是伪关系的假设。

雷诺德还发现, γ 的作用在求偏相关时不如其他量度,这或许是因为它对不等的边缘总数极敏感的缘故。例如,正确的模型涉及 X 和 Y 之间由于 W 而有虚假的相关,控制 W 并不使偏 γ 降至0。雷诺德的数据还显示,与公式(19.6)这样的分块法相比,使用加权平均的分块法似乎更胜一筹。但这时我们不要忘记索墨斯有关非单调的控制变量的提示。最后,也是很重要的,雷诺德发现,利用 τ_b, τ_c, d_{yx} 的偏相关分析(采用加权平均)方法对于单调的但非线性的关系可以给出相当好的结果,但积矩相关或参数方法则不然。在后一种情形,如果已知真实的分数,那么最好还是利用明确的非线性模型和参数方法,但当缺乏这种知识时,运用任意分配的分数值(保持顺序)的参数方法就会得出错误的结果。

还应注意,利用定序技巧推广多重相关量度的问题迄今并未进行系统的研究。马雷斯(参考文献14)甚至发现, γ 和 d_{yx} 都具有不良的性质,即如果用完全合理的程序来制定多重相关的量度,那么进一步附加说明的数值可能会实际上造成这两种量度值的**减少**。他建议一种替代的量度 γ_k ,它是索墨斯的 d_{xy}(不是 d_{yx})多变量推广,以作为一种对多重定序相关的更适宜的非对称性量度。

19.4 偏相关和因果解释

已经指出,因为相关性仅量度协变性或几个变量一起变化的程度,所以相关分析不能直接用于证实因果关系。但是一切科学的基本目标之一在于证实因果关系,不管人们对于因果概念持何种哲学态度,要想在理论上按其他概念来思考的确是极为困难的。在第 2 章中曾指出,在用于思考的理论语言和用于检验假设的操作性语言之间存在某种真实的差距。因果性的难题正是存在这种差距的又一种标志。我们经常借用具有**必然**的时间贯序的因果关系来进行思维。因此,如果 A 是 B 的因,那么 A 必然后续以 B。如果没有 A,也必然没有 B。这种对因果性的思维方式当然是过于简单化。譬如说,还不曾考虑其他的变量,而只有在对于这些其他的因素作出某些假定之后,考虑因果才是有意义的,A 和 B 还可能有程度上的变化,而不仅是"存在"或"不存在"。

从经验上看,我们当然不可能证明两个变量之间的联系是必然的。可是我们能确定它们共同变化的程度,有时还可能注意到有关的时间序列。由这两方面的信息,如果我们希望的话,我们可以做出一定的因果性推论。如果我们的理论能够证明两个变量之间的逻辑联系或预言 B 将接着 A 出现的话,那么我们就不必对作出某种因果解释而犹豫不决。另一方面,如果我们的确找不出任何理论上的理由说明两个事件有直接联系,那么通常对因果解释是会更犹豫的。譬如说,我们这时多半会认为这种关系是**虚假的**。遗憾的是,相关分析不能帮助我们做出这种判断,**除非我们愿意对这些特定的变量和对其他**可能也起作用的变量做出某些假定。让我们来看看这些假定应该是什么样子的。

设想我们要研究个人冰激凌消耗量与青少年犯罪率之间的关系。我们大概会发现某种负的关系。一个可能的因果解释为,冰激凌是这么好,以至可能有助于防止犯罪的发生。另一种因果解释则是,高的犯罪率使孩子们失去了对甜食的欲望。显然我们会立即反对这些说法,认为是胡言乱语(虽然许多类似的荒谬提法不时被人们视为真理)。或许可以这样论述,认为所发现的这种关系是**虚假的**,因为某第三个变量(如收入)引起两个变量以这种方式变化,以至得到负相关。

一种对虚假性的检验方法(如果使用得当从而有效的话)即控制收入水平。如果控制收入时可使冰激凌消耗量与犯罪之间的偏相关降低为 0,或近似为 0,我们就可以得出两个变量之间没有任何因果联系的结论。我们能否做到呢?让我们举另一个非常类似的例题。设想我们发现在收入水平与犯罪之间具有某种负相关,并决定控制该地区破裂家庭的百分数。我们可能又发现偏相关降低到 0。那么,这个关系也是虚假的吗?这一次我们却很难确定,虽然不论相关系数的大小还是它的变化情况均与第一种情形没有任何不同。为了理解我们面临的基本问题,应更系统地做一些回顾和思考。

首先讨论 3 变量的情况,我们注意到,在 3 个变量之间存在着 6 种可能的因果联系。称这 3 个变量为 X, Y, Z,并用带箭头的线来表示因果方向,可以把这些可能的联系如图 19.4 那样画出来。在给定的问题中,自然其中有些箭头必须去掉。

我们排除双向因果的可能性,论据为:如果选择离散事件,时间序列必须在这个或那

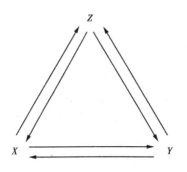

图 19.4　在 X,Y,Z 之间六种可能的因果箭头

个方向上,而不可能同时在两个方向上[1]。例如,我们宁可说约翰的失业使他花钱更少了,转过来这却使史密斯丢了工作,等等,而不说失业引起经济衰退和经济衰退引起失业。从而,我们就只剩下了如图 19.5 中所表示的一些可能的因果关系了。为了减少图 19.5 中的图形数目,决定选好 Y 为应变量或取在任一时间序列中最后出现的为应变量。做出这种选择的决定一般是任意的,因而没有任何箭头是从 Y 指向 X 或 Z 的。在所有可能的这些关系中,前面的三种意义不大,因而不做进一步讨论。为了简化起见,我们限定只考虑有两个因果箭头的情形 (d,e,f,g,h)。

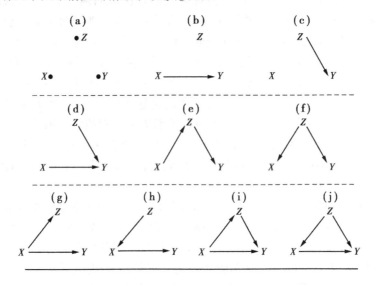

图 19.5　取 Y 为应变量并排除双向因果的条件下,X,Y,Z 之间可能的因果关系

我们能够利用相关系数的相对大小来区分这些不同的模型吗?如果我们愿意做出两种假定的话,那么回答是肯定的。西蒙(参考文献 20)曾从数学上证明这些假定应当是什么。**首先**,我们可以假定至少有一些可能的因果关系是**不**成立的,借此一定可以排除一些模型。在一定程度上我们已经这样做了,如排除所有双箭头,把 Y 取作应变量,即假定 Y 既不导致 X 也不导致 Z。虽然还必须做一些假定,但我们不妨推后讨论。

---

① 自然,多数的实际情况要比这种简单的例子复杂得多,因而可能需要更高级的技巧。当采用最小二乘方的前提未能满足时需要用其他方法。确实,因为两个变量之间的两个箭头可能同时存在或不存在或是只存在其中任一个,对三个变量来说,将会有 3! =6 种不同的可能情况,正如我们在下面将看到的,为了决定这些可能情况中哪一个在给定的条件下最合乎现实,我们需要**结合**先验性理论假设和经验数据。

　　我们要做的**第二种**一般性假定涉及另一些可能起作用的变量。按照西蒙的说法,我们将假定所有影响 X 的其他变量与全部影响 Y 和 Z 的其他变量均不相关,等等。换句话说,我们可以承认其他未受控制的变量的存在,但必须假定它们对 X, Y, Z 的影响基本上是随机的。注意,这实际上涉及了一组假定较之理想实验模型中通常隐含的更弱,在理想的实验中假定一切"有关的"变量都受到控制。我们承认其他变量的扰动影响,因为我们并不期望相关系数是完善的。另一方面,我们必须假定,它们起的作用并不干扰 $X, Y,$ Z 间的关系**模式**。如果存在大量其他起作用的变量,并且它们之中没有一个能影响所考察的变量的话,则可以在经验上近似上述条件。

　　如果确实存在一个具有干扰作用的外部变量,那么就应该把它引入模型作为第四个变量。西蒙认为,这基本上是我们经常必须做的,而我们不满足于两变量情况下的因果解释则正是我们要引入虚假关系概念的原因。例如,如果我们满足于在冰激凌消费和犯罪之间的关系中不存在其他起干扰作用的变量,又如果我们可以排除犯罪导致冰激凌销售下降的可能性,那么,我们就会满足于因果箭头朝相反方向的解释。简单地说,我们引入收入因素正是因为我们期望这后一个变量能影响到前两个变量之间的关系。同样,我们也可以把第四个或第五个变量引进系统,但到了一定的程度时我们则必须停止。这时如果我们要做因果推论,我们就必须假定,在上述意义上系统是**封闭**的。

　　注意,我们不得不做出无法用统计分析从经验上证实的假定,因此不可能证实任何特定因果模型的正确性,不过我们可以利用排除方法。例如,图 19.5 中所示的一个模型就可能解释数据。但是正确的模型可能实际上包含四个或更多个变量,从而理论解释的形式可能相当不同。但是,在做出这些假定之后,我们即可利用由西蒙制定的数学分析方法,推导出某些预测的关系。如果该特定的模型实际上是正确的话,相关系数之间就应该存在这种关系。正如我们将看到的,上述模型中有几个均预测在相关系数中存在准确同一的经验关系,因此,必须根据其他标准进一步从中选择模型。正是在此,我们应该用到上面讨论的第一种假定,即有些因果关系是不成立的。让我们首先来考察关于相关系数相互关系的数学预测。

　　看图 19.5 中的(g),我们看到 X 与 Y 之间的关系和 X 与 Z 之间的关系是直接的,而 Y 与 Z 之间却是间接的。图 19.5 中的(h)也是一样。在这两种情况中,根据一般常识,如果所有其他的变量的作用基本上均为随机的,那么我们可以期望 Y 与 Z 之间的相关系数会小于另两个相关系数的任何一个。同样,在图 19.5 中的(e)和(f)中,我们可以预期 X 与 Y 之间的相关系数,如果不计正负符号,将是三个之中的最小一个。根据数学推理,我们甚至可以有比此更确定的结论。对于(g)和(h),Y 与 Z 之间的关系是间接的,可以证明:

$$\rho_{YZ} = \rho_{XY}\rho_{XZ}$$

　　我们用 ρ 来表示如下的情形,这些准确的关系仅期望出现在总体中,而各个样本值 r 由于抽样随机波动现象通常都会偏离这个预测的关系。同样,对于(e)和(f),可以证明:

$$\rho_{XY} = \rho_{XZ}\rho_{YZ}$$

因为相关系数的绝对值不能大于1,所以显然,在第一种情况 ρ_{YZ} 的数值必须小于其他相关系数的任一个,除非这些值之一刚好是1。在这种特殊情况下,显然一个变量可以准确地由另一个变量预测,从而基本上只剩一个二变量的问题。

　　对图 19.5 中(g)和(h)的第一个方程做一番更为仔细的考察,我们立即看到,如果这个方程成立,那么在控制 X 的条件下 Y 与 Z 之间的偏相关系数(在总体中)为0,因为偏相关系数公式中的分子这时为 0。因此，如果(g)或(h)成立，那么 $r_{YZ \cdot X}$ 将为 0 或是非常接近于 0(如果考虑到抽样误差)。同样，对于(e)和(f)，当控制 Z 时 X 与 Y 之间的偏相关系数也可期望为 0。这些情况意味着什么呢？因为如果 X 和 Z 互相替换，则(g)和(h)之间的关系是直接可比的，所以我们若只限于比较(e)与(f)，我们看到在(f)中我们将把 X 与 Y 之间的关系解释为虚假的，因为 Z 正影响 X 和 Y 两者的变化。这种情况正是在冰激凌消费量 X 和犯罪率 Y 的例题中所描述的情况。因为我们认为这两个变量之间的关系是由于某第三个变量(收入水平)Z 引起的，所以我们控制 Z 以便确定 X 与 Y 之间的相关系数是否会降低到接近于 0。如果(f)是正确的模型，那么我们从以上数学推论看到的情况就是如此。

可是，我们还看到，如果图 19.5(e)是正确的模型的话，偏相关系数就为 0。在(e)中 Z 为中介变量，这时 X 引出 Z，Z 又引出 Y。但是，在这种场合控制 Z 是否有意义呢？在某种意义上它的确没有作用，因为如果 X 实际上是 Z 的原因，我们又怎能想象保持 Z 为常数而 X 仍然变化呢？当 Z 是 X 的某种结果而又取出"由于"Z 所产生的 X 的变化部分以求得残差，这肯定是说不通的。可是，如果我们试图证明除非通过中介变量 Z，否则 X 与 Y 之间就没有任何因果联系的话，那么这时控制 Z 或许是说得过去的。统计公式的运用不可能取代对客观对象的认识。在这个例子中人们的认识在于，能超越现有的统计信息而对 X 和 Z 之间的箭头方向做出某种假设，以此在(e)和(f)模型之间做出选择。

至此我们一直都忽略了图 19.5 的(d)情况。在此，箭头均是从 X 和 Z 指向 Y，而在 X 与 Z 之间却没有直接的关系。如果在此我们控制 Z，会出现什么情况呢？我们首先注意到，因为 Z 被看做是一个完全独立作用于 Y 的自变量，所以在这里控制 Z 是有意义的。从 X 与 Y 之间的关系的角度看，Z 为干扰作用，对于变量 X 的变化来说，它基本上是一个引起 Y 的随机变化的某种"外部"变量，因此我们期望控制 Z 会增加 X 与 Y 的关联程度。可以在数学上证明，如果对于其他变量作出所要求的假定，那么在总体中 X 与 Z 之间的相关系数为 0。附带说说，这种情况可以使我们从经验上把(d)和我们已讨论过的其他情况区别开来，而正是这样一种情形，其中的控制变量同某一个其他变量不相关。我们知道，在这种情况下偏相关系数将在绝对值上大于全相关系数，这与常识是吻合的。这也是我们在双向方差分析中所面临的情况，其中子格的相等(单元)的条件意味着行变量和列变量之间的完全独立，同时还看到，对一个变量的控制减少了未解释的平方和，但不减少由其他独立变量可解释的平方和。

还有另一类尚未叙述的控制情况可以扼要做一些讨论，因为很少想采用控制的情况。设想在(e)或(h)条件下，人们要通过控制自变量来关联中介变量和应变量。例如，在(h)中如果要控制 Z 以求得 X 与 Y 之间的偏相关将会得到什么结果呢？可以从代数上证明，所得到的偏相关系数在绝对值上小于全相关系数。这同直观的印象是吻合的，由于保持自变量不变必然地要减少中介变量的变化，因此减弱了同应变量的关系。再说，进行这样一种操作意义不大。我们主要关心的是在 X 与 Y 之间是否存在直接的关联，而不是 X 的前因。然而可以证明，如果在(h)中我们无意中控制 Z，那么除了增加抽样误差之外**不会**有规律地影响**斜率**的估计量 b_{yx}。

如果限于单向因果关系，那么上述做法可以直接向四个或更多个变量的情况推广。可以证明，只要两个变量之间不存在直接关系，那么在它们之间(除抽样误差之外)会有某些近似为 0 的更高次的偏相关系数。一般来说，为了使偏相关系数为 0，我们应当控制一切前因变量和中介变量，但是我们应当避免控制那些假定与所考察的两个变量相关的

变量。例如,在下述的模型中:

$$X_1 \longrightarrow X_2$$
$$X_3 \longrightarrow X_4$$

为了使偏相关系数 $r_{14 \cdot 23}$ 减少至 0,必须**同时**控制 X_2 和 X_3,而且该模型预言 $r_{23 \cdot 1} = 0$(除去抽样误差),但我们**不期望** $r_{23 \cdot 14} = 0$,而且控制 X_4 也没有任何意义。

在如下的含有五个变量的模型中,

我们将做出如下预测,其中每个预测均有一对不直接相连变量之间的偏相关系数为 0,即:

$$r_{23 \cdot 1} = 0 \qquad r_{34 \cdot 12} = 0$$
$$r_{24 \cdot 13} = 0 \qquad r_{15 \cdot 234} = 0$$

注意,这里的变量按层次编排,以使得没有任何一个具有较高下标数码的变量能够影响具有较低下标数码的变量,即是说,如果 $i < j$,则 X_j 不影响 X_i。这种简单的因果系统称为**递归**的,因为可以按顺序把每个变量当做应变量,即,X_2 取决于 X_1,X_3 取决于 X_2 和 X_1,X_4 取决于 X_3,X_2 和 X_1,等等。但是如果存在反馈箭头,比如说从 X_5 到 X_1,那么这种递归特性就被破坏,从而我们就**失去**依据来利用一般最小二乘方方法去分析数据。在这种情况下将不存在单一应变量了,从而需要用所谓**联立方程**方法来分析问题(见参考文献 1,3,7,11,16)。还应当注意到,用于定类和定序数据的**其他**多元分析方法也同样不适宜了。

如果在因果方向上某些因果居先的变量,如 X_1 和 X_2,是不肯定的,那么习惯上是用一个弯曲双箭头标在它们之间以表示这种情况。虽然在这种情况下,我们仍可以把这些变量之间的相关看做是一种信息,但我们却不能估计其中一个变量(比如 X_1)对某个其他变量(如 X_5)的全部作用,因为我们不能判断通过变量 X_2 的"作用"是间接的还是虚假的(如果 X_2 是 X_1 的原因的话)。因此,关于直接和间接作用的估计通常要求人们相当完全地确定因果结构。同时,一个具体规定的模型也可使人们避免犯诸如控制应变量的错误。在递归系统中,对于依赖两个变量的应变量是不进行控制的。具体地说我们研究 X_1 和 X_4 之间的关系时不控制 X_5。

还有几个注意事项。正如三变量的情况,总是有数个可替代的模型来预测具有完全同样的实际经验的互相关现象。为了从这些可替代的模型中选择一个,必须依赖时间顺序的信息或先验的假定。同时,随机的和非随机的量度误差也会使任何给定模型的预测失效。正如我们在前一章中注意到的,自变量的随机量度误差将会减弱它同其他变量的相关性。在**多重**回归的情形中,凡自变量彼此密切相关时,一些变量的随机量度误差都会**增加**它们对与之密切相关的变量的作用。因此,在自变量之间存在高度相关的情况下,度量误差特别可能导致错误的推论。

从上面的说明显然可知,如果把变量加进回归方程,那么就可以期望偏相关会根据自变量之间的相关特性而变化。对于下一节要讨论的偏斜率和标准斜率同样如此。我们假定,回归方程的误差或残差项与方程中的每一个自变量都是不相关的。从因果性看,这意味着假定引起应变量主要变化的因子是与各自变量没有系统的关系的。如果我们能找出对此误差项做出贡献的变量,且如果我们可以把它明确引入方程,那么这种变量就**不应当**同原来的自变量有关(除去抽样误差外),从而偏斜率就不会受有规律性的影响。而另一方面,偏相关系数将由于去掉一些未解释的方差而在数值上有所增加。然而如果引入方程的附加变量是系统地相关于原来的自变量,那么我们必定可以预料到,全部系数都会因此而受到影响。

19.5 多重最小二乘方和 β 系数

我们一直都是用偏相关来表示,控制一个或更多的其余的自变量时应变量与一个自变量之间的关系程度。如果我们有许多自变量,那么我们可以按依次取应变量同每一个自变量的关联,同时总是控制其余变量的办法来获得各单个自变量直接作用的量度。在前面我们对多重回归和最小二乘方的讨论中我们也注意到,在方程中把 Y 同自变量联系起来的参数 b 和 β 在某种意义上也可以解释做"偏"的。不妨回顾一下,它们代表当全部其余的自变量保持不变时回归或最小二乘方方程的斜率(在适当的自变量维度上)。因此,每个系数都代表了当一个自变量 X 具有给定变化而其余自变量保持不变时 Y 的相应变化量。这与偏相关系数有类似之处,故毫不奇怪用于计算偏 b 值的公式非常类似于用于求偏相关系数 r 的公式,此外,这些斜率能用来给出每一个自变量在决定 Y 的变化中直接作用的量度。

为了区分开斜率的许多个可能组合,我们仍必须修正我们的符号表示法。将变量简单表示为 $1,2,3$,等等。如果我们要从变量 $2,3$ 预测 1,并且要指出第二个变量的系数,则用符号 $b_{12\cdot3}$ 来表示。系数 $b_{12\cdot3}$ 不同于 $b_{21\cdot3}$,后者用于第二个变量被当做应变量时的情形。在这两种情形中,放在点右方的数字 3 表示第三个变量是受到控制的。同样,$b_{12\cdot34}$ 表示预测方程中第二个变量的系数,其中第一个变量被取做应变量,还包含两个控制变量 $(3,4)$,在此情况下,最小二乘方方程将表示为:

$$X_1 = a_{1\cdot234} + b_{12\cdot34}X_2 + b_{13\cdot24}X_3 + b_{14\cdot23}X_4$$

其中 a 的下标表示我们要从变量 $2,3,4$ 来预测变量 1。我们不按惯例用 Y 表示应变量,理由是可以利用更简单的一组下标来区分各种不同的 b,这样做更便利。

计算 $a_{i\cdot jk}$ 和 $b_{ij\cdot k}$ 的公式表示如下:

$$a_{i\cdot jk} = \overline{X}_i - b_{ij\cdot k}\overline{X}_j - b_{ik\cdot j}\overline{X}_k \tag{19.9}$$

$$b_{ij\cdot k} = \frac{b_{ij} - (b_{ik})(b_{kj})}{1 - b_{jk}b_{kj}} \tag{19.10}$$

这里应当特别注意分子中下标 k 和 j 的顺序颠倒。

注意,虽然式(19.8)中的分母形式上不同于求 $r_{ij\cdot k}$ 的公式,但其分子基本上在性质上是类似的。回顾前面,有:

$$r_{jk}^2 = b_{jk}b_{kj}$$

我们看到,即使是分母,在形式上也是有相似之处的。在为了求得偏 b 而利用这个公式时,还必须仔细区分 b_{jk} 和 b_{kj},因为下标不再是可以互换的了。

可直接推广用于高次偏统计量。求 $a_{i\cdot jkl}$ 和 $b_{ij\cdot kl}$ 的公式可表示如下:

$$a_{i \cdot jkl} = \overline{X}_i - b_{ij \cdot kl}\overline{X}_j - b_{ik \cdot jl}\overline{X}_k - b_{il \cdot jk}\overline{X}_l \qquad (19.11)$$

$$b_{ij \cdot kl} = \frac{b_{ij \cdot k} - (b_{il \cdot k})(b_{lj \cdot k})}{1 - b_{jl \cdot k}(b_{lj \cdot k})} \qquad (19.12)$$

与计算高次偏相关系数时一样,当变量数目变大时,运用这些公式可能要花费相当大的工作量。自然,通常依靠计算机程序来求得这些系数最方便。

偏斜率可以解释为当一个自变量变化一个单位而其余自变量不变时,假设应变量会发生的变化。因此,这可以解释为该自变量对应变量的直接作用的量度。如果偏斜率为0,这说明不存在直接作用。但是因为我们并没有确定自变量本身之间的因果联系,仅承认它们之间存在相关,所以我们无法确定每个变量的总的影响。例如,如果第一个自变量是第二个自变量的原因,那么第一个的变化就将引起第二个的变化,从而在有一个直接作用的同时还有一个间接的作用。于是,除非我们对整个系统的因果结构理解得更多,我们将无法估计每个变量的相对重要性。

只要想做的概括不超过单个总体的范围,那么有时,我们也许还更愿意得到一种并非基于用过的量度单位的,每一自变量的直接效应的非对称量度(asymmetric measure)。实际上,我们获得在所研究的特定的总体中的一个实际直接作用的量度,假定一些自变量比其他的具有更大的变化。一个变量可能用美元来量度,另一个则用年来量度。因此,比较一个变量的单位变化与另一个变量的单位变化是毫无意义的。

如果每一变量通过除以它的标准差来标准化,并被表示为它与均值的偏差,那么正如我们在求得标准正态曲线的过程中所做的一样,我们也可以获得调整的斜率,以对不同变量做出比较。于是我们可以用其他各变量的标准差单位来量度应变量的变化,这可以保证这些变量都各具有相同的变化率。这些经调整过的偏斜率即是标准化的 b,常称之为 **β 加权**,而在多数仅涉及单方向的简单因果模型中,它则相当于所谓的**路径系数** p_{ij}。

遗憾的是,我们又碰到符号表示法的不一致问题了。这里的 β 加权同回归方程中的 β 并不是一回事,后者表示**总体**的特征,它并没有对变化率的差别做过调整。β 加权则是从**样本**数据获得的,而且是偏 b 的简单函数。求 $\beta_{ij \cdot k}$ 和 $\beta_{ij \cdot kl}$ 的一般公式表示如下:

$$\beta_{ij \cdot k} = b_{ij \cdot k}\frac{s_j}{s_i} \qquad (19.13)$$

$$\beta_{ij \cdot kl} = b_{ij \cdot kl}\frac{s_j}{s_i} \qquad (19.14)$$

可见 β 加权可由相对应的 b 乘上自变量(非控制)的标准差与应变量的标准差之比来获得。

β 加权与偏相关系数的可比性可从下面公式看出:

$$\beta_{ij \cdot k} = \frac{r_{ij} - r_{ik}r_{jk}}{1 - r_{jk}^2} \qquad (19.15)$$

这两个量度的不同仅在它们的分母。事实上我们立即可以看出:

$$r_{ij \cdot k}^2 = (\beta_{ij \cdot k})(\beta_{ji \cdot k})$$

因为 $\beta_{ij \cdot k}$ 与 $\beta_{ji \cdot k}$ 唯一的区别仅表现在分母之中 r_{jk}^2 要由 r_{ik}^2 来代替。因为 β 加权与偏相关系数代表不同类型的关联性量度,所以它们不会给出完全相同的结果,虽然它们对于各变量的重要性给出一致的次序。偏相关是在其他自变量已经做出可能做的一切解释之后一个自变量**所解释的变差**的量度,而 β 加权则表示当其他的自变量受到控制时,一个自变量的标准化单位变化所引起的应变量的**变化程度**。

β 加权,或路径系数,常常引入因果图作为一个给定变量对(按箭头所指的)其他变量直接作用的量度。虽然本书不打算详细讨论路径分析的问题,但应当注意到路径系数与任意两个变量 X_i 和 X_j 之间的全相关系数有直接的关系。如果我们有一个给定的因果模型,比如前一节引入的五变量模型,那么我们就可以把全相关 r_{ij} 分解为几项之和,其中的每一项都是一个路径系数与另一个全相关的乘积,而这个全相关又可分解为直接的和间接的路径。分解全相关 r_{ij} 的规则如下:

1. 找出所有直接指向所考虑的**应变量** X_i 的箭头。

2. 对于每个直接影响 X_i 的 X_k,写出路径系数 p_{ik}(控制变量写时无下标)和 X_k 与(所研究的)自变量 X_j 之间的**全相关**系数 r_{kj} 的乘积。

3. 对乘积 $p_{ik}r_{kj}$ 按所有的 k 求和,即:

$$r_{ij} = \sum_k p_{ik}r_{kj}$$

例如 r_{12},我们注意到在这个五变量的模型中只有一个路径遇到 X_2,即路径 p_{21} 从 X_1 到 X_2。我们把它乘以路径源头的变量(即 X_1)与所考虑的自变量(也是 X_1)之间的相关系数 r_{11},因为同都是 X_1,自然有 $r_{11} = 1$,因此 $r_{12} = p_{21}(1) = p_{21}$。同样有 $r_{13} = p_{31}$,$r_{14} = p_{41}$,但是 $r_{23} = p_{31}r_{12} = p_{31}p_{21}$。在这种情况下,我们将路径系数 p_{31} 乘以 X_1 和 X_2 之间的相关系数,X_1 是到 X_3 的箭头的源头,X_2 是我们考虑的自变量。于是,全相关系数 r_{23} 就被分解成两个路径系数,它们代表连接 X_1 到另外两个变量的直接路径。因为又可以写为 $r_{23} = p_{31}p_{21} = r_{13}r_{12}$,我们立即看出 $r_{23} - r_{13}r_{12} = 0$ 或 $r_{23 \cdot 1} = 0$,与我们在前面所提到的一致。

假设我们现在希望分解 r_{15},有三条路径直接通到 X_5,路径系数分别为 p_{52},p_{53},p_{54},它们必须分别与 r_{12},r_{13},r_{14} 相乘,然后把它们的乘积相加,即:

$$r_{15} = p_{52}r_{12} + p_{53}r_{13} + p_{54}r_{14}$$
$$= p_{52}p_{21} + p_{53}p_{31} + p_{54}p_{41}$$

这样,r_{15} 被分解成三项,它们分别代表 X_1 经由中介变量 X_2,X_3,X_4 而对 X_5 的间接作用。

要熟悉这种比较简单的分析工具,读者应当事先比较彻底地学习关于路径分析的文献。然而重要的是应该懂得,这种分解过程是以如下几个假定为依据的:已经正确地确定因果模型;每个(总体)方程的干扰项与方程中的任何自变量均不相关;任何自变量均无量度误差;不存在从应变量到自变量的反馈。同时,路径系数——即 β 加权——取决于样本的标准差的大小,因此路径系数不适宜对不同样本加以比较。此外,必须注意评估给定模型与它所隐含的经验预测之间的拟合程度。有关这类问题的进一步讨论请参阅参考文献 1,7,13,16。

19.6 多重相关

因为我们首先关心的可能是一系列自变量合在一起时所具有的解释问题的能力,而不是应变量与每单个自变量之间的关系,所以更愿意采用**多重相关系数**,它是最小二乘方曲面与数据的拟合程度的量度。正如零次相关系数的平方表示最佳拟合线所解释的变差百分数,多重相关系数的平方可以表示以下最佳拟合方程所解释的变差百分数。

$$Y_p = a + b_1X_1 + b_2X_2 + \cdots + b_kX_k$$

另一种解释多重相关的方式为:它代表应变量的**实际值**与最小二乘方方程所预测的**值**之间的**零次相关**。如果全部的点都准确地落在最小二乘方曲面上,那么实际值和预测的值重合,从而多重相关系数为 1。围绕最小二乘方方程的散布度愈大,则实际值与预测值之间的相关程度愈低。

由于多重相关的平方等于所有自变量所解释的变差百分数,故多重相关的公式可以很容易得到。应再次强调的是,这里用到的是线性模型。在导出多重相关的公式的过程中,先使一个自变量做出它所能做的全部解释,然后使第二个自变量解释由第一个自变量留下的不能解释的变差部分。然而,为了避免重复,必须控制第一个自变量。然后使第三个变量解释它所能做的部分,这时则要控制前面的两个自变量。该过程可以无限制地延伸下去。现在仅限于讨论三个变量的情况,即只含有两个自变量的情况。如果我们取第一个变量为应变量,并用 $R_{1 \cdot 23}$ 来表示多重相关系数,我们可以写出如下公式:

$$R_{1 \cdot 23}^2 = r_{12}^2 + r_{13 \cdot 2}^2 (1 - r_{12}^2)$$

$$\begin{pmatrix} \text{由 2 和 3 解释} \\ \text{的比例} \end{pmatrix} = \begin{pmatrix} \text{由 2 解释} \\ \text{的比例} \end{pmatrix} + \begin{pmatrix} \text{由 3 解释的} \\ \text{附加比例} \end{pmatrix} \begin{pmatrix} \text{由 2 不能解释} \\ \text{的比例} \end{pmatrix} \quad (19.16)$$

注意,在多重相关系数的下标中,点的左边只有一个数字,这个数字代表应变量。点右边的数字表示用来解释应变量的变差的那些自变量。一般的公式(对三变量情况来说)可表示如下:

$$R_{i \cdot jk}^2 = r_{ij}^2 + r_{ik \cdot j}^2 (1 - r_{ij}^2)$$
$$= r_{ik}^2 + r_{ij \cdot k}^2 (1 - r_{ik}^2) \quad (19.17)$$

当然,公式中两个自变量的顺序对结果没有影响,只要先用的变量在方程随后的各项中受到控制即可。

既然我们所求出的是已解释的变差的百分数,因此我们就要涉及全相关和偏相关的平方,从而我们可不必考虑这些相关系数的符号问题。事实上,多重相关的方向没有什么意义,因为它涉及与几个变量相关的问题,有一些相关系数是正的而另一些可能是负的。根据习惯,我们总是取 R^2 的正的平方根表示多重相关系数。

如果解方程(19.16)求 $r_{13 \cdot 2}^2$,可得:

$$r_{13 \cdot 2}^2 = \frac{R_{1 \cdot 23}^2 - r_{12}^2}{1 - r_{12}^2} \quad (19.18)$$

这使我们能以不同观点看待多重相关系数与偏相关系数之间的关系。在上式分子中,我们从由变量 2 和 3 一并解释的比例($R_{1 \cdot 23}^2$)中减去了单独由变量 2 解释变量 1 的变差比例,结果就是在变量 2 已经做过解释后再由变量 3 所解释的附加部分。当这个附加部分除以由变量 2 未解释的剩余变差比例时,就得出当控制变量 2 时变量 1 与变量 3 之间的偏相关。这与我们先前对偏相关系数的解释是一致的。

从式(19.16)可以导出几个可以替代且等价于 $R_{1 \cdot 23}^2$ 的公式。用 1 减去方程的两边,可得:

$$1 - R_{1 \cdot 23}^2 = 1 - r_{12}^2 - r_{13 \cdot 2}^2 (1 - r_{12}^2)$$
$$= (1 - r_{12}^2)(1 - r_{13 \cdot 2}^2) \quad (19.19)$$

这个方程表明,可以把由变量 2 和变量 3 合并未解释的变差比例表示为两项之乘积,其中之一为变量 2 未解释的比例,另一项为当控制变量 2 时由变量 3 未解释的比例。

多重相关的公式也可以完全由零次相关来表示。利用以零次相关系数表示的求 $r_{13 \cdot 2}$ 的公式(19.3),化简代数表示式可得:

$$R_{1 \cdot 23}^2 = \frac{r_{12}^2 + r_{13}^2 - 2r_{12}r_{13}r_{23}}{1 - r_{23}^2}$$

或以一般的形式表示为:

$$R_{i\cdot jk}^2 = \frac{r_{ij}^2 + r_{ik}^2 - 2r_{ij}r_{ik}r_{jk}}{1 - r_{jk}^2} \tag{19.20}$$

特别是,如果两个自变量 j 与 k 之间相关系数刚好为 0 时,有:

$$R_{i\cdot jk}^2 = r_{ij}^2 + r_{ik}^2$$

现在我们可以来说明多重相关 R 与各种全相关之间的一些关系。显然,R 在大小上不可能小于任何一个全相关,因为增加了变量不可能反而只解释更少的变差。当然,一般说来,多重相关 R 大于任何一个全相关 r。通常当自变量之间的相关全都为 0 时,多重相关相对于全相关系数为极大值。正如我们已经看到的,这时多重相关系数的平方等于其他相关系数平方之和。对比之下,如果自变量之间的相关在数量上是非常大的,那么 R 一般不会比与应变量相关的最大的全相关系数大多少。换言之,如果我们希望尽可能多地解释应变量的变差,那么就应该找到彼此不太相关但与应变量至少适当相关的自变量。从另一方面看,如果我们有两个彼此高度相关的自变量,那么第二个变量解释的变差与第一个变量解释的几乎是同一部分,因为它们彼此将有相当大的重叠部分。如果它们是不相关的,那么它们每一个所解释的全部变差中的部分是不同的。

我们之所以希望自变量之间不要高度相关,还有另外一个重要的原因,那就是这不仅可以使方差的解释中有较少的重叠,而且还可以使自变量对因果问题的影响的说明比较清晰,不至于含混不清。对于高度相关的自变量来说,偏相关和偏斜率的估计量则比较容易受到抽样和量度误差的影响。这种困难在计量经济学文献中被称做**多重共线性**(见参考文献3,11)。当用到若干组高度相关的自变量,并且这些组所含的变量数目又不一样时,问题就更严重(见参考文献8)。例如,可以证明,对于应变量的各个全相关之间非常小的差别意味着偏相关和偏斜率的估计量的差别相当大,从而,如果人们依据这些偏系数的相对大小做结论,那么就能预期在各个样本之间或在利用稍有不同量度手段的重复实验之间会有相当大的差别。这就意味着,每当自变量高度相关时,就必须取大样本**并且**使用更精确的量度。

作为计算多重相关 R 的一个实例,让我们来看一看在(种族)歧视率的变差中,有多少可以由黑人百分数和城市化百分数来解释。利用公式(19.16),我们得到:

$$\begin{aligned}
R_{1\cdot 23}^2 &= r_{12}^2 + r_{13\cdot 2}^2(1 - r_{12}^2) = 0.536^2 + 0.332^2 \times (1 - 0.536^2) \\
&= 0.2873 + 0.1102 \times 0.7127 = 0.3658
\end{aligned}$$

因此:
$$R_{1\cdot 23} = 0.605$$

除了黑人百分数所解释的以外,城市化所能解释的变差已经很少了。

作为计算的校验,我们注意到,如果让城市百分数先起作用,应得到同样结果。可有:

$$r_{12\cdot 3} = \frac{r_{12} - r_{13}(r_{23})}{\sqrt{1 - r_{13}^2}\sqrt{1 - r_{23}^2}} = \frac{0.536 - 0.139 \times (-0.248)}{\sqrt{1 - 0.139^2}\sqrt{1 - (-0.248)^2}} = 0.595$$

于是:
$$\begin{aligned}
R_{1\cdot 23}^2 &= r_{13}^2 + r_{12\cdot 3}^2(1 - r_{13}^2) \\
&= 0.139^2 + 0.595^2 \times (1 - 0.139^2) = 0.3667
\end{aligned}$$

因此:
$$R_{1\cdot 23} = 0.605$$

多重相关系数的公式也可以直接推广到任意多个自变量的情形。引入第三个自变

量 X_4 时,我们仅仅在 $R^2_{1.23}$ 的公式中加入一个乘积项,该乘积项由控制变量 2,3 时变量 1 与变量 4 之间的偏相关系数平方与由变量 2 和变量 3 不能解释的变差比例相乘组成,于是有:

$$R^2_{1 \cdot 234} = r^2_{12} + r^2_{13 \cdot 2}(1 - r^2_{12}) + r^2_{14 \cdot 23}[1 - r^2_{12} - r^2_{13 \cdot 2}(1 - r^2_{12})]$$
$$= R^2_{1 \cdot 23} + r^2_{14 \cdot 23}(1 - R^2_{1 \cdot 23}) \tag{19.21}$$

因此,只要我们控制全部先前用过的变量,并且如果我们使新的偏相关只对在它前面的那些变量不能解释的剩余变差部分起作用,则可不断地增加可解释变差部分的比例。顺便注意,这与在方差分析中所得结论是类似的。正如我们即将看到的,我们可以利用这种情况来对多重相关和偏相关做显著性检验。如果我们加进第五个变量,则有:

$$R^2_{1 \cdot 2345} = R^2_{1 \cdot 234} + r^2_{15 \cdot 234}(1 - R^2_{1 \cdot 234})$$

我们又可以解这些方程求得偏相关系数,例如,根据公式(19.21)得到:

$$r^2_{14 \cdot 23} = \frac{R^2_{1 \cdot 234} - R^2_{1 \cdot 23}}{1 - R^2_{1 \cdot 23}} \tag{19.22}$$

这表示在控制变量 2 和变量 3 时,变量 1 与变量 4 之间的偏相关可以解释为由变量 2 和变量 3 所解释的变差被除去后,所剩下的由变量 4 所解释的比例与变量 2 和变量 3 未解释部分的比率。我们可以继续扩展方程(19.19)以包括更多的变量,于是有:

$$1 - R^2_{1 \cdot 234} = (1 - r^2_{12})(1 - r^2_{13 \cdot 2})(1 - r^2_{14 \cdot 23})$$

而它的一般形式则为:

$$1 - R^2_{1 \cdot 234 \cdots k} = (1 - r^2_{12})(1 - r^2_{13 \cdot 2}) \cdots (1 - r^2_{1k \cdot 234 \cdots (k-1)}) \tag{19.23}$$

最后,我们应当注意到,因为 R^2 不会随新的自变量加进方程而减少,并且实际上总是由于抽样误差而略有增加,所以最好还是计算修正的多重相关系数 $\bar{R}^2$,这是一个对相应总体参数的无偏估计量。系数 $\bar{R}^2$ 的定义如下:

$$\bar{R}^2 = R^2 - \frac{k}{N - k - 1}(1 - R^2) \tag{19.24}$$

式中 k 仍表示自变量的数目。注意,由 R^2 减去一个量得到 $\bar{R}^2$,这个量与未解释的方差 $(1 - R^2)$ 成比例。一般来说,它随自变量数目 k 的增加而增加。虽然 R^2 不可能随着我们增加自变量而减少,但可以看出,如果加入的变量只对全部可解释的方差只有很小的贡献的话,$\bar{R}^2$ 的值却可能因此减少。因此,只要 $\bar{R}^2$ 减小,我们一般就可以决定把加入的自变量从解释系统中除去。不过在这方面为慎重起见,还是请读者参阅参考文献 18 的第 20-21 页。

多重-偏相关系数 有时我们可能希望计算控制一个或数个自变量时,一个应变量与几个自变量之间的多重相关系数。例如,设某人试图从几个自变量中预测实际家庭的规模。显然,必须考虑某些变量,诸如婚姻延续时间,结婚时妻子的年龄。但另一方面,它们的作用非常明显以致把它们引入总的多重相关系数时,可能反而使其余变量的作用显得模糊不清。因此,当一些理论上不怎么重要的变量已经解释了其所能解释的变差之后,我们的注意力即可集中在家庭规模方面的变差上。依照克洛克斯顿和柯登(参考文献 5)的表示法,我们用 $r_{1(23) \cdot 4}$ 表示当控制变量 4 时变量 1(应变量)与变量 2 和 3 之间的多重-偏相关系数,这时公式为:

$$r^2_{1(23) \cdot 4} = \frac{R^2_{1 \cdot 234} - r^2_{14}}{1 - r^2_{14}}$$

上述求多重-偏相关公式是以前用于多重相关和偏相关公式的推广。我们首先使控制变量 4 做出它能做的一切解释。然后,我们注意到,$R^2_{1 \cdot 234}$ 代表由全部三个自变量一起作用时所能解释的变差的比例,所以,二者之间的差是由变量 2 和 3 引起的。因此,上式的分子代表除变量 4 所解释的以外,由变量 2 和 3 所解释的变差的比例。但是,因为我们必须只考虑剩下由控制变量不能解释的变差部分,所以要除以 $1 - r^2_{14}$。利用以下规则:使所有的控制变量都先起作用,我们可以求得一般的多重-偏相关公式为:

$$r^2_{i(jk\cdots n) \cdot tu\cdots w} = \frac{R^2_{i \cdot jk\cdots w} - R^2_{i \cdot tu\cdots w}}{1 - R^2_{i \cdot tu\cdots w}} \qquad (19.25)$$

例如:

$$r^2_{3(56) \cdot 124} = \frac{R^2_{3 \cdot 12456} - R^2_{3 \cdot 124}}{1 - R^2_{3 \cdot 124}}$$

在社会学研究中似乎不经常使用多重-偏相关,或许是因为人们还不熟悉这方面的知识。可是作为一种可以使人们同时处理多重相关和偏相关问题的量度方法,它的潜在的用途却是相当大的。在下一节我们将考虑这种量度的另一种用法。

19.7　多重回归和非线性

本章至此所讨论的全部内容都是以线性模型的假定为基础的。在上一章中我们谈到对非线性的检验,但是除了谈到对数变换的情况外,我们很少说到非线性关系的形式问题。换言之,我们仅仅检验了对线性的**偏离**的存在,却并没有做任何对曲线形状的检验。虽然一般的非线性问题是超出本书讨论范围的,但是我们还是可以扼要讨论一下,如何将多重回归和最小二乘方的技巧稍微改变以便使我们能处理某些非线性类型的问题。

正如上一章指出的,非线性关系可以有许多不同的形式。让我们考虑如下形式的方程:

$$Y = a + b_1 X + b_2 X^2 + b_3 X^3 + \cdots + b_k X^k \qquad (19.26)$$

如果全部系数 $b_2, b_3, \cdots, b_k$ 为 0,那么方程即回到我们所熟悉的线性形式。换言之,一条直线可以看成是上述称为**多项式**的一般曲线形式的一种特例。同样,如果除了 a,b_1, b_2 以外的全部系数为 0,那么便有一个二次多项式。多项式的次数取决于具有非零系数的项中 X 的最高的幂指数。

多项式具有一个非常重要的性质,它可以使我们知道适合于数据的方程次数。一次多项式表示一条直线,其中不存在弯曲。二次多项式表示的曲线有一个弯曲,称做抛物线。一个三次多项式有两个弯曲,而四次多项式则有三个弯曲,等等。如果我们忽略某些异常的情况(即在这些情况中"弯曲"有不正常的表现形式),那么我们可以把二次、三次、四次方程用图 19.6 表示。抛物线或高次曲线的"张开"方向取决于系数的正负符号。重要的一点是,曲线弯曲的次数总是比方程的次数少一次。

尽管确实很难见到比三次更高的方程,但毕竟有时我们还是有可能会得到一条类似某一种多项式曲线的曲线。一条简单的抛物线常常便可以合理且很好地与数据拟合,在数据是相当平直,且不需要伸展到很远去完成一个抛物线弯的时候,情况尤其如此。这样的数据可能与图 19.7 中展示的十分相像。这时,即使在理论上没有任何理由可以期望,在我们已经沿 X 轴前进了一定的距离之后,分数会再一次下降,但在**问题所给出的变差范围内**,抛物线仍然可合理地与数据拟合。正因为如此,一条最小二乘方的抛物线与

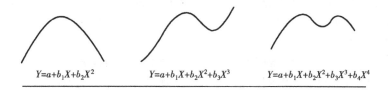

图 19.6　二次、三次、四次多项式的图示

数据的拟合很可能比一条直线要好得多。

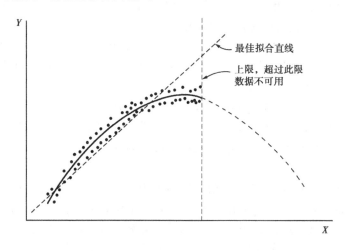

图 19.7　用抛物线最佳拟合的假设数据

　　设想情况果真如此,问题又如何处理呢? 读者无疑已注意到,一般多项式的公式和多变量最小二乘方方程公式之间的相似性。唯一不同之处在于 X^2 取代 X_2,等等。现在我们设想把 X^2 看做与 X 是分开的并且是不同的变量。只要我们利用抽象的符号,这是完全可能的,虽然无可否认这种做法在具体的变量方面意义是不大的。然而,该条件下的数学推导却得出同样的结果。例如,如果我们认为歧视率与黑人百分数之间的关系符合二次曲线,我们取黑人百分数为自变量 X_1,而将黑人的百分数的平方作为第二个自变量 X_2,因此形如下面这样的难以用最小二乘方方法处理的二次方程:

$$Y = a + b_1 X + b_2 X^2$$

就变成了我们熟悉的方程:

$$Y = a + b_1 X_1 + b_2 X_2$$

　　为了获得对抛物线的拟合程度的量度,可以利用在 Y 与 X_1 和 X_2 之间的多重相关。这种多重相关系数的平方与总 r(假设是线性的)平方之间的差将给我们以用二次方程代替直线改善预测歧视率能力的量度。

　　原则上,上面的方法可以在好几种方式上得到推广。三次以及更高次的方程可能用于获得稍好的拟合度。同时,在模型中还可以加进其他变量。对于有些自变量来说,可以假定非线性模型,而对于另一些自变量则又可以假定线性模型。在从一系列自变量预测歧视率的过程中,我们可能发现对某些变量假定非线性模型可以得到较好的预测,特别是,可能歧视率与黑人百分数之间的关系符合抛物线形式,而全部剩下的自变量却是线性相关于歧视率。于是多重最小二乘方方程将取如下形式:

$$Y = a + (b_1 X_1 + b_2 X_2) + b_3 X_3 + \cdots + b_k X_k$$

其中需要用括号内的两项来描述歧视率与黑人百分数之间的(非线性)关系,这里 X^2 仍代表黑人百分比的平方。可以想象,方程中一些其他 X 变量也可以用来表示歧视率与其他自变量之间的非线性关系。

在上述例题中,假若我们希望求得当控制其余的变量时歧视率与黑人百分数之间的偏相关,因为 X_1,X_2 已用来表示黑人百分数的一次和二次幂,当控制包括 X_2 的全部其余变量时,取 Y 与 X_1 的相关没有什么意义。反之,我们要求得 Y 与 X_1,X_2 之间当控制 X_3,X_4,$\cdots$,X_k 时的多重相关,多重-偏相关系数可以用来达到这种目的。

以叉积表示的交互作用　在双向方差分析、协方差分析(见第 20 章)以及在定类尺度的应变量的分析中,我们将统计交互作用看做**一切**不符合简单可加性的现象。一个明显不同于可加性模型的替代模型是乘法关系,如文字上的陈述:为了有 Y"存在"必须同时 X_1 和 X_2"存在"。当超出简单的二分法,这个观念即可一般化为:Y 可能是 X_1 和 X_2 的乘积函数。这种关系的一种合理的一般公式可为:

$$Y = (\alpha_1 + \beta_1 X_1)^{\gamma_1} (\alpha_2 + \beta_2 X_2)^{\gamma_2}$$

这里的 γ 指数或是正的,即表示乘法;或是负的,即表示除法。当然,这个函数可以经由对全部变量的对数变换而变成可加性函数,这种一般的原则可以直接推广到两个以上自变量的情形。

作为一种合理的近似,设两个幂指数均为 1,从而上述方程可简化为:

$$Y = (\alpha_1 + \beta_1 X_1)(\alpha_2 + \beta_2 X_2) = \alpha_1\alpha_2 + \alpha_2\beta_1 X_1 + \alpha_1\beta_2 X_2 + \beta_1\beta_2 X_1 X_2$$

我们立即可以看出,只要加入一个乘积项 $X_1 X_2$ 就既可以保持可加性又可以处理这类简单的乘法模型。只要把 $X_1 X_2$ 记为 X_3,相应地建立 X_3 的量度,即可着手处理。例如,我们要量度 X_3 在解释方差方面所增进的程度,而且可以(如在下节所指出的)检验这个附加项的显著性。如果我们从三个自变量的情况开始,那么我们会有三个乘积项:$X_1 X_2$,$X_1 X_3$,$X_2 X_3$,分别表示三个一次交互作用以及一个三连乘积 $X_1 X_2 X_3$ 以处理更高次的交互作用。

有几个必须注意的问题。第一,叉积项的运用是以乘法的而不是可加性(加法)的"真实"关系为根据的,而"非可加性"是指**任何**不符合可加性的形式。于是我们有一个比在方差分析中获得的更严格一些的交互作用的量度,而不同的交互作用项或许会更好(例如,$X_1 \log X_2$,$X_1 \cos X_2$,或 $e^{X_1} \log X_2$)。第二,如果取 $X_3 = X_1 X_2$,我们必须认识到,X_3 为 X_1 和 X_2 的准确的非线性函数,因此,一般 X_3 与 X_1,X_2 的积矩相关非常高。因此每当我们遇到多重共线性的问题时,不能太过信赖 X_i 项的系数的估计量。尤其当我们要处理五个或六个自变量并希望考虑到全部可能的交互作用时,这个问题就更为严重了。如果原来的变量彼此高度相关,或是构成变量组,那么叉积项将与这些变量组有奇特的关系。在这种情况下比较合理的办法是量度全部叉积项组对于解释变差所做的显著贡献,这要借助于多重-偏相关系数或借助于比较有和没有乘积项的多重相关。可是由于存在很大的抽样误差,对特定的叉积项的作用效果的估计可能很不准确。

显然,在一般教科书中不能完整讨论许多其他多重相关和回归的用途和推广。不过已经介绍了足够多的基本原则,如果出现更复杂的问题,读者应当有能力与统计学家进行有益的磋商。

19.8 显著性检验与置信区间

有必要检验多重和偏相关系数的显著性。零假设和假定与在全相关情况下所做的类似。与通常一样,还是假定随机样本。多元正态分布的假定可以保证每一个变量对于其他变量的分布是正态的,方差是相等的,回归方程具有如方程(19.1)所示的形式[1]。在做过这些假定之后,可以利用方差分析方法来检验各种偏相关系数和多重相关系数的显著性。我们将首先讨论多重相关系数的显著性检验,因为它们在概念上比偏相关系数的检验更简单。

因为多重相关系数的平方总是代表由自变量共同作用所解释的总变差的比例,从而我们实际上把总变差分成两个部分,即已解释的平方和部分与未解释的平方和部分。因此,方差分析表与表19.2类似。

表 19.2   用方差分析检验多重相关的显著性

	平方和	自由度	方差估计量	F
总和	$\sum x_1^2$	$N-1$		
已解释的	$R^2 \sum x_1^2$	k	$\dfrac{R^2 \sum x_1^2}{k}$	$\dfrac{R^2}{1-R^2} \times \dfrac{N-k-1}{k}$
未解释的	$(1-R^2)\sum x_1^2$	$N-k-1$	$\dfrac{(1-R^2)\sum x_1^2}{N-k-1}$	

表 19.2 中用 X_1 表示应变量,用 k 表示自变量的数目。如果 R 涉及 1 个应变量和 3 个自变量,那么将有 4 个应该加以估计的参数出现在回归方程之中。因此,在利用最小二乘方方程估计应变量的过程中便失去了 4 个或 $(k+1)$ 个自由度。因此,与误差项关联的自由度一般为:

$$N-(k+1) = N-k-1$$

通过减法运算即可获得与已解释的平方和关联的自由度。因为相应于已解释的与未解释的平方和的自由度分别总是 k 与 $N-k-1$,所以我们可以写出求 F 的一般公式。注意到,如同全相关时的情形一样,这个代表总平方和的因子在式中约掉了。于是得到多重相关系数 R 的显著性检验的一般公式:

$$F_{k,N-k-1} = \frac{R^2}{1-R^2} \times \frac{N-k-1}{k} \tag{19.27}$$

因此,按照习惯的方式编制方差分析表是不必要的。为了检验我们在由黑人百分数与城市化百分数(见 19.6 节)解释歧视率的研究中获得的多重相关的显著性,我们得到:

$$F_{2,147} = \frac{0.365\ 8}{1-0.365\ 8} \times \frac{150-3}{2} = \frac{0.365\ 8}{0.634\ 2} \times \frac{147}{2} = 42.39$$

这一值在 0.001 水平上具有显著性。

在偏相关的显著性检验中,原则是先让控制变量做出它所能做的一切解释。然后我们取总平方和中控制变量**未解释**的那部分作为新的总平方和,将其分成两个部分,即(用自变量)已解释的和未解释的两部分,根据这两部分所取得的方差估计量的比率作 F 检验。这个过程由表 19.3 表示,其中我们检验 $r_{13 \cdot 2}$ 的显著性(即 $H_0 : \beta_{13 \cdot 2} = \rho_{13 \cdot 2} = 0$)。

---

[1]　再一次强调所有的 X_i 不需要有正态分布,只要对于有着相同方差 σ^2 的固定水平的自变量的所有联合而言,应变量是正态分布的。换言之,我们假设干扰项 ε_i 是有着恒常变差的正态分布。

表 19.3　用方差分析检验偏相关系数 $r_{13\cdot 2}$ 的显著性

	平方和	自由度	方差估计量	F
总和	$\sum x_1^2$	$N-1$		
已由 2 解释的	$r_{12}^2 \sum x_1^2$	1		
未由 2 解释的	$(1-r_{12}^2)\sum x_1^2$	$N-2$		
已由 3 解释的	$r_{13\cdot 2}^2(1-r_{12}^2)\sum x_1^2$	1	$r_{13\cdot 2}^2(1-r_{12}^2)\sum x_1^2$	
未由 3 解释的	$(1-r_{13\cdot 2}^2)(1-r_{12}^2)\sum x_1^2$	$N-3$	$\dfrac{(1-r_{13\cdot 2}^2)(1-r_{12}^2)\sum x_1^2}{N-3}$	$\dfrac{r_{13\cdot 2}^2(N-3)}{1-r_{13\cdot 2}^2}$

注意,每增加一个新变量,已解释部分的自由度便减少一个,此外,在 F 的公式中表达式得以简化,从而每一次我们要做检验时没有必要把整个表写出来。在我们使用的数字例题中(见 14.4 节),检验当控制黑人百分数时,歧视率与城市化百分数之间相关的显著性的 F 值如下:

$$\begin{aligned} F_{1,N-3} &= \frac{r_{13\cdot 2}^2}{1-r_{13\cdot 2}^2}(N-3) \\ &= \frac{0.332^2}{1-0.332^2}\times 147 = 18.21 \end{aligned} \qquad (19.28)$$

因而偏相关在 0.001 水平上具有显著性。

在推广这种方法时,如果希望检验 $r_{14\cdot 23}$ 的显著性,我们可以先把由变量 2 和 3 共同作用所未解释的部分看做新的总平方和。再将这个量又分成已解释的和未解释的两部分,然后如前面所述做 F 检验。在 F 分子和分母中,除了包含偏相关的因子外,其他量都会消去。因为关联分子的自由度总是 1,而分母的自由度为 $N-k-1$,所以我们可以写出检验偏相关系数 $r_{ij\cdot mn\cdots t}$ 的一般公式如下:

$$F_{1,N-k-1} = \frac{r_{ij\cdot mn\cdots t}^2}{1-r_{ij\cdot mn\cdots t}^2}(N-k-1) \qquad (19.29)$$

其中变量的总数目为 $k+1$。

注意,比较多重相关和偏相关的显著性检验时,涉及由全部变量所未解释的平方和部分的最终误差项在两个表中都是一样的,当然,前提是使用同样的自变量和应变量。这种情况是我们已经证明过的,因为我们知道:

$$1-R_{1\cdot 23}^2 = (1-r_{12}^2)(1-r_{13\cdot 2}^2)$$

从表 19.2 和表 19.3 中我们看出,这些表达式分别出现在表的底行中。

我们描述的检验偏相关的方法也可用于检验多重-偏相关的显著性。至此,读者应当能够证明,为了要检验 $r_{1(23)\cdot 45}$ 的显著性,我们取由变量 4 和 5 共同作用所未解释的平方和,然后利用多重-偏相关系数的平方求出由变量 2 和 3 共同作用所解释的新的平方和所占的比例。

把前面章节描述的 z 变换方法稍微修正,也可以用来计算偏相关系数和多重相关系数的置信区间。利用表,可把这两个系数变换为 z 值,所要求的唯一改变是,z 的标准误差不再由下式给出:

$$\sigma_z = \frac{1}{\sqrt{N-3}}$$

而由于每增加一个变量便会失去一个自由度,从而标准误差一般形式则变成了:

$$\sigma_z = \frac{1}{\sqrt{N-k-2}} \qquad (19.30)$$

式中 k 表示自变量的总数。

因此,我们求得 $R_{1.23}$ 和 $r_{13.2}$ 的 95% 的置信区间如下:

$$1.96\sigma_z = 1.96 \times \frac{1}{\sqrt{146}} = 0.1622$$

	z	$z_l = z - 1.96\sigma_z$	$z_u = z + 1.96\sigma_z$	r_l	r_u
$R_{1.23} = 0.605$	0.7010	0.5388	0.8632	0.492	0.698
$r_{13.2} = 0.332$	0.3451	0.1829	0.5073	0.181	0.468

于是,围绕 $R_{1.23}$ 的 95% 的置信区间为从 0.492 到 0.698,而围绕 $r_{13.2}$ 的置信区间则为从 0.181 到 0.468。

应进一步注意到一个问题。每当我们对最小二乘方方程加进一个新变量时,我们都只是再失去一个自由度,因此,就显著性检验而言,加进变量只有非常小的效率损失。有时,加进较多的变量也可能会降低显著性水平。这是因为它们不能解释足够多的附加的变差以补偿在自由度方面的损失。可是,多重和偏相关方法却是一种工具,如果使用得当的话,要比我们在前面讨论的任何方法都更有效力。然而,如果所用的变量数目开始接近个案的数目,那么我们可以期望由于能利用随机涨落而获得非常大的多重相关。当有 15 个个案和 15 个变量时,即使我们假定线性模型,也可以使最小二乘方曲面**准确地**通过所有的点,因而多重相关系数 R 将会自动地成为 1。因此,类似于一切其他的统计技巧,多重回归和相关的方法也应该谨慎地运用。在此再次强调,除非为了探索的目的,除非满足或近似满足所需要的假定,否则不应该采用这些方法。

19.9 * 一般线性模型的矩阵代数表示法

虽然我们曾以为在本书中可以不必有任何矩阵代数的运算知识,但是至此我们显然看出,在处理一般线性模型的情况时,普通代数是非常繁琐的。虽然对读者来说,没有必要掌握那些用现代计算机就可以非常便利完成的繁琐的运算,但是就此介绍一点矩阵代数的知识,以使读者容易形象地理解这些运算所赖以进行的基础还是有益的。此外,本节介绍的这些概念也可能会使今后阅读更高深的、关于多元分析的书籍变得更容易一些。

设想我们要写出对于 N 个个案的一组方程,对于每一个个案取 $Y_i (i = 1, 2, \cdots, N)$ 为由一个常数和一组自变量 $X_j (j = 1, 2, \cdots, k)$ 组成的线性函数。正如我们已看到的,X_j 可以是定距或定比尺度变量,或叉积项,或二次或高次项,或代表虚拟变量(这一概念将在下一章介绍)。对于每一个案立一个分立方程,则有:

$$\begin{aligned} Y_1 &= \beta_0 + \beta_1 X_{11} + \beta_2 X_{12} + \cdots + \beta_k X_{1k} + \epsilon_1 \\ Y_2 &= \beta_0 + \beta_1 X_{21} + \beta_2 X_{22} + \cdots + \beta_k X_{2k} + \epsilon_2 \\ Y_3 &= \beta_0 + \beta_1 X_{31} + \beta_2 X_{32} + \cdots + \beta_k X_{3k} + \epsilon_3 \\ &\vdots \\ Y_N &= \beta_0 + \beta_1 X_{N1} + \beta_2 X_{N2} + \cdots + \beta_k X_{Nk} + \epsilon_N \end{aligned} \qquad (19.31)$$

其中,我们用 β_0 代替了 α 作为常数项,可以设想它乘以一个总是等于 1 的虚拟变量 X_0。

方程组(19.31)不仅写起来麻烦,更重要的是它并不是我们实际需要的。我们希望有一套可以证明关于一般 k 个变量的定理的公式表达方法,并以此提供可以由计算机简单地进行操作的计算程序。为此目的,我们引入矩阵,矩阵加法、乘法以及矩阵方程的概念。

矩阵其实是某种数字或符号的矩形分布排列,如:

$$\begin{bmatrix} 2 & 0 & 3 \\ 6 & 1 & 4 \end{bmatrix} \quad 或 \quad \begin{bmatrix} a_{11} & a_{12} \\ a_{21} & a_{22} \\ a_{31} & a_{32} \\ a_{41} & a_{42} \end{bmatrix}$$

矩阵不是一个单个的数,也不具有唯一的值。它的维数,包括一定数目的行 r 和列 c,为它的特征,习惯上总是先标出行数。所以上面列出的第一个矩阵是 2×3 维矩阵,第二个是 4×2 维矩阵。把矩阵放在括号或大方括号内,表示它们的单个字母用粗体。

两个具有完全相同维数的矩阵可以通过加(减)每一行列的相应的**元素**直接进行加(减),而新构建的矩阵便以这些和(或差)为元素。这样,如果:

$$\mathbf{A} = \begin{bmatrix} 2 & 0 & 3 \\ 6 & 1 & 4 \end{bmatrix} \quad 和 \quad \mathbf{B} = \begin{bmatrix} 5 & 1 & 8 \\ 2 & 7 & 5 \end{bmatrix}$$

那么:

$$\mathbf{C} = \mathbf{A} + \mathbf{B} = \begin{bmatrix} 7 & 1 & 11 \\ 8 & 8 & 9 \end{bmatrix}$$

由此,我们不难看出,加法服从交换律,即 $\mathbf{A} + \mathbf{B} = \mathbf{B} + \mathbf{A}$。可是注意,如果:

$$\mathbf{A}' = \begin{bmatrix} 2 & 6 \\ 0 & 1 \\ 3 & 4 \end{bmatrix}$$

那么它不能与 $\mathbf{B}$ 相加,因为它们有不同的维数。这里 $\mathbf{A}'$ 是 $\mathbf{A}$ 的**转置矩阵**,它是由 $\mathbf{A}$ 的行和列互换而来的。一个矩阵(如 $\mathbf{A}$)右上角带"′"即表示它的转置。

矩阵乘法比较复杂且必须注意两个矩阵的**次序**,因为一般来说 $\mathbf{A}$ 乘 $\mathbf{B}$(记为 $\mathbf{AB}$)不等于 $\mathbf{BA}$。如果从 $\mathbf{B}$ 开始获得 $\mathbf{AB}$,我们称用 $\mathbf{A}$ **左乘** $\mathbf{B}$;如果获得 $\mathbf{BA}$,我们称用 $\mathbf{A}$ **右乘** $\mathbf{B}$。

为了能使两个矩阵相乘,第一个矩阵的列数必须等于第二个矩阵的行数。我们首先用简单的例子来说明,然后再表述矩阵乘法的一般规则。

设想我们要求得 $\mathbf{A}'\mathbf{B}$,$\mathbf{A}'$ 的维数为 3×2,$\mathbf{B}$ 的维数为 2×3。$\mathbf{A}'$ 有 2 列,$\mathbf{B}$ 有 2 行,因此可以进行乘法运算。我们得积矩阵 $\mathbf{D} = \mathbf{A}'\mathbf{B}$ 如下:对于 $\mathbf{D}$ 的第一行第一列的元素,我们取 $\mathbf{A}'$ 的第一**行**的每个元素同 $\mathbf{B}$ 的第一**列**的相应的元素的乘积并相加,也即 $2 \times 5 + 6 \times 2 = 22$。对于 $\mathbf{D}$ 的第一行中的第二个元素,我们用 $\mathbf{A}'$ 的第一行和 $\mathbf{B}$ 的第二列,使它们相应的元素相乘,然后加起来,得 $2 \times 1 + 6 \times 7 = 44$。对于 $\mathbf{D}$ 的第一行第三个元素,我们用 $\mathbf{A}'$ 的第一行和 $\mathbf{B}$ 的第三列,同理,得到 $2 \times 8 + 6 \times 5 = 46$。

接着我们可以求 $\mathbf{D}$ 的第二行,只是用 $\mathbf{A}'$ 的第二行重复上述的过程,$\mathbf{D}$ 的第二行的元素将分别为:

$$0 \times 5 + 1 \times 2 = 2, \quad 0 \times 1 + 1 \times 7 = 7, \quad 0 \times 8 + 1 \times 5 = 5$$

最后,求 $\mathbf{D}$ 的第三行,利用 $\mathbf{A}'$ 的第三行重复上述过程可分别得:

$$3 \times 5 + 4 \times 2 = 23, \quad 3 \times 1 + 4 \times 7 = 31, \quad 3 \times 8 + 4 \times 5 = 44$$

从而得矩阵 **D** 如下：

$$D = \begin{bmatrix} 22 & 44 & 46 \\ 2 & 7 & 5 \\ 23 & 31 & 44 \end{bmatrix}$$

注意，**D** 的维数是 3×3。

再设想我们想求 **BA′**。**B** 和 **A′** 的维数分别为 2×3 和 3×2，我们可得一个不同的 2×2维的矩阵 **E** 如下：

$$BA' = E = \begin{bmatrix} 34 & 63 \\ 19 & 39 \end{bmatrix}$$

该式的证明不妨留做习题。我们看到，不仅 **A′B≠B A′**，而且所得积矩阵甚至具有不同的维数。

一般来说，如果我们用一个 i×j 维的矩阵 **M** 左乘一个 j×k 维的矩阵 **N**，我们得到的是 i×k 维的矩阵 **MN**。我们可以完全按上面举例求 **D** 的方式进行运算求出这个矩阵。对于积矩阵的第一行的元素，我们可以用 **M** 的第一行同 **N** 的逐列进行相应元素相乘，并用求和的方法逐个求出；然后是积矩阵的第二行，用 **M** 的第二行，按同样方法进行；等等。可是注意，虽然可以求得 **MN**，**NM** 却未必可得，除非 i = k。一个矩阵总是可以用它的转置矩阵左乘或右乘的，即 **A′A** 和 **AA′** 总是存在的。为什么？读者不妨自己回答。但是 **A′A** 和 **AA′** 通常是不同的并具有不同的维数。

我们可以通过让矩阵的每个元素乘上一个数（或称作**标量**）来定义数（或标量）与矩阵的乘法，所以 2**A** 即表示 **A** 中的每个元素均乘上 2。

有一种特殊方形矩阵 **I**，又称**单位矩阵**，它在矩阵代数中扮演的角色类似于普通代数中的 1。**I**(k×k) 定义如下：

$$I = \begin{bmatrix} 1 & 0 & 0 & \cdots & 0 \\ 0 & 1 & 0 & \cdots & 0 \\ 0 & 0 & 1 & \cdots & 0 \\ \vdots & & & & \vdots \\ 0 & 0 & 0 & \cdots & 1 \end{bmatrix}$$

I 的组成是：主对角线上的元素为 1，其余元素为 0 组成。可以证明，对于任何矩阵 **A**，只要维数适当，均有 **AI = IA = A**，从而可知乘上一个单位矩阵，原矩阵不变，正如同普通代数中数值乘 1 均不变一样。如果标量 σ^2 代表干扰项的恒定方差，乘上单位矩阵，可得：

$$\sigma^2 I = \begin{bmatrix} \sigma^2 & 0 & 0 & \cdots & 0 \\ 0 & \sigma^2 & 0 & \cdots & 0 \\ 0 & 0 & \sigma^2 & \cdots & 0 \\ \vdots & & & & \vdots \\ 0 & 0 & 0 & \cdots & \sigma^2 \end{bmatrix}$$

在假定同方差性和不同干扰项之间的协方差均为 0（即它们相互无关）的条件下，上式可以表示所谓干扰项的方差——协方差矩阵。

矩阵代数中的另一个重要概念是矩阵的**逆矩阵**。对于任何**方形**矩阵 **A**，**A** 的逆矩阵（记为 **A⁻¹**）可以定义如下：如果逆矩阵存在，则有 **AA⁻¹ = A⁻¹A = I**。也即 **A⁻¹** 是这样一种矩阵,无论用 **A** 左乘还是右乘它,都得到单位矩阵。有些方形矩阵没有逆矩阵,这种方阵通常称做**奇异**矩阵。逆矩阵的概念类似于普通代数中的倒数概念,而一个奇异矩阵则类似于 0,如同在普通代数中我们不能除以 0,我们也不能用奇异矩阵的逆矩阵来进行运算。

现在,让我们回到方程组(19.31)。我们构造如下所示的矩阵,包括几个单行或单列的矩阵。这种矩阵又可称之为**矢量**:

$$
\underset{N \times 1}{\mathbf{Y}} = \begin{bmatrix} Y_1 \\ Y_2 \\ Y_3 \\ \vdots \\ Y_N \end{bmatrix} \quad \underset{(1 \times k+1)}{\boldsymbol{\beta}} = \begin{bmatrix} \beta_0 \beta_1 \beta_2 \cdots \beta_k \end{bmatrix} \quad \underset{(N \times 1)}{\boldsymbol{\epsilon}} = \begin{bmatrix} \epsilon_1 \\ \epsilon_2 \\ \epsilon_3 \\ \vdots \\ \epsilon_N \end{bmatrix}
$$

$$
\underset{(N \times k+1)}{\mathbf{X}} = \begin{bmatrix} 1 & X_{11} & X_{12} & X_{13} & \cdots & X_{1k} \\ 1 & X_{21} & X_{22} & X_{23} & \cdots & X_{2k} \\ 1 & X_{31} & X_{32} & X_{33} & \cdots & X_{3k} \\ & & & \vdots & & \\ 1 & X_{N1} & X_{N2} & X_{N3} & \cdots & X_{Nk} \end{bmatrix}
$$

注意,在 **X** 矩阵中,我们插入了一个元素全为 1 的列,它提供 β_0 的常数乘子。如果我们用矢量 $\boldsymbol{\beta}$ 的转置(即 $\boldsymbol{\beta}'$)右乘 **X** 矩阵,我们将得列方程组(19.31)的右边,干扰项除外。

整个方程组(19.31)可以写成如下所示的非常简单的矩阵方程:

$$
\underset{(N \times 1)}{\mathbf{Y}} = \underset{(N \times k+1)(k+1 \times 1)}{\mathbf{X} \boldsymbol{\beta}'} + \underset{(N \times 1)}{\boldsymbol{\epsilon}} \tag{19.32}
$$

注意,上述方程两边**每一项**都具有同样的维数,即 **N×1**。对于最小二乘方估计方程有同样的矩阵方程形式,即:

$$
\mathbf{Y} = \mathbf{X}\mathbf{b}' + \mathbf{e} \tag{19.33}
$$

其中 **b** 和 **e** 分别对应 $\boldsymbol{\beta}$ 和 $\boldsymbol{\varepsilon}$,并且有相同的维数(二者均为矢量)。

虽然我们将不具体证明 $\boldsymbol{\beta}$ 矩阵的最小二乘方估计量的矩阵代数公式,但是基本的步骤可以概括如下。首先注意到,残差平方和 $\sum e_i^2$ 可以表示为矩阵形式,因为:

$$
\mathbf{e}'\mathbf{e} = \begin{bmatrix} e_1 & e_2 & e_3 & \cdots & e_N \end{bmatrix} \begin{bmatrix} e_1 \\ e_2 \\ e_3 \\ \vdots \\ e_N \end{bmatrix} = e_1^2 + e_2^2 + e_3^2 + \cdots + e_N^2
$$

然后,再把式(19.33)重写为 $\mathbf{e} = \mathbf{Y} - \mathbf{X}\mathbf{b}'$,从而 $\mathbf{e}' = (\mathbf{Y} - \mathbf{X}\mathbf{b}')'$,于是有:

$$
\mathbf{e}'\mathbf{e} = (\mathbf{Y} - \mathbf{X}\mathbf{b}')'(\mathbf{Y} - \mathbf{X}\mathbf{b}')
$$

由此可证,我们可以运用矩阵微分(类似于普通微积分中的微分)求得 **b** 的矩阵公式,即回归系数的矢量估计量,为:

$$
\mathbf{b} = (\mathbf{X}'\mathbf{X})^{-1}\mathbf{X}'\mathbf{Y} \tag{19.34}
$$

虽然要写出这个矩阵方程会相当复杂,但它却为我们提供了求算回归系数的最小二乘方估计量的基础。运用高速计算机可以很容易进行这些运算。

注意方程(19.34)中的表达式 $(\mathbf{X}'\mathbf{X})^{-1}$,这是一个逆矩阵,如果在自变量之间具有某种相互关系,它可能不存在。事实上可以证明,如果一个(或更多个)自变量是其他自变量的线性函数,那么矩阵 $\mathbf{X'X}$ 确实是奇异的,从而 b 矩阵无解,因而最小二乘估计方法无效。这是多重共线性的极端情况。例如,如果 X_1 表示在时间 1 的职业地位(或父亲的地位),X_2 表示在时间 2 的职业地位(或儿子的地位),如果 X_3 表示定义为(刚好为)X_1 与 X_2 之差的流动性,那么只要用的是线性表达式,对于任何应变量而言,想要分别估计它们的回归系数便是不可能的。在遇到地位不一致或年龄同期群效应这样的情况时,也会出现类似的问题。

b 的方差的矩阵表达式为 $\sigma^2(\mathbf{X'X})^{-1}$,这里标量 σ^2 表示干扰项的假定的常数方差(constant variance)。为了得到任何一个特定的回归估计值的方差,我们只要把一特定的项置于一个角线之外的元素都代表各个 b 之间的协方差的矩阵 $\sigma^2(\mathbf{X'X})^{-1}$ 的对角线上就可以了。不过,像后者这样的协方差我们很少会对它们有兴趣。我们再次注意到,方差公式中存在着一个逆矩阵。如果矩阵 $\mathbf{X'X}$ 是近似奇异的,那么多重共线性就会相当严重,方差将变得非常大,这说明斜率系数的估计值是很不稳定的。

如果各种自变量 $\mathbf{X}_j$ 可以视为固定,那么可以证明:

$$E(\mathbf{b}) = \boldsymbol{\beta} + (\mathbf{X'X})^{-1}\mathbf{X}'E(\mathbf{e}) \qquad (19.35)$$

其中 $E(\mathbf{b})$ 表示在 b 矩阵中,我们对其中每个元素取期望值。如果对于残差矩阵 e 中的所有元素假定 $E(\mathbf{e})=0$,那么右边第二项变为 0,从而矩阵 b 正是矩阵 $\boldsymbol{\beta}$ 的无偏估计量。因此 b 中的每一个元素又都是 $\boldsymbol{\beta}$ 中相应元素的无偏估计量。虽然证明是复杂的,但是,如果 X 是随机变量,并且我们可以假定全部总体干扰项与每个自变量都不相关,类似的结果同样是成立的。

如果仍取 Y 表示应变量,那么我们也可以写出多重相关系数(平方)的公式如下:

$$R^2_{Y\cdot 12\cdots k} = \frac{\mathbf{bX'Y} - N\overline{Y}^2}{\mathbf{Y'Y} - N\overline{Y}^2} \qquad (19.36)$$

这里提出的一些结果未给出任何证明或数字例题说明,仅提供了一些矩阵代数和某些基本运算的知识,我们希望这会有助于读者今后更深入地学习。读者若要钻研更深奥的课题,就必须掌握一些这方面的基础知识。

习 题

1. 利用第 17 章习题 2 的数据:

(1) 求控制流动性时道德整合性与异质性之间的偏相关系数,再计算控制异质性时道德整合性与流动性之间的偏相关系数。(答案: -0.51; -0.63)

(2) 取道德整合性为应变量,试求多重最小二乘方方程。

(3) 什么是 β 加权? 同(1)中获得的偏相关比较。

(4) 取道德整合性为应变量,计算多重相关系数。如何校核你的计算?(答案: $R = 0.64$)

(5) 检验在(1)、(4)中计算得到的偏相关和多重相关的显著性。标出围绕每个相关系数的 99% 的置信区间。

2. 写出求 $r_{37\cdot 12456}$, $R^2_{4\cdot 1235}$, $r^2_{5(23)\cdot 1467}$ 的公式。

[答案之一: $R^2_{4\cdot 1235} = R^2_{4\cdot 123} + r^2_{45\cdot 123}(1 - R^2_{4\cdot 123})$]

3. 写出可以用来对上面习题 2 中每个相关系数做显著性检验的 F 公式。

[答案之一:第三个公式 $F = \dfrac{r^2_{5(23) \cdot 1467}}{1 - r^2_{5(23) \cdot 1467}} \times \dfrac{N-7}{2}$]

*4. 取 Y 为应变量,设想有四个自变量 X_1, X_2, X_3, X_4,前三个变量彼此高度相关,据认为,在 Y 与 X_4 之间可能存在抛物线关系。

(1)建立恰当的回归方程,并指出,为了(普通)最小二乘方可以给出最大效率的无偏估计需要哪些**必要**的假设?

(2)允许同 X_4 有抛物线关系,如何检验变量组 $(X_1 - X_3)$ 的显著性?表示出 F 检验(即表)的推导过程,包括自由度。

(3)如何验证 Y 与 X_4 之间关系的**非线性**,假定控制其余的变量和存在抛物线关系。表示出 F 检验的过程,包括自由度。

(4)设想你已排除了上述的非线性,但现在希望在 X_4 与变量 $(X_1 - X_3)$ 中的每一个之间可能有交互作用。你将如何构成一个**单独**的 F 检验以辨清是否全部这些可能的交互作用都具有显著性?展示出 F 计算表和自由度。

5. 给定以下所示的因果模型:

(1)如果假定全部干扰项与方程中的自变量是不相关的,可以预测哪些偏相关为 0?

(2)把 r_{13}, r_{14}, r_{15} 分解为包括 β 加权或路径系数的数项之和,用直接作用和间接作用说明这些表达式。

*(3)证明在上述假定下有 $|r_{23 \cdot 1}| \leqslant |r_{23}|$,而 $b_{32 \cdot 1} = b_{32}$,在给定 $X_1 \rightarrow X_2 \rightarrow X_3$ 的因果链条件下,当控制前一个变量时,这两个结果意味着什么?

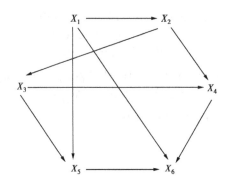

参考文献

1. Blalock, H. M.: *Causal Inferences in Nonexperimental Research*, University of North Carolina Press, Chapel Hill, 1964, chap. 3.

2. Blalock, H. M.: "Per Cent Non-white and Discrimination in the South," *American Sociological Review*, vol. 22, pp. 677-682, 1957.

3. Christ, Carl: *Econometric Models and Methods*, John Wiley & Sons, Inc., New York, 1966, Part III.

4. Cooley, W. W., and P. R. Lohnes: *Multivariate Data Analysis*, John Wiley & Sons, Inc., New York, 1971, chaps. 3 and 7.

5. Croxton, F. E., and D. J. Cowden: *Applied General Statistics*, 3d ed., Prentice-Hall, Inc., Englewood Cliffs, N. J., 1967, chap. 21.

6. Davis, J. A.: "A Partial Coefficient for Goodman and Kruskal's Gamma," *Journal of the American Statistical Association*, vol. 62, pp. 189-193, 1967.

7. Duncan, O. D.: *Introduction to Structural Equation Models*, Academic Press. New York, 1975.

8. Gordon, R.: "Issues in Multiple Regression," *American Journal of Sociology*, vol. 73, pp. 592-616, 1968.

9. Hanushek, E. A., and J. E. Jackson: *Statistical Methods for Social Scientists*, Academic Press, New York, 1977.

10. Hawkes, R. K.: "The Multivariate Analysis of Ordinal Measures," *American Journal of Sociology*, vol. 76, pp. 908-926, 1971.

11. Johnston, J.: *Econometric Methods*, 2d ed., McGraw-Hill Book Company, New York, 1972.

12. Kendall, M. G.: *Rank Correlation Methods*, 4th ed., Charles Griffin & Company, Ltd., London, 1970.

13. Land, K. C.: "Principles of Path Analysis," in Edgar Borgatta (ed.), *Sociological Methodology 1969*, Jossey-Bass, Inc., Publishers, San Francisco, 1969, chap. 1.

14. Morris, R. N.: "Multiple Correlation and Ordinally Scaled Data," *Social Forces*, vol. 48, pp. 299-311, 1970.

15. Mosteller, F., and J. W. Tukey: *Data Analysis and Regression*, Addison-Wesley Publishing Company, Inc., Reading, Mass., 1977, chaps 13-16.

16. Namboodiri, N. K., L. F. Carter, and H. M. Blalock: *Applied Multivariate Analysis and Experimental Designs*, McGraw-Hill Book Company, New York, 1975.

17. Quade, D.: "Nonparametric Partial Correlation," in H. M. Blalock (ed.), *Measurement in the Social Sciences*, Aldine Publishing Company, Chicago, 1974, chap. 13.

18. Rao, P., and R. L. Miller: *Applied Econometrics*, Wadsworth Publishing Company, Inc., Belmont, Calif., 1971.

19. Reynolds, H. T.: "Ordinal Partial Correlation and Causal Inferences," in H. M. Blalock (ed.), *Measurement in the Social Sciences*, Aldine Publishing Company, Chicago, 1974, chap. 14.

20. Simon, H. A.: "Spurious Correlation: A Causal Interpretation," *Journal of the American Statistical Association*, vol. 49, pp. 467-479, 1954.

21. Somers, R. H.: "An Approach to the Multivariate Analysis of Ordinal Data," *American Sociological Review*, vol. 33, pp. 971-977, 1968.

22. Van de Geer, J. P.: *Introduction to Multivariate Analysis for the Social Sciences*, W. H. Freeman and Company, San Francisco, 1971.

23. Wilson, T. P.: "A Critique of Ordinal Variables," *Social Forces*, vol. 49., pp. 432-444, 1971.

20 协方差分析、虚拟变量、线性模型的其他应用

　　我们已经学习了单个定距尺度变量与一个或更多个定类尺度变量相关联的方差分析。上一章曾讲述相关分析技术用于关联任意个定距尺度变量的方法。协方差分析结合了方差分析和相关分析的基本思想,以便解决涉及一个以上定距尺度与任意个定类尺度关联的问题,所以,协方差分析是以上两种方法的理论推广,使我们可以圆满地解决涉及各种定距和定类尺度变量组合的问题。

　　如果用手工方式或小计算器来进行协方差分析,那会非常繁琐,但如果有计算机程序,进行协方差分析就不会有什么特殊困难。从理论上讲,如果应变量为定距尺度,协方差分析可以推广到许多个定类和定距尺度变量问题,但实际上一般仅限于三四个自变量的情况,因为自变量的数目再多一些,交互作用的数目就太大了。从形式上讲,协方差分析与本章最后讨论的"虚拟变量"分析相等同。熟悉这两种方法可以使读者在直观上更深入理解方差分析与回归分析的联系。

　　本章主要局限于讨论一个定类尺度和两个定距尺度的三变量情况,基本问题是在控制第三个变量的条件下关联其他两个变量。虽然可以将控制变量分成类别并对各组单独进行分析从而实现控制,但如果交互作用不显著就可以采用协方差分析方法以获得更高的效率,换言之,不必使用很多个个案也可以控制。实际上,正如偏相关分析一样,我们利用加权平均及调整方法。但是,用协方差分析可以获得比相关分析更多的信息,因为可以指明控制变量的各类别的相关系数和斜率估计量,而且可以进行交互作用检验。

　　我们主要考虑两种情况:(1)控制定类尺度变量,关联两个定距尺度变量;(2)控制一个定距尺度变量,关联另一个定距尺度变量与定类尺度变量。虽然对任何一组给定的数据来讲,罕有同时注意两种情况的时候,但是进行的大多数分析是针对第一种情况,即便研究的重点是第二种情况,所以先来讨论将定类尺度变量作为控制变量的第一种情况。

20.1 关联两个定距尺度,控制定类尺度

　　在控制变量的诸类别内可以用相关分析和回归分析的基本方法来关联两个或更多个定距尺度变量。分别研究各单个类别内的关系之后,如果可以假定各类别内的关系彼此相同,就有可能将结果合并,并求出平均组内相关系数和最小二乘方系数。假若能够合并结果,就可求得单一个总量度。这个总量度可以作为有效的总结性量度,而且作为估计量它比任何一个单个类别的量度更可信。可以认为,这样求得的平均组内相关系数

直接类似偏相关系数,因为它可以代表在控制变量起作用的条件下两个定距尺度变量的关系。

必须对这类问题进行两种显著性检验。第一种检验是为了明确将不同组的结果合并在一起是否合理。这主要是检验交互作用以便了解是否可以假定所有组内部具有相同性质的关系(由诸个 b 来量度)。若不能做这种假定则合并结果毫无意义,故必须对控制变量的各类别分别进行分析;若合并结果合乎情理则继续进行分析,并求出平均组内相关系数,然后进行第二种检验,验证此系数是否显著不同于零。

像一般检验方法一样,必须就抽样方法和数据源自的总体做某些假定,可以预料,这些假定基本等同于方差分析和相关分析所要求的假定。总的来讲,这就是对第一类协方差问题进行分析的步骤。以下对此方法详加讨论。

为了深入理解使用协方差分析来控制定类尺度变量的情况,先考虑两类极端情况。图 20.1 表示应变量 Y 与自变量 X 之间有弱的总负相关(由实线表示)的情形。如果分别检查控制变量 A 的各类别(A_1, A_2, A_3),可以看出在每个组内 X 与 Y 有较强的正相关关系。在这种情况下,不同类别内的 X 均值的相互差异足以掩盖 X 与 Y 的基本关系性质。

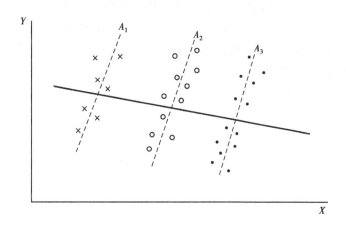

图 20.1　假想数据,表示 Y 与 X 之间有弱的总相关,但在类别 A 内相关较强

如果把三个类别的均值重叠,这实际上就是使组内方程一个落在另一个上面,从而获得更强的 X 与 Y 关系,实质上这就是求平均组内相关系数的方法。可以将这个方法视为提取控制变量引起的变差从而对各 A 类别之间的差异做调整。通过重叠 X 和 Y 的均值对 A 进行调整后,可以检查组内斜率(如图 20.1 中虚线所表示)之间的差来比较诸类别内 Y 与 X 的关系。当然,将均值重叠会影响各最小二乘方方程的 a,但斜率和组内 r 保持不变。

图 20.2 表示相反的情况,X 与 Y 之间的总关系相当强,但在 A 的各个类别内二者仅有很弱的关系。这时控制变量也影响 X 与 Y 的关系,可是如果将均值重叠却找不到两个定距尺度变量之间的关系。或许 X 与 Y 之间毫无因果关系,二者之间的关系是由于 A 同时影响着 X 和 Y。在此情况下,应当认为 X 与 Y 之间的关系是虚假的。

因此,在以上两种情况下控制 A 是合乎情理的。在第一种情况下,偏相关或组内相关系数在数量上大于总相关系数,在第二种情况下则相反。仔细绘制散布图并用不同颜色的点代表控制变量的不同类别,这样做一般可以显示根据手头现有数据资料是否值得进行协方差分析。如果散布图类似图 20.1 或图 20.2,那么继续进行分析很可能导致一些有意义的结果。另一方面,如果不同颜色的点随机散布在图上以至各类别均值相差很

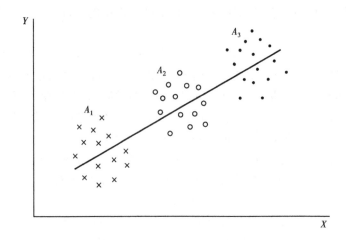

图 20.2 假想数据,表示 X 与 Y 之间有强的总相关但在 A 类别内有弱相关

小,则可预料进行协方差分析不会提供出什么令人注目的结果。

把类别的均值相互重叠相当于控制这些均值的数值大小,所以实际上我们量度的是对单个类别均值的而不是对总均值的变差和协变量。读者应该回忆起,在方差分析中把总平方和分成两个部分就是这样做的。第一个部分是组内变差,它包含对类别均值的偏差;第二个部分包含类别均值对总均值的偏差。现在只需要推广同一方法将总协方差(或乘积和)分解成已解释的部分和未解释的部分,其推理过程完全类似求平方和的过程。由于:

$$X_{ij} - \overline{X}_{..} = (X_{ij} - \overline{X}_{.j}) + (\overline{X}_{.j} - \overline{X}_{..})$$
$$Y_{ij} - \overline{Y}_{..} = (Y_{ij} - \overline{Y}_{.j}) + (\overline{Y}_{.j} - \overline{Y}_{..})$$

我们也可以把它们写作:

$$(X_{ij} - \overline{X}_{..})(Y_{ij} - \overline{Y}_{..})$$
$$= [(X_{ij} - \overline{X}_{.j}) + (\overline{X}_{.j} - \overline{X}_{..})][(Y_{ij} - \overline{Y}_{.j}) + (\overline{Y}_{.j} - \overline{Y}_{..})]$$

对所有个案取和并将这些因子相乘,共得四项,其中间的两项可以消掉,结果可写作为:

$$\sum_i \sum_j (X_{ij} - \overline{X}_{..})(Y_{ij} - \overline{Y}_{..}) = \sum_i \sum_j (X_{ij} - \overline{X}_{.j})(Y_{ij} - \overline{Y}_{.j})$$

$$总乘积和 = 组内乘积和$$
$$(未解释的)$$
$$+ \sum_i \sum_j (\overline{X}_{.j} - \overline{X}_{..})(\overline{Y}_{.j} - \overline{Y}_{..})$$
$$+ 组间乘积和(已解释的)$$

可以再次运用总乘积和及组间乘积和的计算公式,用减法运算求组内乘积和。这些计算公式完全类似求平方和的公式,唯一不同之处在于 Y 值取代一个 X 值,所以得到的是交叉乘积项而不是平方项。因此有:

$$总乘积和 = \sum_i \sum_j X_{ij}Y_{ij} - \frac{(\sum_i \sum_j X_{ij})(\sum_i \sum_j Y_{ij})}{N} \tag{20.1}$$

$$组间乘积和 = \sum_j \frac{(\sum_i X_{ij})(\sum_i Y_{ij})}{N_j} -$$

$$\frac{\left(\sum_i \sum_j X_{ij}\right)\left(\sum_i \sum_j Y_{ij}\right)}{N} \qquad (20.2)$$

式中 N_j 代表第 j 组的个案数目。

正如求平方和一样,上面两个方程的第二项为同一个量。还要注意,组间乘积和公式的第一项的分子代表各组的 X 之和与 Y 之和的乘积,然后将此乘积除以组内个案数目再对所有组取和。

乘积和与平方和有一点重要区别:乘积和可以是负值,所以总协方差可能为负值,但组间乘积和可能为正值。这就是说,从一个负数量减去一个正数量,结果是绝对值更大的负乘积和。

例题　在深入讨论之前,为了说明如何系统地进行协方差分析的各种计算,现用一个数字例题说明。表 20.1 指明以下各变量的计算。

Y(应变量,定距尺度):对黑人在教育方面歧视的量度。

X(自变量,定距尺度):黑人百分数①。

A(自变量,定类尺度):州。

这里收集了一个 150 个南方县的随机样本数据,假定在例题的这部分我们仅研究在控制县所属州的条件下歧视程度分数值与黑人百分数之间的关系。

乍一看,表 20.1 令人望而生畏,但如果依次检查每一列则可以看出前面 13 列没有什么新的内容。第 2,3,5,7,9 和 11 列包含所有其他计算所必需的基本数据。第 2 至 6 列和第 7 至 10 列分别用于计算应变量和自变量的总平方和、组间平方和及组内平方和。按照所示计算步骤沿表的横向进行下去,用每列上面标出的公式算出每行的数值。例如,第 6 列的数字表示 Y 的平方和,这是从第 5 列除去第 4 列的数字算出的,所以对于佛罗里达州来讲,有 54 989 = 3 866 409 - 3 811 420。这样就求出各州内的平方和,记在第 6 列。将这些数量相加求得组内平方和并记在第 6 列的最下面一行。请注意,这种计算方法与以前用于方差分析问题的计算方法不同之处在于这里直接求得组内平方和,再从总平方和减去这个数量而算出组间平方和,于是有 1 370 555 = 2 961 762 - 1 591 207。

利用求各州平方和的同一方法来求出总平方和,即从第 5 列减去第 4 列,这就是运用下式:

$$\sum y^2 = \sum Y^2 - \frac{\left(\sum Y\right)^2}{N} = 40\ 399\ 788 - \frac{74\ 938^2}{150}$$
$$= 40\ 399\ 788 - 37\ 438\ 026 = 2\ 961\ 762$$

其中"总和"一行的 N 是样本的个案总数目(150)。

注意,在第 3,5,7,9 和 11 列中"总和"行与"和"行的数字完全相同,它们分别是 $\sum Y, \sum Y^2, \sum X, \sum X^2$ 和 $\sum XY$ 的数值,但是在第 4,8 和 12 列中两行的数字不同,它们含有应当减去的修正因子以便算出 $\sum y^2, \sum x^2$ 和 $\sum xy$。实际上,第 4,8 和 12 列并不需要"和"的数字,它们仅用于校验计算结果。例如,公式(6) = (5) - (4)也适用于"和"行,因而作为校验有:

$$1\ 591\ 207 = 40\ 399\ 788 - 38\ 808\ 581$$

---

① 表 20.1 中的黑人百分数的数字已经乘以 10,以避免出现小数。

第4列的"和"数字为38 808 581,这是将各州的结果相加而求出的,但"总和"数字37 438 026是用总样本容量150求出的,即:

$$37\ 438\ 026 = (74\ 938)^2/150$$

读者学习到这里应当自己进行几次第2至6列和第7至10列的计算,以便深入理解计算过程从而确信用这种新方法求出的结果与老方法完全相同(可能有四舍五入误差)。

第11至13列用类似方式分解协变差。正如以上所讲的,这些公式类似方差分析中使用的公式,唯一不同在于乘积代替平方,所以如计算公式所示,从第11列减去第12列求得第13列。我们仍直接计算组内乘积和并用减法计算组间乘积和。于是,总协变差为3 025 678,组内协变差为1 744 189,二者相减求得组间协变差为1 281 489。对于本例题的数据来讲,三个乘积和以及各州的数值都恰好是正值,但一般不一定如此。现在求得y^2,x^2和xy的总的、已解释的和未解释的平方和及乘积和之后,就完成了以后分析所需的基本计算。现在可以集中考虑为了进行分析所需要的各种检验方法和量度。当讲到有关内容时再来讨论表20.1的其余各列。

交互作用检验 读者还会记得在双向方差分析中进行的第一个检验是针对交互作用的。首先进行这个检验的理由是:如果两个自变量合在一起导致的结果不同于各自单独起作用相加的结果,那么理论上就没有意义在控制一个变量的条件下研究另一个变量的效应。换言之,若控制变量的数值不同则一个自变量与应变量之间的关系也有所不同。如果情况果真如此,就应该研究这个关系在控制变量的各单个类别内的情形。在协方差分析中我们面临同一问题。然而这里我们不考虑可加性假定,而是比较各类别内的最小二乘方方程的斜率。我们首先注意到可加性假定与等斜率假定之间的相似性,然后我们可以更好地理解协方差分析中交互作用检验的性质。

在讲述方差分析的第16章中曾用以下数字例题说明可加性。

	A_1	A_2	A_3
B_1	5	10	20
B_2	10	15	25
B_3	25	30	40

那时曾提到,不必假定B_1与B_2数值之差同B_2与B_3数值之差相等,但必须假定A的各类别的B_1与B_2之差相等。设变量B实际代表一个已分为类别的定距尺度变量X。我们假定在A的各类别内X与应变量Y(由表中分数值表示)之间为线性关系。沿X轴仔细定出B类别的位置就可以看出,可加性性质相当于"三个回归线都具有相等的斜率"这一陈述。图20.3表明这种关系。由此可见,可加性检验直接类似组内斜率相等的假设检验。

在双向方差分析的交互作用检验中,我们先取出在可加性假定条件下两个定类尺度变量未能解释的那一部分应变量变差。然后将此数量分解成两个部分:可以由交互作用解释的部分,及由列间、行间和交互作用效应不能解释的部分。这两个部分之比率用于交互作用检验。协方差分析的方法与此相似,只不过形式稍微不同而已。前面讲过,可加性假定相似于各类别内总体斜率相同的假定,但是,如果存在显著的交互作用就意味着至少某些类别的关系不同。换言之,给定的X变化在A的不同组别内引起Y的不同变化。如果现在取出在等斜率假定条件下由X未解释的Y的变差数量,那么就可以知道交

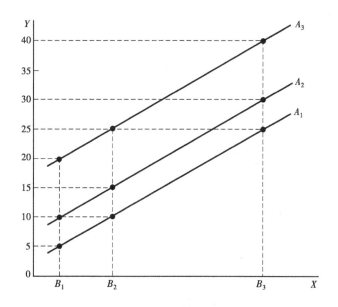

图 20.3　具有等斜率的线表明无交互作用

互作用可以解释多大一部分变差。然后可以通过交互作用平方和与误差项的对比来做交互作用检验。

　　如何确定可以由交互作用解释的那部分变差的数量呢？为了回答这个问题，应该首先考虑在 A 的各类别内运用线性模型可以解释多少变差。显然，各类别的单个最小二乘方方程是一条直线所能提供的最佳拟合，而且根据该类别的数据求出的相关系数是拟合程度的量度。因此，可以用最佳地拟合各类别数据的直线求出 X 所解释的各类别的 Y 变差的大小。将各类别的已解释的变差相加求和，这样求得所有单个最小二乘方方程解释的变差数量。同样，把未解释的平方和相加取和就求出了这些最小二乘方直线未解释的 Y 变差的数量。

　　在表 20.1 中以上计算是在第 15 列和 16 列中进行的。例如，佛罗里达的 Y 的总变差（列 6）为 54 989，其中 5 514 由最佳拟合该州数据的最小二乘方方程来解释，尚有 49 475 未解释。再对其余各州进行相同计算。在 Y 的总变差（2 961 762）中 798 158 是这些单个最小二乘方方程未解释的。

　　现在要考虑在没有交互作用的假定条件下还有多少变差尚未解释。如果没有交互作用则 A 的诸类别的斜率都相等。这个共同斜率的最佳估计量是各个单个组内斜率的加权平均，这是一个合并估计量。表 20.1 的列 14 计算出各组内斜率。合并估计量或平均组内斜率也在列 14 中求出，这是利用列 10 和列 13 的组内数据，所以有 1 744 189 除以 4 010 598 得 0.434 89。

　　现在比较以下两种直线的相对解释能力：一种是各具不同斜率的单个组内最小二乘方直线，另一种是具有相同平均组内斜率 b 并分别通过各类别均值的直线（见图 20.4）。可以预料后一种平行直线在总变差中解释的那一部分不会像各类别的最佳拟合线解释得那么多。但是如果总体数据内实际无交互作用，那么各回归方程都具有相同斜率，因而可以期望最小二乘方线的斜率彼此不会相差很多。换言之，如果没有交互作用，图中的平行虚线就很近似各类别的实际最小二乘方线。由于平均组内斜率的数值与单个组内斜率的数值相差很少，所以虚线的解释能力几乎与实线的解释能力相等。

表 20.1　协方差分析的计算*

组 (1)	N_j (2)	∑Y (3)	$(\sum Y)^2/N_j$ (4) = (3)²/(2)	∑Y² (5)	$\sum y^2$ (6) = (5) − (4)	∑X (7)	$(\sum X)^2/N_j$ (8) = (7)²/(2)	∑X² (9)	$\sum x^2$ (10) = (9) − (8)
			用于计算 Y 的平方和(列 6)				用于计算 X 的平方和(例 10)		
佛罗里达	11	6 475	3 811 420	3 866 409	54 989	2 683	654 408	744 861	90 453
亚拉巴马	8	4 030	2 030 112	2 168 898	138 786	3 367	1 417 086	1 964 231	547 145
阿肯色	10	4 608	2 123 366	2 223 740	100 374	3 211	1 031 052	1 236 701	205 649
佐治亚	33	18 911	10 837 149	11 239 451	402 302	12 707	4 892 965	5 826 629	933 664
肯塔基	9	2 724	824 464	891 102	66 638	695	53 669	63 293	9 624
路易斯安那	15	7 476	3 726 038	3 926 182	200 144	5 257	1 842 403	2 025 311	182 908
北卡罗来纳	24	9 281	3 589 040	3 862 309	273 269	7 459	2 318 195	3 266 843	948 648
密西西比	20	12 206	7 449 322	7 586 664	137 342	10 419	5 427 778	6 043 283	615 505
南卡罗来纳	11	5 967	3 236 826	3 371 315	134 489	4 676	1 987 725	2 367 054	379 329
田纳西	9	3 260	1 180 844	1 263 718	82 874	1 088	131 527	229 200	97 673
和	150	74 938	38 808 581	40 399 788	1 591 207	51 562	19 756 808	23 767 406	4 010 598
总和	150	74 938	37 438 026	40 399 788	2 961 762	51 562	17 724 266	23 767 406	6 043 140
组间 (A 解释的)					1 370 555				2 032 542
组内 (A 未解释的)					1 591 207				4 010 598

* 引自参考文献 6,表 74,pp486-487,得到了版权人的友善允许。

表 20.1　协方差分析的计算（续一）

组 (1)	用于计算协方差(列13) $\sum XY$ (11)	$(\sum X)(\sum Y)/N_j$ (12) = (3)(7)/(2)	$\sum xy$ (13) = (11) − (12)	斜率 $b =$ $\sum xy/\sum x^2$ (14) = (13)/(10)	X 解释的 $(\sum xy)^2/\sum x^2$ (15) = (13)(14)	X 未解释的 $\sum y^2 - \dfrac{(\sum xy)^2}{\sum x^2}$ (16) = (6) − (15)	用于计算相关系数 $r^2 = \dfrac{(\sum xy)^2}{\sum x^2 \sum y^2}$ (17) = (15)/(6)	r (18) = $\pm\sqrt{17}$
佛罗里达	1 601 644	1 579 311	22 333	.246 90	5 514	49 475	.100 27	.317
亚拉巴马	1 894 209	1 696 126	198 083	.362 03	71 712	67 074	.516 71	.719
阿肯色	1 579 758	1 479 629	100 129	.486 89	48 752	51 622	.485 70	.697
佐治亚	7 765 621	7 281 881	483 740	.518 11	250 630	151 672	.622 99	.789
肯塔基	217 349	210 353	6 996	.726 93	5 086	61 552	.076 32	.276
路易斯安那	2 700 374	2 620 089	80 285	.438 94	35 240	164 904	.176 07	.420
北卡罗来纳	3 203 824	2 844 457	319 367	.336 65	107 515	165 754	.393 44	.627
密西西比	6 620 545	6 358 716	261 829	.425 39	111 379	25 963	.810 96	.900
南卡罗来纳	2 737 694	2 536 517	201 177	.530 35	106 694	27 795	.793 33	.891
田纳西	464 348	394 098	70 250	.719 24	50 527	32 347	.609 68	.781
和	28 785 366	27 041 177	1 744 189					
总和	28 785 366	25 759 688	3 025 678	.500 68	1 514 896	1 446 866	.511 48	.715
组间 (A 解释的)			1 281 489		758 530	614 189		
组内 (A 未解释的)	28 785 366	1 744 189	1 744 189	$b_w =$ .434 89	758 530	832 677	.476 70	.690

表 20.1　协方差分析的计算（续二）

组 (1)	用于计算调整过的 $\bar{Y}$ 表（列 23）				
	$\bar{X}_{.j} = \sum X/N_j$ (19) = (7)/(2)	$x = \bar{X}_{.j} - \bar{X}_{..}$ (20) = (19) - (X̄..)	$b_w x$ (21) = b_w(20)	$\bar{Y}_{.j} = \sum Y/N_j$ (22) = (3)/(2)	$\bar{Y}'_{.j} = \bar{Y}_{.j} - b_w x$ (23) = (22) - (21)
佛罗里达	243.909	-99.838	-43.42	588.64	632.06
亚拉巴马	420.875	77.128	33.54	503.75	470.21
阿肯色	321.100	-22.647	-9.85	460.80	470.65
佐治亚	385.060	41.313	17.97	573.06	555.09
肯塔基	77.222	-266.525	-115.91	302.67	418.58
路易斯安那	350.467	6.720	2.92	498.40	495.48
北卡罗来纳	310.792	-32.955	-14.33	386.71	401.04
密西西比	520.950	177.203	77.06	610.30	533.24
南卡罗来纳	425.091	81.344	35.38	542.45	507.07
田纳西	120.889	-222.858	-96.92	362.22	459.14
和					
总和	$\bar{X}_{..}$ =343.747			$\bar{Y}_{..}$ =499.59	

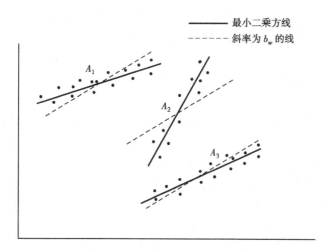

图 20.4　诸单个最小二乘方线与具有相同斜率 b_w 并通过类别均值的直线的比较

由于存在抽样波动现象，即便总体内没有交互作用但样本内还会有一些交互作用，所以实线与虚线决不会完全相同，因而平行线解释的变差总是比单个最小二乘方线解释得少。现在的问题是：单个最小二乘方线彼此是否相差很多（从而与虚线相差很多），以至可以判定交互作用效应在统计上具有显著性。

在这个以及其他协方差分析检验中，我们必须做一些基本上与方差分析和回归分析相同的假定。像往常一样，必须假定抽样方法为独立随机抽样，也要假定在 A 的各类别内，X 与 Y 为二元正态分布。此外，还要假定在所有 A 的类别内 X 与 Y 都具有相同的方差[①]。在交互作用检验中，我们的零假设为：各类别的 X 与 Y 之间关系均包含相同斜率 β。

表 20.2 是交互作用的 F 检验。在无交互作用或总体斜率相等的假定条件下，先取 X 和 A 所未解释的 Y 变差的数量。可以从表 20.1 查到这个数量，即从"组内"行横向查看到"X 未解释"列（列 16）。由于数字 832 677 和平均组内 b 都是根据同一组数据算出的，所以这是在等斜率的假定下来计算未解释的平方和。我们也看到数量 798 158 代表单个最小二乘方方程所未解释的那部分变差。因此，这两个数量之差代表交互作用引起的变差数量。

表 20.2　交互作用的方差分析检验

	平方和	自由度	方差估计量	F
X 和 A 未解释的，假定无交互作用	832 677	$N-(k+1)=139$		
交互作用解释的	34 519	$k-1=9$	3 835.4	<1.0
误差	798 158	$N-2k=130$	6 139.7	

为了求出与这些量相联系的自由度，记下各自最小二乘方方程中曾估算的系数的数目。先来看误差项（或单个最小二乘方方程未解释的部分），我们注意到，对于每个单个方程必须计算两个系数（a 和 b），因而失去 $2k$ 个自由度，其中 k 代表 A 的类别数目，所以与误差项相联系的自由度为 $N-2k$。当使用图 20.4 中的虚线时只需计算一个斜率，即平均组内 b。但是由于这些虚线各自穿过不同的样本均值，所以 k 条线中的每一条具有不

[①]　如果在定类尺度变量的各个类别内，对于固定的 X 数值 Y 为正态分布（同方差），则不必假定 X 为正态分布。

同的 a 值,因此丢失了 $(k+1)$ 个自由度,从而与此项相联系的自由度为 $N-(k+1)$,或 $N-k-1$。两项的自由度相减可得交互作用的自由度,即:

$$(N-k-1)-(N-2k)=k-1$$

这项的自由度为类别数目减1。现在用一般的方法计算 F,由于 $F_{9,130}<1.0$,所以判定交互作用没有显著性。

由于交互作用不显著,所以应当将这个很小的样本交互作用归入误差项,从而 X 和 A 未解释的变差的数量为832 677。当然这样做要很谨慎,因为我们接受了交互作用不显著的假设。不过本例题的 N 很大,而且 F 很小,所以排除交互作用还是稳妥的。

如果交互作用显著,下一步就要检查那些与众不同的州。检查 b 列就可以做到这一点。若找出几个显然导致交互作用效应的州,而且可以在理论上提出理由,那么就可以将这些州排除在外并对其余的州重复分析。若找不出与众不同的州就必须对每个州单独进行分析。这时对于歧视程度与黑人百分数之间的关系随着不同的州而有所不同这一问题进行思索可能会给人们以新的理论启示。

如果斜率彼此相差较大,一种办法就是按斜率的大小将类别(在本例题为州别)排秩-序,然后寻找与这种顺序高度相关的具体变量。例如,将各州按其斜率(在本例题中皆为正值)的陡度从低向高排秩,可能会发现具有最陡斜率的州正是城市化程度最高或工业化程度最高的州。如果真如此,可以定出一个城市化程度(或工业化程度)的量度 Z 来代替定类尺度变量"州",然后采用替代可加性模型的乘积函数如 $Y=kX^{b_1}Z^{b_2}$。将公式的两边取对数,乘积函数转变为可加性方程:

$$\log Y = \log k + b_1 \log X + b_2 \log Z$$

平均组内相关系数　在证实了交互作用不显著之后,就有充分理由把各个单个组内 r 合并来计算平均组内相关系数,后者类似偏相关系数。换句话说,既然有理由假定所有回归方程都具有同单一个斜率,所以也可以假定各个总体相关系数都一样,并且可以将各不同组的样本 r 合并来求出这个共同数值[①]。我们用符号 $r_{xy \cdot a}$ 来代表平均组内相关系数,其计算方法与平均组内 b 相同。计算 b 时使用表20.1底行的组内数据(见列17和列18)。可以把这个系数的平方看做由 A 未解释的而由 X 解释的 Y 变差的比例,即:

$$r_{xy \cdot a}^2 = 0.476\ 70 = (0.690)^2 = \frac{758\ 530}{1\ 591\ 207}$$

如果我们能去留意一下用于数字计算的公式,很快就会明白这一公式的含义。为了对计算结果做初步校验,可以考虑平均组内 r 应与各单个组内 r 的数量相差不多,并依此做初步检查。由于平均组内 r 基本上是加权平均量,所以具有最多县的州对其数值的影响最大。如果列(14)中的某些 b 为负值则列(18)中对应的 r 也是负值。

如果要制订一个与多重相关系数 R 相对应的量度,可以取 X 和 A 二者解释变差量与总平方和的比率。例如,在本例题中已解释的变差为2 961 762-832 677,即2 129 085,因此已解释了变差的71.9%,即2 129 085/2 961 762。然而要注意,如果取这个数值的平方根作为多重相关系数,这个量是 A 的各个类别内平均个案数目的偏函数(见16.5节)。

我们可以用一般方法对 $r_{xy \cdot a}$ 进行显著性检验。首先让控制变量 A 来解释,然后看 X 在 A 未解释的变差中可以解释多少。把 A 未解释的变差分解成两个部分。第一个部分是 X 解释的,另一部分是 X 和 A 都未解释的,即误差项(假定无交互作用)。我们知道误

---

① 严格地讲,只有在所有类别的方差 σ_x^2 和 σ_g^2 都相等的假定条件下才有根据这样做。

差项的自由度是 $N-(k+1)$。A 未解释的变差的自由度是 $N-k$(见 16.1 节),可查看表 20.1 中列 6 的底行,所以 A 未解释但 X 解释的变差的自由度是 1。检验的结果由表 20.3 所概括。我们看到本例题的平均组内相关系数在 0.001 水平上具有显著性。

表 20.3 平均组内相关系数($\rho_{XY \cdot A}$)的方差分析显著性检验

	平方和	自由度	方差估计量	F
A 未解释的	1 591 207	$N-k=140$		
A 未解释的但 X 解释的	758 530	1	758 530	
误差项(假定无交互作用)	832 677	$N-(k+1)=139$	5 990.5	126.6

本节讨论了在控制定类尺度变量条件下,两个定距尺度变量之间的关系。现在比较一下这种控制方法与偏相关的控制方法的差别。用协方差分析的方法进行控制显然比用偏相关分析更复杂。在协方差分析中引进更多的变量,就会导致很多的计算工作,必须借用电子计算机程序。另一方面,协方差分析比偏相关分析提供的信息更多一些。在协方差分析中不仅可以进行交互作用检验,而且可以比较不同的 r 值和 b 值从而考察控制变量的各类别内 X 与 Y 之间的关系。在偏相关分析中却只能获得单一个相当于平均组内相关系数的量度,而且无法进行交互作用检验。

显然,协方差分析比偏相关分析有更多的优点,尤其当可能存在交互作用时更是明显,所以在某些情况下,可以把定距尺度变量中的一个变换成定类尺度变量,进而做协方差分析。虽然就量度层次而言损失了一些信息,不过这样做还是有好处的。

20.2 关联定距和定类尺度,控制定距尺度

在单向方差分析中,我们将一个定距尺度变量与一个定类尺度变量相关联,对 A 的类别的均值彼此的差异进行显著性检验。为了确定两个变量之间关系的强度需要算出组内相关系数,还要求出不同类别的均值以便描述出类别分数值的差别。在双向方差分析中,可以控制一个定类尺度变量并进行交互作用检验,但是要受到很大的限制,因为要求每个子格都具有相等数目的个案。本节讨论下述情况:将 Y 与 A 关联而控制变量为定距尺度变量 X。

假若我们主要想寻求种族歧视率与南部子区域之间的关系。子区域定义为州,当然这不是划分子区域的最佳方法,不过可用来举例说明。显然,像黑人百分数这样的变量应予以控制,因为南部各州在少数民族百分数上差异很大。假若将黑人百分数分成类别,并对各类别单个进行方差分析。由于双向方差分析要求各子组的个案相等,故这种分析可能根本不会进行。但是,采用单个的方差分析果真会解决我们的问题吗? 如果我们检查少数民族百分数较低的县,就会立即发现这将排除几乎所有密西西比和亚拉巴马的县,而包括几乎所有肯塔基和田纳西的县。另一方面,后两个州最多仅有一两个少数民族百分数较高的县。因此,用这种方法来控制,几乎解决不了我们的问题,这是由于各单次分析中只包括几个州的县。子区域或州的效应与黑人百分数的效应混杂一起,无法区分。我们不能同时将一个变量保持恒定又将另一个变量的变化减少。

虽然不能将控制变量保持实际恒定,但却可以采用协方差分析对其效应做某些调整。具体地讲,如果可以假定在 A 的各个类别内,Y 对 X 的回归都有共同斜率,而且这个

斜率可以用平均组内 b 来估计,那么就可以估计给定 X 的变化引起的 Y 的变化。换言之,可以预测在少数民族百分数变化的条件下,每个州的种族歧视率的变化情况。特别是,我们可以提出这个问题:如果这些黑人百分数都相等,那么歧视率会发生什么变化。这种调整方法提供的结果是纯粹假想的,一定要在思想上明确这一事实。这样算出的歧视率并不是在黑人百分数实际保持恒定条件下各州的实际歧视率。我们只能预测如果 X 与 Y 的关系为假定所设的情况,而且如果黑人百分数相等,歧视率会怎样。可以想到,如果黑人人口在南部重新均匀分布则原来发现的 X 与 Y 的关系不再成立。不过,进行这种调整往往可以得到某些启示。

如果可以假定没有交互作用,那么可以利用表 20.1 中计算的平均组内 b 来做组内回归方程共同斜率的最佳估计量。下面讲述我们采用的调整方程。考虑到不同州的 X 均值有所不同,我们希望调整每个组均值 $\bar{Y}_{.j}$。为了方便起见,我们假定所有 $\bar{X}_{.j}$ 都被调整成 X 的总均值。这样一来,就要把各组的 X 均值移动距离 $(\bar{X}_{..} - \bar{X}_{.j})$。在图 20.5 中,这个差表示为三角形底边的长度,但为了求出在 X 变化条件下 Y 变化的大小就应当把 X 变化乘以平均组内 b,因此 $\bar{Y}_{.j}$ 变化的量为 $b_w(\bar{X}_{..} - \bar{X}_{.j})$,式中 b_w 代表平均组内 b。将原来的 Y 均值加上这个量就是调整后的 Y 均值。

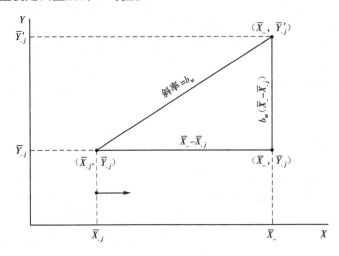

图 20.5　计算调整的 Y 均值的几何图示

令 $\bar{Y}'_{.j}$ 代表调整值,则有:

$$\begin{aligned}\bar{Y}'_{.j} &= \bar{Y}_{.j} + b_w(\bar{X}_{..} - \bar{X}_{.j}) \\ &= \bar{Y}_{.j} - b_w(\bar{X}_{.j} - \bar{X}_{..})\end{aligned} \tag{20.3}$$

以上第二式将 $\bar{X}_{..}$ 和 $\bar{X}_{.j}$ 的次序颠倒并变换正负号,表 20.1 中,我们利用该式计算调整的 $\bar{Y}$ 值。请注意,本例题的斜率为正值。图 20.5 中所示从 $\bar{X}_{.j}$ 变为 $\bar{X}_{..}$ 的方向也是正的。在斜率为负或 X 值减小的情况,上式同样适用。读者可以自己证实这一点。

图 20.6 可以帮助读者直观理解调整 Y 均值的情况。在调整过程中实际上是将每个组均值平行于平均组内 b 的斜率移到所有 $\bar{X}$ 值等于 X 总均值的位置。可以沿着对应于 X 总均值的垂直虚线找到调整的 $\bar{Y}$ 值。这时 Y 的均值的相对大小可能变化很大。在图 20.6 中,$\bar{Y}$ 的未调整值情况为:A_1 的均值稍低于 A_2 的均值,A_2 的均值低于 A_3 的均值很多。然而要注意,A_1 的 $\bar{X}$ 值很小。由于图中的斜率为正值,所以对 A_1 来讲调整 X 的效应就是增加 Y 值。另一方面,对 A_2 和 A_3 来讲,这会减少 Y 值,因为这两个类别的 X 值较大,结果

A_1 的 $\overline{Y}$ 调整值实际大于 A_2 的 $\overline{Y}$ 调整值，A_3 的值更接近 A_1 的值。

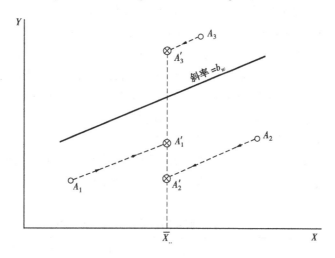

图 20.6　平行于斜率 b_w 的类别均值，调整 Y 均值的几何图示

如果回过来查看一下表 20.1 的列 22 和列 23 就会注意到调整黑人百分数对种族歧视率的影响。佛罗里达州的黑人百分数较低，结果调整的歧视率很高，而像密西西比和田纳西这样的州经过调整后其歧视率更为接近其余的州。还请注意，调整后州与州之间的总差异减少很多。在本章的前几节中曾提到，如果散布图显示 X 的组均值差别很大，这时协方差分析是很有用的。从图 20.6 可以理解这一论点。如果 X 的组均值密集分布在总均值的周围，则三角形的底边（从而三角形的两边）很短。换言之，对 X 做调整不会引起很大的作用，这是因为只需做很小的调整。如果所有 X 的组均值都完全相等，则实际上已控制 X。只有在 X 的组均值彼此相差很大的情况下进行调整才会产生突出的影响。换句话说，两个自变量 X 与 A 之间必须有相当强的关系，这样做才有意义。

此外还有一点应当注意。如果平均组内 b 的数值很小，则 X 需要变化很大才能引起 Y 的微小变化。因此，如果在 A 的组内 X 与 Y 之间的关系很弱或根本没有关系，那么对 X 进行调整是没有意义的。这个论点也符合常识，显然控制一个与另两个变量无关联的变量是没有益处的。当然，如果 X 仅与应变量相关就可以当做干扰效应来处理。不过可以从图 20.6 看出，除非 A 的各个类别就 X 而言有某些变差，否则调整无意义。

使用平均组内 b 时必须假定无交互作用，因此，在进行调整之前必须进行交互作用检验和计算 b_w。如果交互作用显著，问题就复杂了，超出本书的讨论范围。在某些情况下，可以利用组内斜率来进行调整，但是，阐释一定要谨慎。例如，假若密西西比的斜率与田纳西的斜率差异很大，我们能否利用它们各自的最小二乘方线来调整 Y 值呢？这就需要假定随着黑人人口减少，密西西比仍然基本保持相同的歧视率模式。但是其他的州与黑人百分数的关系不同，这一事实表明上述假定可能是没有根据的。已经证实存在有交互作用，所以预测在 X 实际变化时的情况应当特别谨慎小心。另一方面，如果发现每个州内黑人百分数与歧视率之间的关系基本相同（即无交互作用），那么可以相信进行调整不会导致很严重的错误，前提是关于少数民族百分数与歧视率之间的因果关系确实正确。

其次，必须检查调整的 Y 均值彼此差异的显著性。未调整的均值之差可能显著也可能不显著，但这不意味着调整的值会同样如此。或许对 X 进行调整会使 Y 值更密集地在一起,也可能使它们分布更分散。这样完成了一项描述性工作,即实际求得调整的数字以便进行对比。现在必须检验总体内调整的均值都相等的零假设。这个检验的假定与通常采用的一样:必须假定独立随机样本和调整的$\overline{Y}$的方差相等,还要假定在A的各类别内,对于固定的X来讲,Y为正态分布,后一个假定也是回归分析所要求的。

幸运的是不必用调整的值来重新计算平方和,可以使用大家熟悉的方法进行方差分析检验。首先让控制变量来解释它所能解释的那部分变差。在本例题中X是控制变量,所以把X未解释的那部分变差作为新的总平方和,然后把它分解为A解释的部分和两个变量都未解释的部分。以上各数量的自由度已经确定。

表20.4总结了F检验结果。可看到调整的差值虽然比原来的数值小,但在0.001水平上显著,故可结论如下:虽然对黑人百分数进行调整会使州的歧视率之间的差减少,但不会使之完全消除。

表20.4　调整的均值差的方差分析的显著性检验

	平方和	自由度	方差估计量	F
X 未解释的	1 446 866	$N-2=148$		
X 未解释的但 A 解释的	614 189	$k-1=9$	68 243	11.39
误差(假定无交互作用)	832 677	$N-(k+1)=139$	5 990.5	

最后,我们计算在控制X的条件下,Y与A之间的组内偏相关系数。如是为了更好地显示出两个变量之间的关系程度,这个系数可能比调整的均值差更适宜。仅仅从调整的均值差看不出它们相对于类别内差异的大小,所以组内偏相关系数更能说明问题。将组内相关系数的概念推广,可以写为:

$$r_{iYA\cdot X} = \frac{V_b - V_e}{V_b + (\overline{n} - 1)V_e}$$

其中　V_b =组间估计量(X 未解释,A 解释的);

V_e =误差估计量(X 和 A 均未解释的);

$\overline{n}$ =每个组的平均个案数目,根据方程 16.12 来计算。

我们感兴趣的是**调整的**Y值的方差组间估计量。计算误差估计量时,已考虑到X已经尽可能地解释了Y的变差。

数字结果为:

$$\overline{n} = \frac{1}{k-1}\left(\sum_{i=1}^{k} N_i - \frac{\sum_{i=1}^{k} N_i^2}{\sum_{i=1}^{k} N_i}\right)$$

$$= \frac{1}{9}\left(150 - \frac{2\,858}{150}\right)$$

$$= \frac{1}{9}(150 - 19.05) = 14.55$$

$$r_{iYA\cdot X} = \frac{68\,243 - 5\,990.5}{68\,243 + 13.55 \times 5\,990.5}$$

$$= \frac{62\,252.5}{149\,414} = 0.417$$

20.3 协方差分析的推广

引入第二个定类尺度变量会使协方差分析复杂化,这是由于后者要求子组的大小相等。实际上,这就意味着除非研究课题的实验设计可以控制个案数目,否则这类推广是不可行的。然而,如果引入一个或更多个定距尺度变量,则推广在原理上是简单的,但会导致相当多的计算工作。这时必须在计算表中多加上几列,特别要加上两个定距尺度变量(X 和 Z)同时起作用时未解释的变差那一列。这样就要处理 A 的每个类别的多重最小二乘方方程。例如,在计算调整的 Y 均值时,一定要利用两个偏平均组内 b 来对 X 和 Z 进行调整。现在不是让类别均值平行于最小二乘方**线**移动,而是让它平行于平均组内**平面**滑动。对调整的 Y 值做显著性检验时,先让 X 和 Z 来解释 Y,再让 A 解释剩余部分。

我们在这里介绍的协方差分析方法还是很不详尽的,若要了解这种通用分析方法的推广和应用,读者可参阅本章所列的参考文献。在 A 的类别数目很多的情况下,有时应当考查 Y 的类别**均值**对 X **均值**的回归,也就是把每个类别当做一个个案。例如,在我们以上讨论的例题中,可能希望将州作为单位(而不是县)来研究 X 与 Y 之间的关系,即将每个州的 $\overline{X}$ 和 $\overline{Y}$ 作为单个数值。所以,如果把分析的层次从个体转变为群体,或从一个聚集层次变为另一个聚集层次,这时协方差分析是非常有用的工具。请看参考文献 1,7,12,13。

20.4 虚拟变量分析

在方差分析和协方差分析中,主要步骤是把平方和及乘积和分解成不同的部分。在回归分析中,主要步骤在于估算方程中的诸系数。现在讲一讲,如何用回归方法来处理定距尺度与定类尺度混合在一起的问题,从而将回归分析与方差和协方差分析这两种思想结合在一起。在双向方差分析中可以利用以下形式的可加性模型:

$$Y_{ijk} = \mu + \alpha_i + \beta_j + \gamma_{ij} + \epsilon_{ijk}$$

而在多重回归分析中则采用以下形式的方程:

$$Y_i = \alpha + \beta_1 X_1 + \beta_2 X_2 + \cdots + \beta_k X_k + \epsilon_i$$

除去符号不同之外(这一点可不予考虑),可看出以上两种方法有两个明显的区别:(1)在简化的回归模型中没有交互作用,(2)在方差分析的可加性模型中不含有代表定距尺度变量的 X。然而,我们注意到回归模型并没有就频数分布方面对 X 作任何限制,虽然可以假定 X 为正态分布。可以对某些或所有的 X 赋予 1 或 0 的数值,这样就可以把定类尺度作为特例来处理。我们也注意到,某些 X 可以是其他 X 的乘积(如可令 $X_3 = X_1 X_2$),利用这种方法可以在回归分析中处理交互作用项。因此,可以把方差分析看成回归分析的特例,反之亦然;二者都可归属于更为广义的线性模型。

为了防止过分抽象的议论,设有一个定距尺度应变量 Y、两个定距尺度自变量 X_1 和 X_2、一个具有四个类别的定类尺度变量。设 Y 为个人在 35 岁时的收入,X_1 为个人的受教育年限,X_2 为个人的职业地位的分数值,Z_i 为代表个人居住区域的变量(见下文)。如果有四个区域(东北部、南部、中西部、西部),可以采用以下三个 Z_i:

如果居住在东北部　$Z_1 = 1$

否则　　　　　　　$= 0$

如果居住在南部　　$Z_2 = 1$

否则　　　　　　　$= 0$

如果居住在中西部　$Z_3 = 1$

否则　　　　　　　$= 0$

我们称"变量"Z_i 为**虚拟变量**，因为分数值 1 和 0 是人为规定的。实际上，我们可以采用一组不同的分数值，但是采用 1 和 0 可简化分析过程。请注意，不必采用另一个 Z_4，令它在居住西部时为 1，否则为 0，这是因为如果 Z_1，Z_2 和 Z_3 的数值已知，则 Z_4 一定已知。具体地讲，居住在西部的个人在三个 Z 的分数值上为 0。如果问题中含有单一个定类尺度变量，并且方程中没有常数项 α，则可将 Z_4 包括在方程内。但是，如果保留 α，或者如果定类尺度变量多于一个，并且保留所有类别的 Z，则不能进行最小二乘方方法。这是由于在本例题中 Z_4 是 Z_1，Z_2 和 Z_3 的线性方程。实际上，$Z_4 = 1 - (Z_1 + Z_2 + Z_3)$。因此，如果"取消"每个定类尺度的一个类别就可以在通常的假定条件下运用最小二乘方方法。被取消的类别（在本例中为西部）是与其余类别对比的基础。

现在可以构造以下估算方程：

$$Y = a + b_1 X_1 + b_2 X_2 + c_1 Z_1 + c_2 Z_2 + c_3 Z_3$$

在进一步引入包含交互作用的更复杂模型之前，先来阐释这个方程式。如果我们采访的是一位居住在西部的个人，对他来讲 $Z_1 = Z_2 = Z_3 = 0$，故上式简化为：

$$Y = a + b_1 X_1 + b_2 X_2$$

对于居住在东北部的一位居民来讲，则有 $Z_1 = 1$ 和 $Z_2 = Z_3 = 0$，故方程中有 $c_1 Z_1 = c_1(1) = c_1$ 项。把西部的个人与东北部的个人相比较，可以认为在后者的方程中截距 a 项加上了 c_1。因此，对东北部的个人来讲，方程为：

$$Y = (a + c_1) + b_1 X_1 + b_2 X_2$$

所以可将 c_1 看做这两个区域的截距之差。同样，可以将 c_2 看做南部个人与西部个人的截距之差。就这个意义上讲，被取消的类别是其他三个类别的对比组（或对比群体）。从因果关系上来说，可能将 c_i 解释为，居住在西部的个人移居时因迁徙而造成的收入增量或减量。

下面我们来讨论一下希望地区与 X_1 或 X_2 有交互作用的问题。为了简便起见，我们将讨论限于 X_1，而将方程中的 X_2 舍弃。在协方差分析中我们看到，交互项就如类别内的斜率差一般。这一目标可以用引进一组虚拟变量的方法来实现，引进的虚拟变量其形式如 $d_{ij} X_i Z_j$。在只有一个自变量 X_1 和三个 Z_i 时，我们的方程将为：

$$Y = a + b_1 X_1 + c_1 Z_1 + c_2 Z_2 + c_3 Z_3 + d_{11} X_1 Z_1 + d_{12} X_1 Z_2 + d_{13} X_1 Z_3$$

对于西部的一位个人来说，$Z_1 = Z_2 = Z_3 = 0$，方程简化为 $Y = a + b_1 X_1$，但是对于东北部的个人来说，方程为：

$$Y = a + b_1 X_1 + c_1 Z_1 + d_{11} X_1 Z_1 = (a + c_1) + (b_1 + d_{11}) X_1$$

这是由于对于该区域的所有人来讲 $Z_1 = 1$。如果将东北部人的方程与西部人的"标准"方程做对比，不仅有截距差 c_1 而且还有斜率差 d_{11}，所以，可以把 d_{11} 看为当人们从西部迁移到东北部时 X_1 与 Y 之间关系的斜率的增量（或减量）。同样的解释也适用于 d_{12} 和 d_{13}。如果这些系数显著不同于零，则可推断总体内有交互作用，此外，检查 d_{ij} 的数量大小有助于解释这种交互作用。

以上讨论的是一个定距尺度自变量和一个定类尺度自变量的情况,从这种分析的结果进一步导出的结果与协方差分析的结果相同。如果有现成的处理多重回归问题的计算机程序,那么计算步骤非常简单。只需利用定距尺度变量的分数值,再将定类尺度变量转换为虚拟变量 Z_i,然后对这些数据进行多重回归分析,对每个 b_i, c_j 和 d_{ij} 系数进行显著性检验,这样可算出多重相关系数和偏相关系数。例如,若在控制所有 X_i 的条件下想要量度区域的解释效力,首先要看是否可以排除交互作用。如果可以排除则应进一步算出 Y 与所有 Z_j 合并一起的多重偏相关系数,同时控制所有 X_i。

如果想采用两个或两个以上定类尺度变量,有两种办法。一种办法是把两个定类尺度合并成一个定类尺度,然后照上述方法进行。例如,若要研究种族和性别与教育 X_1 的交互作用怎样影响收入 Y,则可利用四个组合:黑人男性(Z_1)、黑人女性(Z_2)、白人女性(Z_3)、白人男性(取消),从而将白人男性作为标准组来与其余三个种族性别组合做对比。另一种办法是用两个不同的虚拟变量,一个代表性别,一个代表种族。如果对所有黑人令 $Z_1 = 1$、对所有女性令 $W_1 = 1$,那么加上一个包含乘积 $X_1 Z_1$ 的项就可以引入 X_1 与种族之间的一次交互作用,同样,可以用 $X_1 W_1$ 项来表示收入与性别之间的交互作用。也可以用乘积 $W_1 Z_1$ 来表示种族与性别之间的交互作用,只有对于黑人女性来讲 $W_1 Z_1 = 1$。此外,可以用 $X_1 W_1 Z_1$ 乘积项来表示种族—性别—收入的高次交互作用。

如果有两个定类尺度变量分别具有 r 和 c 个类别,则有 $(r-1)$ 和 $(c-1)$ 个未取消的类别,所以需要 $(r-1)(c-1)$ 个乘积项来表示所有的两因素交互作用。因此,可以将 Y 表示为行变量的主效应、列变量的主效应和一系列交互作用项的函数。于是,可以把双向方差分析当作虚拟变量分析的特例,而且还不必假定所有子组的个案数相等,这是由于已计入自变量之间的交互作用。然而,正如回归分析的情况一样,两个相关的自变量"解释"的变差重叠,会导致理论方面的含糊不清。读者可以把方差分析一章的问题用虚拟变量的概念重新思考作为练习。

20.5 多重分类分析和自动交互检测分析

从数学上讲,多重分类分析(MCA)是一种等价于虚拟变量分析的方法。现有这种方法的计算机程序包(见参考文献2)。虚拟变量分析与 MCA 的基本差别在于编码系统。正如已经指出的,虚拟变量分析中的常数项代表被"取消"的类别,其余各类别与它做对比。在 MCA 中,常数项代表总均值并且是对比的基础,从而类别的"主效应"表现为总均值的增量或减量,因此 MCA 的表示方法类似方差分析。实际上,当子格中的个案数目不等时(即分类的变量彼此相关),MCA 是处理这种情况的双向(或更复杂的)方差分析方法中的一种。至于采用虚拟变量方法还是采 MCA 方法主要取决于偏好或方便。二者的数理模型和统计前提假定完全相同。还有另一种方法也在数学上等同于虚拟变量分析,而且可以灵活处理交互作用和非标准类型的研究假设,可查阅参考文献10。

可以想到,如果方程中有很多个自变量,其中几个含有多重类别,那么交互作用的可能数目就会增多到无法处理的地步,除非有某种简化方法。理想的做法是仅包括那些研究者的理论事先预测的交互作用项,但是从大多数探索性研究的实际情况来看,一般在数据分析前无法预测这些交互作用,所以,最好有一种能"排除"掉交互作用的检测方法。为此,桑奎斯特和摩根(参考文献15)提出了一种自动交互作用检测(AID)方法。AID 程序可以取代研究人员使用的老式计数检索器,而且更为系统。

AID 程序的根本思想是从整个数据开始着手,然后对给定的应变量找出把数据分成两组的最优分组法,使组均值之差相对组内差异为极大值。办法是先检查每个自变量,再从中选出产生最优分组的自变量。很可能这个自变量是年龄,它原来被分为五个类别(层次)。如果最优分组的割点处在 65 岁以下与 65 岁和 65 岁以上之间,暂时把四个年青的类别合并为一,但以后仍可恢复原来的类别。将两个(大)组进一步细分,或许年青的类别分成白人和非白人,而 65 岁以上类别已经很同质以至不需再分。继续进行细分直至所有子类别根据某个事前规定的判断标准都足够同质。

AID 方法的输出可以用树形图来表示,非对称的树形表明有交互作用。由于本书篇幅有限,不能详细说明这种方法。桑奎斯特的书(参考文献 14)中有两个假想的树形图可以帮助读者想象可加性情况的结果与交互作用类型的结果之间的差别,后者用乘积性形式来表示,桑奎斯特把它称为"累积性劣势"模型。

在图 20.7 的模型 I 中,种族是最好的解释因素,因而是第一次分组的判断标准。其次,教育是对白人和非白人都适合的第二个分组因素。最后,所有四个种族—教育子组再根据性别分组。如果种族、教育和性别对应变量的影响效应是严格可加性的,模型 I 就是期望的结果。与此相反,在模型 II 中非白人的子组的同质性程度很高以至不能再分割下去,这个情况说明,如果某人是非白人,那么即便他是大学毕业也好,还是男性也好,都不会使他的收入提高很多。同样,在白人中"低于大学毕业"的类别不再按性别划分,这说明只有在白人大学毕业的"精英"子类别中男性才在收入方面比女性有优势。

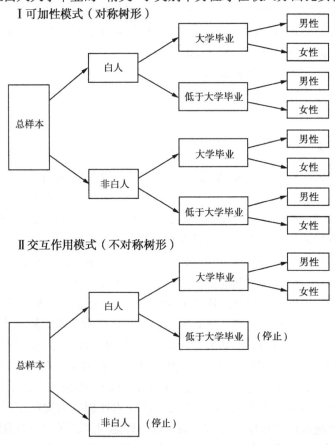

图 20.7 对称和不对称树形图,表示 AID 程序的输出

　　当然,从实际数据得到的结果要比它复杂得多。在参考文献 14 和 15 中不仅有对这一问题的详细讨论,而且还附有示范数据。在参考文献 14 中,桑奎斯特提出,可把 AID 程序主要作为一种设定交互作用模式的探索工具(即先用它来设定交互项),然后再把它们明确引进 MCA 中,或形成其他一般线性模型。

20.6 分类应变量:对数线性模型

　　正如在第 15 章中曾提到的,从概念上和理论发展的观点上来看,定类尺度提出一些很难处理的问题,而且随着类别数目和变量数目的增加其复杂性成倍数地增长。但是从**严格的统计学**观点看,完全可以处理应变量为定类尺度、大部分自变量为定距尺度或二分法的多变量问题。其中有一种方法称为判别分析,这里只能大致讲一点(参考文献 18 中有详细的说明)。当体质人类学家希望根据很多特性(如生理量度)将人们分成几个清晰的类别时(如种族分组),可以采用该方法。

　　当应变量具有多个类别时,另一种方法是依次一分为二,每次把一个类别与其余类别相比较,或与其余类别的子集合相比较。例如,假若对罪犯有几种判决结果,如"监禁""徒刑""教育改造""缓刑",则可比较各种结果如下:徒刑与其余结果对比,监禁与其余结果对比,等等。又假若各个类别可以根据严重程度排顺序,则可依次合并类别:如监禁与其余处分对比,监禁和徒刑与其余处分对比,监禁、徒刑和教育改造与其余处分对比,等等。

　　设应变量为二分变量,其值为 0 或 1 并可用于回归方程。这时以上方法导致两个问题。首先,如果对自变量的数值没有限制,则应变量的预测值可能会超出极限值 0 或 1。其次,很可能违反误差项的等方差假定,特别是当总样本中的比例接近 0 或 1 时更是如此。对于二元方程 $Y = \alpha + \beta X + \varepsilon$ 来讲,上述问题显而易见,可推广至多变量情况。

　　显然,如果 Y 为双峰形或数值限制在 0 和 1 之间(如在此例的情况),则以上线性方程则**必定被**误设了。如果对任何给定的个人来讲,Y 值一定是 0 或 1 而 X 可连续变化,则干扰项不会是正态分布,并且一定是 X 的函数,而这又违背了一般最小二乘方方法的前提假定。设有一个二分应变量,将它作为**概率**的指标(在社会调查研究中经常这样做)。也就是说,即便显然对每个个人仅进行一次观测(例如,参加或不参加选举),但理论却可能涉及影响选举的概率或趋向的变量。所以,为了求得概率的估计量就需要对每个个人进行多次观测或将诸个人聚集,这些个人**被假定**处于同一概率层次。这种情况在社会研究中是很普遍的,对此我们来深入讨论一下。

　　如果 Y 代表数值限制在 0 和 1 之间的概率,那么似乎应该把 X 与 Y 之间的关系方程式表示成这样一种形式:当 Y 接近其上限或下限时就愈来愈难于使 Y 发生变化。从实质上讲,这是一个合理的假定,也能促成建立有助于解决这种困难的转换。不应将 Y 的变化取为正比于某个**常数**(β)乘 X 的变化,而是将 X 的变化乘以某个因子,随着 Y 接近 0 或 1,这个因子的数值愈来愈缩小。为了得到这种结果,一个简便的方法是取 Y 的变化(ΔY)为以下 X 的变化(ΔX)的函数:

$$\Delta Y = \beta Y (1 - Y) \Delta X \qquad 0 \leqslant Y \leqslant 1 \qquad (20.4)$$

当 Y 接近 1 时,ΔX 的系数接近 0;Y 由上接近 0 时,ΔX 的系数同样接近 0[①]。可以由微积分运算证明,从这种 Y 的变化率的非线性公式可以推导出以下方程:

$$\log\left(\frac{Y}{1-Y}\right) = \alpha + \beta X \qquad (20.5)$$

其中对数 log 的底数为 e,Y 是一个比例并且是概率的估计量。如果利用第 15 章讲的比例对数(logit)变换来变换 Y,则可称方程(20.5)为对数线性模型。

为了绘出方程(20.5)的图形,我们先令 $a = 0$,然后解方程求出 Y。以前曾讲过(见附录1),数量 Q 就是底数(在这里,数为 e)的指数,为了求 Q,我们必须将底数提升起来。在底数提升之后便有 $e^{\log Q} = Q$,进而再取方程(20.5)两边的指数,便可得:

$$e^{\log[Y/(1-Y)]} = \frac{Y}{1-Y} = e^{\beta X}$$

因此:
$$Y = (1-Y)e^{\beta X} = e^{\beta X} - Ye^{\beta X}$$

故:
$$Y = \frac{e^{\beta X}}{1+e^{\beta X}} = \frac{1}{1+e^{-\beta X}} \qquad (20.6)$$

这就是所谓的"成长"函数(logistic function),图 20.8 是它的图形。

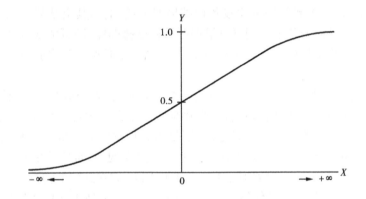

图 20.8　"成长"函数 $Y = 1/(1+e^{-\beta X})$

可以看出,这个函数的形状,除去尾端外,非常类似正态曲线的累积分布图。概率的所谓"概率单位"变换使用累积正态分布,这种变换所得的结果与"概率对数单位"(分对数)变换的结果近似相同。请注意,对于位于 $0.2 \leqslant Y \leqslant 0.8$ 范围的 Y 值来讲,Y 近似为 X 的线性函数。这表明原来的线性方程 $Y = \alpha + \beta X + \varepsilon$ 由于其形式不准确所引起的误差并不严重,除非 Y 值接近 1 或 0。

使用对数—线性模型时涉及一些较复杂的问题,本书不予介绍(可看参考文献 3,11 和 17)。其中一个问题是:对数—线性模型中的干扰项一般为异方差性,所以一般最小二乘方方法虽然不会偏估,但是其效率不如另一种称为"**加权最小二乘方**"的方法。加权最小二乘方方法的基本要点在于考虑在自变量的不同数值水平上 ε 的方差不同,故利用加权将原来的干扰项变换成同方差性的新干扰项。用以下情况可以说明异方差性的问题:自变量为定类尺度,应变量为一组比例,这些比例代表各个自变量各种组合的子格在某

---

① 这种特定表示方法使模型为对称的,引入系数 k,$0 \leqslant k \leqslant 2$,并采用方程 $\Delta Y = \beta Y^k (1-Y)^{2-k} \Delta X$ 可以修正这种模型;$k = 1$ 时为对称性情况;$k = 0$ 时,$\Delta Y = \beta(1-Y)^2 \Delta X$,表明当 Y 趋近 0 时系数近似常数,当 Y 趋近 1 时系数很小;当 $k = 2$ 时,非对称性的方向相反。

方面的情形。例如,设有 2 个种族、2 种性别和 5 个职业类别,因而共有 $2 \times 2 \times 5 = 20$ 个子类别。每个子类别有一个比例,比如说,可以是失业人员比例。各子格内的数字都差不多相等是不大可能的。任何一个格 (i,j,k) 内,概率估计量 p_{ijk} 的标准误差为:

$$\sigma_{p_{ijk}} = \sqrt{\frac{p_{ijk}(1 - p_{ijk})}{N_{ijk}}}$$

式中 N_{ijk} 代表子格的样本容量。由上式看出,即便所有的 $p_{ijk} = 1 - p_{ijk} = 0.5$,标准误差的方差仍为 N_{ijk} 的函数,因而违反了同方差性假定。

然而应当强调,这并不会使最小二乘方估计量有规律性的偏倚。因此,如果 N_{ijk} 彼此相差不太多,或总样本容量较大以至不会影响效率,则不值得采用计算量较多的加权最小二乘方方法。最小二乘方方法是所谓的**广义最小二乘方**方法的特例。计量经济学研究中干扰项的方差协方差矩阵不符合普通最小二乘方方法的前提假定,广义最小二乘方方法对这种研究是很适合的。广义最小二乘方方法也可用于干扰项之间出现非零值的协方差的情况,这是在时间序列数据中经常遇到的。这种方法要用到矩阵代数和稍许深一些的一般线性模型的数学方法。读者若有兴趣,可看参考文献 17 和计量经济学的教科书。

20.7 小结

我们讨论了多元分析的几种统计学方法,但还没有触及一些更专门的课题。目前还没有理论来规定应遵循的计算步骤,在这种条件下多元分析的基本问题或许就是寻找处理各种复杂情况的较为系统的方法。主要的任务是尽可能排除这类复杂情况,但首先应当找到复杂性出现在哪里而且评估其重要性。一般的办法是划定出一组大致的优先顺序,再排除那些最无研究价值的复杂情况,然后逐步深入分析那些理论上和实际上最重要的复杂情况。

在前面曾简略提到几种复杂问题,曾讲过有可能出现多种随机的和非随机的量度误差。统计学文献对随机量度误差有所探讨,但对非随机量度误差几乎完全忽视,只是最近才有所注意。在现实的非实验性研究中有相互因果关系的情况,这时会遇到第二种复杂问题。我们已假定:选择出应变量是不成问题的,而且应变量对自变量没有反馈效应。我们虽然曾想到自变量彼此相关的可能性,但却未考虑取某些"自变量"为其他自变量的函数来解释这种相关的模型。计量经济学家曾用联立方程深入地研究这些课题(请看参考文献 4,8,9,10)。

已经研究过的一类复杂问题是在方程中引入附加的解释变量,这些变量可能彼此相关。本书曾提到,如果这些解释变量彼此的相关性相对于它们与应变量的相关性而言颇大的话,则很难把它们各自的部分效应分解开来。因此,必须使用的一种简化方法就是将解释变量的数目缩减。有几种办法,其中之一是把诸变量分成几个"组",并将一个组作为一个整体来考虑。可以给整个变量组构成一个分数值(例如给社会经济地位记分),或利用如多重偏相关系数的量度来评估整个变量组的效应。在进行纯统计学运算的同时还要对划定的变量组的性质仔细地进行理论构思。为此可以采用很多技巧,如多重因素分析、整群分析、潜结构分析、多重分类分析、典型相关分析等。

就一般情况而言,研究人员能够根据自己的理论兴趣把自变量分成几个类。第一类是主要关注的变量。第二类是准备作为控制变量的那些自变量,这些是对主要关注的变量期待有重要影响的变量,但从研究设计的角度来看,它们被视为"厌烦变量"。不能忽视它们,但其理论意义微不足道。最后一类是不太重要的一组变量(这个组可能很大),或是当其余变量的解释价值很小时可供备用的变量。在探索性研究中最好把这些变量包括进去,因为在这个阶段理论的主导思想还很模糊。对于这种第三类变量来讲,分析的基本要点就是先检查一下,看其中有几个可以直接排除掉。然后将没有排除掉的放到第二类中去。主要是把分析范围缩小,换言之,从外向内进行。首先排除复杂问题,也就是取消掉解释力很低的变量。一般来讲,如果某些变量与应变量的零次相关系数很小可略而不计,或与其他更根本性(从研究人员的兴趣来看)的自变量高度关联,则可以将这些变量自动排除。当然,如果研究资金非常充足则另当别论。

　　另一种复杂问题是有可能出现非线性问题。在使用定距尺度时,一定要检查非线性,在定类尺度情况下,有时可以大致估计这种性质的程度。对于所有双变量关系(包括自变量相互之间的这种关系)一定要例行地比较 E^2 和 r^2 以便检验非线性。如果 E^2 与 r^2 之差在统计上显著但数量很小(由于样本很大),就应当考虑决定由于计入非线性所增加的解释能力是否足以补偿由此导致的复杂性。这取决于研究目标的优先次序和特定变量之间关系对于以后研究的重要性。例如,如果非线性关系隐含在一组多至 10 个或 15 个变量的复杂关系内,则很可能不值得将非线性计入在内,因为增加的复杂性太多不足以补偿解释能力的增长。但是,如果只有三四个主要变量,而且如果应变量是研究的重点则应当进一步考虑非线性问题。

　　如果要考虑非线性关系,那么我们应当试图设定一个比较简单的数学函数(例如对数、抛物线或指数函数),并且其解释的方差几乎与完全无限制的非线性函数一样多,所谓"无限制"是指对类别均值没有限制。这种非线性函数的解释能力由 E^2 来量度。换句话说,不仅要指明某个重要关系为**非线性**的而且要指明其具体形式,此外还要检验这个形式(例如抛物线)能否比直线提供更好的拟合。还应当考查这种关系的特定形式是否可能随着其他变量的不同数值水平而有所不同(这意味着有交互作用)。例如,某个关系对于男性而言为对数的,但对女性则为线性的。对于一个具有 8 个或 10 个变量的系统来讲,每次引入一个附加变量就会使这类复杂问题的数目成倍地增加。但是,大多数可能的复杂性通常不会出现。

　　最后,一定要检查自变量之间可能的交互作用或非可加性关系。对于多个自变量的情况,在分析中会有很多高次交互作用项被略而不计。合理的方法是先检查所有可能的双变量交互作用,其中大多数可忽略不计。利用多重偏相关系数可以对整个交互作用组进行显著性检验。例如,设有四个自变量 X_1, X_2, X_3, X_4,可以将所有可能的 $X_i X_j$ 叉积项加到回归方程内,再检验这个整组的变量是否显著地增加了解释的方差。如果没有增加则可忽略所有交互作用,如果增加了起码还可取消一些。

　　若找到相当多个具有显著性的双变量交互作用,则应当进一步检查高次交互作用。这种想法的前提假定为:如果没有低次交互作用就不会出现高次交互作用。这个假定的理论根据并不明显,但从实践经验来看它完全合理。如果在不存在一次交互作用的条件下找到大的三次和四次交互作用,那么的确很难导出理论解释。在没有主效应的情况下,忽略双因素交互作用或许根据不充足,但是对于不太重要的变量来讲当主效应的数量接近零时,一般可以忽略这种变量的交互作用。当然,有时可能犯错误,不过在多元分析中必定需要做简化工作。

　　应当强调指出,检查交互作用(及非线性)应当系统化和常规化,不应无的放矢地选择一个可能的交互作用子组而忽视其余交互作用。在社会学和其他社会科学学科中,很难得有一种理论能够在收集数据前预测和规定这种交互作用,尤其是高次交互作用。这种"一网打尽"式的分析方法的主要缺陷在于某些统计显著的交互作用可能偶然出现。因此,如果找到交互作用就要检查它们是否具有规律性的**模式**。比如说,它们是否仅包含两、三个变量?

以上论述表明,存在着对数据分析过度详尽的危险,尤其在所估计的参数的数目接近总样本容量或不太重要的复杂性问题的数目很多的情况下更是如此。在要求简化和要求增加解释能力之间存在着矛盾,很难兼顾,也没有标准规则来做决策,这是因为复杂问题的种类繁多。

研究课题在各方面相互有很大差异,有的主要是探索性的,有的是由明确理论来指导的,而且量度的质量也有所不同。如果量度方法粗糙、理论性不强但潜在的解释变量数目很多,则可采用常规计算机程序(如 AID 程序)进行探索性分析。如果有明确的理论,则最好采用联立方程的方法。在样本容量足够大的条件下,可以把样本(随机地)一分为二,或一分为三。用第一个子样本进行纯探索性研究,并利用这个样本的数据建立理论解释,然后用其余的数据来检验理论。这样就可以使多元统计方法灵活地适用于各种情况,不仅用于建立理论而且也可用于验证理论。

习　题

1. 校验表 20.1 的计算方法直到理解了具体计算步骤为止。

2. 利用第 17 章习题 2 的数据,把异质性指数合并成以下类别:

10.0 – 14.9,15.0 – 19.9,20.0 – 24.9,25.0 – 29.9,30.0 – 49.9。

令 Y 为道德整合性,X 为流动性,A 为异质性。

(1)检验交互作用。(答案:$F = 2.17$)

(2)求出 $r_{XY \cdot A}$ 并作显著性检验。(答案:$F = 13.6$)

(3)对于不同的 X 调整 Y 的类别均值。

(4)对调整的各个 $\bar{Y}$ 之间的差进行显著性检验。(答案:$F = 2.71$)

(5)求出组内偏相关系数 $r_{iYA \cdot X}$。

3. 对习题 2 的数据做虚拟变量分析,计入交互作用,将结果与协方差分析的结果做比较。

4. 设有以下的协方差分析表的一部分,取 Y 为应变量,X(定距)和 A(定类)为自变量。

	和	总和	组间	组内
Y 的平方和($\sum y^2$)	?	900	?	500
X 的平方和($\sum x^2$)	500	?	400	?
X 未解释的	?	?	100	100
X 解释的	?	?	?	300

(1)为了回答以下(2)和(3)的问题,表中的数据可能不完整,数据也可能有彼此矛盾的地方。试问:什么地方有矛盾,还应增添什么数据?请对此修正和补填。

（2）做交互作用检验（采用0.05水平，下同）。

（3）在控制 X 的条件下，对 Y 与 A 之间的关系进行显著性检验。

（4）在控制 A 的条件下，对 Y 与 X 之间的关系进行显著性检验。

5. 重做第16章的习题3，用虚拟变量分析法，包括交互作用检验。

参考文献

1. Alker, H. R.: "A Typology of Ecological Fallacies," in M. Dogan and S. Rokkan (eds.), *Quantitative Ecological Analysis in the Social Sciences*, the M. I. T. Press, Cambridge, Mass., 1969, chap. 4.

2. Andrews, F. M., J. N. Morgan, arid J. A. Sonquist: *Multiple Classification Analysis*, Survey Research Center, University of Michigan, Ann Arbor, 1967.

3. Bishop, Y. M. M., S. E. Fienberg, and P. W. Holland: *Discrete Multivariate Analysis*: *Theory and Practice*, the M. I. T. Press, Cambridge, Mass., 1975.

4. Christ, Carl: *Econometric Models and Methods*, John Wiley & Sons, Ine., New York, 1966, Part III.

5. Dixon, W. J., and F. J. Massey: *Introduction to Statistical Analysis*, 3d ed., McGraw-Hill Book Company, New York, 1969, chap. 12.

6. Hagood, M. J., slid D. O. Price: *Stalislics for Sociologists*, Henry Holt and Company, Inc., New York, 1952, chap. 24.

7. Hannan, M. T.: *Aggregation and Disaggregation in Sociology*, Heath-Lexington Press, Lexington, Mass., 1971.

8. Hanushek, E. A., and J. E. Jackson: *Statistical Methods for Social Scientists*, Academic Press, New York, 1977, chap. 7.

9. Johnston, J.: *Econometric Methods*, 2d ed., McGraw-Hill Book Company, New York, 1972.

10. Namboodiri, N. K., L. F. Carter, and H. M. Blalock: *Applied Multivariate Analgsis and Experimental Designs*, McGraw-Hill Book Company, New York, 1975, chaps. 3 and 4.

11. Reynolds, H. T.: *The Analysis of Cross-Classifications*, The Free Press, Riverside, N. J., 1977, chaps. 5-7.

12. Schuessler, K.: "Covariance Analysis in Sociological Research," in Edgar Borgatta (ed.), *Sociological Methodology* 1969, Jossey-Bass, Inc., Publishers, San Francisco, 1969, chap. 7.

13. Schuessler, K.: *Analyzing Social Data*: *A Statistical Orientation*, Houghton Mifflin Company, Boston, 1971, chap. 5.

14. Sonquist, J. A.: *Multivariate Model Building*: *The Validation of a Search Strategy*, Survey Research Center, University of Michigan, Ann Arbor, 1970.

15. Sonquist, J. A., and J. N. Morgan: *The Detection of Interaction Effects*, Institute for Social Research, University of Michigan, Ann Arbor, 1964.

16. Suits, Daniel: "The Use of Dummy Variables in Regression Equations," *Journal of the American Statistical Association*, vol. 52, pp. 548-551, 1957.

17. Theil, H.: "On the Estimation of Relationships Involving Qualitative Variables," *American Journal of Sociology*, vol. 76, pp. 103-154, 1970.

18. Van de Geer, J. P.: *Introduction to Multivariate Analysis for the Social Sciences*, W. H. Freeman and Company, San Francisco, 1971, chap. 18.

抽　样

第五部分

21 抽样方法

我们已经学过的所有检验以及用于求置信区间的那些方法,都要求随机抽样的前提假定。读者也许事实上已经形成了这样一种印象,认为随机抽样是用于统计的唯一的最好的抽样方法,但这并不符合实际情况。这一章要讨论的概率抽样的基本形式就有四种,它们是:随机抽样、系统抽样、分层抽样和整群抽样。用这四种方法进行抽样调查,所得资料经过合理分析后,均可被用做统计推论。但遗憾的是,目前对于非随机概率样本来讲,只能采用数目有限的几种检验方法,特别是整群样本,其公式更为复杂。像本书是一本普通教科书,只能简要说明在一些具体情况下应如何选择抽样方法。

我们曾经指出概率抽样有四种基本类型,随机抽样是其中的一种。什么是概率样本呢? 概率样本的特点是每一个个体都有一个已知的被选入样本的概率。而在随机样本中所有个体组合被选的概率是相等的。统计推论并不绝对要求所有的概率都相等。因为,只要被选入样本的概率是已知的,就可以用某种加权方法对不相等的概率做调整,但是必须概率是已知的才能加权。若概率是未知的,那就无法通过加权方法进行调整,也就不能做合理的统计推论。用非概率抽样,我们确实可能得到一个很有代表性的样本,但是却无法估计样本误差。本文在研究并比较这四种**概率**抽样方法后,将简要讨论在什么情况下可能导致非概率样本的问题。

21.1 简单随机抽样

上面我们已经指出,在随机抽样中,不仅要求每一个个体有相等机会被选入样本,而且要求个体所有的可能组合都有相等的出现机会。这一点我们曾再三强调。同时,还曾指出,一般对于抽样来说,无回置的抽样较之有回置的抽样在实际运用中更为方便。抽样专家把这种无回置的抽样称为"简单随机抽样",但是必须注意,在顺次抽取过程中,个体被选入样本的概率会略有增大,因为在这样一个顺次抽取的过程中,总体中未被抽取的个体将越来越少。对于任何一次确定的抽选来说,不论先前已被选入样本的个体的情况如何,假定那些剩下的个体被抽选入样本的概率是相等的,那么用这样的抽样方法所产生的样本就是简单随机样本。事实上,除去没有一个个体被选上两次这一点之外,无回置的依次进行的每次抽取具有相互独立性。

所谓随机抽样,并非随意地杂乱无章地进行抽样。那种随意地杂乱无章地抽取的样本,几乎无一例外是有偏倚的样本,因为它总是含有人为的主观因素。而随机抽样则必须有周密的考虑,严格地按照某种特定的程序进行,以保证所有的个体——包括那些非典型的和难以寻找到的个体都有均等的出现机会。为了实现这一目标,首先必须保证每个个体列入总体清单中一次,并且只有一次。然后再给清单中每一位置编上一个号码。最后用某种机械的方法确保选择的等概率性。对于随机抽样来讲,一个首要的条件是,必须要取得一张包括总体中全部个体的清单。我们先来考察一下在获取一张总体清单的过程中可能会碰到的问题,并了解统计专家把什么称为"抽样框"。

也许有人认为获取一张总体的清单是一件很简单的事情。事实恰恰相反,在研究大多数实际问题时,往往事先没有所需要的清单。例如,就没有全美国或密歇根州居民的清单。几乎可以肯定也不会有某一特定社区的黑人或日裔美国人的清单。如果原来没有清单,一般来讲要新编制一张清单往往并不容易,要花费许多人力物力。在这种情况下,使用其他一些概率抽样方法可能比简单随机抽样更为合适。有时,可能会有一些清单,但它们却可能已经过时。这时就可能有一些本来应该是总体内的个体没有列在清单上,而其他一些列在清单上的个体已迁出总体。某些城市的姓名地址录,乍看起来似乎是抽取该城居民样本的理想原始资料,但完全可能因为到了刊印出版日期,清单已经过时而把抽样引入歧途。那些最近来到的居民会被排除在清单之外,从而失去被选入样本的机会。这些人就所研究的某些特性而言,不同于总体中的其余部分,那么研究者就会得到一个有偏估的样本并导致错误的结果。另外还有一些清单,例如,电话号码簿、汽车注册簿等也可能产生偏倚,因为用这些原始资料作为抽样清单所得到的样本,对于低收入的居民群体来讲,代表性很差。可以肯定地说,无论看来多么精确的清单,都应毫无例外地仔细加以审查,看它是否适用。一张不准确的清单比没有清单更容易导致一个异常、有偏估的样本。

如果遇到了一张不适宜的清单,应该怎么办呢?如果清单虽然完整,但里面却有重复的地方,那么只要这些重复的地方不难发现,问题是很容易解决的。例如,用一张某个学校学生的清单,根据它来选择学生**家长**的随机样本,我们无疑将会发现有些家长同时有几个孩子在这所学校。如果给每个**学生**立一张卡片,并使所有卡片都具有被选上的均等机会。这样,有些家长就会比其他家长有更多的机会被选入样本。为了解决这个问题,可以把一个学生的兄弟姐妹的卡片都去掉,或者规定只有在选上一个家长的大孩子的卡片时才正式选定一个家长,而其余孩子的卡片被选中则不算数。

这时应当注意这样一种情况,当约翰的第二或第三个孩子被选中时,根据以上规定约翰并不被正式选入样本。把清单上列在约翰孩子后面的那个孩子的家长用来代替约翰的做法是错误的,因为它会使位于多于一个孩子的家长后面的家长有较高的概率被选入样本。正确的做法应该是略去约翰,并继续用概率的方法来选下一个。另外一些可供选择的方法在理论上是可行的,但在分析时可能会产生一些问题。我们可以这样做,假如约翰的任何一个孩子的卡片被选上,约翰就正式被选入样本,但是在分析的时候必须给他一个相应的较小的加权。假如约翰有三个孩子,他就有三倍于只有一个孩子的家长被选入样本的概率,那么他的分数就要以只有一个孩子的家长的评分的三分之一作加权。

在多数情况下,往往是清单不够完整,或包含已不再属于总体的个体,这时就应把清单重新整理以符合要求。如果这样做行不通,那就得稍微更改一下总体的定义,以使它与清单相符。假如,有一张某公司年初全部雇员的完整而精确的名单,但没有在进行抽样调查时该公司的全部雇员名单。这样,我们的抽样就只限于年初前到公司的并且目前还在公司的那些雇员而不考虑年初后加入公司的新雇员,那些年初后离开公司而选入样本的雇员应忽略不计。这样,所研究的总体就不是指目前正在公司的所有雇员了。我们应当提醒读者清楚地认识这一点。

在得到了一份精确的清单后,抽取一个随机样本就是一件相当简单的事。在理论上,只要使用一些机械方法就能确保抽样的等概率性。譬如,可以用一副顺序完全打乱的扑克牌或从一顶帽子中抽取已编上数码的纸条的方法。从一个装球的圆筐中随机抽取一些印有数码的球的办法,其结果也许更可靠,因为纸牌和纸条在掺混的时候,常常会粘在一起。实际上,研究人员不必采取类似上面的复杂方法,因为能达到这个目的的随机数码表已经设计并编印出来。随机数码表就是用上面讲的那些机械方法或电子装置编制的。例如,有人可以把标有从 0 到 9 这 10 个数码的球放入一个筐中,然后开始从筐中取球,每次都重新放回并完全弄乱,通过这一过程得到的数字就能编制一张类似附于文章末尾附录 2 表 B 的随机数码表。

只要在检查数据以前做出决定,随机数表使用的顺序既可以按行也可以按列,也可以从任何一行或一列开始,无论怎样做实际上都没有什么区别。我们用一个具体例子来介绍如何使用随机数表,假定有人想要从一个由 736 个个体组成的总体中抽取一个容量为 100 的样本,由于 736 这个数字是三位数,在这种情况下可以选择随机数表中任意相邻的三列。我们沿表上某一页上的一个相邻的三列从头开始抽取数码,到该三列末尾则另换一个三列,直至该页末尾,再转到下一页从头开始。例如,我们决定用附表 B 第一页上的第一个三列,我们选择出在 001 到 736 之间的第一个数,该数是 100。换句话说,第 100 个个体将被选入样本。然后,继续沿这个三列往下,就得到 375 和 084 这两个数。接着是 990 这个数,它应当与总体中第 990 个个体相对应,由于总体中没有这样的个体,我们就挪到下一个数,这个数是 128。

这样继续往下抽取,不久便会碰到前面已经选过的数码。由于我们使用的是无回置的抽样方法,所以必须删去那些重复的数码,直至抽满 100 个个体为止。从上面的介绍可以看出,用随机数表进行抽样是很简单的,同时使用列或行也是任意决定的,因为在表上出现的这些数码是完全随机的。实际上,这样的表是不会用错的,除非列(或行)有重复。当然,假如有人存心要把第 219 个个体选入样本,故意去找含有这个数码的列,这种违反规则的情况又另当别论。

无回置抽样的修正问题 在第 9 章讨论概率论时曾提到,用无回置抽样方法时违反了独立性这一假定,因此应当对公式做修正。通常这一问题并不严重,因为一般所选择的样本只是总体中很小的一部分,故而任何一个个体被抽取两次或两次以上的机会很小。但是,如果样本容量为总体的 1/5,则最好要引进修正因子。当然,引进的前提是修正因子是已知的。遗憾的是,那些精确的修正因子只在一些最简单的问题中才是已知的。可是事实上这并不是一个棘手的问题,因为如果所要选择的样本容量为总体的 1/3 或 1/2,这时我们完全可以去选择整个总体。下面介绍如何使用均值标准误差的修正因子公式。这些公式仅适用于一般的情形。遇到更复杂的情况,应当去查阅有关抽样问题的标准教科书,但是这些书中很可能没有涉及各种非参数检验的修正因子。不过这些检验对小样本最为适用,而小样本的回置抽样问题并不那么重要。

若我们采用无回置抽样,修正均值标准误差的公式如下:

$$\sigma_{\bar{X}} = \sqrt{1-f}\,\frac{\sigma}{\sqrt{N}} \tag{21.1}$$

式中 f 表示**抽样分数**,即样本所含个体数与总体所含个体数之比。假如样本容量为 N,总体容量是 M,修正因子为:

$$\sqrt{1 - \frac{N}{M}}$$

由此可见,假如样本容量 N 比总体容量 M 小得多,修正因子的值就接近 1。换言之,修正因子的使用是不必要的。因此,如果我们从一个有 10 000 个个体的总体中抽选一个容量为 500 的样本,那么抽样分数 f 就等于 1/20,这时修正因子的值就变成 0.975。注意,对有限总体来讲,修正因子的值必定小于 1,所以经过修正的标准误差的值总是比未经修正的小。因此,如果我们希望标准误差比较小,那么不做修正是更妥当的。只有当抽样分数为 1/5 或更大时,引进修正因子才是必要的,否则不必多此一举。

同一个修正因子也可用于其他含有均值的或比例的标准误差的公式。在这个时候使用估计量可以用下面的公式:

$$\hat{\sigma}_{\bar{X}} = \sqrt{1 - f}\left(\frac{\hat{\sigma}}{\sqrt{N}}\right) = \sqrt{1 - f}\left(\frac{s}{\sqrt{N - 1}}\right) \tag{21.2}$$

在均值差检验中,有两个抽样分数,这时均值差的标准误差估计量的基本公式是:

$$\hat{\sigma}_{\bar{X}_1 - \bar{X}_2} = \sqrt{(1 - f_1)\frac{\hat{\sigma}_1^2}{N_1} + (1 - f_2)\frac{\hat{\sigma}_2^2}{N_2}} \tag{21.3}$$

21.2 系统抽样

另外一种经常使用的抽样方法容易与简单随机抽样混淆,事实上它也常常与简单随机抽样通用。系统抽样不通过随机数表来选择样本个体,而是从随机地选择个体中的第一个个体开始,然后再根据清单按 k 间隔选出它后面的个体。假如从一张有 1 800 个个体的清单中,选取一个由 90 个个体组成的样本,可以使用 20 为间隔,但是必须用某种随机方法来确定第一个个体,譬如使用随机数表。假如通过随机表选出的第一个个体是清单上第 11 个个体,那么这个样本将由第 11,31,51,71,91 等个体组成。

当清单非常长,或要抽取的样本非常大时,系统抽样显然比随机抽样更方便。不难设想,即使我们能够正确使用一本电话簿或城市居民姓名地址登记册,要找到其中第512,1 078 与 15 324 个个体也不是一件轻而易举的事。假如一张清单的排列顺序就所量度的变量而言,可认为基本上是随机的,那么这时用这张清单所作的系统抽样等同于简单随机抽样。譬如,大多数名单都是按照字母顺序排列的。不言而喻,姓是非随机的。通常分开排列的丈夫和妻子实际上没有机会同时出现在一个样本里,除非他们的姓都是极普遍的。在某些种族中,人们姓名开头的字母相同的比例很高(O'Brien,O'Neil 等)。在遇到这种以字母顺序排列的名单时,我们得到一个类似分层的样本(下面要讲的)。在这样的样本中,这些种族的社群有一种聚组的趋向。只要我们依次抽取每第 k 个个体,各社群在样本中就会保持适当的比例。实际上,字母的次序与大多数研究的变量无关,所以,通常我们可以认为系统抽样等同于简单随机抽样。我们已经研究出一些用于系统抽样的专门公式,它们所使用的假定却稍有不同,不过这些公式在多数情况下并不值得使用,因为可能会增添麻烦。

有这么两种情况,它们会使系统抽样产生严重偏倚,幸而在社会学研究中这两种情况并不经常发生。**第一种情况**是,清单上个体的排列具有某种次序上的倾向性。如果清单上人名排列的依据是职务、威望或资历,那么随机开始的位置将会对抽样的结果发生影响。假定抽样分数为1/30,有两个人从两个不同的随机位置开始进行系统抽样,其中一个人从清单上列的第二个位置开始,而另一个人则从第27个位置开始,那么第一个样本的平均分数将大大高于第二个样本(假如个体的排列是由高而低的话)。这是因为第一个样本中的每一个个体都要比第二个样本的靠前25个位置。如果我们事先已经注意到这种倾向,我们就可以采取措施。例如,可以把清单的次序打乱重新排列,或者选择一个比较适中的位置作为系统抽样开始的位置(例如可以从第15或16个位置开始)。

要注意避免的**第二种情况**是,有些清单往往含有与抽样分数相对应的循环性或周期性的特点。例如,在住宅区或公寓建筑中,可能每八幢住宅就有一个拐角单元。如果位于拐角的房屋比其他位置的房屋大一些,可以设想它的住户也可能与其他位置房屋的住户情况有所不同。这时如果抽样分数恰好也是1/8,那么依据随机确定的初始位置的不同,既可能得到一个全部都是住在拐角的住户这样的样本,也可能样本中没有一户居住在拐角。为了避免这种情况的发生,我们可以稍微改变一下抽样分数,使它变成1/7或1/9,或者也可以使用几个不同的随机初始位置。这就是说,在系统抽样过程中,在选择了第一个10户以后,可以再选另一个随机数作为挑选第二个10户的初始位置,还可以有第三个,第四个,等等。

在社会调查中,系统抽样经常与其他方法结合起来使用,因为这样做比较简单。告诉一位未经培训的采访员在一个街道上每隔三户访问一户,比告诉他使用随机数表容易得多。但是正如使用简单随机抽样一样,清单必须完整而精确。如果采访员遗漏了一些较小的公寓单元,或偏僻小巷中的那些住宅,那就可能导致严重的后果。所有不同形式的概率抽样都要有某种随机化的要素和一张完整的清单。不久我们将会懂得,不同抽样方法对清单性质的要求可能有所不同。有些类型的清单比较容易得到,有些则不是很容易得到,但不管得到的是什么样的清单,都必须仔细地检查它,了解它是怎样编制的,并弄清它本身有何不足之处。

21.3 分层抽样

简单随机抽样与系统抽样在费用及所分析的问题等方面的差别不大,而它们与下面要讲到的两种抽样方法在一些基本方面却有所不同。在适当的条件下,使用分层与整群抽样将提高抽样设计的效率。这就是说,花费同样多的费用,可以得到更精确的结果。当然,也可以说,用较少的费用即可达到相同的精确度。另外,这两种抽样方法所使用的一些公式,与前面用过的那些公式不同。

在分层抽样过程中,我们首先把全部个体分成组或类别,然后再从每个组或层内选择独立的样本。分层的原则是,每个个体必须出现并且仅出现在一个层内。这个原则很重要。最常使用的而且也是最简单的分层抽样方法是,在每个层内抽取简单随机样本或系统样本。每层的抽样分数可以是相等的,也可以是不相等的。我们称前者为**比例分层抽样**,后者为**不成比例分层抽样**。

我们之所以常常把样本分为层,是因为对各个层已用了不同的抽样方法或者不同的抽样清单。例如,这些层可能是分别由单一的工厂、学校或宿舍组成,而这些地方又曾经分别由不同的研究人员在不同的时间进行过研究。在这种情况下,如果我们把各层的清单完全合并在一起,然后从中选择一个独立的随机样本进行研究,就可能行不通。另外,采用分层抽样而不用简单随机抽样,目的是为了减少达到研究规定的精确度所需要的个案数目。如果对所研究的变量来讲,分层内的性质是均质的(相似),则采用分层抽样可以提高抽样设计的效率。通过下面比例分层抽样,以及不成比例分层抽样的讨论,将看到分层抽样相比简单随机抽样的某些优越性。

比例分层抽样 使用比例分层抽样的方法,可以确保得到一个比简单随机抽样或系统抽样更具代表性的样本。例如,假定在一个约定的总体里,已知有新教徒 600 个,天主教徒 300 个和犹太教徒 100 个。如果我们从中抽取一个容量为 100 的随机样本,那么肯定不能得到一个恰好由 60 个新教徒,30 个天主教徒和 10 个犹太教徒组成的样本。尤其犹太教徒的比例,可能不是过大就是过小。又假设我们的兴趣在于诸如教堂的出席率这样的变量,它与教派有密切关系。再假设,我们想要估计的是总体中人们去教堂次数的均值。在这种情况下,只凭直觉我们就不难了解,如果使用 1/10 抽样分数的比例分层抽样(即使样本由 60 个新教徒,30 个天主教徒和 10 个犹太教徒组成),一般会得到比简单随机抽样更可靠的结果。

这里我们所遇到的问题与方差分析相类似。在一个随机样本中,变差来自两个方面。就选择的相对数目而言,抽样误差可能来自各层**内**,也可能来自各层**之间**。这就是说,不仅被抽选的犹太教徒或天主教徒可能是非典型的,而且某一派教徒有可能被选择得太多或太少。而分层抽样法使我们能排除各层之间的变差,从而只剩下层内变差。假如这些层内的个体都是完全同类均质的,那么比例分层抽样就一定可以产生一个完全正确的结果,而简单随机抽样就办不到。另一方面,如果层内个体的差异不均质程度与偶然随机一样,采用分层法就不会有什么收益。换言之,如果各组之间的差异与组内差异相比,其差别不大的话,那么分层的方法将于事无补。分层的增益与两个变量的组内相关系数大致成正比。如果分层的标准与所研究的变量密切相关,分层的增益就相当大,同时借助控制各分层内个案的方法——这一点随机抽样就不可能做到——使我们在给定样本容量的前提下得到一个较为精确的样本。

比例分层抽样固然有随机抽样所不具备的优点,但也不应对它期望过高。当样本容量足够大的时候,只靠偶然因素就可以保证每一层在样本中保持基本合适的比例,因为比例分层抽样不会使问题分析趋于复杂,所以一般不会因分层而丢失什么。一般讲,不要去为了得到一个"最好的"分层判断标准而冥思苦想。要得到一个比例分层样本,首先,分层的总体容量必须是已知的。当然,分层的根据只能是所列清单提供的有关变量的那些资料。这就常常意味着,据以分层的变量只限于像性别、年龄、职业,以及居住区域这样一些简单的变量。在需要的时候,甚至可以把几个变量合并起来使用。不过一般同时用两个或两个以上的变量来分层毫无益处。分层是一种简单的程序,所以我们应当尽可能发挥它的"简单"这一长处。

不成比例分层抽样 在不成比例分层抽样中,我们用不同的抽样分数来掌握要抽选的个案数目,以便进一步提高抽样设计的效率。有时我们用这种抽样方法是会有一定好处的,我们的兴趣往往主要在一些层所代表的子总体,而不是总体。假定我们希望**比较**前面提到的三个重要宗教组的教徒去教堂的情况。显然,在这种情况下,使用简单随机抽样和比例分层抽样,样本中的犹太教徒人数就太少了,以至不能进行有意义的比较①。我们可以改变方法,从而使从每个组抽选的人数相等。这样就会给每个犹太教徒以三倍于每个天主教徒,六倍于每个新教徒的被抽选的概率。如果我们要从每个组选择 50 人,那么各组的抽样分数分别为 1/12,1/6 和 1/2。如果要在此基础上推断总体,估计出席教堂人数的均值,就必须对三个组的均值分别加权,以抵消对犹太教徒的超额抽样。有关这种加权的程序下面还会讲到。

有时即使我们的目的是对整个总体作概括,而不是比较不同的子总体,也仍然需要使用不成比例分层抽样方法。这主要是指下面两种情况:(1)各个分层内的标准差之间的差别很大;(2)收集各个分层内的资料所需费用差别很大。一般总会有某种最优分配方案,使抽样设计能取得最大的效率。换言之,总会有一组抽样分数在费用确定的前提下,使抽样误差最小。**如果每一层的抽样分数都与该层内的标准差成正比,并与该层内每个个案所需费用的平方根成反比,那我们就得到了这种最优分配。**让我们凭直觉想一想,这是为什么?为此我们先讨论标准差的问题。

就所要研究的变量而言,如果在某一特定的层内,个案都非常相似,即具有均质的性质,那就不必为了达到确定的精确度而从这一层里选择数量很大的样本。另一方面,从一个由不同类型个案组成的异质性较强的层内应该抽取比较大的样本。因为总的精度取决于链中最薄弱的环节,所以绝不能有一个或两个抽样误差比较大的层,尤其当这种层恰好是比较大的层时,这一点就更重要。只有几个较小的层精确度很高,而另外有一个层的抽样误差却很大是没有什么用处的。所以,我们应当从异质性层内取较多的个案,而从均质性层内取较少的个案,这样做有事半功倍之效。从数学推导结果看,理想的抽样分数确实与相对的标准差而不是与方差成正比。

还必须注意的是:某一特定的层,就研究的某一变量而言,它的个案可能是均质的,而就另一变量而言,这些个案就可能是异质的。因为一个研究课题通常要涉及对一个以上的变量的研究,所以对于一个以上变量要确定一种最优分配或近似最优分配是很困难的。事实上一种抽样设计对于某一变量可能效率显著,但对另一变量则可能效率非常低,所以在使用非比例分层抽样以前,最好请教抽样专家,并应充分了解那些重要的变量。如果没有把握,最好还是使用比例分配。

到目前为止,费用问题还没有讨论,因为对我们所讨论过的问题都暗含了一个假定,即假定收集所有个案资料的费用都相等。但如果情况并非如此,而是收集某些层个案资料的费用高于其他层呢?譬如,可能有这样的情况:各个不同部门的管理人员,他们所允许的收集资料方法不同,或者各个不同层的个案,对于收集者来说,有远近和地理位置上的差别。这就会使对某些层的个案做调查比其他层费时间。很明显,假如其他条件相同,那么从那些个案费用最便宜的层选取较大数目的个案,这样总费用就会小些。数学上可以证明,如果抽样分数与费用因子的平方根成反比,就能得到最优分配。

要注意一种特殊情况:当不仅各层个案费用相等,而且各层内的标准差也相等时,抽样分数也就都相等。一般讲,除非费用差别非常大,或各层的标准差很不相同,通常以采

① 我们必须万分小心,不要用某种异常行为,如犯罪行为这样的**应变量**来分层。每当在可以得到数量很少的群体的简单的清单时,它常会诱使人们去这样做,而实际上,正是在这一变量上,这些群体将被排除在样本之外。除非已经做了非常缜密的考虑,一般不要使用一个或一个以上应变量来分层,因为这有可能会歪曲自变量之间的关系。见参考文献 1。

用比例分层抽样为宜。下面我们将看到使用不成比例分层抽样会使问题趋于复杂,故而除非这样做有明显的优点,否则一般不要使用这种方法。

至今我们还未涉及另一个非常重要的问题,即在抽样时如何计算未知的费用和相对标准差呢?答案是显而易见的,那就是靠估计。就像我们在估计样本容量之前,必须大致猜测一下某些参数值那样。但必须懂得,我们要做的那种估计,不是那种用样本统计量作的估计。当然,为了作这样一种估计,可能需要做一下小范围的先导性研究,但是除非要进行的研究规模很大,费用很高,否则专门支出一笔经费用来作先导性研究就没有必要。这样我们的估计就必须以专家的经验和先前的研究结果为依据。然而实际情况并不那么严重,一般只要根据有关费用和标准差的粗略猜测就能得到接近最优分配的抽样分数了。换言之,如果我们有根据认为一些层之间差异很大,无论这种差异涉及上述两个因素中的哪一个,只要进行合乎情理的猜测,就可能产生一种几乎和用准确数值算出的一样好的抽样设计。

使用分层样本的计算方法   当我们用分层样本来计算均值与标准误差的估计值时,必须分别计算各层的数值,然后再根据该层在总体内的相对大小加权。如果我们用 W_i 表示总体第 i 层的权,并令 $\sum W_i = 1$,从而使权变为比例,那么就能把估计总体均值的公式表示为:

$$\overline{X} = \sum_{i=1}^{k} W_i \overline{X}_i$$

式中 $\overline{X}_i$ 是各 k 层的样本均值。这个公式正如我们所预料的,它可以简单地表述为:假如一个层的大小是另一个层的三倍,那么它的均值的权就是另一层的三倍。

如果采用**比例**分层抽样,并令 N_i 和 M_i 分别为第 i 层样本和总体的容量,则由定义可知,全部 N_i/M_i 都等于 N/M。但由于对第 i 层有:

$$\overline{X}_i = \frac{\sum\limits_{j=1}^{N_i} X_{ij}}{N_i}$$

而且还有:

$$W_i = \frac{M_i}{M} = \frac{N_i}{N}$$

因此就有:

$$\overline{X} = \sum_{i=1}^{k} \frac{N_i}{N} \frac{\sum\limits_{j=1}^{N_i} X_{ij}}{N_i} = \frac{1}{N} \sum_{i=1}^{k} \sum_{j=1}^{N_i} X_{ij}$$

这个双重连加号的简单含义是:把所有的 X 值加在一起,因为用整个个案数目去除这一和数就得到 $\overline{X}$,由此可见,用比例分层抽样求得的 μ 的估计值与简单随机抽样是完全相同的。正因为这样,我们把比例分层抽样称为**自加权**。也就是说,每一层都得到了合适的权,如果使用不成比例分层抽样,则必须将各 i 层**在总体中**的权分别去乘以各 $\overline{X}_i$。

在估计均值的标准误差的过程中,计算就不那么容易了。我们必须首先估计各层的标准误差,然后把结果合并在一起,就像在均值差检验和方差分析中所做的那样。必须记住,并不是去求标准差的和,而是求方差和平方和。此外,我们还必须求这些权,即 W_i 的平方值。这样,分层抽样的均值方差的估计量公式可表示为:

$$\hat{\sigma}_{\bar{X}}^2 = \sum W_i^2 \hat{\sigma}_{\bar{X}i}^2$$

式中 $\hat{\sigma}_{\bar{X}i}^2$ 表示第 i 层内均值方差的估计量。通过求这一表达式的平方根,就可以得到均值标准误差的估计量,然后就可以像以前那样求统计量 t。

例如,设有三个县,而有关它们那些资料已概括成表 21.1。请注意,由于采用不等的抽样分数,所以得到一个不成比例抽样样本。我们再假定,在每一层内使用简单随机抽样,并且每个样本都是独立抽取的,不考虑因子 $(1-f)$,标准误差的估计值为:

表 21.1　根据分层样本计算参数估计量所用的数据

	县			总和
	1	2	3	
县的大小 (M_i)	10 000	15 000	25 000	50 000 $(=M)$
权 (W_i)	.20	.30	.50	1.00
样本容量 (N_i)	50	50	50	150 $(=N)$
样本均值 $(\bar{X}_i)$	8 100	9 300	8 800	
样本标准差 (s_i)	500	400	300	

县 1:
$$\frac{s_1}{\sqrt{N_1 - 1}} = \frac{500}{\sqrt{49}} = 71.4$$

县 2:
$$\frac{s_2}{\sqrt{N_2 - 1}} = \frac{400}{\sqrt{49}} = 57.1$$

县 3:
$$\frac{s_3}{\sqrt{N_3 - 1}} = \frac{300}{\sqrt{49}} = 42.9$$

因此均值和方差的估计值为:
$$\bar{X} = 0.20 \times 8\ 100 + 0.30 \times 9\ 300 + 0.50 \times 8\ 800 = 8\ 810$$
$$\hat{\sigma}_{\bar{X}}^2 = 0.20^2 \times 71.4^2 + 0.30^2 \times 57.1^2 + 0.50^2 \times 42.9^2$$
$$= 957.5$$

虽然,在分层样本中均值和比例的计算并不复杂,但必须认识到,它不宜使用各种非参数检验,相关系数显著性检验,协方差分析等,除非做重大修改。遗憾的是在抽样教科书里,一般都不讨论这些问题。假如我们使用的是最简单的抽样方法,即随机抽样法,我们就知道怎样来处理各种复杂的统计问题。用比较复杂的抽样设计,我们可处理最简单的统计问题,如估计均值或比例,计算均值和比例的置信区间,以及作均值差检验等。不过,用复杂的抽样设计处理高深的统计问题的技巧,至今尚未成熟,仍存在不小差距。

21.4 整群抽样

在分层抽样中,我们把总体分成几个组,这些组称做层,然后,从**每一个**层抽样。有时更适宜的做法是把总体分成许多我们称之为整群的组,再在这些整群**中间做**抽样。譬如,我们可以把一个城市分成几百个普查区,然后从其中选 40 个做样本。我们把这样一种抽样设计称为整群抽样,它经常在社会调查中使用,旨在降低收集资料的费用。我们很快就会了解,整群抽样的目的在于抽选尽可能**异质性**的整群,同时容量又比较小,以便最大限度地压缩诸如制表费、差旅费,以及与访谈有关的费用。

在整群抽样中,我们并不直接抽取元素,而是抽取由元素组成的组或整群。在最简单的整群样本中,我们可以先在所有的群中进行随机抽样,然后把这些抽选出来的整群之内的所有个体都选入整群样本中。这种抽样设计,我们称之为单阶段整群抽样设计,因为在这个抽样过程中,实际上只进行一次抽样。此外,还有一种多阶段抽样的方法,这种方法较之单阶段抽样复杂得多。例如,我们可以先从某市普查区选取一个简单随机样本,然后再从这些抽选出的每个普查区内抽选街道(更小的整群)的随机样本。最后,我们指定采访员从已被包括在样本内的那些街道中,每三个住宅选取一个,然后访问那些被选出的住户中的第二个成年人。这时抽样程序势必出现在抽样过程中的许多地方。当然,概率抽样的要点在于抽样过程中,必须具备某些随机因素。那种确保总体中所有个体都有相等被抽选的机会,从而产生一个无偏估样本的抽样分数是可以算出来的。不过这种抽样方法却不能保证抽选的独立性。处于同一整群的人出现在同一样本的机会比较多一些。实际上,整群抽样正是为了保证这种情形的出现。

把整群抽样与简单随机抽样和分层抽样作一番比较是有益的。为了便于讨论,我们假定使用单阶段整群抽样,而各个整群都是随机抽选的,并且由被选到的整群内的每一个个体组成总样本。那么整群抽样与分层抽样究竟有什么区别呢? 请注意,尽管两种抽样都要把总体分成组,但在某种意义上它们却涉及两种对立的抽样操作。在分层抽样中,我们从每个层中**抽取个体**,所以可保证有一定数量的个案作为每一层的代表。我们的抽样误差涉及层**内**的变异性,因此我们希望每一层都尽可能均质,而层与层之间的差别越大越好。

另一方面,在(单阶段)整群抽样中,抽样误差不会在整群内产生,因为群内的每个个案都会被选入样本。由于我们抽取的是一些整群的样本,所以抽样误差与整群和整群**之间**的变异性有关。如果整群均值之间的差异比整群内的差异更大,那在我们的整群样本中,有可能出现一些很不寻常的整群。如果遇到这种情况,并且这些整群又都是均质的,那么抽样误差就可能相当大。但是如果与各整群之间的差异相比较,这些整群的异质性更强,那我们就能用较少几个较大的整群来作样本。假如每一个整群都是异质的,而且比较而言,整群均值之间的差异可忽略不计,那么只要直接选择一个很大的整群,便可得到一个极好的样本。反之,如果各个整群都是完全均质的,那么只要从每一个整群中抽取一个个案就够了,所以我们希望得到的是均质的层和异质的群。两种方法不同是因为抽取样本的程序不同。

现在我们来把整群抽样和简单随机抽样做一番比较。在我们将要遇到的几乎所有现实例子中,整群样本的**效率**总是**不如相同容量**的简单随机样本(即前者会产生较大的抽样误差)。不过,得到一个整群样本的费用却比较小。究竟采用哪一种抽样方法,主要应取决于样本的费用和效率这两方面。那么,究竟怎样比较两种抽样设计的相对效率呢? 最方便的是用估计量的标准误差的大小来量度效率,标准误差小就说明效率高。因为我们已经知道,通常希望得到尽可能异质的整群,由这一直观思想可以转化成涉及组内相关系数的公式。我们可以证明:对于容量相同的整群和简单随机样本,其 μ 的估计量的方差之比近似为下式:

$$\frac{\sigma_{\overline{X}_C}^2}{\sigma_{\overline{X}_R}^2} = 1 + \rho_i(\overline{N} - 1)$$

式中 $\sigma_{\bar{X}_C}^2$ 和 $\sigma_{\bar{X}_R}^2$ 分别代表整群和简单随机样本均值的方差，ρ_i 代表总体组内相关系数，而 $\bar{N}$ 则是从各整群抽取的平均个案数。

注意，一般情况下方差之比将大于1，表明整群抽样的方差（从而也包括标准误差）比较大。除非 $\bar{N}=1$，或者 $\rho_i \leqslant 0$，否则表达式恒大于1。显然，如果 $\bar{N}=1$，则整群样本就变成随机样本的特例，因为每一整群只由一个个案组成。当然，组内相关系数是均质程度的量度。如果整群的均质程度比由偶然因素导致的高，那么 ρ_i 就大于0，而且整群的均质程度越高，则 ρ_i 的值就越大。可以设想，ρ_i 也可能是负的，但这种情况必定是整群的异质程度比由偶然因素导致的高。实际上我们选取的各种整群，其均质程度至少与期望由偶然因素导致的一样。

很明显，若 $\rho_i > 0$，则从整群抽选的个案数 $\bar{N}$ 越大，方差之比也就越大，从而整群抽样设计的相对效率也就越低。这一点凭直观就能理解。如果整群的均质程度很高，为了求得该整群均值的精确估计值并不需要很多的个案。我们完全可以从这个整群抽一个小的样本，并把省下的钱用于研究其他整群。可见，有两种因素决定整群抽样设计的相对效率，即整群均质程度和整群的容量。如果整群是均质的，只需抽取很少的个案；如果是异质的，就只有从整群内抽取较多的个案才不会严重降低抽样效率。

我们已经指出，整群抽样通常比简单随机抽样更经济。例如，若想要一个全国性样本来研究选举和生育行为。首先，没有成年人的名单，也不可能花那么多的钱来编制这份名册。然而，只要有全国各县的清单就可以先抽取县的随机（或系统、或分层）样本，然后再从这些选出的县中选择个案，这种方法一定更节省费用。但在各县内用简单随机抽样的方法也未必可行。整群抽样还有另一个节省费用的因素。例如，派一批采访员到50个县去要比让他们遍访全国农村省钱些。在一个简单随机样本中，可能整个蒙大拿州只抽选上10个人，而且他们还散布在各个县里。使用整群抽样就不会发生这种情况，而且还可以使用经过适当训练的当地的采访员，进行大量的调查走访，从而节省大笔的差旅费。在州内、县内或城市内使用整群抽样方法都有相同的优点，尽管没有在全国范围内进行的优点那样大。

任何抽样调查都有几笔费用，正是这些费用而不是个案的数目限制了研究工作。有些固定费用与抽样设计和抽选的个案数目无关。就我们的目的而言，因为这笔费用可以从总费用中扣除，故而可不必再过多讨论。然后考虑为抽样编制清单的费用。我们已经知道，整群抽样往往能大幅度地降低编制清单的费用。还有一些费用与最终抽选个案数目的多少成正比，这笔费用包括支付给调查员实地访谈的薪金、资料编码费用以及数据计算的费用等。

然而，其他一些费用可能与抽选的整群数目成比例。大部分差旅费，包括回收问卷的费用就属于这种类型。派一个人到一个县住几天再去第二个县，比让他只是为了去找那些第一次访问时不在家的调查对象而跑遍全州来得经济。一般讲，每当与抽选**整群**的数目有关的差旅费和其他费用比那些与个案数目成正比的费用大得多时，整群抽样就比简单随机抽样更经济。例如，对一个大面积和短暂访问的调查来说，也许采用整群抽样比较合适。如果访问要延续几个小时或更长，同时编制清单的费用也不太大，那么简单随机抽样就可能更实用。

因此，在考虑究竟使用哪一种抽样设计时，必须兼顾费用与设计效率两个方面。一般在给定的费用条件下，应当用标准误差比较小的抽样方法。多阶段抽样可以为我们提供一个令人满意的适中的抽样方法，因为它不要求在选出的整群内抽取每一个个体。不过,这会碰到一个如何选择最优方案的复杂问题。首先,我们必须确定抽样的阶段数,接着便要确定抽取的整群数,最后还要确定从每一个整群内要选取的个案数目。不仅如此,问题还在于大多数研究课题往往涉及的变量不是一个而是一批,而且整群的大小并不相等,从而问题变得更加复杂。有鉴于此,在作出使用何种抽样方法这一决定之前,为保险起见,最好还是求教于抽样专家。细致周密的计划,不仅能节省研究费用,而且也能减少在分析资料时出现的问题。

在结束整群抽样这一节前,我们必须再次提醒读者,本文所列的一些公式不能用于整群抽样。我们已经指出,用简单随机抽样的公式来计算用整群抽样方法收集得来的资料会导致严重的错误。这些错误大小不是那种用正态分布表代替 t 表而产生出来的误差大小,它们可能更严重。例如,实际上显著性水平是 0.50(用正确的整群抽样的公式得到的),而不是 0.05(见参考文献 4)。如果我们作假设检验,想要否定一个零假设,在这种情况下,用随机抽样的公式来计算整群抽样的数据是不妥当的。我们必须记住,同样容量的整群样本总是比简单随机样本的效率要差一点。用简单随机抽样公式来估计标准误差,会出现**低估**的情况。换句话说,一定容量的整群样本就效率而言,低于与它同容量的随机样本。一个容量为 800 的整群样本,在效率上可能约与一个容量为 500 的随机样本相等。如果用简单随机抽样的公式来计算容量为 800 的整群样本,就很可能得到显著性结果,而采用正确程序却不会如此。

因此,在分析整群样本的数据时,要特别小心。在没有抽样专家帮助读者指出恰当的修正因子前,就不应当用类似卡方检验的统计方法,使用分层样本问题就没有这么严重,因为分层样本的效率比简单随机样本更高。一个确定容量的分层样本,在效率上与比它稍大一些的随机样本相等。研究人员用简单随机抽样公式来计算分层样本的数据,在做假设检验否定零假设时,一般也趋于保守。不过情况也并不总是这样,要具体情况具体分析。

21.5 非概率抽样

下面简要地讨论一些使用非概率抽样的问题。非概率抽样的主要缺点是不能正确地估计误差的概率,因此它不适合作统计推论,也不应当用于统计推论,但这并不是说,非概率抽样在任何场合都不宜采用。探索性研究旨在获得有价值的思想,并最终导致建立可检验的假设。在探索性研究中,非概率抽样就比较合适,而概率抽样可能既费钱又得不到很多对事物的领悟。例如,可能想访问一些能提供很多情况的人,或者访问一些极端的个案,这些人能给他提供许多差异突出的情况。当然,如果这样做了,就没有理论依据来检验这些极端个案之间差异的显著性,除非想要概括地描述完全由这类极端个案组成的总体。读者可以发现在以往的研究中,不乏对这样的极端的个别的个案做统计检验的事实,不过这并不意味着它们是合理的。但是,也不能否认用这些极端个别的个案作比较,可能得到一些有益的见解。

在对抽样总体进行概括的时候,有时也使用非概率抽样的方法。这种方法一般总是求助于访问者对总体的判断来选择样本个体,或是在非随机基础上选择样本个体。

定额抽样是非概率抽样的一种,它有时在民意调查中使用。从表面上看,定额样本似乎类似分层抽样样本。在使用这种抽样方法时,一个采访员被分配完成某个"定额"。比如,他必须采访若干 40 岁以上的女性,若干收入低于 5 000 美元的人或一定百分数的天主教徒。至于具体访问哪一个年过40的女性或哪一位天主教徒，则完全由采访员自己决定。而采访员毕竟都是人，很可能他宁愿选择那些最容易访问的人。假如他是到她们的家中进行访问，那他就可能只选在他去访问的时候那些在家的人，即使他意识到这种选择性趋向，要完全改正过来也是很困难的。一个十分认真的采访员，甚至会因为认真而过量抽取那些不经常在家的人或被其他访问者所遗漏的处于社会底层的人。也许一个受过良好训练的人，对抽样的情况可能逐渐具有相当好的判断能力。不过，要做出准确无误的判断，即使不是绝无可能，恐怕也是相当困难的。如果有一个组别，无论它属于缺量抽样还是超量抽样，只要对研究的变量而言，它与其他组别存在着显著的差别，那么这个样本就可能有严重的偏倚，而且，我们无法估计偏估的大小。

在实际研究工作中，每当遇到一些清单不甚完整或不回答问题的人数比例很高的时候，就会出现非概率抽样问题。如果回收的问卷只有50%，而且回答的人与未回答的人可能有显著差别，就会导致严重的偏倚。因此，尽管为取得一个概率样本而煞费苦心，但在最终得到的样本中，某些个体实际上没有被选中的可能，因为他们拒绝回答问题。因此，为了提高问卷的回收率，用一些明信片或其他途径去催一催问卷是极为重要的。一个采访员必须学会对被访者有耐性，为了保证问卷有足够的回收率，还要对他们进行反复的回访。显然，大样本并不能弥补重大的偏倚。

21.6 非抽样误差和样本容量

即使对研究方案作了精心设计，使它满足了抽样设计所要求的全部条件，但仍然还会有某种非抽样误差。概率理论使我们可以估计抽样误差的概率，即完全是由样本之间的差异而产生的那些误差。与此不同，非抽样误差是量度误差，与样本之间的差异无关。在任何涉及访问或问卷的研究中都会有回答误差。在有些情况中，例如像年龄这种问题，在调查过程中就可能会有一种导致某种确定的偏倚的一致性误差。在另一些情况中，回答问题的误差可能或多或少是随机的。访问者自己的偏向（倚）也可能影响调查结果。

本文不准备详细地讨论各种可能的非抽样误差，然而有一点却有必要提及，即非抽样误差与抽样误差对总误差的关系。如果我们不能将非抽样误差控制在低于某个水平，那么进一步采取措施减少抽样误差毫无意义。假如这两种误差就是彼此无关的，可以用图21.1表示这种情形。

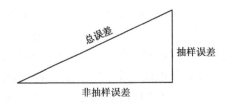

图21.1 总误差与抽样误差之间的关系

总误差是两种独立误差的函数。除非能同时控制两种不同类型的误差，否则总误差就不会减少很多。如果类似回答或访问的非抽样误差很大，那么为了减少估计量的标准误差而取一个很大的样本是没有用处的，因为总误差主要取决于三角形底边的长度，同样，如果为了最大限度地减少非抽样误差而使用一个小样本，那是愚蠢的办法，因为小样本会有更大的抽样误差,所以应当在抽样与非抽样误差之间保持适当的平衡。精确度限制了有效样本容量,反之亦然。遗憾的是,非抽样误差通常是难以估计的。如果可以估计误差,那么最有效的总设计应当使三角形的两腰相等。记住这一点不无裨益。

参考文献

1. Balock, H. M. : "Causal Inferences in Natural Experiments: Some Complications in Matching Designs, *Sociometry*, vol. 30, pp. 300-315, 1967.

2. Cochran, W. G. : *Sampling Techniques*, John Wiley & Sons, Inc. , New York, 1953.

3. Hansen, M. H. , W. N. Hurwitz, and W. G. Madow: *Sample Survey Methods and Theory*, vol. 1, John Wiley & Sons, Inc. , New York, 1953.

4. Kish, L. : "Confidence Intervals for Clustered Samples," *American Sociological Review*, vol. 22, pp. 154-165, April, 1957.

5. Kish, L. : "Selection of the Sample," in L. Festinger and D. Katz (eds.), *Research Methods in the Behavioral Sciences*, The Dryden Press, Inc. , New York, 1953, chap. 5.

6. Kish, L. : *Survey Sampling*, John Wiley & Sons, Inc. , New York, 1965.

7. Lazerwitz, Bernard: "Sampling Theory and Procedures," in H. M. Blalock and Ann B. Blalock (eds.), *Methodology in Social Research*, McGraw-Hill Book Company, New York, 1968, chap. 8.

附录1 代数运算复习

因为大多数学生可能已经把他们曾经学过的许多初等代数课程忘记了,因此应当简单复习一下某些基本的代数运算。下面以简要形式复习其中某些规则,凡是需要更全面进行复习的学生,请自行查阅代数教科书。

在算术与代数运算中,运算的**次序**是一个十分重要,也是一个最基本的问题。一般讲,对一个复杂的代数表达式做运算时,我们总是从里向外进行。应当牢记下面这些规则。

(1)**平方和或平方差的展开**

$$(a + b)^2 = a^2 + 2ab + b^2 \neq a^2 + b^2$$
$$(a - b)^2 = a^2 - 2ab + b^2 \neq a^2 - b^2$$

相反,在平方根运算中则有:

$$\sqrt{a^2 + 2ab + b^2} = \sqrt{(a + b)^2} = a + b$$

而 $\sqrt{a^2 + b^2} = a + b$ 则肯定是**错误**的。

(2)**和或差的除法**

虽然:

$$\frac{a + b}{c} = \frac{a}{c} + \frac{b}{c}$$

但不能直接简化:

$$\frac{a}{b + c} \quad 或 \quad \frac{a}{b - c}$$

例如:

$$\frac{a}{b + c} \neq \frac{a}{b} + \frac{a}{c}$$

(3)**分数的除法**

如果分母本身是分数,可以按下面的方式把分母中分数的分母移到分子上:

$$\frac{a}{b/c} = a\,\frac{c}{b} = \frac{ac}{b}$$

同样:

$$\frac{a/b}{c/d} = \frac{a}{b} \times \frac{d}{c} = \frac{ad}{bc}$$

以及:

$$\frac{a}{b/(c + d)} = a\,\frac{c + d}{b} = \frac{a(c + d)}{b}$$

(4)**幂的运算法**

如果有一个数的 a 次方,又有**同一个数的** b 次方,那么在求它们的乘积时可以把它们的指数相加。因此有:

$$X^a X^b = X^{a+b} \qquad 以及 \qquad X^3 X^2 = X^5$$

但是:
$$X^a + X^b \neq X^{a+b} \qquad 以及 \qquad X^3 + X^2 = X^2(X+1) \neq X^5$$

与此相似,在作除法运算时,指数可以相减。

$$\frac{X^a}{X^b} = X^{a-b} \qquad \frac{X^3}{X^2} = X^1 = X$$

其中有一个特例是:
$$\frac{X^a}{X^a} = X^{a-a} = X^0 = 1$$

因此,任何实数(除了 0 以外)的 0 次方都是 1。

(5)负指数

一个数的负次方可以用这个数的相同的正次方的倒数表示:

$$X^{-a} = \frac{1}{X^a} \qquad X^{-2} = \frac{1}{X^2}$$

(6)括弧的运算法

在有括弧的情况下,运算遵循由里向外进行的规则。括弧前的负号表示,如果要脱去括弧,那么该括弧内的每一项都必须改变符号,因此:

$$a(b-c) = ab - ac$$
$$-[a-(b-c)] = -[a-b+c] = -a+b-c$$
$$a - [b - (c-d)^2] = a - [b - (c^2 - 2cd + d^2)]$$
$$= a - [b - c^2 + 2cd - d^2]$$
$$= a - b + c^2 - 2cd + d^2$$

与之类似,如果我们要把任何一个量放到一个前面为负号的括弧内,只要改变它们的符号即可,因此:

$$a - b - c = a - (b+c)$$
$$a - b + c - d = (a-b) + (c-d) = -(b-a) - (d-c)$$

连加号的用法　统计学经常会用到一些含有数量和的公式,这时常用一种简写形式来代替。希腊字母 $\sum$(大写的西格马)表示连加法。按一般的规则,每当这个符号出现时,位于它右边的所有量应该相加。一般我们用一个带有下标 i, j 或 k 等的单独一个字母(通常为 X, Y 或 Z),而不用各不相同的字母(例如,$a, b, c, d, e, f, \cdots$)。下标可以取任意的数值。通常,但并非总是如此,第一个分数的符号为 X_1,第二个则为 X_2,等等,依次类推。因此一般按下列方式使用连加号 $\sum$:

$$\sum_{i=1}^{N} X_i = X_1 + X_2 + X_3 + \cdots + X_N$$

在 $\sum$ 上面与下面的记号表示,i 值顺次取从 $1, 2, 3$ 一直到 N 为止的数值。同样,可以写:

$$\sum_{i=3}^{8} X_i = X_3 + X_4 + X_5 + X_6 + X_7 + X_8$$

在后面这一情况下,应从观测的第三个分数开始加,一直加到第八个分数为止。

如果依照一般的代数规则,就可推导出适用于连加法运算的一些规则,以下这些规则基本上没有附加说明,因为根据 $\sum$ 的定义和简单代数规则可以推导出来。

① $\displaystyle\sum_{i=1}^{N} X_i^2 = X_1^2 + X_2^2 + X_3^2 + \cdots + X_N^2$

② $\displaystyle\sum_{i=1}^{N} X_i Y_i = X_1 Y_1 + X_2 Y_2 + X_3 Y_3 + \cdots + X_N Y_N$

③ $\displaystyle\sum_{i=1}^{N} (X_i + Y_i) = (X_1 + Y_1) + (X_2 + Y_2) + \cdots + (X_N + Y_N)$

$$= (X_1 + X_2 + \cdots + X_N)$$
$$+ (Y_1 + Y_2 + \cdots + Y_N)$$
$$= \sum_{i=1}^{N} X_i + \sum_{i=1}^{N} Y_i$$

④ $\displaystyle\sum_{i=1}^{N} (X_i - Y_i) = \sum_{i=1}^{N} X_i - \sum_{i=1}^{N} Y_i$ （见③）

⑤ $\displaystyle\sum_{i=1}^{N} (X_i + Y_i)^2 = \sum_{i=1}^{N} (X_i^2 + 2 X_i Y_i + Y_i^2)$

$$= \sum_{i=1}^{N} X_i^2 + \sum_{i=1}^{N} 2 X_i Y_i + \sum_{i=1}^{N} Y_i^2$$
$$\neq \sum_{i=1}^{N} X_i^2 + \sum_{i=1}^{N} Y_i^2$$

(注意,因子 2 可以从第二项中提出,使该项成为 $2\displaystyle\sum_{i=1}^{N} X_i Y_i$,见⑥)。

⑥如果 k 是常数,那么:

$$\sum_{i=1}^{N} k X_i = k X_1 + k X_2 + \cdots + k X_N$$
$$= k(X_1 + X_2 + \cdots + X_N) = k \sum_{i=1}^{N} X_i$$

⑦

$$\left(\sum_{i=1}^{N} X_i\right)^2 = (X_1 + X_2 + \cdots + X_N)^2$$
$$= X_1^2 + X_2^2 + \cdots + X_N^2 + 2 X_1 X_2$$
$$+ 2 X_1 X_3 + \cdots + 2 X_{N-1} X_N$$
$$\neq X_1^2 + X_2^2 + \cdots + X_N^2$$

换句话说,我们必须把以下式子加以区分:

$$\sum_{i=1}^{N} X_i^2 \qquad 和 \qquad \left(\sum_{i=1}^{N} X_i\right)^2$$

有时,对于有两个下标 i 和 j 的量,用双重连加号来表示更为简便。每一个被相加的量都可以写为两个下标(ij)的量 $\displaystyle\sum_{i=1}^{N}\sum_{j=1}^{M} X_{ij}$。先求第二个下标 j 从 1 到 M 的和,然后再求外面的下标 i 从 1 到 N 的和:

$$\sum_{i=1}^{N}\sum_{j=1}^{M} X_{ij} = \sum_{i=1}^{N} (X_{i1} + x_{i2} + X_{i3} + \cdots + X_{iM})$$
$$= (X_{11} + X_{12} + \cdots + X_{1M}) + (X_{21} + X_{22} + \cdots + X_{2M})$$

$$+ \cdots + (X_{N1} + X_{N2} + \cdots + X_{NM})$$

同样,与此类似:

$$\sum_{i=1}^{N} \Big(\sum_{j=1}^{M} X_{ij} \Big)^2 = \sum_{i=1}^{N} (X_{i1} + X_{i2} + \cdots + X_{iM})^2$$

关于非常大或者非常小的数的运算方法　在处理非常大或者非常小的数时,尤其是在取平方和或平方根时,使用 10 的幂常常会使问题变得简便。由于 $10^1 = 10, 10^2 = 100,$ $10^3 = 1\,000$,等等,通过计算小数点右边或左边的数字,我们就可以写出 10 的从 0 至 10 次方的任何数,例如:

$$13 = 1.3 \times 10 = 1.3 \times 10^1$$
$$138 = 1.38 \times 100 = 1.38 \times 10^2$$
$$1\,382 = 1.382 \times 1\,000 = 1.382 \times 10^3$$
$$1\,382\,461 = 1.382\,461 \times 10^6$$
$$0.13 = \frac{1.3}{10} = 1.3 \times 10^{-1}$$
$$0.013 = \frac{1.3}{100} = \frac{1.3}{10^2} = 1.3 \times 10^{-2}$$
$$0.000\,13 = \frac{1.3}{10\,000} = 1.3 \times 10^{-4}$$

如果我们想求 1 382 的平方,则得到:

$$1\,382^2 = (1.382 \times 10^3)^2 = 1.382^2 \times 10^6$$
$$= 1.909\,9 \times 1\,000\,000 = 1\,909\,900$$

可见,这种带着小数点进行运算的方法更为简便。

在求平方根时,用 10 的偶次幂求最简便,因为 $\sqrt{100} = \sqrt{10^2} = 10$,而 $\sqrt{10\,000} = \sqrt{10^4} = 10^2 = 100$,那么由此可推出一般的形式,即 $\sqrt{10^{2k}} = 10^k$。而 10 的奇次幂,则可用下面的形式表示:

$$\sqrt{1\,000} = \sqrt{10^3} = 10\sqrt{10} \quad \sqrt{100\,000} = \sqrt{10^5} = 100\sqrt{10}$$

由此可见,凡是 10 的偶次幂总是可以把它从根号中提出,而 10 的奇次幂就不可以。因此,在求平方根时,我们可以先数出小数点右面或左面的**成对**位数,然后就可以把原来的量用一个在 1 到 100 之间的数乘以 10 的偶次幂来表示。故有:

$$\sqrt{20\,681\,461\,385} = \sqrt{2.068 \times 10^{10}} = 10^5\sqrt{2.068}$$
$$\sqrt{151\,456\,008\,351.75} = \sqrt{15.146 \times 10^{10}} = 10^5\sqrt{15.146}$$
$$\sqrt{0.000\,003\,571} = \sqrt{3.571 \times 10^{-6}} = 10^{-3}\sqrt{3.571}$$

对数　因为第 15,18 和 20 这三章都曾提及对数变换问题,所以读者在适当的时候复习本节有一定好处。数 Q 的对数是一个**指数**,底数的该指数次幂等于 Q。虽然底数为 $e \approx 2.72$ 的自然对数在微积分和数理统计中有着比较大的理论意义,但是底数 10 却是最便于掌握的。为了简便起见,本书将只介绍以 10 为底数的对数。

如果我们取 $X = \log_{10} Q$,那么 X 就是一个指数,使 $10^X = Q$。例如,如果 $Q = 100 = 10^2$,那么 100 的对数刚好等于 2。同样,$\log_{10} 1\,000 = 3$,因为 $10^3 = 1\,000$。由此可知 $\log_{10} 1\,000\,000 = 6$,而 $\log_{10} 10 = 1$。大家还要注意 $\log_{10} 1 = 0$,因为 10(或任何其他底数)的零次方是 1。

当我们取某些值在 0 和 1 之间数量的对数（如比例）时，对数就变成负数，如 $\log_{10}0.1 = -1$，因为 $10^{-1} = 0.1$。同样 $\log_{10}0.01 = -2$，而 $\log_{10}0.0001 = -4$，因为 $10^{-4} = 1/10000 = 0.0001$。

如果需要从对数表求对数，显然必须取中间值的对数，例如，$\log_{10}346$ 就位于 $\log_{10}100 = 2.0$ 和 $\log_{10}1000 = 3.0$ 之间。本书将不介绍这种方法，因为有现成的性能优良的计算机与袖珍计算器，已使我们不再需要这些表。关于对数要记住这样一个事实，即对于以 10 为底，或任何底大于 1（包括 e）的对数，在作对数转换时，有使很大的数减小很多，而使较小的数减小较少的趋势，所以，任何在 10 与 100 之间的数的 $\log_{10}$ 都在 1 与 2 之间，而任何在 1000 和 10000 之间的 $\log_{10}$ 都在 3 与 4 之间。由此可知，当 Q 很大时，$\log_{10}Q$ 的数值将比 Q 比较小的时候挨得更紧。正是这一事实，使对数转换在某些场合非常有用。在这些场合中，在 X 的连续谱中数值高的那端附近 X 发生很大的变化，才使 Y 产生一个给定的变化，而对于比较小的 X 值，X 发生的一个单位的变化将对 Y 产生比较大的影响。像收入或总体容量这样一些分布常有严重的偏斜，对它们作对数转换是适宜的。这样做既有助于使它们的分布正态化，又有助于使它们与其他变量有更接近线性的关系。

注意，就**比例**而言，它们的值必定在 0 与 1 之间，因此，$\log_{10}$（或以 e 为底的对数）将是负的。但是，如果我们制订比率 $p/(1-p)$，那么它可以有任何的正值，同时将会有下限零。这种比率的 $\log_{10}$ 取值从负无限大到正无限大，当 $p = 0.5$［而因此 $p/(1-p) = 1.0$］时，这种比率的 $\log_{10}$ 将等于 0，所以，$\log_{10}[p/(1-p)]$ 将取值的全域，同时 $\log_{10}(p/(1-p))$ 还将对称于 0。正如第 20 章中讲的那样，这也适用于 $\log_e[p/(1-p)]$。

有关统计表

表A 平方与平方根表

数 目	平 方	平方根	数 目	平 方	平方根
1	1	1. 000 0	31	961	5. 567 8
2	4	1. 414 2	32	1 024	5. 656 9
3	9	1. 732 1	33	1 089	5. 744 6
4	16	2. 000 0	34	1 156	5. 831 0
5	25	2. 236 1	35	1 225	5. 916 1
6	36	2. 449 5	36	1 296	6. 000 0
7	49	2. 645 8	37	1 369	6. 082 8
8	64	2. 828 4	38	1 444	6. 164 4
9	81	3. 000 0	39	1 521	6. 245 0
10	100	3. 162 3	40	1 600	6. 324 6
11	121	3. 316 6	41	1 681	6. 403 1
12	144	3. 464 1	42	1 764	6. 480 7
13	169	3. 605 6	43	1 849	6. 557 4
14	196	3. 741 7	44	1 936	6. 633 2
15	225	3. 873 0	45	2 025	6. 708 2
16	256	4. 000 0	46	2 116	6. 782 3
17	289	4. 123 1	47	2 209	6. 855 7
18	324	4. 242 6	48	2 304	6. 928 2
19	361	4. 358 9	49	2 401	7. 000 0
20	400	4. 472 1	50	2 500	7. 071 1
21	441	4. 582 6	51	2 601	7. 141 4
22	484	4. 690 4	52	2 704	7. 211 1
23	529	4. 795 8	53	2 809	7. 280 1
24	576	4. 899 0	54	2 916	7. 348 5
25	625	5. 000 0	55	3 025	7. 416 2
26	676	5. 099 0	56	3 136	7. 483 3
27	729	5. 196 2	57	3 249	7. 549 8
28	784	5. 291 5	58	3 364	7. 615 8
29	841	5. 385 2	59	3 481	7. 681 1
30	900	5. 477 2	60	3 600	7. 746 0

资料来源:H. Sorenson, *Statistics for Students of Psychology and Education*, McGraw-Hill Book Company, New York, 1936, table 72, pp. 347-359, with the kind permission of the author.

续表

数　目	平　方	平方根	数　目	平　方	平方根
61	3 721	7. 810 2	101	10 201	10. 049 9
62	3 844	7. 874 0	102	10 404	10. 099 5
63	3 969	7. 937 3	103	10 609	10. 148 9
64	4 096	8. 000 0	104	10 816	10. 198 0
65	4 225	8. 062 3	105	11 025	10. 247 0
66	4 356	8. 124 0	106	11 236	10. 295 6
67	4 489	8. 185 4	107	11 449	10. 344 1
68	4 624	8. 246 2	108	11 664	10. 392 3
69	4 761	8. 306 6	109	11 881	10. 440 3
70	4 900	8. 366 6	110	12 100	10. 488 1
71	5 041	8. 426 1	111	12 321	10. 535 7
72	5 184	8. 485 3	112	12 544	10. 583 0
73	5 329	8. 544 0	113	12 769	10. 630 1
74	5 476	8. 602 3	114	12 996	10. 677 1
75	5 625	8. 660 3	115	13 225	10. 723 8
76	5 776	8. 717 8	116	13 456	10. 770 3
77	5 929	8. 775 0	117	13 689	10. 816 7
78	6 084	8. 831 8	118	13 924	10. 862 8
79	6 241	8. 888 2	119	14 161	10. 908 7
80	6 400	8. 944 3	120	14 400	10. 954 5
81	6 561	9. 000 0	121	14 641	11. 000 0
82	6 724	9. 055 4	122	14 884	11. 045 4
83	6 889	9. 110 4	123	15 129	11. 090 5
84	7 056	9. 165 2	124	15 376	11. 135 5
85	7 225	9. 219 5	125	15 625	11. 180 3
86	7 396	9. 273 6	126	15 876	11. 225 0
87	7 569	9. 327 4	127	16 129	11. 269 4
88	7 744	9. 380 8	128	16 384	11. 313 7
89	7 921	9. 434 0	129	16 641	11. 357 8
90	8 100	9. 486 8	130	16 900	11. 401 8
91	8 281	9. 539 4	131	17 161	11. 445 5
92	8 464	9. 591 7	132	17 424	11. 489 1
93	8 649	9. 643 7	133	17 689	11. 532 6
94	8 836	9. 695 4	134	17 956	11. 575 8
95	9 025	9. 746 8	135	18 225	11. 619 0
96	9 216	9. 798 0	136	18 496	11. 661 9
97	9 409	9. 848 9	137	18 769	11. 704 7
98	9 604	9. 899 5	138	19 044	11. 747 3
99	9 801	9. 949 9	139	19 321	11. 789 8
100	10 000	10. 000 0	140	19 600	11. 832 2

续表

数　目	平　方	平方根	数　目	平　方	平方根
141	19 881	11. 874 3	181	32 761	13. 453 6
142	20 164	11. 916 4	182	33 124	13. 490 7
143	20 449	11. 958 3	183	33 489	13. 527 7
144	20 736	12. 000 0	184	33 856	13. 564 7
145	21 025	12. 041 6	185	34 225	13. 601 5
146	21 316	12. 083 0	186	34 596	13. 638 2
147	21 609	12. 124 4	187	34 969	13. 674 8
148	21 904	12. 165 5	188	35 344	13. 711 3
149	22 201	12. 206 6	189	35 721	13. 747 7
150	22 500	12. 247 4	190	36 100	13. 784 0
151	22 801	12. 288 2	191	36 481	13. 820 3
152	23 104	12. 328 8	192	36 864	13. 856 4
153	23 409	12. 369 3	193	37 249	13. 892 4
154	23 716	12. 409 7	194	37 636	13. 928 4
155	24 025	12. 449 9	195	38 025	13. 964 2
156	24 336	12. 490 0	196	38 416	14. 000 0
157	24 649	12. 530 0	197	38 809	14. 035 7
158	24 964	12. 569 8	198	39 204	14. 071 2
159	25 281	12. 609 5	199	39 601	14. 106 7
160	25 600	12. 649 1	200	40 000	14. 142 1
161	25 921	12. 688 6	201	40 401	14. 177 4
162	26 244	12. 727 9	202	40 804	14. 212 7
163	26 569	12. 767 1	203	41 209	14. 247 8
164	26 896	12. 806 2	204	41 616	14. 282 9
165	27 225	12. 845 2	205	42 025	14. 317 8
166	27 556	12. 884 1	206	42 436	14. 352 7
167	27 889	12. 922 8	207	42 849	14. 387 5
168	28 224	12. 961 5	208	43 264	14. 422 2
169	28 561	13. 000 0	209	43 681	14. 456 8
170	28 900	13. 038 4	210	44 100	14. 491 4
171	29 241	13. 076 7	211	44 521	14. 525 8
172	29 584	13. 114 9	212	44 944	14. 560 2
173	29 929	13. 152 9	213	45 369	14. 594 5
174	30 276	13. 190 9	214	45 796	14. 628 7
175	30 625	13. 228 8	215	46 225	14. 662 9
176	30 976	13. 266 5	216	46 656	14. 696 9
177	31 329	13. 304 1	217	47 089	14. 730 9
178	31 684	13. 341 7	218	47 524	14. 764 8
179	32 041	13. 379 1	219	47 961	14. 798 6
180	32 400	13. 416 4	220	48 400	14. 832 4

续表

数　目	平　方	平方根	数　目	平　方	平方根
221	48 841	14. 866 1	261	68 121	16. 155 5
222	49 284	14. 899 7	262	68 644	16. 186 4
223	49 729	14. 933 2	263	69 169	16. 217 3
224	50 176	14. 966 6	264	69 696	16. 248 1
225	50 625	15. 000 0	265	70 225	16. 278 8
226	51 076	15. 033 3	266	70 756	16. 309 5
227	51 529	15. 066 5	267	71 289	16. 340 1
228	51 984	15. 099 7	268	71 824	16. 370 7
229	52 441	15. 132 7	269	72 361	16. 401 2
230	52 900	15. 165 8	270	72 900	16. 431 7
231	53 361	15. 198 7	271	73 441	16. 462 1
232	53 824	15. 231 5	272	73 984	16. 492 4
233	54 289	15. 264 3	273	74 529	16. 522 7
234	54 756	15. 297 1	274	75 076	16. 552 9
235	55 225	15. 329 7	275	75 625	16. 583 1
236	55 696	15. 362 3	276	76 176	16. 613 2
237	56 169	15. 394 8	277	76 729	16. 643 3
238	56 644	15. 427 2	278	77 284	16. 673 3
239	57 121	15. 459 6	279	77 841	16. 703 3
240	57 600	15. 491 9	280	78 400	16. 733 2
241	58 081	15. 524 2	281	78 961	16. 763 1
242	58 564	15. 556 3	282	79 524	16. 792 9
243	59 049	15. 588 5	283	80 089	16. 822 6
244	59 536	15. 620 5	284	80 656	16. 852 3
245	60 025	15. 652 5	285	81 225	16. 881 9
246	60 516	15. 684 4	286	81 796	16. 911 5
247	61 009	15. 716 2	287	82 369	16. 941 1
248	61 504	15. 748 0	288	82 944	16. 970 6
249	62 001	15. 779 7	289	83 521	17. 000 0
250	62 500	15. 811 4	290	84 100	17. 029 4
251	63 001	15. 843 0	291	84 681	17. 058 7
252	63 504	15. 874 5	292	85 264	17. 088 0
253	64 009	15. 906 0	293	85 849	17. 117 2
254	64 516	15. 937 4	294	86 436	17. 146 4
255	65 025	15. 968 7	295	87 025	17. 175 6
256	65 536	16. 000 0	296	87 616	17. 204 7
257	66 049	16. 031 2	297	88 209	17. 233 7
258	66 564	16. 062 4	298	88 804	17. 262 7
259	67 081	16. 093 5	299	89 401	17. 291 6
260	67 600	16. 124 5	300	90 000	17. 320 5

续表

数　目	平　方	平方根	数　目	平　方	平方根
301	90 601	17.349 4	341	116 281	18.466 2
302	91 204	17.378 1	342	116 964	18.493 2
303	91 809	17.406 9	343	117 649	18.520 3
304	92 416	17.435 6	344	118 336	18.547 2
305	93 025	17.464 2	345	119 025	18.574 2
306	93 636	17.492 9	346	119 716	18.601 1
307	94 249	17.521 4	347	120 409	18.627 9
308	94 864	17.549 9	348	121 104	18.654 8
309	95 481	17.578 4	349	121 801	18.681 5
310	96 100	17.606 8	350	122 500	18.708 3
311	96 721	17.635 2	351	123 201	18.735 0
312	97 344	17.663 5	352	123 904	18.761 7
313	97 969	17.691 8	353	124 609	18.788 3
314	98 596	17.720 0	354	125 316	18.814 9
315	99 225	17.748 2	355	126 025	18.841 4
316	99 856	17.776 4	356	126 736	18.868 0
317	100 489	17.804 5	357	127 449	18.894 4
318	101 124	17.832 6	358	128 164	18.920 9
319	101 761	17.860 6	359	128 881	18.947 3
320	102 400	17.888 5	360	129 600	18.973 7
321	103 041	17.916 5	361	130 321	19.000 0
322	103 684	17.944 4	362	131 044	19.026 3
323	104 329	17.972 2	363	131 769	19.052 6
324	104 976	18.000 0	364	132 496	19.078 8
325	105 625	18.027 8	365	133 225	19.105 0
326	106 276	18.055 5	366	133 956	19.131 1
327	106 929	18.083 1	367	134 689	19.157 2
328	107 584	18.110 8	368	135 424	19.183 3
329	108 241	18.138 4	369	136 161	19.209 4
330	108 900	18.165 9	370	136 900	19.235 4
331	109 561	18.193 4	371	137 641	19.261 4
332	110 224	18.220 9	372	138 384	19.287 3
333	110 889	18.248 3	373	139 129	19.313 2
334	111 556	18.275 7	374	139 876	19.339 1
335	112 225	18.303 0	375	140 625	19.364 9
336	112 896	18.330 3	376	141 376	19.390 7
337	113 569	18.357 6	377	142 129	19.416 5
338	114 244	18.384 8	378	142 884	19.442 2
339	114 921	18.412 0	379	143 641	19.467 9
340	115 600	18.439 1	380	144 400	19.493 6

续表

数　目	平　方	平方根	数　目	平　方	平方根
381	145 161	19. 519 2	421	177 241	20. 518 3
382	145 924	19. 544 8	422	178 084	20. 542 6
383	146 689	19. 570 4	423	178 929	20. 567 0
384	147 456	19. 595 9	424	179 776	20. 591 3
385	148 225	19. 621 4	425	180 625	20. 615 5
386	148 996	19. 646 9	426	181 476	20. 639 8
387	149 769	19. 672 3	427	182 329	20. 664 0
388	150 544	19. 697 7	428	183 184	20. 688 2
389	151 321	19. 723 1	429	184 041	20. 712 3
390	152 100	19. 748 4	430	184 900	20. 736 4
391	152 881	19. 773 7	431	185 761	20. 760 5
392	153 664	19. 799 0	432	186 624	20. 784 6
393	154 449	19. 824 2	433	187 489	20. 808 7
394	155 236	19. 849 4	434	188 356	20. 832 7
395	156 025	19. 874 6	435	189 225	20. 856 7
396	156 816	19. 899 7	436	190 096	20. 880 6
397	157 609	19. 924 9	437	190 969	20. 904 5
398	158 404	19. 949 9	438	191 844	20. 928 4
399	159 201	19. 975 0	439	192 721	20. 952 3
400	160 000	20. 000 0	440	193 600	20. 976 2
401	160 801	20. 025 0	441	194 481	21. 000 0
402	161 604	20. 049 9	442	195 364	21. 023 8
403	162 409	20. 074 9	443	196 249	21. 047 6
404	163 216	20. 099 8	444	197 136	21. 071 3
405	164 025	20. 124 6	445	198 025	21. 095 0
406	164 836	20. 149 4	446	198 916	21. 118 7
407	165 649	20. 174 2	447	199 809	21. 142 4
408	166 464	20. 199 0	448	200 704	21. 166 0
409	167 281	20. 223 7	449	201 601	21. 189 6
410	168 100	20. 248 5	450	202 500	21. 213 2
411	168 921	20. 273 1	451	203 401	21. 236 8
412	169 744	20. 297 8	452	204 304	21. 260 3
413	170 569	20. 322 4	453	205 209	21. 283 8
414	171 396	20. 347 0	454	206 116	21. 307 3
415	172 225	20. 371 5	455	207 025	21. 330 7
416	173 056	20. 396 1	456	207 936	21. 354 2
417	173 889	20. 420 6	457	208 849	21. 377 6
418	174 724	20. 445 0	458	209 764	21. 400 9
419	175 561	20. 469 5	459	210 681	21. 424 3
420	176 400	20. 493 9	460	211 600	21. 447 6

续表

数　目	平　方	平方根	数　目	平　方	平方根
461	212 521	21. 470 9	501	251 001	22. 383 0
462	213 444	21. 494 2	502	252 004	22. 405 4
463	214 369	21. 517 4	503	253 009	22. 427 7
464	215 296	21. 540 7	504	254 016	22. 449 9
465	216 225	21. 563 9	505	255 025	22. 472 2
466	217 156	21. 587 0	506	256 036	22. 494 4
467	218 089	21. 610 2	507	257 049	22. 516 7
468	219 024	21. 633 3	508	258 064	22. 538 9
469	219 961	21. 656 4	509	259 081	22. 561 0
470	220 900	21. 679 5	510	260 100	22. 583 2
471	221 841	21. 702 5	511	261 121	22. 605 3
472	222 784	21. 725 6	512	252 144	22. 627 4
473	223 729	21. 748 6	513	263 169	22. 649 5
474	224 676	21. 771 5	514	264 196	22. 671 6
475	225 625	21. 794 5	515	265 225	22. 693 6
476	226 576	21. 817 4	516	226 256	22. 715 6
477	227 529	21. 840 3	517	267 289	22. 737 6
478	228 484	21. 863 2	518	268 324	22. 759 6
479	229 441	21. 886 1	519	269 361	22. 781 6
480	230 400	21. 908 9	520	270 400	22. 803 5
481	231 361	21. 931 7	521	271 441	22. 825 4
482	232 324	21. 954 5	522	272 484	22. 847 3
483	233 289	21. 977 3	523	273 529	22. 869 2
484	234 256	22. 000 0	524	274 576	22. 891 0
485	235 225	22. 022 7	525	275 625	22. 912 9
486	236 196	22. 046 4	526	276 676	22. 934 7
487	237 169	22. 068 1	527	277 729	22. 956 5
488	238 144	22. 090 7	528	278 784	22. 978 3
489	239 121	22. 113 3	529	279 841	23. 000 0
490	240 100	22. 135 9	530	280 900	23. 021 7
491	241 081	22. 158 5	531	281 961	23. 043 4
492	242 064	22. 181 1	532	283 024	23. 065 1
493	243 049	22. 203 6	533	284 089	23. 086 8
494	244 036	22. 226 1	534	285 156	23. 108 4
495	245 025	22. 248 6	535	286 225	23. 130 1
496	246 016	22. 271 1	536	287 296	23. 151 7
497	247 009	22. 293 5	537	288 369	23. 173 3
498	248 004	22. 315 9	538	289 444	23. 194 8
499	249 001	22. 338 3	539	290 521	23. 216 4
500	250 000	22. 360 7	540	291 600	23. 237 9

续表

数　目	平　方	平方根	数　目	平　方	平方根
541	292 681	23. 259 4	581	337 561	24. 103 9
542	293 764	23. 280 9	582	338 724	24. 124 7
543	294 849	23. 302 4	583	339 889	24. 145 4
544	295 936	23. 323 8	584	341 056	24. 166 1
545	297 025	23. 345 2	585	342 225	24. 186 8
546	298 116	23. 366 6	586	343 396	24. 207 4
547	299 209	23. 388 0	587	344 569	24. 228 1
548	300 304	23. 409 4	588	345 744	24. 248 7
549	301 401	23. 430 7	589	346 921	24. 269 3
550	302 500	23. 452 1	590	348 100	24. 289 9
551	303 601	23. 473 4	591	349 281	24. 310 5
552	304 704	23. 494 7	592	350 464	24. 331 1
553	305 809	23. 516 0	593	351 649	24. 351 6
554	306 916	23. 537 2	594	352 836	24. 372 1
555	308 025	23. 558 4	595	354 025	24. 392 6
556	309 136	23. 579 7	596	355 216	24. 413 1
557	310 249	23. 600 8	597	356 409	24. 433 6
558	311 364	23. 622 0	598	357 604	24. 454 0
559	312 481	23. 643 2	599	358 801	24. 474 5
560	313 600	23. 664 3	600	360 000	24. 494 9
561	314 721	23. 685 4	601	361 201	24. 515 3
562	315 844	23. 706 5	602	362 404	24. 535 7
563	316 969	23. 727 6	603	363 609	24. 556 1
564	318 096	23. 748 7	604	364 816	24. 576 4
565	319 225	23. 769 7	605	366 025	24. 596 7
566	320 356	23. 790 8	606	367 236	24. 617 1
567	321 489	23. 811 8	607	368 449	24. 637 4
568	322 624	23. 832 8	608	369 664	24. 657 7
569	323 761	23. 853 7	609	370 881	24. 677 9
570	324 900	23. 874 7	610	372 100	24. 698 2
571	326 041	23. 895 6	611	373 321	24. 718 4
572	327 184	23. 916 5	612	374 544	24. 738 5
573	328 329	23. 937 4	613	375 769	24. 758 8
574	329 476	23. 958 3	614	376 996	24. 779 0
576	330 625	23. 979 2	615	378 225	24. 799 2
576	331 776	24. 000 0	616	379 456	24. 819 3
577	332 929	24. 020 8	617	380 689	24. 839 5
578	334 084	24. 041 6	618	381 924	24. 859 6
579	335 241	24. 062 4	619	383 161	24. 879 7
580	336 400	24. 083 2	620	384 400	24. 899 8

续表

数　目	平　方	平方根	数　目	平　方	平方根
621	385 641	24.919 9	661	436 921	25.709 9
622	386 884	24.939 9	662	438 244	25.729 4
623	388 129	24.960 0	663	439 569	25.748 8
624	389 376	24.980 0	664	440 896	25.768 2
625	390 625	25.000 0	665	442 225	25.787 6
626	391 876	25.020 0	666	443 556	25.807 0
627	393 129	25.040 0	667	444 889	25.826 3
628	394 384	25.059 9	668	446 224	25.845 7
629	395 641	25.079 9	669	447 561	25.865 0
630	396 900	25.099 8	670	448 900	25.884 4
631	398 161	25.119 7	671	450 241	25.903 7
632	399 424	25.139 6	672	451 584	25.923 0
633	400 689	25.159 5	673	452 929	25.942 2
634	401 956	25.179 4	674	454 276	25.961 5
635	403 225	25.199 2	675	455 625	25.980 8
636	404 496	25.219 0	676	456 976	26.000 0
637	405 769	25.238 9	677	458 329	26.019 2
638	407 044	25.258 7	678	459 684	26.038 4
639	408 321	25.278 4	679	461 041	26.057 6
640	409 600	25.298 2	680	462 400	26.076 8
641	410 881	25.318 0	681	463 761	26.096 0
642	412 164	25.337 7	682	465 124	26.115 1
643	413 449	25.357 4	683	466 489	26.134 3
644	414 736	25.377 2	684	467 856	26.153 4
645	416 025	25.396 9	685	469 225	26.172 5
646	417 316	25.416 5	686	470 596	26.191 6
647	418 609	25.436 2	687	471 969	26.210 7
648	419 904	25.455 8	688	473 344	26.229 8
649	421 201	25.475 5	689	474 721	26.248 8
650	422 500	25.495 1	690	476 100	26.267 9
651	423 801	25.514 7	691	477 481	26.286 9
652	425 104	25.534 3	692	478 864	26.305 9
653	426 409	25.553 9	693	480 249	26.324 9
654	427 716	25.573 4	694	481 636	26.343 9
655	429 025	25.593 0	695	483 025	26.362 9
656	430 336	25.612 5	696	484 416	26.381 8
657	431 649	25.632 0	697	485 809	26.400 8
658	432 964	25.651 5	698	487 204	26.419 7
659	434 281	25.671 0	699	488 601	26.438 6
660	435 600	25.690 5	700	490 000	26.457 5

续表

数　目	平　方	平方根	数　目	平　方	平方根
701	491 401	26. 476 4	741	549 081	27. 221 3
702	492 804	26. 495 3	742	550 564	27. 239 7
703	494 209	26. 514 1	743	552 049	27. 258 0
704	495 616	26. 533 0	744	553 536	27. 276 4
705	497 025	26. 551 8	745	555 025	27. 294 7
706	498 436	26. 570 7	746	556 516	27. 313 0
707	499 849	26. 589 5	747	558 009	27. 331 3
708	501 264	26. 608 3	748	559 504	27. 349 6
709	502 681	26. 627 1	749	561 001	27. 367 9
710	504 100	26. 645 8	750	562 500	27. 386 1
711	505 521	26. 664 6	751	564 001	27. 404 4
712	506 944	26. 683 3	752	565 504	27. 422 6
713	508 369	26. 702 1	753	567 009	27. 440 8
714	509 796	26. 720 8	754	568 516	27. 459 1
715	511 225	26. 739 5	755	570 025	27. 477 3
716	512 656	26. 758 2	756	571 536	27. 495 5
717	514 089	26. 776 9	757	573 049	27. 513 6
718	515 524	26. 795 5	758	574 564	27. 531 8
719	516 961	26. 814 2	759	576 081	27. 550 0
720	518 400	26. 832 8	760	577 600	27. 568 1
721	519 841	26. 851 4	761	579 121	27. 586 2
722	521 284	26. 870 1	762	580 644	27. 604 3
723	522 729	26. 888 7	763	582 169	27. 622 5
724	524 176	26. 907 2	764	583 696	27. 640 5
725	525 625	26. 925 8	765	585 225	27. 658 6
726	527 076	26. 944 4	766	586 756	27. 676 7
727	528 529	26. 962 9	767	588 289	27. 694 8
728	529 984	26. 981 5	768	589 824	27. 712 8
729	531 441	27. 000 0	769	591 361	27. 730 8
730	532 900	27. 018 5	770	592 900	27. 748 9
731	534 361	27. 037 0	771	594 441	27. 766 9
732	535 824	27. 055 5	772	595 984	27. 784 9
733	537 289	27. 074 0	773	597 529	27. 802 9
734	538 756	27. 092 4	774	599 076	27. 820 9
735	540 225	27. 110 9	775	600 625	27. 838 8
736	541 696	27. 129 3	776	602 176	27. 856 8
737	543 169	27. 147 7	777	603 729	27. 874 7
738	544 644	27. 166 2	778	605 284	27. 892 7
739	546 127	27. 184 6	779	606 841	27. 910 6
740	547 600	27. 202 9	780	608 400	27. 928 5

续表

数 目	平 方	平方根	数 目	平 方	平方根
781	609 961	27. 946 4	821	674 041	28. 653 1
782	611 524	27. 964 3	822	675 684	28. 670 5
783	613 089	27. 982 1	823	677 329	28. 688 0
784	614 656	28. 000 0	824	678 976	28. 705 4
785	616 225	28. 017 9	825	680 625	28. 722 8
786	617 796	28. 035 7	826	682 276	28. 740 2
787	619 369	28. 053 5	827	683 929	28. 757 6
788	620 944	28. 071 3	828	685 584	28. 775 0
789	622 521	28. 089 1	829	687 241	28. 792 4
790	624 100	28. 106 9	830	688 900	28. 809 7
791	625 681	28. 124 7	831	690 561	28. 827 1
792	627 264	28. 142 5	832	692 224	28. 844 4
793	628 849	28. 160 3	833	693 889	28. 861 7
794	630 436	28. 178 0	834	695 556	28. 879 1
795	632 025	28. 195 7	835	697 225	28. 896 4
796	633 616	28. 213 5	836	698 896	28. 913 7
797	635 209	28. 231 2	837	700 569	28. 931 0
798	636 804	28. 248 9	838	702 244	28. 948 2
799	638 401	28. 266 6	839	703 921	28. 965 5
800	640 000	28. 284 3	840	705 600	28. 982 8
801	641 601	28. 301 9	841	707 281	29. 000 0
802	643 204	28. 319 6	842	708 964	29. 017 2
803	644 809	28. 337 3	843	710 649	29. 034 5
804	646 416	28. 354 9	844	712 336	29. 051 7
805	648 025	28. 372 5	845	714 025	29. 068 9
806	649 636	28. 390 1	846	715 716	29. 086 1
807	651 249	28. 407 7	847	717 409	29. 103 3
808	652 864	28. 425 3	848	719 104	29. 120 4
809	654 481	28. 442 9	849	720 801	29. 137 6
810	656 100	28. 460 5	850	722 500	29. 154 8
811	657 721	28. 478 1	851	724 201	29. 171 9
812	659 344	28. 495 6	852	725 904	29. 189 0
813	660 969	28. 513 2	853	727 609	29. 206 2
814	662 596	28. 530 7	854	729 316	29. 223 3
815	664 225	28. 548 2	855	731 025	29. 240 4
816	665 856	28. 565 7	856	732 736	29. 257 5
817	667 489	28. 583 2	857	734 449	29. 274 6
818	669 124	28. 600 7	858	736 164	29. 291 6
819	670 761	28. 608 2	859	737 881	29. 308 7
820	672 400	28. 635 6	860	739 600	29. 325 8

续表

数 目	平 方	平方根	数 目	平 方	平方根
861	741 321	29.342 8	901	811 801	30.016 7
862	743 044	29.359 8	902	813 604	30.033 3
863	744 769	29.376 9	903	815 409	30.050 0
864	746 496	29.393 9	904	817 216	30.066 6
865	748 225	29.410 9	905	819 025	30.083 2
866	749 956	29.427 9	906	820 836	30.099 8
867	751 689	29.444 9	907	822 649	30.116 4
868	753 424	29.461 8	908	824 464	30.133 0
869	755 161	29.478 8	909	826 281	30.149 6
870	756 900	29.495 8	910	828 100	30.166 2
871	758 641	29.512 7	911	829 921	30.182 8
872	760 384	29.529 6	912	831 744	30.199 3
873	762 129	29.546 6	913	833 569	30.215 9
874	763 876	29.563 5	914	835 396	30.232 4
875	765 625	29.580 4	915	837 225	30.249 0
876	767 376	29.597 3	916	839 056	30.265 5
877	769 129	29.614 2	917	840 889	30.282 0
878	770 884	29.631 1	918	842 724	30.298 5
879	772 641	29.647 9	919	844 561	30.315 0
880	774 400	29.664 8	920	846 400	30.331 5
881	776 161	29.681 6	921	848 241	30.348 0
882	777 924	29.698 5	922	850 084	30.364 5
883	779 689	29.715 3	923	851 929	30.380 9
884	781 456	29.732 1	924	853 776	30.397 4
885	783 225	29.748 9	925	855 625	30.413 8
886	784 996	29.765 8	926	857 476	30.430 2
887	786 769	29.782 5	927	859 329	30.446 7
888	788 544	29.799 3	928	861 184	30.463 1
889	790 321	29.816 1	929	863 041	30.479 5
890	792 100	29.832 9	930	864 900	30.495 9
891	793 881	29.849 6	931	866 761	30.512 3
892	795 664	29.866 4	932	868 624	30.528 7
893	797 449	29.883 1	933	870 489	30.545 0
894	799 236	29.899 8	934	872 356	30.561 4
895	801 025	29.916 6	935	874 225	30.577 8
896	802 816	29.933 3	936	876 096	30.594 1
897	804 609	29.950 0	937	877 969	30.610 5
898	806 404	29.966 6	938	879 844	30.626 8
899	808 201	29.983 3	939	881 721	30.643 1
900	810 000	30.000 0	940	883 600	30.659 4

续表

数　目	平　方	平方根	数　目	平　方	平方根
941	885 481	30. 676 7	971	942 841	31. 160 9
942	887 364	30. 692 0	972	944 784	31. 176 9
943	889 249	30. 708 3	973	946 729	31. 192 9
944	891 136	30. 724 6	974	948 676	31. 209 0
945	893 025	30. 740 9	975	950 625	31. 225 0
946	894 916	30. 757 1	976	952 576	31. 241 0
947	896 809	30. 773 4	977	954 529	31. 257 0
948	898 704	30. 789 6	978	956 484	31. 273 0
949	900 601	30. 805 8	979	958 441	31. 289 0
950	902 500	30. 822 1	980	960 400	31. 305 0
951	904 401	30. 838 3	981	962 361	31. 320 9
952	906 304	30. 854 5	982	964 324	31. 336 9
953	908 209	30. 870 7	983	966 289	31. 352 8
954	910 116	30. 886 9	984	968 256	31. 368 8
956	912 025	30. 903 1	985	970 225	31. 384 7
956	913 936	30. 919 2	986	972 196	31. 400 6
957	915 849	30. 935 4	987	974 169	31. 416 6
958	917 764	30. 951 6	988	976 144	31. 432 5
959	919 681	30. 967 7	989	978 121	31. 448 4
960	921 600	30. 983 9	990	980 100	31. 464 3
961	923 521	31. 000 0	991	982 081	31. 480 2
962	925 444	31. 016 1	992	984 064	31. 496 0
963	927 369	31. 032 2	993	986 049	31. 511 9
964	929 296	31. 048 3	994	988 036	31. 527 8
965	931 225	31. 064 4	995	990 025	31. 543 6
966	933 156	31. 080 5	996	992 016	31. 559 5
967	935 089	31. 096 6	997	994 009	31. 575 3
968	937 024	31. 112 7	998	996 004	31. 591 1
969	938 961	31. 128 8	999	998 001	31. 607 0
970	940 900	31. 144 8	1 000	1000 000	31. 622 8

表 B　随机数表

```
10 09 73 25 33    76 52 01 35 86    34 67 35 48 76    80 95 90 91 17    39 29 27 49 45
37 54 20 48 05    64 89 47 42 96    24 80 52 40 37    20 63 61 04 02    00 82 29 16 65
08 42 26 89 53    19 64 50 93 03    23 20 90 25 60    15 95 33 47 64    35 08 03 36 06
99 01 90 25 29    09 37 67 07 15    38 31 13 11 65    88 67 67 43 97    04 43 62 76 59
12 80 79 99 70    80 15 73 61 47    64 03 23 66 53    98 95 11 68 77    12 17 17 68 33

66 06 57 47 17    34 07 27 68 50    36 69 73 61 70    65 81 33 98 85    11 19 92 91 70
31 06 01 08 05    45 57 18 24 06    35 30 34 26 14    86 79 90 74 39    23 40 30 97 32
85 26 97 76 02    02 05 16 56 92    68 66 57 48 18    73 05 38 52 47    18 62 38 85 79
63 57 33 21 35    05 32 54 70 48    90 55 35 75 48    28 46 82 87 09    83 49 12 56 24
73 79 64 57 53    03 52 96 47 78    35 80 83 42 82    60 93 52 03 44    35 27 38 84 35

98 52 01 77 67    14 90 56 86 07    22 10 94 05 58    60 97 09 34 33    50 50 07 39 98
11 80 50 54 31    39 80 82 77 32    50 72 56 82 48    29 40 52 42 01    52 77 56 78 51
83 45 29 96 34    06 28 89 80 83    13 74 67 00 78    18 47 54 06 10    68 71 17 78 17
88 68 54 02 00    86 50 75 84 01    36 76 66 79 51    90 36 47 64 93    29 60 91 10 62
99 59 46 73 48    87 51 76 49 69    91 82 60 89 28    93 78 56 13 68    23 47 83 41 13

65 48 11 76 74    17 46 85 09 50    58 04 77 69 74    73 03 95 71 86    40 21 81 65 44
80 12 43 56 35    17 72 70 80 15    45 31 82 23 74    21 11 57 82 53    14 38 55 37 63
74 35 09 98 17    77 40 27 72 14    43 23 60 02 10    45 52 16 42 37    96 28 60 26 55
69 91 62 68 03    66 25 22 91 48    36 93 68 72 03    76 62 11 39 90    94 40 05 64 18
09 89 32 05 05    14 22 56 85 14    46 42 75 67 88    96 29 77 88 22    54 38 21 45 98

91 49 91 45 23    68 47 92 76 86    46 16 28 35 54    94 75 08 99 23    37 08 92 00 48
80 33 69 45 98    26 94 03 68 58    70 29 73 41 35    53 14 03 33 40    42 05 08 23 41
44 10 48 19 49    85 15 74 79 54    32 97 92 65 75    57 60 04 08 81    22 22 20 64 13
12 55 07 37 42    11 10 00 20 40    12 86 07 46 97    96 64 48 94 39    28 70 72 58 15
63 60 64 93 29    16 50 53 44 84    40 21 95 25 63    43 65 17 70 82    07 20 73 17 90

61 19 69 04 46    26 45 74 77 74    51 92 43 37 29    65 39 45 95 93    42 58 26 05 27
15 47 44 52 66    95 27 07 99 53    59 36 78 38 48    82 39 61 01 18    33 21 15 94 66
94 55 72 85 73    67 89 75 43 87    54 62 24 44 31    91 19 04 25 92    92 92 74 59 73
42 48 11 62 13    97 34 40 87 21    16 86 84 87 67    03 07 11 20 59    25 70 14 66 70
23 52 37 83 17    73 20 88 98 37    68 93 59 14 16    26 25 22 96 63    05 52 28 25 62

04 49 35 24 94    75 24 63 38 24    45 86 25 10 25    61 96 27 93 35    65 33 71 24 72
00 54 99 76 54    64 05 18 81 59    96 11 96 38 96    54 69 28 23 91    23 28 72 95 29
35 96 31 53 07    26 89 80 93 54    33 35 13 54 62    77 97 45 00 24    90 10 33 93 33
59 80 80 83 91    45 42 72 68 42    83 60 94 97 00    13 02 12 48 92    78 56 52 01 06
46 05 88 52 36    01 39 09 22 86    77 28 14 40 77    93 91 08 36 47    70 61 74 29 41

32 17 90 05 97    87 37 92 52 41    05 56 70 70 07    86 74 31 71 57    85 39 41 18 38
69 23 46 14 06    20 11 74 52 04    15 95 66 00 00    18 74 39 24 23    97 11 89 63 38
19 56 54 14 30    01 75 87 53 79    40 41 92 15 85    66 67 43 68 06    84 96 28 52 07
45 15 51 49 38    19 47 60 72 46    43 66 79 45 43    59 04 79 00 33    20 82 66 95 41
94 86 43 19 94    36 16 81 08 51    34 88 88 15 53    01 54 03 54 56    05 01 45 11 76
```

资料来源:The RAND Corporation, *A Million Random Digits*, Free Press, Glencoe, Ill. , 1955, pp. 1-3, with the kind permission of the publisher.

98 08 62 48 26	45 24 02 84 04	44 99 90 88 96	39 09 47 34 07	35 44 13 18 80
33 18 51 62 32	41 94 15 09 49	89 43 54 85 81	88 69 54 19 94	37 54 87 30 43
80 95 10 04 06	96 38 27 07 74	20 15 12 33 87	25 01 62 52 98	94 62 46 11 71
79 75 24 91 40	71 96 12 82 96	69 86 10 25 91	74 85 22 05 39	00 38 75 95 79
18 63 33 25 37	98 14 50 65 71	31 01 02 46 74	05 45 56 14 27	77 93 89 19 36
74 02 94 39 02	77 55 73 22 70	97 79 01 71 19	52 52 75 80 21	80 81 45 17 48
54 17 84 56 11	80 99 33 71 43	05 33 51 29 69	56 12 71 92 55	36 04 09 03 24
11 66 44 98 83	52 07 98 48 27	59 38 17 15 39	09 97 33 34 40	88 46 12 33 56
48 32 47 79 28	31 24 96 47 10	02 29 53 68 70	32 30 75 75 46	15 02 00 99 94
69 07 49 41 38	87 63 79 19 76	35 58 40 44 01	10 51 82 16 15	01 84 87 69 38
09 18 82 00 97	32 82 53 95 27	04 22 08 63 04	83 38 98 73 74	64 27 85 80 44
90 04 58 54 97	51 98 15 06 54	94 93 88 19 97	91 87 07 61 50	68 47 66 46 59
73 18 95 02 07	47 67 72 52 69	62 29 06 44 64	27 12 46 70 18	41 36 18 27 60
75 76 87 64 90	20 97 18 17 49	90 42 91 22 72	95 37 50 58 71	93 82 34 31 78
54 01 64 40 56	66 28 13 10 03	00 68 22 73 98	20 71 45 32 95	07 70 61 78 13
08 35 86 99 10	78 54 24 27 85	13 66 15 88 73	04 61 89 75 53	31 22 30 84 20
28 30 60 32 64	81 33 31 05 91	40 51 00 78 93	32 60 46 04 75	94 11 90 18 40
53 84 08 62 33	81 59 41 36 28	51 21 59 02 90	28 46 66 87 95	77 76 22 07 91
91 75 75 37 41	61 61 36 22 69	50 26 39 02 12	55 78 17 65 14	83 48 34 70 55
89 41 59 26 94	00 39 75 83 91	12 60 71 76 46	48 94 97 23 06	94 54 13 74 08
77 51 30 38 20	86 83 42 99 01	68 41 48 27 74	51 90 81 39 80	72 89 35 55 07
19 50 23 71 74	69 97 92 02 88	55 21 02 97 73	74 28 77 52 51	65 34 46 74 15
21 81 85 93 13	93 27 88 17 57	05 68 67 31 56	07 08 28 50 46	31 85 33 84 52
51 47 46 64 99	68 10 72 36 21	94 04 99 13 45	42 83 60 91 91	08 00 74 54 49
99 55 96 83 31	62 53 52 41 70	69 77 71 28 30	74 81 97 81 42	43 86 07 28 34
33 71 34 80 07	93 58 47 28 69	51 92 66 47 21	58 30 32 98 22	93 17 49 39 72
85 27 48 68 93	11 30 32 92 70	28 83 43 41 37	73 51 59 04 00	71 14 84 36 43
84 13 38 96 40	44 03 55 21 66	73 85 27 00 91	61 22 26 05 61	62 32 71 84 23
56 73 21 62 34	17 39 59 61 31	10 12 39 16 22	85 49 65 75 60	81 60 41 88 80
65 13 85 68 06	87 64 88 52 61	34 31 36 58 61	45 87 52 10 69	85 64 44 72 77
38 00 10 21 76	81 71 91 17 11	71 60 29 29 37	74 21 96 40 49	65 58 44 96 98
37 40 29 63 97	01 30 47 75 86	56 27 11 00 86	47 32 46 26 05	40 03 03 74 38
97 12 54 03 48	87 08 33 14 17	21 81 53 92 50	75 23 76 20 47	15 50 12 95 78
21 82 64 11 34	47 14 33 40 72	64 63 88 59 02	49 13 90 64 41	03 85 65 45 52
73 13 54 27 42	95 71 90 90 35	85 79 47 42 96	08 78 98 81 56	64 69 11 92 02
07 63 87 79 29	03 06 11 80 72	96 20 74 41 56	23 82 19 95 38	04 71 36 69 94
60 52 88 34 41	07 95 41 98 14	59 17 52 06 95	05 53 35 21 39	61 21 20 64 55
83 59 63 56 55	06 95 89 29 83	05 12 80 97 19	77 43 35 37 83	92 30 15 04 98
10 85 06 27 46	99 59 91 05 07	13 49 90 63 19	53 07 57 18 39	06 41 01 93 62
39 82 09 89 52	43 62 26 31 47	64 42 18 08 14	43 80 00 93 51	31 02 47 31 67

续表

```
59 58 00 64 78    75 56 97 88 00    88 83 55 44 86    23 76 80 61 56    04 11 10 84 08
38 50 80 73 41    23 79 34 87 63    90 82 29 70 22    17 71 90 42 07    95 95 44 99 53
30 69 27 06 68    94 68 81 61 27    56 19 68 00 91    82 06 76 34 00    05 46 26 92 00
65 44 39 56 59    18 28 82 74 37    49 63 22 40 41    08 33 76 56 76    96 29 99 08 36
27 26 75 02 64    13 19 27 22 94    07 47 74 46 06    17 98 54 89 11    97 34 13 03 58

91 30 70 69 91    19 07 22 42 10    36 69 95 37 28    28 82 53 57 93    28 97 66 62 52
68 43 49 46 88    84 47 31 36 22    62 12 69 84 08    12 84 38 25 90    09 81 59 31 46
48 90 81 58 77    54 74 52 45 91    35 70 00 47 54    83 82 45 26 92    54 13 05 51 60
06 91 34 51 97    42 67 27 86 01    11 88 30 95 28    63 01 19 89 01    14 97 44 03 44
10 45 51 60 19    14 21 03 37 12    91 34 23 78 21    88 32 58 08 51    43 66 77 08 83

12 88 39 73 43    65 02 76 11 84    04 28 50 13 92    17 97 41 50 77    90 71 22 67 69
21 77 83 09 76    38 80 73 69 61    31 64 94 20 96    63 28 10 20 23    08 81 64 74 49
19 52 35 95 15    65 12 25 96 59    86 28 36 82 58    69 57 21 37 98    16 43 59 15 29
67 24 55 26 70    35 58 31 65 63    79 24 68 66 86    76 46 33 42 22    26 65 59 08 02
60 58 44 73 77    07 50 03 79 92    45 13 42 65 29    26 76 08 36 37    41 32 64 43 44

53 85 34 13 77    36 06 69 48 50    58 83 87 38 59    49 36 47 33 31    96 24 04 36 42
24 63 73 87 36    74 38 48 93 42    52 62 30 79 92    12 36 91 86 01    03 74 28 38 73
83 08 01 24 51    38 99 22 28 15    07 75 95 17 77    97 37 72 75 85    51 97 23 78 67
16 44 42 43 34    36 15 19 90 73    27 49 37 09 39    85 13 03 25 52    54 84 65 47 59
60 79 01 81 57    57 17 86 57 62    11 16 17 85 76    45 81 95 29 79    65 13 00 48 60

03 99 11 04 61    93 71 61 68 94    66 08 32 46 53    84 60 95 82 32    88 61 81 91 61
38 55 59 55 54    32 88 65 97 80    08 35 56 08 60    29 73 54 77 62    71 29 92 38 53
17 54 67 37 04    92 05 24 62 15    55 12 12 92 81    59 07 60 79 36    27 95 45 89 09
32 64 35 28 61    95 81 90 68 31    00 91 19 89 36    76 35 59 37 79    80 86 30 05 14
69 57 26 87 77    39 51 03 59 05    14 06 04 06 19    29 54 96 96 16    33 56 46 07 80

24 12 26 65 91    27 69 90 64 94    14 84 54 66 72    61 95 87 71 00    90 89 97 57 54
61 19 63 02 31    92 96 26 17 73    41 83 95 53 82    17 26 77 09 43    78 03 87 02 67
30 53 22 17 04    10 27 41 22 02    39 68 52 33 09    10 06 16 88 29    55 98 66 64 85
03 78 89 75 99    75 86 72 07 17    74 41 65 31 66    35 20 83 33 74    87 53 90 88 23
48 22 86 33 79    85 78 34 76 19    53 15 26 74 33    35 66 35 29 72    16 81 86 03 11

60 36 59 46 53    35 07 53 39 49    42 61 42 92 97    01 91 82 83 16    98 95 37 32 31
83 79 94 24 02    56 62 33 44 42    34 99 44 13 74    70 07 11 47 36    09 95 81 80 65
32 96 00 74 05    36 40 98 32 32    99 38 54 16 00    11 13 30 75 86    15 91 70 62 53
19 32 25 38 45    57 62 05 26 06    66 49 76 86 46    78 13 86 65 59    19 64 09 94 13
11 22 09 47 47    07 39 93 74 08    48 50 92 39 29    27 48 24 54 76    85 24 43 51 59

31 75 15 72 60    68 98 00 53 39    15 47 04 83 55    88 65 12 25 96    03 15 21 92 21
88 49 29 93 82    14 45 40 45 04    20 09 49 89 77    74 84 39 34 13    22 10 97 85 08
30 93 44 77 44    07 48 18 38 28    73 78 80 65 33    28 59 72 04 05    94 20 52 03 80
22 88 84 88 93    27 49 99 87 48    60 53 04 51 28    74 02 28 46 17    82 03 71 02 68
78 21 21 69 93    35 90 29 13 86    44 37 21 54 86    65 74 11 40 14    87 48 13 72 20
```

41 84 98 45 47	46 85 05 23 26	34 67 75 83 00	74 91 06 43 45	19 32 68 15 49
46 35 23 30 49	69 24 89 34 60	45 30 50 75 21	61 31 83 18 55	14 41 37 09 51
11 08 79 62 94	14 01 33 17 92	59 74 76 72 77	76 50 33 45 13	39 66 37 75 44
52 70 10 83 37	56 30 38 73 15	16 52 06 96 76	11 65 49 98 93	02 18 16 81 61
57 27 53 68 98	81 30 44 85 85	68 65 22 73 76	92 85 25 58 66	88 44 80 35 84
20 85 77 31 56	70 28 42 43 26	79 37 59 52 20	01 15 96 32 67	10 62 24 83 91
15 63 38 49 24	90 41 59 36 14	33 52 12 66 65	55 82 34 76 41	86 22 53 17 04
92 69 44 82 97	39 90 40 21 15	59 58 94 90 67	66 82 14 15 75	49 76 70 40 37
77 61 31 90 19	88 15 20 00 80	20 55 49 14 09	96 27 74 82 57	50 81 69 76 16
38 68 83 24 86	45 13 46 35 45	59 40 47 20 59	43 94 75 16 80	43 85 25 96 93
25 16 30 18 89	70 01 41 50 21	41 29 06 73 12	71 85 71 59 57	68 97 11 14 03
65 25 10 76 29	37 23 93 32 95	05 87 00 11 19	92 78 42 63 40	18 47 76 56 22
36 81 54 36 25	18 63 73 75 09	82 44 49 90 05	04 92 17 37 01	14 70 79 39 97
64 39 71 16 92	05 32 78 21 62	20 24 78 17 59	45 19 72 53 32	83 74 52 25 67
04 51 52 56 24	95 09 66 79 46	48 46 08 55 58	15 19 11 87 82	16 93 03 33 61
83 76 16 08 73	43 25 38 41 45	60 83 32 59 83	01 29 14 13 49	20 36 80 71 26
14 38 70 63 45	80 85 40 92 79	43 52 90 63 18	38 38 47 47 61	41 19 63 74 80
51 32 19 22 46	80 08 87 70 74	88 72 25 67 36	66 16 44 94 31	66 91 93 16 78
72 47 20 00 08	80 89 01 80 02	94 81 33 19 00	54 15 58 34 36	35 35 25 41 31
05 46 65 53 06	93 12 81 84 64	74 45 79 05 61	72 84 81 18 34	79 98 26 84 16
39 52 87 24 84	82 47 42 55 93	48 54 53 52 47	18 61 91 36 74	18 61 11 92 41
81 61 61 87 11	53 34 24 42 76	75 12 21 17 24	74 62 77 37 07	58 31 91 59 97
07 58 61 61 20	82 64 12 28 20	92 90 41 31 41	32 39 21 97 63	61 19 96 79 40
90 76 70 42 35	13 57 41 72 00	69 90 26 37 42	78 46 42 25 01	18 62 79 08 72
40 18 82 81 93	29 59 38 86 27	94 97 21 15 98	62 09 53 67 87	00 44 15 89 97
34 41 48 21 57	86 88 75 50 87	19 15 20 00 23	12 30 28 07 83	32 62 46 86 91
63 43 97 53 63	44 98 91 68 22	36 02 40 09 67	76 37 84 16 05	65 96 17 34 88
67 04 90 90 70	93 39 94 55 47	94 45 87 42 84	05 04 14 98 07	20 28 83 40 60
79 49 50 41 46	52 16 29 02 86	54 15 83 42 43	46 97 83 54 82	59 36 29 59 38
91 70 43 05 52	04 73 72 10 31	75 05 19 30 29	47 66 56 43 82	99 78 29 34 78

表 C 正态曲线下的面积

正态曲线下总面积(10 000)的小数部分,对应于均值与纵坐标之间的距离(距均值的标准偏差 z 的单位)。

Z	.00	.01	.02	.03	.04	.05	.06	.07	.08	.09
0.0	0 000	0 040	0 080	0 120	0 159	0 199	0 239	0 279	0 319	0 359
0.1	0 398	0 438	0 478	0 517	0 557	0 596	0 636	0 675	0 714	0 753
0.2	0 793	0 832	0 871	0 910	0 948	0 987	1 026	1 064	1 103	1 141
0.3	1 179	1 217	1 255	1 293	1 331	1 368	1 406	1 443	1 480	1 517
0.4	1 554	1 591	1 628	1 664	1 700	1 736	1 772	1 808	1 844	1 879
0.5	1 915	1 950	1 985	2 019	2 054	2 088	2 123	2 157	2 190	2 224
0.6	2 257	2 291	2 324	2 357	2 389	2 422	2 454	2 486	2 518	2 549
0.7	2 580	2 612	2 642	2 673	2 704	2 734	2 764	2 794	2 823	2 852
0.8	2 881	2 910	2 939	2 967	2 995	3 023	3 051	3 078	3 106	3 133
0.9	3 159	3 186	3 212	3 238	3 264	3 289	3 315	3 340	3 365	3 389
1.0	3 413	3 438	3 461	3 485	3 508	3 531	3 554	3 577	3 599	3 621
1.1	3 643	3 665	3 686	3 718	3 729	3 749	3 770	3 790	3 810	3 830
1.2	3 849	3 869	3 888	3 907	3 925	3 944	3962	3 980	3 997	4 015
1.3	4 032	4 049	4 066	4 083	4 099	4 115	4 131	4 147	4 162	4 177
1.4	4 192	4 207	4 222	4 236	4 251	4 265	4 279	4 292	4 306	4 319
1.5	4 332	4 345	4 357	4 370	4 382	4 394	4 406	4 418	4 430	4 441
1.6	4 452	4 463	4 474	4 485	4 495	4 505	4 515	4 525	4 535	4 545
1.7	4 554	4 564	4 573	4 582	4 591	4 599	4 608	4 616	4 625	4 633
1.8	4 641	4 649	4 656	4 664	4 671	4 678	4 686	4 693	4 699	4 706
1.9	4 713	4 719	4 726	4 732	4 738	4 744	4 750	4 758	4 762	4 767
2.0	4 773	4 778	4 783	4 788	4 793	4 798	4 803	4 808	4 812	4 817
2.1	4 821	4 826	4 830	4 834	4 838	4 842	4 846	4 850	4 854	4 857
2.2	4 861	4 865	4 868	4 871	4 875	4 878	4 881	4 884	4 887	4 890
2.3	4 893	4 896	4 898	4 901	4 904	4 906	4 909	4 911	4 913	4 916
2.4	4 918	4 920	4 922	4 925	4 927	4 929	4 931	4 932	4 934	4 936
2.5	4 938	4 940	4 941	4 943	4 945	4 946	4 948	4 949	4 951	4 952
2.6	4 953	4 955	4 956	4 957	4 959	4 960	4 961	4 962	4 963	4 964
2.7	4 965	4 966	4 967	4 968	4 969	4 970	4 971	4 972	4 973	4 974
2.8	4 974	4 975	4 976	4 977	4 977	4 978	4 979	4 980	4 980	4 981
2.9	4 981	4 982	4 983	4 984	4 984	4 984	4 985	4 985	4 986	4 986
3.0	4 986.5	4 987	4 987	4 988	4 988	4 988	4 989	4 989	4 989	4 990
3.1	4 990.0	4 991	4 991	4 991	4 992	4 992	4 992	4 992	4 993	4 993
3.2	4 993.129									
3.3	4 995.166									
3.4	4 996.631									
3.5	4 997.674									
3.6	4 998.409									
3.7	4 998.922									
3.8	4 999.277									
3.9	4 999.519									
4.0	4 999.683									
4.5	4 999.966									
5.0	4 999.997 133									

资料来源:Harold O. Rugg, *Statistical Methods Applied to Education*, Houghton Mifflin Company, Boston, 1917, appendix table Ⅲ, pp. 389-390, with the kind permission of the publisher.

表 D t 分布表

df	单侧检验显著水平					
	.10	.05	.025	.01	.005	.000 5
	双侧检验显著水平					
	.20	.10	.05	.02	.01	.001
1	3.078	6.314	12.706	31.821	63.657	636.619
2	1.886	2.920	4.303	6.965	9.925	31.598
3	1.638	2.353	3.182	4.541	5.841	12.941
4	1.533	2.132	2.776	3.747	4.604	8.610
5	1.476	2.015	2.571	3.365	4.032	6.859
6	1.440	1.943	2.447	3.143	3.707	5.959
7	1.415	1.895	2.365	2.998	3.499	5.405
8	1.397	1.860	2.306	2.896	3.355	5.041
9	1.383	1.833	2.262	2.821	3.250	4.781
10	1.372	1.812	2.228	2.764	3.169	4.587
11	1.363	1.796	2.201	2.718	3.106	4.437
12	1.356	1.782	2.179	2.681	3.055	4.318
13	1.350	1.771	2.160	2.650	3.012	4.221
14	1.345	1.761	2.145	2.624	2.977	4.140
15	1.341	1.753	2.131	2.602	2.947	4.073
16	1.337	1.746	2.120	2.583	2.921	4.015
17	1.333	1.740	2.110	2.567	2.898	3.965
18	1.330	1.734	2.101	2.552	2.878	3.922
19	1.328	1.729	2.093	2.539	2.861	3.883
20	1.325	1.725	2.086	2.528	2.845	3.850
21	1.323	1.721	2.080	2.518	2.831	3.819
22	1.321	1.717	2.074	2.508	2.819	3.792
23	1.319	1.714	2.069	2.500	2.807	3.767
24	1.318	1.711	2.064	2.492	2.797	3.745
25	1.316	1.708	2.060	2.485	2.787	3.725
26	1.315	1.706	2.056	2.479	2.779	3.707
27	1.314	1.703	2.052	2.473	2.771	3.690
28	1.313	1.701	2.048	2.467	2.763	3.674
29	1.311	1.699	2.045	2.462	2.756	3.659
30	1.310	1.697	2.042	2.457	2.750	3.646
40	1.303	1.684	2.021	2.423	2.704	3.551
60	1.296	1.671	2.000	2.390	2.660	3.460
120	1.289	1.658	1.980	2.358	2.617	3.373
∞	1.282	1.645	1.960	2.326	2.576	3.291

资料来源：Table D is abridged from Table Ⅲ of R. A. Fisher and F. Yates, *Statistical Tables for Biological, Agricultural and Medical Research* (1948 ed.), published by Oliver & Boyd, Ltd., Edinburgh and London, by permission of the authors and publishers.

表 E　链检验中 r 的临界值

对于双样本链检验，r 的任何等于或小于表中给出的值在未预测方向时具有显著性水平 0.05，或在预测方向时具有显著性水平 0.025。

N_1 ＼ N_2	2	3	4	5	6	7	8	9	10	11	12	13	14	15	16	17	18	19	20
4			2																
5		2	2	3															
6		2	3	3	3														
7		2	3	3	4	4													
8	2	2	3	3	4	4	5												
9	2	2	3	4	4	5	5	6											
10	2	3	3	4	5	5	6	6	6										
11	2	3	3	4	5	5	6	6	7	7									
12	2	3	4	4	5	6	6	7	7	8	8								
13	2	3	4	4	5	6	6	7	8	8	9	9							
14	2	3	4	5	5	6	7	7	8	8	9	9	10						
15	2	3	4	5	6	6	7	8	8	9	9	10	10	11					
16	2	3	4	5	6	6	7	8	8	9	10	10	11	11	11				
17	2	3	4	5	6	7	7	8	9	9	10	10	11	11	12	12			
18	2	3	4	5	6	7	8	8	9	10	10	11	11	12	12	13	13		
19	2	3	4	5	6	7	8	8	9	10	10	11	12	12	13	13	14	14	
20	2	3	4	5	6	7	8	9	9	10	11	11	12	12	13	13	14	14	15

资料来源：F. S. Swed and C. Eisenhart, "Tables for Testing Randomness of Grouping in a Sequence of Alternatives," *Annals of Mathematical Statistics*, vol. 14, pp. 83-86, 1943, with the kind permission of the authors and publisher.

表 F 曼-威特尼检验中具有与 U 的观察值一样小的值所联系的概率(已预测方向)*

$N_2 = 3$

U \ N_1	1	2	3
0	.250	.100	.050
1	.500	.200	.100
2	.750	.400	.200
3		.600	.350
4			.500
5			.650

$N_2 = 4$

U \ N_1	1	2	3	4
0	.200	.067	.028	.014
1	.400	.133	.057	.029
2	.600	.267	.114	.057
3		.400	.200	.100
4		.600	.314	.171
5			.429	.243
6			.571	.343
7				.443
8				.557

$N_2 = 5$

U \ N_1	1	2	3	4	5
0	.167	.047	.018	.008	.004
1	.333	.095	.036	.016	.008
2	.500	.190	.071	.032	.016
3	.667	.286	.125	.056	.028
4		.429	.196	.095	.048
5		.571	.286	.143	.075
6			.393	.206	.111
7			.500	.278	.155
8			.607	.365	.210
9				.452	.274
10				.548	.345
11					.421
12					.500
13					.579

$N_2 = 6$

U \ N_1	1	2	3	4	5	6
0	.143	.036	.012	.005	.002	.001
1	.286	.071	.024	.010	.004	.002
2	.428	.143	.048	.019	.009	.004
3	.571	.214	.083	.033	.015	.008
4		.321	.131	.057	.026	.013
5		.429	.190	.086	.041	.021
6		.571	.274	.129	.063	.032
7			.357	.176	.089	.047
8			.452	.238	.123	.066
9			.548	.305	.165	.090
10				.381	.214	.120
11				.457	.268	.155
12				.545	.331	.197
13					.396	.242
14					.465	.294
15					.535	.350
16						.409
17						.469
18						.531

资料来源:H. B. Mann and D. R. Whitney, "On a Test of Whether One of Two Random Variables Is Stochastically Larger than the Other," *Annals of Mathematical Statistics*, vol. 18, pp. 52-54, 1947, with the kind permission of the authors and publisher.

*如果方向不能预先确定,概率就可能是双方向的。

续表

$N_2 = 7$

U \ N₁	1	2	3	4	5	6	7
0	.125	.028	.008	.003	.001	.001	.000
1	.250	.056	.017	.006	.003	.001	.001
2	.375	.111	.033	.012	.005	.002	.001
3	.500	.167	.058	.021	.009	.004	.002
4	.625	.250	.092	.036	.015	.007	.003
5		.333	.133	.055	.024	.011	.006
6		.444	.192	.082	.037	.017	.009
7		.556	.258	.115	.053	.026	.013
8			.333	.158	.074	.037	.019
9			.417	.206	.101	.051	.027
10			.500	.264	.134	.069	.036
11			.583	.324	.172	.090	.049
12				.394	.216	.117	.064
13				.464	.265	.147	.082
14				.538	.319	.183	.104
15					.378	.223	.130
16					.438	.267	.159
17					.500	.314	.191
18					.562	.365	.228
19						.418	.267
20						.473	.310
21						.527	.355
22							.402
23							.451
24							.500
25							.549

续表

$N_2 = 8$

N_1 U	1	2	3	4	5	6	7	8
0	.111	.022	.006	.002	.001	.000	.000	.000
1	.222	.044	.012	.004	.002	.001	.000	.000
2	.333	.089	.024	.008	.003	.001	.001	.000
3	.444	.133	.042	.014	.005	.002	.001	.001
4	.556	.200	.067	.024	.009	.004	.002	.001
5		.267	.097	.036	.015	.006	.003	.001
6		.356	.139	.055	.023	.010	.005	.002
7		.444	.188	.077	.033	.015	.007	.003
8		.556	.248	.107	.047	.021	.010	.005
9			.315	.141	.064	.030	.014	.007
10			.387	.184	.085	.041	.020	.010
11			.461	.230	.111	.054	.027	.014
12			.539	.285	.142	.071	.036	.019
13				.341	.177	.091	.047	,025
14				.404	.217	.114	.060	.032
15				.467	.262	.141	.076	.041
16				.533	.311	.172	.095	.052
17					.362	.207	.116	.065
18					.416	.245	.140	.080
19					.472	.286	.168	.097
20					.528	.331	.198	.117
21						.377	.232	.139
22						.426	.268	.164
23						.475	.306	.191
24						.525	.347	.221
25							.389	.253
26							.433	.287
27							.478	.323
28							.522	.360
29								.399
30								.439
31								.480
32								.520

表 G　曼-威特尼检验中的临界值 U

$\alpha = 0.001$ 时已预测方向,或 $\alpha = 0.002$ 时未预测方向的临界值 U

N_1 \ N_2	9	10	11	12	13	14	15	16	17	18	19	20
1												
2												
3									0	0	0	0
4		0	0	0	1	1	1	2	2	3	3	3
5	1	1	2	2	3	3	4	5	5	6	7	7
6	2	3	4	4	5	6	7	8	9	10	11	12
7	3	5	6	7	8	9	10	11	13	14	15	16
8	5	6	8	9	11	12	14	15	17	18	20	21
9	7	8	10	12	14	15	17	19	21	23	25	26
10	8	10	12	14	17	19	21	23	25	27	29	32
11	10	12	15	17	20	22	24	27	29	32	34	37
12	12	14	17	20	23	25	28	31	34	37	40	42
13	14	17	20	23	26	29	32	35	38	42	45	48
14	15	19	22	25	29	32	36	39	43	46	50	54
15	17	21	24	28	32	36	40	43	47	51	55	59
16	19	23	27	31	35	39	43	48	52	56	60	65
17	21	25	29	34	38	43	47	52	57	61	66	70
18	23	27	32	37	42	46	51	56	61	66	71	76
19	25	29	34	40	45	50	55	60	66	71	77	82
20	26	32	37	42	48	54	59	65	70	76	82	88

资料来源:D. Auble, "Extended Tables for the Mann-Whitney Statistic," *Bulletin of the Institute of Educational Research at Indiana University*, vol,1, no. 2, Tables 1,3,5, and 7, 1953, with the kind permission of the publisher; as adapted in S. Siegel *Nonparametric Statistics*, McGraw-Hill Book Company, New York, 1956, table K.

续表

$\alpha = 0.01$ 时已预测方向,或 $\alpha = 0.02$ 时未预测方向的临界值 U

N_1 \ N_2	9	10	11	12	13	14	15	16	17	18	19	20
1												
2					0	0	0	0	0	0	1	1
3	1	1	1	2	2	2	3	3	4	4	4	5
4	3	3	4	5	5	6	7	7	8	9	9	10
5	5	6	7	8	9	10	11	12	13	14	15	16
6	7	8	9	11	12	13	15	16	18	19	20	22
7	9	11	12	14	16	17	19	21	23	24	26	28
8	11	13	15	17	20	22	24	26	28	30	32	34
9	14	16	18	21	23	26	28	31	33	36	38	40
10	16	19	22	24	27	30	33	36	38	41	44	47
11	18	22	25	28	31	34	37	41	44	47	50	53
12	21	24	28	31	35	38	42	46	49	53	56	60
13	23	27	31	35	39	43	47	51	55	59	63	67
14	26	30	34	38	43	47	51	56	60	65	69	73
15	28	33	37	42	47	51	56	61	66	70	75	80
16	31	36	41	46	51	56	61	66	71	76	82	87
17	33	38	44	49	55	60	66	71	77	82	88	93
18	36	41	47	53	59	65	70	76	82	88	94	100
19	38	44	50	56	63	69	75	82	88	94	101	107
20	40	47	53	60	67	73	80	87	93	100	107	114

续表

$\alpha = 0.025$ 时已预测方向,或 $\alpha = 0.05$ 时未预测方向的临界值 U

N_1 \ N_2	9	10	11	12	13	14	15	16	17	18	19	20
1												
2	0	0	0	1	1	1	1	1	2	2	2	2
3	2	3	3	4	4	5	5	6	6	7	7	8
4	4	5	6	7	8	9	10	11	11	12	13	13
5	7	8	9	11	12	13	14	15	17	18	19	20
6	10	11	13	14	16	17	19	21	22	24	25	27
7	12	14	16	18	20	22	24	26	28	30	32	34
8	15	17	19	22	24	26	29	31	34	36	38	41
9	17	20	23	26	28	31	34	37	39	42	45	48
10	20	23	26	29	33	36	39	42	45	48	52	55
11	23	26	30	33	37	40	44	47	51	55	58	62
12	26	29	33	37	41	45	49	53	57	61	65	69
13	28	33	37	41	45	50	54	59	63	67	72	76
14	31	36	40	45	50	55	59	64	67	74	78	83
15	34	39	44	49	54	59	64	70	75	80	85	90
16	37	42	47	53	59	64	70	75	81	86	92	98
17	39	45	51	57	63	67	75	81	87	93	99	105
18	42	48	55	61	67	74	80	86	93	99	106	112
19	45	52	58	65	72	78	85	92	99	106	113	119
20	48	55	62	69	76	83	90	98	105	112	119	127

续表

$\alpha = 0.05$ 时已预测方向，或 $\alpha = 0.10$ 时未预测方向的临界值 U

N_1 \ N_2	9	10	11	12	13	14	15	16	17	18	19	20
1											0	0
2	1	1	1	2	2	2	3	3	3	4	4	4
3	3	4	5	5	6	7	7	8	9	9	10	11
4	6	7	8	9	10	11	12	14	15	16	17	18
5	9	11	12	13	15	16	18	19	20	22	23	25
6	12	14	16	17	19	21	23	25	26	28	30	32
7	15	17	19	21	24	26	28	30	33	35	37	39
8	18	20	23	26	28	31	33	36	39	41	44	47
9	21	24	27	30	33	36	39	42	45	48	51	54
10	24	27	31	34	37	41	44	48	51	55	58	62
11	27	31	34	38	42	46	50	54	57	61	65	69
12	30	34	38	42	47	51	55	60	64	68	72	77
13	33	37	42	47	51	56	61	65	70	75	80	84
14	36	41	46	51	56	61	66	71	77	82	87	92
15	39	44	50	55	61	66	72	77	83	88	94	100
16	42	48	54	60	65	71	77	83	89	95	101	107
17	45	51	57	64	70	77	83	89	96	102	109	115
18	48	55	61	68	75	82	88	95	102	109	116	123
19	51	58	65	72	80	87	94	101	109	116	123	130
20	54	62	69	77	84	92	100	107	115	123	130	138

表 H 威尔柯克森配对符号-秩检验中 T 的临界值

N	显著性水平，已预测方向		
	.025	.01	.005
	显著性水平，未预测方向		
	.05	.02	.01
6	0	—	—
7	2	0	—
8	4	2	0
9	6	3	2
10	8	5	3
11	11	7	5
12	14	10	7
13	17	13	10
14	21	16	13
15	25	20	16
16	30	24	20
17	35	28	23
18	40	33	28
19	46	38	32
20	52	43	38
21	59	49	43
22	66	56	49
23	73	62	55
24	81	69	61
25	89	77	68

资料来源：F. Wilcoxon, *Some Rapid Approximate Statistical Procedures*, American Cyanamid Company, New York, 1949, table I, p. 13, with the kind permission of the author and publisher; as adapted in S. Siegel, *Non-parametric Statistics*, McGraw-Hill Book Company, New York, 1956, table G.

表 I χ^2 的分布
概率

df	.99	.98	.95	.90	.80	.70	.50	.30	.20	.10	.05	.02	.01	.001
1	$.0^3157$	$.0^3628$	.003 93	.015 8	.064 2	.148	.465	1.074	1.642	2.706	3.841	5.412	6.635	10.827
2	.020 1	.040 4	.103	.211	.446	.713	1.386	2.408	3.219	4.605	5.991	7.824	9.210	13.815
3	.115	.185	.352	.584	1.005	1.424	2.366	3.665	4.642	6.251	7.815	9.837	11.341	16.268
4	.297	.429	.711	1.064	1.649	2.195	3.357	4.878	5.989	7.779	9.488	11.668	13.277	18.465
5	.554	.752	1.145	1.610	2.343	3.000	4.351	6.064	7.289	9.236	11.070	13.388	16.086	20.517
6	.872	1.134	1.635	2.204	3.070	3.828	5.348	7.231	8.558	10.645	12.592	15.033	16.812	22.457
7	1.239	1.564	2.167	2.833	3.822	4.671	6.346	8.383	9.803	12.017	14.067	16.622	18.476	24.322
8	1.646	2.032	2.733	3.490	4.594	5.527	7.344	9.524	11.030	13.362	15.507	18.168	20.090	26.125
9	2.088	2.532	3.325	4.168	5.380	6.393	8.343	10.656	12.242	14.684	16.919	19.679	21.686	27.877
10	2.558	3.059	3.940	4.865	6.179	7.267	9.342	11.781	13.442	15.987	18.307	21.161	23.209	29.588
11	3.053	3.609	4.575	5.578	6.989	8.148	10.341	12.899	14.631	17.275	19.675	22.618	24.725	31.264
12	3.571	4.178	5.226	6.304	7.807	9.034	11.340	14.011	15.812	18.549	21.026	24.054	26.217	32.909
13	4.107	4.765	5.892	7.042	8.634	9.926	12.340	15.119	16.985	19.812	22.362	25.472	27.688	34.528
14	4.660	5.368	6.571	7.790	9.467	10.821	13.339	16.222	18.151	21.064	23.685	26.873	29.141	36.123
15	5.229	5.985	7.261	8.547	10.307	11.721	14.339	17.322	19.311	22.307	24.996	28.259	30.578	37.697
16	5.812	6.614	7.962	9.312	11.152	12.624	15.338	18.418	20.465	23.542	26.296	29.633	32.000	39.252
17	6.408	7.255	8.672	10.085	12.002	13.531	16.338	19.511	21.615	24.769	27.587	30.995	33.409	40.790
18	7.015	7.906	9.390	10.865	12.857	14.440	17.338	20.601	22.760	25.989	28.869	32.346	34.805	42.312
19	7.633	8.567	10.117	11.651	13.716	15.352	18.338	21.689	23.900	27.204	30.144	33.687	36.191	43.820
20	8.260	9.237	10.851	12.443	14.578	16.266	19.337	22.775	25.038	28.412	31.410	35.020	37.566	45.315
21	8.897	9.916	11.591	13.240	15.445	17.182	20.337	23.858	26.171	29.615	32.671	36.343	38.932	46.797
22	9.542	10.600	12.338	14.041	16.314	18.101	21.337	24.939	27.301	30.813	33.924	37.659	40.289	48.268
23	10.196	11.293	13.091	14.848	17.187	19.021	22.337	26.018	28.429	32.007	35.172	38.968	41.638	49.728
24	10.856	11.992	13.848	15.659	18.062	19.943	23.337	27.096	29.553	33.196	36.415	40.270	42.980	51.179
25	11.524	12.697	14.611	16.473	18.940	20.867	24.337	28.172	30.675	34.382	37.652	41.566	44.314	52.620
26	12.198	13.409	15.379	17.292	19.820	21.792	25.336	29.246	31.795	35.563	38.885	42.856	45.642	54.052
27	12.879	14.125	16.151	18.114	20.703	22.719	26.336	30.319	32.912	36.741	40.113	44.140	46.963	55.476
28	13.565	14.847	16.928	18.939	21.588	28.647	27.336	31.391	34.027	37.916	41.337	45.419	48.278	56.893
29	14.256	15.574	17.708	19.768	22.475	24.577	28.336	32.461	35.139	39.087	42.557	46.693	49.588	58.302
30	14.953	16.306	18.493	20.599	23.364	25.508	29.336	33.530	36.250	40.256	43.773	47.962	50.892	59.703

在自由度值比较大时,表达式 $\sqrt{2\chi^2} - \sqrt{2df-1}$ 可以作为有单位方差的正态离差。请记住,χ^2 的概率与正态曲线的单侧概率是一致的,复杂变换可以提供 ν 的较小值的好得多的近似值,即:

$$Z = [\sqrt[3]{\chi^2} - \sqrt[3]{\nu}(1-2/9\nu)] / \sqrt[3]{\nu} \sqrt{2/9\nu}$$

(见 A. C. Acock and G. R. Stavig: "Normal Deviate Approximations of χ^2," *Perceptual and Motor Skills*, vol. 42, p. 220,1976.)

资料来源: Table I is reprinted from Table IV of R. A. Fisher and F. Yates, *Statistical Tables for Biological, Agricultural and Medical Research* (1948 ed.), published by Oliver & Boyd Ltd,. , Edinburgh and London, by permission of the authors and publishers.

表 J F 分布表

$p = 0.05$

n_1 / n_2	1	2	3	4	5	6	8	12	24	∞
1	161.4	199.5	215.7	224.6	230.2	234.0	238.9	243.9	249.0	254.3
2	18.51	19.00	19.16	19.25	19.30	19.33	19.37	19.41	19.45	19.50
3	10.13	9.55	9.28	9.12	9.01	8.94	8.84	8.74	8.64	8.53
4	7.71	6.94	6.59	6.39	6.26	6.16	6.04	5.91	5.77	5.63
5	6.61	5.79	5.41	5.19	5.05	4.95	4.82	4.68	4.53	4.36
6	5.99	5.14	4.76	4.53	4.39	4.28	4.15	4.00	3.84	3.67
7	5.59	4.74	4.35	4.12	3.97	3.87	3.73	3.57	3.41	3.23
8	5.32	4.46	4.07	3.84	3.69	3.58	3.44	3.28	3.12	2.93
9	5.12	4.26	3.86	3.63	3.48	3.37	3.23	3.07	2.90	2.71
10	4.96	4.10	3.71	3.48	3.33	3.22	3.07	2.91	2.74	2.54
11	4.84	3.98	3.59	3.36	3.20	3.09	2.95	2.79	2.61	2.40
12	4.75	3.88	3.49	3.26	3.11	3.00	2.85	2.69	2.50	2.30
13	4.67	3.80	3.41	3.18	3.02	2.92	2.77	2.60	2.42	2.21
14	4.60	3.74	3.34	3.11	2.96	2.85	2.70	2.53	2.35	2.13
15	4.54	3.68	3.29	3.06	2.90	2.79	2.64	2.48	2.29	2.07
16	4.49	3.63	3.24	3.01	2.85	2.74	2.59	2.42	2.24	2.01
17	4.45	3.59	3.20	2.96	2.81	2.70	2.55	2.38	2.19	1.96
18	4.41	3.55	3.16	2.93	2.77	2.66	2.51	2.34	2.15	1.92
19	4.38	3.52	3.13	2.90	2.74	2.63	2.48	2.31	2.11	1.88
20	4.35	3.49	3.10	2.87	2.71	2.60	2.45	2.28	2.08	1.84
21	4.32	3.47	3.07	2.84	2.68	2.57	2.42	2.25	2.05	1.81
22	4.30	3.44	3.05	2.82	2.66	2.55	2.40	2.23	2.03	1.78
23	4.28	3.42	3.03	2.80	2.64	2.53	2.38	2.20	2.00	1.76
24	4.26	3.40	3.01	2.78	2.62	2.51	2.36	2.18	1.98	1.73
25	4.24	3.38	2.99	2.76	2.60	2.49	2.34	2.16	1.96	1.71
26	4.22	3.37	2.98	2.74	2.59	2.47	2.32	2.15	1.95	1.69
27	4.21	3.35	2.96	2.73	2.57	2.46	2.30	2.13	1.93	1.67
28	4.20	3.34	2.95	2.71	2.56	2.44	2.29	2.12	1.91	1.65
29	4.18	3.33	2.93	2.70	2.54	2.43	2.28	2.10	1.90	1.64
30	4.17	3.32	2.92	2.69	2.53	2.42	2.27	2.09	1.89	1.62
40	4.08	3.23	2.84	2.61	2.45	2.34	2.18	2.00	1.79	1.51
60	4.00	3.15	2.76	2.52	2.37	2.25	2.10	1.92	1.70	1.39
120	3.92	3.07	2.68	2.45	2.29	2.17	2.02	1.83	1.61	1.25
∞	3.84	2.99	2.60	2.37	2.21	2.09	1.94	1.75	1.52	1.00

n_1 和 n_2 的值分别表示较大的和较小的方差估计值的自由度

资料来源:Table J is abridged from Table V of R. A. Fisher and F. Yates, *Statistical Tables for Biological, Agricultural and Medical Research* (1948 ed.), published by Oliver & Boyd, Ltd., Edinburgh and London, by permission of the authors and publishers.

$p = 0.01$

续表

n_1 n_2	1	2	3	4	5	6	8	12	24	∞
1	4 052	4 999	5 403	5 625	5 764	5 859	5 981	6 106	6 234	6 366
2	98.49	99.01	99.17	99.25	99.30	99.33	99.36	99.42	99.46	99.50
3	34.12	30.81	29.46	28.71	28.24	27.91	27.49	27.05	26.60	26.12
4	21.20	18.00	16.69	15.98	15.52	15.21	14.80	14.37	13.93	13.46
5	16.26	13.27	12.06	11.39	10.97	10.67	10.27	9.89	9.47	9.02
6	13.74	10.92	9.78	9.15	8.75	8.47	8.10	7.72	7.31	6.88
7	12.25	9.55	8.45	7.85	7.46	7.19	6.84	6.47	6.07	5.65
8	11.26	8.65	7.59	7.01	6.63	6.37	6.03	5.67	5.28	4.86
9	10.56	8.02	6.99	6.42	6.06	5.80	5.47	5.11	4.73	4.31
10	10.04	7.56	6.55	5.99	5.64	5.39	5.06	4.71	4.33	3.91
11	9.65	7.20	6.22	5.67	5.32	5.07	4.74	4.40	4.02	3.60
12	9.33	6.93	5.95	5.41	5.06	4.82	4.50	4.16	3.78	3.36
13	9.07	6.70	5.74	5.20	4.86	4.62	4.30	3.96	3.59	3.16
14	8.86	6.51	5.56	5.03	4.69	4.46	4.14	3.80	3.43	3.00
15	8.68	6.36	5.42	4.89	4.56	4.32	4.00	3.67	3.29	2.87
16	8.53	6.23	5.29	4.77	4.44	4.20	3.89	3.55	3.18	2.75
17	8.40	6.11	5.18	4.67	4.34	4.10	3.79	3.45	3.08	2.65
18	8.28	6.01	5.09	4.58	4.25	4.01	3.71	3.37	3.00	2.57
19	8.18	5.93	5.01	4.50	4.17	3.94	3.63	3.30	2.92	2.49
20	8.10	5.85	4.94	4.43	4.10	3.87	3.56	3.23	2.86	2.42
21	8.02	5.78	4.87	4.37	4.04	3.81	3.51	3.17	2.80	2.36
22	7.94	5.72	4.82	4.31	3.99	3.76	3.45	3.12	2.75	2.31
23	7.88	5.66	4.76	4.26	3.94	3.71	3.41	3.07	2.70	2.26
24	7.82	5.61	4.72	4.22	3.90	3.67	3.36	3.03	2.66	2.21
25	7.77	5.57	4.68	4.18	3.86	3.63	3.32	2.99	2.62	2.17
26	7.72	5.53	4.64	4.14	3.82	3.59	3.29	2.96	2.58	2.13
27	7.68	5.49	4.60	4.11	3.78	3.56	3.26	2.93	2.55	2.10
28	7.64	5.45	4.57	4.07	3.75	3.53	3.23	2.90	2.52	2.06
29	7.60	5.42	4.54	4.04	3.73	3.50	3.20	2.87	2.49	2.03
30	7.56	5.39	4.51	4.02	3.70	3.47	3.17	2.84	2.47	2.01
40	7.31	5.18	4.31	3.83	3.51	3.29	2.99	2.66	2.29	1.80
60	7.08	4.98	4.13	3.65	3.34	3.12	2.82	2.50	2.12	1.60
120	6.85	4.79	3.95	3.48	3.17	2.96	2.66	2.34	1.95	1.38
∞	6.64	4.60	3.78	3.32	3.02	2.80	2.51	2.18	1.79	1.00

n_1 和 n_2 的值分别表示较大和较小的方差估计值的自由度

续表 $p = 0.001$

n_1 / n_2	1	2	3	4	5	6	8	12	24	∞
1	405 284	500 000	540 379	562 500	576 405	585 937	598 144	610 667	623 497	636 619
2	998.5	999.0	999.2	999.2	999 3	999.3	999.4	999.4	999.5	999.5
3	167.5	148.5	141.1	137.1	134.6	132.8	130.6	128.3	125.9	123.5
4	74.14	61.25	56.18	53.44	51.71	50.53	49.00	47.41	45.77	44.05
5	47.04	36.61	33.20	31.09	29.75	28.84	27.64	26.42	25.14	23.78
6	35.51	27.00	23.70	21.90	20.81	20.03	19.03	17.99	16.89	15.75
7	29.22	21.69	18.77	17.19	16.21	15.52	14.63	13.71	12.73	11.69
8	25.42	18.49	15.83	14.39	13.49	12.86	12.04	11.19	10.30	9.34
9	22.86	16.39	13.90	12.56	11.71	11.13	10.37	9.57	8.72	7.81
10	21.04	14.91	12.55	11.28	10.48	9.92	9.20	8.45	7.64	6.76
11	19.69	13.81	11.56	10.35	9.58	9.05	8.35	7.63	6.85	6.00
12	18.64	12.97	10.80	9.63	8.89	8.38	7.71	7.00	6.25	5.42
13	17.81	12.31	10.21	9.07	8.35	7.86	7.21	6.52	5.78	4.97
14	17.14	11.78	9.73	8.62	7.92	7.43	6.80	6.13	5.41	4.60
15	16.59	11.34	9.34	8.25	7.57	7.09	6.47	5.81	5.10	4.31
16	16.12	10.97	9.00	7.94	7.27	6.81	6.19	5.55	4.85	4.06
17	15.72	10.66	8.73	7.68	7.02	6.56	5.96	5.32	4.63	3.85
18	15.38	10.39	8.49	7.46	6.81	6.35	5.76	5.13	4.45	3.67
19	15.08	10.16	8.28	7.26	6.61	6.18	5.59	4.97	4.29	3.52
20	14.82	9.95	8.10	7.10	6.46	6.02	5.44	4.82	4.15	3.38
21	14.59	9.77	7.94	6.95	6.32	5.88	5.31	4.70	4.03	3.26
22	14.38	9.61	7.80	6.81	6.19	5.76	5.19	4.58	3.92	3.15
23	14.19	9.47	7.67	6.69	6.08	5.65	5.09	4.48	3.82	3.05
24	14.03	9.34	7.55	6.59	5.98	5.55	4.99	4.39	3.74	2.97
25	13.88	9.22	7.45	6.49	5.88	5.46	4.91	4.31	3.66	2.89
26	13.74	9.12	7.36	6.41	5.80	5.38	4.83	4.24	3.59	2.82
27	13.61	9.02	7.27	6.33	5.73	5.31	4.76	4.17	3.52	2.75
28	13.50	8.93	7.19	6.25	5.66	5.24	4.69	4.11	3.46	2.70
29	13.39	8.85	7.12	6.19	5.59	5.18	4.64	4.05	3.41	2.64
30	13.29	8.77	7.05	6.12	5.53	5.12	4.58	4.00	3.36	2.59
40	12.61	8.25	6.60	5.70	5.13	4.73	4.21	3.64	3.01	2.23
60	11.97	7.76	6.17	5.31	4.76	4.37	3.87	3.31	2.69	1.90
120	11.38	7.31	5.79	4.95	4.42	4.04	3.55	3.02	2.40	1.56
∞	10.83	6.91	5.42	4.62	4.10	3.74	3.27	2.74	2.13	1.00

n_1 和 n_2 的值分别表示较大和较小的方差估计值的自由度

表 K　对给定 r 值的 z 值表

r	.000	.001	.002	.003	.004	.005	.006	.007	.008	.009
.000	.000 0	.001 0	.002 0	.003 0	.004 0	.005 0	.006 0	.007 0	.008 0	.009 0
.010	.010 0	.011 0	.012 0	.013 0	.014 0	.015 0	.016 0	.017 0	.018 0	.019 0
.020	.020 0	.021 0	.022 0	.023 0	.024 0	.025 0	.026 0	.027 0	.028 0	.029 0
.030	.030 0	.031 0	.032 0	.033 0	.034 0	.035 0	.036 0	.037 0	.038 0	.039 0
.040	.040 0	.041 0	.042 0	.043 0	.044 0	.045 0	.046 0	.047 0	.048 0	.049 0
.050	.050 1	.051 1	.052 1	.053 1	.054 1	.055 1	.056 1	.057 1	.058 1	.059 1
.060	.060 1	.061 1	.062 1	.063 1	.064 1	.065 1	.066 1	.067 1	.068 1	.069 1
.070	.070 1	.071 1	.072 1	.073 1	.074 1	.075 1	.076 1	.077 1	.078 2	.079 2
.080	.080 2	.081 2	.082 2	.083 2	.084 2	.085 2	.086 2	.087 2	.088 2	.089 2
.090	.090 2	.091 2	.092 2	.093 3	.094 3	.095 3	.096 3	.097 3	.098 3	.099 3
.100	.100 3	.101 3	.102 4	.103 4	.104 4	.105 4	.106 4	.107 4	.108 4	.109 4
.110	.110 5	.111 5	.112 5	.113 5	.114 5	.115 5	.116 5	.117 5	.118 5	.119 5
.120	.120 6	.121 6	.122 6	.123 6	.124 6	.125 7	.126 7	.127 7	.128 7	.129 7
.130	.130 8	.131 8	.132 8	.133 8	.134 8	.135 8	.136 8	.137 9	.138 9	.139 9
.140	.140 9	.141 9	.143 0	.144 0	.145 0	.146 0	.147 0	.148 1	.149 1	.150 1
.150	.151 1	.152 2	.153 2	.154 2	.155 2	.156 3	.157 3	.158 3	.159 3	.160 4
.160	.161 4	.162 4	.163 4	.164 4	.165 5	.166 5	.167 6	.168 6	.169 6	.170 6
.170	.171 7	.172 7	.173 7	.174 8	.175 8	.176 8	.177 9	.178 9	.179 9	.181 0
.180	.182 0	.183 0	.184 1	.185 1	.186 1	.187 2	.188 2	.189 2	.190 3	.191 3
.190	.192 3	.193 4	.194 4	.195 4	.196 5	.197 5	.198 6	.199 6	.200 7	.201 7
.200	.202 7	.203 8	.204 8	.205 9	.206 9	.207 9	.209 0	.210 0	.211 1	.212 1
.210	.213 2	.214 2	.215 3	.216 3	.217 4	.218 4	.219 4	.220 5	.221 5	.222 6
.220	.223 7	.224 7	.225 8	.226 8	.227 9	.228 9	.230 0	.231 0	.232 1	.233 1
.230	.234 2	.235 3	.236 3	.237 4	.238 4	.239 5	.240 5	.241 6	.242 7	.243 7
.240	.244 8	.245 8	.246 9	.248 0	.249 0	.250 1	.251 1	.252 2	.253 3	.254 3
.250	.255 4	.256 5	.257 5	.258 6	.259 7	.260 8	.261 8	.262 9	.264 0	.265 0
.260	.266 1	.267 2	.268 2	.269 3	.270 4	.271 5	.272 6	.273 6	.274 7	.275 8
.270	.276 9	.277 9	.279 0	.280 1	.281 2	.282 3	.283 3	.284 4	.285 5	.286 6
.280	.287 7	.288 8	.289 8	.290 9	.292 0	.293 1	.294 2	.295 3	.296 4	.297 5
.290	.298 6	.299 7	.300 8	.301 9	.302 9	.304 0	.305 1	.306 2	.307 3	.308 4
.300	.809 5	.310 6	.311 7	.312 8	.313 9	.315 0	.316 1	.317 2	.318 3	.319 5
.310	.320 6	.321 7	.322 8	.323 9	.325 0	.326 1	.327 2	.328 3	.329 4	.330 5
.820	.331 7	.332 8	.333 9	.335 0	.336 1	.337 2	.338 4	.339 5	.340 6	.341 7
.330	.342 8	.343 9	.345 1	.346 2	.347 3	.348 4	.349 6	.350 7	.351 8	.353 0
.340	.354 1	.355 2	.356 4	.357 5	.358 6	.359 7	.360 9	.362 0	.363 2	.364 3
.350	.365 4	.366 6	.367 7	.368 9	.370 0	.371 2	.372 3	.373 4	.374 6	.375 7
.360	.376 9	.378 0	.379 2	.380 3	.381 5	.382 6	.383 8	.385 0	.386 1	.387 3
.370	.388 4	.389 6	.390 7	.391 9	.393 1	.394 2	.395 4	.396 6	.397 7	.398 9
.380	.400 1	.401 2	.402 4	.403 6	.404 7	.405 9	.407 1	.408 3	.409 4	.410 6
.390	.411 8	.413 0	.414 2	.415 3	.416 5	.417 7	.418 9	.420 1	.421 3	.422 5
.400	.423 6	.424 8	.426 0	.427 2	.428 4	.429 6	.430 8	.432 0	.433 2	.434 4
.410	.435 6	.436 8	.438 0	.439 2	.440 4	.441 6	.442 9	.444 1	.445 3	.446 5
.420	.447 7	.448 9	.450 1	.451 3	.452 6	.453 8	.455 0	.456 2	.457 4	.458 7
.430	.459 9	.461 1	.462 3	.463 6	.464 8	.466 0	.467 3	.468 5	.469 7	.471 0
.440	.472 2	.473 5	.474 7	.476 0	.477 2	.478 4	.479 7	.480 9	.482 2	.483 5
.460	.484 7	.486 0	.487 2	.488 5	.489 7	.491 0	.492 3	.493 5	.494 8	.496 1
.460	.497 3	.498 6	.499 9	.501 1	.502 4	.503 7	.504 9	.506 2	.507 5	.508 8
.470	.510 1	.511 4	.512 6	.513 9	.515 2	.516 5	.517 8	.519 1	.520 4	.521 7
.480	.523 0	.524 3	.525 6	.527 9	.528 2	.529 5	.530 8	.532 1	.533 4	.534 7
.490	.536 1	.537 4	.538 7	.540 0	.541 3	.542 7	.544 0	.545 3	.546 6	.548 0

资料来源：Albert E. Waugh, *Statistical Tables and Problems*, McGraw-Hill Book Company, New York, 1952, table AII, pp. 40-41, with the kind permission of the author and publisher.

续表

r	.000	.001	.002	.003	.004	.005	.006	.007	.008	.009
.500	.549 3	.550 6	.552 0	.553 3	.554 7	.556 0	.557 3	.558 7	.560 0	.561 4
.510	.562 7	.564 1	.565 4	.566 8	.568 1	.569 5	.570 9	.572 2	.573 6	.575 0
.520	.576 3	.577 7	.579 1	.580 5	.581 8	.583 2	.584 6	.586 0	.587 4	.588 8
.530	.590 1	.591 5	.592 9	.594 3	.595 7	.597 1	.598 5	.599 9	.601 3	.602 7
.540	.604 2	.605 6	.607 0	.608 4	.609 8	.611 2	.612 7	.614 1	.615 5	.617 0
.550	.618 4	.619 8	.621 3	.622 7	.624 1	.625 6	.627 0	.628 5	.629 9	.631 4
.560	.632 8	.634 3	.635 8	.637 2	.638 7	.640 1	.641 6	.643 1	.644 6	.646 0
.570	.647 5	.649 0	.650 5	.652 0	.653 5	.655 0	.656 5	.657 9	.659 4	.661 0
.580	.662 5	.664 0	.665 5	.667 0	.668 5	.670 0	.671 5	.673 1	.674 6	.676 1
.590	.677 7	.679 2	.680 7	.682 3	.683 8	.685 4	.686 9	.688 5	.690 0	.691 6
.600	.693 1	.694 7	.696 3	.697 8	.699 4	.701 0	.702 6	.704 2	.705 7	.707 3
.610	.708 9	.710 5	.712 1	.713 7	.715 3	.716 9	.718 5	.720 1	.721 8	.723 4
.620	.725 0	.726 6	.728 3	.729 9	.731 5	.733 2	.734 8	.736 4	.738 1	.739 8
.630	.741 4	.743 1	.744 7	.746 4	.748 1	.749 7	.751 4	.753 1	.754 8	.756 5
.640	.758 2	.759 9	.761 6	.763 3	.765 0	.766 7	.768 4	.770 1	.771 8	.773 6
.650	.775 3	.777 0	.778 8	.780 5	.782 3	.784 0	.785 8	.787 5	.789 3	.791 0
.660	.792 8	.794 6	.796 4	.798 1	.799 9	.801 7	.803 5	.805 3	.807 1	.808 9
.670	.810 7	.812 6	.814 4	.816 2	.818 0	.819 9	.821 7	.823 6	.825 4	.827 3
.680	.829 1	.831 0	.832 8	.834 7	.836 6	.838 5	.840 4	.842 3	.844 2	.846 1
.690	.848 0	.849 9	.851 8	.853 7	.855 6	.857 6	.859 5	.861 4	.863 4	.865 3
.700	.867 3	.869 3	.871 2	.873 2	.875 2	.877 2	.879 2	.881 2	.883 2	.885 2
.710	.887 2	.889 2	.891 2	.893 3	.895 3	.897 3	.899 4	.901 4	.903 5	.905 6
.720	.907 6	.909 7	.911 8	.913 9	.916 0	.918 1	.920 2	.922 3	.924 5	.926 6
.730	.928 7	.930 9	.933 0	.935 2	.937 3	.939 5	.941 7	.943 9	.946 1	.948 3
.740	.950 5	.952 7	.954 9	.957 1	.959 4	.961 6	.963 9	.966 1	.968 4	.970 7
.750	.973 0	.975 2	.977 5	.979 9	.982 2	.984 5	.986 8	.989 2	.991 5	.993 9
.760	.996 2	.998 6	1.001 0	1.003 4	1.005 8	1.008 2	1.010 6	1.013 0	1.015 4	1.017 9
.770	1.020 3	1.022 8	1.025 3	1.027 7	1.030 2	1.032 7	1.035 2	1.037 8	1.040 3	1.042 8
.780	1.045 4	1.047 9	1.050 5	1.053 1	1.055 7	1.058 3	1.060 9	1.063 5	1.066 1	1.068 8
.790	1.071 4	1.074 1	1.076 8	1.079 5	1.082 2	1.084 9	1.087 6	1.090 3	1.093 1	1.095 8
.800	1.098 6	1.101 4	1.104 1	1.107 0	1.109 8	1.112 7	1.115 5	1.118 4	1.121 2	1.124 1
.810	1.127 0	1.129 9	1.132 9	1.135 8	1.138 8	1.141 7	1.144 7	1.147 7	1.150 7	1.153 8
.820	1.156 8	1.159 9	1.163 0	1.166 0	1.169 2	1.172 3	1.175 4	1.178 6	1.181 7	1.184 9
.830	1.187 0	1.191 3	1.194 6	1.197 9	1.201 1	1.204 4	1.207 7	1.211 1	1.214 4	1.217 8
.840	1.221 2	1.224 6	1.228 0	1.231 5	1.234 9	1.238 4	1.241 9	1.245 4	1.249 0	1.252 6
.850	1.256 1	1.259 8	1.263 4	1.267 0	1.270 8	1.274 4	1.278 2	1.281 9	1.285 7	1.289 5
.860	1.293 4	1.297 2	1.301 1	1.305 0	1.308 9	1.312 9	1.316 8	1.320 9	1.324 9	1.329 0
.870	1.333 1	1.337 2	1.341 4	1.345 6	1.349 8	1.354 0	1.358 3	1.362 6	1.367 0	1.371 4
.880	1.375 8	1.380 2	1.384 7	1.389 2	1.393 8	1.398 4	1.403 0	1.407 7	1.412 4	1.417 1
.890	1.421 9	1.426 8	1.431 6	1.436 6	1.441 5	1.446 5	1.451 6	1.456 6	1.461 8	1.467 0
.900	1.472 2	1.477 5	1.482 8	1.488 3	1.493 7	1.499 2	1.504 7	1.510 3	1.516 0	1.521 7
.910	1.527 5	1.533 4	1.539 3	1.545 3	1.551 3	1.557 4	1.563 6	1.569 8	1.576 2	1.582 5
.920	1.589 0	1.595 6	1.602 2	1.608 9	1.615 7	1.622 6	1.629 6	1.636 6	1.643 8	1.651 0
.930	1.658 4	1.665 9	1.673 4	1.681 1	1.688 8	1.696 7	1.704 7	1.712 9	1.721 1	1.729 5
.940	1.738 0	1.746 7	1.755 5	1.764 5	1.773 6	1.782 8	1.792 3	1.801 9	1.811 7	1.821 6
.950	1.831 8	1.842 1	1.852 7	1.863 5	1.874 5	1.885 7	1.897 2	1.909 0	1.921 0	1.933 3
.960	1.945 9	1.958 8	1.972 1	1.985 7	1.999 6	2.014 0	2.028 7	2.043 9	2.059 5	2.075 6
.970	2.092 3	2.109 5	2.127 3	2.145 7	2.164 9	2.184 7	2.205 4	2.226 9	2.249 4	2.272 9
.980	2.297 6	2.323 3	2.350 7	2.379 6	2.410 1	2.442 6	2.477 4	2.514 7	2.555 0	2.598 8
.990	2.646 7	2.699 6	2.758 7	2.825 7	2.903 1	2.994 5	3.106 3	3.250 4	3.453 4	3.800 2

r	z
.999 9	4.951 72
.999 99	6.103 03

英汉社会统计学术语对照表

A

additive	可加的,可加性的
additivity	可加性
analysis of variance(ANOVA)	方差分析

B

bias	偏倚
biased	有偏倚,偏估的
biased estimate	有偏估计量
bimodal	双峰的
bivariate normal distribution	二元正态分布,双变量正态分布

C

canonical correlation	典型相关
case	个案
category	类别
cell	格,单元
central-limit theorem	中心极限定理
chi square(χ^2)	卡方
cluster sample	整群样本
cluster sampling	整群抽样
coefficient of alienation	不相关系数
coefficient of correlation	相关系数
coefficient of variation	变差系数
coefficient	系数
concordant pair	谐和对
conditional probability	条件概率

confidence interval	置信区间
constant	常数
continuous data	连续数据
control group	控制组,对照组
control variable	控制变量
correlation	相关,相关系数
correlation ratio	相关比率
contingency table	列联表
covariation	协变,协变量
covariance	协方差
covariance analysis	协方差分析
critical region	否定域
critical value	临界值
cross product	叉积,交叉乘积
cumulatative distribution	累积分布

D

data	数据,资料
decile	十分位数
decision	判定,决定,决策
decrement	减量
degree of freedom	自由度
dependent variable	应变量
deviation	偏差
dichotomy	二分法,二分变量,二分尺度
discordant pair	非谐和对
discrete	离散的
discrete data	离散数据
discriminatory analysis	判别分析
dispersion	离差,散布性
disturbence	干扰
disturbence term	干扰项,扰动项
dummy variable	虚拟变量

E

efficiency of an estimate	估计量的效率
efficiency of a test	检验效率
estimate	估计量
estimate value	估计值
estimation	估计
event	事件

expected value	期望值
explained	已解释的,解释的
explained sum of squares	已解释的平方和
explained variation	已解释的变差

F

factor analysis	因素分析,因子分析
fit	拟合
fitness	拟合程度
fixed model	固定模型
fixed value	固定值
frequency	频数
frequency distribution	频数分布
frequency distribution matching	频数分布匹配
frequency polygon	频数多边形

G

group	组,群体
Guttman scale	格氏尺度

H

heterogeneity	异质性
heterogeneous	异质的
heterosce dasticity	异方差性
histogram	直方图,矩形图
homogeneity	同质性,均质性
homogeneous	同质的,均质的
homoscedasticity	同方差性,等方差性
hypergeometric distribution	超几何分布
hypothesis	假设

I

increment	增量
independent	独立的,无关的
independent random sample	独立随机样本
independent variable	自变量
index	指数,指示数,指标
individual	个体,个案
inference	推论,论断
interaction	交互作用
intercept	截距

interclass correlation	组间相关,组间相关系数
interval estimate	区间估计量,区间估计
interval scale	定距尺度,定距尺度变数
intraclass correlation	组内相关,组内相关系数

K

| kurtosis | 峰态 |

L

latent structure analysis	潜结构分析
least square	最小二乘方
least square equation	最小二乘方方程
leptokurtic	尖峰态
likelihood ratio	似然比
likelihood ratio chi square	似然比卡方
Likert scale	黎氏尺度
limit	极限,界限
linear combination	线性组合
linear equation	线性方程
logistic curre	"成长"曲线,逻辑斯谛曲线
logistic function	"成长"函数,逻辑斯谛曲线
logit	概率对数单位,分对数
logit transformation	概率对数单位变换
log-linear model	对数线性模型

M

marginal	边缘的
marginal total	边缘总数
matched samples	匹配的样本
matching	匹配
mean	均值
mean deviation	平均偏差
measure	量度
measure of association	关联的量度,关系的量度
measurement	量度
measurement error	量度误差
median	中位数
mixed model	混合模型
mode	众数
model	模型
moment	矩

Monte Carlo method 蒙特卡罗法
multicollinearity 多重共线性
multinomil distribution 多项分布
multiple classification analysis
（MCA） 多重分类分析
multiple correlation 多重相关
multiple-partial correlation 多重-偏相关
multiple regression 多重回归
multivariate 多元的,多变量的
multivariate analysis 多元分析,多变量分析
mutually exclusive event 互斥事件

N

nominal scale 定类尺度,定类尺度变量
nonparametric test 非参数检验
normal distribution 正态分布
normal table 正态分布表
nuisance variable "厌烦"变量
null hypothesis 零假设

O

odds 可能性比
odds ratio 可能性比之比率,概率比率
ogive 累积频数分布曲线
one tailed test 单侧检验
one-way analysis of variance 单向方差分析
operation 操作
operational definition 操作性定义
ordinal scale 定序尺度,定序尺度变量
orthogonal 正交
orthogonal comparison 正交对比

P

parameter 参数
parametric test 参数检验
partial correlation 偏相关
partial regression 偏回归
partitioning of chi square (χ^2) 卡方的分解
path analysis 路径分析
path coefficient 路径系数
percentage 百分数

percentile	百分位数
platykurtic	低峰态
point estimate	点估计量,点估计
poisson distribution	泊松分布
pooling of estimate	合并估计量
population	总体,人口
power of a test	检验效力,检力,检验力
probability	概率
probability distribution	概率分布
probability theory	概率论
probit	概率单位
probit transformation	概率单位变换
proportion	比例
proportional reduction of error (PRE)	误差减少比例
PRE interpretation	误差减少比例的解释

Q

quartile	四分位数
quartile deviation	四分位数偏差,四分位差
questionnaire	问卷

R

random	随机的
randomize	随机化
random error	随机误差
random sample	随机样本
range	极差,范围
rank	秩,次序等级
rate	率
ratio scale	定比尺度,定比尺度变量
raw data	原始数据
rectangular distribution	矩形分布
recursive system of equation	递归方程系统
regression	回归
regression equation	回归方程
regression of Y on X	Y 对 X 的回归
reliability	信度
replication	重复观测,重复实验
residual	残差
rounding	舍入,四舍五入

run	链

S

sample	样本
sampling	抽样
sampling distribution	抽样分布
sampling fraction	抽样分数
sampling error	抽样误差
score	分数值,数值,得分,分数,记分数
sequence	序列,顺序
significance	显著性
significance level	显著性水平
significance test	显著性检验
simple random sample	简单随机样本
simultaneous equation	联立方程
skew	偏斜
skewed distribution	偏斜分布
skewness	偏斜度
slope	斜率
spurious relationship	虚假关系,伪关系
standard deviation	标准差
standard error	标准误差
standard score	标准分
standardization	标准化
statistic	统计量
statistical independence	统计独立,统计无关
statistics	统计学,统计
stratified sample	分层样本
subcell	子格
sum of squares	平方和
systematic sample	系统样本

T

t distribution	t 分布
test	检验,检验方法
test statistic	检验统计量,检验统计值
tie	同数值,同秩,同分,等值同分
total regression	总回归
total correlation	全相关,总相关
true limit	真实界限,真实极限
two-tailed test	双侧检验,双尾检验

two-way analysis of variance	双向方差分析
type I error	第一类错误,甲类误差
type II error	第二类错误,乙类误差

U

| unbiased estimate | 无偏估计量,无偏估计 |
| unexplained variation | 未解释的变差 |

V

validity	效度
variable	变量
variance	方差
variation	变差

W

weight	权,加权
weighted average	加权平均
weighted least square	加权最小二乘方